KEMALİSTLER

MUAMMER KAYLAN, 1 Mart 1925'te Antalya'da doğdu. Babası Ziraat Bankası'nın müdürüydü ve Muammer henüz bebekken tifodan öldü. Annesi, Türkiye'nin ilk kadın dişçisi Hacer Nuri Ergun, üç oğlu ile ailesinin bulunduğu Isparta'ya göç etti.

Eğitimine Devrim Yılları'nda Isparta'da İstiklal İlkokulu'nda başladı. İstanbul'da özel Yüce Ülkü Lisesi'ni bitirdi ve İstanbul Erkek Lisesi'nden Olgunluk Diploması aldı. Edebiyata ve tarihe meraklıydı. Annesinin ısrarı üzerine, 1946'da diş hekimliği eğitimi için İngiltere'ye gitti. Ancak yazar olmak istiyordu. Londra'da yazarlık ve film yapımcılığı konularında eğitim gördü.

1950 yılı ilkbaharında İstanbul'a döndü ve *Yeni İstanbul* gazetesinde sinema konularında yazılar yazdı. Kısa bir süre sonra *Yeni Sabah* gazetesinin Beyoğlu muhabiri oldu. Ortadoğu ve Avrupa ülkelerindeki önemli olayları izlemek için sürekli yurt dışına gönderildi. Askerliğini İstanbul'da Harp Akademileri'nde yedek subay olarak yaptı. 1955'te *Yeni Sabah* gazetesinin istihbarat şefiyken, Reuters ajansının da Türkiye muhabirliğine getirildi. 1960'ta ABD'ye giderek, *Indianapolis Star* gazetesinde incelemelerde bulundu.

1960 yılında *Akşam* gazetesinde istihbarat şefliği ve sonra genel yayın yönetmenliği yaptı. Ardından *Hürriyet* gazetesinin istihbarat şefi oldu. 1963'te *Hürriyet*'in ortaklığı ile Haber Ajansı'nı kurdu.

1966'da *Hürriyet* ve Haber Ajansı'nın ABD temsilcisi oldu ve New York'taki Birleşmiş Milletler binasında büro kurdu. 1969 yılında Apollo -11 Ay Yolculuğu olayında *Hürriyet*'in üstünlüğünü sağladı. Erol Simavi tarafından 1970 Martı'nda İstanbul'a çağrıldı. 18 Nisan 1970 günü *Hürriyet*'in genel yayın yönetmenliğine getirildi. Sağ-sol çatışmalarının hızlandığı bu dönemde, 19 Haziran 1970 günü *Hürriyet*'in birinci sayfasında, Başbakan Süleyman Demirel'i istifaya davet eden sert bir başyazı yayımladı. Ardından Türkiye'yi terk ederek ABD'ye yerleşti ve serbest yazarlık, foto muhabirliği, kitapçılık yaptı.

Kemalistler kitabı ABD'deki Northwestern Üniversitesi Hukuk Fakültesi'nde, Türkiye ile ilgili bir kursta ders kitabı olarak kullanıldı.

Muammer Kaylan, Washington merkezli habergazete.com sitesinde köşe yazarıdır.

MUAMMER KAYLAN

Kemalistler

*İslamcı Hareket ve
Laik Türkiye'nin Geleceği*

Türkçesi
Zülal Kalkandelen

2. Basım

Remzi Kitabevi

KEMALİSTLER / Muammer Kaylan
Özgün adı: *The Kemalists*

© Muammer Kaylan, 2005
Türkçe yayın hakları © Remzi Kitabevi, 2006
Yayın hakları ONK Ajans aracılığıyla satın alınmıştır.

Her hakkı saklıdır. Bu yapıtın aynen ya da
özet olarak hiçbir bölümü, telif hakkı
sahibinin yazılı izni alınmadan kullanılamaz.

Yayına hazırlayan: Öner Ciravoğlu
Kapak düzeni: Nicole Sommer

ISBN- 10: 975-14-1122-X
ISBN- 13: 975-14-1122-8

BİRİNCİ BASIM: Mayıs, 2006
İKİNCİ BASIM: Haziran, 2006

Remzi Kitabevi A.Ş., Selvili Mescit Sok. 3, Cağaloğlu 34440, İstanbul
Tel (212) 520 0052 Faks (212) 522 9055
www.remzi.com.tr   post@remzi.com.tr

Remzi Kitabevi A.Ş. tesislerinde basılmıştır.

İçindekiler

Sunuş 11

1. Kaos Dönemi 19
2. Anadolu İnsanı 32
3. Albay 42
4. Bozkurt 52
5. Enver Paşa'nın Maceraları 62
6. İslamcılık Laikliğe Karşı 73
7. Gazetecilikte İlk Dönem 78
8. Pera Palas'ın Dimo'su ve Diğer Hikâyeler 89
9. Ufak Tefek Vali ve Robinson Crusoe 105
10. Beş Parmaklı Çiçero 114
11. İran Şahı, Winston Churchill ve Jackie Kennedy 129
12. Kıbrıs Krizi ve Türk-Yunan Kavgası 137
13. Marksistler, İslamcılar ve Osmanlı Nostaljisi 156
14. Politika ve Bir Osmanlı Prensesi 172
15. Müslüman Kardeşler ve Eski Tasavvuf Bilginleri 184
16. PKK Eylemleri ve Su 193
17. *Akşam* Gazetesi ve Son Günlerinde Adnan Menderes 200
18. Gatwick'teki Trajedi ve Adnan Menderes'in Çöküşü 209
19. Bir Gazete ve Bir Ulusun Kaderi 220
20. *Yeni Sabah*'ın Kapanışı 228
21. İsyancı Bir Kurmay Albay ve Karakolda Bir Kraliçe 232
22. Amerika'dan Haberler 238
23. Ay'a Uçuş, Yaşlı Bir Sovyet Casusu ve Hi Jolly 242

24. Cadı Kazanı ve Entrika Yuvası 247
25. Türkler ve İnsan Hakları..255
26. Akbabalar Dönemi...262
27. Yolsuzluk mu Dediniz? Ne Yolsuzluğu? 283
28. İslamcılar ve Kemalistler...290
29. Cezaevi Operasyonu ve Marksist Terörizm.....................303
30. Türban Krizi ve İslamcı Terör..308
31. Allah'ın Partisi, Terör Partisi..320
32. Kısıtlı Demokrasi 328
33. Bir İmparatorluğun Mirası...335
34. Türkler ve İkinci Büyük Oyun 357
35. Türkiye Seyahati...365
36. Turgut Özal Öldürüldü mü? 382
37. Aklı Karışan Bir Başbakan ve Tansu Çiller'in Ördekleri...388
38. İslamcıların Zaferi..396
39. İslam'da Kâmil İnsan 416

Sonsöz..451
Kedi-Fare Oyunu 453
Teşekkür 457
Dizin 459

Bu kitap, bir savaşçıdan ve bir devlet adamından daha çok, aydınlanmanın devrimci bir öğretmeni olan Mustafa Kemal Atatürk'ün anısına adanmıştır...

Beni görmek demek, mutlaka yüzümü görmek demek değildir. Benim fikirlerimi, benim duygularımı anlıyorsanız ve hissediyorsanız, bu yeterlidir.

Kemal Atatürk

Türkiye Cumhuriyeti Anayasası'nın 1. ve 2. maddeleri

1 Türkiye devleti bir Cumhuriyettir.

2 Türkiye Cumhuriyeti, demokratik laik ve sosyal bir hukuk devletidir.

14 Haziran 1999 tarihli *The New York Times* gazetesinde yayınlanan Celestine Bohlen imzalı haber:

İSTANBUL, Türkiye, 12 Haziran- Kırgızistan Dışişleri Bakanı'nın, uluslararası bir toplantıda Türk meslektaşına doğrudan sorduğu bir soru, Türkiye'de gazetelerin ilk sayfa haberi oldu.

Bu Orta Asya ülkesinin resmi yetkilisi Rosa Otunbaeva, Türk bakana, "Bağımsızlığımızı kazandığımızda, sizden ilham aldık. Türkiye, bizim ufkumuzdu. Türkiye'ye baktığımızda, bir gün sizin gibi olacağımızı düşündürdük," dedi.

Kırgız Bakan, daha sonra gözlerinde yaşlarla şaşkınlık yaratan soruyu sordu: "Size ne oldu?"

Sunuş

Benim dünyama, macera ve unutulmaz deneyimlerle dolu dünyama hoş geldiniz! Bu dünya, hepsi Türk lokumu tarifine uymasa da, unutulmayan anıların dünyası.

Türkiye'nin şu anda içinde bulunduğu koşulları düşündüğümde, ressam Levni'yi (asıl adı Abdülcelil) hatırlıyorum. 17. yüzyılın sonlarında Trakya'da, Edirne kentinde doğan Levni, Lale Devri döneminde Osmanlı İmparatorluğu'nun en önemli ressamıydı. Saray baş ressamı olarak, o dönemin eğlence ve zevk dolu yaşam biçimini yansıtan tablolarında yumuşak renkleri tercih ederdi. Şu anda Topkapı Sarayı Müzesi'nde sergilenmekte olan Şair Vehbi'nin *Surname-i Vehbi* adlı iki ciltlik mensur eserinin minyatürlerini de o yapmıştır.

Levni'nin kıvrak bir espri gücü vardı. Osmanlı İmparatorluğu'nun serveti eriyip tükenmiş durumdayken, düş dünyasında yaşayan seçkinlerin muhteşem ve tantanalı yaşantılarını gözlemlemişti. Levni'nin neredeyse üç yüz yıl önce Osmanlı Türkçesi'nde ifade ettiği sözler, Türkiye'nin bugünkü durumunu yansıtıyor:

Nitekim şaşkın gölde ördeğin
Başın kor, kıçtan dalar demişler

Türkiye'deki gerici İslamcı hareketin son dönemlerde giderek artan yükselişi, Osmanlı'nın radikal İslamcılarına karşı başkaldıran Kul Nesimi'nin şiirlerini anımsatıyor. Kul Nesimi Melamî tarikatına bağlıydı; yani dış dünyadaki dinsel geleneklere önem vermeyen ve hiçbir dünyasal kaygı olmadan nefsi öldürerek yaşama felsefesini benimseyen tasavvuf tarikatındandı.

İslamla ilgili liberal görüşlerinden dolayı idam edilen Kul Nesimi, aşağıdaki şiiri üç yüz yıl önce yazdı:

> *Gah çıkarım gökyüzüne*
> *Seyrederim alemi*
> *Gah inerim yeryüzüne*
> *Seyreder alem beni*
>
> *Gah giderim medreseye*
> *Ders okurum Hak için,*
> *Gah giderim meyhaneye*
> *Dem çekerim kime ne*
> *...*
> *Ben melâmet hırkasını*
> *Kendim giydim eğnime*
> *Ar ü namus şişesini*
> *Taşa çaldım kime ne?*

Zor dönemlerde, "Akılsız başın cefasını ayaklar çeker" atasözünü tekrarlar, ardından da genellikle şair Tevfik Fikret'in şu sözünü söyleriz : "Güleriz ağlanacak halimize."

Ben bu kitabı içimi döküp kendi hayatımı anlatmak için yazmadım. Amacım, Türkiye'de 1920'lerde ve 1930'larda uygulanan laik devrimlerin, yüzyıllarca şeriata göre yönetilen, geri kalmış ve yenilgiye uğramış bir ulus üzerindeki etkisini açıklamak ve siyasal sorumsuzluk ve hırsın bir ulusun gidişatını nasıl geriye çevirdirdiğini göstermek. Bu cehalet temelli karanlık oyun, gerici ve militan İslami hareketin yarattığı çok sayıda potansiyel tehlike sinyaline karşın devam etmektedir.

Türkiye Cumhuriyeti'nin laik devrim yasaları, Kadirilik, Nakşibendilik, Nurculuk gibi İslamcı tarikatları yasaklamıştır. Fakat bunlar hâlâ laik devlet içinde bile faaliyet göstermekte ve köktendinci İslam'ın ülkenin siyasal ve sosyal yaşamında yer etmesini sağlamaya çalışmaktadır.

Türkiye'de, 1950'lerden bu yana, daha fazla laik eğitim kurumlarına ihtiyaç duyulduğu bir dönemde, kırk bin yeni cami inşa edilmiştir. Bu arada, ideolojik bölünmeler, sosyal ve siyasal yolsuzluk, ülkenin gelişimini durdurmuş, huzuru ortadan kaldırmıştır.

Yedi kez başbakanlık ve bir kez de cumhurbaşkanlığı yapan ve kişisel olarak bana düşman bile olsa Süleyman Demirel'i, Türk vatandaşlarının başına gelen bütün talihsizliklerden dolayı tek başına suçlamak yanlış olur. Ancak bugünkü ekonomik, sosyal, ahlaki ve siyasal talihsizliklerin meydana gelmesinde temel bir rol oynadığı kuşkusuzdur. 1960'ların ikinci yarısı ve 1970'lerde iktidarda olan Demirel'in önderliğindeki Adalet Partisi'nin, toplumda uyuşmazlık yarattığı ve sağ ile sol kanatların radikalleri arasında neredeyse bir sivil savaşa neden olduğu gerçektir. Bu parti, meşrulaştırılmış bir İslami geriye gidiş için yol açmış ve bu durum daha sonra Adalet Partisi köklendikçe, yolsuzluğun önündeki setleri kaldırmıştır.

Demirel, yıllar içinde tekrar tekrar iktidara geldi ve 1991'de yolsuzlukla savaşacağı yolunda söz verdi. Oysa Demirel'in "Verdimse ben verdim" şeklindeki ünlü sözü, siyasetçilerden hesap sorulması konusuna bakışını ortaya koymaktadır. Türkiye'de devlet yönetiminde meydana gelen bozulma, Demirel dönemi ile başladı. Sonuç olarak, devletin işlevleri yok oldu ve devlet servetini yağmalama olağan bir hal aldı.

Bunun yanı sıra diğer politikacılar da, Türk ulusunun kaderinin değişmesinde etkili olan yıkıcı roller oynadılar. Bu nedenle, güçlü bir köktendinci hareket ortaya çıkmasından onlar da sorumludur. Ayrılıkçı Kürt eylemleri bazı politikacılar tarafından kötüye kullanıldı ve ahlaki gerileme ile birlikte büyük bir yoksulluk meydana geldi. Bu kişiler, Türkiye'nin zayıflığı ve ülkenin kurumsal çöküşünden, ahlaken ve yasal olarak sorumludur.

1950 ile 1960 arasında başbakan olan Adnan Menderes'in "Her mahallede bir milyoner yaratacağız," şeklinde oy avlamayı amaçlayan favori bir sloganı vardı. Ne acıdır ki, giderek parasının değeri düşen Türkiye, hükümetin liradan altı sıfırı attığı Ocak 2005'e kadar milyonerlerin ve milyarderlerin ülkesi haline gelmişti. Türkiye'nin ilk kadın başbakanı olan Tansu Çiller (1993-96), 3 Kasım 2002'deki seçimden hemen önce, Menderes'in vaatlerini geride bırakan açıklamalar yaptı ve seçim kampanyası sırasında alelacele her mahallede trilyonerler yaratma niyetini açıkladı. O sırada bir dolar, 1.65 milyon Türk lirası ediyordu.

Süleyman Demirel'in ilk siyasal örgütü olan Adalet Partisi, daha sonraları ülkeye egemen olan politikacı, işadamı ve medya mensuplarından oluşan yozlaşmış ama güçlü yönetici grubun çekirdeğini oluşturdu. Bu grubun egemenliği, seçkinlerin tavrını ve gelenekselleşmiş ahlaki değerleri değiştirdi. 2002 yılında büyük bir yoksulluğa terk edilmiş bulunan Türk halkının önemli bir çoğunluğu, siyasal liderlere, siyasal partilere, parlamentoya ve medya kurumlarına inanmıyordu. Çünkü son 50 yıl boyunca, yaygın bir şekilde yalanları ve sahte seçim sözlerini dinlemişlerdi. Adnan Menderes bir konuşmasında, en sonunda refaha kavuştuk demiş, Süleyman Demirel de Türkiye'nin büyük Türkiye olduğunu ileri sürerek, seçim kampanyalarında –her aileye bir ev ve araba gibi– boş vaatlerde bulunmuştu.

Önce başbakan (1983-89) ve sonra cumhurbaşkanı (1989-93) olan Nakşibendi tarikatının kurucu üyelerinden Turgut Özal da Menderes'ten ve Süleyman Demirel'den geri kalmadığını göstermek için Türkiye'yi küçük bir Amerika'ya benzetiverdi. Onun bu sözleri, yalnızca kendi yarattığı ve hâlâ "Özal'ın Prensleri" olarak bilinen varlıklı ve rüşvetçi insanlardan oluşan elit bir sınıf için doğruydu. Özal'ın çok iyi bilindiği üzere, "Anayasa bir kere delinmekle bir şey olmaz," demiş ve paranın akı karası olmaz yolunda konuşmuştu. Bu sözler, Türk basınında sık sık yer almıştır.

Sonuçta Özal'ın politikaları, çok yaygın bir yolsuzluğa neden oldu; devlete büyük kayıplar verdiren vergi kaçakçılıkları ve devletten para almak için sahte belgelerle yapılan dolandırıcılıklar ortaya çıktı. Dolandırıcılıklar, gerçekte hiçbir şey ihraç edilmediği halde, bazı ürünlerin ihracını gösteren sahte belgeler aracılığıyla yapılıyordu. Böylece sahte belgelerin sahibi, Türk ürünlerinin ihracatını teşvik etmek için verilen devlet yardımlarından alıyordu. Bu şekilde, devlet hazinesi ve milyarlarca dolar, eskiden beri köşe başlarını kapmış bulunan ve siyasi elitlerce korunan ayrıcalıklı bir dolandırıcı sınıf tarafından yağmalandı. Bu yağmacılar, rüşvet, yetersiz yargılama sistemi ve korkutulmuş savcılar yüzünden yakalanmaktan kurtuldular. Her mahkemenin duvarında yazan "Adalet mülkün temelidir" sözü artık anlamını yitirmişti.

2002 sonbaharında Türkiye, yağmacıların oluşturduğu çalışmayan bir hükümete ve altmıştan fazla siyasal partiye sahip bir ülkeydi. Aşırı yoksulluk ve yolsuzluğun ağırlığı altında ezilen halk ise, siyasi geleceğine ve kendi kimliğine ilişkin bir belirsizliğe düşmüştü. Muhtaç durumdaki çok sayıda insan, yıllar önce yapılan laik devrimlere yabancılaştırılırken, seçkinler var olan durumu sürdürmüş ve ahlaki değerleri korumak için herhangi bir gereksinme hissetmemişti. İslam tacirleri ve din sömürücüleri, komünistler, faşistler, hırsızlar ve devlet ile medyanın içinde yuvalanan yağmacılar hep birlikte ülkenin geleceğini yönlendirmek için her şeyi yaptılar. Tek devlet, tek ulus, tek dil ve tek bayrak inancı üzerinde modern Türkiye'ye temel oluşturan Kemalizm, ayrılıkçı ve yıkıcı Kürt hareketi ve İslam'ın kuvvetli bir şekilde yükselişiyle ağır bir saldırıya uğradı. Halk, üzerine kurulduğu laik devrim temelinden uzaklaştırıldı ve kendi geleceği hakkında tam bir karmaşa içine düştü. Seçmenler, öylesine şaşkın bir grup haline gelmişti ki, sürekli olarak aynı yağmacıları, bilinen yalancıları, dolandırıcıları, suçluları ve İslamcı bağnazları iktidara taşıdılar.

3 Kasım 2002 seçimi için yürütülen siyasal kampanyalarda, yeni boş vaatler gündeme geldi. Politikacılar, 200 milyar dolardan fazla olan dış borcun hızla azaltılması dahil olmak üzere, Türkiye'nin hastalıkları için acil çözüm sözleri verdiler. Hatta bazıları, dört yılda sağladığı 31 milyar dolar kredi ile Türkiye'nin en büyük alacaklısı konumuna gelen Uluslararası Para Fonu'ndan kurtulunacağına ilişkin söz verdi.

Türkiye'de eskiden beri iş başında olan siyasi patronlar hakkında tarihin yapacağı yargılama acımasız olacaktır. Bu kişilerin politikaları, yolsuzlukları, yalanları ve bütün bunlar sonucunda da hesap vermemeleri nedeniyle ülkenin çeşitli potansiyel tehlikelere sürüklendiği bir gerçektir. Bu tehlikeler arasında, fazlasıyla sorunlara boğulmuş, yetersiz ve adaletsiz yargılama sisteminin bütünüyle bozulması ile laik Cumhuriyet'in tarihinde eşi olmayan ve sürekli yinelenen yönetim hatalarının yapılması da vardır. Nitekim,

3 Kasım 2002 seçiminden önce, Türkiye'de hükümet 13 yıl içinde 12 kez değişmiş durumdaydı.

Eski Türkiye Odalar ve Borsalar Birliği (TOBB) Başkanı Fuat Miras'a göre, 2002 baharında milyonlarca Türk insanı açlığın eşiğindeydi. O dönemdeki resmi rakamlar, yetmiş milyondan fazla olan nüfusun yüzde 43'ünün, açlık sınırının altında yaşadığını gösteriyordu. Ocak 2005'te, iki çocuklu dört kişilik bir ailenin fakir sayılmaması için aylık 1250 dolar civarında gelire ihtiyacı vardı.

Sonunda, insanların içindeki kızgınlık ve hayal kırıklığı, 3 Kasım 2002'de patlama noktasına ulaştı ve sefaletten kurtulma umuduyla, güçlü İslami temelleri olan yeni bir partiye, Adalet ve Kalkınma Partisi'ne (AKP) oy verdiler. Fakat o dönemde bu partinin üyeleri aleyhinde yolsuzluk iddiasıyla açılan davalar görülmekte olduğundan, partinin temiz ve lekesiz bir örgüt olduğu savı kanıtlanamadı. Seçim sonucunda yalnızca Cumhuriyet Halk Partisi (CHP), kazandığı az sayıda milletvekilliği ile muhalefet olarak parlamentoya girebildi. Merkezi sağdaki diğer partiler aldıkları sonuçlarla dağıldı ve bu partilerin oligarşik liderleri de aktif siyasetten çıkarılmış oldu.

Bu olay oldukça önemliydi; çünkü bu, statükoya, laik devlete ve onun mutlak Kemalist doktrinine karşı sessizce intikam alan bir devrimdi. Seçim sonuçları, ülkenin laik devlet yapısını sarstı. Birçok kişi, İslam'ın aniden yeni ve kuvvetli bir destek bulduğu bir ülkede, 1920'lerin ve 30'ların modern devrimlerinin tümüyle terk edilip edilmeyeceğini merak ediyordu. Hatta bazı köşe yazarları sevinçle Kemalizm'in öldüğünü bile duyurdu. Seçimden beş ay sonra, 24 Mart 2003'te Diyanet İşleri Başkanı Mehmet Nuri Yılmaz istifa etti. Yılmaz, basına dağıttığı istifa dilekçesinde, dinin siyasete bulaştırılmasını istifa nedeni olarak gösteriyor ve uyarıyordu: "Son dönemi saymazsanız, birlikte görev yaptığımız hiçbir hükümet ve bakandan baskı görmedik…. 72 bin camide herkesin istediği gibi siyasi konuşmalar yapması, Türkiye'de bir kaos ortamı meydana getirir."

Gerçekte, Mustafa Kemal'in bıraktığı laik mirasa son 54 yıldır ihanet ediliyor. Kemalizm, kurucusunun ölümünden sonra, tehlike oluşturan dış etkilerin yarattığı endişeyle, Türkiye'yi dış dünyadan soyutlamıştı; daha sonraları ise, değişimin önüne geçen katı bir dogma olarak kaldı. Kemalizm, en büyük hedefi olan Batı reformlarının özü ihmal edildiğinde, ortaya çıkış amacını, esin kaynağını kaybetti ve nüfusun yüzde 43'ünü oluşturan köylüler ve geçimlik tarım yapanlar eğitimsiz ve cahil bırakıldı. Ayrıca, giderek gelişen ekonomik küreselleşme eğilimi görmezden gelindi. Bu ihanet, ülkedeki gidişatı Osmanlı İmparatorluğu günlerine geri döndürdü.

Mustafa Kemal Atatürk, bir asker ve devlet adamıydı, fakat hepsinin üstünde olağanüstü bir reformcuydu. Birinci Dünya Savaşı sonrasında Osmanlı İmparatorluğu'nun yıkılışını takiben, Türkiye'yi işgal eden müttefik kuvvetlere karşı başarılı bir bağımsızlık savaşı sürdürdü. 1923'te modern laik Türkiye'yi kurdu ve on yıllık bir dönemde yeni reformları hızla toplumla buluşturdu. Ülkenin yasal sistemini ve eğitim kurumlarını modernize ederek Avrupa yaşam tarzını benimsetti. En önemli devrimlerinden birisi, yüzyıllardır kullanılmakta olan Arap alfabesini tümüyle ortadan kaldırarak, onun yerine eğitim sistemini bütünüyle yenileyen Latin alfabesini kabul etmektir.

Olağanüstü devrimlerinden bir diğeri, İslam dininin devletteki rolünü ortadan kaldırarak laik devleti kurmaktı. Osmanlı İmparatorluğu yüzyıllarca şeriat hukuku ile yönetilmiş; şeriat yasaları, modernizasyonun ve gelişimin önünde engel oluşturmuştu. Fakat 1920'lerde ve 1930'larda gerçekleştirilen devrimler, Türkiye'yi, liderlerinin hiçbirisi Atatürk'ün izinden gidemeyen diğer İslam ülkelerinden tamamen ayırdı.

Ben, Atatürk devrimlerinin çocuğu ve onun öğrencilerinden biri olarak büyüdüm. O bizi, Genç Türkleri değiştirdi. Kendimize Kemalistler adını verdik ve onun laik mirasını korumak üzere onurlu bir ant içtik. Fakat zaman geçtikçe, bazılarımızın ikiyüzlü fırsatçılar olduğu ortaya çıktı.

Bu hikâye, benim olduğu gibi onların da hikâyesi...

Kaos Dönemi

Çirkefe taş atma üstüne sıçrar.

Atasözü

Türkiye'de Kaos ya da Kargaşa olarak bilinen dönemi hiç unutmadım; bunca yıldan sonra o dönemi hâlâ olduğu gibi hatırlıyorum. Çünkü hayatımda çok büyük bir etkisi olan o yıllar, aynı zamanda Türkiye'nin kaderini de tamamen değiştirdi. İktidar hırsıyla tutuşanlar sokakları cinayet meydanlarına dönüştürmüş, içinden İslamcı gericilerin hayalet gibi fırladıkları Pandora'nın Kutusu açılmıştı. Hem sol hem de sağ kanat radikallerin yaptıkları kanlı gösterileri de net bir şekilde anımsıyorum. Ve bu grupların kampüslerde ve sokaklarda çatıştıkları sırada attıkları vahşi sloganları hâlâ işitiyorum.

Kaos Dönemi, 1970 yılında başladı. New York'taki Birleşmiş Milletler'de dört yıl muhabirlik yaptıktan sonra, o yılın baharında *Hürriyet* gazetesinin İstanbul'daki merkezine geri çağrıldım; gazetenin haber akışında gelişme sağlanması için bir danışma toplantısı yapılması amaçlanıyordu. Fakat çağrılmamın asıl nedeni kısa süre sonra ortaya çıktı: *Hürriyet*'in Genel Yayın Yönetmeni olarak görevlendirildim.

Oldukça zor bir görevdi. O sırada Türkiye büyük değişim geçiriyor, gazete ise ciddi tiraj sorunlarıyla mücadele ediyordu. 1970,

Türkiye için korkunç bir yıldı. Sovyetler Birliği'nin, Türkiye'deki hükümeti işlevsizleştirme ve gelişmemiş demokrasiyi yok etmeye yönelik Soğuk Savaş çabaları sonuç vermeye başlıyordu. Türk radikallerinin yetiştirildiği Bulgaristan ve Suriye'den gelen silah yüklü büyük gemilerle yapılan kaçakçılık ülkede giderek yaygınlaşmıştı.

Türkiye İşçi Partisi'nin de, aşırı sağ gibi, siyasal partilere, hükümete, orduya, polis teşkilatına ve Milli İstihbarat Teşkilatı'na sızmış olan radikalleri barındırıp beslediği söyleniyordu. Öğrenci çatışmaları, 1968'den beri üniversite kampüslerine musallat olmuştu. 1970'e gelindiğinde ülke, öğrenci birlikleri, işçi sendikaları ve siyasal partiler tarafından iki radikal kampa bölündü. Bir tarafta Marksist-Leninistler ve aşırı solun Maocuları; diğer tarafta ise, sınırları çok kesin bir şekilde belirlenmiş iki ayrı grubuyla aşırı sağ yer alıyordu. Bunlardan birincisi şeriat düzeninin ve hilafetin geri dönmesini isteyen gerici İslamcılar; diğeri de, Balkanlar ve Batı Çin'deki bütün Türklerin birliği anlamına gelen Pan-Türkizm ülküsünün hayalini kuran aşırı milliyetçilerdi.

Siyasal partiler, gangsterler, suçlular ve macera peşinde koşan fırsatçılar için yasaların işlemediği kaçış yerleri haline gelmişti. Aşırı grupların destekçileri arasındaki şiddetli çarpışmalar ve kalabalık gösteriler, çok daha kanlı ve büyükleri için yalnızca bir başlangıçtı. Sonunda devam eden silahlı sokak çatışmaları, modern Türk tarihine "Kaos Dönemi" olarak damgasını vurdu.

Radikal sol, özellikle 1969'da kurulan Dev-Genç (Türkiye Devrimci Gençlik Federasyonu), var olan hükümeti işlevsizleştirmek için Sovyet tarzı kanlı terörist yöntemler benimsemişti. Romanya ve Doğu Almanya'dan yayın yapan "Bizim Radyo" adlı gizli bir Sovyet radyo istasyonu, kendisini ulusun gerçek sesi olarak tanıtarak Türk devletinin politikaları, örneğin NATO üyeliği hakkında yanlış bilgiler yayıyordu. Şiddet yanlısı bir solcu grup olan Türk Halk Kurtuluş Ordusu, özellikle Amerikalılar olmak üzere yabancıların kaçırılmasını içeren terörist bir kampanyayı organize ediyordu. Komünizm tehlikesi ise, vicdansızca devletin kurumlarını soyan sağcı politikacıların halkı ürkütmek için kullandıkları hayali bir canavar haline gelmişti.

Bir yaz günüydü; Cağaloğlu'ndaki *Hürriyet* binasının üçüncü katındaki odamın penceresinden Babıâli Yokuşu'nda yapılan gürültülü bir sol gösteriyi izliyordum. Gösteri, çalıştığım gazeteye, gazetenin sahibine ve orada çalışan gazetecilere karşı yapılıyor; "Kahrolsun Masonlar!", "Kompradorlar aşağıya, Amerikan İşbirlikçileri!" şeklinde Maocu sloganlar atılıyordu. Komprador kelimesi, Çin'de iş yapan yabancı sermayedarlara yerel çalışanlardan sorumlu olarak arabuluculuk yapan Çinlileri anlatır. Göstericiler bize *kompradorlar* diyerek, Amerikan ajanı olduğumuzu ima ediyorlardı. Birçok kişi Masonları da, kuvvetli dış bağlantıları olan ve ülkeye karşı kötü emeller besleyen gizli bir örgütün üyeleri olarak görüyordu. Bu gruba üye olanların ülkeyi bölmeyi amaçladığına inanılırdı.

Odamda pencereden bakarken birden kapı açıldı ve çalışanlardan biri elinde bir kutuyla içeri girdi. Kutuyu masamın üzerine bırakırken, "Şef, ana kapılar güvende,"dedi. Birkaç yıl önce, Babıâli'de birbiri ardına üç ayrı gazetede şef editör olarak çalışmıştım ve o yüzden *şef* olarak anılıyordum.

"İyi," dedim, "Bu kutu ne?"

"Tabanca," diye yanıtladı. "Kırıkkale yapımı. Erol Simavi Bey, korunmak için ihtiyacınız olabileceğini düşündü. Kim bilir, gözü dönmüş aşırının biri sizi öldürmeye kalkabilir."

Yerel bir mason locasının üyesi olan endişeli bir gazete sahibi tarafından gönderilen bir silah?! Kendimi korumam için bana silah mı gönderiyor? Benimle dalga mı geçiyor? Bir an düşündüm. Gazeteye karşı hükümetin bir harekat yapacağını, fakat rejimin kendi adamları dahil olmak üzere her türlü gözü dönmüş suikastçı için benim çantada keklik bir av olduğumdan endişe etmiş olabilir.

Kutuyu getirene, "Teşekkür ederim ama silah taşımayacağım. Lütfen geri alın," dedim.

"Kompradorlar" sloganı bir kez daha yankılanırken, silah onu getirenle birlikte odadan çıktı. Tekrar camdan dışarı bakıp göstericileri izledim. Marksistler, 20 yıldır hükümetin içine sızmışlar ve giderek kendilerine sağlam bir yer edinmişlerdi. Bulgar Gizli Servisi Darjavna Sigurnost tarafından organize edilen tahrikçilerin ve Rus Gizli Servisi KGB temsilcilerinin üniversitelerde ajanları vardı. Bunlar, Batı karşıtı bir propaganda ile, Türkiye'nin NATO üyesi ve Amerika yanlısı oluşu hakkında bazı yanlış ve uydurma bilgiler yayıyorlardı. Artık kapitalizm gözden düşmüş, Sovyet yanlısı entelektüeller arasında Marksizm moda haline gelmişti. Tatlı su solcuları denilen Marksistler, Sovyet yanlısı bir hükümette yüksek makamlara getirilmeyi umduklarından, yapılacak son atakta bazı solcuların feda edilmesi için zamanın geldiğine inanıyorlardı.

Birkaç Sovyet yanlısı köşe yazarı, bu krizi yaratmada önemli bir rol üstlendi. Bunlar zaten yıllardır okuyucuların aklına şüphe tohumları saçmışlardı. Bu gazetecilere göre, emperyalist Amerika Birleşik Devletleri gibi NATO da kötüydü ve Türkiye NATO'dan çıkmalıydı. Onların amacı, Sovyet kampına katılıp Bulgaristan gibi Sovyet uydusu olmaktı. Bu köşe yazarları, *komprador* kelimesine yeni bir anlam yükleyip, bunu ortak düşmanları gerici İslami akıma karşı kullandılar.

Türkiye'deki yönetim, krizle etkili bir şekilde baş edemedi. Adalet Partisi iktidardaydı ve Demirel başkanlığındaki hükümet, sivil asayişsizlik sonucu kan dökülmesini durdurmaktan acizdi. Gerçekte, Adalet Partisi hükümeti, İslam meselesini politize ederek Kemal Atatürk'ün laik devrimlerinden uzaklaşmak için yol açmıştı. Demirel, komünizmin ilerleyişini engellemek için, 1920'lerden beri Atatürk'ün temel mirası olan devlet içindeki laik kurumların zayıflatılması gerektiğine inanıyordu. Sıklıkla Sovyetler Birliği'nden gelebilecek tehlike ile ilgili görüşlerini dile getiren Süleyman Demirel'e göre, Türk vatandaşının özgür kalması, karnını doyurmasından daha önemliydi. Görüşleri, vatandaşım aç kalsın ama, özgür yaşasın yolundaydı. Demirel'in merkezi sağ rejimi, Kemal Atatürk'ün laik devrimleri sırasında marjinalleşmiş olan gerici İslami akımın güçleri ile birleşmişti. Atatürk, yıkılan Osmanlı İmparatorluğu'ndan 1923'te yeni bir ulus yaratmıştı, fakat artık, nüfusun dinci kesimleri arasında taraftar toplamak adına onun laik devrimlerinden ödün veriliyordu. Açılan Kuran kursları ile birlikte İslami tarikatlar ve onların müritlerinin mantar gibi çoğalmasına izin verildi. İslam'ın yükselişine destek vermek, bazı insanlar tarafından, siyasi kariyer yapmak ve servet kazanmak için kullanılacak bir araç ve altın bir fırsat olarak değerlendirildi.

Adalet Partisi'nin İslam yanlısı politikaları, 1973 yılında Türkiye'nin kaderini değiştirdi. Laiklikten ödün vermeyen devrimci Cumhuriyet Halk Partisi (CHP), laik devrimlere tamamen karşı olan Milli Selamet Partisi (MSP) ile koalisyon yapmak durumunda kalmıştı. Oysa CHP, elli yıldır Atatürk'ün Batı yanlısı devrimlerinin sürdürülmesinde temel araç olmuştu. Sonuç olarak, 1973 yılında Necmettin Erbakan'ın İslamcı Milli Selamet Partisi ile yapılan bu koalisyon, Atatürk'ün laik mirasına önemli ölçüde zarar veren bir eylemler zincirini başlattı. O sırada ortanın solundaki CHP'nin lideri olan Bülent Ecevit, bu koalisyonla birlikte Necmettin Erbakan'ın liderliğindeki İslamcılara siyasal meşruluk kazanmaları için en iyi fırsatı sunmuş oldu.

1970'lerin başlarındaki bu gelişmeler, İslami kökenli Refah Partisi'nin 1996 yılında iktidara taşınmasına yardım etti. Böylece laik devletin tarihinde ilk kez olarak bir başbakan, Necmettin Erbakan, İslamcı bir devlet kurma amacıyla laik devrimleri değiştirme gücüne erişmiş oluyordu.

1970 yılının ilkbaharı ve yazın ilk günleri, Türkiye'nin sonradan başına gelen büyük dertlerin başlangıcıydı. Üniversite öğrencileri sağ ve sol çatışması içindeydiler, ülkede büyük huzursuzluk vardı. Süleyman Demirel'in Adalet Partisi iktidarı, ülkenin dertlerine çare bulamıyordu. Demirel, başbakan olarak, Anayasa'ya aykırı yasaları Meclis'e sunuyordu. Bu yasaların amacı, Cumhuriyet Halk Partisi'nin muhalefetini susturmak, üniversite öğrencilerinin rejim karşıtı gösterilerini önlemek ve basın özgürlüğünü sınırlamaktı.

Günaydın gazetesi, 10 Şubat 1970 günü, Süleyman Demirel ile kardeşi Şevket Demirel'in nüfuz suistimali ile zengin olduklarını iddia eden bir yazı yayınladı. İsmet İnönü, 12 Mart 1970 tarihinde, Süleyman Demirel'i din istismarcısı ilan etti. Buna karşılık, Demirel kardeşlerle ilgili yolsuzluk iddialarını incelemekle görevli Yüksek Denetleme Kurulu'nun 8 üyesi görevden alındı. TBMM'deki Adalet Partisi üyeleri de, 29 Nisan günü Başbakan Demirel ile ilgili soruşturmayı engellediler. Anayasa Mahkemesi 21 Mayıs'ta, Adalet Partisi milletvekillerince, Meclis'te Demirel hakkındaki soruşturmayı yürüten komisyonun çalışmalarının neden durdurulduğunu incelemeye başladı. Ve sonunda 18 Haziran'da

Anayasa Mahkemesi, AP'lilerce Meclis'te soruşturmayı önlemekle ilgili alınan kararın usulsüz olduğunu belirterek, Yüksek Denetleme Kurulu'nun soruşturmasına devam etmesine karar verdi. Fakat Demirel ve AP, Anayasa Mahkemesi'nin kararına karşı umursamaz bir tutum takındılar.

Bu olaydan bir gün sonra, 19 Haziran 1970 günü *Hürriyet*'te birinci sayfada, "Başbakan için tek yol: İstifa" başlıklı, bu konuları eleştiren, Süleyman Demirel'i Anayasa'ya karşı gelmekle suçlayan yazıyı yayınladım:

> Anayasa Mahkemesi'nin Soruşturma Hazırlık Komisyonu'yla ilgili kararı beklenmeyen bir şey değildi. Gerçi Yüksek Mahkeme'nin görevi, kanunların, iç tüzüklerin Anayasa'ya uygun olup olmadığını denetlemekti, ama iç tüzükle ilişkili görüldüğü takdirde Meclis kararlarının esasına girmesi ve onları esastan inceleyebilmesi de mümkün idi. Nitekim Yüksek Mahkeme bu yolu seçmiş, bozma kararı vermiştir. Bu demektir ki çoğunluk partisi, yasama organının denetim fonksiyonunu Anayasa'ya aykırı olarak kösteklemek istemiştir. Ve yine bu demektir ki, 132. maddenin "Yasama Meclislerinde yargı yetkisinin kullanılmasıyla ilgili soru sorulamaz, görüşme yapılamaz" şartı arkasına saklanacak bir kalkan değildir. Hazırlık komisyonları aslında ortaya atılmış bir iddia hakkında delilleri toplar, raporunu hazırlar, TBMM'ne verir. Parlamento ise bu rapora göre soruşturmanın açılıp açılmamasını tartışır ve eğer açılmasına karar verirse asıl komisyon kurulur. Hukuk bakımından bir başbakanın ya da bir bakanın hazırlık safhasında, hatta arkasından soruşturma komisyonu kurulmuşsa dahi istifa etmesi gerekmez, zira henüz sanıklar kabul edilmiş, Yüce Divan'a sevk edilmiş değildir.
>
> Meseleye bu açıdan bakılırsa, sayın Demirel için tahkikat komisyonu kurulmasını beklemesi ve onun kararına kadar görevinden çekilmemesi normal görülebilir. Ne var ki, olay böyle bir çizgi takip etmemiş, araya parlamento denetiminden sıyrılma, ters yorumların arkasına sığınma gibi kamuoyunda haklı olarak tepki yaratan bir takım oyunlar karıştırılmıştır ve

Anayasa Mahkemesi de dünkü kararıyla oynanan oyunların karşısına dikilmiştir. Bu durumda Başbakan için izlenecek tek yol artık istifa etmek, hazırlık komisyonunun arkasından "eğer kurulursa" soruşturma komisyonunun kararını beklemektir.

Sayın Demirel bu yolu izlemeye sadece kendi itibarını korumak bakımından değil, huzursuzluk denizinde bocalayan Türkiye'yi büsbütün huzursuzluğa itmemek için mecburdu.

Makalenin yayınlanışının ardından müthiş bir tepki doğdu ve aynı zamanda ben de hedef haline geldim. *Hürriyet* gazetesinde Nezih Demirkent tarafından cesaretlendirilen bazı Demirel destekçileri, gazetenin kopyalarını Eskişehir'de yaktılar. Demirkent, gazetecilikten çok idarecilik yapsa da pek hırslı biriydi. Finansal gücü olmamasına karşın gazeteye sahip olmak isterdi.

Gazetelerin yakılışı, tahmin edileceği gibi, siyasal gelişmeler karşısında ürkek tavırları bilinen Erol Simavi'yi şoke etmişti. Simavi, gazeteye karşı hükümetten gelebilecek bir hareketten kaygı duyuyordu.

Demirel destekçileri beni CIA ajanı, Amerikan uşağı ve vatan haini olarak ilan etmişti. Bu durum bana, çok sayıda darbe girişiminin, özellikle Albay Talat Aydemir'in bu konudaki çabalarının ön plana çıktığı 1960'larda, bir Amerikalı gazeteci ile yaptığım konuşmayı hatırlatmıştı. Bu gazeteci, *Hürriyet*'in yan kuruluşu *Haber Ajansı*'ndan sorumlu olduğum sırada bilgi toplamak için gelmişti. Görüşmemiz sırasında, "Bahse girerim, pasaportunuz çekmecededir," dedi.

"Hayır," dedim, "pasaportum burada değil ve kaçmaya niyetim yok."

Amerikalı gazetecinin, o sırada ayrıca uluslararası haber ajansı Reuters'e de haber geçtiğimi göz önünde bulundurunca, bana inandığını sanmıyorum. Benim kendi deneyimlerinden öğrendiğim gibi o da, bunun, Türkiye gibi ülkelerde milliyetçi kesimin gözünde casusluk görüntüsü yaratacak bir bağlantı olduğunu biliyor olmalıydı.

1970 yılında, içinde bulunduğum durum karışık bir hal almıştı. Tirajı üç yüz bine düşen *Hürriyet*'in rekabette güçlenebilmek için çok iyi bir haberciliğe olduğu kadar yeni ofset baskı makinelerine de ihtiyacı vardı. Bir yıl kadar önce *Hürriyet*'ten ayrılan Haldun Simavi'nin çıkardığı rakip *Günaydın* gazetesi, renkli baskıya geçmiş ve tiraj kazanmaya başlamıştı. *Hürriyet* de aynı makineleri ithal etmek için hükümet iznini bekliyordu. Demirkent, Demirel'i kızdırdığımız için iznin hiçbir zaman çıkmayabileceğini söylüyordu. O zamanlar, Türk hükümetlerinin, kendi politikalarını eleştiren gazetelerin baskı gereksinimleri konusunda oldukça umursamaz olabileceği biliniyordu.

Amerika'da dört yıl yaşamak, hayata genel bakışımı etkilemişti. Oysa Türkiye Amerika değildi; basın özgürlüğü, düşünceyi açıklama ve de yüksek devlet görevlilerinin yanlış uygulamalarını eleştirme hakkı üzerinde sınırlamalar vardı. Türkiye'deki yönetimlerle daha önce de sorunlarım olmuş ve hatta Reuters'e yaptığım haberlerden hoşlanmayan Adnan Menderes tarafından hapse atılmakla korkutulmuştum.

Fakat artık içinde bulunduğum durumda söz konusu olan sıkıntılar hapis cezasından çok daha ciddiydi. Hem sağ hem de sol aşırıların, tavırlarını ya da yazılarını onaylamadıkları gazetecileri öldürebileceklerine ilişkin haberler duyuyordum. Başka uyarılar da vardı. Gazeteci arkadaşım Kemal Bisalman, Demirel'e ve arkadaşları ile kötü şöhretli destekçilerine karşı olduğum açık bir şekilde ortaya çıktığı için attığım adımlara dikkat etmemin iyi olacağını söyledi. Demirel yanlısı yazılar yazan *Hürriyet*'in Ankara Bürosu Şefi Cüneyt Arcayürek ise, "Amerika'dan gelir gelmez ayağının tozunu silmeden Demirel'in istifasını istemen uygunsuzdu!" demişti.

Gözlemlerimin doğru olduğuna ve bunun sonradan kanıtlanacağına inanıyordum. Kaos Dönemi boyunca, üniversite kampüslerindeki ve sokaklardaki çatışmalarda, çoğu sağ ve sol aşırı kanattan olmak üzere, 5250 Türk genci yaşamını kaybetti. Gerici İslami akım güç kazandı ve zaman zaman generaller hükümetlere görevden el çektirip siyasete karıştılar.

Süleyman Demirel istifa etmedi ve Mart 1971'de askeri kuvvetler Meclis'i feshedip kendisini görevden uzaklaştırıncaya kadar da iktidarı bırakmadı.

Bu arada, ülke çapında bana karşı duyulan rahatsızlık, şüpheli bekleyiş ve üzerimdeki baskı 1970 yazında giderek arttı. O gün odamda, sokaktan gelen "komprador" nidalarını dinlerken telefon çaldı. Ahizeyi kaldırdığımda bazı tıkırtılar duydum. Birisi yine telefonu dinliyordu. Gazetede yayınlanan o başmakaleden beri telefon konuşmalarım sürekli dinleniyordu.

Arayan güvenilir dostum, gazeteci Turhan Aytul'du. Aytul, *Milliyet*, *Cumhuriyet* ve *Yeni İstanbul* gazetelerinde çalışmış, kulağı delik bir editördü.

"Ne haber Şeytan?" diye sordum. Keskin zekâsı ve çevik yapısı nedeniyle ona "şeytan" diye hitap ederdim. O da bana, geçmişte Reuters için çalışmam nedeniyle, Mickey Spillane romanlarındaki dedektif Mike Hammer'dan esinlenerek "Mayk" adını takmıştı.

"Kötü haber," dedi, "Seni öldürme planından söz edildiğini duydum. Dikkat et, sen de planlı bir kazanın kurbanı olabilirsin!"

Başmakaleden beri hareketlerimin izlendiğine ilişkin bazı belirtilerin farkındaydım. Peşime adam takılıyor, bana gelen posta karıştırılıyor ve telefon konuşmalarım dinleniyordu. "Geberteceğiz seni!" diyen tehdit telefonları alıyordum.

O günlerde, başbakanın istifasını açıkça isteme cesaretini gösteren bir gazetecinin hayatının tehlikede olması beklenebilecek bir gelişmeydi. On yıl önce, Adnan Menderes yönetimi sırasında, gazeteciler çok daha önemsiz suçlamalar nedeniyle hapse atılıyordu.

Yağmur yağmaya başlamıştı; pencereye vuran damlalar, göstericilerin gürültüsünü bastırıyordu.

Ve o anda yağmur bazı anıları canlandırdı. Isparta'daki çocukluk yıllarım sırasında, kenti çevreleyen dağlardan akarak gelen sel baskınları olur, kenti korumak için inşa edilen surlardan sular taşardı. Surlara bakan evimizi ve o surların ötesindeki devasa çınar ağacını düşünürken yağmur ve selle ilgili o ünlü tekerlemeyi hatırladım:

Yağmur yağıyor, seller akıyor,
Arap kızı camdan bakıyor.

Çınar ağacının gövdesinde bulunan oda genişliğindeki oyukta oynayıp dans ederken bu tekerlemeyi söylerdik.

* * *

Çocuk evin oturma odasının yanındaki beton cumbada oturmuş simit yiyordu. Annesinin çalıştığı diş kliniğini kuşbakışı görüyor; hastaların, yaşlı köylülerin acıyla çıkardığı bütün sesleri duyuyordu. Annesi bir hastanın dişini çekerken akan kanı gördü. Yakın zamanda kendisi de acıyla tanışmış olduğundan hasta için üzüldü. Üç gün önce bir duvardan düşmüş ve keskin bir taş parçası üst dudağını yarmıştı. Yarığı Isparta'daki bir hastanede dikmişlerdi. Ölmeden önce babasının yaptığı sarkaçlı duvar saatinin çıkardığı ahenkli sesleri dinleyerek oturma odasına doğru yürüdü.

Oda sade döşenmişti. Duvarın bir yanında saat duruyordu; onun üzerinde ise, Şahmeran'ı resmeden el yapımı bir duvar halısı vardı. Şahmerdan, yılanları evden uzak tutması beklenen, ama hiç de tutmayan, insan suratlı kaplan benzeri bir hayvandı. Ahşap yer döşemesi el yapımı halılarla kaplıydı, tam köşede çocuğun üzerinde oturmayı sevdiği divan yer alıyordu. Yarası nedeniyle üç gündür okula gitmeyip evde kaldığı için canı sıkılıyordu.

Genç Cumhuriyet'in tarihinde kritik günlerdi. Çocuk, Doğu Anadolu'da şiddet yaratan Kürt isyanından söz edildiğini duymuştu. Annesinin bu ayaklanma konusunda devamlı endişe duyduğunu biliyordu.

Canı sıkkın bir şekilde otururken, annesi beyaz önlüğüyle içeri girdi ve yanına oturdu. Yüzüne dokunarak, "İyi misin?" diye sordu.

Annesinin açık kahverengi saçlarına ve kahverengi gözlerine bakarken onun başkalarının acılarına ve akan kanları görmeye nasıl dayandığını merak ediyordu. Özellikle simidi ısırırken dudağındaki acıyı hâlâ hissetse de, "İyiyim anne," diye yanıt verdi.

Anne çocuğun yüzünü ellerinin içine alıp yukarı doğru kaldırdı: "Ülkemizdeki siyasal ortam tehlikeli olabilir. Büyüdüğün zaman siyasete ve siyasal partilere bulaşmayacağına dair bana söz vermeni istiyorum."

"Söz veriyorum anne," diye karşılık verdi çocuk.

* * *

Bu öğüdü uzun yıllar sonra hatırladım. Annem ne kadar da haklıydı diye düşündüm. İzlendiğimi biliyordum ve bu durum birkaç haftadır devam ediyordu. Beni şüpheli görüyor ve sürekli izliyorlardı. Neden? Beni neden şimdi öldürmüyorlardı? Gazetedeki başmakale yayınlandıktan bu kadar kısa bir süre sonra sokakta öldürülseydim, bu cinayet başbakanın dalkavuklarını zan altında bırakırdı. Fakat daha sonraları, devam eden kaosun içinde katledilen bir gazeteciyi kim düşünürdü? Bu da diğerleri gibi katili bilinmeyen bir cinayet olarak kalırdı.

Fakat benim durumumda bir fark olduğunu düşündüm. Ben iyi tanınan ve sevilen bir gazeteciydim. Benim gangstervari bir yöntemle sokakta vurulup ortadan kaldırılmam çok tepki toplayabilirdi.

Ortalık biraz yatışıp yazım unutulduğunda bir kaza sonucu meydana gelecek bir ölüm nasıl olurdu? O an Turhan Aytul'un dediklerini hatırladım. *Dikkat et, sen de planlı bir kazanın kurbanı olabilirsin!* Yemeğime zehir koyabilir ya da Boğaz Köprüsü'nden kaza süsü verilmiş bir düşme tasarlayabilirlerdi.

Süleyman Demirel'in eşi Nazmiye Demirel'in ayakkabıcısı Osman Nuri Tepe'nin nasıl öldüğünü hatırlıyor musunuz?

Nasıl öldü?

Zavallı adam, bir trafik kazasının kurbanı oldu.

Tanrı rahmet eylesin.

Osman Nuri Tepe'nin otel sahibi kardeşi Ali Tepe, neden birçoklarınca yakışıksız bulunan noter onaylı bir ifade verdi? Ali Tepe, 15 Kasım 1969 tarihli *Günaydın* gazetesinde yayınlanan ifadesinde, Osman Nuri Tepe'nin Nazmiye Demirel'in yakın arkadaşı olduğunu, Demirellerin evine girip çıkanlar hakkında çok fazla şey bildiği ve konuştuğu için öldürüldüğünü iddia etti. Bu açıklamayı yaptığında artık kendisi de öldürülmekten korkuyordu ve vasiyetnamesini imzaladığı anda bu ifadeyi de notere onaylatarak kendisini korumayı amaçlamıştı.

Herhangi bir kanıt olmadan böylesine bir suçlamaya kim inanırdı ki? İnsanlar her zaman kazalarda ölebilirdi.

Düşmanlara sahip olduğum için, adımlarıma dikkat etmek zorundaydım ve hiç kimseye güvenmiyordum.

Gazete binasından ayrılıp köhne arabamla etrafta gezindim. Arka sokaklara doğru ilerlerken sürekli yan aynalara bakarak herhangi bir takip belirtisi olup olmadığını anlamaya çalışıyordum. Nereye gidebilirdim? Batı Almanya? Oradaki Türk işçilerinin arasında İslamcı gericiler ve rejim yanlıları vardı.

Amerika! Orada güvende olabilirdim.

Bir kedi kirli su birikintisinin üzerinden atlayıp eski ahşap evlerin arasındaki dar sokakta kayboldu.

O sırada farlarını iyice açmış olan bir araba yanımdan geçti. Şoförün bana baktığını fark ettim. Kimdi ve bana neden öyle bakmıştı?

Yavaşladım ve hızlanan araba sokağın pek de iyi görülemeyen tarafına kıvrılmadan önce arka farlarını gördüm. Küçük bir camiyi geçerken müezzinin okuduğu akşam ezanını duydum ve sahil yolunna doğru hızlandım, fakat ani bir kararla geri döndüm.

Anahtarları kontakta bırakıp arabayı gazetenin parkına koydum. Sonra Sultanahmet Meydanı'na yürüdüm. Takip edilme konusunda dikkat etmek zorundaydım. Taksiye bindim ve eve gittim.

Takipten kurtulma konusunda deneyimlerim vardı. Bir keresinde çok güzel ve genç bir şarkıcının Bağdat'tan kaçmasına yardım etmiştim. Bir kaçış planı basit olmak zorunda diye düşünüyordum. Bağdat'ta yaptığım gibi sabah olabildiğince erken kalkacak, apartmandan eşimle birlikte ayrılacak ve Yeşilyurt tren istasyonuna doğru gezintiye çıkacaktım. Oraya varınca, bir at arabası kiralayıp yalnızca birkaç kilometre ötedeki havaalanına gidecektim.

Gece geç saatte eve vardığımda eşime ertesi gün ne yapmak zorunda olduğumuzu anlattım. "Yarın Viyana'ya erken bir uçak var. O uçağa son dakikada bineceğiz," dedim.

Avusturyalı genç eşim Magrid yanıtladı:

"İyi. Viyana, peki sonra?"

"Amerika," dedim.

Hayatım için endişeleniyordum ve bu yüzden beni yeştiştiren bu topraklardan, Anadolu'dan kaçmam gerekiyordu.

Sürgün kaderim olmuştu.

Kendi kaderim hakkında düşünmek bana şair Ahmet Muhip Dranas'ın bir şiirini anımsattı:

Kelebek gibi uçmada ruhumuz,
Barış dolu bu yıldız bahçesinde.

Bir Anadolu insanının bedenine ve ruhuna sahiptim ama hiç de huzurlu bahçelerde süzülen kelebekler gibi hissetmiyordum kendimi.

Anadolu İnsanı

Çobansız koyunu kurt kapar.

Atasözü

Ben Anadolu insanıyım ve Anadolu lehçesiyle konuşuyorum. Türkiye'nin can damarı Anadolu, Ege ve Marmara Denizi'nden Suriye, Irak, İran, Ermenistan ve Gürcistan sınırına kadar uzanır. Maine'den Carolina'ya kadar Amerika Birleşik Devletleri'nin doğu kıyısı ile kıyaslanabilecek büyüklükte bir alandır. Bu bölge, Neolitik (Cilalı Taş Devri) dönemden Osmanlı dönemine kadar çeşitli uygarlıklar görmüş ve göç eden insan topluluklarının geçit yolu olmuştur.

Tarih öncesi dönemlerde yaşayan insanlar, tarımı ve hayvan yetiştiriciliğini, verimli topraklardan (Fertile Crescent) alıp Anadolu üzerinden Avrupa'ya götürdü. Hitit Uygarlığı ve diğer kültürler arasında sürekli zaferler ve mağlubiyetler yaşandı. Büyük İskender'in önderliğindeki Yunanlılar, Pers İmparatorluğu'nu Anadolu çıkarması sırasında ezip geçtiler ve daha sonraları bu imparatorluğun doğu illeri Roma orduları tarafından yönetilip korundu. Sonunda bu topraklar, Avrupalılar çıktıkları haçlı seferlerinde bölgeye akın edip kılıçlarını sallamayı sürdürürken, Selçuklular ve fetihleriyle güçlenen Osmanlılar tarafından birleştirildi.

Orta Asya'dan Anadolu'ya göç eden Türk kabilelerinden birisi olan Selçuklular, çok daha güçlü bir duruma gelip bütün kabileleri birleştiren Osmanlılardan önce, 11. ve 13. yüzyıllar arasında Batı Asya'nın büyük bir bölümünü yönettiler.

Her Anadolu erkeği Mehmetçik'tir ve Türk Silahlı Kuvvetleri'nin belkemiğini de bu Mehmetçikler oluşturur.

Anadolu insanı, dayanıklı ve inatçı bir taşralı; bedenen güçlü bir gelenekçi ve dik başlı bir kişilik olarak da tanımlanabilir. Güçlü bedeniyle uzun yürüyüşlere alışık olan Anadolu insanı, genellikle orduda piyade yapılır. Bu konuda yazılmış şarkılar vardır:

Asker oldum piyade
Yar yandım aman
Bugün aşkım ziyade
Evlilerin sevdası
On parmağı kınalım,
Bekârlardan ziyade

Sait Faik Abasıyanık, Anadolu insanı için yaptığı bir tanımlamada, konuşmasından Anadolulu olduğu anlaşılıyordu, demişti.

Nüfus kâğıdımda 1925'te Antalya'da doğmuş olduğum yazıyor. Antalya eskiden, insanların sivrisinekten korunmak için geceleri yataklarına cibinlik gerdikleri, bahçeleri ve bodrum katlarında düzenli olarak zehirli yılan kontrolü yaptıkları ve pazara eşeklerin sırtında gittikleri, çetin şartları olan kırsal bir yerdi. Oysa şimdi, güzel plajları ve portakal bahçeleri ile Alman, Rus ve İngiliz ziyaretçilerin akın ettiği önemli bir turizm merkezi.

Doğduğum zaman bana uzun, coşkulu ve mutlu bir hayat anlamına gelen Muammer Ali adı verilmiş.

Ziraat Bankası'nda müdür olan babam (Ali Rıza), ben bir buçuk yaşındayken tifo hastalığından ölmüş. Babam 1877 doğumluydu; dişçilik, saat yapım ve tamiri ve en sonunda da bankacılık yapmış ve 1919-23 yılları arasında işgalci Müttefik kuvvetleri ve istilacı Yunan ordularına karşı verilen Bağımsızlık Savaşı sırasında, Mustafa Kemal'in Heyeti Temsiliye hükümetini destekleyip finansal yardım sağlamıştı.

Babam annemin ikinci eşiydi; en büyük erkek kardeşim Hilmi'nin babası olan ilk eşi ise, 1920'lerin başında bir dut ağacından düşerek ölmüş. Annemden yaşça oldukça büyük olan babam, evlendikleri zaman anneme şunu söylemiş: "Sana öğretebileceğim iki beceri var: Dişçilik ve saat tamiri... Bana herhangi bir şey olursa kendine bakabilmen için bunlardan birisini öğrenmen gerek."

Annem dişçiliği seçmiş; babam öldükten sonra ise, üç çocuğunu alarak babaevi Isparta'ya geri dönmüş.

Annemin babası Nuri Ergun, üzüm bağları, gül bahçeleri, halı dokuma tezgâhları, bir değirmeni, pazarda bir zahire dükkânı bulunan fakat okuma yazma bilmeyen, varlıklı bir adamdı. Kilosu ve boyu normal ölçülerdeydi, konuşurken az sayıda kelime kullanır, siyah şalvar giyip renkli kuşak takardı, saçları gibi çember sakalı da beyazdı, hacca gittiği için Hacı Nuri olarak bilinirdi.

Tatar bir atın çektiği iyi bir at arabasına sahipti ve onu kullanan Veli adında bir sürücü çalıştırırdı ama yine de kendisi eşeğe binerek yol almayı tercih ederdi. O, eşek sırtında tozlu yollardan pazara giderken, arkasından elimde kızılcık ağacından koparılmış bir tahta parçası ile yürüyerek onu takip ederdim. Çevre köylerden ve kasabalardan ürünlerini pazarlamak için gelen insanların yarattığı karmaşa içindeki pazarda, her zaman büyük bir gürültü egemen olurdu. Şişkebap ya da kuzu kızartma kokuları ile keskin baharat kokularının karışımı sürekli havaya yayılırdı.

Annem Hacer, ailesine yakın yaşamak istemişti; bu yüzden babaevinin karşısında bir evde otururduk. 32 yaşında dul kaldığında, dişçilik için gerekli eğitimden yoksundu. Ben iki yaşındayken, Ankara'daki hükümete içinde bulunduğu durumu açıklayan bir mektup yazmıştı. Daha sonra bu mektuba cevaben aldığı bir telgrafla, İstanbul Üniversitesi Dişçilik Fakültesi'nde başlamak üzere olan bir kursa başvurması söylenmişti.

Osmanlı İmparatorluğu'nu yıkan kargaşa ve savaş döneminden sonra artık Türkiye'de sakin bir dönem başlamıştı. 1912 ve 1913'te meydana gelen Birinci ve İkinci Balkan Savaşları, 1. Dünya Savaşı, Gelibolu Muharebesi (1915) ve ardından Türk Ulusal Kurtuluş Savaşı (1914-23), ülkedeki genç nüfusu yok etmişti. Çok sayıda profesyonel meslek sahibi ise savaşlarda yaşamını kaybetmişti. Genç Cumhuriyet, yeniden yapılanma ve modernleşme çalışmalarında zorlanıyordu.

Bu yüzden annem, üç çocuğunu ailesine bırakarak İstanbul Üniversitesi'ne doğru yola çıktı.

Dedemlerin evi zaten yeterince kalabalıktı. Artık ben ve kardeşlerim de, dedemin üç oğlu, eşleri ve onların çocuklarının arasına katılmıştık. Atların ve eşeğin barındığı bir de ahır vardı. Büyükannem Feride, zahireyi ve bahçesinde yetiştirdiği sebze ve meyveleri bodrum kattaki kilerde saklardı. Bu nedenle kışın sürekli meyvemiz olurdu.

Dedem, şehrin dışında su değirmenini modernize etmeye karar verdiğinde İtalya'dan bir çark ısmarladı ve çok geçmeden İtalyan bir mühendis çarkla birlikte çıkageldi. Mühendis, o dönemde otomobillerin ender görüldüğü Isparta'da yeni arabasıyla gösteriş yapıyordu. Bir gün Enver Amcam, at arabasını süren Veli'nin deneyimli olduğunu söyleyerek, otomobili kullanmasına izin vermesi için İtalyan'ı ikna etti.

Fakat Veli, tekerleklerin dönmesiyle birlikte otomobili dosdoğru duvara çarptı. Arabanın ön kısmında önemli bir hasar meydana gelmişti. Dedemse, hasarın faturasını aldığında sinirden küplere binmişti.

Bahar geldiğinde, gül suyu ve gül yağı elde etmek için büyük kazanların içinde gül yaprakları kaynatılır, ben de bu işlemi denetleyen dedeme eşlik ederdim. Dedemin asıl işi, kendi ifadesiyle, güller açtığında başlardı. Bütün ihtiyacı olan şey sabır, düzenli çalışan sağlam bir el ve iyi gören gözlerdi. Göz damlalığı kullanarak kazandaki yeni üretilmiş gül suyunun yüzeyindeki gül yağı damlalarını toplar, yağ damlalarını cam tüpler içinde biriktirir ve ihracat için hazırlardı.

Kömür mangalı ile ısınılan kış gecelerinde, dedem genellikle koyun postundan yapılma ceketini giyer ve renkli örtülerle kaplı divanda otururdu. Hiç okula gitmemişti, imza bile atamazdı. Üzerine kendi adı kazılmış bir bronz mührü, renkli kuşağının içindeki kadife bir cüzdanda tutar ve her zaman yanında taşırdı.

Yaz ayları boyunca, eyersiz olarak ata biner ve dedem için ayak işleri yapardım. Ödülüm ise genellikle, Isparta'yı üç taraftan çevreleyen sıradağların en yükseği Davras Dağı'nın zirvesinden alınan buzlarla yapılan dondurma olurdu.

Dedem, bana iyi davranır ve babam olmadığı için onun yerini almaya çalışırdı. Bu nedenle de, yanlış bir hareketim olduğunda bana ders vermekte tereddüt etmez ve ceza olarak kızılcık sopası ile kıçıma vururdu.

Bir gün, ailedeki tüm erkek çocukların sünnet edilme zamanının geldiğine karar verdi. Hemen bir sünnetçi bulundu; büyük kazanlarda pirinç pilavı pişirildi; keçi ve kuzu çevirmeler hazırlandı; yuvarlak tepsilerde baklavalar, börekler yapıldı ve düğüne komşular davet edildi. Sünnet kıyafetlerimizi giydik ve üzerinde altın renginde *Maşallah* yazan şapkalarımızı taktık.

Herkesin eğlendiği bir sırada, kimseye gözükmeden yavaşça kaçıp misafir odasındaki dolaba saklandım. Fakat saklandığım yeri kısa sürede keşfettiklerinde yaşadığım korku tümüyle açığa çıktı. Birkaç kişi beni sünnetçinin önünde sıkı sıkıya tutarken amcam ağzıma lokum dolduruyordu. Normal olarak Türk lokumunu severim ama o sırada lokum bile duyduğum acıyı yok edememişti.

Ramazan ayında oruç tutmaya karşı çok hevesli olmazdım. Davulun uzaktan gelen sesini hâlâ anımsıyorum. Bir ay boyunca herkes gibi davul sesiyle uyanır, yemeğimi yer ve meyve suyu içerdim.

Görkemli akşam ziyafetlerine karşın, orucum hiçbir zaman öğle yemeğine kadar sürmezdi. Üstelik dedemin evinde orucu bozan yalnız ben değildim. Amcalarım Ali ve Enver de, biz çocuklar gibi orucu bozar ve akşam ziyafetinin keyfini sürmekten de çekinmezlerdi. Dedem, onların bu davranışlarından haberdardı ama iki amcamın da yaşam tarzları ile yakından ilgilenmesine karşın hiç yakınmazdı.

Her gün ibadet eden ve oldukça dindar olan en büyük amcam Ethem, halı tasarımları yapardı. Diğer amcalarım Ali ve Enver dindar değillerdi. Gelibolu muharabesinde kolunun tekini kaybeden Ali Amcam, Çolak Ali olarak bilinirdi; atları ve biniciliği çok severdi; tam bir zamparaydı, her zaman dolu bir silahla gezer, her gece batakhanelerde rakı içerek sarhoş olur ve dansöz seyrederdi.

Sonunda 1930 yılında annem döndü. Türkiye'nin ilk kadın dişçisi olmuştu. Kurularak çalıştırılan oyuncak bir kuş ve filmli bir fotoğraf makinesi büyük şehirden bana getirdiği armağanlardı.

Annemin dönüşüyle birlikte, dedemin evinin yakınındaki kendi evimize taşındık. Annem dişçilik yapmaya başlamıştı. Yıllar boyunca, şehirden ve civardaki köylerden gelen birçok hasta gördüm. Köylerden gelen şalvarlı hastalar çoğunlukla yamalı yırtık kıyafetler giyen fakir insanlardı. Düzenli diş bakımını ya da önemli bir diş rahatsızlığı tedavisini karşılamak bir yana, basit bir diş çekimini bile zorlukla yaptırabiliyorlardı. Annemin uyguladığı tedaviler için tavuk, kafesin içinde bir keklik ya da tavşan getirirlerdi. Annem, çürük dişlerinin tedavisini tamamladığı hastalarına, "Artık elma ısırabilir ve leblebi yiyebilirsin," derdi.

Devam ettiğim ilkokul eski, ahşap bir binadaydı. Sınıflar kalabalıktı ve Türk insanının bin yıllık tarihinde ilk kez olarak Latin alfabesi ile basılmış kitaplarımız vardı. Her gün tozlu bir yoldan yürüyerek okulla ev arasında gidiş-dönüş yaklaşık 6.5 kilometre katederdim; yağmurlu mevsimlerde taşmaması için yanına set çekilmiş cılız bir ırmak da bu yola eşlik ederdi.

Devrimlerin gerçekleştirildiği dönemdi. 29 Ekim 1923'te laik Cumhuriyet'in ilan edilişiyle birlikte, benim kuşağımdaki insanlara bu yenilikler benimsetilmeye başlanmıştı. Devrimlerin yaratıcısı savaş kahramanı Mustafa Kemal Atatürk, ilk Cumhurbaşkanı olarak seçildi. Halkın 20. yüzyıla ayak uydurmasını hedefleyen Atatürk, Arapça yazıyı kaldırarak 1928'de Latin alfabesini getirdi. Dinin devlet işlerine karışmasını engelledi. Tarikatları yasakladı ve padişahlığı kaldırdı. Türkiye, artık halkın oylarıyla seçilmeyen despot sultanlar tarafından yönetilemeyecekti. 3 Mart 1924'te Türkiye'de İslam dininin ruhani liderliği olan Halifelik kaldırıldı. Eski eğitim yöntemleri ve medrese gibi dini okullardan vazgeçilerek Avrupa tarzı eğitim benimsendi. Öğretmenler yeniden eğitilerek, laik okullara devam zorunlu hale getirildi ve okullardaki din dersleri kaldırıldı.

10 yıldan az bir zamanda, Türkiye'nin yasal, sosyal, ekonomik ve siyasal sistemleri modernize edildi; miladi takvim benimsendi ve yeni bir ulusal kimlik yaratıldı. Cumhurbaşkanı Atatürk'ün ulusa yeni bir Türk kimliği anlayışı kazandırıp yenileştirme yöntemleri, eski Osmanlı, Acem ve Arap etkilerinin yok edilmesini amaçlıyordu. Mustafa Kemal Atatürk, dini hoşgörüsüzlük ve

bağnazlığı kökünden söküp atmayı hedeflemişti. Türklerin kahramanlık ve coşkulu milliyetçilik gibi özellikleri üzerine kurulu bir reform hareketi gerçekleşiyordu. Atatürk, çağın gerisinde kalmış bir ulusu harekete geçirmek istiyordu.

Bu yapılanların yanı sıra, yüzyıllardır modernizasyonu ve aydınlanmayı ihmal etmiş bir ulusu geliştirmek kolay bir iş değildi. Köktendincilerden ve kurumlaşmış muhafazakârlardan gelen güçlü bir tepki söz konusuydu. Aşırılar, devrimlere direnip laik devlet görevlilerini öldürerek kan dökülmesine neden oldular. "Gavur reformlarını istemiyoruz!" sloganları atıp rejim karşıtı gösteriler yapan köktendinciler ve laik görevliler arasında çatışmalar yaşandı. Atatürk, tasarladıklarını gerçekleştirmek amacıyla gerektiğinde kuvvet kullandı ya da halka örnek olmaya çalıştı. Bir öğretmen gibi kara tahtanın önüne geçip Latin alfabesiyle nasıl yazılacağını gösterdi. Avrupalıların taktığı şapkalardan takıp, herkese fes yerine o şapkalardan takmasını söyledi.

Benim kuşağımdakiler ve daha sonrakiler, Türkçeyi Arap alfabesiyle öğrenmedi. Osmanlılar döneminde yüzyıllar boyunca Arapça harfler kullanılmıştı, oysa artık Arapça metinleri okuyup yazmak bir uzmanlık konusuydu. Eski Osmanlıca kitaplarda araştırma yapmak ya da İmparatorluk döneminin belgeleri üzerinde çalışmak isteyenler, sanki yeni bir dil öğreniyorlardı. Daha sonraları Kuran Türkçeye çevrilerek Latin alfabesi ile basıldı ve camilerden okunan ezanlar Arapça yerine Türkçe okunmaya başlandı.

Arapça'daki *Allah* sözcüğünün yerine Türkçedeki Tanrı sözcüğü geçti. Fakat Tanrı sözcüğü, devrim yıllarında ve sonrasında, laik aydınlar arasında bile fazla kullanılmadı. Buna ek olarak ezanın da Türkçe okunmaya başlanması, dindar Müslümanları kızdırdı.. Sonunda 1933'te, dini alışkanlıklardaki değişiklikten dolayı halk arasında beliren rahatsızlık, ezanın yeniden Arapça okunmasına neden oldu.

Osmanlıların güçsüzlüğünün sembolü haline gelen ve Batı'da Türklerle alay etmek için kullanılan fes (adını Fas'ın Fes kentinden almıştır), 1925 yılında yasaklandı ve bunun yerini şapka aldı.

Kadınların özgürleşmesi konusunda yeni adımlar atıldı ve 1934 yılında çıkan bir yasayla kadınlara seçme ve seçilme hakkı tanındı. Kadınların peçe giymesine son verildi. İmam nikahı ve imam aracılığıyla dini boşanma yasadışı ilan edildi. Bir erkek yasal olarak artık dört kadınla evlenemeyecekti. Tek eşlilik yasa haline geldi; boşanmanın yalnızca mahkemelerde yasal işlem uygulanarak yapılması sağlandı.

Çarşafın yerini Batı tarzı giyim aldı. Annem, çarşaftan nefret etmiş ve asla giymemişti. "Bir kadın yüzünü dünyaya göstermekten gurur duymalı," derdi.

Büyük kentlerdeki eğitimli sınıf, yenilikleri hızla benimsedi, fakat kırsal kesim eski geleneklerden vazgeçmeyi kabullenmekte ağır davranıyordu. Kılık Kıyafet Yasası'nı takip eden ilk yılda, annem sokakta yürürken çoğunlukla zorlanmış ama başörtüsü kullanmayı reddetmişti. Batı tarzında kıyafetler giymeyi tercih ettiği için, hafifmeşrep kadın anlamına gelen "Tango fıyanga" şeklinde arkasından bağıran çocuklar tarafından takip edilmişti. Açıktır ki, o çocuklar, gerici İslamcı ailelerinden öğrendiklerini uyguluyorlardı.

Soyluluk unvanları kullanılmaz olunca, soyadı almak bir zorunluluk haline geldi. Bu durum karışıklığa yol açmış ve benim ailem için de üç ayrı soyadı söz konusu olmuştu. Bu reformdan önce, bir yörenin adına *zade* kelimesini (Farsça zadegan kelimesinin kısaltılmışı) ekleme yoluyla soyluluk unvanına sahip olanlar dışında, ülkede hiç kimsenin soyadı yoktu.

Kemal Atatürk'ün partisi Cumhuriyet Halk Partisi, her kasabada Halkevleri kurdu. Bunların çoğunda kütüphane, düzenli performansların gerçekleştirildiği ve ayrıca spor etkinliklerinin de yapılabileceği tiyatrolar vardı. Halkevleri, 1912'de halkın eğitim standartlarını yükseltmek amacıyla kurulan Türk Ocakları'nın yeniden canlandırılmış haliydi. Yazar Halide Edip Adıvar (1883-1964), Türk Ocakları'nın kurucusu ve Türk kadınlarının özgürleşme hareketinin de öncüsüydü. Adıvar, Atatürk'ün, her Türk'ün, hatta Atatürk'ün haksızlığına uğramış olanların bile kalplerinde değerli bir yeri olduğunu yazmıştı. Gerici İslami hareketin günümüzde yeniden canlanışı, Adıvar'ın bu düşüncesinin herkes tarafından paylaşılmadığını gösteriyor.

Osmanlı tarihinin ilk dönemlerine ilişkin bilgileri bulabildiğim Isparta'daki Halkevi'nin kütüphanesi en sevdiğim yerdi.

Aralarında *Türk Korsanları*'nın da bulunduğu birçok kitabı orada okudum. Bu kitap, Osmanlı İmparatorluğu'nun güçlü olduğu dönemlerdeki Türk denizcilik savaşlarının tarihini anlatıyordu, fakat genel olarak, 1533'te Muhteşem Süleyman devrinde Osmanlı Donanması'nda Kaptan-ı Derya olarak atanan Barbaros Hayrettin Paşa hakkındaydı. Amiral Barbaros Hayrettin, Batı'da Barbarossa ya da Kızıl Sakal olarak daha iyi tanınır. İlginçtir ki, kızıl renkli sakalı olan o değil, ağabeyi Oruç Reis'ti.

Barbaros Hayrettin, 1466'da Midilli (Lesbos) adasında doğdu ve diğer üç kardeşi gibi o da erken yaşlarda denize açıldı. Ağabeyi Oruç Reis, Kuzey Afrika'da nam salmıştı ve İspanyollara karşı savaşırken orada öldü. Barbaros Hayrettin, 1546'da yaşamını kaybetti ama kurulmasına yardım ettiği güçlü Türk Donanması, Osmanlı kuvvetlerinin ezici bir bozguna uğradığı 7 Ekim 1571'deki İnebahtı (Lepanto) Deniz Savaşı'na kadar ayakta kaldı.

Isparta'daki o kütüphanede ilk olarak Türkçede korkunç bir yenilgi ya da bozgun anlamına gelen *sıngın* kelimesini öğrendim. İnebahtı Deniz Savaşı, bir bozgun olarak değerlendirilmişti. Bu savaş, Osmanlı kuvvetlerinin zayıflığını göstermiş ve Türklerin yenilmezliği konusundaki inanışa büyük bir darbe indirmişti.

1570'te, Türkler Kıbrıs adasını istila ettiklerinde, Venedikliler, Papa V. Pius ve İspanyol II. Philip ile birlik kurdular. Philip, Avusturya'daki üvey kardeşi Don Juan'dan birliğin donanmasının başına geçmesini istedi. Bu tarihi deniz savaşına, 245'i Türk olmak üzere toplam 487 gemi katıldı. Patras Körfezi'ndeki dört saatlik savaştan sonra Midilli ve Yunanistan yakınlarında, iki yüz Osmanlı kadırgası batırıldı ve binlerce kişi esir alındı. Hem Avrupa hem de Osmanlılar üzerinde büyük etkiler yapan bu savaş, aynı zamanda Tintoretto, Titian ve Veronese gibi ressamların eserlerine de konu oldu.

Ünlü Osmanlı veziri Sokollu Mehmet Paşa, Osmanlı Donanması'nı yeniden kurdu. Doğuştan Sırp asıllı olan Sokollu'nun bir İtalyan devşirme olan Kılıç Ali Paşa'yı Büyük Amiral olarak ataması ilginçtir. Komuta zincirindeki ikinci yetkili, Piyale Paşa Macar'dı. Filo komutanı ve donanma veznedarı Hasan Ağa ise Venedikliydi.

Bugün bile hâlâ ölümünün Osmanlı deniz kuvvetleri için sonun başlangıcı olduğuna inanılan Barbaros Hayrettin Paşa'nın türbesi, İstanbul'un Beşiktaş semtindedir. Türk deniz savaşları hakkındaki kitap, genel olarak 1657'de İstanbul'da ölen tarihçi Katip Çelebi'nin verdiği bilgilere dayanıyordu. Bir sipahinin oğlu olan Katip Çelebi, orduda yazıcı olarak görev yapmış ve birçok seferde yer almıştır. Aralarında coğrafya ile ilgili çalışması *"Cihannüma"* ve *"Deniz Savaşları Hakkında Büyüklere Armağan"* olmak üzere çeşitli kitaplar yazmıştır. 1726 yılında İstanbul'da, Macar asıllı İbrahim Müteferrika tarafından dizilip basılan bu kitap, 149 sayfaydı. 1831 yılında James Mitchell tarafından İngilizceye çevirilerek, Londra'da The Oriental Translation Fund tarafından kitap halinde yayımlandı. Avrupa atlasları, Osmanlı tarihinde ilk kez olarak bu kitapla birlikte kullanılmıştır. Katip Çelebi, Osmanlı iktidarını, bilim ve coğrafyanın önemi hakkında uyarmış, diğer ulusların coğrafyadan yararlanarak Amerika'yı keşfettiğini ve Hindistan'a hakim olduğunu ileri sürmüştü. Fakat Osmanlı ileri gelenleri bu zamanlaması yerinde uyarıyı hiçbir zaman önemsemediler.

1920'lerin ve 1930'ların laik devrimleri ve Isparta'daki o ufak kütüphane, erken yaşlarda benim hayatımı etkiledi. Bunların yanı sıra, ortaokula devam ettiğim sırada bir Genç Türk olarak devraldığım tarihi mirası anlamama yardım eden bir başka rehber daha vardı.

Albay

Dağ ne kadar yüce olsa da yol onun üstünden aşar

Atasözü

Onu Albay olarak tanıdım. Annem, evimizin en üst katını ona kiralamıştı. Albay, kısa ve kel olmasına karşın, atının üzerinde heybetli görünür, üniforması ve şapkasıyla da oldukça akıllı bir adam imajı çizerdi.

Eşinin söylediğine göre, Albay, savaş zamanında yaşadığı olaylar nedeniyle halüsinasyonlar ve karabasanlar görüyordu. Birinci Dünya Savaşı'nda, Müttefiklere karşı yapılan Gelibolu Savaşları dahil, çeşitli çatışmalarda görev yapmış, Bağımsızlık Savaşı sırasında istilacı Yunan ordularına karşı gerçekleştirilen İnönü Meydan Muharebeleri'nde savaşmıştı.

Henüz televizyon keşfedilmemişti ve o tarihte evde radyomuz bile yoktu. Albay'ın, manivela kurgulu Victor marka (His Master's Voice, Sahibinin Sesi, Jack Russell terrier cinsi bir köpeği gramofon dinlerken gösteren orijinal imajıyla ünlü marka) bir gramofonu vardı. Bu gramofon, o dönemde teknolojinin geldiği son aşamaydı ve bütün şehirde kıskançlığa neden olmuştu. O sırada hiç kimsede buna benzer bir plakçalar yoktu.

Albay'ın hiç bıkmadan tekrar tekrar çaldığı üç plak hep hatırımdadır. En sevdiğim Valencia'ydı; diğer ikisi ise, korkunç savaş yıllarını anımsatan Türkçe şarkıların yer aldığı plaklardı. Bunlardan birisi mersiyeydi:

Her yer karanlık, pür- nûr o mevki
Mağrib mi yoksa, makber mi Yarab!

Mağrip (genel olarak Fas'ı anlatmak için kullanılır, fakat ayrıca Yemen için de kullanılmıştır), Kuzey Afrika, Anadolu'nun güneyindeki çeşitli Arap ülkeleri, çok sayıda Türk askerinin Birinci Dünya Savaşı sırasında öldüğü topraklar arasındaydı.

Bağımsızlık Savaşı ile ilgili üçüncü şarkı, İzmir'in kavak ağaçlarını ve düzensiz ordu komutanı Çakıcı Efe'yi anlatıyor, onun yönettiği nam salmış grupların konakları yakışından söz ediyordu.

Civardaki komşu çocuklarla sokaklarda sapanla kara sinek vurmaktan sıkıldığımız zaman, Albay iyi bir günündeyse, bize Türk tarihini ve kendi savaş deneyimlerini anlatırdı. Çok sınırlı miktarda ilacı ve yalnızca bulgur ile fasulyeden ibaret yiyecek stoku olan hendekteki askerlerin çektiği sıkıntılardan söz ederdi. Türkiye'yi yabancı devletler arasında paylaştıran 1920 Sevr Antlaşması'nı Türkler için korkunç bir utanç olarak niteler ve işgal kuvvetlerinin zulmünden yakınırdı.

"Bizim kadınlarımız, Bağımsızlık Savaşı sırasında, sırtlarında ve iki tekerlekli kağnı arabalarında cepheye ağır top mermileri taşıdı. Karaborsadan kâr elde etmek için yiyecekleri stoklayan aşağılık adamlar vardı. Anarşi ortamı yaşanıyordu. Bütün yurtta bazısı yurtsever, bazısı da hırsız ve katil çok sayıda silahlı haydut gruplar türemişti," diyerek o günlerdeki ortamı gözümüzde canlandırmaya çalışırdı.

Savaş sırasında kıtlık tüm ülkeyi sarmıştı. Erkeklerin sürekli orduya alınması ve hayvan sürülerinin ordunun ihtiyaçları için kullanılması nedeniyle ekonomi ve tarım çökmüştü.

Albay, Birinci Dünya Savaşı sırasında Türkiye'yi işgal eden Yunanlılar, İngilizler, Fransızlar ve İtalyanlardan söz ederken sert bir ses tonuyla konuşurdu: "Bizim topraklarda yaşayan Rumlar, Yunanistan'ın Anadolu'yu işgal edeceğini umuyorlardı. Türk komşularına, 'Atina'daki amcalarımız yakında buraya ulaşıp size kırmızı gömlek giydirecek' diyorlardı. Gerçekten de Yunan askerleri çok sayıda Türk'ün gömleğini kanla kırmızıya boyadı. Daha sonra, *Mavri Mira* adlı Yunan çetesi, çocuklar dahil köylüleri öldürdü, Anadolu'daki kasabaları ve köyleri yakıp yağmaladı."

Türklerle aynı dine inanan Arapları ise, Birinci Dünya Savaşı sırasında İngiliz kuvvetleriyle işbirliği yaparak Osmanlı İmparatorluğu'na ihanet ettikleri için affetmeyen Albay, "Araplar bizi sırtımızdan hançerledi!" derdi.

Güzel hikâye anlatırdı Albay. Bize aktardığı masal ve efsanelerin en iyileri Orta Asya ile ilgiliydi; o hikâyeleri büyük bir zevk içinde dinlerdim. Bunlar arasında efsanevi dişi bozkurtu anlatan bir hikâye vardı.

Ergenekon Efsanesi'ne göre, Orta Asya'daki Türkler, bir Türk'ün Asena adlı bir dişi kurt ile çifleşmesinden doğmuştur. Göktürkler adı verilen bu soydan gelenler, Orhun Türkçesi konuşurdu. Orta Asya'daki bu eski kavim hakkında Çin efsaneleri de bulunmaktadır. Yüksek dağlarla çevrili kurak vadideki ilk dönemlerinde Türklere bu kurt tarafından yol gösterilmiştir. Bu vadi, efsanevi Turan ülkesi olarak bilinir. Daha sonraları bu kurt, Türklerin sembolü haline gelmiş ve Birinci Dünya Savaşı'nın hemen öncesinde Kızıl Elma denilen Pan-Turanist ya da Pan-Türkçü aşırı milliyetçi hareketi ortaya çıkarmıştır.

Milattan sonra beşinci ve altıncı yüzyıllarda yazılan muhteşem Dede Korkut Hikâyeleri, Asya'nın büyük bir kısmına yayılmış olan Oğuz Türklerinin görkemli çağına kadar uzanarak Türk mitolojisinden hikâyeler anlatır. Bunların içinde benim favorim *Alpamış Destanı*'ndan "Boz Aygırlı Bamsi Beyrek"tir.

Türklerin bütün savaşları sona erdiren Büyük Savaş'a girmesine neden olan ve diğer taraftan Osmanlı İmparatorluğu'nun yıkılışıyla sonuçlanan ihanet hakkındaki bilgileri Albay'dan öğrenmiştim. Bu ihanetin merkezinde büyük önemi bulunan Yavuz zırhlısı vardı.

1930'larda Isparta'daki kahvelerin duvarları, bu zırhlının renkli posterleriyle kaplanmıştı, hatta onunla ilgili bir şarkı bile vardı:

Yavuz geliyor Yavuz da denizi yara yara
Kız ben seni alacağım, başına vura vura

Birkaç yıl sonra İstanbul'da lise öğrencisiyken bu zırhlıyı ziyaret ettiğim zaman onun büyüklüğünden etkilenmiştim. 28 santimetrelik mermileri ateşleyebilen topları bulunan beş adet ikili tareti vardı.

Yavuz zırhlısı başlangıçta, tarihin akışını değiştiren ünlü Alman savaş gemisi Goeben olarak tanındı. Hamburg'daki Bloom & Voss firması tarafından yapılmış ve Mart 1911'de Moltke sınıfı bir savaş kruvazörü olarak lanse edilmişti. 1914'te savaş başladığında hafif kruvazör Breslau eşliğindeki Goeben, Alman Tuğamiral Wilhelm Souchon komutasındaydı. Ve sonunda Almanlar, Akdeniz'deki İngiliz savaş gemilerini bertaraf edip Çanakkale Boğazı'na girmişti.

İngiltere'nin, bedelleri halkın yaptığı yardımlarla ödenmiş olan iki İngiliz savaş gemisini Türklere teslim etmeyi reddetmesi, Temmuz 1914'te gerginliğe neden olmuştu. Dreadnaught (dretnot) sınıfı söz konusu gemilere Reşadiye ve Sultan I. Osman adları verilmişti. Dönemin en ileri teknolojisine sahip olan savaş gemilerinin Osmanlı donanmasında yer alması olasılığı, Müttefik devletleri endişelendirmiş, güç dengesinin değişebileceğini düşünmelerine neden olmuştu.

İngiliz Deniz Kuvvetleri Bakanı Winston Churchill'in savaş gemilerinin teslimi konusunda yarattığı bu anlaşmazlık, Birinci Dünya Savaşı'nın gelişiminde önemli bir rol oynamış, özellikle Türkleri çok zor bir duruma sokarak savaş stratejisinin değiştirilmesine neden olmuştu.

Albay'ın söylediğine göre, "Bazı Osmanlı görevlileri ile işbirliği sağlayan Souchon, savaştaki hasta Osmanlı İmparatorluğu'nu kuşatabilmişti."

1913 ile 1918 yılları arasında ülkeyi yöneten İttihat ve Terakki Cemiyeti'nin (ya da Jön Türkler) üyesi olan Tuğgeneral Enver Paşa'yı suçluyan Albay, "Enver, Harbiye Nazırı'ydı. Almanlarla gizli bir anlaşma imzaladı. Souchon, Rus kıyılarını bombalayarak Enver'i aptal yerine koydu. İki Alman savaş gemisi ve iki milyon altın lira için savaşa girdik ve bir imparatorluk kaybettik," diyordu.

Türklerin savaşa katılımı, Goeben ve Breslau adlı zırhlıların boyanmış bir halde, yeni adları Yavuz ve Midilli (Mitilini) ile Karadeniz'e açılmaları ile başladı. Bu sırada, Osmanlı Donanması kumandanı olarak yeni atanan Tuğamiral Wilhelm Souchon da Goeben'de yerini almıştı. Her iki savaş gemisinin ekibi de fes giymiş Almanlardan oluşuyordu ve iki gemi de sancaklarında Osmanlı İmparatorluğu'nun renklerini dalgalandırıyordu.

29 Ekim 1914'te şafak vakti, Goeben gemisi, Rusların Karadeniz'deki donanmasının üssü olan Kırım yarımadasının güneyindeki Sivastopol'a saldırıda bulunurken, aynı sırada Breslau gemisi Rusya'nın Karadeniz limanı Novorossiysk'e saldırdı. Hamidiye gemisi ise, Kırım'ın Feodosia (Kefe) bölgesindekileri önce uyarıp ardından kenti bombaladı. Dünyanın kaderini değiştiren o sabah, Muavenet ve Gayret adlı iki Türk savaş gemisi, Odesa Limanı'nı bombardımana tuttu.

Bu, Kırım Savaşı'ndan (1854-56) beri Sivastopol'a denizden yapılan ilk saldırıydı ve Souchon'u, Ruslar Türkiye'nin karasularına girdiği takdirde yalnızca Karadeniz'deki Rus gemilerine saldırmak üzere göreve getiren Enver Paşa'yı bile şaşırtmıştı. Fakat Souchon'un, Osmanlı hükümetinin Almanya'nın yanında savaşa katılmasını sağlamak için kendi planları vardı. Bu nedenle Enver Paşa'nın emirlerine bağlı kalmamıştı.

Enver Paşa ve İttihat ve Terakki'nin diğer önderleri, bir süredir Osmanlı İmparatorluğu'nun savaştan sonra parçalanmasına yönelik İngiliz ve Rus planlarından endişe duyuyorlardı. Enver Paşa, Müttefiklerin Almanya tarafından yenilgiye uğratılması durumunda Osmanlı İmparatorluğu'nun o anda Rusya tarafından işgal edilmiş olan Orta Asya topraklarına kadar genişleyebileceğini öne sürüyordu. Böylelikle, Pan-Turanist imparatorluk hayallerinin gerçekleşebileceğini umuyordu.

Rusya, Kasım 1914'te Padişah ve Halife V. Mehmet aracılığıyla cihat ilan etmiş olan Osmanlılara karşı savaş başlattığını duyurdu. Bunun üzerine savaş yayıldı ve Kafkasya, Gelibolu ve Arap çöllerinde çok sayıda Türk askeri yaşamını yitirdi.

Bizim Albay, Yemen gibi stratejik önemi olmayan yerleri savunmanın korkunç bir hata olduğunu hep tekrarlar ve o ünlü türküyü söylerdi:

Adı Yemen'dir
Gülü çemendir
Giden gelmiyor
Acep nedendir

O sırada hâlâ Yavuz diye anılan Goeben, savaştan sonra işlevsiz kalmış, 1927'de bir Fransız şirketi kapsamlı bir onarıma başlayıncaya kadar omurgası çürümeye bırakılmıştı. Bir döneme damgasını vuran bu gemi, 1930 yılında Türk donanmasının amiral gemisi olarak yeniden denize açıldı. 1938 yılında Atatürk öldüğünde cenazesi bu gemiyle taşındı. 1970'lerin başında, kalan parçaları için satılmadan önce, yüzen bir müze olduğu yıllarda, Yavuz'u ziyaret etmiştim.

Albay, Enver Paşa'dan küçümseyerek söz ediyor ve onun Birinci Dünya Savaşı'ndaki askeri stratejilerini kıyasıya eleştiriyordu. Fakat sonraki hayatı ve ölüm şekli nedeniyle bu ünlü Osmanlı askerine karşı hâlâ gönülsüz de olsa bir tür saygı duyuyordu. Enver Paşa, 1920'lerin başlarında, Orta Asya'da Rus Bolşeviklerine karşı yapılan Basmacı isyanını yönetmişti. Albay, o isyanı kastederek, "Enver'le ilgili tek iyi şey, Orta Asya'da Ruslar'a karşı savaşırken ölmüş olması. Türk'e yakışan bir ölüm bu," diyordu.

Albay'ın hikâyelerinin etkisiyle, Türklerin anayurdu Orta Asya'nın tarihinden epeyce büyülenmiştim. Haritalara bakar, Afganistan sınırından Sibirya'ya, oradan Kazakistan, Türkmenistan, Kırgızistan, Özbekistan ve Çin'in batısında on beş milyon Uygur Türkünün yaşadığı Sincan Uygur Özerk Bölgesi'ne kadar Türkçe adlar taşıyan şehirleri, dağları ve nehirleri arardım. Batı Sibirya ile Moğolistan arasındaki Altay Dağları ilgimi çekerdi.

Türkler konusuna gösterdiğim bu ilgi, ilerdeki yıllarda da devam etti. Gazete yönetmeni olarak, Orta Asya ve Kafkasya'ya muhabir göndermek için girişimde bulunur ama vize almak istediğimde, Kazan ve Kırım Tatarları ile röportaj yapmaya çalıştığım zamanlarda Sovyet görevlilerin katı direnciyle karşılaşırdım. Sovyetler, kendi yönetimleri altındaki Türklerle buluşmamızı istemiyordu. Moskova'daki temsilcimiz Ahmet Uran Baran, devamlı izleniyor ve bize gönderdiği posta her zaman KGB tarafından açılıp denetlenmiş olarak geliyordu.

* * *

Altay Dağları, Gobi Çölü'nden Çin, Rus, Moğol ve Kazak topraklarındaki Batı Sibirya düzlüklerine kadar yaklaşık 2000 kilometrelik bir alana yayılan bir dağ sırasıdır. Kuzey Buz Denizi'ne doğru akan Obi gibi büyük nehirlerin su havzası konumundadır ve en yüksek noktası 4500 metreye kadar uzanır. *Altay* ismi, Moğol Türkçesi'ndeki *altın* ya da *altan* kelimesinden gelir; ayrıca kızıl kısrak anlamını da taşır. ("Altaik diller" ifadesindeki "Altaik" kelimesi de bu dağ sırasından kaynaklanır. Başlıca Türki diller ile diğer iki yan grup Moğol ve Manchu-Tungus diller, "Altaik diller"i oluşturur.)

Sibirya ve Orta Asya'daki Oğuz Türkleri tarafından konuşulan dil öz Türkçeydi. Kuzey Moğolistan'daki Orhun Nehri vadisinde 1889 yılında bulunan ve günümüze kadar gelen en eski Türkçe yazınsal miras Orhun yazıtlarının Oğuz Türkleriyle ilgili olduğuna inanılmaktadır. Milattan sonra 732 ve 735 tarihlerinde inşa edilmiş olan iki büyük anıtta yer alan yazının, Asya'nın Sibirya ve Türkistan gibi başka bölgelerinde bulunan yazıtlarda da kullanıldığı görülmüştür. Bu yazıların 1893'de Danimarkalı dilci Vilhelm Thomsen tarafından deşifre edilmesiyle, dilde çok daha önceki dönemlerde meydana gelen bir gelişmenin olduğu sonucuna varılmıştır. Thomsen, bunları çok eski dönem Türk runik yazıları olarak adlandırmıştır.

Türklerin kökenlerini anlatan bu anıtlar, Bilge Kağan ve kardeşi Kül Tigin onuruna dikilmiştir. Yazıtların bir yerinde şiirsel ve coşkulu bir dille, "Ey Türk milleti! Üstte mavi gök çökmedikçe, altta kara yağız yer delinmedikçe, senin dilini ve töreni kim bozabilir!" denmektedir. Bilge Kağan, 716 yılından 734'te öldüğü tarihe kadar Moğolistan'ı yönetti. Çin ordusunu kılıçtan geçirdi ve 721 yılında Çinlileri barış yapmaya zorladı.

2001'in yazında, Moğolistan'ın başkenti Ulan Batur'un yaklaşık 475 km batısında yer alan bu anıtın yakınında, Türk ve Moğol arkeologlar tarafından binlerce gümüş ve altın eser bulundu. Bunların arasında kuş motifiyle süslenmiş altın bir taç, altın tabak ve çeşitli kaseler ile iki gümüş geyik figürü de yer alıyordu. Bu definenin Bilge Kağan'a ait olduğuna inanılıyor.

10. yüzyılda Türklerin Orta Asya ve Sibirya'dan batıya doğru yaptıkları göç, Selçuklu İmparatorluğu'nu doğurdu. Oğuz Türkmenlerinin oluşturduğu kabilelerin başındaki aile, Afganistan'ın kuzey sınırının bir bölümünü oluşturan yaklaşık 2575 km uzunluğundaki Amu Derya Nehri'nden Akdeniz'e kadar uzanan bir imparatorluk kurdu. Selçuklu Hanedanı'nın ilerleyişiyle Türk gücünün Ortadoğu'ya yayılışı başlamıştı. Orta Asya bugün hâlâ, Türklerin anavatanı olarak değerlendirilmektedir.

* * *

Albay, Osmanlı İmparatorluğu'nun bir diğer paşasına büyük saygı duyardı. Bu kişi, 1877-78'de gerçekleşen Osmanlı-Rus Savaşı sırasında Bulgaristan'daki Plevne Kuşatması'nın kahramanı Gazi Osman Nuri Paşa'ydı. Bulgar isyancılar, Osmanlı yönetimine karşı ayaklanmış, üstün Rus kuvvetleri tarafından çevrilen Mareşal Osman Nuri Paşa ise teslim olmamıştı. 20 Temmuz-10 Aralık 1877 arasında, beraberindeki 23 bin asker ve 53 topla birlikte dört çarpışmaya girdi. Üç çarpışma sonrasında 50 bin asker ve 184 toptan oluşan Rus gücünü püskürttü ama çok sayıda da kayıp verdi. Daha sonra, Bulgaristan'ın kuzeyindeki Vit Nehri kıyısında yarası nedeniyle tedavi edildiği sırada Ruslar tarafından yakalandı. Çarpışma, Rusların 35 bin can kaybı vermesine neden olurken, müttefikleri Romenlerin 5 bin asker kaybına mal oldu.

Sonunda, sürekli ilerleyen düşman karşısında Türk direnci kırıldı ve 1878'de Rus ordusu İstanbul kapılarına dayandı. Çanakkale'de demirlemiş olan İngiliz donanmasının duruma müdahale edebileceği korkusu, Rusların kente saldırmasını engelledi. Temmuz 1878'de toplanan Berlin Konferansı'nda, İngiliz baskısı ile Ruslar geri çekilmeye zorlandı. Bunun sonucunda da, Osmanlıları Rus tehdidinden koruyan İngilizler, kendilerini ödüllendirmek için Türk kıyı şeridinden Kıbrıs adasını işgal ettiler.

Albay'ın kederli bir ses tonu vardı, fakat neşesi yerinde olduğu zaman, Gazi Osman Paşa'nın cesurluğu hakkında bir marşı mırıldanırdı:

*Kılıncımı vurdum taşa
Taş yarıldı baştan başa
Şanı büyük Osman Paşa
Plevne'den çıkmam diyor*

Albay, hanedan kelimesinden nefret ederdi. Osmanlı Hanedanlığı'nın kökü, Orta Asya'da bir Türk kabilesinin lideri olan Oğuz Bey'e kadar gitmektedir. Bazı efsanelere göre, Oğuz Bey, Nuh Peygamber'in torunuydu. Osmanlı Hanedanı, kuzeybatı Anadolu'daki Türkmen aşiretinin lideri Osman Gazi'nin (1258-1324) yönetimi ile başlamıştır. Oğuz aşiretinin Kayı boyundan olan Osman Bey, Osmanlı Hanedanı ile Osmanlı Türk devletinin kurucusu olarak kabul edilir.

Kuzeybatı Anadolu'daki Bizans kalelerinin kontrolünü sağlayan Osman Bey, ölümünden önce Bursa kentini ele geçirmiştir. Bu olay, 1683'te 2. Viyana Kuşatması'nda uğradığı bozgunla yıkıma giden büyük Osmanlı İmparatorluğu'nun başlangıcı olmuştur. Albay'ın bu hanedanlıktan duyduğu nefret, Muhteşem Süleyman tarafından kazanılan zaferlerin, yetersiz ve genellikle ne yaptığını bilmez, çılgın padişahlarca boşa harcanmış olmasından kaynaklanıyordu.

Daha sonraki dönemde ise, Vahdettin vakası ortaya çıkmıştı. V. Mehmet olarak da bilinen bu son padişahın yönetimi, Albay'a göre tam bir utançtı:

"Vahdettin, şeytanın kardeşi Abdülhamit, 10 Ağustos 1920'de milliyetçi cepheye karşı gelip yüzkarası Sevr Antlaşması'nın imzalanmasını emretti. Asla kabul görmeyen bu antlaşma, Osmanlı İmparatorluğu'nun parçalanmasını hedeflemişti. Ulusal cephe, bu ihanete karşın, Türklerin yurdunun en önemli bölgesini işgalci kuvvetlerden kurtarabildi. Bu hanedanın üyeleri bu ülkede bir daha asla ortaya çıkamayacağı için umutluyum."

Bazılarının Osmanlı Hanedanı'na karşı olan tutumları daha da sertti. 3 Mart 1924'te Padişah ailesinin ülke dışına çıkarılan üyeleri konusunda Türkiye Büyük Millet Meclisi'nde tartışma yapılırken, bazı vekiller, bir tür acıma duygusuyla, kadınların kalması gerektiği şeklinde görüş belirtmişlerdi. İttihat ve Terakki Komitesi'nin eski üyelerinden İlhan Eryavuz ise, ayağa kalkarak şöyle bağırmıştı: "Kefenleri bile fırlatıp atılmalı!"

Yıllar sonra genç bir gazeteciyken, Vahdettin'in torunlarından bir Osmanlı prensesini İstanbul Park Otel'de gördüğüm zaman, Albay'ın sözleri aklıma gelmişti.

Albay sık sık, Birinci Dünya Savaşı'nda verilen Türk kayıplarından söz ederdi: "Bu savaşta 853.000 kayıp verdik. Bunlardan 225.000'i savaş alanında şehit düştü, 22.763'ü yaraları nedeniyle, 330.796'sı ise hastalıktan vefat etti. 375.000 yaralı vardı. 275.000 kişi kayıptı ve bunların çoğunluğu da ölenler listesine alınmış, gerisi esir düşmüştü. Çanakkale Savaşı'nda şehit düşenler 89.000 idi. Bu savaşta ölen Müttefik askerlerinin sayısı ise 46.000 idi."

Verilen kayıpları acıyla dile getirdikten sonra da şöyle derdi: "Unutma ki, Gelibolu Cephesi'nde Mustafa Kemal'i öldürebilecek bir şarapnel parçası, cebinde taşıdığı saat tarafından engelledi. Bozkurt hayatta kaldı ve özgürlüğümüzü kazandı."

Bozkurt

Kurda konuk giden, köpeğini yanında taşır.

Atasözü

Çocukluğumdaki esin kaynağım ve öğretmenim 1938'de öldü. 1920'lerde ve 1930'larda Isparta'da küçük bir çocukken her yerde onun fotoğraflarını görürdüm. Batı tarzı sivil kıyafetleri içinde, kara tahtanın önünde durmuş henüz toplumca bilinmeyen yeni Latin alfabesini öğretirken görüntülendiği ünlü siyah beyaz fotoğrafı hatırlıyorum. Hem saçının hem de teninin rengi açıktı, kararlı bakan mavi gözleri ve gür kaşları vardı. Özellikle o fotoğrafta hiçbir diktatör görüntüsü yoktu; biz Genç Türkler için bir öğretmendi yalnızca.

Onun devrimlerini heyecanla takip ediyordum. Laik Cumhuriyet'i ilan edip Osmanlı İmparatorluğu'nun küllerinden yeni bir ulus yarattıktan yalnızca on beş yıl geçtikten sonra öldüğünde, ben İstanbul'da 13 yaşında bir ortaokul öğrencisiydim. Atatürk, 10 Kasım 1938 sabahı, biz çocukların okulda olduğu bir anda yaşamını kaybetti.

İnsanlar, diktatörler öldüğü zaman genellikle ağlamaz. Fakat biz ağladık, bir ulus ağladı.

Batılı yazarlar, ona Türklerin sembolü olan Bozkurt adını vermişlerdi. Yeni bir ulus yaratmaya azimli, sert ama aydın bir diktatördü. Böyle olmak zorundaydı; çünkü her türlü reformu kafirlerin işi olarak değerlendiren geri kalmış bir ulusu modernize etmeye çalışıyordu. Onu ilk önce Mustafa Kemal olarak tanıdım. Daha sonra reform sürecinde kendisi de herkes gibi yeni bir kimlik edinerek Atatürk adını aldı.

Yazları ailece Florya'ya yaptığımız gezilerde, onu sık sık, Marmara Denizi'ne uzanan iskelenin sonundaki Cumhurbaşkanlığı Köşkü'nün terasında görürdük. Yüzmeye gidip geldikten sonra o terasta durur, Türkiye'de birkaç sene öncesinde düşünülmesi mümkün olmayan manzaraya bakardı: Hem erkeklerin hem de kadınların bulunduğu plajda mayoları içinde oyun oynayan ya da yüzen kadınlar. Gerektiğinde güç kullanarak, gerektiğinde toplumu yavaş yavaş ikna ederek, Türkiye'de büyük bir değişimi gerçekleştirmiş, insanları İslam'ın sınırlamalarından kurtararak laik bir yaşam sürülmesini sağlamıştı.

1920'lerde ve 30'larda yapılan devrimler sırasında kanlı olaylar da meydana geldi. Atatürk yönetimi devam ederken, 1925, 1930 ve 1937 tarihlerinde meydana gelen üç Kürt ayaklanması, Kürt milliyetçiliğinden çok köktendinci İslam'ın içinde temellenmişti. Örneğin 1925'te devlete karşı Kürt ayaklanmasını gerçekleştiren Şeyh Sait, laik devrimlerden nefret ediyor ve bunları kafir hükümetin işi olarak değerlendiriyordu. Kendisini, Emir-ül Müminin yani müminlerin lideri olarak ilan eden Şeyh Sait, Nakşibendi tarikatındandı.

Amacı şeriatı yeniden getirmek olan Şeyh Sait, Diyarbakır İstiklal Mahkemesi tarafından 56 müridiyle birlikte idama mahkûm edildi. Ayaklanma, 30 bin kişinin ölümüne neden olmuştu. Diğer Kürt ayaklanmaları gibi bu da iki önemli nedenle bastırıldı: İslami radikalizmi durdurmak ve Türkiye'nin birliği ile toprak bütünlüğünü korumak. İstiklal Mahkemeleri, rejim karşıtlarının yanı sıra asker kaçaklarını ve vatan hainlerini yargılayıp cezalandırmak için kurulan ve üç üye ile çalışan olağanüstü mahkemelerdi. Bu nedenle, 1927'de feshedilen bu mahkemelerin bazı üyeleri, "idamcı hakimler" olarak bilinirdi.

Reform yıllarında meydana gelen olaylar arasında en çok bilinenlerden birisi, laik Asteğmen Mustafa Fehmi Kubilay'ın İslamcı gericiler tarafından acımasızca öldürülmesiyle meydana gelen Menemen Olayı'dır. 1930 yılında yaşanan bu olay, gerçekte, başarısız bir şekilde sonuçlanan muhalif parti kurma denemelerinin ikincisiydi. Serbest Cumhuriyet Fırkası olarak adlandırılan muhalif grup, Atatürk'ün onayını da almıştı. Çünkü bu, kadınlara seçme ve seçilme hakkının verildiği bir dönemde, ülkedeki demokratik kurumları geliştirmek için bir adımdı. Hükümet yetkilileri gibi her iki partiyi kuran siyasetçilerin de demokrasi konusunda hiçbir deneyimleri yoktu ve bazıları dini siyasete karıştırıyordu. Bazı çete mensuplarının iktidardaki Cumhuriyet Halk Partisi'nin İzmir teşkilat binalarını taşa tutmasıyla, bu deneme felaketle sonuçlandı. İsyancılar, o dönemde başbakan olan İsmet İnönü'nün fotoğraflarını yırtmışlardı.

İslamci fanatikler, 23 Aralık 1930'da İzmir yakınlarındaki Menemen'de ayaklandılar ve yasaklanmış bulunan Nakşibendi tarikatının Mehmet adlı bir üyesi, İslamcıların yeşil bayrağını dalgalandırdı. Yeşil bir sarık takan bu derviş, kendisinin Müslüman inancını yaymak ve inançsız hükümeti devirmek üzere gelen kurtarıcı Mesih olduğunu iddia ediyordu. Derviş Mehmet ve yanındaki yobazlar, bir camide toplanan insanlara hitap edip, "Biz şeriat ordusuyuz. Şapka giyen kâfirdir. Yakında yine şeriata dönülecektir. Bize kurşun işlemez," dediler. Arkasında 70 bin askere sahip bir "Hilafet Ordusu" olduğunu ve şeriata karşı gelen herkesin öldürüleceğini söyleyen bu tarikatçıyı bazıları alkışladı bazıları ise onun başını çektiği harekete katıldı.

Bunun üzerine 24 yaşındaki Kubilay'ın komuta ettiği bir askeri birlik olay yerine gitti. Asıl işi öğretmenlik olan Kubilay, yanına askerlerini almadan gericilere tek başına yanaştı ve silahlarını bırakmalarını istedi. Ateşle karşılık verilen Kubilay yaralandı; ayrıca, iki güvenlik personeli öldürüldü. Derviş Mehmet, caminin avlusunda yaralı Kubilay'ın kafasını kesip bir direğe geçirdi. Akan kanları içen gericiler, "Biz şeriatın askerleriyiz," şeklinde bağırıyorlardı. Olay yerine gelen takviye kuvvetler, Derviş Mehmet'le birlikte beş müridini öldürerek çeteyi dağıttı. Bu İslamcı çetenin 28 kurucu üyesi de 3 Şubat 1931'de idam edildi.

Kubilay'ın bir ulusal kahraman haline geldiğini hatırlıyorum. Bu asteğmenin cesareti okullarda ders konusu olmuş, onunla birlikte diğer iki görevli adına Menemen'de bir anıt dikilmişti. Bu anıt üzerindeki yazı onların cesaretini belgeler: "İnandılar, dövüştüler ve öldüler. Bıraktıkları emanetin bekçisiyiz." Feshedilmiş olan Serbest Cumhuriyet Fırkası'nın üyelerinin bu komplo hareketine karışmış oldukları iddiası ise kanıtlanamamıştır.

Mustafa Kemal Atatürk kutsal bir aziz değildi ama halkının kaderini tamamen değiştirmeye azmetmiş öngörülü bir insandı. Avrupa'nın hasta adamı olarak anılan Osmanlı İmparatorluğu'nu iyileştirmek için geçmişte girişilen Tanzimat (1839-1876) benzeri çabaların, despotluk, bilgisizlik ve dini hoşgörüsüzlük nedeniyle başarısız olduğunu biliyordu. Bu önceki deneyimlerden ve kendisinin de içinde yer aldığı İttihat ve Terakki Fırkası iktidarı ele geçirdiğinde yaşanan Meşrutiyet Devrimi'nden dersler çıkarmıştı. Geri kalmış bir topluma yenilikleri öğretmenin kolay olmadığının farkındaydı. Şeriat, Atatürk'ün reform çabalarının önünde yıllarca direnmiş ve Türklerin yaşantısına bir yüzyıl boyunca yön vermişti. Halk ise, "Şeriatın kestiği parmak acımaz," diyerek bu duruma boyun eğmişti.

Çağdışı İslami hukuk sistemini 1926'da kaldırıp onun yerine İtalyan ceza yasalarını, İsviçre Medeni Kanunu'nu ve Alman ticaret yasalarını geçirmek, büyük bir cesaret, sabır ve kararlılık gerektirmişti. Osmanlı İmparatorluğu boyunca şeriat asıl kanun olduğundan, o tarihte ülkede hiçbir modern yasa uygulanmıyordu. Ve hukuk sistemini elden geçirip yenilemek için en hızlı yöntem, İtalyan, İsviçre ve Alman yasalarını adapte etmek olarak görülmüştü. Fakat daha sonraları Benito Mussolini'nin faşist yasaları, ifade ve basın özgürlüğüne karşı kullanılarak bazı yazar ve şairler hapse atıldı, bazıları ise yurtdışına kaçmak zorunda kaldı.

Atatürk hakkında geçmişte çok şey yazıldı. J. P. D. Kinross'un *Atatürk: Bir Ulusun Yeniden Doğuşu* (*Atatürk: The Rebirth of a Nation*); H. C. Armstrong'un *Bozkurt* (*The Gray Wolf, Mustafa Kemal: An Intimate Study of a Dictator*); A. L. Macfie'nin *Atatürk*; ve Andrew Mango'nun yakın zamanda çıkan *Atatürk - Modern Türkiye'nin Kurucusu* adlı kitapları bunlardan bazılarıdır.

İngiliz tarihçi H. C. Armstrong şöyle yazıyor: "Atatürk'ün diktatörlüğü - ki bu insani yönü olan, eğitici ve yol gösterici bir diktatörlüktü- o sırada mümkün olan tek hükümet şekliydi." Andrew Mango, "Atatürk yetenekli bir komutan, kurnaz bir politikacı, son derece gerçekçi bir devlet adamıydı. Hepsinden öte, Aydınlanma çağının bir insanıydı. Ve Aydınlanmayı yaratanlar evliyalar değildi," diyor.

Allan Moorehead, *Gallipoli* adlı kitabında Atatürk'ün bir Osmanlı subayı olarak Çanakkale Savaşları (Şubat 1915- Ocak 1916) sırasındaki önemli rolünü anlatır.

Atatürk, 1915'te Çanakkale'de savaşan askerlerine, "Ben size taarruzu değil ölmeyi emrediyorum," demiştir. Bunların yanı sıra, onun kadınlarla olan ilişkileri ve içkiye olan düşkünlüğü hakkında da çok şey söylenmiştir. (Atatürk, alkole bağlı karaciğer sirozu yüzünden yaşamını yitirdi.)

Anadolu'da yetişme çağlarımda Atatürk'ün daha sonraki yıllarında nasıl "dost" olarak tanınan bazı dalkavuklarla kuşatılıp gecelerin adamı haline geldiği hakkında epey dedikodu duyduk.

Cumhurbaşkanlığı Genel Sekreteri Hikmet Bayur, Atatürk'ün, şafak vakti yatağa gittiğini, içki içerek ve kâğıt oynayarak geçirilecek bir sonraki gece için öğleden sonra geç vakitte kalktığını, reform hareketini ihmal etmeye başladığını ve tek adam haline geldiğini söyleyerek onu eleştirmeye kalkmıştı.

Kemal Atatürk'ün altı adet temel ilkesi vardır. Bunlar, cumhuriyetçilik, halkçılık, laiklik, devrimcilik, milliyetçilik ve devletçiliktir. Kemalist reformlar, bir bütün halinde siyasal, sosyal ve laik bir devrim teşkil eder. Atatürk'e göre laiklik, din ve devletin birbirinden ayrılmasının yanında, İslam'ın eğitsel, kültürel ve yasal işlere karışmaması anlamına da gelmekteydi. Bu ise, şeriat temelli Osmanlı devletinin tamamen karşıtı demekti. Laiklikle birlikte artık bireyler, İslam'ın ve onun kurumlarının egemenliğinden kurtarılmıştı. 1920'lerin ve 30'ların reformları Osmanlı İmparatorluğu'nun geleneksel kurumlarını yok ederek, onların yerine tamamen laik ve modern kurumları geçirdi.

Kemal Atatürk'ün milliyetçiği, ulusun birliğini ve bağımsızlığını korumayı amaçlamıştı ve ırkçı, faşist ya da komünist ideolojilerle hiçbir ilgisi yoktu. Atatürk'ün milliyetçilik konusundaki görüşünü onun şu ifadesinden anlayabiliriz: "Biz Türkler bütün tarihi hayatımızca hürriyet ve bağımsızlığa örnek olmuş bir milletiz." Atatürk ayrıca, "Bu millete çok şey öğretebildim ama onlara uşak olmayı bir türlü öğretemedim," demiştir.

Atatürk, dünyadaki en saygın kişiliklerin arasındadır. Köktendinci İslamcıların iddialarının tersine, o ne faşist ne de komünistti. Avrupa'da onun döneminde Nazi Almanyası'nda Adolf Hitler, faşist İtalya'da Benito Mussolini ve İspanya'da Francisco Franco hüküm sürüyordu. Fakat Atatürk, bu Avrupalı liderler karşısında reformist bir lider olarak ulusunu modernize edebildi ve gerçekleştirdiği devrimle modern devlette İslam'ın rolünü değiştirebildi.

Yıllar sonra John F. Kennedy, Atatürk'ün kendi yüzyılının en önemli insanlarından biri olduğunu, onun liderliği ve modern dünyayla ilgili uzak görüşlü kavrayışının, askeri bir liderin gücünü ve yüksek cesaretini oluşturduğunu söyledi. Paris'in *Le Temps* gazetesinin şu yorumla onu en iyi şekilde açıkladığı söylenebilir: "Atatürk, birkaç yıl içinde bir ulusu modernize etme mucizesini göstermiştir."

Ünlü oyuncu Zsa Zsa Gabor, 1991'de basılan *One Lifetime Is Not Enough* adlı kitabında Atatürk ile aşk ilişkisi yaşadığını iddia etti. Bu oyuncunun gerçek adı Sair Gabor'du. 6 Şubat 1918 tarihinde Macaristan'ın başkenti Budapeşte'de dünyaya geldi. 1933 yılında tiyatro oyunculuğuna başlayan Gabor, 1936 yılında Macaristan Güzeli seçildi ve 1937 yılında Türk diplomat ve yazar Burhan Belge ile evlendi. Gabor, Belge ile Budapeşte'de bir restoranda tanışmış ve ona kendisiyle evlenmesini teklif etmişti. Bu ikili daha sonra 1941 yılında boşandı. Gabor'un en ünlü sözlerinden biri şudur: "Ne zaman bir erkeği terk etsem, evi bende kalır."

Gabor, söylediğine göre, Atatürk'le Ankara'daki bir restoranda karşılaşmış ve ondan sonra da düzenli olarak buluşmuşlardı. Bu ünlü oyuncu kitabında, "Atatürk genç bir kadını nasıl mutlu edeceğini biliyordu," ifadesine yer veriyor.

Bu romantik ilişki altı ay sürmüş. Zsa Zsa Gabor, bu süre içindeki buluşmalar sırasında, eşinin evde Genç Türklerden oldukları öne sürülen bazı kişilerle her salı günü yaptığı gizli toplantılar hakkında Atatürk'ü haberdar ettiğini ve Burhan Belge'nin başını çektiği bu gruptakilerin devlete sadakatleri hakkında bilgiler verdiğini iddia ediyor.

Burhan Belge ile 1950'lerde İstanbul'da *Vatan* gazetesinin yazı işleri bürosunda tanıştım. Kendisi o dönemde Demokrat Parti'nin resmi yayın organı olan *Zafer* gazetesinde başyazar olarak çalışıyordu. Belge'nin, Atatürk rejimine karşı diğer Genç Türkler ile işbirliği yaptığına inanmıyorum. Ben onu, devrim sürecine bütünüyle inanan bir Kemalist olarak tanıdım. Burhan Belge, eski eşiyle olan yaşamı hakkında nadiren konuşurdu.

Köktendinci İslamcılar, Atatürk'ü ve onun takipçilerini her zaman ana düşmanları olarak gördüler ve hâlâ da görüyorlar. Laik devrimlere karşı çıkarak saltanatı, halifeliği ve şeriatın tekrar gelmesini isteyen bu aşırılar, Atatürk'e çeşitli adlar verdiler. Şaşı Kemal, Kefere Kemal ve Deccal (dini inanışa göre zaman durmadan önce Müslümanları yanlış yola sevk etmek üzere ortaya çıkacak olan yalancı şeytan) bunlardan bazılarıydı. Atatürk, Sakarya Meydan Muharebesi'nden sonra Birinci Dünya Savaşı sırasında mareşalliğe terfi ettirilmiş ve Gazi unvanı verilmişti, bundan esinlenen düşmanları onu Gazoz Paşa olarak anmaya başladılar.

Atatürk, Ülkü adlı küçük bir kızı evlat edinerek, halka çocukları eğitmenin önemini göstermek istedi. Bu da, düşmanlarının kötü niyetli dedikodular yayması için başka bir neden oluşturdu. Atatürk'ün evlatlıklarından biri olan Sabiha Gökçen, daha sonraki yıllarda Türkiye'nin ilk askeri pilotu oldu ve Mart 2001'de 88 yaşında öldü. Bir yıl öncesinde, gerici İslami akımdan rahatsızlık duyan Sabiha Gökçen Anadolu Ajansı'na verdiği beyanatta, Atatürk'e saldırıların son günlerde arttığına dikkati çekerek, Atatürk gibi büyük bir bireyi kötüleyenlerin davranışlarının insanlık dışı olduğunu belirtmişti. Türk kadınının özgürleşmesinin sembolü olan Sabiha Gökçen, 1930'larda Atatürk'ün yönetimi sürerken Doğu Anadolu'da baş gösteren Kürt ayaklanmasını bastırma harekatında görev almış ve Balkanlar'a propaganda amaçlı uçuşlar yapmıştı.

Gerici İslamcılara göre Atatürk bir ateisttir. Oysa, Atatürk'ün yönetimi sırasında hiç kimseye dua etmemesi ya da camiye gitmemesi söylenmedi. Camilerin kapısı devrim yılları boyunca dua etmek isteyenlere bugün de olduğu gibi her zaman açıktı. Var olan tarihi belgeler ve Atatürk'ün konuşmaları, onun dinin bir insanın Tanrı ile arasındaki kişisel bir mesele olduğuna inandığını gösteriyor. Mustafa Kemal Atatürk, dini duyguları sömüren din tacirlerine karşı halkı uyarmıştı. *Belgelerle Türk Tarihi Dergisi*'ne göre Atatürk, 1930'da, "Din gerekli bir kurumdur. Din olmadan, ulusların devamına imkân yoktur," demiştir.

Fakat bunun yanı sıra, "Ölülerden yardım istemek, medeni bir topluluk için utanç vericidir," şeklinde konuşmuştur. Bu konuşmayı, 1925'te bütün tarikatlar, tekke ve zaviyeler ve kutsal olduklarına inanılan çok sayıda türbe kapatıldığında yapmıştır. O tarihte, dua etmek ve düşlerinin gerçekleşmesi için yardım dilemek üzere kutsal bilinen türbeleri ziyaret etmek, toplumda çok uzun zamandan beri yerleşmiş bir alışkanlıktı.

Atatürk, "Arkadaşlar, efendiler ve ey millet, iyi biliniz ki Türkiye Cumhuriyeti şeyhler, dervişler, müritler ve mensuplar memleketi olamaz. En doğru, en gerçek tarikat, medeniyet tarikatıdır. Medeniyetin emir ve talep ettiğini yapmak, insan olmak için yeterlidir. Tarikat reisleri bu dediğim hakikatı bütün açıklığıyla idrak edecek ve kendiliklerinden derhal tekkelerini kapatacak, müritlerinin artık olgunluğa kavuştuklarını elbette kabul edeceklerdir," demiş ve "Medeniyetin coşkun seli karşısında mukavemet boşunadır. O, gafil ve itaatsizler hakkında çok amansız davranır," şeklinde uyarıda bulunmuştur. Bu sözler, özellikle İslami tarikatların, türbelerin ve kutsal olduklarını iddia eden şeyhlerle bir grup şarlatanın yeniden ortaya çıktığı günümüzde dikkate değer. Atatürk'ün şöyle bir ifadesi bulunmaktadır: "Bir takım şeyhlerin, dedelerin, seyyitlerin, çelebilerin, babaların, emirlerin arkasından sürüklenen ve falcılara, büyücülere, üfürükçülere, muskacılara talih ve hayatlarını emanet eden insanlardan mürekkep bir kütleye, medeni bir bir millet nazariyle bakılabilir mi?" Onun bu uyarılarına karşın, Atatürk'ün devrimlerinden yalnızca 20 yıl kadar sonra, 1950'lerde türbelere yapılan ziyaretlerde artma olduğunu hatırlıyorum.

İstanbul'da en çok tanınan evliya türbelerinden birisi, Haliç'teki

Eyüp Sultan Türbesi'dir. Bu türbe, Muhammed Peygamber'in müridi Ebu Eyyub el-Ensari'ye aittir. Eyüp, M. S. 670'te Araplar'ın Constantinople'u kuşatması sırasında öldürülmüştü. Bu türbe ve yanındaki cami, insanların bir ölüden gelecek yardım umuduyla ziyaret ettikleri yerlerin en popülerlerinden biridir. Caminin avlusundaki türbenin duvarları, üzerinde çiçek motifleri bulunan renkli İznik çinileriyle kaplıdır. Leylek ve balıkçıl kuşlarının gezindiği bahçeye yaşlı ağaçların gölgesi düşer. Ziyaretçiler, uçuşan güvercinlerin yanından yürüyerek, türbenin penceresine yanaşır, dua eder, yardım diler ve kurdele parçalarını pencerenin demirlerine bağlar. Evli olmayan bayanlar evlenmek isteyen erkeklerle tanışmayı; kimisi kocasından kurtulmayı; kimisi çocuk sahibi olmayı; öğrenciler sınıflarını geçmeyi ve fakir insanlar da zengin olmayı diler. Atatürk'ün ölüden medet ummamayı öğütleyen sözleri, yalnızca 25 yıl gibi kısa bir süre sonra unutulmuştur.

Atatürk, diğer diktatörlerin tersine, devletin kaynaklarından çalmamış ve hazineyi yağmalamamıştır. Devlet, Mart 1938'de 1,25 milyon dolara alınan Savarona yatı dahil olmak üzere, onun ihtiyaçlarını karşılamıştı. Öldüğü gece Dolmabahçe Sarayı'ndaki odasına bu yatla taşınmış, o güne kadar ancak altı ay kadar bu lüksün keyfine varabilmişti. Savarona yatı, daha sonra eğitim gemisi olarak kullanılmak üzere Deniz Kuvvetleri'ne devredildi.

Atatürk, Türkiye'de ya da yurtdışında kabarık banka hesapları bırakmadı. Tasarruflarının çoğu çiftliklere yatırılmıştı. Vasiyetinde, evlatlıkları, Dil ve Tarih Kurumları, kız kardeşleri ve meslektaşı İsmet İnönü'nün çocuklarının eğitimi için bir miktar ödenek ayırarak, geri kalan bütün malvarlığını Cumhuriyet Halk Partisi'ne bıraktı. Bu da onun karakterinin bir yansımasıydı. Yıllar önce şöyle demişti: "Efendiler, bizim çehremiz her zaman temiz ve pak idi ve daima temiz ve pak kalacaktır." Güçlü bir lider olan Atatürk'ün kamu fonlarını yağmalamak ve hükümetin yaptırdığı işlerden rüşvet almak için her fırsatı vardı. Ölümünden sonra yayılan akıl almaz yolsuzluk dalgası ile kıyaslandığında, onun dürüst devlet adamı için tam bir örnek oluşturduğu görülür. Öldüğünde arkasında herhangi bir İsviçre bankası hesabı yoktu ve sınırlı miktardaki tasarrufu ise, başkalarına yardım için kullanıldı.

Bu sıra dışı lider, rakibi Enver Paşa ile aynı yılda, 1881'de, o zamanlar Osmanlı İmparatorluğu'nun gelişmiş bir limanı olan Yunanistan'ın kuzeydoğusundaki Selanik'te doğdu. Atatürk'ün kesin doğum günü belirli olmadığından, kendisi Türk bağımsızlık hareketinde önemli bir tarih olan 19 Mayıs'ı resmi doğum günü ilan etmişti. Babası Ali Rıza, 1877-78 Osmanlı-Rus Savaşı sırasında Osmanlı ordusunda subay olarak görev yapmış ve Mustafa'nın da askeri görevde bulunmasını istemişti. Oğlunun karakterini etkilemek için, yıllar boyu kılıcını onun yatağının üzerine asarak ona Osmanlı'nın askeri seferlerini anlatmıştı. Babası Ali Rıza Bey öldüğünde, Mustafa yedi yaşındaydı. Annesi Zübeyde Hanım, akrabalarının çifliğine taşınıp sonra yeniden evlendi.

Kemal ismi, mükemmellik anlamına gelir. Selanik'te laik bir ortaokulda okuduğu dönemde kendi adı da Mustafa olan matematik öğretmeni, ona Kemal adını vermişti. Ayrıca laik reform hareketi de Kemalizm olarak bilinir. Bu hareketin takipçisi anlamındaki Kemalist kelimesi, buradan türemiştir. Mustafa Kemal, ortaokuldan sonra Manastır Askeri İdadisi'ni (günümüzde Makedonya) ve ardından da 1905'te İstanbul'daki Harp Akademisi'ni bitirdi.

Harp Akademisi'ndeyken despot padişah Sultan II. Abdülhamit'e karşı muhalif bir gruba katıldı. 1905'te Kurmay Yüzbaşı rütbesiyle mezun olduğu bu okulda arkadaşlarıyla yürüttükleri gizli faaliyetler, bir jurnalci tarafından keşfedilip ortaya çıkarıldı. Bunun üzerine, bu gruptakilerin hepsi İmparatorluğun uzak bölgelerine sürüldü. Mustafa Kemal de Şam'daki 5. Ordu'ya gönderildi; burada yozlaşmış Osmanlı görevlileri tarafından sömürülen yerel halkın desteğiyle Vatan ve Hürriyet adında ömrü kısa süren devrimci bir dernek kurdu.

Daha sonra 1907 yılında Selanik'e tayin edilen genç Mustafa Kemal, Şubat 1908'de İttihat ve Terakki Cemiyeti'ne katıldı. Bu cemiyetin önde gelen kişiliklerinden birisi ise, 1908'de Jön Türk Devrimi'nin kahramanı olan, rakibi Enver Paşa'ydı.

Enver Paşa'nın Maceraları

"Hasta adamı tedavi ettik."
Enver Paşa, 23 Temmuz 1908, Makedonya

Enver Paşa'nın naaşı 1996 yılında Türkiye'ye getirildiği zaman İstanbul'da yapılan devlet töreni, Osmanlı dönemine karşı günümüzde var olan özlemin iyi bir örneğini oluşturdu. Enver Paşa, Osmanlı İmparatorluğu'nun son döneminde Almanya'nın yanında savaşa girmesine ve böylelikle yıkılmasına neden olduğu için lanetlenip hakaretlere maruz kalmıştı. Çocukluğum sırasında, Atatürk döneminde Enver Paşa'nın önemsenmediği günleri hatırlıyorum. Oysa son dönemde itibarı iade edilen Enver Paşa, yeniden bir kahramana dönüştürülüyor.

Enver Paşa'ya duyulan bu yeni hayranlığın nedeni, geçmişteki bazı olaylardan kaynaklanıyor. Enver Paşa, 1908'de Jön Türk Devrimi'ni yapan İttihat ve Terakki Cemiyeti'nin lideriydi. Bu cemiyetin amacı, Sultan II. Abdülhamit'in despot yönetimini sona erdirip Anayasa'yı tekrar yürürlüğe koymaktı. Enver Paşa, ülkenin mutlakiyete dönüşünden faydalanan padişahı tahttan indirmek üzere, Mahmut Şevket Paşa komutasında Balkanlar'dan İstanbul'a doğru ilerleyen Selanik Hareket Ordusu'na katılmıştı.

Jön Türk hareketinin öncülerinden biri olan Mahmut Şevket Paşa, Selanik'teki Üçüncü Ordu'nun komutanıydı. İttihat ve

Terakki, padişahı tahttan indirmeyi başarmış, ama laik devrimler aracılığıyla ülkeyi modernize etmek için onun gücünü etkisizleştirmek dahil olmak üzere diğer bazı hedefleri gerçekleştirememiştir. 1920'lerde ve 30'larda yapılan modern Türk devrimlerinin kaynağının İttihat ve Terakki'de olduğu açıktır. Sloganı "Hürriyet, Adalet ve Eşitlik" olan bu parti, 1909 yılında genel seçimi kazanarak padişahı tahttan indirmiş, fakat Osmanlı İmparatorluğu'nun dağılmasını durduramamıştır.

Mahmut Şevket Paşa, 1909'da ordusuyla birlikte Selanik'ten İstanbul'a yürüyerek, İttihat ve Terakki'nin yaptığı reformlara karşı ayaklanan köktendinci İslamcıları bastırmıştır. Bu çatışma, 31 Mart Olayı ya da Derviş Vahdeti İsyanı olarak bilinir.

Kıbrıslı bir İslamcı radikal olan Derviş Vahdeti, İstanbul'daki *Volkan* gazetesinin sahibi ve başyazarıydı. Çocukken medresede eğitim görmüş, Kuran'ı ezberleyerek hafız olmuştu.

Yaşadıkları hayattan memnun olmayan ve Derviş Vahdeti tarafından kışkırtılan mutsuz askerler, sokaklara çıkıp ayaklandılar ve kargaşa çıkardılar. Bazı ordu mensupları kafir olarak ilan edilip öldürüldü. Ayaklanmaya katılan askerler, Derviş Vahdeti ve diğer köktendinci İslamcılar askeri mahkemeye çıkarılarak idam edildiler. Derviş Vahdeti, İstanbul'da Ayasofya yakınlarındaki meydanda asıldığında 44 yaşındaydı. Ayaklanmanın bastırılmasına karşın, gerici İslamcılar, 1913'te Mahmut Şevket Paşa'yı İttihat ve Terakki hükümetinde sadrazam olduğu sırada öldürdüler.

* * *

1930'larda aldığım laik eğitim, köktendinci İslamcıların Osmanlı İmparatorluğu tarihinde oynadıkları yıkıcı rolü görmemi sağladı. 1789 Fransız Devrimi'nden ve 1839'da Tanzimat'ın ilanından beri, Osmanlı aydınları ve ordudaki subaylar arasında bir özgürlük hareketi başlamıştı. Daha sonraları, Osmanlı yönetimine karşı özellikle Balkanlar'da ortaya çıkan milliyetçi ayaklanmalar ve yönetimin İmparatorluğun hastalıkları ile baş edememesi de, genç devlet görevlileri ve aydınları bu yönde teşvik ediyordu. Tanzimat, Genç Osmanlılar denilen bir aydın sınıfı ortaya çıkarmıştı. Bu gruptakilerin bir kısmı 1865 yılında gizli bir devrimci cemiyete katıldı. İttihat-ı Hamiyet adlı bu cemiyet adına en çok şair Namık Kemal görüş açıklıyordu.

Osmanlı yönetici kadrosunda yer alan reformcu Mithat Paşa, Namık Kemal'in düşüncelerinden oldukça etkilenmiş ve 1876'da Osmanlı İmparatorluğu'nun ilk anayasasını saraya sunmuştu. *Kanun-i Esasi* adlı bu anayasa, 12. maddesinde "Matbuat kanun dairesinde serbesttir" ifadesine yer vererek, basın özgürlüğü de dahil olmak üzere, geniş boyutta bir demokratik özgürlüğü güvence altına alıyordu. İki kere sadrazam atanan Mithat Paşa, daha sonra bugünkü Suudi Arabistan sınırları içindeki Taif'e sürgün edildi. Bu paşanın, 1883'te sürgün sırasında, Sultan II. Abdülhamit'in bir ajanı tarafından boğularak öldürüldüğüne inanılmaktadır.

Kendilerine Mithat Paşa'nın anayasasını ve "Ya Hürriyet Ya Ölüm" şeklindeki ifadeyi slogan olarak seçen diğer bir gizli cemiyet, İttihat-i Osmani adını taşıyordu. Üyeler arasında bulunan Enver Paşa daha sonraları bu cemiyetin, Jön Türk Devrimi'nin temel aracı olan İttihat ve Terakki Cemiyeti'ne dönüştürülmesine yardım etmiştir.

Osmanlı İmparatorluğu için yarattığı felaketlere karşın, Enver Paşa'nın hayatını her zaman etkileyici buldum.

Enver Paşa, 23 Kasım 1881'de İstanbul'da dünyaya geldi ve İsmail Enver adı verildi. Babası Ahmet Bey, Makedonya, Manastır'da köprü muhafızlığı yapıyordu. Babasının atalarından biri Gagavuzdu. Enver Paşa, İstanbul Harp Akademisi'nde teğmen olduğu sırada gizlice devrimci yayınları ve Namık Kemal'in şiirlerini okumaya başlamıştı. Ondan iki yaş küçük olan amcası Halil (Kut) de Akademi'de teğmendi ve Enver'i sürekli koruyup kollardı.

Bir gece ikisi de tutuklanarak Sultan II. Abdülhamit'in Yıldız Sarayı'ndaki özel bir mahkemeye çıkarıldılar. Saltanatın istihbarat şefi olan Hakim Kadri, iki genci rejime karşı hareketlerinden dolayı suçluyordu. Halil'in Enver adına yaptığı itirazlara kızan hakim, Enver'in kendisini savunmaktan aciz olduğunu kastederek, "Bu adam kaz mı?" diye bağırmış ama sonunda her iki genç de serbest bırakılmıştı. Enver, mükemmel notlar alarak kurmay olarak mezun oldu ve milliyetçi isyancılarla savaşmak üzere Makedonya'daki 3. Ordu'ya gönderildi.

Padişahın sarayında yargılanmaları, Enver ve amcasının hayatında bir dönüm noktası olmuştu.

İttihat-i Osmani'ye üye olan Halil, daha sonra Enver'in de bu cemiyete üye olmasını sağladı. Enver, o zamana kadar kafasında bir Türk kimliği fikri geliştirmişti. Ulusun lideri olarak Osmanlılardan ve ülke olarak da Osmanlı İmparatorluğu sınırlarından tereddüt duyuyordu. Bütün Türkleri birleştirme rüyası yani Pan-Turanizm ülküsü, giderek aklında şekillenmeye başlamıştı.

Tarihte Halil Paşa olarak bilinen amcası, 3 Aralık 1915'te Irak'ın doğusundaki Kut al-Amara'da 17 bin askerlik bir İngiliz ordusunu tuzağa düşürmüş bir komutandı. İngiliz Savaş Bakanı Lord Horatio Herbert Kitchener, garnizonunun serbest bırakılmasına izin vermesi için ona 1 milyon sterlin rüşvet önerdi. Fakat öneriyi reddeden Halil Paşa, 29 Nisan 1916'da 10 binden fazla İngiliz ve Hint askerini komutanları General Charles Townshend'le birlikte yakaladı. Daha sonra Kut soyadını alan Halil Paşa 1957'de öldü.

Amcasının tersine, Enver Paşa yetenekli bir askeri lider değildi ve strateji oluşturma, lojistik ve örgütleme konularında yetersizlikleri vardı. Ocak 1915'te yüz bin kadar Türk askerinin Sarıkamış'ta kaybedilmesi hâlâ hatırlardadır. Enver Paşa, Birinci Dünya Savaşı başladığında, Kafkasya, Orta Asya, hatta Hindistan'daki fetihleri hayal ederek, kendi başına aldığı bir kararla, ordusunu, dağlarda çok iyi bir şekilde yerleşmiş bulunan Rus güçlerine karşı atağa geçirdi. Aşırı kar yüzünden topları geride bırakmak zorunda kalan Türk askerleri, salgın tifo hastalığından ve dağlar aşılırken çadır ve kışlık giyeceklere sahip olmadıklarından donarak öldüler.

Isparta'daki komşumuz Albay'ın stratejik önemi olmayan topraklarda zafer kazanmak için askerleri telef eden Enver Paşa'yı suçladığını hatırlıyorum. Birinci Dünya Savaşı'nda genç bir yedek asker olan gazeteci Falih Rıfkı Atay, *Zeytindağı* adlı kitabında savaşta ölen askerlerle ilgili olarak, "Biz Türk neferini savaşta değil, kumarda harcadık," der.

Enver Paşa ile Mustafa Kemal Atatürk'ün hayatları, Osmanlı İmparatorluğu'nun yıkılışına yakın yıllarda kesişti. Her ikisi de aynı askeri akademiye devam etmişti. Enver Paşa, hanedan ailesinden biriyle evlilik yaparak Osmanlı Sarayı'na damat oldu. 1908 İttihat ve Terakki devriminden sonra, artık binbaşı unvanını taşımakta olan Enver, İttihat ve Terakki'nin Balkanlar bölgesindeki Genel Müfettişi olarak atandı. Her ikisi de İttihat ve Terakki üyesi olan bu iki asker birbirlerinden hiç hoşlanmamıştı. Enver Paşa, aralarındaki rekabet nedeniyle, iktidardaki ilk yıllarında Mustafa Kemal'in terfilerini yapmayarak onun geleceğinde kritik bir rol oynadı.

İtalya, 1911 yılında önce Libya'ya ve sonra da Osmanlı topraklarına saldırdı. Enver, bu bölgedeki Osmanlı kuvvetlerini organize etti ve Bingazi'ye vali olarak atandı.

Aynı dönemde Libya'daki İtalyanlarla savaşmakta olan Mustafa Kemal, bazı göz problemleri ve sıtma hastalığı nedeniyle 1912 yılında Viyana'ya gönderildi. Fakat orada tedavi edilirken Birinci Balkan Savaşı patladı. Osmanlı İmparatorluğu'nun Avrupa kıtasındaki toprakları kaybedilince, Mustafa Kemal'in annesi, kız kardeşi ve üvey babası da İstanbul'a kaçtılar. 1913 yılında, Mustafa Kemal Gelibolu'da görevliyken İkinci Balkan Savaşı çıktı. Yarbaylığa terfi ettirilen Mustafa Kemal daha sonra askeri ataşe sıfatıyla Sofya'ya gönderildi.

Enver Paşa'nın başka bazı planları vardı; bu nedenle, Bingazi'den İstanbul'a dönerek İttihat ve Terakki'nin siyasal etkinliklerinde yer aldı.

23 Ocak 1913'te meydana gelen bir askeri darbe sonucunda İttihat ve Terakki iktidara geldi. İkinci Dünya Savaşı sırasında Genel Kurmay Başkanı olan Enver Paşa, Edirne'yi Bulgarlardan geri aldı ve askeri darbeden sonra, Mehmed Talat ve Ahmed Cemal ile birlikte oluşturdukları İttihatçıların üçlü sacayağının öncü kişiliği haline geldi. Bu üçlü sacayağı, 1918'e kadar Birinci Dünya Savaşı boyunca Osmanlı İmparatorluğu'nu yönetti.

Mustafa Kemal, Almanya'nın yenilgisini önceden tahmin etmiş ve Almanlarla yakın ilişki içine giren Enver ile Talat'ı eleştirmişti. Fakat onlar savaş ve içişlerinden sorumlu bakanlardı. Talat, daha önceleri bir postanede telgraf operatörü olarak çalıştığı için *Telgrafçı* olarak tanınırdı. İlk olarak Müttefiklerle taraf olmuş, daha sonra Enver Paşa'nın etkisiyle Almanları desteklemişti.

Bu arada İngiliz istihbaratı, İttihat ve Terakki'nin liderlerinin Alman ve Musevilerden kurulu bir gizli ittifakın üyeleri olduğuna dair yanlış bir bilgiye inanıyordu.

Enver Paşa, Sarıkamış faciasından sonra yıkılan prestijini, ancak Müttefik kuvvetlerinin Çanakkale Boğazı'ndan geri çekilmesiyle düzeltebildi. Mustafa Kemal, Müttefik kuvvetlerin Gelibolu'da ilerleme girişimlerini engelleyip geri çekilmelerini sağlayarak askeri yeteneğini gösterdi ve Gelibolu'daki bu başarısı nedeniyle, İstanbul'un kurtarıcısı olarak söz edilmeye başlandı.

Enver Paşa, reformist ama kendine odaklı ve kibirli bir maceraperestti. Aklında sürekli taşıdığı Pan-Türkist imparatorluk ülküsü yüzünden, 1917'deki Rus Devrimi'ni de bir fırsat olarak değerlendiriyordu. Osmanlı İmparatorluğu perişan bir haldeyken, 1918'de Azerbaycan'ın Bakû kentini işgal etti.

Savaş kaybedildiğinde, Müttefikler Türkiye'yi işgal etti. Anadolu içlerinde çatışmalar çıkmış ve eşkıyalık artmıştı. Bütün Anadolu'ya yayılacak bir kaosu önlemek amacıyla, Mustafa Kemal, Osmanlı hükümetinin sivil ve askeri yetkileriyle donatılarak 9. Ordu Müfettişi olarak atandı.

Mustafa Kemal'in Karadeniz'in Samsun limanına çıktığı gün olan 19 Mayıs 1919, Türk ulusunun bağımsızlık için verdiği mücadelenin başladığı tarih olarak görülür. O Samsun'a varmadan yalnızca beş gün önce, İngiliz ve Amerikan deniz kuvvetlerinin desteğini de alan Yunan askerleri, asayişi sağlama bahanesiyle İzmir'e çıktılar. Fakat Anadolu'nun içlerine doğru ilerleyip insanları öldürdüler ve köyleri yakıp yıktılar. Mustafa Kemal, görevden alınma riskinden kurtulmak için kendisi ordudan istifa etti ve Erzurum'da 15. Ordu'nun komutanı olan General Kâzım Karabekir'i, Müttefiklere karşı verilecek savaşta kendisine katılmaya ikna etti. Ankara'da geçici bir hükümet kurulmuş ve bu saltanatını korumak için Müttefiklerle işbirliği yapan Sultan VI. Mehmet'i (Vahdettin) kızdırmıştı. Bunun üzerine, İstanbul'daki gerici hükümet, Mustafa Kemal ve arkadaşlarını görüldükleri yerde vurulacak kâfirler olarak ilan etti.

Fakat bu işe yaramadı; İsmet İnönü ve Harbiye Nazırı Fevzi Çakmak dahil olmak üzere önemli görevlerdeki birçok kişi Ankara'daki

Mustafa Kemal'e katıldı. Seçim yapılarak Büyük Millet Meclisi kuruldu. Meclis, Mustafa Kemal'i Meclis Başkanı ve Başkomutan olarak seçti. Mustafa Kemal, Sakarya'da Yunan kuvvetlerini yenerek İzmir'de Ege Denizi'ne döktü. Bu zafer, Müttefiklerin Türkiye'yi aralarında paylaşma planlarının yıkılmasına neden oldu. Yazar Ruşen Eşref Ünaydın, bu konuda, "(Müttefikler) Kendi ülkemizde kendimizi yok edeceklerdi," diye yazmıştı.

Mustafa Kemal zaferden sonra orduya, "Siz orada yalnız düşmanı değil, milletin makus talihini de yendiniz," diye seslendi. Sonunda, 24 Temmuz 1923'te Lozan Barış Antlaşması imzalanarak Türkiye'nin bugünkü sınırları belirlendi.

Ülkeyi yabancı işgalinden kurtaran Mustafa Kemal ve arkadaşları, ardından reform hareketine başladılar. Osmanlı döneminde hastalıklı İmparatorluğu reforme etmek, padişahların despotluğu, gerici güçlerin cahilliği ve yeniçerilerin ayrıcalıklarını kaybetme endişesi yüzünden olanaksızdı. Yeniçeriler, değişikliğe direndikleri zaman sokaklara çıkıp "Kafirlerin reformlarını istemiyoruz!" şeklinde sloganlar atıyorlardı. Bu gruptakiler, padişahları tahttan indirebiliyor ya da karşı oldukları herkesi yakalayıp boyunduruk altına alabiliyorlardı. Genç Osman olarak da bilinen II. Osman'ın kaderi, bu grubun itaatsiz davranışlarına iyi bir örnektir.

1603 yılında doğan Genç Osman, 14 yaşında padişah oldu ve 1618 ve 1622 yılları arasında imparatorluğu yönetti. Akıllı, hırslı ve cesaretliydi; ayrıca reform ihtiyacı olduğunu anlamıştı. Suriye ve Mısır'da yeni bir ordu kurarak, dejenere olmuş, disiplinsiz yeniçerilerin gücünü azaltmak istemişti. Fakat onun hareketlerinden şüphelenen yeniçeriler ayaklanma çıkardı. Ve Genç Osman tahttan indirilerek, 1622'de 18 yaşındayken boğazlanarak öldürüldü.

Enver Paşa, Birinci Dünya Savaşı'ndan hemen sonra Türkiye'de başlayan reform hareketini kaçırdı. Mehmed Talat, Ahmed Cemal ve Enver Paşa'nın oluşturdukları üçlünün her bir üyesi Kasım 1918'de Odesa'ya kaçtı; ardından Enver ve Talat Berlin'e gitti ve Talat orada bir Ermeni tarafından öldürüldü. Berlin'deki hapishanede Alman Komünist Partisi liderlerinden birisi olan Karl Radek (Karl Sobelsohn) ile tanışan Enver Paşa, onun Moskova'ya gidip Vladimir Ilyich Lenin ile tanışma ve böylece Rus Bolşeviklerini

Türk milliyetçileriyle anlaşma imzalamaya ikna etme önerisinden etkilenmişti.

Savaş sona ererken Türk ordusunda Genel Kurmay Başkanı olarak görev yapan Alman General Hans von Seeckt, Enver Paşa'nın arkadaşıydı ve o sırada sınırlı kapasitedeki Alman ordusunun komutanıydı. Seeckt, Enver Paşa'nın Moskova seyahati için özel bir uçak ayarladı fakat uçak Litvanya'ya acil iniş yapmak zorunda kaldı. O günlerde Doğu Avrupa, Rus sivil savaşı yüzünden kargaşa içindeydi. Yakalanmaktan korkan Enver Paşa, gerçek kimliğini saklayan sahte belgeyle yola çıkmıştı. Sovyetler'le savaş halinde olan Litvanyalılar, bir casus olduğundan kuşkulanıp Enver Paşa'yı iki ay mahkûm olarak tuttular. Sonuçta Enver Paşa tekrar Berlin'e dönmek zorunda kaldı. Orada Alman Musevilerinden olan Altman adlı bir komünistten sahte kimlik belgelerini aldı. Fakat Letonya'da tekrar tutuklanarak casusluk şüphesi ile hapsedildi. En sonunda, Berlin'de ilk girişimini yaptığı tarihten on ay sonra, 1919'un yazında Moskova'ya varabildi.

Bir zamanlar Osmanlı İmparatorluğu'ndaki en iyi siyasal entrika uzmanı olan Enver Paşa, 1920-21 yılları arasında Rus Dışişleri Bakanlığı'nda çalıştı. Bizim Albay, Moskova'da Ruslara çalıştığı için Enver Paşa'dan nefret ederdi. Ruslara çalışan her Türk kesinlikle vatan haini olarak görülürdü. Rusya ile Türkiye 1676 ve 1878 arasında on kez savaşmıştı. Albay, "Sanırım Enver mecburdu. Türkiye'ye asılmak için dönemezdi. Mustafa Kemal onu kesinlikle idam ettirirdi," diye konuşurdu.

Enver Paşa, Eylül 1920'de, Bakû'da bir Bolşevik Kongresi'ne katıldı; Mustafa Kemal'in Anadolu'daki milliyetçi hareketine karşın hâlâ Türklerin lideri gibi davranıyordu. Fakat oradaki Türk Komünist Delegasyonu kendisine şiddetle karşı çıktı. Enver Paşa, kıvrık uçlu, geniş ve siyah renkli Kayzer II. Wilhelm bıyığı ve başında fese benzeyen uzun ve kırmızı renkli tarbuşuyla, hâlâ görkemini koruyan, Moskova sokaklarında gezen ufak tefek bir adamdı.

Türk-Rus ilişkileri dikkate alındığında, Enver Paşa başarılı olamamıştı; çünkü Bolşevikler Kemalistlerle anlaşmayı tercih etmişlerdi. Enver Paşa, Gürcistan, Batum'da geçirdiği bir dönemden sonra tekrar Moskova'ya dönerek Bolşeviklere bir öneride bulundu: Eğer Bolşevikler Ankara'daki Mustafa Kemal yönetimini devirmek için yardım ederlerse, o da Hindistan'daki İngiliz denetiminde olan bölgeyi Ruslar için alabilirdi. Çin Türkistanı'nı ele geçirmek ve böylece bölgedeki Uygur ve Kazak nüfusu ile bir Türk cumhuriyeti kurmak istiyordu. Enver Paşa, orada diğer Türk asıllı insanların yardımıyla bir cihat ilan edebileceğini ve İngiliz kuvvetlerini Hindistan'dan çıkarabileceğini söylüyordu. Fakat Sovyet hükümeti bu planla ilgilenmedi.

Daha sonra yeni bir planla ortaya çıkarak Lenin'i kandırdı. Eğer Lenin onu Orta Asya'ya gönderirse, Türk kökenli Basmacı isyancılarını yatıştırıp, onların Rus Bolşeviklerine karşı ayaklanmalarını sona erdirecek, hatta o grubun arasında Marksist-Leninist inanışlar yayacaktı. Bolşevikler şık ve zarif görüntülü bu Türk'ün hareketlerinden kuşkulansalar da, önerisini kabul edip onu güvendiği Türk görevlilerle birlikte Buhara'ya gönderdiler. Enver Paşa, 8 Kasım 1921'de Buhara'ya vardığında Bolşevikler hatalarının farkına varmışlardı ama çok geçti.

Enver Paşa, artık Türklerin tarihi anavatanındaydı. Özbekistan'da büyük bir kent olan Buhara'da bir Başkırlı reformist ve Türk kökenli lider Zeki Velidi Togan'la tanıştı. Buhara Bolşevik kontrolündeydi; Enver Paşa, isyancıların peşine düşeceğini söyleyerek oradaki Rus yönetimi kandırdı. Yanındaki ekip ve bazı yerel destekçilerle birlikte kentin dışına çıktı. 32 yaşında Osmanlı İmparatorluğu'nda Harbiye Nazırı olan bu kurnaz paşa, daha sonra Buhara'nın doğusundaki tepelerde Basmacı isyancılarına katıldı. Ruslardan kaçan Buhara'nın eski emiri Abdul Said Mir Alim'den ve daha sonra Afganistan Kralı Emanullah'tan yardım aldı.

Basmacı, baskını yapan kişidir. Lenin'in yönetimi sırasındaki Türkistan'daki farklı lehçelerde Türkçe konuşan Basmacı grupları, Orta Asya bölgesini çok iyi biliyorlardı. Rus işgalcilerle çok etkili bir şekilde savaşmışlardı, fakat onları tek güç halinde bir araya getirebilecek bir liderden yoksunlardı. Enver Paşa'nın doldurmaya çalıştığı boşluk da oydu. 1922 baharında Basmacı isyanının bir noktasında, Enver Paşa'nın çok yetersiz bir şekilde silahlanmış üç bin askerden oluşan zayıf bir güce kumanda ettiğine inanılmaktadır. Yanında ona eşlik eden bazı eski Türk subaylarıyla bir hareket planı çıkarmış ve eski Buhara krallığının büyük kısmını kontrol altına almıştı.

Enver Paşa, İslam dünyasının bütün ordularının başkomutanı olduğunu ve Osmanlı padişahının genç yeğeni Naciye ile olan evliliği nedeniyle, "Damad-ı Şehriyari" (Padişahın Damadı) unvanını aldığını duyurmuştu. İsteği, peygamberin yeryüzündeki temsilcisi olarak tanınmaktı.

Şubat 1922'de Duşanbe kentini ele geçirdi. İki ay sonra ise, Buhara'yı çevreleyen geniş bölgeyi denetimine almıştı. Fakat kendisini Türkistan'ın Emiri ilan ederek Mir Alim Han'ı yabancılaştırmış ve böylelikle büyük bir hata yapmıştı. 14 Haziran 1922'de kritik bir çarpışmayı kaybedince şansı döndü ve desteğini kaybetti. Lenin'in Enver'in kuvvetlerini ezmek için büyük bir ordu gönderdiği söylentilerini duyarak ürken Afganistan Kralı, o güne kadar verdiği yardımı kesti, ayrıca diğer gruplar da terk edip gitmişti.

Enver Paşa, altı hafta sonra, 4 Ağustos 1922'de, şimdiki Tacikistan topraklarındaki Abiderya köyündeyken 300 askerden oluşan bir Sovyet gücünün yaklaşmakta olduğunu duydu. Kurban Bayramı zamanıydı ve Enver Paşa da yanında kalan son birkaç adamıyla bayramı kutluyordu. Birbirlerine armağan verdikleri sırada silah sesleri duyuldu. Enver Paşa, cebinde Kuran'ı elinde kılıcıyla Derviş adlı atına atlayıp, Bolşevik askerlerinin üzerine doğru gitti; arkasında yalnızca 25 atlı vardı. Enver Paşa'nın biyografisini yazan Şevket Süreyya Aydemir'e göre bu, makineli tüfeklere karşı yapılan intihar niteliğinde bir hücumdu. Sonunda yedi kez vurulan Enver Paşa yere yığıldı. Kendisiyle birlikte atı da öldü. Geride kalan askerleriyle birlikte Afganistan'a kaçabilecekken bunu yapmamış ve savaşarak ölmüştü.

Sovyetler bir süre Enver Paşa'yı öldürmüş olduklarını fark etmediler. Enver'in savaş alanında bırakılan başı kesik bedeni daha sonra bölgede yaşayanlar tarafından gömüldü. Enver Paşa'nın bir ırmak yanındaki ceviz ağacının altında bulunan mezarı, daha sonraları Orta Asya'daki Türk asıllı insanlar için bir kutsal türbe haline geldi. Cenazesi, 74 yıl sonra Abiderya'dan Türkiye'ye getirilerek Ağustos 1996'da devlet töreniyle İstanbul'da gömüldü. O dönemde cumhurbaşkanı olan Süleyman Demirel, askeri ve dini törene önderlik etti.

Reform yılları boyunca ve sonrasında yaşadıkları hayatlarla, aralarında ben de olmak üzere birçok genç Türk insanını etkileyen ve onların üzerlerinde iz bırakan, birbirine rakip iki Osmanlı subayının hikâyesi işte böyle gelişti.

Modern bir devlet yaratan parlak strateji uzmanı Mustafa Kemal Paşa, ulusun önünde yol gösterici olup laik bir miras bırakmış ve konuşmalarında, "Benim naçiz vücudum bir gün elbet toprak olacaktır, fakat Türkiye Cumhuriyeti ilelebet payidar kalacaktır," demiştir. Bir maceraperest olan ve koca bir imparatorluğu kaybeden Enver Paşa, Orta Asya'da bir savaş alanında can verdi. Onun ölümünden birkaç yıl sonra, yeni bir Genç Türk kuşağı, büyük bir devrim hareketini yürütüyor ve yeni bir ulus doğuyordu. Sonunda, Osmanlı İmparatorluğu'nun başına bela olan İslamcı bağnazlık ve karanlık silsilesi, bu yeni kuşağın üyeleri tarafından sona erdiriliyordu.

Onlardan biri de bendim.

İslamcılık Laikliğe Karşı

Deli dostun olacağına, akıllı düşmanın olsun

Atasözü

*D*emiryolu Isparta'ya ulaştığında bütün öğrenciler treni görmek için istasyona kadar yürümüştük. Çoğumuz daha önce trenle hiç karşılaşmamış olduğundan, dumanlar çıkaran kocaman treni görmek muhteşem bir deneyim olmuştu. Heyecan içinde, Kemal Atatürk'ün trenle kente gelen yetenekli çalışma arkadaşı ve daha sonraki yıllarda halefi olan İsmet Paşa'yı karşılamıştık. 1921'de savaşta işgalci Yunan kuvvetlerini Batı Anadolu kasabası İnönü'de yenen İsmet Paşa, daha sonra bu ismi soyadı olarak aldı.

Devam ettiğim ortaokul evden çok uzaktı; bu yüzden her gün okulla ev arasında asfalt döşenmemiş köy yolundan yürümek zorundaydım. Okul müdürümüz Hilmi Bey'di. Fakat sınıfta köpek bedenlerini incelemesi nedeniyle daha çok köpek bakıcısı olarak bilinirdi. Oldukça sert ve disiplinli bir yapısı vardı ama sözlerini dinletmek için çocuklara ender olarak vururdu. Bunun yerine yüzünde korkutucu bir ifade ile kulak çekmeyi tercih ederdi. Bir keresinde hatalı davranan bir öğrencinin kulağını yakalamış, çektikçe çekmiş ve çocuğun gitmesine izin vermemişti.

Kırsal kasabamızda hayat sadeydi, doğumlar gibi ölümler de her gün görülebilen olaylardandı. Anadolu'da gösterişli ve süslü tabut kullanılmaz; böylece yoksulun da zenginin de son konacağı yer çamdan yapılan aynı tabutlardır. Türklerin ölüm konusundaki görüşü, çok zaman önce Osmanlı döneminin gülmece ustası Nasrettin Hoca'nın bir hikâyesinde dile getirilmiştir.

Bir gün bir arkadaşı Nasrettin Hoca'ya sorar: "Bir insan cenazede nerede durmalı? Tabutun önünde mi, yanında mı yoksa arkasında mı?"

Hoca cevap verir: "Tabutun içinde olma da nerede olursan ol!"

Büyük bir üzüntü yaşadığım bir Kurban Bayramı'nı çok iyi hatırlıyorum. Yedi yaşlarındaydım. Evde beslediğimiz ve uzun kirpikleri nedeniyle Kirpik adını verdiğim küçük siyah bir kuzumuz vardı. Annem bayramdan önce, kurbanlık olarak bir koç almış, bir kasapla anlaşarak eti civardaki fakirlere dağıtmasını söylemişti.

Fakat ne yazık ki, koç kesilmek üzere bekletildiği bodrum katta bulunan bir çuval buğdayı bularak yemiş ve üstüne su içmişti. Ertesi sabah bodrum katına indiğimizde koçu davul gibi şişmiş bir halde patlamak üzereyken bulduk. Bayram tatilimiz berbat olmuştu. Annemin kuzuyu kurban etmekten başka seçeneği yoktu. Kuzunun kesilmemesi için çok yalvarıp ağladım ama faydası olmadı. Kuzunun kurban edilişini görmemek için evden uzaklaştım. Yine de kesmeye götürülürken meleyişini duyuyordum.

Atatürk'ün devrimleri sırasında Anadolu'da eğitim gören ilk çocuklardık; bu nedenle de, okul dışındaki hayatımızda devam eden Osmanlı'nın İslamcı gelenekleri ve okuldaki laik eğitim arasında kalmıştık. Medreselerde ya da dini okullarda eğitim gören önceki kuşaklar, lanetli evler ve falcılar gibi bazı batıl inançlara eğilimliydiler. Devam ettiğim ilkokulun yanındaki eski bir evden garip sesler geldiğini duyan insanlar, "Burada cinler top oynuyor," derlerdi. Kasabada anlatılan masala göre, cinler hemen her gece o evin damını taşa tutuyorlardı! Bu ev daha sonraları bana hep Hüseyin Rahmi Gürpınar'ın yazdıklarını hatırlattı: "Orası cinlerin, perilerin kumkuma yeridir."

Kuran'dan dini ayetler içeren ve kolye gibi takılan muskaların şeytanı savuşturacağına inanılırdı. Mollalar tarafından hazırlanan bir başka muskanın, kadınları güzelleştirmesi, böylece de evlenmek isteyen erkeklerin dikkatini çekmelerini sağlaması bile umulurdu.

Halk arasında bunlara inanılırken, İttihat ve Terakki'nin eski üyesi, milliyetçi hareketin ana ideoloğu ve sözcüsü Ziya Gökalp'in (1875-1924) fikirleri, okulda bize ışık tutmuştu. Sosyolog, yazar ve şair Gökalp, gençlik yıllarında İttihat ve Terakki'nin gizli üyesi olduğu dönemde bütün Türk asıllı insanların birleşmesini savunan Pan-Turanizm'i benimsemişti. Daha sonraları, ulusun modernleştirilmesi konusuyla ilgilendi ve kendi kuşağındaki politikacı ve yazarları etkiledi. *Kızıl Elma* adlı kitabı, Pan-Turanizm ile ilgili görüşlerini içermektedir.

Gökalp, Osmanlı İmparatorluğu çöktükten sonra Türkiye'deki devrimler için gösterilen çabalarla ilgili bir konuşmasında, savaşın, gerileme yüzünden kaybedildiğini ileri sürmüştü. Ziya Gökalp, intikam uğruna düşmanın ilminin benimseneceğini, hünerlerinin öğrenileceğini ve metodlarının da çalınacağını belirtmişti. Biz çocuklar, Gökalp'in öğretileri sayesinde, Türk tarihi ve geleneklerini öğrenirken, bir yandan da Batı uygarlığına ait birçok yeniliği benimsiyorduk.

29 Ekim 1933'te laik Cumhuriyet'in onuncu yılını kutladığımızda ben bir ilkokul öğrencisiydim. O zaman gurur duyan bir ulustuk; hükümetimize, liderimize, devletimize, matbuatımıza ve kurumlarımıza güveniyor ve hepsinden öte, kendimizle gurur duyuyorduk. Göğsümüzün genç laik Cumhuriyet'i koruyan bronzdan yapılma bir kalkan olduğuna inanırdık. Bu inancımızı kanıtlamak için genç kuşağın başarılarından söz eden 10. Yıl Marşı'nı söylerdik:

Çıktık açık alınla on yılda her savaştan
On yılda on beş milyon genç yarattık her yaştan

Müziği bir İsveç melodisinden uyarlanan Gençlik Marşı'nda ise, ülkemiz için duyduğumuz sevgiyi dile getirirdik. Bu, bizim kuşaktan önce Bağımsızlık Savaşı sırasında çarpışan gençlerin marşıydı:

Dağ başını duman almış
Gümüş dere durmaz akar
Güneş ufuktan şimdi doğar
Yürüyelim arkadaşlar

Sesimizi yer, gök, su dinlesin
Sert adımlarla her yer inlesin

Ne mutlu Türküm diyene! diye bağırırdık hep birlikte. Atatürk'ün bir konuşmasından alınan bu slogan, etnik ve dini farklılıklarımız ne olursa olsun hepimizin birlik olduğu anlamına geliyordu.

Ortaokul birinci sınıfta olduğum sırada bir gün annem İstanbul'a taşınmak istediğini söyledi. Dişçilik mesleğinde oldukça iyiydi ve kendini daha da geliştirmek istiyordu. Aynı zamanda, o dönemde Isparta'nın yüksek öğrenim olanaklarından yoksun olmasından endişe duyuyordu. Üstelik bizim İstanbul'a taşınmamızın bütün aileye de faydası olabilirdi. Annemin İstanbul'da yerleşmemize yardımcı olabilecek bir üvey kız kardeşi vardı.

Biz taşınmak için hazırlanırken, Çarliston dansı modası kırsal kentimize de ulaşmıştı; birçok kişi o ünlü şarkıyı söyleyip dans ediyordu:

Garson bira getir
Garson şarap getir
Yaşa Çarliston

Taşınma hazırlıklarımız kısa zamanda tamamlanmıştı. Yola temiz çıkmak için, kentteki Türk hamamına gidip keselendik. Hamamın buharlı havasında keseyle yapılan masaj, vücudunuzu mucizevi bir şekilde canlandırabilir. Ölü deriler sıyrılarak gözenekler açılır. Tamamen kıpkırmızı bir hale geldiğinizde kendinizi son derece canlı ve temiz hissedersiniz. İşte böylesine bir masaj sonrasında, üzerlerinde büyük ve porselenden yapılma tıpaları olan şişelerle servis edilen soğuk gazozdan içtiğimizi hatırlıyorum.

Isparta'dan ayrılmadan önce komşumuz Albay'la son kez görüştüm. Gri renkli Arap atının üzerinde üniformasıyla geldi ve bizim evin önündeki merdivenlerde yanıma oturdu. "Büyük şehre gittiğin için çok şanslısın. Bu çalışman ve adam olman için mükemmel bir şans," demişti.

Sonra, yeni plakları gramofonda çalarak komşuları eğlendirmeye başladı. Bu plaklar arasında kadife gibi yumuşak bir sesi olan

Safiye Ayla'nınki de vardı. "Saatlerce başbaşa kaldığımız geceler, O tatlı demleri, deli gönlüm heceler" diyen Safiye Ayla'yı hepimiz tamamen büyülenmiş bir halde dinlerdik.

Albay, o gün elimi sıkıp şans dilerken, "Bana bir şey için söz verir misin?" diye sordu. "Söyle Albayım," dedim. "Cumhuriyet'i ve onun laik Kemalist devrimlerini daima koruyacağına dair bana söz ver," diye karşılık verdi.

Ben bir devrim çocuğuydum ve Kemalizmle yoğrulmuştum. Böyle bir söz vermeye gerek olmamasına karşın, "Söz veriyorum Albayım," dedim.

Birinci sınıftan itibaren bütün çocuklar okul günümüze bir anıt töreni ile başlar ve öğrenci andını hep birlikte söylerdik:

"Türküm, doğruyum, çalışkanım. Birinci vazifem, Türk istiklalini, Türk Cumhuriyeti'ni, ilelebet muhafaza ve müdafaa etmektir..."

Bununla birlikte, Atatürk'ün Gençliğe Hitabesi'nde ülke gençliğine verdiği görev her zaman aklımdaydı:

"Ey Türk Gençliği! Birinci vazifen, Türk istiklâlini, Türk Cumhuriyeti'ni, ilelebet muhafaza ve müdafaa etmektir. Mevcudiyetinin ve istikbalinin yegâne temeli budur. Bu temel senin en kıymetli hazinendir."

Ertesi gün, babamın mezarını ziyaret ettik. Duamızı edip vedalaştıktan sonra, tren istasyonuna kadar at arabasıyla gittik. Ve geleceğimiz hakkında duyduğumuz kaygı ve telaşla birlikte trene bindik.

1937 yılıydı ve ben yıkılan Osmanlı İmparatorluğu vatandaşlarından düşünce, davranış ve görünüş bakımından tamamen farklı 12 yaşında genç bir Türk'tüm. Kemal Atatürk benim öğretmenimdi ve kendimi Kemalist olarak görüyordum.

Gazetecilikte İlk Dönem

Bilmemek ayıp değil, öğrenmemek ayıp.

Atasözü

Levanten kültürünün^(*) merkezi olan İstanbul, 1937 yılında düzenli bir kentti. Önceki dönemlerde Doğu Roma, ardından da Bizans ve Osmanlı İmparatorluklarının başkenti oldu. Bunun sonucu olarak, kentteki eski binalar ve tarihin birçok farklı döneminde yapılmış başyapıtlar, değişik mimari tarzları hayranlık uyandırıcı bir şekilde bir arada bulunur. Hâlâ kenti çevreleyen Bizans surları, bunların arasında sözü edilmesi gereken çok değerli yapılardan biridir. Ünlü Bizans kilisesi Ayasofya da, muhteşem mozaiklere sahip Kahire Müzesi gibi günümüzde bir müze olarak kullanılmaktadır.

Kentte bulunan çok sayıdaki camiden birisi olan ve minareleriyle İstanbul semalarını büyüleyici gösteren Sultanahmet Cami, 1609 ile 1616 arasında Sultan I. Ahmet için, Bizans döneminde Hipodrom olan şimdiki At Meydanı'nın doğu ucunda inşa edilmiştir.

(*) Levanten ifadesi, tarihsel olarak Doğu Akdeniz kıyılarında bulunan ülkelerde ve Anadolu'da, Yakındoğu ile eş anlamlı olarak kullanılır. Bu kelime, Yakındoğu ülkelerinde doğup büyümüş ya da orada yerleşmiş olanları anlatır. Levanten, kuvvetli bir Akdeniz rüzgârının adıdır (yazarın notu).

Süleymaniye Camisi ise, Muhteşem Süleyman olarak da bilinen Kanuni Sultan Süleyman için yapılmıştır. Büyük Osmanlı mimarı Mimar Sinan tarafından yapılan caminin inşası, 1550 ile 1557 arasında yedi yıl sürmüştür. Genç bir muhabir olduğum dönemde, yapılmakta olan restorasyon projesi hakkında yazacağım yazı nedeniyle, bu caminin yaklaşık 54 metrelik orta kubbesine çıkmıştım. O kocaman kubbenin kenarından Haliç, Boğaziçi ve Marmara Denizi'ne baktığımda, olağanüstü derecede güzel bir manzara ortaya çıkıyordu. Kubbenin yakınında, iç duvarlarında boşluklar bulunan ve namaz kılınan salonu gören küçük bir oda vardı. Bu oda, elektriğin henüz olmadığı dönemlerde, lambalarda bulunan mum eriyiklerinin biriktirildiği yerdi. Duvarlardaki boşluklardan yayılan bu madde bir araya getirilip mürekkep yapmak için kullanılıyordu.

Caminin namaz salonu, Sarhoş İbrahim olarak tanınan cam ustasının yaptığı çiçek desenli vitrayların yer aldığı camlarıyla geniş iç mekânda loş bir hava yaratır. Caminin dışında iç duvarları muhteşem Türk çinilerileriyle kaplanmış etkileyici iki mozole yer alır. Bu mozolelerde, Muhteşem Süleyman ve Rus eşi Roxelana'nın tabutları bulunur. Yıllar sonra Washington D. C.'de Amerikan Kongre Binası'nı ziyaret ettiğimde, salondaki kubbede diğer bazı önemli tarihi kişiliklerle birlikte, Kanuni Sultan Süleyman'ın resminin de yer aldığını gördüm.

1937'de İstanbul'da hava kirliliği yoktu. Boğaziçi ve Marmara Denizi'nde kılıçbalığı, uskumru ve palamut boldu. Hatırladığım tek kirlilik, yüzyıllardır yük boşaltan gemilerin ve fabrikaların Haliç'te neden olduğu kirlilikti. Yedi tepeye yayılan kenti dolaşmak, o günlerde hâlâ işleyen tramvaylarla kolaylıkla mümkün olabiliyordu. Boğaziçi'nin Asya ve Avrupa kıyıları arasında geçiş yapmak, iki asma köprü inşa edilene kadar yalnızca feribotlarla yapılabiliyordu. Bu feribotlar, Marmara Denizi'ndeki Prens Adaları'na ulaşmak için hâlâ tek yol olarak kullanılıyor. Bu küçük ve kayalık adalar, Akdeniz atmosferi içindeki güzel evleri, gösterişli begonyalara sahip bahçeleri, çam ağaçları ve muhteşem manzaralarıyla oldukça popüler dinlence yerleridir.

Feribotlar, kentin eski ve yeni kısımlarını birleştiren ve Haliç'teki dubalar üzerine kurulu Galata Köprüsü'nde demir atardı. Eski köprünün yerine son dönemde yenisi yapıldı. Burası eskiden balıkçıları, satıcıları ve trafiğiyle dikkat çeken bir yerdi. İnsanlar köprünün alçak kısmında durup balık tutar, satıcılar şarkılar söyleyerek mangalda kızarttıkları balıkları satmaya çalışır, gürültülü tramvay sesleri bir alçalıp bir yükselirdi. Köprünün üstünde kızarmış balık kokusuna deniz kokusu karışır, lakerda kokusu Eminönü Meydanı yakınındaki Mısır Çarşısı'ndan gelen baharat kokularıyla birleşirdi. Etrafta daima turistler tarafından denize fırlatılan bozuk paraları almak için Haliç'e dalan çocuklar bulunurdu. Pazar günleri köprü ve vapurlar birçok farklı dil konuşan insanlarla dolu olurdu.

O günlerde trafik sıkışıklığından söz edilmiyordu, hatta trafik ışıkları bile yoktu. Şimdiki beş milyon adet araçla kıyaslanırsa, o zaman tüm Türkiye'de çok az sayıda motorlu taşıt vardı. İstanbul, hâlâ Doğu'nun yaşam sesleriyle dolup taşan kentiydi.

Baklava, yoğurt, pastırma, bulgur pilavı ve şişkebabı gibi yiyecekleri yaratan Türk insanının tatlıya karşı ayrı bir düşkünlüğü olduğu bilinir. Bu yüzden her köşede, yalnızca sütlü tatlıların servis edildiği bir muhallebici olurdu. Ayrıca, tüm kentte turşucular vardı; bunların bazıları sadece camı açılabilen kutu gibi mekânlarda yalnızca turşu satardı ama akla gelebilecek her meyvenin, patlıcan dahil olmak üzere her sebzenin turşusunu oralarda bulmak mümkündü. Ben sık sık Çemberlitaş yakınındakine giderdim. Bizans İmparatoru Konstantin şerefine dikilmiş olan Çemberlitaş sütunu, üst üste oturtulan mor renkli yuvarlak porfir taşlardan yapılmıştır. 1105 yılında bir fırtına ile bir bölümü hasara uğradığından, sütunun korunması için etrafı demir çemberlerle çevrilmiş.

Göçmenlerin bütün dünyaya yaydıkları taze sıkılmış meyve sularından yapılan şerbetlerin satıldığı küçük tezgâhların kentte önemli bir yeri vardı.

İstanbul'un nüfusu son yirmi yıldır aşırı derecede arttı. Kent, günümüzdeki 12 milyonluk nüfusuyla, 1927'lerde ülkenin toplam nüfusu olan 14 milyon sayısına hızla yaklaşıyor.

O dönemde Babıâli İstanbul'un basın merkeziydi. Dik bir yokuşun üzerinde yer alan cadde, Cağaloğlu'ndan Sirkeci Meydanı'na iner. Bu meydan, Orient Ekspres'in eski terminali olan tren garı ile tanınır. Babıâli Caddesi, yokuşun sonunda biter. Osmanlı İmparatorluğu zamanında, burası Yüce Osmanlı Devleti (Devlet-i Âliyye-i Osmaniye) olarak bilinen Osmanlı hükümetinin merkeziydi. Hükümet konağına giden ana giriş, hâlâ o bölgede yer almaktadır. Osmanlı Dahiliye ve Hariciye Nazırlıkları ve Devlet Şurası da, aynı bölgedeydi. Burada kocaman sayvanlarla beliren yüksek giriş, Topkapı Sarayı'nın yakınındaki Gülhane Parkı'ndan geçer ve Vali Konağı'na yan giriş oluşturacak şekilde devam eder.

İstanbul'da devam ettiğim ortaokul ve lise uzakta değildi, fakat beni şaşırtacak her ikisi de Isparta'daki eski okulumun sıcak havasından yoksundu. Cetvelle ellere vurarak ya da hatalı davranana köşede ayakta durma cezası vererek zorla disiplin sağlamaya çalışan sert öğretmenler vardı. Suçlu görülen öğrencilere genellikle uzun süre tek ayak üzerinde durmaları emredilirdi. Okuldaki en iyi notlarımı tarih, coğrafya, edebiyat ve kompozisyon derslerinden alırdım. Matematik, biyoloji, kimya ve fizik derslerinde iyi değildim. Bu daha sonra gazete muhabiri olacağımın habercisi sayılabilirdi.

İkinci Dünya Savaşı sırasında lisedeyken, öğretmenlerimden birisi ari ırkıyla gurur duyan, sarı saçlı Nihal Atsız'dı. Saçları aynı Hitler'inki gibi taranmıştı. Sınıfta anlattıklarına çok özen gösterirdi. Irkçı ve aşırı milliyetçi faaliyetleri yüzünden İsmet İnönü yönetimiyle sorun yaşadı. *Bozkurtlar* adlı kitap dizisinin yazarıydı. Aşırı milliyetçi Pan-Türkist hareketin önde gelenlerinden biri olarak, komünistlere karşı yapılan saldırılara karıştı ve tanınmış solcu yazar ve öğretmen Sabahattin Ali'ye hakaret ettiği için hapis cezasına çarptırıldı. Öğretmenlerimden bir diğeri, Amerika'da eğitim görmüş olan genç bir Ermeni'ydi. Oval, yuvarlak ve girintili çıkıntılı şekilleri izleyip üstlerinden geçerek güzel yazı yazmayı öğretmişti. Alt ve üst satırlara kadar uzayan çıkıntılı harflerle mükemmelleştirilen bu el yazısı, artık bilgisayar çağında ortadan kalkmış durumda.

İstanbul'a varışımızdan kısa bir süre sonra, annem yokuşun tepesinde bir apartmana taşındı. O binada, İstanbul Üniversitesi Tıp Fakültesi'nden çok sayıda profesörün kliniği vardı. Karşısında Cumhuriyet Halk Partisi'nin ilçe teşkilatı bulunan binanın süslemeli kapıları, mermer bir girişi, merkezi ısıtma sistemi ve asansörü vardı; ayrıca birçok saygın doktorun da evi aynı yerdeydi. Bu bina, evlerinin ve kliniklerinin aynı yerde olmasını isteyen profesyoneller için yapılmıştı. Annem, 25 yıl boyunca orada hem yaşadı hem de çalıştı.

Bu apartman ile yakınındaki kız lisesinin arasında iki bina vardı. Daha sonraki yıllarda, *Hürriyet* gazetesi o binaları satın alarak baskı tesisleri ve yazı işleri için modern bürolar inşa ettirmişti. O zamanlar bu gazetenin benim hayatımda çok önemli bir rol oynayabileceğine ilişkin hiçbir fikrim yoktu.

İlk gençlik dönemimle ilgili olarak çok net hatırladığım anılarımdan birisi, 1938'de Atatürk'ün öldüğü gündür. Okulda bir sabah teneffüsüydü ve hepimiz bahçede oynuyorduk. Okulun bayrağı yarıya indirildiği anda hepimiz ne olduğunu anladık. Atatürk'ün hastalığı herkes tarafından bilinmesine karşın, ölümü çok büyük bir şok yaratmıştı; hep birden ağlamaya başladık. Birkaç gün sonra, Atatürk'ün yaşama veda ettiği Boğaziçi'ndeki Dolmabahçe Sarayı'nı ziyaret ettik ve oraya gelen binlerce insan gibi biz de ona olan saygımızı bir kez daha gösterdik.

Atatürk'ün tabutu sarayın resmi kabul salonuna alınmıştı. Biz çelenk dizilerinin yanından geçerken kılıçlı askerler katafalkı koruyordu. Dışarda gün ışığı Boğaziçi'ne yansırken, sarayın içinde yas tutanlar hıçkırarak ağlıyordu. Taze çiçeklerin kokusu havaya yayılmıştı. O günlerde söylenen kısa bir şiir vardı:

Saat dokuzu beş geçe
Paşam Dolmabahçe'de
Gözlerini kapadı
Bütün dünya ağladı

Ebedi lider olarak da bilinen Atatürk, ülkeyi çalışma arkadaşı İsmet İnönü'ye teslim ederek İkinci Dünya Savaşı'nın hemen öncesinde öldü. İsmet İnönü'nün etkileyici bir dış görünüşü yoktu, fakat Atatürk'ün sıklıkla kurnazlığını dile getirdiği, kafasında kırk tilkinin dolaşıp, kırkının da kuyruklarının birbirine değmediği biriydi.

Bu yaşlı kurtun ilginç bir sözünü hatırlıyorum. Bir keresinde kendisine ülkenin Amerika ile olan ilişkisi sorulduğunda şöyle yanıt verdi: "Büyük bir devletle ittifak yapmak, bir kaplanla aynı yatağa girmek gibidir." Kaplan mı yoksa ayı mı dediği konusunda yıllar sonra bile kimse emin değil.

İnönü, 1920'de Müttefiklerce yenik Osmanlı İmparatorluğu'na kabul ettirilen Sevr Antlaşması'nı geçersiz kılan 1923 Lozan Barış Antlaşması'nı imzalayarak Türkiye'nin bugünkü sınırlarını güvence altına alan devlet adamıdır. Fakat İsmet İnönü de Atatürk gibi bir diktatördü.

İnönü'nün baskıcı yönetimi sırasında polisin genellikle acımasız davrandığı iyi bilinirdi. 16 yaşımdayken benim de İnönü'nün polis kuvvetleriyle kötü bir kişisel deneyimim oldu. Olay, İkinci Dünya Savaşı'nın başlarında meydana geldi. Bir öğleden sonra, İstanbul'da kaldırımın üzerinde durmuş zaman geçirirken bir polis oradan gitmemi emretti. Polis konuştuğunda burnuma yoğun bir rakı kokusu gelmişti ve ayrıca yanlış hiçbir şey yapmadığım için oradan ayrılmayı reddettim. Gençtim ve aptalca davranarak polise görev başındayken içkili olduğunu söyledim. Çok kızan polis beni karakola götürüp, ayaktayken içinde zorlukla hareket edebildiğim dikey duran bir kutuya soktu. Polis istasyonlarında bulunan bu özel tahta kutuları daha önce de duymuştum. Bunlara *tabutluk* deniyordu ve bu ismi haklı çıkararak gerçekten bir tabutu andırıyorlardı.

Daha sonra devasa yapılı ve yine üniformalı ikinci bir polis memuru gelip herhangi bir şey söylemeden acımasızca beni yumruklamaya başladı. O dar kutunun içinde ayakta durup yumruk yemekten başka yapabileceğim hiçbir şey yoktu. Sonunda, yeterince dayak yediğime ve otoriteye saygı göstermeyi öğrendiğime karar veren polis durdu. Ve cehennemden kurtulmak istiyorsam, yazılı bir ifade imzalamak zorunda olduğum söylendi. İfadede, polis karakolunda kaldığım zaman içinde bana iyi davranıldığı ve hiçbir şikâyetimin olmadığı yazıyordu!

İsmet İnönü'nün bir devlet adamı olarak sahip olduğu özel nitelikler, İkinci Dünya Savaşı sırasında hem Hitler hem de Müttefikler savaşa girmeleri için Türklere yoğun baskı uyguladıkları zaman kendisini gösterdi. Ulusal lider olarak bilinen İsmet İnönü, ülkeyi 1945 yılına kadar savaşın dışında tutarak, Türkleri İkinci

Dünya Savaşı'nın yıkımından kurtardı. Ayrıca savaştan sonra ülkeyi özgür seçimlere hazırladı. Sanırım Müttefiklerden demokrasinin kurulması konusunda baskı gördüğü için buna mecburdu. 1950 yılında, Adnan Menderes'in Demokrat Partisi, genç Cumhuriyet'in tarihindeki ilk özgür parlamento seçimini kazandı. Cumhuriyet Halk Partisi'nin Türkiye Büyük Millet Meclisi'nde kazandığı 69 sandalyeye karşı Demokrat Parti 408 sandalye elde etmişti. Halk, İnönü'nün baskıcı yönetiminden hoşnut değildi.

Ben savaş yılları sırasında hâlâ eğitimimi sürdüren bir öğrenciydim ve askere alınmak için çok küçüktüm. Ağabeyim Hilmi ise, biz Isparta'dan ayrılmadan önce askerlik görevini yapmıştı ve bu nedenle bu görevinin bitmiş olması gerekiyordu, fakat savaş her şeyi değiştirdi. İkinci Dünya Savaşı başladığında, ağabeyim tekrar askere çağrıldı ve bir süre görev yaptıktan sonra geri döndü. Fakat savaş yılları süresince aynı şey birkaç kez daha tekrarlandı.

Türkiye'nin tarafsızlığına karşın, hepimiz savaşın etkilerini hissettik. Geceleri elektrik kesilir, yiyecek kıtlıkları olur, kömür ve ekmek karneyle dağıtılırdı. Kahve az bulunurdu, bu yüzden kavrulup öğütülen nohuttan bir tür kahve yapılırdı. Akordeon çalmayı öğrenmiştim, fakat bu durum, müzik yeteneğim ve sürekli ayaklarımı yere vurmam hakkında anneme şikâyetlerde bulunan komşularımızı, saygın doktorları ve Tıp Fakültesi'nin profesörlerini memnun etmemişti.

Savaş sona erene kadar liseden mezun oldum. Matematik, fizik ve biyolojiden aldığım zayıf notlar nedeniyle bitirme sınavlarını zorlukla geçebilmiştim. Fakat henüz ne olmak istediğimden de emin değildim.

Ermeni kız arkadaşım Seta'nın, diğer Ermenilerin aksine, çok düz ve uzun sarı saçları vardı. Halası, Kapalıçarşı'da bir giysi dükkânının sahibiydi. Bu çarşı, bir Amerikalı'nın böyle bir fikri keşfettiğini sandığı tarihten çok uzun zaman önce bir alışveriş merkezi halini almıştı. Seta'nın halasının dükkânı, amcam Enver'in halı dükkânının tam karşısındaydı. Buluşup Ortaçağ'dan kalma o çarşının içindeki bir kahveye gider, limonata ya da dondurma yiyerek sohbet ederdik. Fotoğrafa ne kadar meraklı olduğumu bildiğinden, sürekli profesyonel bir fotoğrafçı olmamı önerirdi.

Stalin'in Yunanistan ve Türkiye'deki yayılmacı planlarıyla mücadele etmeye çabalayan 1947 Truman Doktrini'nden hemen hemen iki yıl önceydi; bir gün Seta, "Ruslar buraya gelecek," dedi. Bu benim için şok edici bir haberdi, ama kısa bir süre sonra Sovyetler Türkiye'den toprak talep ettiklerinde gerçek bir tehdit halini almıştı. Daha sonra Seta, ailesiyle birlikte Arjantin'e taşındı.

Bir yıl sonra savaş sona erdiğinde annem, Denizcilik Bankası bursuyla İngiltere'de gemi tasarımı okuyan kardeşim Aziz'in yanına gitmemi önerdi. Zayıf notlarıma karşın, kendisinin izinden giderek dişçi olmamı istiyordu.

1946 sonbaharında, banka adına Akdeniz limanları arasında düzenli seferler yapan yolcu gemisi SS Ankara ile Marsilya'ya gittim. Avrupa, savaşın yıkımından sonra toparlanmaya henüz başlıyordu; her yerde kıtlık belirtileri vardı. Pire'de yiyecek azdı, Napoli'de ise bir sürü sokak çocuğu, döviz bozarmış gibi davranarak dolandırabilecekleri ya da soyabilecekleri turist arayışına çıkmıştı. Bunlar, sahte yüzükleri gerçek mücevher olarak pazarlamakla ünlüydüler. Kardeşim ailesiyle birlikte Londra yakınlarında Maidenhead'de yaşıyor ve Portsmouth'daki gemi yapımcısı Vospers Ltd. için teknik ressam olarak çalışıyordu. Beni Maidenhead'de bir pansiyona bırakıp işine geri döndü. İngiltere'deki savaş yılları sırasında çok fazla içmeye başlamıştı. Sonunda bu alışkanlığı onun ölümüne neden oldu. Yıllar sonra bir gece İstanbul'da sarhoş bir şekilde yürürken yere düştü ve kafasını kaldırıma çarparak öldü.

Londra'da yabancılar için verilen bir İngilizce kursuna devam ettiğim sırada Bristol Üniversitesi'nde dişçilik okumak için başvurdum ve ertesi gün kabul edildim. Tıp fakültesi öğrencileri olarak sürekli parti düzenler, şarkılar söyleyip bira içerek dans ederdik. Okulda eğlenmeme karşın, bir süre sonra tıp fakültesi ve dişçiliğin bana göre olmadığına karar verdim. Haber yapmak için sık sık okul kampüsüne gelen ve Bristol gazeteleri için çalışan muhabirlerle tanıştıktan sonra, kendimi gelecekte bir gazeteci ya da foto muhabiri olarak görmeye başlamıştım.

Sinematografi ve yazarlık kurslarına devam etmeyi planlayarak Londra'ya gittim. İngiliz Sinematografi Kurumu'nda karşılaştığım konuk konferansçılardan birisi, filmlerinde şüphe olgusunu kullanma yeteneğiyle ünlü İngiliz film yönetmeni Alfred Hitchcock'tu. Ünlü yönetmen, özel efektleri yaratırken kullandığı teknikleri göstererek, o tarihteki yeni filmi *The Rope* hakkında konuşmuştu. Yıllar sonra şans eseri bir şekilde, New York'taki Waldorf Astoria Oteli'nin asansöründe Hitchcock'la tekrar karşılaştım.

Londra'daki müzelerden ve sanat galerilerinden büyülenmiştim. Muhteşem Avrupa galerilerinin en küçüklerinden biri olan The National Gallery (Ulusal Galeri) benim favorimdi. Oradaki sanat koleksiyonları, İtalyan ya da Flaman gibi, ulusal köken kaynaklı ekollere göre ayrılmıştı. En çok İspanyol ekolünü, özellikle de Goya ve Velasquez'in eserlerini seviyordum. Ne zaman fazladan bir param olsa, bu çok sık olmasa da, Albert Hall'da Rachmaninoff ve Chopin'in eserlerini dinlemeye giderdim.

Annem, gazeteci olma kararımdan dolayı büyük hayal kırıklığına uğramıştı. Ona göre, hâlâ demokrasiyi kurmayı deneyen bir ülkede gazetecilik, tehlikeli bir meslek olabilirdi. Siyasete bulaşmayacağımda ısrar edip bu konuda ona söz verdim. Türkiye'nin henüz gelişmemiş demokrasisinde gazeteciliğin özellikle iç siyasette önemli bir rol oynadığını bildiğinden bana inandığını sanmıyorum. 1950'nin baharında, Simplon Express ile İstanbul'a gitmek için ikinci sınıf bir bilet aldım.

Üç yıl boyunca devam eden Kore Savaşı'nın başladığı yıldı. Demokrat Partili Başbakan Adnan Menderes, Birleşmiş Milletler gücüne katılmak üzere Kore'ye 25 bin asker göndermişti.

İstanbul'a vardıktan kısa bir süre sonra, Smith-Corona marka bir daktilo aldım ve *Yeni İstanbul* gazetesi için serbest olarak makaleler yazmaya başladım. Birkaç ay boyunca bu gazeteye film eleştirileri yazdım. *Yeni İstanbul*, ülke ve dünya haberlerine geniş yer ayıran ama göz kamaştırıcı kadın fotoğraflarına hiç yer vermeyen Avrupa tarzı, ciddi bir gazeteydi. Bu yüzden, neredeyse tamamen çıplak kadınların fotoğraflarını basan diğer günlük gazeteler ile tezat oluşturuyordu. *Yeni İstanbul*'un Türkiye'de daha önce hiç denememiş bir özelliği daha vardı; diğer gazetelerin hepsinin başlıkları Türk bayrağının rengi gibi kırmızıyken, onunki açık maviydi. Gazetedeki işim çok iyi değildi ve film eleştirileri yazmak heyecan vermiyordu. Ben muhabir olmak, özellikle Beyoğlu civarındaki konsolosluklar ve önemli yabancı konukları olan oteller hakkında haber yapmak istiyordum. Fakat o görev gazetede bir başkasınındı. Bu kişi, genç, esmer, yakışıklı ve oldukça çekingen meslektaşım Abdi İpekçi'ydi.

Bu yüzden başka bir iş aramaya başladım ve *Yeni Sabah* adlı atak bir gazetenin böyle bir muhabir aradığını öğrendim. İşe başvurduktan sonra ilk olarak gazetenin sahibi Safa Kılıçlıoğlu, sonra da Yayın Müdürü Reşad Feyzi Yüzüncü ile görüştüm. İyi giyimli Kılıçlıoğlu'nun uzun, ince ve yakışıklı görüntüsüne ve aşırı huysuzluğuna karşılık, Yüzüncü, tıknefes, kocaman göbekli, şişkin yüzlü, mütevazı bir adamdı. Bir gazete yazı editöründen daha çok, öğretmene benziyor ve öyle davranıyordu.

Yüzüncü'nün küçük ve dar bir odası vardı. İki insanın zorlukla sığabileceği odanın yanında çalışanların uzun masalarda bir arada oturup haberlerini yazdıkları yine küçük, sigara dumanıyla kaplı bir haber odası vardı. Daktilosu olmayanlar elle yazar, bir yandan da berbat kokulu sigaralarını tüttürerek Türk kahvesi içerlerdi.

Laik reformlardan önce eğitimlerini tamamlamış olan yaşlı gazeteciler ise, hâlâ kendileri için steno işlevi gören Arap harfleriyle yazıyorlardı. Bu Arapça yazılar önce Yüzüncü'ye, oradan da bu yazıları okuyup Latin alfabesiyle yeniden yazabilen daha yaşlı linotip operatörlerine giderdi.

O kalabalık ve gürültülü haber odasında, Azmi Nihad adlı uzun boylu bir adam, bir Paris radyo istasyonunun haberlerini dinler ve yakaladığı haberleri Arapça olarak yazardı.

Kapının yanında ayakta durmuş ve yazı masasında oturan Yüzüncü ile sahip olduğum nitelikler hakkında konuşmuştum. Beni hemen işe aldı; çünkü daha önce *Yeni İstanbul*'daki makalelerimden bazılarını okumuştu. Aylık maaşım o dönemin 40 Amerikan dolarına denk gelen 100 Türk lirasıydı. Bu, benim gazete dünyasındaki maceramın asıl başlangıcıydı. Yüzüncü, işe derhal başlamamı söyledi ama bana belli bir konu söylemedi. "Sokağa çık ve bana haber topla, yabancılar hakkında dünyevi hikâyeler yaz," dedi.

Bu hikâyeleri nerede ve nasıl bulacağımı söylemedi, ben de sormadım. İşe kabul edildiğim için öylesine mutluydum ki ona yanlış bir izlenim vermek istemedim. Sigara dumanı dolan odadan heyecanla çıkıp merdivenlerden hızla indim. Oysa o günlerde Babıâli'de anlatılan bir hikâyeyi hatırlamam gerekirdi. Huysuz, sinirli bir adam olan Kılıçlıoğlu, Alman çoban cinsi köpeğini gazeteye getirirdi. Bir gün, polisiye haberlerine bakan ve ordudaki rütbesi nedeniyle Kaptan olarak tanınan Alaeddin Berk, merdivenlerden aşağıya koşarak inerken o köpeğin ayağına basmış. Bunun üzerine acı içinde havlayan köpek, hızla sahibinin ofisine koşmuş. Köpeğini çok seven Kılıçlıoğlu çok üzülüp kendisini kontrol edememiş ve hızla odasından fırlayarak, "Köpeğimin ayağına hangi hayvan bastı?" diye bağırmış.

Neyse ki, ben dünyayla buluşma ve bulduklarımı yazma umuduyla binadan hızla çıkarken, şans eseri o Alman çobanı ortalıkta değildi.

Pera Palas'ın Dimo'su ve Diğer Hikâyeler

Aç ayı oynamaz.

Atasözü

Ünlü ya da ilginç yabancı kişilikleri bulup, röportaj yapmak için izlediğim strateji, havaalanında araştırma yapıp sonra da limanları, tren istasyonlarını, havayolu şirketlerini, konsoloslukların basın ataşeliklerini ve kentteki en iyi otelleri aramaktı.

1950'nin yazında, İstanbul'un büyük denebilecek üç oteli vardı. Konak Oteli (Tokatlıyan), Beyoğlu'nda, kalabalık ve gözde İstiklal Caddesi üzerinde bulunmasına karşın hareketli değildi. Haliç'e ve kentin eski kısmındaki tarihi camilere kadar uzanan görkemli bir manzarası olan Pera Palas, zarafet devri "Belle Epoque" zamanından kalma eski ama hâlâ heybetli bir yapıydı. İç kısmında etkileyici mermer sütunlar bulunan bina, 1888 yılında Amerikan Konsolosluğu'nun eski binasının hemen yanına inşa edilmişti.

Pera Palas hakkında söylenen, tarih ve edebiyatla ilgili bazı iddialar vardır. İngiliz cinayet romanları yazarı Agatha Christie, *Murder on the Orient Express (Doğu Ekspresi'nde Cinayet)* adlı romanı bu otelde kaldığı 411 numaralı odada yazmıştı. Bu odanın kapısında onun adının yazılı olduğu gümüş bir plaka asılıdır.

Agatha Christie, 1926 ile 1932 yılları arasında sık sık İstanbul'u ziyaret etmişti. Hatta onun bu kentteki günleri hakkında esrarengiz bir durum söz konusu olmuştu. Bir keresinde İstanbul'da kaldığı sırada hiçbir açıklama yapmadan on iki gün boyunca ortadan kayboldu. Agatha Christie'nin ortalıkta gözükmediği bu süre içinde, Pera Palas'ın sahibi Misbah Muhayyes'e ait Boğaz'da bir yalıda kaldığı söylenir.

Pera kelimesi, Yunanca karşıt anlamındaki *peran* kelimesinden gelmektedir. Pera Palas, eski görünüşlü koridorlarıyla, uluslararası alanda tanınan birçok ünlüye ev sahipliği yapmıştır. Bunların arasında, Birinci Dünya Savaşı'nda casus olarak ün salan Hollandalı dansçı Margaretha Zelle, daha çok bilinen adıyla Mata Hari de vardır. Pera Palas, İkinci Dünya Savaşı sırasında İngiliz casuslarının merkezi haline gelmişti. Mart 1941'de otelin lobisinde bomba patladığında, Nazi yanlısı sabotajcıların hazırladığı bir komplo ortaya çıktı. Savaş yılları boyunca çeşitli komplo denemeleri epeyce sansasyon yaratmıştı. Sarah Bernhardt, Ernest Hemingway, Jacqueline Kennedy Onassis ve devrimci Rus komünist Leon Troçki de, otelde kalan önemli kişiler arasındaydı.

Pera Palas, giriş katında bulunan geçen yüzyıla ait görünen barı, antika avizeleri, dökme demirden işlemeli kapısı olan ve yavaş çalışan gıcırtılı asansörüyle bilinir. Bu otel, 1950'lerde hâlâ işlek bir yerdi, fakat üçüncü büyük otel haline gelen Taksim Meydanı civarındaki Park Otel daha popüler olmuştu.

Bir yokuş üzerinde yer alan Park Otel, Marmara Denizi ile Boğaziçi'ni açık bir şekilde gören bir manzaraya sahipti. Otelin müdürü, oldukça çekici ve şık giyimli İstanbul Ermenisi Kazas'tı. Lobideki danışmada yabancı dil bilen Rumlar çalışırdı. Haber arayışı içinde etrafta dolanırken, orada görev yapanların hepsiyle dost olmuştum. Kazas, canayakın biriydi ve eğlenceli hikâyeler anlatırdı. Bunların arasında, benim favorim çekici Romanyalı prensesle yaşadıkları aşk ilişkisine ait ayrıntıları anlattığı hikâyeydi.

Kazas, bana otel kayıtlarını gösterir, ben de günlük konuk listesine bakıp röportaj yapabileceğim ve habere konu olabilecek bir ünlü arardım. Bu şekilde yıllar boyunca birçok önemli kişiyle, film yıldızlarıyla, yazarlarla, politikacılarla, bilim adamlarıyla ve uluslararası suçlularla tanışıp röportaj yaptım. Tanıştığım bu ünlülerin içinde hatırladıklarım arasında, *Hayat Hüzünleri (Of Human Bondage)* adlı romanı ile tanınan ve aynı zamanda Birinci Dünya Savaşı'nda casusluk yapan İngiliz yazar Somerset Maugham; *Hawaii* adlı romanın ve diğer birçok kitabın üretken yazarı James A. Michener ve bugün çok iyi tanınmasa da, kendi döneminde Orta Asya ve Hindistan'daki Moğol imparatorlukları hakkındaki tarihi kitapları ile ünlenen Harold Lamb de var. Lamb, *Timur (Tamerlane: The Earth Shaker)* adlı kitabında Moğol hükümdarı Aksak Timurlenk'in hikâyesini anlatır. Lamb ile Park Otel'de, Babür üzerine Afganistan ve Hindistan'da yaptığı bir araştırmadan sonra Amerika'ya döndüğü sırada karşılaştım. Timur ve Cengiz Han'ın soyundan gelen Babür, Hint-Moğol İmparatorluğu'nun kurucusuydu.

Michener, muhteşem Marmara Denizi ve Boğaziçi manzarası nedeniyle Park Otel'de kalmaktan hoşlanmıştı. O dönemde 40'lı yaşlarındaydı; sık sık Kapalıçarşı'yı ziyaret eder ve uygun fiyata koleksiyonunu yaptığı Doğu halılarından almaya çalışırdı.

Robert J. Oppenheimer'ı keskin, sert gözleriyle, taktığı kırışmış şapkasıyla ve üzerindeki spor ceketiyle anımsıyorum. Bu Amerikan fizikçisi, Los Alamos'ta atom bombasını geliştiren Manhattan Projesi'ni yürütmüştü. Solcularla olan dostlukları yüzünden, 1954 yılında Senatör McCarthy'nin televizyonda yaptığı açıklamaların sonucu olarak, güvenlik için risk oluşturmakla suçlandı. Oppenheimer, amacının atom gücünün barışçıl amaçlar için kullanımı olduğunu her zaman savunmuştu.

Oppenheimer'inkiler gibi keskin ve canlı gözlere sahip bir diğer kişi, Başkan Harry S. Truman yönetiminde Savunma Bakanı olan James V. Forrestal'dı. Başkan Truman, komünist terörizm ile mücadele edebilmek için 1947 yılında açıkladığı Truman Doktrini ile Yunanistan ve Türkiye'ye yardım etme konusunda öngörülü davranmıştı.

O günlerde Türkiye'nin ulusal şairi olan Yahya Kemal Beyatlı (1884-1958), Park Otel'de kalır, fakat çoğunlukla kendi başına ve gözlerden uzak dururdu. Beyatlı'nın, "Âheste çek kürekleri, mehtâb uyanmasın," dizeleri birçok kişi tarafından bilinirdi.

Şairin kasığında yürüyüşünü etkileyen ciddi bir fıtık sorunu vardı. Etrafta gezinmek için otel odasından çıkar, fakat yürümek için büyük bir mücadele verirdi. Onu zaman zaman büyük bir zahmet içinde otelin lobisinden geçerken görür, kolundan tutup yürümesine yardım etmek için hızla yanına giderdim. Yahya Kemal Beyatlı, kibar bir centilmendi. "İnsan âlemde hayal ettiği müddetçe yaşar," dediğini sık sık hatırlarım. Fakat sonunda onun hayallerinin de sona yaklaştığını biliyordum. Ünlü şair, 1958'de yaşama veda etti.

1950'lerde gündeme gelen Truman Doktrini ve Avrupa'ya yardım amaçlı Marshall Planı sonucunda, Amerika Birleşik Devletleri ile Türkiye arasındaki ilişkiler hızla gelişiyordu. Amerikan donanmasına ait filolar düzenli olarak Türk limanlarını ziyaret ederdi. Giderek büyüyen Sovyet tehdidine karşı NATO çerçevesinde askeri üsler ve gözetleme noktaları açılıyordu. Bu üslerden birisi olan Adana yakınındaki büyük İncirlik Hava Üssü, Ortadoğu'da çok önemli bir rol oynamıştı ve bu durum hâlâ günümüzde de sürüyor. Irak'ta Saddam Hüseyin'in kontrolü dışındaki uçuş yasağı bulunan bölgede Kürtleri korumak amacıyla uçuş ihlallerini denetleyen ve Northern Watch Operasyonu'nda (Kuzey İzleme Operasyonu) görevli olan Amerikan ve İngiliz hava kuvvetlerine ait jetler İncirlik'te üslenmişti.

Türkiye 1950'lerin başlarında liberal ekonomiye geçiş denemeleri yapıyordu. Türk gazeteciliği oldukça ileri bir durumdaydı ve hızla gelişen yerel gazeteler birbirleriyle kıyasıya rekabet halindeydi. *Hürriyet*, en önde gelen günlük ulusal gazete konumundaydı. *Yeni Sabah* gazetesinin de onu tirajda yakalamak konusunda büyük umutları vardı. *Hürriyet*'in kendi baskı tesisleri varken *Yeni Sabah* bu olanaktan yoksundu. *Hürriyet*'in Beyoğlu muhabiri, hızlı hızlı konuşan, esmer, kısa boylu ve tıknaz yapılı Necati Zincirkıran'dı ve komik bir takma adı vardı. Hızlı hareket ettiği için ona *Pıt Pıt* derdik.

1950'li yıllarda Türkiye'de Amerika'ya karşı büyük bir hayranlık vardı, insanlar ülkeyi ziyaret eden Amerikalılara karşı sempatik duygular beslerdi. Büyük USS *Missouri* gemisinin Boğaziçi'ne demirlediği dönemi hatırlıyorum. Japonlar, General Douglas

MacArthur'a bu gemi üzerinde teslim olmuş ve böylece İkinci Dünya Savaşı sona ermişti. Gazeteciler olarak bu önemli gemiyi gezmeye davet edilmiştik.

USS Missouri gemisinde, pek alışılmadık bir denizci ile tanıştım; bu denizcinin babası gençliğinde Amerika'ya gidip orada Amerikalı bir kadınla evlenen bir Türk berberiydi. Fakat genç denizci hiç Türkçe konuşamıyordu ve Türkiye'yi ilk kez ziyaret ediyordu. Yakın zamanda ölen babasından söz ederken gözleri yaşarmıştı.

O dönemde, Amerikan denizcilerini, bütün denizcilerin her zaman yaptıkları gibi, çeşitli eğlence mekânlarının ve tavernaların olduğu Abanoz bölgesinde ve Çiçek Pasajı'nda bira içerken görürdük.

Beyoğlu bölgesi haberlerine bakan deneyimsiz genç bir muhabir olarak, Pera Palas'ın oda görevlisi, müdürü ve her şeyi olan Dimo ile uzun süre sorun yaşadım. İstanbullu bir Rum olan Dimo, muhabirler arasında haber atlatma yarışı olduğunu anlamış ve bundan faydalanmak için bir yöntem geliştirmişti. Az saçlı ve göbekli bir adam olan Dimo, genellikle resepsiyonda dururdu. Otel kayıtlarını özellikle kendisi kontrol ettiğinden, konukların isimlerini de yalnızca ondan öğrenmek mümkün olabilirdi. Ne zaman önemli konuklar hakkında ona bir soru sorsam, "Burada hakkında yazı yazmaya değecek kimse kalmıyor," diyerek aynı yanıtı verir ve otelde kalanların adlarını göstermeyi reddederdi. Fakat *Yeni İstanbul*'dan saygın *Milliyet* gazetesine geçen rakip muhabir Abdi İpekçi'nin, bir şekilde aynı otelden birçok bilgi edindiğini öğrenmiştim.

Bir gün bu konuyu Dimo'ya açtım. Abdi İpekçi'nin kendisine iyi davrandığını söyledi. "Sana ne şekilde iyi davranıyor?" diye sorduğumda, yolun karşısındaki pastaneyi göstererek, "Bana o dükkândan pasta alıyor. Böylece ben de onun konuk listesine bakmasına izin veriyorum," dedi.

O andan itibaren ben de Pera Palas'ın hizmetlilerini, Dimo'nun tatlı isteğini karşılamak için o pastaneye göndermeye başladım. Hiç kuşkusuz diğer muhabirler de, yarışın nasıl sürdürüldüğünü anlayıp, sonunda benim yaptığım gibi, Dimo'nun sırlarını öğrenme yollarını bulmuşlardı. Fakat yine de, otel kayıtlarına şöyle bir göz gezdirmek yeterli değildi. Muhabir olarak listedeki isimleri bilmek ve tanımak gerekiyordu. Bunu yapmanın en iyi yollarından birisi de, yerel ve yabancı gazeteleri, dergileri ve kitapları okumaktı.

Tabii, Dimo'nun yediği pastaların faturaları benden çıktı. Çünkü *Yeni Sabah*'ın Ermeni muhasebecisi, onları yasal harcamalar olarak kabul etmiyor, "Pastaları senin yemediğini nerden bileceğim?" diyordu. Gazetenin parasını harcamakta gerçekten cimri davranırdı. Bir keresinde bir günlüğüne görevli olarak Atina'ya gönderilmiştim. Atina'nın Omonoia Meydanı'ndan Hellenikon Havaalanı'na gitmek için verdiğim taksi parasını ödemeyi reddetti. "Neden otobüse binmedin?" diye sorduğunda, İstanbul'a gidecek uçağı yakalamak zorunda olduğumu açıklamaya çalışarak boşuna zaman harcamıştım.

Genç bir muhabir olarak İstanbul'un otel merkezinde haber arayışı içinde dolaşırken, birçok değişik insanla tanışıyordum. *The Chicago Tribune* gazetesinin abartılı sözcüklerle konuşan editörü **Albay Robert R. McCormick**, kuvvetli ve korkusuz bir gazeteci görüntüsüyle beni etkilemişti. McCormick, gazeteciliğin haber demek olduğunu iyi biliyordu.

Beyoğlu bölgesindeki diğer rakiplerim Mustafa Kemal Atatürk'ün yakın dostlarının oğullarıydı. Nuyan Yiğit'in babası ve Altemur Kılıç'ın babası, ülkenin Bağımsızlık Savaşı'nda, laik Cumhuriyet'in kuruluşunda ve reform yıllarında önemli roller oynadılar. Nuyan'ın babası İbrahim Süreyya Yiğit, Tripoli'de işgalci İtalyanlara karşı kuzey Afrika harekâtının başlamasıyla birlikte 30 yıldır Atatürk'ün yanındaydı. Mustafa Kemal'le ilk olarak 1909'da Bulgaristan'ın küçük kasabası Yenice'de kaymakam olduğu sırada tanışmıştı. Soğuk bir kış günü, Mustafa Kemal, yanında bir yaveriyle birlikte yoğun kar yağışı altındaki kasabaya atla varmıştı. Geceyi geçirecek bir barınak arayan Mustafa Kemal, hükümet konağının camına kartopu fırlatarak o dönemde genç bir mülkiyeli olan Nuyan'ın babasını uyandırmış ve o gece birlikte yarım şişe rakıyı içerek sabaha kadar sohbet etmişler. O dönemin yıkılmakta olan Osmanlı İmparatorluğu'nda her şey gibi yiyecek de sınırlıydı. Nuyan Yiğit'in 2004 yılında İstanbul'da basılan *Atatürk'le 30 Yıl* adlı kitabına göre, o geceki buluşma, yaşam boyu süren dostluğun başlangıcıydı.

Altemur'un babası, Bağımsızlık Savaşı'nın başlarında Kilikya'nın[*] doğusunda komutasındaki kuvvetlerle birlikte Fransızlara karşı savaşan Kılıç Ali'ydi. Hem Kılıç Ali hem de İbrahim Süreyya, Atatürk'ün 1938'de öldüğü güne kadar onun sadık destekçileri ve sırdaşı olarak kaldılar.

Türkiye'de 1950'li yılların başları, Adnan Menderes'in Demokrat Parti yönetimi altında basın özgürlüğü anlayışının yeni yeni denendiği bir dönemdi. Bununla birlikte, hassas konulardaki haberlerimize hükümetten gelecek tepkiler konusunda hâlâ oldukça endişe duyuyorduk. Hakkında yazamayacağımız olaylar vardı, örneğin bir tanesi Endonezya'nın ilk Cumhurbaşkanı Sukarno ile ilgiliydi.

Sukarno, Hollandalılara karşı ülkesinin verdiği bağımsızlık hareketi *merdeka*'nın mimarı olmuş ve Endonezya'nın parlamenter sisteminin yerine kendi "güdümlü demokrasi" sistemini getirmişti. Ülkesinde hareketli kişiliği ve seksüel gücü nedeniyle horoz anlamına gelen *Djago* olarak adlandırılan bir Müslümandı. O günlerde İstanbul'un sosyetik madamı ise, kötü şöhretli Benli Belkıs adlı sarışın genç bir kadındı. Yanağında güzelliğini artıran siyah bir beni vardı. Onu genellikle lüks otellerde görürdük. İşini bilen, becerikli bir kadındı. Bir keresinde Londra'da İngiliz gazetecilere kendisini Türkiye'nin en ünlü film yıldızı olarak tanıtmış, bunun sonucunda Londra'da bir tabloid gazete, bu "ünlü film yıldızı" hakkında resimli bir haber yayınlamıştı.

Sukarno, Türk yetkililerden, Türkiye'ye yaptığı resmi ziyarette kendisine eşlik edecek bir bayan arkadaş isteğinde bulunmuştu. Benli Belkıs'ın yardımıyla Sukarno'ya genç bir bayan tanıştırıldı.

(*) Kilikya, Güneydoğu Anadolu'da Akdeniz kıyısında eski bir bölgenin adıdır. Bölgenin kuzeyinde ve batısında Toros Dağları sıralanırken, güneyinde Anti-Toroslar yer alır. Kilikya, Milattan önce 1. yüzyılda Romalılara ait bir yerleşim yeriydi. 1515 yılında Osmanlı Türklerine geçti ve Birinci Dünya Savaşı sırasında Fransızlar tarafından işgal edildi. Türklerin gösterdiği güçlü direnç sonucunda, Fransızlar 1921'de bölgeyi terk etmek zorunda kaldı (yazarın notu).

Ne yazık ki, bu bayanın önemli konuğuyla ilişkiye girmeden önce cinsel yolla geçen bir hastalık kapmış olduğu ortaya çıkınca, devlet görevlilerinde büyük bir telaş başlamış ve bir günah keçisi aranmıştı. Bu olayın sonunda Benli Belkıs, fahişeliği teşvik etmekten suçlanarak hapse atıldı.

O günlerin bir başka renkli kişiliği, İngiliz Kemal'di. İngilizlere benzediği için bu şekilde anılırdı ve turist rehberliği yaptığından anlatacak bir sürü hikâyesi vardı. Bu hikâyeler, Birinci Dünya Savaşı sırasında Osmanlı İstihbarat Servisi Teşkilat-ı Mahsusa'nın genç bir ajanı olarak yaşadığı maceralar hakkındaydı. Bu örgüt, Ağustos 1914'te Enver Paşa tarafından kurulmuştu.

İngiliz Kemal'in en iyi hikâyeleri, Arabistanlı Lawrence olarak tanınan Thomas Edward Lawrence'la ilişkileri ve suikast yapmak amacıyla Lawrence'ı takip ederken kendisini nasıl bir İngiliz olarak tanıttığı ile ilgili olanlardı. İngiliz Kemal, daha sonra inanılmaz maceralarını kitap halinde yayınladı; bu kitaplardan biri, filmi de çekilen *İngiliz Kemal Lawrence'a Karşı* adını taşıyordu.

İngiliz Konsolosluğu'nda enformasyon memuru olan John Hyde'a İngiliz Kemal'in maceralarından herhangi bir şekilde söz etmek, kahkahalarla gülmesine neden olurdu. Türkçeyi mükemmel konuşan Hyde, İngiliz Kemal'in Arabistanlı Lawrence hakkındaki hikâyelerine inanmaz, o hikâyeleri yüksekten atan birinin gevezelikleri olarak görürdü.

İngiliz Kemal yaşça daha büyük, tıknaz, kısa boylu, seyrek sarı saçları olan bir adamdı. Pembemsi yüzünde belirgin bir şekilde yer alan yuvarlak bir burnu ve yeşilimsi mavi gözleri vardı. Eğer konuşmadan durabilseydi, bir İngiliz olarak yaşayıp gidebilirdi, fakat İngilizcesindeki ağır aksan kendisini ele veriyordu.

İngiliz Kemal'in asıl adı, Ahmet Esat Tomruk'tu. 1887'de İstanbul'da doğdu, beş yaşında babasını kaybetti. Bunun üzerine amcası tarafından evlat edinilip eğitildi ve Galatasaray Lisesi'nde öğrenci olduğu sırada, Sultan Abdülhamit'in hafiyeleri tarafından tutuklandı. Sık sık postaneye giderek arkadaşlarına kartpostal göndermesinden kuşkulanılmıştı. Vatana ihanetle suçlanınca kaçtı ve bir İngiliz gemisine kaçak yolcu olarak bindi; daha sonra geminin kaptanı onu evlat edindi. İngiltere'de boksör olduktan sonra

Birinci Dünya Savaşı'ndan önce Türkiye'ye döndü, Gelibolu'da İngilizlere karşı savaştı, istihbarat örgütüne katıldı; Bağımsızlık Savaşı sırasında milliyetçiler için çalıştı ve 1966 yılında öldü. İngiliz Kemal'in Park Otel'in lobisinde anlattığı hikâyeleri her zaman ilgiyle dinledim. Ona göre, Lawrence'ın, Hicaz'daki Türk demiryolu hattına yönelik gerilla harekatını durdurmak için elinden geleni yapmıştı. Ayrıca iddiasına göre, 1918'de Lawrence ve Irak Kralı II. Faysal'ın babası Prens Faysal'dan yardım alan Arap kuvvetleri tarafından Şam'ın ele geçirilmesini önlemeye çalışmıştı.

Bir gün İngiliz Kemal bana, Arabistanlı Lawrence'ın kendisinin reklamını yapan, yalancı ve kibirli birisi olduğunu anlattı ve şunları söyledi:

"Lawrence Vali Nahi konusunda hilekârlık yapıyordu. Eşcinsel bir tecavüz vakası uydurdu. Nahi Bey, Kasım 1917'de Lawrence'ı Deraa'da Arap giysileri içinde yakalamıştı. Ben Nahi'nin ev bark sahibi olduğunu şahsen biliyorum, bu tür ilişkilerle hiçbir şekilde ilgilenmiyordu.

"Aslında, eşcinsel olan Lawrence'ın kendisiydi ve Nahi Bey, onun kendi eşcinsel yaşamına açıklama getirmek için kullandığı bir günah keçisi haline gelmişti. Lawrence, *Bilgeliğin Yedi Sütunu (Seven Pillars of Wisdom)* adlı kitabında, Nahi Bey'in tutuklusu olduğu sırada iffetini dönüşü olmayan bir şekilde kaybettiğini yazdı. Hadi canım! Bu adam akıl almaz bir yalancı."

İngiliz Kemal, çocukken annesi tarafından kötü şekilde dövülen Lawrence'ın bu yüzden bir sadist haline geldiğini söyledi. Eylül 1918'de Arapların Tafas'ta bir Türk kafilesini katledişi ile Türk ve Alman savaş mahkûmlarının kıyımından Lawrence'ı sorumlu tutuyordu. İngiliz Kemal, "Arabistanlı Lawrence, bir psikolojik yıkım vakasıydı, sadist ve aşırı derecede acımasız biriydi. Küçük bir çocukken despot annesinden yediği dayaklar onu gaddar bir adam yapmış," diyordu.

İngiliz Kemal, Park Otel'in lobisinde hikâyeler anlatırken bir yandan da varlıklı turistleri dikkatle izlerdi. Beklediği bir müşteriyi izlemek için birdenbire hikâye anlatmayı kestiği olurdu. O günlerde kentte daha büyük ve çok lüks bir otel açılacağı için mutluydu. Biz muhabirler de bu yüzden heyecanlıydık. Abdi İpekçi, İlhan

Turalı ve ben Amerika'nın otel zenginlerinden Conrad Hilton'la Yeşilköy havaalanında buluştuğumuzda, o da bu büyük haberi doğrulamıştı. Çok katlı bina tamamlandığında, İstanbul Hilton'un açılış töreni yapıldı, orada bu nedenle İstanbul'a gelen birçok ünlü ile tanıştık.

Çarpıcı bir güzelliğe sahip, işveli Hollywood yıldızı genç Tery Moore da bunlardan biriydi. Çok çekici bir kadın olduğundan, bütün erkek muhabirler onun tarafından fark edilmek için ellerinden geleni yapıyordu. Ben Hilton'un açılış töreni sırasında bu alımlı kadınla dans ettim. Ben dans ettim ama asıl payeyi başkası aldı.

Sürekli olarak atlatma haber kovalayan ama ser verip sır vermeyen Abdi İpekçi, bir şekilde o gün bir özel durum yaratmayı başarmıştı. *Milliyet*'in fotoğrafçısı İlhan Demirel'e Terry Moore'un sıra dışı bir fotoğrafını çekmesi için yardım etti. Bunu çok iyi hatırlıyorum: Terry Moore, İstanbul Hilton'da yüzme havuzunun yanında, yüzünde muzip bir gülümsemeyle oturmuş ve *Playboy* tarzı bir poz vermişti. Sorun, fotoğraf çekildiği sırada eteğinin kapatması gereken yerini kapatmamış olmasıydı ve iddiaya göre üzerinde iç çamaşırı yoktu. *Milliyet*, ertesi gün bu fotoğrafı hafif bir rötuşla ilk sayfasında yayınladığında, patronum Safa Kılıçlıoğlu sinirden tavana sıçradı.

"Siz aptallar böyle ilginç bir fotoğrafı nasıl kaçırırsınız? Hepiniz mi uyudunuz?" diye bağırıyor, Terry Moore o pozu verirken benim fotoğrafçıyla birlikte neden orada olmadığımı bilmek istiyordu.

Kılıçlıoğlu'nun, dikenli tel kadar keskin bir dili ve iyi bir hafızası vardı. Rakip gazetelerde yayınlanan orijinal haber fotoğrafları ona daima büyük sıkıntı verirdi. United Press International (UPI) *Hürriyet*'e özel fotoğraf hizmeti vermeye başladığında da keyfi kaçmıştı. Üstelik bu hizmet, ilk kez Londra'dan uluslararası olaylara ilişkin fotoğrafların doğrudan telefoto sistemi aracılığıyla aktarımını da kapsıyordu. Telefoto, bugünkü faks sistemi ve internet üzerindeki dijital fotoğrafçılıktan önceki sistemdi ve o dönemde *Hürriyet*'in diğer bütün gazetelere karşı üstünlük kurmasını sağlamıştı.

Yaptığımız özel haberler ve yayınladığımız fotoğraflarla *Hürriyet*'i yakalamaya çalışıyorduk. Bir gece bir ajans haberinden

İstanbul Üniversitesi profesörlerinden birinin eşiyle birlikte Cote D'Azur'da geçirdiği trafik kazasında öldüğünü öğrendik. Gece yönetmeni, Kılıçlıoğlu'na, kaza kurbanlarının fotoğraflarını bularak bu habere geniş yer vermek istediğini söyledi. Fakat patron, "Boş ver! O kadının seks hayatı, buradan Cote D'Azur'a kadar uzanır!" dediğinde konu orada kapandı.

Kılıçlıoğlu'yla ilgili olarak, bir başka üniversite profesörünün güzel eşinin işe karıştığı bir hikâyeyi çok iyi anımsıyorum. Söz konusu profesörün eşiyle Kılıçlıoğlu'nun ilişkisi olduğunu biliyorduk. Kılıçlıoğlu bir gün kızgın olduğu profesöre mektup göndermiş ve eşinin yarısı onunsa, diğer yarısının da kendisine ait olduğunu yazmıştı. Sonunda, profesörün karısı her iki erkeği de bırakıp Amerika'ya gitti.

Yeni Sabah, sahibinin karakterini yansıtırcasına çok saldırgan ve muhafazakâr bir gazeteydi. Basın camiasında Kılıçlıoğlu'nun sahip olduğu servet konuşulurdu. Bir zamanlar bir iplik tüccarı için çalışan Kılıçlıoğlu, söylenene göre, o tüccarı vergi kaçırdığı için ihbar etmiş ve bunun karşılığında ödüllendirilmişti. Ödül olarak aldığı o para da, *Yeni Sabah*'ın finansal kaynağını oluşturmuştu.

İlk zamanlarda gazetenin baskı makinesi yoktu ama yazı işleri odasının üstünde çalışan birkaç linotipe sahipti. Linotip, dizgicilerin satırları kalıp halinde dökmelerini sağlardı. Daha sonra, tamamlanan ağır metalden sayfalar, hamalların sırtlarında, Babıâli'den epey aşağıda bulunan Sirkeci'deki *Tan* gazetesine taşınırdı. Yağmurlu bir günde hamallardan biri kayıp yere düşünce, ilk sayfa tamamen yok olmuş ve sayfanın yeniden yapılması, ertesi sabahki dağıtımda gecikmelere neden olmuştu.

Kılıçlıoğlu'nun hayattaki en büyük hırsı, *Hürriyet*'i yakalamak ve en büyük tirajlı günlük gazetenin sahibi olmaktı. Deneyimli meslektaşlarımın beni uyarmış oldukları en garip yanı ise, muhabirleri yurtdışı göreve tek yönlü biletle göndermekti. Böylelikle, eğer görevde başarısız olurlarsa, onları zor durumda bırakıyordu. Elinde dönüş bileti olmadan Tel Aviv'e gönderilen muhabirin hikâyesini basın camiasında herkes bilirdi. Muhabir görevde başarısız olmuş ve anında gönderilen bir telgraf ile işten kovulmuştu. Bu durumda, yanında parası da olmadığından bir yük gemisine binmiş ve kazan dairesine kürekle kömür doldurarak İstanbul'a dönebilmişti.

Bir gün Kore'deki savaş muhabirimiz Alaeddin Berk'ten bir telgraf aldık. Telgraf, Genel Yayın Yönetmeni Yüzüncü'ye, savaşı belgeleyen bir dizi fotoğrafın gönderildiğini haber veriyordu. Savaştaki Türk askerlerini gösteren fotoğrafları, Pan-Am uçağına binen bir yolcu taşıyordu. Yüzüncü, havaalanına gidip uçak iner inmez yolcudan paketi almamı ve hemen gazeteye geri dönmemi söyledi. Fakat ben gazeteden ayrılmadan önce Berk'ten bir telgraf daha geldi. Bunun üzerine Yüzüncü, "Havaalanına gitme, çünkü paket o uçakta değilmiş," dedi.

Dolayısıyla ben de gitmedim. Ve ertesi gün rakip bir gazete savaş fotoğraflarını yayınladığında dünyam yıkıldı. *Cumhuriyet*'in Kore'deki temsilcisi Faruk Fenik, Alaeddin Berk'in gönderdiği paketten haberdar olmuş ve *Yeni Sabah*'a gelen o ikinci telgrafı çekerek bizim Yüzüncü'yü yanıltmıştı. Ayrıca aynı anda *Cumhuriyet*'in yönetmenini de ne yaptığı hakkında bilgilendirmişti. Sonuç olarak paket havaalanında bizim gazetemizden olduğunu söyleyen biri tarafından alınmıştı. Daha sonraki yıllarda o kişiyle arkadaş olduk. *Cumhuriyet*'te çalışan ve ayrıca UPI için de haber yapan Zeyyat Gören'di bu.

O kaçırdığımız pakettekiler, Kore Savaşı'ndan gelen ilk fotoğraflar olduğundan, o sabah *Yeni Sabah*'ın yazı işlerinde cehennem havası vardı; Safa Kılıçlıoğlu avazı çıktığı kadar bağırıyordu. Yüzüncü, daracık ofisinde sessizce oturmuş, bense kendi köşemde durup ortalıkta görünmemeye çalışmıştım. Bu gibi durumlarda söylenebilecek eski bir Türk atasözü vardır: "Kabahat samur kürk olsa kimse üstüne almaz!"

O dönemde haber atlatmak için rakiplerin fotoğraflarını kaçırmak dahil her şey yapılabilirdi. Muhabirler olarak, ilgi çekici bir haberi yakalamak amacıyla sürekli birbirimizi üçkâğıda getirmeye çalışıyorduk. Bunlardan birisi, yeni patlayan bir haberde adı geçen insanların var olan bütün fotoğraflarını toplayıp ortada rakiplerin kullanabileceği hiçbir şey bırakmamaktı. Haberin özel olması ve böylece gazetemizin konu üzerinde öne çıkabilmesi için akla gelebilecek her şeyi yapardık.

Çinliler Yalu Nehri'ni geçtikten kısa bir süre sonra, yaralı askerler Kore'deki savaş alanından dönmeye başlamışlardı. Bir gün havaalanında bu yaralı askerleri taşıyan uçağın inmesini bekliyorduk. Amacımız, konuşabildiğimiz kadar çok sayıda asker ile konuşup hemen gazeteye dönmekti. Kore savaş hikâyeleri, gazetenin tirajında öyle çok artış sağlamıştı ki, yıllar sonra *Hürriyet*'in sahibi Haldun Simavi bana, "*Yeni Sabah*'ın nefesini sırtımızda hissettik," demişti.

Yeni Sabah, epeyce kâr elde etmeye başlayınca, Kılıçlıoğlu, *Cumhuriyet*'in eski merkez binasının karşısında büyük ve modern bir gazete binası yaptırdı ve binlerce gazeteyi rekor sayılan bir sürede basabilen Alman malı Frankenthal denilen bir baskı makinesi aldı. İlk kez olarak, düzenli bir fotoğraf arşivimiz, ses kayıt cihazı olan bir radyo dinleme odamız, daha geniş ve aydınlık bir haber merkezimiz vardı. O dönemde gazetelerin hâlâ teleksleri yoktu ve sayfalarca haberi Associated Press ile yarı resmi Anadolu Ajansı'ndan alıyorlardı. Haber merkezinde muhabirlerin sırayla kullandıkları, siyah renkli, büyük ve eski bir Remington daktilomuz vardı. Meslekte eski olanlar haberlerini Arap harflerini kullanarak el yazısıyla yazmayı tercih ederlerdi. *Yeni Sabah*'taki bu düzenlemeler, iyi yönde değişim sağlamıştı; yeni linotip makineleri ise, daha gelişmiş, okunması kolay Latin harfli metinler basıyordu.

Aynı dönemde, yaptığı çalışmalar arasında *On the Waterfront (Rıhtımlar Üzerinde), A Streetcar Named Desire (İhtiras Tramvayı) ve Cat on a Hot Tin Roof (Kızgın Damdaki Kedi)* da bulunan Amerikalı tiyatro ve film yönetmeni Elia Kazan'la tanıştım. Rum bir halı tüccarının oğlu olan Kazan, 7 Eylül 1909'da İstanbul'da doğdu. Babasının soyadı Kazancıoğlu'ydu. Elia dört yaşındayken, ailesi New York'a göç etti ve soyadlarını Kazan olarak değiştirdiler.

Elia Kazan, eski bir komünist parti üyesiydi ve 1950'lerde Amerikan Karşıtı Faaliyetler Komitesi'ne ifade vererek bazı kişilerin isimlerini açıklamıştı. Bir gün davetim üzerine Elia Kazan ve eşi gazeteye geldiler. Haber merkezindeki Remington daktiloyu gören Kazan, onun müzelik bir parça olduğunu söyledi. Daha sonra eşinin Elia Kazan'ın kulağına şöyle fısıldadığını duydum: "Bu genç Türk'ü neden Hollywood'a götürüp film yıldızı yapmıyorsun?" Elia Kazan da ona fısıldayarak yanıt verdi: "Ne yazık ki boyu çok kısa."

Evet, uzun boylu değildim ve film yıldızı olmak için yeteneğim de yoktu. İstemeyerek de olsa duyduğum bu fısıldaşma gururumu incitmişti, fakat Kazan'ın benden daha da kısa boylu ve küçük olduğunu gözlemleyerek kendimi teselli ettim. Kısa boyu nedeniyle Williams College Gadge'de okurken Kazan'a, "short for Gadget" ("Hünerli Küçük Alet" ya da "Minimini Makine") şeklinde isim takılmıştı. Elia Kazan, 28 Eylül 2003'te 94 yaşındayken New York'ta öldü.

Zaman ilerledikçe gazeteler arasında giderek şiddetlenen rekabet, *Yeni Sabah*'ta daha çok strese neden oldu. Büyük bir haberi kaçırdığımızda, ki bu epeyce sık oluyordu, Safa Kılıçlıoğlu bizi ağır bir dille azarlar, baştan aşağıya boyardı. Buna karşın, dindar bir adamdı ve düzenli olarak Kuran okurdu. Bana evde yüksek sesle Kuran okuduğunda, kanaryalarının onun dualarına eşlik edip öttüğünü anlatırdı.

Kılıçlıoğlu, yeni binanın en üst katını kendisine ofis olarak düzenlemişti. Bu teras katın çok güzel bir Boğaz manzarası vardı. Yeni ofise mobilyalar alınarak döşendi ve öğle yemeklerini hazırlaması için bir aşçı işe alındı. Ofis katının giriş kapısına biri yeşil, diğeri kırmızı iki lamba kondu. Çağrıldığınızda eğer kırmızı ışık yanıyorsa beklemek zorundaydınız, ancak yeşil ışık yanıyorsa içeri girilebilirdi.

Bir keresinde gazetede yayınlanan bir fotoğraf nedeniyle ben de oraya çağrıldım. Fotoğrafta, ben Türkiye'nin Kahire Büyükelçisi Hulusi Fuat Tugay'la röportaj yaparken görülüyordum. Tugay, iddiaya göre kendisinin ve bu arada diğer Türklerin toprak varlıklarını etkilediği için Mısır'ın toprak politikasını protesto etmiş ve 1954 yılında Mısır hükümeti tarafından istenmeyen adam haline gelmişti. Tahttan indirilen Mısır kraliyet ailesinden biriyle evli olan Tugay, Kahire'deki Opera Binası'nda verilen bir resepsiyon sırasında Cemal Abdül Nasır ile tartışmıştı. Ben gazetedeki fotoğrafta, Tugay'la yaptığım röportaj sırasında elimi pantolonumun cebine sokmuş halde gözüküyordum. Eski geleneklere göre bu küstah bir davranıştı. Kılıçlıoğlu, elimi cebime sokarak büyükelçiye saygısızlık yaptığımı savundu. Bu olay, teras katındaki ofise çağrılmama ve kibar davranış konusunda bana küçük bir ders verilmesine neden olmuştu.

Yeni Sabah'ın yeni binasının ana giriş kapısını patronun kendisi ve onun misafirlerinden başka kimsenin kullanmasına izin yoktu. Bunun dışındaki herkes, sıradan görünüşlü küçük yan kapıyı kullanmak zorundaydı.

Kılıçlıoğlu, tirajı artırma ve böylelikle gazetenin ayakta kalması için büyük önemi olan reklam gelirlerini çoğaltma yolları arıyordu. Bu amaçla, aralarında *Erikler Çiçek Açtı*'nın da bulunduğu aşk romanlarının ünlü yazarı Esat Mahmut Karakurt'la anlaştı. Karakurt, aynı zamanda eğitimin Fransızca yapıldığı Galatasaray Lisesi'nde Türkçe öğretmeniydi.

Esat Mahmut Karakurt, uzun boylu, yakışıklı bir adamdı ve ev kadınları onun yazılarını sadık bir şekilde takip ettiğinden, romanlarını gazetelerde dizi halinde yayınlatmak için yüksek telif ücretleri alırdı. Okuyucuların dikkatini çekmek ve ertesi gün de gazeteyi almalarını sağlamak için, her bölümü, heyecan verici bir sahneyi başlatarak tamamlardı. Romanlarının kahramanını ya da aşık konumundaki kişiliğini, her zaman kendisi temsil ederdi. *Vahşi Bir Kız Sevdim* adlı romanı, Atatürk'ün yönetimi sırasında Doğu Anadolu'daki bir Kürt ayaklanması hakkındaydı. Karakurt, bir gazete muhabiri olarak, Kürt isyanı konusunda haberler yapmış ve bu konuda ilk elden bilgi sahibi olmuştu. Romanı, genç bir Türk askeri ile dağlarda isyancı olarak savaşan vahşi ve güzel bir Kürt kadın arasındaki aşk ilişkisini anlatıyordu.

En büyük rakibimiz *Hürriyet* ise, dünyanın çeşitli yerlerindeki hayatlar hakkında fotoğraflı haberler yayınlayabilmek için, diğer bir ünlü yazarı, Hikmet Feridun Es'i ve foto muhabiri eşi Semiha'yı egzotik ülkelere gönderiyordu. Kılıçlıoğlu, bu konuda daha iyi bir fikirle onların önüne geçmeye, yani Karakurt'u kuzey ve güney kutuplarına göndermeye karar verdi. Bu projeyi halka duyurmak için, önce üzerinde yalnızca büyük bir gizem yaratan devasa bir soru işaretinin yer aldığı büyük boy posterleri günlerce kentin her yerine astırdı. Sonunda soru işareti kaldırıldı ve hikâye yavaş yavaş açıklanmaya başlandı.

Fakat Karakurt'un hikâyelerinde hiçbir heyecan, macera ya da ilginç bir fotoğraf bulunmadığından proje büyük bir başarısızlıkla sonuçlandı. Bu durum, *Yeni Sabah*'ın sahibi Safa Kılıçlıoğlu'nu hayal kırıklığına uğratsa da, rakibi *Hürriyet*'e karşı büyük bir macera hikâyesi yaratma hırsını sona erdirmemişti.

Ufak Tefek Vali ve Robinson Crusoe

Doğru söyleyeni dokuz köyden kovarlar.

Atasözü

Menderes'in yönetimiyle ilk olarak 1951 yılında, Türklerin, Bulgar Komünist Partisi lideri ve Devlet Başkanı Todor Jivkov tarafından Bulgaristan'dan kitlesel bir şekilde göçe zorlanışı sırasında sorun yaşadım. Ayrıca bu dönemde, İstanbul Valisi Profesör Fahrettin Kerim Gökay için ciddi sorunlar yarattım.

Ufak tefek bir yapısı olan Gökay, tıp doktoruydu ve Yeşilay gibi kentsel faaliyetlere aktif katılımı nedeniyle herkes tarafından sevilen bir kişiydi. Fakirlere yardım edebilmek için elinden geleni yapmış, İstanbul'daki Rum azınlığa iyi muamele ederek, Yunanistan ile samimi ilişkiler geliştirilmesine yardım etmişti. Muhabirler olarak, Fener Rum Ortodoks Rum Kilisesi Patriği Athenagoras'ı sık sık valinin ofisinde Gökay'la dostça sohbet ederken görürdük. Patrik Athenagoras, uzun sakallı, iri bir adamdı. Ufak tefek Vali ile yan yana geldiklerinde komik bir manzara ortaya çıkardı.

Aristokles Spyrou, Patrik Athenagoras'ın asıl asıydı. Daha önceleri Kuzey ve Güney Amerika Yunan Ortodoks Kilisesi'nin başpiskoposluğunu yapmıştı. 1948'de patrik olarak seçildiğinde,

Amerika'dan İstanbul'a gelmiş ve sıcak bir şekilde karşılanmıştı. Bir fizikçinin oğluydu ve gençliğinde Marmara Denizi'ndeki Heybeliada'da bulunan Ruhban Okulu'na devam etmişti.

Patrik Athenagoras, 525 yıl boyunca ilk kez Roma Katolik Kilisesi ile görüşme yapan Ortodoks lider olarak tanındı. Bu olay, Athenagoras 1964 yılında Papa VI. Paul ile Kudüs'te görüşerek 1054'te yapılan iki taraflı aforozu hükümsüz kılmayı kabul ettiğinde meydana geldi. Hıristiyanlık, yaşanan kültürel ve siyasal farklılıklar yüzünden, o yıl ortaya çıkan Büyük Bölünme sonucunda Katolikler ve Ortodokslar arasında ikiye ayrılmıştı. Bu nedenle, iki kilise arasında 1439'dan beri hiçbir görüşme yapılmamıştı.

Athenagoras, Kıbrıs krizi yüzünden Türk-Yunan ilişkilerinin bozuluşuna tanık oldu ve 1972 yılında 68 yaşındayken İstanbul'da öldü. 1950'lerin başlarında onun faaliyetlerini izler ve gazetede düzenli yer verirdik.

O dönemde Vali Gökay hakkında söylenen bir tekerleme vardı: "Mini mini Valimiz, Ne olacak halimiz?"

Gökay, muhtaçların sevgilisi haline geldi ve gıda fiyatlarını kontrol eden bakkal dükkânlarına karşı savaş ilan etti. İsviçre'nin market zinciri Migros'u İstanbul'a getiren de oydu. Migros süpermarketlerin kısa sürede kentin her tarafında açılışı semt bakkallarını kızdırsa da, halk, düşük gıda fiyatlarından çok memnundu. Migros Türk A.Ş., bugün 240 perakende satış mağazası ile Türkiye'nin önde giden süpermarket zinciridir. Bu şirketin ayrıca Moskova'da iki, Azerbaycan Bakû'da beş ve Kazakistan Almatı'de bir perakende satış mağazası vardır; bunun yanı sıra Balkanlar, Rusya ve Orta Asya'da hâlâ yayılmaya devam etmektedir.

Türk-Bulgar ilişkileri, Jivkov'un Türkiye konusunda izlediği politikalar ve Bulgaristan'daki Türklere karşı yaptığı baskılar yüzünden 1951'de gerilmeye başladı. Bulgaristan'daki Türkler, Osmanlı İmparatorluğu'nun ilk göçmenlerinin soyundan geliyorlardı ve yüzyıllardır Türk özelliklerini ve geleneklerini korumuşlardı. Oysa Jivkov'un yönetimi, Hıristiyan Bulgar isimleri almalarını zorunlu hale getirmek dahil, güç kullanarak onları asimile etmeye çalıştı. Bu durum, büyük bir kin içindeki Türklerin Bulgaristan'dan Türkiye'ye akın akın göçüne neden oldu.

Jivkov'un Bulgarlaştırma politikası sonucunda, 330.000 göçmenin 1989 yazında Türkiye'ye akın etmesiyle, ülke için yine çok büyük sorunlar ortaya çıktı. Komünizmin getirdiği sosyal haklara alışkın olan bu göçmenler, devletin bütün gereksinimleri sağlamadığı demokrasi içindeki hayata ayak uyduramadılar. Birçoğu Bulgaristan'a geri döndü, fakat orada da mutlu olmadıklarından tekrar Türkiye'ye geldiler. Şu anda Bulgaristan'da 860.000 civarında Türk var ve bunlar oradaki toplam nüfusun yüzde 10'unu oluşturuyor.

Bulgarların, Ankara'da kötü şöhretli Çobanov adlı bir büyükelçileri vardı. Bu ad, Türkçedeki *çoban* kelimesinden geliyordu. Bu kişi, bir büyükelçiden daha çok, Bulgar Gizli Servisi Darjavna Sigurnost'un bir ajanıymış gibi davranırdı. Günlük faaliyetleri hakkındaki ısrarlı haberlerimiz onu rahatsız ederdi. İstanbul'daki Sirkeci tren istasyonundan Sofya'ya hareket ettiği bir gün, içinde bulunduğu vagonun yanındaki platformda duran bir grup gazeteciyi işaret etti. Bize kızgınlıkla baktı ve doğrudan Abdi İpekçi'nin gözlerinin içine bakıp o ayıp *mucuk* işaretini yaptı. Abdi İpekçi, 1979'da *Milliyet*'in Genel Yayın Yönetmeni olduğu sırada, iddialara göre Mehmet Ali Ağca tarafından, İstanbul'da vurularak öldürüldüğünde, Bulgar Gizli Servisi'nin bu cinayete karışmış olabileceğinden kuşku duymuştum.

1951'de Jivkov yönetimiyle ilişkiler daha da bozulurken, Bulgaristan'dan sürülen Türklerin sayısı da giderek artıyordu. Bunun sonucunda Vali Gökay bir sorunla karşılaştı: Trenler dolusu gelmeye devam eden göçmenleri nasıl ve nerede barındırmalıydı?

Ahırkapı semtinde bazı eski askeri barakalar vardı, göçmenler sonunda oraya alındı. Vali Gökay, göçmenlerin barakalardaki yaşam koşullarını denetlemeye gittiğinde, o konudaki organizasyondan sorumlu olanlara söylediklerini duydum. Vali, etraftaki kötü koşullara şöyle bir baktı ve "Buraya köpek bağlasanız durmaz," dedi. Bu sözleri hemen gazeteye bildirdim ve *Yeni Sabah* da bu habere ilk sayfasında yer verdi.

Haberin ertesi günkü etkisi korkunçtu. Başbakan Adnan Menderes kızgındı. Varlıklı bir toprak sahibi olan Aydınlı başbakan, hükümetinin imajı hakkında endişelendi ve Gökay'a haberi inkâr etmesini emretti. Gökay, yönetimden gelen aşırı baskı altındayken bile sözlerinin arkasında durarak emri reddetti ve daha sonra, büyükelçi olarak sessizce İsviçre'ye gönderildi. Onu Bern'de ziyaret ettim, beni büyükelçilikte akşam yemeğine davet etti. Bana karşı kızgınlığı yoktu. Yemek sırasında, "Siz işinizi yapıyordunuz. Benim, kendi sözlerimi inkâr etmem yakışık almazdı," dedi.

İngiltere'den döndüğümden beri, askerlik şubesi tarafından askerliğimin geciktiğine dair sürekli uyarılıyordum. Sonunda, o yıllarda askere alındım ve Ankara'daki Yedeksubay Okulu'na gönderildim. Teğmen olarak mezun olduktan sonra, bu defa İstanbul'daki Silahlı Kuvvetler Akademisi'ne gönderildim. Bu akademi, despot Sultan II. Abdülhamit'in malikanesi Yıldız Sarayı'nın içindedir.

Padişah, 1908 yılında Jön Türkler tarafından meşrutiyeti ilan etmeye zorlanmış ve bir yıl sonra tahttan indirilmişti. Abdülhamit, öldürülmekten çok korktuğu için sarayın karanlık yerlerinde silahını ateşlerdi. Hatta bu alışkanlığı yüzünden bazı olaylar meydana gelmiş ve yaralanan birkaç genç cariye ölmüştü. Abdülhamit'in geniş bir hafiye ağı vardı. *Jurnalcı* denilen bu düzenbazlar, efendilerine birbirleri hakkında da bilgi aktarır, arkadaş evine yapılan ziyaret gibi hiçbir özelliği olmayan olaylar bile rapor edilirdi. Kaplan lakabıyla anılan Fransız devlet adamı ve gazeteci Georges Clemenceau, bir keresinde Abdülhamit için, "Yıldız canavarı, Kızıl Sultan" demişti.

Yeni Sabah, hâlâ maaşımı nezaketen her ay ödemeye devam ettiğinden, görevde olmadığım gece saatlerinde dış haberlerin hazırlanmasına yardım ederek gazete için çalışmaya başladım. O dönemdeki genel yayın yönetmeni, gazetecilikle ilgilenmemeyi tercih eden bir adamdı. Gazeteyi hazırlamak yerine odasında uyurdu. Gece muhabiri Reşad Mahmud Yanardağ, bir gece onun bu durumundan usandı ve bu uyuyan güzel hakkında gazetenin sahibini aradı. Kılıçlıoğlu, derhal gazeteye gelerek onu uyurken yakaladı ama uyandırmadı. Ertesi sabah da işine son verildi.

Gazetedeki terfim ancak yıllar sonra gerçekleşti. Askerlik görevimi tamamladıktan birkaç yıl sonra *Yeni Sabah*'ta haber şefi oldum. İşim, haberleri düzenlemenin yanı sıra, muhabirlere günlük görevlerini bildirmeyi de kapsıyordu. Bunun yanı sıra, işin en önemli ve zorlayıcı kısmı, tirajı artırmak amacıyla gündemi takip eden hareketli bir habercilik için yaratıcı fikirler oluşturmaktı.

Kore Savaşı'ndan sonraki yazın durgun günlerinde heyecan verici hiçbir şey olmadığından, İstanbul'un günlük gazeteleri zorlanıyordu. Plajlara akın eden insanlar gazete okumuyordu. *Yeni Sabah*'ın o zamanki yayın müdürü, genç ve uzun boylu bir meslektaşımız olan Osman N. Karaca'ydı. Bir sabah haber toplantısında, içinde bulunduğumuz hareketsiz ortamdan yakınarak, "Biraz heyecana ihtiyacımız var. Tirajı artırarak daha fazla reklam geliri elde etmeliyiz. Okuyucuların ilgisini çekecek orijinal bir şey aklınıza gelmiyor mu?" dedi.

Benim aklıma olayları kendi kendimize yaratabileceğimiz gelmişti. Kamuoyunun ilgisini çekecek haberleri bir şekilde doğrudan kendimiz de geliştirebilirdik. İlk düşündüğüm, T. E. Lawrence'ın *Seven Pillars of Wisdom* adlı kitabı oldu. Bu kitap içeriği yüzünden henüz Türkiye'de basılmamıştı ve Türkiye'de çoğu kişi onun varlığından haberdar bile değildi. Bu kitabın yayın hakkını satın alıp Türkçeye çevirtsek ve akıllıca bir reklam kampanyasıyla dizi halinde gazetede yayınlasak nasıl olurdu? Sansasyon yaratır ve kesinlikle gazetenin tirajını artırırdık. Fakat Lawrence'ın Türk karşıtı tutum ve görüşlerinin halktan iyi tepki görmeme olasılığı da vardı. Ya da rakip gazeteler Arabistanlı Lawrence'ın Türk karşıtı kitabını bastığımız için bunu bizi eleştirme fırsatı olarak kullanabilirlerdi. Bu durumda, tiraj artacağına düşebilirdi. Bunları düşünerek fikrimden hemen vazgeçtim.

Fakat başka bir düşünce, sanki aklımda havai fişekler patlatmıştı. Bu benim kendi orijinal fikrim değildi ama Türkiye'de daha önce hiç denenmemiş bir şeydi. Basitti, yaz mevsimiyle ilgiliydi ve macera hikâyeleri okumayı sevenlere hitap ediyordu. Eğer iyi planlanırsa, çok büyük miktarda okuyucu çekebilirdi.

Bu fikir, Amerika'da 2000 yılında televizyon izleyicisi çekmek amacıyla gerçekleştirilen *Survivor* adlı programa benziyordu.

Fikrimi anlatmaya başladığımda bir parça heyecanlanmıştım: "Birisini Sivri Ada'ya götürüp sanki modern zamanların Robinson Crusoe'su gibi susuz ve yiyeceksiz bir halde bıraktığımızı düşünün.

Ona bir balık oltası, tek bir olta iğnesi ve yalnızca bir kutu kibrit veriyoruz. Issız ve çorak bir adadaki böyle bir maceraya ne dersiniz? Bir insanın tek başına o şartlar altında ne kadar dayanabileceğini görmek ilginç olabilir."
Bu macerayı yedi gün yedi gece sürecek şekilde düzenlemeye karar verdik. Muhabirlerimiz ve fotoğrafçılarımız ada etrafında tekneyle dolaşarak olan biteni izleyeceklerdi. Adadaki kişinin nasıl hayatta kaldığı ve ne yaptığı, hikâyenin temelini oluşturuyordu.

Marmara Denizi'ndeki Sivri Ada, üzerinde yerleşim olmayan, yalnızca birkaç yabani incir ağacına sahip, çorak, sivri bir kayası olan ve Prens Adaları denilen bir grup adanın içinde yer alır. Bunlara, içlerindeki en büyük iki ada olan Heybeliada ve Büyükada'nın topraklarının kırmızı renkli olması nedeniyle Kızıl Adalar da denilmektedir. Sivri Ada Bizans döneminde, Heybeliada gibi, sakıncalı bulunan kişilerin sürgün yeri olmuştur. Ayrıca tarihte iki kez, İstanbul sokaklarından toplanan binlerce sahipsiz köpek götürülüp bu adaya bırakılmıştır. Bu köpeklerden bazılarının Marmara'nın hızlı akıntılarına karşı koyarak yüzdüğü ve kente geri döndüğü söylenir.

Türkler, tarihleri boyunca sokakta yaşayan kedi ve köpekleri öldürmekten hiçbir zaman hoşlanmadılar. Buna karşın, köpekleri yiyecek olmayan çorak bir kayanın üzerine bırakmanın zalimce olduğunu, orada sadece birbirlerini yiyerek sonunda ölebileceklerini kimse düşünmemişti. Bir dizi askeri isyan ve ayrılıkçı ayaklanmaya karşın, askeri ve idari reformlarıyla Osmanlı İmparatorluğu'nun toparlanmasına yardım eden Sultan II. Mahmut (1785-1839), sokak köpeklerinin bu tarihi sürgünlerinden birinde padişahlık makamında oturuyordu.

1918 yılında İstanbul'daki sokak köpekleri toplanıp yük gemileriyle sürgüne götürüldüğünde, Sivri Ada kötü bir ün kazandı. Binlerce köpeğin havlama seslerinin şehirden duyulduğu anlatılır. Bir tahmine göre, 19. yüzyılın sonunda İstanbul'da 150.000 sokak köpeği vardı. İstanbul Valisi Erol Çakır da, Aralık 1999'da köpeklerdeki kuduz tehlikesine karşı uyarıda bulunmuştu.

Yazı İşleri Müdürümüz Osman Karaca, modern zamanların Robinson Crusoe'su fikrinden hoşlanmıştı. Hazırlık yaptık ve birkaç gün içinde konuyla ilgili planlarımızı gazetenin ilk sayfasından duyurduk. Halk çok büyük ilgi gösterdi, insan psikolojisi buydu işte. Çoğu insanda macera sevdası ve Tarzan ya da Jane olma rüyası vardır.

Başvuranlar arasından genç bir erkeği seçtik, çünkü iri yapılı biriydi ve içme suyu ve barınak olmayan yılanların gezdiği çorak bir ada üzerindeki bu çetin deneyime fiziksel olarak uygun görünüyordu. Fakat seçtiğimiz bu adam, orada yalnızca bir gece kalabildi ve ertesi gün şafak vaktinde geri dönmek için yalvardı. Martıların çığlıkları, sürünen yılanlar, kayalar arasındaki rüzgar sesi ve gecenin ürkütücü karanlığı, onu korkudan aklını kaçıracak noktaya getirmişti. Hayatta kalma yöntemleri konusunda deneyimsiz olduğundan, aç ve çok susamış bir haldeydi. İlhan Turalı önderliğinde 24 saat boyunca dönüşümlü çalışan muhabirler, bir tekneyle adaya gidip yarışmacıyı geri aldılar. Ertesi gün bu macerayı fotoğraflarla birlikte yayınladığımızda büyük ilgi topladı.

Hiç kadın katılımcı olmadı ve seçtiğimiz ikinci erkek de adada fazla kalamadı. Bu ikinci deneyimin sonuna kadar da ilgi yoğun bir şekilde sürdü; insanlar bu seferki maceranın nasıl sonuçlanacağını merak ediyorlardı.

Üçüncü seçtiğimiz kişi Nejat Tözge, inatçıydı ve vazgeçmedi. Yakaladığı balıkları çalılıklarla yaktığı ateşte pişirdi; vahşi incirleri ve susuzluğunu gidermek için ağaç köklerini yedi ve bu şekilde adada tam yedi gün yedi gece boyunca kaldı. Belirlenen sürenin sonuna yaklaşırken, Robinson Crusoe'nun Sarayburnu'na varış gün ve saatini duyurduk. Buraya Sarayburnu denmesinin nedeni, şimdi müze olarak kullanılan eskiden Osmanlı padişahlarının yaşadığı Topkapı Sarayı'nın yanında yer almasıdır.

Olayı izlemeleri için birkaç muhabir ve fotoğrafçı görevlendirmiştim. İstanbul Belediye Başkanı'nın da yer aldığı bir karşılama komitesi, hayatta kalmayı başaran kahramanın gelişini bekliyordu. Fotoğrafçı Ceket Osman'a yakınlardaki yüksek bir ağaca tırmanarak kalabalığı gösteren kuşbakışı fotoğraflar çekmesini söylemiştim. (Kısa boyuna karşın uzun ceketler giymeyi tercih ettiği için Osman'a bu lakabı takmıştık.)

Halkın ilgi göstereceğini umuyorduk ama sonuçta ortaya çıkan olağanüstü coşku beni oldukça şaşırtmıştı. Karşılama törenini izlemek için binlerce insan toplanmıştı ve Ceket Osman da fotoğraf makinesini alarak ağaca çıktı. Modern zamanların Robinson Crusoe'sunu karşılayan Belediye Başkanı, onu kahraman ilan ederek bir konuşma yaptı. Çok sağlıklı görünen Nejat Tözge'ye armağanlar ve çiçekler verildi; o da sonuçtan memnun görünüyordu. Tören bitip kalabalık dağıldığında, hepimiz gazeteye döndük. Ceket Osman, filmi banyo etmek için büyük bir heyecanla karanlık odaya gitti.

Ben de binanın dönemeçli merdivenlerini çıkıp odama gittim. Bir kat aşağıda pazar ilavesini basan devasa rotatif makinesinden çıkan ses ve baskı mürekkebinin kokusu etrafa yayılmıştı. Ceket Osman asık bir suratla odama girdi ve şok edici haberi söyledi: "Şef, film yanmış. Üzgünüm."

Kendi yarattığımız Robinson Crusoe'yu karşılayan o muhteşem kalabalığı gösteren en iyi kareleri kaybetmiştik. Diğer fotoğraflar ve hikâyenin kendisi durumu kurtarsa da, Kılıçlıoğlu, binanın en üst katındaki ofisinin merdivenlerinde kalıbına yakışır bir şekilde durup haykırdı: "Kov o fotoğrafçıyı! Yaptığı şey affedilemez. Bu delilik. Karakurt'un kuzey-güney kutbu hikâyesi için servet harcadık ve hiçbir şey elde edemedik. Şimdi böyle çılgınca bir fikirle tirajı artırıyoruz ama bu fotoğrafçı geliyor ve bir çuval inciri berbat ediyor. Kov onu!"

Ceket Osman'ı işten çıkarmadım; ona birkaç gün gözden uzak durmasını söyledim. Kılıçlıoğlu, beni üç yüz lira ikramiye ile ödüllendirdi, bu para o dönemde yaklaşık 120 dolar ediyordu.

İngiliz romanının yaratıcısı Daniel Defoe, *Robinson Crusoe*'yu, kısmen İskoçyalı denizci Alexander Selkirk'in deneyimlerinden esinlenerek 1719 tarihinde yazmıştı. Bizim gazetedeki olay, bu tarihten 235 yıldan fazla bir süre sonra meydana geldi. Daniel Defoe'nun *Robinson Crusoe* adlı romanı basılmadan sekiz yıl önce, Cambridge Üniversitesi'nde Arapça profesörü olan Simon Ockley, İbn Tufayl adlı Arap bir yazarın yazdığı bir kitabı tercüme edip İngiltere'de yayınlamıştı. Bu kitap, ıssız bir adada tek başına yaşayan bir adamın hayatını anlatıyordu.

Ertesi yaz, rakip gazete *Tercüman* bizim hikâyeyi alıp aynı adada macerayı tekrarlamakta atak davrandı. *Tercüman* da aynı şekilde tiraj artırdı ve daha sonra Robinson Crusoe gibi yaşamak isteyen bir kadın buldu. O dönem Babıâli'de, civardaki balıkçıların o kadını gizlice ziyaret ederek yiyecek taşıdıkları konuşuluyordu.

Ceket Osman, yaratıcı bir foto muhabiriydi. Bir keresinde, ikimizin de yeni muhabir olduğumuz yıllarda birlikte çıktığımız bir görevde, Çiçero kod adlı esrarengiz birini, elindeki fenerle şaşırtmış ve beklenmedik bir anda ilginç bir fotoğraf çekmişti.

Beş Parmaklı Çiçero

Arnavut'a "Cehenneme gider misin?"
diye sormuşlar, "Maaş kaç?" demiş.
Atasözü

Hâlâ genç ve deneyimsiz bir muhabir olduğum sırada, *Yeni Sabah*'ın haber şefi Muzaffer Kayar tarafından, İkinci Dünya Savaşı'nın ünlü casusu Çiçero konusunda araştırma yapmak, adresini bulmak ve onunla röportaj yapmakla görevlendirildim. Daha sonra, bazı tüccarların önemli miktarda sahte sterlin ile ilgili olarak bu casusa karşı açtıkları davayı izlemem de istendi.

Topladığım bilgilere göre, Çiçero İstanbul'da üç ayrı adreste yaşamıştı. Hatta üç ayrı metresi olduğu şeklinde bir dedikodu çıkmıştı. Çiçero'nun nerede ve kiminle yaşadığını bulmak 1950 yılında zor bir işti, çünkü bu casus müthiş bir gizlilik içinde yaşıyordu. Savaş sırasındaki faaliyetleri yüzünden, İngiliz istihbaratının hâlâ kendisini aradığından ve öldürebileceğinden endişe ediyordu.

Çiçero'nun asıl adı Elyesa ya da Eliyas Bazna'ydı. Bu aslında İlyas olarak telaffuz edilen bir Türk adıydı. Sonunda, Çiçero'nun İstanbul'un Avrupa yakasında, Aksaray'daki adresini bulmayı başardım. Orada ailesiyle birlikte göze çarpmadan sessizce yaşıyordu. Bulduğum adrese gidip apartmanın ikinci katındaki dairenin kapısını çaldım. Kapıyı açan kadının Elyesa Bazna'nın eşi olduğunu tahmin ettim.

"Elyesa Bazna ile görüşebilir miyim?" diye sordum ve "*Yeni Sabah* gazetesindenim ve eşiniz için önemli bir mesajım var," dedim. Fakat, "Hayır, hiç konuşmak istemiyor. Neyin peşinde olduğunuzu biliyoruz, o yüzden lütfen gidin. Sorun istemiyoruz. Yeterince var zaten. Gidin lütfen," şeklinde bir yanıt aldım.

O yıllarda, görevlendirildiğim konuda haber yapabilmek için elinden gelen her şeyi yapan atak bir gazeteciydim. Bu nedenle, yalnızca Bazna'nın evine girememiş olmak beni ısrarımdan vazgeçiremedi. Evin civarında dolaşmaya başladım, Bazna'yı yakalayıp dışarda görüşebilmeyi umuyordum.

Arnavut kökenli Türk vatandaşı Elyesa Bazna, kısa boylu, tıknaz, esmer tenli, keskin ve siyah gözleri olan bir adamdı. Favori rengi siyahtı; siyah takım elbise, siyah palto, siyah şapka ve siyah ayakkabılar giyerdi. O gün de siyah palto giymiş ve alnına düşerek yüzünü belirsizleştiren siyah bir şapka takmıştı. Evinin bulunduğu apartmanın merdivenlerinde elimizdeki kuvvetli fenerle birden karşısına çıktık. Bizi görür görmez, sağ elini aniden yukarı kaldırmış ve beş parmağı ile yüzünü kapamaya çalışmıştı. Fotoğrafçı Ceket Osman'ı fark etmişti ve fotoğrafının çekilmesinden hoşlanmıyordu. Fakat istemeden de olsa verdiği bu poz, "Beş Parmaklı Çiçero" olarak tanındığından, ona çok uymuştu.

Elyesa Bazna ile bu ilk karşılaşmamız, o kısa ama hayret verici kariyerine Adolf Hitler'in Nazi Almanyası için casus olarak çalışmaya başladığı tarihten yedi yıl sonra meydana geldi.

Bazna, Ekim 1943'te bir gece yarısı, yanında Müttefiklere ait bazı çok gizli belgelerle birlikte Ankara'daki Alman Büyükelçiliği'ne gitti ve onlara vereceği ilk iki film makarası için yirmi bin sterlin istedi. Bu para, Ankara'daki İngiliz Büyükelçisi Sir Hughe Montgomery Knatchbull-Hugessen'in yanında oda hizmetlisi olarak çalışan birisi için bir servetti. Ayrıca Almanların bundan sonraki her bir film makarası için on beş bin sterlin ödemeleri gerekecekti. Bazna'nın filmlerinde, İngiliz Büyükelçisi'nin evindeki kişisel kasa ve kutulardan çalınan çok önemli Müttefik belgelerine ait fotoğraflar vardı. Bazna'nın yaptığı teklife, Sir Hughe'un yazışmalarına ait kutuda bulunan gizli belgeler de dahildi.

Casus, İngiliz Büyükelçisi'nin yatak odasının içinde bile, o uyku hapları almış uyurken gizli Müttefik belgelerinin fotoğraflarını çekiyordu.

Alman Büyükelçisi Franz von Papen, gizli istihbarat içeren bu büyük hazine hakkındaki olağanüstü ve beklenmedik tekliften etkilenmişti. Hemen Berlin'deki Dışişleri Bakanı Joachim von Ribbentrop'a acil bir mesaj çekerek teklifi kabul etmek için izin istedi. Belgeleri görmek için sabırsızlanan Berlin, yeni basılmış 10'luk, 20'lik ve 50'lik sterlinlerden oluşan para tomarlarını kuryeyle yolladı. Ve hemen sonrasında İkinci Dünya Savaşı'nın en inanılmaz casusluk operasyonlarından birisinin çarkları dönmeye başladı.

Almanlar bu sıra dışı casusluk olayına Çiçero Operasyonu adını verdiler. Bazna'da ya da Almanlar'ın verdiği isimle Çiçero'da, İngiliz Büyükelçisi'nin kasa anahtarının balmumu kullanılarak yapılmış bir kopyası vardı. Almanlar bu kopyayı, daha iyisinin yapılması için Berlin'e gönderdi, böylece İngiliz Büyükelçisi'nin kasasına tam olarak uyan yeni bir anahtar yapılması sağlandı.

Sir Hughe etrafta olduğu zaman, hizmetlisi tanınmış İtalyan aryalarını söyleyerek onu eğlendiriyor; uzakta olduğu ya da uyuduğu zaman kasayı açarak gizli belgelerin fotoğraflarını çekiyordu. Almanlar sonraları Çiçero'ya Leica marka daha iyi bir fotoğraf makinesi verdiler ve çekilen fotoğraflar sayesinde, Müttefik kuvvetlerin hareketleri ile konakladıkları yerler hakkında alınan kararları ve Müttefik liderler arasındaki yazışmaları öğrendiler. Bu bilgiler arasında "Overlord" olarak belirlenen bir kod adı da bulunmaktaydı. Bu kod, tarihte D-Day olarak da bilinen 6 Haziran 1944'teki Normandiya çıkarması için kullanılmıştı.

İşin garibi, çalıntı belgeleri kişisel olarak inceleyen von Ribbentrop ile Adolf Hitler, onların orijinal olduğuna inanmadılar. Belgelerin fazla düzgün ve iyi olduğunu düşünmüşler ve bu nedenle güvenememişlerdi. Almanlar, Bazna'nın, İngiliz Gizli İstihbarat Servisi M16 tarafından onları yanıltmak üzere kullanılan bir casus olduğuna inanıyorlardı. Oysa ki öyle değildi. Çiçero'nun Almanlar'a teslim ettiği belgeler, gerçekti ve çok değerliydi.

Savaş döneminde Ankara'da ataşelik yapan ve Çiçero'yu denetimi altında tutan Alman Ludwig C. Moyzisch, ben bu casusla buluşana kadar onun adını açığa vurdu. 1950 yılında Moyzisch'in *Operation Cicero (Çiçero Operasyonu)* adlı kitabında çalınan sırların bütün ayrıntıları açıklandı. İngiliz Dışişleri Bakanı Ernest Bevin, 1950 yılının Ekim ayında, savaş sırasında yüksek derecede önemi olan belgelerin, İngiltere'nin Ankara Büyükelçiliği'ndeki bir güvenlik açığı nedeniyle Almanlara sızdırıldığını itiraf etti. Moyzisch'in kitabı, 1952 yılında, *Five Fingers (Beş Parmak)* adıyla sinemaya aktarıldı. Joseph Mankiewicz'in yönettiği filmde, başrolde oynayan James Mason, Bazna'yı canlandırdı.

Elyesa Bazna ilk bakışta, pek de uzman bir casus gibi görünmüyor ve filmlerdeki casuslara benzemiyordu. Kısa boyu ve etrafa dikkatle bakan gözleriyle, daha çok Kapalıçarşı'daki dükkân hırsızlarını andırıyordu. Zaman içinde bir miktar kilo almıştı. Ben hikâyeyi ondan duymak istiyordum, çünkü bütün dünya olan biteni diğerlerinin ağzından zaten dinlemiş durumdaydı. Fakat o konuşmuyordu. Moyzisch'e göre, Bazna, paranın yanı sıra İngiliz karşıtı görüşleri nedeniyle casusluk yapmıştı. Bazna, Pierre olarak tanıdığı bu ataşe tarafından her sorgulandığında, neden İngilizler'den öç aldığı konusunda farklı bir hikâye anlatmıştı. Bunlardan birinde, babasının bir av turunda kazara bir İngiliz tarafından vurulduğunu iddia etmişti.

Elyesa Bazna, 1904 yılında Kosova, Piriştine'de doğdu. O sırada Kosova hâlâ Osmanlıların idaresi altındaydı. Sırplar, 1918'de Piriştine'yi işgal edince, o zaman 14 yaşında olan Elyesa'nın ailesi İstanbul'a taşındı. Ancak İstanbul, Birinci Dünya Savaşı'nın ardından Müttefikler tarafından işgal edilmişti. Elyesa, 16 yaşındayken, bir Fransız askeri birlik tarafından görevlendirildi. İstanbul'da insafsız Müttefik işgaline karşı gizli ve güçlü bir Türk milliyetçi hareketi başlamıştı. Yazar Yakup Kadri Karaosmanoğlu, o işgal yıllarını şöyle anlatır: "İstanbul'da işgal kuvvetlerinin halka reva görmediği cefa ve zulüm kalmamıştır."

Bazna, bir keresinde gerçekte Anadolu'daki Türk milliyetçi hareketinin ajanı olarak çalıştığı iddiasında bulundu. Milliyetçiler için Müttefiklerden araba ve silah çaldığını söyledi. O zamanlar, Müttefik işgaline karşı Mustafa Kemal tarafından yönetilen Milli Mücadele'de görev alacak olanlar ve silahlar İstanbul'dan Anadolu'ya gizlice gönderiliyordu.

Bazna, bu eylemleri sırasında yakalanmış ve Fransa'ya gönderilerek hapse atılmıştı. Fransa'dan Türkiye'ye döndükten sonra yabancı diplomatlar ve büyükelçilikler için şoför, koruma görevlisi ve bekçi olarak çalıştı. Metresleriyle ilişkilerini devam ettirirken bir yandan da evlenip çocuk sahibi oldu.

Bana göre Bazna, daha sonra değineceğim gibi, aslında bir örgüt tarafından casus olmak üzere ikna edilmişti. Bununla birlikte, Bazna'nın asıl casusluğu İngiliz Büyükelçisi tarafından hizmetli olarak işe alındığında başladı.

Apartmandaki merdivenlerde ilk defa karşısına çıktığımızda, aceleyle yanımızdan geçip ilerlemeye çalışmış, Ceket Osman tarafından fotoğrafı çekilmiş olmasına karşın, fotoğraf makinesini alma girişiminde bulunmamıştı. Onunla evinin civarında ya da adliyede karşılaştığımız zamanlarda ağzını hiç açmaz, soruları yanıtlamayı reddeder ve fotoğrafçılardan uzak durmaya çalışırdı. Kendi güvenliği hakkında hâlâ endişe duyduğunu biliyordum.

Merdivendeki karşılaşmamızda, ona Türkçe adıyla seslendim: "İlyas Bey, neden Naziler için casusluk yaptınız?"

Durdu ve kurnaz bakışlı siyah gözleriyle yüzüme dikkatlice baktı. O sırada kırk sekiz yaşındaydı; saçları siyahtı ama favorileri grileşmişti. Şapka takmadığı zamanlarda giderek kelleştiğini fark etmiştim. Bazna'nın soruma verdiği yanıt beni şaşırtmadı: "Paraya ihtiyacım vardı," dedi. Ve beklenmedik şekilde, Almanlar'ın dostu olduğunu fakat Nazi olmadığını ve İngilizler'den hoşlanmadığını ekledi.

Sonra da gözlerini gözlerime dikip beni şoke eden bir şey söyledi: "Hakkında konuşamayacağım şeyler var... Örneğin Milli Emniyet gibi. Eğer başınızı belaya sokmak istemiyorsanız, benim hakkımda hiçbir şey yazmamanızı tavsiye ederim."

O dönemde tek başına *Milli Emniyet* ifadesi bile insanları korkutmaya yeterdi.

Ne demek istediğini merak etmiştim. Türk çıkarlarına hizmet eden çift taraflı bir ajan olduğunu mu ima ediyordu? Ya da beni korkutmaya mı çalışmıştı? Bazna'nın üstü kapalı olarak söylemeye çalıştığı şeye inanmak güçtü; bununla birlikte ortada böyle bir olasılığı destekleyebilecek bazı kanıtlar da vardı. İkinci Dünya Savaşı sırasında tarafsız durumdaki Türkiye, savaşa girmesi için hem Müttefiklerin hem de İttifak Devletleri'nin aşırı baskısı altında kalmıştı. Diplomasi cambazlığı yapan kurnaz İsmet İnönü'nün başbakanlığındaki hükümet, Sovyetler Birliği, Amerika ve İngiltere arasındaki ittifaktan son derecede endişe duyuyordu. Rus-Türk savaşları sırasında Çarlık Rusyası Osmanlı İmparatorluğu'ndan büyük miktarda toprak almıştı ve ayrıca Sovyetler Birliği yayılmacı bir politika gütmekteydi. Sovyetler, Çarlık Rusyası'nın yüzyıllardır süregelen Türkiye topraklarından güneyde sıcak sulara ulaşma hedefini devralmıştı. Savaştan galip durumda çıkacak bir Sovyetler Birliği, Türkiye'nin güvenliği için en büyük tehlikelerden birini oluşturabilirdi; çünkü Türkiye topraklarındaki İstanbul ve Çanakkale Boğazları'ndan sıcak sulara geçiş mümkündü.

Türkiye'nin Müttefiklerin yanında savaşa girmekteki tereddütü, çok geç bir aşamaya kadar devam etti ve sonunda Romanya ve Bulgaristan'ın Sovyetler tarafından işgaline neden oldu. İsmet İnönü yönetimi, kaçırılan fırsatların önemini ancak Türkiye 1945'in sonlarına doğru Almanya ve Japonya'ya savaş ilan ettiğinde anlamıştı. Bu kaçırılan fırsatların arasında, Yunanistan tarafından savaş sonrasında işgal edilen Ege Adaları üzerindeki hak talebi de vardı. Sonuç olarak, On ki Ada ve Anadolu kıyılarına yakın diğer Yunan adaları, Ege Denizi'ni bir Yunan gölüne dönüştürdü. Ege Denizi'yle ilgili hak talepleri, günümüzde Yunanistan ile Türkiye arasındaki gergin ilişkiyi yaratan nedenlerden biri haline gelmiştir.

Ağustos 1939'da Almanya ile Sovyetler Birliği arasında saldırmazlık paktı imzalanışı, İsmet İnönü yönetimi için tatsız bir haber olmuştu. Hitler, 1941'in yazında Sovyetler Birliği'ne karşı büyük bir saldırı başlattığında, her zaman Rusya'nın niyetinden şüphelenen Türkler rahatlamıştı.

İsmet İnönü 1960'larda güçsüz bir koalisyon hükümetinin başbakanıyken, kendisine bu konuda bir soru sorduğumu anımsıyorum. O dönemde artık yaşlanmış olan İsmet İnönü, şeker hastasıydı ve duyma zorluğu çekiyordu. Beni İstanbul'un Taşlık semtindeki evine davet etti. İnönü, Atatürk'ün sağlığında da, 1923'te ve 1937'de, iki kere başbakanlık yapmıştı. Atatürk'ün vefatından sonra, 1950'ye kadar İkinci Cumhurbaşkanı olarak ülkeyi tam bir hakimiyetle yönetmişti. Laikliğe güçlü bir şekilde bağlı olan İnönü'nün keskin bakışlı gözleri vardı. Doktoru uzak durmasını emretmiş olsa da peynir yemeyi çok severdi. Kulağındaki duyma sorununa, savaş zamanında cephelerdeki top ateşleri neden olmuştu. Bu yüzden onunla konuşurken çoğu zaman sesimi duyurmak için bağırmam gerekiyordu. Bir keresinde onun yönetimi sırasında polis tarafından işkence görmüş olmama karşın, ona *Paşam* diye hitap ederdim. İsmet Paşa, kurulmasına yardım ettiği laik ülkenin aşırılar tarafından bir sivil savaşa doğru sürüklenişine ve güçlü bir yeni İslami köktendicilik hareketinin ortaya çıkışına tanık olarak 1973 yılında mutsuz bir şekilde öldü.

"İkinci Dünya Savaşı hükümetinize çok sıkıntı yaratmış olmalı. Durumun diğer zamanlara göre daha da kötüleştiği bir dönem oldu mu?" diye sordum İnönü'ye.

"İlk iki yıl çok zordu, çünkü savaşın bizim durumumuzu nasıl etkileyeceği konusunda belirsizlik vardı. Başka bir savaşa girmeyi istemiyorduk. Hatırlayın, Birinci Dünya Savaşı ve Bağımsızlık Savaşı sırasında koca bir nesli kaybettik. Reformlar sayesinde yeni bir Türk nesli yaratmayı ve eğitmeyi başarmıştık. Bu neslin güvenliği ve Türk sınırlarının bütünlüğü beni düşündüren en önemli konulardı. Üstelik bizim silahlı kuvvetlerimiz yeterli teçhizattan yoksundu, bu nedenle savaşa girmemekle en iyisini yaptık. Sorunuzu cevaplamak gerekirse, Almanlar'ın Sovyetler Birliği'ni işgalinin bizim açımızdan İkinci Dünya Savaşı'nın dönüm noktasını oluşturduğunu söylemeliyim."

"Bunu biraz açar mısınız Paşam?" diye sordum ama ayrıntıya girmedi. Sovyetler'in hâlâ ciddi bir tehdit olarak değerlendirildiği 1960'larda bu anlaşılabilir bir davranıştı.

Sorumun yanıtını, yıllar sonra İsmet İnönü'nün büyük oğlu Erdal İnönü tarafından yazılan *Anılar ve Düşünceler* adlı kitapta buldum. Erdal İnönü kitabında, Almanya'nın Sovyetler Birliği'ne saldırısı ile ilgili haberi babasının nasıl öğrendiğini anlatıyor.

Erdal ve kardeşi Ömer, Alman saldırısı hakkında babalarını telefonla arayan yüksek düzeyde bir hükümet görevlisinin mesajını not alırlar. İsmet İnönü'yü uyandırarak bu önemli haberi verdiklerinde, babalarının yüzünde garip bir ifade belirir. Önce gülümser İsmet İnönü ve sonra da kahkaha atmaya başlar. Yeni ve yıkıcı bir savaş başlamış olduğu için değil, Türkiye'ye karşı potansiyel bir tehlikenin azalmış olması nedeniyle sevinmektedir. Fakat gerçekten tehlike azalmış mıydı?

İngiliz Büyükelçisi'nin kasasından çalınan çok gizli belgeler, Almanlar için şu açık uyarı mesajını da içeriyordu: Bu mesaja göre, Müttefikler savaşı kazanıyordu, Nazi Almanyası yok edilecekti ve Sovyetler Birliği, savaştan bir süper güç olarak çıkacaktı. Adolf Hitler için bir çıkış yolu, Sovyet tehditini pazarlık konusu yaparak, Amerikalılar ve İngilizler ile barış arayışlarına girmek olabilirdi. Böylelikle Hitler, Doğu cephesine ağırlık verip Sovyet üstünlüğünü önleyebilirdi.

Bu görüşün, savaş sırasında Türkiye'nin dış politikası belirlenirken önemli bir rol oynadığını düşünüyorum.

Acaba Türk yetkililer dış politikayı düşündükleri şekilde yönlendirmek için gereken istihbarata ulaşabiliyorlar mıydı? Acaba savaşın gidişatını değiştirmek için ellerinden gelenin en iyisini yapmışlar mıydı?

Savaşın sonucunda, Rusya'nın hedeflerinden birisinin adresi açıkça ortaya çıktı. Çok geçmeden Stalin, Türk Boğazları ve doğudaki iki il, Kars ve Ardahan ile ilgili taleplerini dışa vurdu. 1947 Truman Doktrini ve daha sonra NATO, Rusların geleneksel rüyalarını, yani Karadeniz'den Ege'ye ve Akdeniz'e açılan iki önemli geçit konumundaki İstanbul ve Çanakkale boğazlarının kontrolünü ele geçirme amacını gerçekleştirmelerini engellemişti. Bu nedenle Çiçero, bana faaliyetlerinin paranın yanı sıra başka amaçlarla da ilgili olduğunu söylediğinde aklıma bunlar geldi.

İkinci Dünya Savaşı sırasında, özellikle geceleri, Ankara sokaklarında fazla araba yoktu. Bununla birlikte, L. C. Moyzisch, casusa getirdiği film makaraları için sokakta gizlice para verirken, siyah renkli, büyük ve esrarengiz bir arabanın onları takip ettiğini anlatmıştı. Almanlar onların peşine araba takmadıklarına ve İngilizler

Bazna'nın o dönemdeki casusluk faaliyetlerinden habersiz olduğuna göre, takipte olan kimdi?

Moyzsich, takip edenden kaçıp kurtulabilmiş ve casusu İngiliz Büyükelçiliği yakınında bir yere bırakabilmişti. Türklerden çok şüphelenmiş ama onları kimin izlediğini kesin olarak bulamamıştı. Ayrıca, Amerikan istihbaratının Moyzsich'in gece faaliyetlerini araştırdığı hakkında bazı şüpheler de vardı.

Eğer bu şüpheler doğru idiyse ve Moyzsich de gerçekten Amerikan istihbaratı ya da Stratejik Servisler Ofisi'nin (OSS- Office of Strategic Service) gözetiminde kaldıysa, neden Çiçero ile buluşmalarına son verilmedi? Ya da Amerikalılar, neden Çiçero'yu çift taraflı ajana dönüştürüp Almanlar'ı yanıltmak için kullanmadılar?

Daha sonraları Reuters'e Türkiye'den haber gönderdiğim sırada Elyesa Bazna ile birçok kez görüştüm. O zamana kadar yasal olarak başı dertteydi. Almanlardan aldığı sterlinlerle ödemelerde bulunduğu bazı tüccarlar, en sonunda bu eski oda hizmetlisini mahkemeye vermişlerdi. Çünkü Çiçero'ya ödenen üç yüz bin sterlin sahte çıkmıştı. Bazna'nın bana anlattığına göre, yalnızca ilk verilen yirmi bin sterlin ve bazı mücevherler gerçekti.

Önce Hitler'in Üçüncü Reich'ı tarafından kandırılmak ve ardından Türkiye'de dolandırıcılıkla suçlanmak, Çiçero için büyük bir felaketti. Aleyhindeki dava, eskiden Haliç yakınındaki Sirkeci rıhtımında bulunan ticaret mahkemesinde açılmıştı. Duruşmalar sırasında, ezik ve hayal kırıklığına uğramış bir haldeydi. 1950'lerin ortalarında, ticaret mahkemesi Bazna'yı suçlu bularak borçlarını ödemesini karara bağladı. Ve sonunda casus Çiçero, hem beş parasız hem de işsiz kalmıştı.

Zenginlik hayalleri birdenbire yıkılmış; geniş ailesine bakmak için hiçbir şeyi kalmamıştı. Şarkı söyleyerek ve ara sıra bulduğu bazı işleri yaparak yaşamaya çalıştı. Ve tabii, Çiçero Operasyonu'ndan geride kalan bazı şeyleri kurtarmak için çaba harcadı.

1952'de *Beş Parmak* adlı film Türkiye'de çekilirken, filmde kendi karakterini oynamak için başvurdu ama reddedildi. 1954 yılında Alman Şansölyesi Konrad Adenauer'e mektup yazarak, sahte sterlinler için kendisine geri ödeme yapılmasını istedi. Hatta savaş dönemindeki hizmetleri için Alman hükümetinden bir aylık da bağlanabileceğini bildirdi. Basında Alman hükümetinden bir miktar ödenek almayı başardığına ilişkin haberler çıktı ama bu iddialar kanıtlanamadı. Bazna, bana söylediğine göre, hiçbir şey almamıştı.

Ona casusluk macerasının detaylarını Türk gazeteleri için yazmayı önerdim ama kabul etmedi. Anıları için alabileceği büyük paralar peşindeydi ve bu yolla Batı Almanya'dan bir servet elde edebileceğine inanıyordu. Kendisini yüzyılın casusu olarak görüyordu.

Nihayet, 1961'de Batı Almanya'ya gitti ve *Ankara Casusu Çiçero (I Was Cicero)* adlı bir kitap yayınladı. Fakat bunu yapmak için geç kalmıştı; çünkü Moyzisch'in on bir yıl önce yayınlanan *Çiçero Operasyonu (Operation Cicero)* adlı kitabı bu casusluk olayını tamamen açığa çıkarmış durumdaydı. Bir süre sonra, Almanya'da kalmasına izin çıktı ve orada bir bekçilik işi bularak yaşamını sürdürdü. 1970 yılında altmış altı yaşındayken Münih'te öldü ve bir Alman mezarlığına defnedildi.

Savaştan sonra bazı İngiliz kaynakları, Elyesa Bazna'nın İngiliz Gizli Servisi'nin kontrolü altında çift taraflı ajanlık yaptığı yolunda doğru olmayan iddialarda bulundular. Çiçero'yu tanıdığım için hiçbir zaman İngiliz Gizli Servisi'nin kontrolüne girdiğine inanmadım. Kod adı *Overlord* dahil olmak üzere Nazilere sağladığı gerçek ve son derece önemli belgeler, bunun için yeterli kanıt oluşturuyor.

Ben her zaman, Elyesa Bazna'nın Türk çıkarları için çalışan çift taraflı bir ajan olduğundan kuşkulanmıştım. Ve bugün artık biliyoruz ki, Bazna, İngiliz Büyükelçiliği'ndeki pozisyonunu kullanan çift taraflı bir ajandı.

World War II dergisinin Eylül 1999 sayısında yayınlanan bir makalede şu soruları sordum: Almanlar Bazna'ya sahte paralarla ödeme yaparken, acaba o bir yandan da Türk yetkililerine mi bilgi sızdırıyordu? Eğer öyle değilse, savaş döneminde güvenliğin çok sıkı olduğu Ankara sokaklarında bir gece onu ve Alman ataşe Moyzisch'i kim takip etmişti?

Bir vatansever olan İlyas Bazna, *Milli Emniyet* ile işbirliği yapmak için ikna edilmiş olabilirdi. Bunu gösteren bazı ipuçları olduğundan Bazna'nın Türk çıkarları için çalışan çift taraflı bir ajan olduğuna inandım.

Moyzisch de buna inanmaya eğilimli gözüküyordu. Ankara'da o gece bir Milli Emniyet ajanı tarafından takip edildiklerinden kuşkulanıyordu. Böyle düşünmek için nedenleri vardı. Araba takibinden sonra bir özel partide, Türk Dışişleri Bakanlığı'ndan birisi, Moyzisch'in geceleri dikkatsiz araba kullanışı hakkında konuşmuştu. Demek ki, Türk görevlileri, Moyzisch'in istihbarat işine karıştığını ya biliyorlardı ya da şüpheleniyorlardı.

Eğer Türkler neler olduğunu biliyor idilerse, tahminime göre hem büyük bir keyifle Müttefiklerin izlediği savaş stratejisi ve Müttefik liderlerin buluşmaları hakkında bilgi almış, hem de bu bilgileri kendi dış politika stratejilerini belirlemek için kullanmış olmalılar. Elde edilen belgeler, Türklere tarafsızlığı koruma konusunda yardım etmişti. Başbakan Şükrü Saracoğlu ve Dışişleri Bakanı Numan Menemencioğlu başta olmak üzere Türk yetkilileri, Müttefiklerin kendilerine kod adı verdiklerini bu belgelerden öğrendiler. Bu kodların bazıları onları rahatsız etmişti.

Belli ki, Müttefik istihbaratının Başbakan Şükrü Saracoğlu'nun savaş sırasındaki bazı alışkanlıkları hakkında fazla bilgisi yoktu. Eğer olsaydı, sanırım ona verdikleri kod adından daha uygununu bulurlardı. Bir saraçın oğlu olan Başbakan Saracoğlu, *mucuk* olarak bilinirdi.

Arkadaşlarıyla Ankara Anadolu Kulüp'te buluşur ve çoğunlukla savaş hakkında konuşurdu. Birisi yanıtlayabileceği bir soru sorduğunda uygun bir açıklama yapardı. Fakat eğer konu açıklama yapmak için çok hassassa ya da kendisi Almanlar veya Müttefikler tarafından Türkiye'ye yapılmış olan bir öneriye kesinlikle karşıysa, arkadaşına, "Masanın altına bak," derdi. Sonra da sağ elinin başparmağını işaret ve orta parmaklarının arasına sokarak ayıp *mucuk* işaretini yapardı.

Milli İstihbarat Teşkilatı, Aralık 2001'de *MİT'in Tarihi* adlı kitap yayınlandı. Bu kitapta Çiçero hakkında bulduğum bazı gerçekler, daha önce bunlardan kuşku duymuş olsam da beni gerçekten şaşırtmıştı.

Milli İstihbarat Teşkilatı, 1927-1965 yılları arasında faaliyet gösteren Milli Emniyet Hizmetleri Riyaseti(*) (M.E.H./M.A.H.) ile ilgili olarak verdiği bilgide, İkinci Dünya Savaşı yıllarında yabancı istihbarat servislerine karşı verilen başarılı mücadeleden bahsederek, Çiçero ile ilgili olarak şu bilgiyi aktardı:

"Milli Emniyet Hizmetileri, bu dönemde bir taraftan yabancı servisler ile mücadele ederken, diğer taraftan dost devletlerin hasım devletler hakkında savaş içinde elde edemedikleri bilgileri temin etmek suretiyle, onlara istihbarat konusunda önemli yardımlarda bulunmuş, Balkanlar'da ve Akdeniz'de savaşın seyrini etkileyecek kararlar aldırabilmiştir.

"İkinci Dünya Savaşı yıllarında yüzyılın ajanı olarak nitelendirilen Çiçero'nun (İlyas Bazna) faaliyetleri de entelijans konusunda tipik bir örnektir."

MİT, Özel Arşiv Belgeleri'nden alınan bilgilere göre, Çiçero'nun çalışmalarıyla ilgili olarak şu konuları açıklamıştır:

"Özveri ve vatan sevgisi ile dolu olarak, çok sınırlı teknik ve parasal imkânlarla görev yapan MAH'ın Kontr Espinoyaj unsurları, bu dönemde, hayati değerdeki bilgi, belge ve manevra olanaklarını siyasal iktidara sunarak, Türkiye'nin savaşa sokulmamasında etkin rol oynamışlardır.

"Başka bir ifadeyle, Kontr Espinoyaj unsurlarının operasyonel zekâ ve yönlendirmelerinin, dönemin siyasal konjonktür ve MAH'ın yapısal tablosuna göre çok önde ve ileri bir seviyede olduğu görülmektedir. Bu çalışmalara örnek olarak, Çiçero'nun (İlyas Bazna) çok taraflı ve maksatlı arayışlarının, bu operasyonel zekâ ile ortaya çıkarılması ve entelijans konusunda önemli sonuçların alınması gösterilebilir."

Böylece MİT, bu kitapta, İlyas Bazna'nın İkinci Dünya Savaşı sırasında Türk istihbaratı için çalışan çift taraflı bir ajan olduğunu itiraf etti. Ayrıca Milli İstihbarat Teşkilatı, kendi internet sitesinde

---

(*) Milli Emniyet Hizmetleri Riyaseti, 6 Ocak 1926 tarihinde kuruldu. Milli Emniyet Hizmetleri ifadesindeki baş harfler "MEH" diye okununca anlamsız bir kelime ortaya çıkıyordu. Atatürk, bu söz "kulağa hoş gelmiyor" gerekçesiyle, MAH rumuzunun kullanılmasını emretti. Milli İstihbarat Teşkilatı (MİT) ise 6 Temmuz 1965 tarihinde kuruldu.

İkinci Dünya Savaşı boyunca karşı istihbarat ajanlarının başka başarılar elde ettiklerini de açıkladı.

MİT'in, Alman istihbarat aktiviteleri hakkındaki bazı önemli bilgileri Türk Dışişleri Bakanı aracılığıyla Müttefikler'e iletmiş olabileceğine de inanıyorum. Teşkilat, İlyas Bazna'nın casusluğunun çok ayrıntılı planlanmış iyi bir örnek olduğunu ifade ediyor. Savaş yılları (1939-45), Türk karşı istihbarat ajanları için zordu; çünkü hem İstanbul hem de Ankara, Müttefikler ve İttifak devletleri için aktif birer casusluk merkezi olmuştu. Türkiye'de casusluk yaptıkları için çok sayıda düşman ajanı tutuklanmıştı.

İlyas Bazna hakkında şaşırtıcı bir bilgi daha vardı: Zorunlu askeri görevini Atatürk'ün ülkeyi yönettiği sırada Çankaya Köşkü'nde yapmıştı. Bu bilgi, Bazna'nın Birinci Dünya Savaşı'ndan sonra Türk milliyetçileriyle bağlantısı hakkındaki varsayımın doğru olduğuna inanmam için yeterliydi. Bazna, Osmanlı İmparatorluğu dağıldıktan sonra İstanbul'un Müttefiklerce işgali sırasında araba ve silah çaldığı için Fransa'da hapse atılmıştı. Milliyetçiler ve Mustafa Kemal'in önderliğinde bağımsızlık uğrunda savaşmış olan Kuvayi Milliye için hırsızlık yapmıştı. İstanbul'da oturduğu apartmanın merdivenlerinde ilk karşılaştığımız zaman *Milli Emniyet*'i bize bir tehdit olarak kullandığında yalan söylememişti.

Haber toplamak için Çiçero'yu izlediğim o yıllarda, aynı zamanda Londra'daki *The Daily Express*'e de haber gönderiyordum. İngilizler Bazna'nın faaliyetleri ile ilgileniyorlardı; o nedenle bu konuda sık sık haber yapıyordum. Bazna'nın merdivenlerde yüzünü kapatmaya çalıştığı fotoğraf, *The Daily Express*'in ikinci sayfasında yayınlandı. Çiçero ile ilgili bu gazetede yayınlanan haberlerimin, Londra'daki Reuters haber ajansı editörlerinin dikkatini çekip çekmediği hakkında bir fikrim yok.

1955 yılında Reuters'in Ankara temsilcisi olan John Long, yaptığı haberlerden hoşnut olmayan Türk yetkililer ile bazı ciddi sorunlar yaşamıştı. Yarı resmi Anadolu Ajansı (AA), dünya haberlerini Reuters'den alıyordu. Bu yüzden John Long, Reuters'e ne yazarsa, o Anadolu Ajansı'na geri döner ve Menderes yönetiminin yetkilileri tarafından okunurdu. Anlaşıldığı üzere, John Long'un Türkiye'deki günleri sayılıydı; ayrılırken kendi yürüttüğü görevi bana önerdi, ben de kabul ettim. *Yeni Sabah*'taki haber şefliğime devam ediyor ve diğer yandan da Londra'daki Reuters'in merkezine telgrafla haber gönderiyordum. Başkent Ankara dahil Türkiye çapındaki bütün önemli olayları izliyordum. Karşılık olarak da Reuters'den, gazetede kazandığımın üzerinde belli bir ücret ve masrafların tutarını alıyordum.

Bu anlaşma benim için oldukça uygundu. Durumu patronum Safa Kılıçlıoğlu'na açıkladım. Gazetede çalışırken ikinci bir iş yapmamı reddetmesini bekliyordum. Fakat şaşırtıcı bir şekilde iyi karşılayarak tümüyle onayladı ve "Benim için uygun. İstediğini yap," dedi.

Sivri dili, aklına geleni olduğu gibi söylemesi ve başka konulardaki kusurlarına karşın, Kılıçlıoğlu zehir gibi akıllı ve kurnazdı. Zekâ fışkıran parlak siyah gözleri vardı. Uluslararası bir haber ajansına çalışmanın, hem haber yetiştirme süresi ile kısıtlı olunmayan normal zamanlarda ve hem de gecikme olanağının bulunmadığı aniden gelişen önemli olaylar söz konusu olduğunda çok rekabet gerektireceğini biliyordu. Böylelikle, cumartesi ve pazar dahil, günde yirmi dört saat hazır olabilirdim. İşimde daha atak ve dikkatli hale geleceğimden, Reuters'le yapacağım bu anlaşmanın gazete için de faydalı olabileceğini hesaplamıştı.

İkinci bir işte çalışma ve *Yeni Sabah*'ın olanaklarını Londra'ya gönderdiğim haberlerde kullanma konusunda Kılıçlıoğlu'nun onayını alarak Reuters'deki işe başladım. Bu görev, hayatıma sürekli bir heyecan ve bazen de tehlikeler getirdi. Bu görevi yerine getirmeye çalışırken karşıma çıkan en güçlü rakip, İstanbul ve Ankara'da oldukça iyi ekiplere sahip büyük Amerikan haber ajansı Associated Press (AP) oldu. Ayrıca, AP'nin, günlük ulusal gazete *Milliyet*'in haber kaynaklarına ulaşabilen benim gibi bir adamı vardı. Diğer rakibim, United Pres International (UPI) için çalışan Zeyyat Gören'di. Gören'le başa çıkabileceğimi düşünmüştüm, fakat tek başıma Associated Press'le yarışmaktan dolayı büyük bir endişe duyuyordum. Diğer rakiplerim arasında, Agence France Presse (AFP) ve Deutsche Presse Agentur (DPA) vardı. AFP temsilcisi Gustav Fumelli çok aktif biriydi ve beklenmedik önemli olaylar sırasında ortaya çıkarak bizi şaşırtırdı.

Rekabetin sert geçeceği açıktı. Haber araştırmak için zorlu bir yola girmiştim ve ani gelişen olaylarla ilgili haberleri göndermek için yakındaki postanenin telgraf merkezine koşuşturup duruyordum.

Ulusun kaderini değiştiren olağanüstü olaylara neden olan çok heyecanlı ama bir o kadar da tehlikeli bir dönemdi.

İran Şahı, Winston Churchill ve Jackie Kennedy

Zenginin horozu bile yumurtlar.

Atasözü

$\mathcal{D}$aha önceden *Yeni Sabah* adına Avrupa ve Ortadoğu ülkelerine çeşitli görevlerlerle gönderilmiş olduğum için, dünya olayları hakkında doğrudan bilgi edinme olanağı bulmuştum. Milliyetçi İran Başbakanı Muhammed Musaddık (Ağlamaklı Musaddık), Ağustos 1953'te Şah Muhammed Rıza Pehlevi'yi sürgüne gitmeye zorladığı sırada Tahran'a gittim. İran'daki sıkıntı, Musaddık'ın İngiliz kontrolündeki petrol endüstrisini (Anglo-İran Petrol Şirketi) devletleştirmesiyle başladı. Şah, yaradılış olarak kararsız biriydi ama yine de Dr. Musaddık'ı görevden alma girişiminde bulunmuştu. Bu durum, Musaddık yandaşlarının sokak gösterilerine ve sonra da Şah'ın Prenses Süreyya ile birlikte Bağdat'a oradan da Roma'ya kaçışına neden oldu. Merkezi İstihbarat Ajansı'nın bomba saldırısı ve Tahran gazetelerinde Musaddık aleyhinde yayınlanan makalelere karşın her şey kaybedilmişti.

Fakat bazı İranlı gazeteciler, ordu görevlileri ve CIA ajanları bir araya gelip Şah'ın tahtını kurtardılar. Onları gürültülü bir kalabalıkla parlamentoya doğru ilerlerken gördüm. Şah yanlısı sloganlar atıyorlardı. Kraliyet taraftarı Nimetullah Nasiri adlı bir albay onlara yardım etmiş ve olayın gidişatı birdenbire Musaddık aleyhine dönmüştü.

Hemen sonrasında, Amerika Birleşik Devletleri ve CIA tarafından desteklenen General Fazlullah Zahedi'nin Tahran sokaklarını denetim altına alışını izledim. Amerika'nın düzenlediği bu darbe, TP-Ajax kod adını taşıyordu. İran petrolleri üzerinde Batı'nın kontrolünü sağlamak amacıyla CIA Ajanı Kermit Roosevelt tarafından yürütülen bu operasyon, Musaddık'ı devirip yerine gaddar Şah'ı oturttu; ayrıca 1979'daki İslamcı devrime yol açtı ve ayetullahların köktendinci iktidarıyla sonuçlanan radikal İslamcı hareketi geliştirdi.

Amerika'nın kendi işine geldiği için var olan durumu korumak amacıyla zor kullanarak Şah'ı yeniden yönetime getirmesi, İran'da bu ülkeye karşı çok büyük bir kızgınlık yarattı. Petrol üzerinde Batı'nın kontrolünü elinde tutmak amacında olan Amerika Birleşik Devletleri'nin, Ortadoğu'da hiçbir değişiklik olmasını istemediği anlaşılıyordu.

Darbe lideri General Zahedi'ye yakın olan Türk kökenli General Nadir Batmangiliç ile tanışmıştım. Soyadı, Türkçede bir ağırlık ölçüsü anlamına gelen *batman* ve *kılıç* kelimelerinden meydana geliyordu. Bu nüfuzlu generalin yardımı sayesinde, Mussadık devrildikten sonra İran'a dönüşleri sırasında Şah ve Prenses Süreyya ile Mehrabad Havaalanı'nda tanıştım.

Bir gece, devletin koyduğu sokağa çıkma yasağı sırasında, bütün yabancı gazeteciler Tahran'daki Park Otel'in barında toplanmıştık. Konu, Londra'daki çok satışlı bir gazetenin manşetten verdiği "Musaddık Asıldı" şeklindeki habere geldi. Böyle bir haber eğer doğru olsaydı, çok büyük bir haber atlatma başarısı olarak nitelendirilebirdi. Fakat söz konusu haber, gazeteciliğin "habere ilk ulaşma ve olayı doğru yansıtma" kriterine uymuyordu. Çünkü haberi yapan İngiliz gazeteci, habere ilk ulaşmış ama olanı doğru yansıtmamıştı. O akşam bardaki gazetecilerin arasında o da vardı ve başarısından dolayı hoşnut gözüküyordu. Fakat ben, onun tersini iddia etmesine karşın, Musaddık'ın hâlâ hayatta ve hapiste olduğunu biliyordum. Nitekim, ertesi gün o gazeteci için kötü bir gün oldu; çünkü işten atıldı. Sanırım, gazetenin editöründen, "Musaddık ya da sen asılacaksın" diyen ya da bu anlama gelen bir telgraf aldı.

Dr. Musaddık, kel kafalı, uzun burunlu, zayıf, dayanıksız görünüşlü, kuş gibi ufak tefek bir adamdı. Matrak bir kişiliği vardı; genellikle pijama ve terlik giyerdi. Milliyetçi politikaları savunurken gözyaşlarına boğulduğu için *Ağlamaklı Musaddık* olarak anılırdı. Parlamentoda konuştuğu sırada çoğunlukla gözyaşları yanaklarından aşağıya süzülürken kendinden geçerdi. İngilizlerden nefret ederdi. Karakteri dolayısıyla, kötülüklerin yalnız karşıtlarından değil, herkesten gelebileceğinden kuşkulanırdı. Boncuk gibi gözleriyle kendisine karşı olanlara dikkatle bakar, fakat hiç kimseye, en yakın yardımcılarına bile güvenmezdi. 1956'ya kadar hapiste kaldı ve 1967'de gözden düşmüş bir halde sessizce yaşama veda etti.

1953 yılında hijyen koşullarının yetersiz olduğu Tahran'da yaşamak sağlık açısından iyi değildi. Ne yediğimize çok dikkat ediyor, musluk suyunun da güvenilir olmadığını biliyorduk. Kendimizi güvenceye almak için, birayla ya da şişelenmiş maden suyuyla temizlenirdik.

O yıllarda Kahire de çok hareketliydi. Hür Subaylar (Egyptian Society of Free Officers) adlı milliyetçi bir askeri grup, Temmuz 1952'de Kral Faruk'u tahttan inmeye zorlamıştı. Bu darbenin başını çeken iki önemli isim vardı: Tümgeneral Muhammed Necib ve Albay Nasır. Hür Subaylar grubunun komutanı olan Necib, yeni Mısır Cumhuriyeti'nin ilk devlet başkanı ve başbakanı oldu. Her darbe için geçerli olan bir durum, Mısır'daki bu darbede de söz konusu oldu ve sonuçta iki ayrı lideri taşıyamadı. Nasır, 1954 yılında kendisine karşı yapılan suikast girişimine bir şekilde General Necib'i de bulaştırdı ve yaptığı darbe ile onun yerini aldı. Necib'i deviren Nasır, böylelikle başbakanlık ve daha sonra da devlet başkanlığı yarışında en güçlü aday konumuna geldi. Albay Nasır, Necib'e karşı birbiri ardına entrikalar gerçekleştirdi ve sonunda bazı subayların da desteğiyle Mısır'ın tek lideri olmayı başardı.

General Necib'in tutuklandığı haberini duyduğumuzda, Arap ülkelerindeki gelişmelere ilgi gösteren Safa Kılıçlıoğlu bana aynen şöyle dedi: "Kahire'ye uç ve General Necib'le göz altında tutulduğu evde röportaj yap. Eğer bu işi beceremezsen, geri dönmek için zahmet etme."

O yıllarda Ortadoğu'ya sefer yapan havayolu şirketlerinin bazıları pek iyi değildi. Görev aniden ortaya çıktığından, küçük, eski, gürültülü ve sallantılı uçaklar dahil, nerede bilet varsa onunla uçmak zorundaydık. Böylesine kötü bir uçakta pencere kenarında yapılan uçuşlar, her sarsıntıyla birlikte, kanatlardaki perçinlerin yuvalarından fırlamak üzere olduğu izlenimini yaratırdı. Fakat içinde bulunduğum durumda yapacak bir şey yoktu; Kahire'ye giden ilk uçağa binip, sallantılı bir yolculuktan sonra doğruca General Necib'in bulunduğu eve gittim. Silahlı askerler tarafından çevrilmiş durumdaki eve, özel izni olmayan kimsenin girmesine ya da oradan çıkmasına olanak yoktu.

Arap ülkelerine yaptığım seyahatler sırasında öğrendiğim birkaç Arapça kelime sayesinde kendimi bu dilde tanıtabiliyordum. İçeriye girebilmek için fırsat kollamak üzere evin etrafında gezindim ama pek şans gözükmüyordu. Sonra General Necib'i destekleyen Hür Subaylar'dan oldukları belli olan bir grup gördüm. Eve doğru yürüyorlardı, ben de onlara katıldım. Arapça konuşarak hemen kendimi tanıttım ve görevimin ne olduğunu anlattım. Yalnızca General Necib'le röportaj yapmak için İstanbul'dan oraya kadar gitmemden etkilendiler ve beni alıp doğruca Necib'in oturma odasına götürdüler. Üzerinde toprak renkli üniformasıyla oturan Necib'e neler olduğunu sordum. "Bir bardak suda fırtına, başka bir şey değil," şeklinde yanıt verdi.

Fakat durum öyle değildi. Sahip olduğu bütün gücü alıp götüren ve onun yerine geçen Nasır'ın bir diktatör olarak ülkeyi yönetmesiyle sonuçlanan büyük bir fırtına yaşanıyordu.

General Necib'e, "Daha önce, şubat ayında Mısır Devlet Başkanlığı'ndan istifanıza bir güçler savaşı mı neden oldu?" diye sordum.

"Bunun güç savaşı ile hiçbir ilgisi yoktu. Anlaşamadığımız konular vardı ve benim siyasal inançlarım hakkında yanlış anlamalar oldu. Hepsi bu. Fakat geçecek," dedi.

Nasır'la olan anlaşmazlığı o kadar basit değildi; Mısır'ı yönetecek hükümet şeklinin ne olması gerektiği konusunda aralarında temel bir anlaşmazlık vardı. General Necib, hızla anayasal hükümete geçerek siyasal partilerin yeniden canlandırılmasını istemişti. Yeni anayasayı yapacak bir meclisin kurulmasına izin vermeleri için Hür Subaylar grubunu uyarıyordu. Bir devrim mahkemesinin eski politikacılar hakkında alelacele verdiği mahkûmiyet kararlarına karşı çıkmıştı. Wafd Partisi (Al-Wafd al-Misri) olarak bilinen Mısır Delegasyonu, darbeden önce ülkeyi yöneten partiydi ve darbeyle birlikte üyelerinin çoğu ya göz altına alınmıştı ya da hapiste tutuluyordu. Bu partinin tutuklanmaktan korkan diğer üyeleri, faaliyetlerini gizli sürdürüyorlardı. Mısır'da çok partili sistem, ancak 24 yıl sonra, 1978'de Devlet Başkanı Enver Sedat tarafından yasallaştırıldı.

General Necib, Şubat 1954'te, başkanlıktan istifa etti, fakat destekçileri başkan adayı olarak kalması için baskı yapıyorlardı. Nasır'a yapılan suikastla herhangi bir ilgisinin olup olmadığı belirsizdi. Aslında, suikast girişiminin kendisi Necib'den kurtulmak için düzenlenmiş bir entrika olabilirdi. Necib'in evinde göz altında tutulma cezası 1960 yılında hafifletilerek 1970 yılında kaldırıldı.

General Necib'in Mısır siyasetinden uzun süre uzak tutulması, ülkesinin sonraki yıllarda Batı ile olan ilişkilerini çok büyük ölçüde değiştirdi ve giderek zayıflattı.

Mısır'daki bu görevim sayesinde, o ülkenin içinde bulunduğu kültürel ve sosyal koşulları, Türkiye'de Kemalist devrimlerle sağlanan koşullarla karşılaştırma olanağı buldum. İki Müslüman ilke arasındaki farklılık beni hayrete düşürmüştü. Türkler, Mısırlıların tersine, Batı'nın uygulamalarını kabul etmişlerdi. Bana Arapça bulmaca gibi gözüken Mısır gazetelerinin başlıklarını bile okumam olanaksızdı. Mısır'da yalnızca eğitimli insanlar Batı tarzında kıyafetler giyerken, geri kalanlar geleneksel Arap kıyafetleri ile geziyorlardı.

Kahire'de beklenmedik bir şekilde gerçekleşen görüşmelerimden birisi, Mısırlı film yıldızı Faten Hamama ile oldu. Röportaj yapmak için Türk kökenli çekici yıldızın evine gittim. Amacım, Mısır'ın bu büyük yıldızı hakkında daha çok şey öğrenebilmekti. Fakat röportajın en ilginç tarafının, Hamama'nın o sırada pek tanınmayan eşi ile ilgili olacağını bilmiyordum. Hamama'nın eşi, röportaj boyunca sessizce yanında oturan yakışıklı Mısırlı aktör Ömer Şerif'ti. Bu aktör, çok daha sonraları *Arabistanlı Lawrence* ve

Doktor Jivago gibi filmlerde rol alarak dünya çapında meşhur oldu. Faten Hamama ve Ömer Şerif, 1965 yılında boşandılar; fakat Ömer Şerif, hâlâ Hamama'nın hayatının aşkı olduğunu söylüyor.

Türkiye'nin diğer ülkelerle ilişkilerini etkileyen konularda haber yaparken bazı sorunlarla karşılaşırdım. *Yeni Sabah*'da yayınlanan bir haberim, İstanbul'daki İngiliz Konsolosluğu'nda görevli enformasyon memuru John Hyde'ın işe karışması nedeniyle sorun çıkmasına neden oldu. Çünkü yaptığım haber, eski İngiltere Başbakanı Sir Winston Churchill ve onun Birinci Dünya Savaşı sırasındaki Çanakkale'deki rolü hakkındaydı.

Bu mücadelenin taraflarından hiçbirisi; ne İngilizler, Avustralyalılar, Yeni Zelandalılar, Fransızlar ve ne de Türkler, Gelibolu yarımadasındaki çatışmaları asla unutamayacak.

Londra'da öğrenci olduğum sırada, Hyde Park'a gider ve politikacı olmaya heveslenenler ile bazı uçuk tiplerin yaptıkları konuşmaları dinlerdim. Bir gün, konuşmacılardan biri Gelibolu muharebeleri hakkında nutuk atmaya başladı. Ülkemin vatandaşlarını "pis Türkler" olarak andığında, konuşmasına müdahale etmek durumunda kalmıştım. Konuşmacı, hendeklerde süngülerle göğüs göğüse çarpışmalar yapıldığı sırada, pis Türk askerlerinin İngiliz erlerini esir almak için kötü kokulu çoraplarını kullandıklarını anlatıyordu. Matrak ama bir o kadar da tuhaf bir hikâyeydi.

Konuşmacının Gelibolu'daki mücadele hakkındaki bilgisi sınırlıydı. Bu nedenle ona Çanakkale Savaşı'nın, bütün savaşların tarihinde kendine özgü bir yerinin olduğunu; çünkü orada zaman geçtikçe Müttefik askerleri ile Türkler arasında bir tür yakınlık meydana geldiğini, hatta hendekler arasında yiyecek değişimi yapıldığını; İngiliz erlerinin Türklerin olduğu hendeğe konserve sığır eti fırlatıp karşılığında meyve aldıklarını, sığır etinden hoşlanmayan Türklerin, "Et değil, bisküvi gönderin!" diye bağırdıklarını anlattım. O savaş sırasında hendekler arasında keskin nişancılık yarışları düzenlenir ve askerler arasında düellolar yapılırdı. Canı sıkılan Avustralyalı askerler, Müttefik siperinin üzerinde ayakta durur ve atış ya da buna benzer bir yarış için Türk askerlerine seslenirdi.

John Hyde ile anlaşamadığım nokta ise, Gelibolu ile ilgiliydi. Winston Churchill, Yunanlı armatör Aristotle Onassis'in sahip olduğu *Christina* adlı yatta konuk edilmişti. O sırada yat Çanakkale Boğazı'ndan İstanbul'a doğru geliyordu ve konuklar arasında Jacqueline Kennedy de vardı. Aristotle Onassis, İzmir doğumluydu. Christina ile oraya vardıklarında, Jackie Kennedy'e kendi doğduğu yeri gezdirdi. Kurnaz bir işadamıydı. Güçlü devlet adamları ve sosyeteden ünlü insanlar aracılığıyla sosyal statüsünü ve güvenilirliğini güçlendiririr, böylece kendisine yarar sağlardı. Toplumda etkisi olan kişilerin dostluğunu kazanmak için, onları abartılı bir şekilde ağırlar ve pahalı hediyeler alırdı. O yat seyahati sırasında, Jackie Kennedy'e elmas ve yakuttan yapılma bir kolye vermişti.

Benim haberde sözünü ettiğim konu ise, 1915'te İngiliz ordularının komutanı olarak Müttefiklere Gelibolu'ya çıkma planı öneren Winston Churchill'in, muharebe alanını şimdi kendi gözleriyle görmesi hakkındaydı. Churchill'in planı, İngiliz, Avustralyalı, Fransız ve Yeni Zelandalılardan oluşan bir Müttefik gücünün Çanakkale Boğazı'nı işgalini ve sonra da buradan İstanbul'a geçerek Türkleri Birinci Dünya Savaşı'nda safdışı bırakmayı öngörüyordu. Bu plan, başarısız olmakla birlikte, hendeklerde göğüs göğüse yapılan savaşlarda bir milyon can kaybına neden oldu. O dönemde Churchill, böylesine yıkıcı bir şekilde sonuçlanan bir operasyonu planladığı için birçok kişi tarafından suçlanmıştı.

John Hyde, benim yaptığım haberin, büyük bir devlet adamının saygınlığını aşağılayıcı bir nitelik taşıdığı iddiasıyla tartışma başlattı. Kendisine, "Pekâlâ, ama bunu sevdiklerini Gelibolu'da kaybedenlere neden anlatmayalım?" diye karşılık verdim.

Churcill, 1950'lerin sonlarında yaşlı bir adamdı ve güvenlik görevlilerinden öğrendiğime göre birçok hastalıkla boğuşuyordu. Bunları öğrensem bile yazmaktan sakınmıştım.

Başkan Kennedy'e hayranlık duyuyordum. Jackie Kennedy'yi İstanbul'da yanında Aristotle Onassis'le birlikte Ayasofya Müzesi'ni ziyaret ederken gördüğümde, Kennedy'nin, eşinin Christina ile seyahatine izin vererek kötü bir karar verdiğini düşündüm. Hiçbir cazibesi olmayan kısa boylu Onassis kadın düşkünü olarak bilinirdi ve sürekli olarak karşı cinsle olan ilişkileriyle gündeme gelirdi.

Yazmaya cesaret edemediğim bir başka hikâye, Kral Hüseyin'in babası eski Ürdün Kralı Tallal hakkındaydı. Kral Tallal bin Abdullah, kral olmadan önce bir İsveç kliniğinde şizofreni tedavisi görmüştü. Ülkeyi idare etmek için akli bakımdan uygun bulunmamış ve Ürdün Parlamentosu tarafından 1952'de tahttan indirilmişti. O zaman oğlu Hüseyin on yedi yaşındaydı. Bunun sonucu olarak, Hüseyin'in annesi Kraliçe Zeyn, devlet işlerine karışmış ve Ürdün Kraliyet Sarayı'nda güçlü bir isim haline gelmişti.

Sandhurst İngiliz Askeri Koleji'nde öğrenim görmüş olan Kral Tallal bin Abdullah ise, İstanbul'a getirilmiş ve Boğaziçi'ndeki Şifa Kliniği'ne yatırılmıştı. Onun güvenliğinden sorumlu polis, samimi biriydi ve iyi bir haber kaynağıydı. Bir gün, bana, Kral Tallal'ın deli değil, sadece kızgın bir adam olduğunu söyledi. Polisin anlattığına göre, Kral, çok yakını olan bir kadının adını, Arapça fahişe anlamına gelen *al-fahisha* küfürüyle anarak bağırıyordu. Tallal'ın kendisini aldatmakla suçladığı kadının kimliği ve Ürdün sarayındaki entrikalar hakkında birçok ayrıntılı bilgi öğrenmiştim. Fakat o dönemde Arap ülkeleriyle ilişkileri geliştirmeye çalışan Başbakan Adnan Menderes'in gazabından çekinerek bunlar hakkında haber yapmadım. Kral Tallal bin Abdullah, 1972 yılında öldü.

Muhabir olduğum sırada, babasını ziyaret etmeye gelen Kral Hüseyin bin Tallal'a çoğunlukla İstanbul Hilton'da rastlardım. Daha sonraları yürekli bir kral olarak tanınan, cana yakın, genç bir adamdı. Fakat, Irak, Türkiye, Pakistan, İran ve İngiltere arasında yapılan Sovyet karşıtı Bağdat Paktı'na katılmayı planladığında Arap milliyetçilerini kızdırdı. Mısır Devlet Başkanı Nasır, Hüseyin'i Amerikan emperyalizminin yardakçısı olmakla damgaladı. Milliyetçi ve Sovyet yanlısı baskılar yüzünden Pakt'a katılmaktan vazgeçen Hüseyin, hemen arkasından da 1956 yılında Ürdün ordusuna komuta eden İngiliz General John Glubb'ı (Glubb Paşa) görevden aldı.

Kral Hüseyin, Britanya'dan bağımsız Ürdün'ü yaratma çabalarına 1956 yılından sonra da devam etti. Ve Ortadoğu'nun hemen alevlenen değişken ortamında ülkesinin güvenliğini sağlayabilmek için ömrü boyunca mücadele ederek 1999 yılında öldü.

Kıbrıs Krizi ve Türk-Yunan Kavgası

Bir deli kuyuya taş atmış, kırk akıllı çıkaramamış.

Atasözü

Sicilya ve Sardinya'dan sonra Akdeniz'deki en büyük üçüncü ada olan Kıbrıs adası, Türkiye'nin güney sahillerine sadece 65 kilometre uzaklıktadır. Bu ada, 1570 ile 1878 yılları arasında üç yüz yıldan fazla bir süre Osmanlı İmparatorluğu'nun egemenliğinde kaldı. Bu durum, 1878'de galip Rus ordusu Yeşilköy'e vardığında değişti. Rus işgaline karşı Osmanlı İmparatorluğu'nu destekleyen İngiltere, Osmanlı hükümetinin onayıyla Kıbrıs'ın yönetimini devraldı. Bununla birlikte, ada hâlâ Türk toprakları içindeydi. 1914'te Türkiye ile savaş patladığında, Kıbrıs, Britanya Uluslar Topluluğu'na dahil edildi.

1570-71 yıllarında adayı fethetmek için mücadele eden Türk savaşçılarını anlatan efsaneler vardır. Büyük vatansever şair Namık Kemal (1840-88), Osmanlı İmparatorluğu'ndaki zorba yönetime ve yozlaşmaya karşı gelmiş ve Osmanlı padişahı tarafından Famagusta'ya (Mağusa) sürgün edilmiş ve bir zindana kapatılmıştı. Aşağıdaki beyit, Namık Kemal'in *Hürriyet Kasidesi*'nde yer alır:

Felek her türlü esbab-cefasın toplasın gelsin
Dönersem kahbeyim millet yolunda bu azimetten

Ve Vatan Şairi Namık Kemal, bugünlerde Türkiye'de tanık olduğumuz bölücü, çok kötü ve çirkin davranışları görmüşcesine, vatanseverlik hakkında şöyle yazmıştı:

Altı da üstü de birdir yerin
Arş yiğitler vatan imdadına

Kıbrıs'ın bugün 800.000 civarında olan nüfusunun yüzde 80'i Rum, yüzde 20'si Türk kökenlidir. Ada, sahip olduğu Doğu Akdeniz iklimi ve güzel panoramik manzarası nedeniyle, birçok Avrupalı için gözde bir tatil beldesidir.

İkinci Dünya Savaşı'ndan kısa bir süre sonra, Kıbrıs adasının Yunanistan'a bağlanmasını hedefleyen ve *Enosis* olarak bilinen eski bir Yunan hareketi şiddet uygulamaya başladığında, Kıbrıs'taki durum Türkiye ve Yunanistan arasında bir kavgaya dönüştü. Diğer birçok kişiyle birlikte, özellikle Ortodoks Başpiskopos Mihail Hristodolu Muskos, Yunanistan ve Türkiye arasındaki dostça ilişkileri bozmakta önemli bir rol oynadı.

Oysa 1930'larda Yunanistan Başbakanı Elefterios Venizelos ile Atatürk'ün imzaladığı Ankara Dostluk Anlaşması ile iyi bir ilişki kurulmuştu. Venizelos, 1919'da Anadolu'nun işgal edilmesi emrini vermesine karşın, sonrasında Yunanistan ile Türkiye arasındaki iyi ilişkilerin önemini anlamıştı. Fakat *Enosis*, bu anlaşmanın imzalanmasından yirmi yıl sonra, iki halk arasındaki güveni yıktı.

Silahlı Yunan çetelerinin Kıbrıs Türklerini öldürmesi, Türkiye'deki koalisyon hükümetinin başbakanı olan İsmet İnönü'nün Ankara Dostluk Anlaşması'nı 16 Mart 1964'te feshetmesine yol açtı. Bu durum, İstanbul'da çoğu işadamı konumunda olan on iki bin Rum vatandaşın yerleşim haklarını doğrudan etkiledi.

Kıbrıs krizinden önce, İstanbul'da yüz bin Rum vardı. Fakat bunların çoğu Yunanistan ile Türkiye arasında çıkabilecek bir savaştan korkarak ülkeden ayrıldı. 2003 yılında İstanbul'da, çoğu yaşlı olmak üzere yalnızca iki bin adet Rum kökenli vatandaş kalmıştı. Yunanistan'ın kuzeyinde kalan yüz bin kişilik Türk grup da mutlu değildi; çünkü Yunanistan hükümeti tarafından iyi muamele görmüyorlardı. Yunan yasaları, onlara iş kurma ya da istedikleri mesleği yapma özgürlüğünü yıllardır vermemişti. Yunan yetkililer, onları Türk kökenli olarak değil, Müslüman olarak tanımlıyordu. Türk kökenli grupların seçilmiş görevlileri yıllardır karşılaştıkları muameleden dolayı bezmişlerdi.

Kıbrıs krizi, Türkiye ile Yunanistan arasında yıkıcı bir rol oynadı ve ilişkileri düzeltmek için yapılan çok sayıda girişim başarısız oldu. Bu girişimler arasında, 1980'lerde Yunanistan Başbakanı Andreas Papandreu ile Turgut Özal arasındaki görüşmeler de bulunmaktadır. Bu iki lider, yalnızca Kıbrıs konusundakileri anlaşmazlıkları değil, Ege Denizi'ndeki kıta sahanlığı ve maden arama hakları konusundaki farklılıkları da aşamadılar.

Enosis (Kıbrıs adasının Yunanistan'a ilhakı), yeni bir hareket değildi ve işin doğrususunu söylemek gerekirse, Mihail Hristodolu Muskos ile ortaya çıkmadı. Büyük Britanya'nın adanın yönetimini Türklerden devraldığı 4 Haziran 1878 tarihinden kısa bir süre sonra, Yunan asıllı Kıbrıslı liderler, İngiliz hükümetinden *Enosis*'i onaylamasını istediler. Bu istek, 1931 yılında Rumlar yeniden *Enosis*'i canlandırana kadar geçici bir süre için gündeme gelmemişti. Fakat İkinci Dünya Savaşı'ndan sonra, adanın Yunanistan'a katılması için sürekli bir kışkırtma gündeme geldi ve Yunanlılar Kıbrıs'a silah sokmaya başladılar.

Mihail Hristodolu Muskos, daha çok bilinen adıyla Makarios, 1950'den beri Kıbrıs Rum Ortodoks Kilisesi'nin başpiskoposuydu. Makarios'un *Ethniki Organisos Kypriakou Agonos* (Kıbrıslı Savaşçılar Milli Örgütü ya da EOKA) adlı terörist grup ile açık bağlantıları vardı. Başlangıçta İngiliz yönetimini sona erdirmek için savaşan EOKA, İngiliz askerlerine ve kurumlarına saldırdı. Yunan ordusunun eski görevlilerinden Albay Georgios Grivas, EOKA'nın lideriydi. Kıbrıslı Türkler ise, *Türk Mukavemet Teşkilatı*'nın EOKA terörizmine karşı aktif hale geldiği 1957 yılına kadar bu örgüte karşı koyacak bir organizasyondan yoksundu. Rauf Denktaş ve Dr. Fazıl Küçük tarafından kurulan bu teşkilat, yetersiz bir şekilde silahlanmış küçük bir gruptu.

Başlangıçta, *Enosis* hareketinden endişe duyan Kıbrıs Türklerinin ortaya çıkmasına neden olan Türk hükümeti değil, bir gazeteciydi. *Hürriyet* gazetesinin kurucusu Sedat Simavi, ada hakkında ulusal bir uyanış başlattı. Mayıs 1948'de *Hürriyet*'i kuran Sedat Simavi, bir sabah gazeteyi, "*Kıbrıs Bizimdir*" manşetiyle çıkardı.

Simavi'nin bu hareketine yol açan bazı kişisel nedenleri de vardı. Babası Hamdi Bey, 1907 yılında Khios ya da Sakız[*] Adası'nın Valisi olduğu sırada ölmüştü. Yunan yetkililer, daha sonraki yıllarda, Simavi'nin babasının da gömüldüğü adadaki Türk mezarlığını yol yapmak için ortadan kaldırdılar.

Sedat Simavi'nin Kıbrıs konusunda gösterdiği çaba, o zamanki Türk siyaseti ile örtüşmüyordu. Bu nedenle Adnan Menderes yönetimi ile ciddi sorunlar yaşadı. Bu sorunların ilk ortaya çıkışı, Dışişleri Bakanı Fuat Köprülü'nün Atina'nın Helenikon Havaalanı'ndaki bir mola sırasında yaptığı kritik bir açıklama ile oldu. Köprülü, Türkiye'nin Kıbrıs adası ile ilgili herhangi bir sorununun olmadığını söylemişti.

O dönemdeki Türk hükümetinin Kıbrıs konusunda belirlenmiş bir siyaseti yoktu. Köprülü'nün açıklamasından, Türk hükümetinin bu meseledeki Yunan planlarına itirazının olmadığı anlaşılmıştı. Fakat bu siyaset kısa süre sonra değişti ve bu değişimin sağlanması da Sedat Simavi sayesinde oldu.

Simavi kızgındı. İlk sayfada yayınlanan makalesinde, hükümeti yetersizlikle suçlayınca, Dışişleri Bakanı Fuat Köprülü'ye hakaretten hakkında dava açıldı. Fakat dava görüldüğü sırada hastalığı yüzünden 57 yaşında yaşamını kaybetti.

1955 yılında Londra'da İngiliz, Türk ve Yunan dışişleri bakanları arasında üçlü bir konferans düzenlendi, ama krizi çözmek için bir sonuca varılamadı. Ada üzerindeki halklar arasındaki şiddet 1955 ve 1956 yıllarında giderek arttı ve bu durum Türk basınında protestolara neden oldu. Her gün gazetelerin ilk sayfalarında, kadın ve çocuklar dahil, öldürülen Kıbrıslı Türklerin fotoğrafları yayınlanıyordu.

(*) Sakız, Khios'ta bulunan sakız ağaçlarından toplanır. Mastika olarak bilinen Yunan rakısı tadını bu sakızdan alır. Bu madde ayrıca, beyaz renkli sakız reçeli ve çiklet yapımında da kullanılır (yazarın notu).

İstanbul'da gördüğüm en korkunç ayaklanma, 1955 yılında Kıbrıs sorunu ile ilgili olarak Beyoğlu'ndaki İstiklal Caddesi üzerinde gerçekleştirilmişti. Yakın tarihte 6-7 Eylül Olayları olarak bilinen bu olayın meydana gelmesine bir gazete haberi neden oldu. Akşam gazetesi *İstanbul Ekspres*'in manşetinden verilen bu haber, Atatürk'ün Yunanistan'ın Selanik kentinde doğduğu yerin bombalandığını bildiriyordu. Bombalama haberini alan gazetenin yönetmeni Gökşin Sipahioğlu, baskıyı durdurup ilk sayfayı değiştirmişti. *İstanbul Ekspres*, yaklaşık otuz bin tirajı olan ufak bir gazeteydi. Fakat bu bombalama haberini verdiği 6 Eylül 1955 günü, üç yüz bin adet sattı. Yerel bir ajanstan aldığı haberi abartarak yansıtan gazetenin aldığı tek hasar ise, kırık bir pencere oldu.

Haberin ardından büyük bir ayaklanma başladı ve halkın öfkesi iyice kabardı. İstanbul'daki protesto gösterisi şiddete dönüşerek, Türk-Yunan uzlaşması konusundaki son umutları da yok etti.

Ve ardından tam bir kâbus yaşandı. Kumaş toplarını, buzdolaplarını, mobilyaları ve halıları yerlerde sürükleyen kızgın kalabalığın, yağmacılar ve komünist oldukları iddia edilen tahrikçilerle birlikte dükkânları ve iş yerlerini yerle bir ettiklerini gördüm. Birçok Rum, Musevi ve Ermeni vatandaşın ve bunlarla birlikte Türklerin sahip olduğu dükkânlar ve iş yerleri yağmalanıp yıkıldı. Pahalı ürünler satan mağazaların önündeki kaldırımlar kırık cam yığıntıları ile kaplandı. Polislerin durup yağmacıları ve yıkımı izlediklerine tanık oldum. Gazeteci arkadaşlarım Necati Zincirkıran ve İlhan Turalı ile birlikte, İstanbul İl Trafik Müdürü Orhan Eyüpoğlu'na vurmaya çalışan bazı isyancılarla karşılaştık ve araya girip Eyüpoğlu'nu kurtardık. Gece sona ermeden önce, sıkıyönetim ilan edildi ama çok geçti, büyük hasar meydana gelmişti. Bu ayaklanma daha sonra Türkiye ile Yunanistan arasındaki ilişkilerde gerginliğe yol açarak, ithal mallarda yokluğa neden oldu.

Sıkıyönetim sırasında yetkili olan General Nurettin Aknoz ya da daha iyi tanındığı gibi Aknoz Paşa, Erzurum'daki 3. Ordu'nun komutanıydı ve olaylar üzerine İstanbul'a gelmişti. Aknoz Paşa, ender olarak gülümser ve gazetecilerin sıkıyönetim konusunda yaptıkları en ufak suçlamaları bile yasaya karşı gelme olarak değerlendirirdi. Sokağa çıkma yasağı koymuştu; diğer bazı gazetelerle birlikte *Hürriyet*'in yayınını da on beş gün boyunca durdurmuş ve bu nedenle *"Kapattım Paşa"* olarak anılmaya başlanmıştı.

Sovyet istihbarat teşkilatı KGB'nin ayaklanmaları kışkırtmaya yardım ettiğinden ve böylelikle NATO'nun doğu kanadını yıkmayı amaçladığından kuşkulanmıştım. KGB, Atatürk'ün Selanik'te doğduğu yere yapılacak en ufak bir saldırının, Türkleri tahrik edeceğini çok iyi biliyordu. Sovyetler'den şüphelenmek için bir diğer kanıt ise, göstericiler arasında Marksist tahrikçilerin olduğu iddiasıydı. Gösteriden hemen önce, genç bir adam yanında taşıdığı portatif merdivenin üzerine çıkıp, Taksim Meydanı'nda Yunanlılara karşı kışkırtıcı bir konuşma yapmış, "Bundan sonra İstanbul'a göz dikecekler. Onlara derslerini verelim!" diye nutuk attıktan sonra kalabalığa karışarak kaybolmuştu.

Ayaklanmaların Sovyetler'in işi olduğu kanıtlanamadı. Fakat, bu olaylardan kırk dört yıl sonra, *Kılıç ve Kalkan: KGB'nin Gizli Tarihi (The Sword and the Shield, the Mitrokhin Archive and the Secret History of the KGB)* adlı kitapta bir ipucu buldum. Cambridge Üniversitesi'nde modern tarih profesörü olan Christopher Andrew ve Vasili Mitrokin tarafından yazılan bu kitap, KGB arşivlerinde yer alan belgelere dayanmaktadır. Bu belgeler, KGB'nin dış istihbarat arşivlerinde otuz yıl çalışmış olan Vasili Mitrokin tarafından İngiliz İstihbarat Servisi'ne verilmişti.

Kitaptaki belgelerden birisi, KGB'nin Atina Ofisi tarafından 1969 yılında önerilen bir siyasal harekâtı ele alıyor. Sözü edilen harekat, NATO'nun güneydoğu kanadına moral ve siyasal bakımdan zarar vermeyi amaçlamış. Bu komplo, 1955'te İstanbul'daki ayaklanmalar sırasında duyduğum kuşkuyu destekliyordu.

Kitapta yer alan bilgilere göre, KGB'nin Atina Ofisi tarafından önerilen özel harekât planından bir mektupta söz ediliyor. 24 numaralı bu mektubun tarihi, 14 Nisan 1969. Bu belgede, kod adı *VAZA* adlı bir hedefe, *Egg* adlı bir *Lily* (sabotaj operasyonu) gerçekleştirilmesine ilişkin bir plan açıklanıyor.

VAZA, Yunanistan'da Atatürk'ün doğum yeri olan Selanik'te, Türk konsolosluğunun yakınında iki katlı bir evdi. Komploya göre, KGB ajanı, Türkiye'de yaşayan ve oradaki Rum azınlığın durumundan hoşnut olmayan bir Rum vatandaş rolüne giriyordu.

Gardener (bahçıvan) kod adlı bu ajan, gece vakti, evin yakınındaki çalılığa gerçekte patlayıcı bir aygıt olan "Çiçek Buketi" yerleştirecekti. Plan kitapta şöyle açıklanmış: "Etkiyi artırıp istenilen sonuçları elde etmek için, 'Çiçek Buketi', Türkiye'de Rum vatandaşlar için yayınlanan bir gazeteye sarılmış olmalı."

KGB belgesi, Sovyetlerin, Kıbrıs krizi nedeniyle Türkiye ile Yunanistan arasında doğan gerginlikten nasıl faydalandığını gösteriyor. Ayrıca, NATO'ya zarar vermek amacıyla bu gerginliği kışkırtmak için nasıl ellerinden geleni yaptıklarını da kanıtlıyor.

İngilizler, 1956 yılında, Başpiskopos Makarios'u sınır dışı ederek, Seyşel Adaları'na (Hint Okyanusu'ndaki Madagaskar'ın kuzeydoğusunda) sürdüler, fakat bir yıl sonrasında da Kıbrıs'a dönmesine izin verdiler. Kıbrıs Türklerinin lideri Dr. Fazıl Küçük, 1957 yılında krizin sona erdirilmesi için adanın ikiye bölünmesini istedi.

1969 yılında, Kuzey ve Güney Amerika Rum Ortodoks Kilisesi Başpiskoposu Yakovos'la New York'ta röportaj yaptım. Türkiye'de, Ege Denizi'ndeki Gökçeada'da (İmroz) doğmuş olan başpiskopos, röportaj sırasında, "Rumlar ve Türkler olarak birbirimize dürüstlükle bakmalıyız," demişti. O zamanlar *Hürriyet* gazetesinin sahip olduğu günlük yayınlanan *Yeni Gazete*, röportajı tümüyle yayınladı. Başpiskopos, genel olarak Türkiye ve Türkler hakkındaki olumsuz görüş ve tavırları ile bilinirdi. Patrik Athenagoras'ın ölümünden sonra, Türk hükümeti İstanbul'daki Patrikliğe adaylığını önlediği zaman, Türklere karşı daha da öfkeyle dolmuştu.

Türk hükümetinin, kabul edemeyeceği bir adayı veto etme yetkisi halen bulunmaktadır. Adayların St. Sinot ruhani meclisi tarafından seçilebilmesi için Türkiye Cumhuriyeti uyruklu olması gerekir. Türk hükümeti, Fener Rum Ortodoks Patrikhanesi'nin ekümenik[*] statüsünü tanımayarak, bu kurumun Türkiye'deki Rum vatandaşlarının (2005'teki tahminlere göre, yalnızca üç bin kişi) dini ihtiyaçlarını karşılamak için çalıştığını kabul eder. Patrikhane, bu kuralların değişmesini ve Heybeliada Ruhban

---

(*) *Ekümenik* kelimesi, evrensel anlamına gelir ve Yunanca *oikoumene* (içinde yaşanılan dünya) ve *oikos* (ev) kelimelerinden kaynaklanır.

Okulu'nun yeniden açılmasını istemektedir. Bu okul, Kıbrıslı Rumların acımasız bir şekilde Türkleri öldürmesiyle Kıbrıs'ta yaşanan şiddet olayları sırasında, 1960'larda İsmet İnönü Hükümeti tarafından kapatılmıştı. Türk yetkililer, Fener'deki ekümenik bir patrikhanenin, gelecekte Roma'daki Vatikan'a benzer bir statü talep edebileceğinden endişe duymaktadır.

Bu patrikhanenin statüsü, Türkiye dışında ekümenik olarak, yani Yunanistan ve Rusya'daki bazı kiliseler dışarda kalmak üzere, tüm dünyayı kapsayan bir patrikhane şeklinde genel bir kabul görmektedir. Fener'deki St. George adlı küçük bir kilise, patrik için katedral olarak kullanılmaktadır. Asıl adı Dimitrios Archontonis olan 1. Bartholomeos, günümüzde Patrik olarak görev yapıyor. 1940 yılında Gökçeada'da doğan Bartholomeos, Heybeliada Ruhban Okulu'ndan mezundur. Başpiskopos Yakovos'un, kendisiyle yaptığım röportajı, iki ülke arasındaki ilişkileri geliştirmeye yardım için bir fırsat olarak kullanacağını samimiyetle ummuştum, ama ne yazık ki hayal kırıklığına uğradım.

Başpiskopos Makarios'la bir kez Atina'da karşılaştım ve bir din adamının insanlar arasında kan dökülmesine neden olan böylesine bir teröre nasıl alet olabildiğine hayret ettim. Kıbrıs Türklerinin lideri Dr. Fazıl Küçük, EOKA bombalarının Lefkoşa'da İngiliz hedefler üzerinde patladığı bir gün bana, "Makarios, yalnızca İngilizler için değil, bu adadaki herkes için çok fazla sorun yaratacak. Papaz yerine politikacı olmalıydı. Enosis fikri, sonunda çok kan dökülmesine ve Türk askerlerinin Kıbrıs'a çıkmasına neden olacak," demişti. Dr. Küçük, Kıbrıs Türklerinin varlığını sürdürmesinin, tamamen Türkiye'ye bağlı olduğuna inanıyordu.

1960 yılında Londra'da yapılan üçlü anlaşmadan sonra bağımsız Kıbrıs'ın ilk cumhurbaşkanı olan Makarios, Türk azınlığın anayasal teminatlarını ve Cumhurbaşkanı Yardımcısı olan Dr. Fazıl Küçük'ün haklarını görmezden geldi. Ve ada, İngiltere'den bağımsızlaştıktan üç yıl sonra şiddete boğuldu. Londra Konferansı'nda üzerinde anlaşılan ve iktidarı paylaştıran anayasa uygulanamıyordu ve Kıbrıslı Rumlar, Kıbrıs hükümetini tek başlarına kontrol ettiklerini varsayıyorlardı. Bununla birlikte, Kıbrıslı Türklere karşı terör saldırıları yapılmaya başlanmıştı. Aralık 1963'te Noel zamanı

Kıbrıslı Türklerin topluca kıyımı, o dönemde güçsüz koalisyon hükümetinde başbakan olan İsmet İnönü'yü askeri müdahalenin eşiğine getirdi. Fakat Amerikalılar, kimi zaman ters ve nezaketsiz bir dil kullanarak, her defasında İnönü'yü engelliyorlardı. O dönemde, Reuters'in merkezine sürekli olarak her an meydana gelebilecek askeri bir çıkarma hakkında telgraflar gönderiyordum.

Başkan Lyndon B. Johnson'ın İsmet İnönü'ye gönderdiği, sert bir şekilde kaleme alınmış ve açıkça uyarıda bulunduğu mektubun Türkler tarafından unutulduğunu sanmıyorum. Johnson, 5 Haziran 1964 tarihli bu mektubunda, İnönü'ye Amerikan silahlarını kullanmamalarını söylüyor ve eğer adanın Türkler tarafından işgali Sovyetler Birliği'nin müdahalesine neden olursa, NATO ve Amerika Birleşik Devletleri'nin Türkiye'yi savunmak için zorunluluk hissetmeyebileceklerini ekliyordu.

Başkan Johnson'ın mektubu Türk tarafına ulaştığında, bunun kabine üyeleri arasında bir şok yarattığını hatırlıyorum. Çünkü mektup onur kırıcı olarak değerlendirilmişti. Bu gelişme üzerine öğrencilerden oluşan göstericiler sokaklara çıkıp yeni bir slogan atmaya başladılar:

Johnson'ı bir çuvala koymalı
Sallayıp sallayıp duvara vurmalı

Dr. Küçük'ün kehaneti, 20 Temmuz 1974'te gerçek oldu. Türk Ordusu adaya çıktı ve kuzey kısmını işgal ederek Kıbrıs'ı ikiye ayırdı. Bütün bunlar, üçlü Londra Anlaşması'yla bağlı olan Yunanistan'ın, gerçekte Türkiye ve İngiltere ile birlikte, Kıbrıs'ın bağımsızlığını sağlaması gereken garantörlerden biri olmasına rağmen meydana geldi. İşgalden beş gün önce, 15 Temmuz günü, eski EOKA gerillası olarak bilinen Nicos Sampson, Yunan subayları tarafından yönetilen Rum Milli Muhafız Ordusu'nun katılımıyla Lefkoşa'da bir darbe gerçekleştirmişti. Yunanistan'daki albaylar cuntası da darbeyi destekliyordu. Bağımsız Cumhuriyet'in hükümeti böylece ele geçirilerek, Cumhurbaşkanı Makarios devre dışı bırakıldı.

Daha sonraları gazete sahibi olan Nicos Sampson, "Kıbrıs'ın sekiz günlük Cumhurbaşkanı" olarak bilinir. Sampson, EOKA'ya gençliğinde katılmış ve 1955 ile 1959 tarihleri arasındaki İngiliz sömürge yönetimine karşı savaşmıştı. İşlediği suçlar nedeniyle İngilizler tarafından iki kere idamla cezalandırılmış, fakat ada 1960 yılında bağımsızlığını kazandığında genel afla birlikte hapisten çıkmıştı. Kıbrıs parlamentosunun sağ kanattaki bir üyesi olarak, 1963 yılında Rum ve Türk kökenliler arasındaki çatışmalara karıştı. Devlete karşı işlediği suçlar yüzünden, 1976 yılında yirmi yıl hapis cezası aldı, fakat Paris'te tedavi görmesine izin verildi. Burada tedavi amacıyla on bir yıl kaldıktan sonra, 1990 yılında Kıbrıs'a döndüğünde geri kalan cezasını yerine getirmesi için tekrar hapse konuldu ve sağlığının bozulması nedeniyle 1993 yılında serbest bırakıldı.

Kıbrıs Türklerinin acımasız bir katil olarak tanımladıkları Nicos Sampson, 9 Mayıs 2001'de 66 yaşındayken Lefkoşa'da kanserden öldü. Eşi Vera Sampson ardından şöyle konuştu: "Yunanistan'a inandı, Parthenon'a inandı ve bunun için ağır bir bedel ödedi."

1974 yılında Kıbrıs'taki Türk işgali sırasında, Türkiye'de, Bülent Ecevit'in ortanın solundaki Cumhuriyet Halk Partisi ile Necmettin Erbakan'ın İslamcı Milli Selamet Partisi tarafından kurulan koalisyon hükümeti iktidardaydı. Başbakan Ecevit ile yardımcısı Erbakan, Kıbrıs'a asker çıkarmak konusunda anlaşmışlardı, fakat adanın ne kadarının işgal edilmesi gerektiği konusunda farklı düşünüyorlardı. Erbakan, yalnızca kuzey Kıbrıs'ı değil, adanın tümünü işgal etmekten yanaydı. Askeri müdahale sırasında, yaklaşık beş yüz Türk askeri, bin civarında Kıbrıslı Türk ve üç bin Rum askeri ile sivil Kıbrıslı Rum yaşamını kaybetti. Bu müdahale, Yunanistan'ın Atina'daki Albaylar Cuntası'ndan kurtulmasına yardım etti.

Kıbrıs adası, askeri müdahale ile ikiye ayrıldı. Ve Kuzey Kıbrıs Türk Cumhuriyeti, yalnızca Türkiye tarafından tanınarak, anavatandan gönderilen yıllık 400 milyon dolar yardıma bağımlı kaldı. Londra'daki üçlü Kıbrıs görüşmelerinin deneyimli ismi eski Cumhurbaşkanı Rauf Denktaş, Kıbrıs'ın bölünmesinin, aslında adadaki şiddetin son bulmasına yardım ettiğini sık sık tekrarladı.

Kıbrıslı Rumların bağımsız Kıbrıs hükümeti üzerinde tam kontrollerinin olduğunu varsaydıkları bir dönem olmuştu. O dönemde muhabirler olarak adadaki olayları izlemekte zorlanırdık.

Başpiskopos Makarios, adaya Türkiye'den gitmek isteyen gazetecilere vize vermeyi reddediyordu. *Hürriyet*'e bağlı Haber Ajansı'nı yönettiğim sırada, olayları izleyebilmek için bir şekilde adaya girme yolu bulmaya çalışıyordum. Ayrıca aynı dönemde Yunan yetkililer, Atina'daki temsilcimiz Metin Doğanalp'i sürekli olarak rahatsız ediyorlardı.

Sonunda İstanbul'daki otelleri kontrol ettim ve muhabir yerine geçebilecek genç bir Hollandalı turist buldum. Bu turistin Kıbrıs seyahatinin masraflarını ödeyerek, nereye gideceğini, kiminle görüşeceğini ve neler soracağını öğrettik. Hollandalı turist başarılıydı ve bu genci alelacele bir şekilde haberciye dönüştürme çabalarımız işe yaramıştı. İstanbul'a döndüğünde, ihtiyacımız olan bilgileri ve fotoğrafları getirdi. Ve *Hürriyet* onun yazılarını Kıbrıs Raporu başlığıyla bir seri halinde yayınladı. Meseleye doğrudan karışmamış olan üçüncü bir kişinin bakış açısıyla yazılan bu makaleler, Kıbrıs'taki durumu net bir şekilde göz önüne sermiş ve adada yaşayan Kıbrıslı Türklere ikinci sınıf vatandaş muamelesi yapıldığını ortaya çıkarmıştı.

EOKA'nın terör faaliyetlerinde bulunduğu dönemde Kıbrıs'ta İngiliz istihbaratı ile yaşadığım ilk sürtüşmeyi hatırlıyorum. 1950'lerde Lefkoşa'nın Türk tarafı olarak bilinen bölgesinde küçük bir otelde kalırdım. Sabahın erken saatlerinde etraftaki horozlar öterken, EOKA'nın İngiliz hedeflerine atılan bombaları patlar ve gökyüzüne siyah bulutlar yayılırdı. EOKA teröristleri, gün içinde sokaklarda insanları vurur ve sonra da kalabalığın içine karışarak kaybolurlardı.

Bir keresinde Troodos Dağları'nda (Karlıdağ) arabayla giderken, telaşla silah arayan İngiliz askerleri tarafından durduruldum. Karşı çıkıp basın kartlarımı göstersem de bunların pek yardımı olmadı. Arandım. Ertesi gün, Lefkoşa'daki İngiliz enformasyon memuruna şikâyette bulundum. Kibarca dinleyip beni akşam yemeğine davet etti.

Yemek daveti için bir ev adresi verilmişti; muhtemelen ajanlar tarafından kullanılan gizli bir evdi bu. Davette erkek olarak yalnızca ben ve İngiliz görevli vardık. Birbirinden hoş üç genç İngiliz bayan bize eşlik ediyordu. Baştan çıkartıcı bir "bal tuzağına" düşürülmek istendiğim ve sonrasında da onlar tarafından casusluk için kullanılmak isteneceğim açıktı. İlgilenmediğimi belli ettim ve akşam yemeği böylece sona erdi.

2003 yılının başlarında, eski Kıbrıs krizi beklenmedik şekilde yeniden ortaya çıktı. Türk-Yunan ilişkilerindeki gelişmeler, Kıbrıs'ın Avrupa Birliği üyeliği ve Türkiye'de İslami kökenli Adalet ve Kalkınma Partisi'nin seçim zaferiyle gelen bazı değişiklikler söz konusuydu. *Hürriyet*'in eski Kıbrıs politikası bile zamana yenilerek gözden düşmüştü. Bu gazetenin bazı köşe yazarları, Avrupa Birliği üyeliği uğruna hızlı bir çözüm istediler. Sonuçları ne olursa olsun, Avrupa Birliği'ne üye olmak isteyen binlerce Kıbrıslı Türk, o dönemde Kuzey Kıbrıs Türk Cumhuriyeti Cumhurbaşkanı olan Rauf Denktaş'ın milliyetçi politikalarına karşı gösteri yaptı. Denktaş, Kıbrıs Türkleri ve Türkiye için uygun olan bir çözüm Rumlar tarafından kabul edilmezse, var olan durumu sürdürmek istiyor, Kuzey Kıbrıs'ın bağımsızlığını Kıbrıs Türklerinin güvenliği için bir garanti olarak görüyordu. Bununla birlikte, gösteriler sırasında birçok Kıbrıslı Türk'ün "Ne Türküz ne de Rum! Biz Kıbrıslıyız!" ve "İşgalciler dışarı" yazan pankartlar taşıdıkları görüldü. Denktaş, bir solcu grubu gösterileri tahrik etmekle suçlayarak, görüşmeler sürerken arkasından bıçaklandığını söyledi. Rauf Denktaş, her zaman iki topluma eşit egemenlik öngören çözümü savundu. Fakat Yunanlılar, Kıbrıs Türklerini bir azınlık olarak görüyorlardı.

Adalet ve Kalkınma Partisi, 3 Kasım 2002'de yapılan seçimi kazandığında, bu partinin lideri Recep Tayip Erdoğan, eski Kıbrıs siyasetinden kurtulma zamanının geldiğini söyledi. Önceki Türk hükümetlerinin politikası, "Çözümsüzlük çözümdür" anlayışına dayanıyordu.

Kıbrıs krizi, Türkler için büyük hayal kırıklığı yarattı. Adanın Rum tarafı ekonomik olarak hızla gelişirken, Türkiye'den giden yardımlara bağımlı olan kuzey tarafı geri kalmıştı. Yıllık 400 milyon dolarlık bu yardım, Türkiye'nin sıkıntı içindeki ulusal bütçesine yük oluyordu. *Hürriyet*'in bazı köşe yazarları dahil olmak üzere, medya mensuplarının bir kısmı, Kuzey Kıbrıs Türk Cumhuriyeti için sıklıkla *Ekmek elden su gölden* sözünü kullandılar. Onlara göre Kıbrıs'taki düzen iflas etmişti.

Şaşırtıcı bir şekilde çok sayıda Türk, Birleşmiş Milletler Genel Sekreteri Kofi Annan tarafından sunulan uzlaşma planını kabul edip Kıbrıs'taki karışıklıktan kurtulmayı istedi. Annan Planı, altmış bin Kıbrıslı Rum'un Kuzey Kıbrıs'a yerleştirilmesini ve malmülk değişimini de içeriyordu. Fakat Birleşmiş Milletler'in aracılık ettiği barış görüşmeleri, Kıbrıslı Türk ve Rumların anlaşamaması üzerine kesildi. Denktaş, bölünmeden beri ilk kez, her iki toplumun üyelerinin ziyaretleri için sınırları açtı ve Erdoğan'ın liderliğindeki Türk hükümeti, Ocak 2004'te, Kofi Annan'ın uzlaşma planını bazı değişikliklerle birlikte kabul etmeye hazır olduğunu duyurdu. Bunun üzerine, Şubat 2004'te barış görüşmeleri başladı. Türk hükümetinin ne pahasına olursa olsun Avrupa Birliği'ne üye olma arzusu çok güçlüydü. Kıbrıslı Türkler Annan Planı'na evet derken, Rumlar, Nisan 2004'te yapılan referandumda planı reddettiler. Sonuç olarak, Kıbrıs yine bölünmüş olarak kaldı.

Silahlı kuvvetlerin generalleri, bu gelişmeleri huzursuzlukla izlediler. Onlara göre;

Türkiye'nin yasal haklarından vazgeçmek, Ege Denizi'nin kuzeyinde başlayıp Akdeniz'in doğusunda biten ve Anadolu için stratejik önem taşıyan bir bölgede Yunanistan'ın egemenliğini kabul etmekle aynı şeydi.

2003 yılının baharında Türk-Yunan ilişkileri, hâlâ Ekim 1997'de meydana gelen bir olayın etkisi altındaydı. O tarihte, Kıbrıs'ta yapılan Yunanistan-Kıbrıs Rum askeri tatbikatlarına giden Yunanistan Savunma Bakanı Akis Çuhacopulos, Ege Denizi üzerinde dönüş yolundayken, Türk jetlerinin yarattığı akım nedeniyle sarsılmıştı. Bunun üzerine Yunanistan, Türk savaş uçaklarının, on millik Yunan hava sahasını bir hafta içinde yaklaşık iki yüz kere ihlal ettiğini iddia etti.

Bir yıl önce ise, 8 Ekim 1996 günü Yunan savaş jeti Mirage 2000'in Yunanlı pilotu Thonas Grivas, Türk F-16'sını füzeyle vurdu ve motorundan isabet alan Türk savaş uçağı düştü. Uçakta bulunan pilot Kurmay Yarbay Osman Çiçekli zamanında atlayarak sağ kurtulurken, Yüzbaşı Nail Erdoğan Ege Denizi'nde şehit oldu.

Üç yıl sonra, 1999 yılının Ağustos ayında, Türkiye'nin kuzeybatısında meydana gelen ve on yedi binden fazla insanın ölümüne yol açan deprem, Yunanistan ile Türkiye arasında yeniden güven oluşmasına neden oldu. Depremi takiben Yunanistan'ın sağladığı önemli miktarda acil yardım, Türkler tarafından sevinçle karşılandı. Bunun üzerine, Yunanistan'ın kuzeyini sarsan ve 139 kişinin kaybına neden olan ikinci bir deprem meydana geldiğinde, bu kez Türkler Yunanistan'a hızla yardım ulaştırdılar. Türkiye'nin kuzeyinde yaklaşık 800 kişinin hayatına mal olan üçüncü bir sarsıntı ise, iki ülke arasında deprem diplomasisi kurulmasına yol açtı.

Bunun ardından Türk ve Yunan dışişleri bakanları İsmail Cem ile George Papandreu arasında bir dizi görüşme yapıldı. Papandreu, 22 Eylül 1999'da New York'ta yapılan Birleşmiş Milletler Genel Kurul toplantısında, depremlerin iki ülke arasındaki ilişkileri artırdığını dile getirdi. 2000 yılının Ocak ayında ise, Yunan Dışişleri Bakanı, iki halk arasındaki güveni tesis edecek bir anlaşma yapmak üzere Ankara'ya geldi. Bu, otuz yedi yıl içinde bir Yunan dışişleri bakanının Türkiye'ye yaptığı ilk resmi ziyaretti. 2002 Nisanı'nda, Türk ve Yunan dışişleri bakanları Papandreu ve Cem, İsrail Başbakanı Ariel Şaron ve Filistin Cumhurbaşkanı Yaser Arafat'a önemli bir iyi niyet ziyareti gerçekleştirdiler. Buradaki amaç, İsraillilere ve Filistinlilere barış yolları bulmanın mümkün olduğunu göstermekti. Bunu yaparak, uzun bir zamandır birbirlerinin düşmanı olarak bilinen Yunanlılar ve Türklerin bile iyi birer komşu olarak yaşayabilme yolunu bulabildiklerine dikkat çekmek istemişlerdi.

Tarih, insan ilişkilerinde önemli bir rol oynuyor. Türk ve Yunanlıların arasında gelişen düşmanlığın kökleri, tarihte, özellikle Bizans İmparatorluğu'nun sonunda yatıyor. Osmanlılar, 1453 yılında o zamanki adıyla Constantinople'u (Konstantiniye) fethettiler.

Bunun dışında diğer nedenlere ilişkin uzun bir liste yapmak da mümkündür.

Yunanistan'ın yaklaşık dört yüzyıl boyunca Osmanlılar tarafından yönetilmesi, Yunanlılar itiraf etmekten hiç hoşlanmasalar da, Yunan müziği, dansları ve yemekleri üzerinde Türk kültürünün izlerini bıraktı. Her iki ülkedeki okullarda okutulan çok sayıda taraflı tarih kitabı bulunmaktadır. Bu kitaplarda, 19. yüzyılda, Mora'daki

Türk nüfusunun Yunanlılar tarafından kıyımı; Osmanlı yönetimine karşı Yunan isyanına yardım ettiği gerekçesiyle, Patrik V. Gregory'nin 1821 yılının Paskalya Yortusu'nda İstanbul'da asılması; 1821-29 tarihleri arasındaki Yunan Bağımsızlık Savaşı, Birinci Dünya Savaşı'nın hemen ertesinde Anadolu'nun Yunanlılar tarafından işgali ve 1919-22 arasındaki Türk Bağımsızlık Savaşı yer almaktadır.

Haliç'in Fener bölgesinde bulunan Rum Ortodoks Patrikhanesi'nin varlığı, Kıbrıs krizi patladığında Türkleri derinden rahatsız etmişti. Osmanlı hükümeti, İstanbul'un fethedilmiş olmasına karşın, Gennadius II'yi, İmparatorluk sınırları içinde yaşayan Ortodoks nüfusun ruhani lideri ya da temsilcisi olarak tanımıştı. Fatih Sultan Mehmet, Gennadius'u köle olmaktan kurtarıp bu din adamını patrikliğe atamış ve Hıristiyan nüfusun ruhani ve dünyevi lider olarak belirlemişti.

Osmanlı İmparatorluğu yıkıldıktan sonra, Anadolu'nun 1919 yılında Yunanlılar tarafından işgal edilmesi, Türklerin Yunanlılara karşı duydukları kızgınlığın en büyük nedenini oluşturuyordu. İstanbul'un fethinden sonra, Ortodoks Hıristiyanlığı'nın sembolü Ayasofya'nın camiye dönüştürülmesi ve Patrik V. Gregory'nin asılması, Yunanlıların Türklere karşı sertleşmesi için yetmişti. George Agelopulos, uzun yıllar boyunca Patrik V. Gregory olarak görev yaptı ve Ortodoks Kilisesi tarafından aziz rütbesine yükseltildi. 1821'de asıldığı Patriklik'teki bazilikanın ana kapısı, bir protesto olarak, günümüze dek tuğla döşeli olarak bırakılmıştır.

Atatürk kendi döneminde Yunanistan'la iyi komşuluk ilişkileri kurulması için çok çaba harcamıştır. Atatürk, Ayasofya Camisi'nin Ortodoks Rumlar için kalıcı bir kızgınlık nedeni oluşturmasından endişe duyuyordu. Bu yapı, 900 yıl kilise, sonrasında da 450 yıl boyunca cami olarak kullanılmıştı. Bu görkemli Bizans katedrali, M.S. 537 yılında Jüstinyen (Justinian I) döneminde tamamlanmış ve hem İslam hem de Hıristiyanlık dininin özeliklerini taşıyan bir sembol haline gelmişti. Atatürk, bu yapının müzeye dönüştürülüp herkese açılmasını sağlayarak dini olmayan bir çözüm buldu. Fakat bugün, Atatürk'ün ölümünden altmış yedi yıl sonra, köktendinci İslamcıların bu müzenin tekrar dini ibadete açılması istekleriyle karşı karşıyayız. İstanbul, çok sayıda görkemli camiyle doluyken, bu kişilerin neden bu müze konusunda ısrarcı olduklarını anlamak zor. İslamcıların bu tür girişimleri, yalnızca Rum Ortodokslarının düşmanlık duygularını alevlendirmeye yarar. Eğer aşırı Ortodoks Rumlar, bu tarihi yapının kendilerinin ibadetine açılmasını isteseydi, Müslümanlar da bu durumdan rahatsız olurdu. Bu nedenle, Ayasofya'nın herkese açık tarafsız bir müze olarak kullanılması çok daha yerinde bir uygulamadır.

1990'larda Türk-Yunan ilişkilerini bozacak bir olay daha meydana geldi. Bunun nedeni, yasadışı Kürdistan İşçi Partisi'nin lideri Abdullah Öcalan'ın Yunanlılar tarafından korunması ve onun liderliğindeki ayrılıkçı örgüte Yunan hükümetinin verdiği destekti. Öcalan, Suriye'den kaçarak Atina'ya gelmiş ve oradan da Kenya'ya geçerek bu ülkenin başkenti Nairobi'deki Yunan Büyükelçiliği'nde saklanmıştı. Kısa bir süre sonra, 15 Şubat 1999'da Türk güvenlik mensupları tarafından Kenya'da yakalandığında üzerinde kendisini Mavros Lazaros olarak tanıtan Kıbrıs Cumhuriyeti'ne ait bir pasaport bulundu. Bu konudaki haberlere göre, Öcalan, kendisini sorgulayan Türk yetkililere, Yunan hükümetlerinin yıllardır silah sağlayarak ve Kürt militanlarını Yunan topraklarındaki kamplarda eğiterek PKK'yı desteklediklerini söyledi.

Bu haberler, Türkiye'de büyük tepki yarattı. O dönemde başbakan olan Bülent Ecevit, Yunanistan'ın PKK'ya desteğini, "dostça olmayan bir girişim" olarak niteledi.

Oysa, Türkler ve Yunanlılar yüzyıllar boyunca bir arada barış içinde yaşamışlardı. O zamanlar Osmanlı'nın iyi dönemleriydi. Fener'deki Rum Ortodoks Patrikhanesi'nin civarında yaşayan Bizanslı ailelerin soyundan gelen Rum aristokrasisi, Osmanlı İmparatorluğu zamanında ticarette çok önemli rol oynamıştı. Bu Rum aristokratlarına, Rumca fener anlamında gelen *phanar* (Fenerli Beyler) deniliyordu ve bunların birçoğu Balkanlar'da Osmanlı yönetimini temsil etmek üzere vali olarak görev yapmışlardı. Diğer bazı Rumlar ise, Osmanlı devleti ve yabancı büyükelçilikler için imtiyazlı tercümanlar olarak çalıştılar.

Ayrıca, Osmanlı İmparatorluğu'nda çoğu Rum ve Slav kökenli saygın işlere sahipti. Osmanlı padişahlarının kendileri de saf Türk soyundan gelmiyorlardı; diğer birçok etnik kökenin yanı sıra, annesi Rum olanlar da vardı.

Ayaklanmaları hızlı bir şekilde defalarca bastırdığı için "Yıldırım" lakabıyla anılan Sultan I. Beyazid, Yunanlı eşi Despina'nın çıplak bir halde Tatar savaşçı Timurlenk'e hizmet edişini izlemek zorunda bırakılmıştı. Yıldırım Beyazid, 1402 yılının Temmuz ayında Timurlenk'in ordusu tarafından Ankara yakınlarındaki Çubuk'ta yenilgiye uğradı ve esir düştü. Timurlenk, boyun eğmeyen padişahı bir hayvan gibi kafese koyarak aşağıladı. Sultan Beyazid, bir yıl sonra başını kafesin parmaklıklarına vurarak utanç ve keder içinde öldüğünde henüz 43 yaşındaydı.

Osmanlı İmparatorluğu'nun en büyük mimarı, etkileyici bir geçmişi olan bir Rum'du.

1512'de, Kayseri yakınlarındaki Ağırnas kasabasında yaşayan Joseph adlı bu genç adam, yeniçeriler arasına devşirme olarak alındı. Rum olan anne ve babası Ortodoks Hıristiyan dinine mensuptu. Babası taş ustalığı ve marangozluk yapıyordu. Joseph, babasının işini zaten öğrenmişti; bunun yanı sıra, Osmanlı yönetimi tarafından verilen yoğun bir eğitim sonucunda Osmanlı ordusunun inşaat işlerinde görevlendirildi ve topçu birliklerinin şefliğine kadar yükseldi.

Joseph, Muhteşem Süleyman döneminde saray baş mimarlığına atandı. Padişaha ve onun ailesine yakın olan Joseph, birçoğu ulusal hazine olan büyük camiler, köprüler ve kamu binaları inşa etti. Başyapıtları arasında İstanbul'da bulunan Şehzade, Mihrimah Sultan ve Süleymaniye camileri ile Edirne'deki Selimiye Camisi yer alır.

Mimari harikalarından bir diğeri, İstanbul Büyükçekmece'deki uzun taş köprüdür; eski bir kervan yolunun güzergahında bulunan bu köprü, Deve Bağırtan Yokuşu'nun üzerinde yer alır. Yusuf Abdullah adının Arapça harflerle üzerine kazıldığı köprü, artık yalnızca çobanlar ve koyun sürüleri tarafından kullanılmaktadır.

Bu ünlü yeniçeri, 1588'de 99 yaşındayken öldü ve Süleymaniye Camisi'nin avlusunda kendisi için inşa ettiği, çeşmesi de bulunan bir türbeye gömüldü. Joseph, hayatı boyunca Rum ailesine ve Ağırnas halkına yardım ederek vefasını gösterdi.

Joseph ya da Yusuf, Türk tarihinde Sinan Abdul-Mennan veya daha basitçe, Mimar Sinan olarak bilinir. Osmanlı döneminin bu ünlü mimarı, yaşamı boyunca, 79 cami, 55 mescit, 34 saray, 12 kervansaray, 33 hamam ve bir köprü inşa etti.

Türk tarihi, bazıları Rum olmak üzere, toplumda güç kazanan, hatta Osmanlı İmparatorluğu'nda sadrazam olarak görev yapan bendelerin hikâyeleriyle doludur. Osmanlı döneminde yüksek görevlere getirilen Rum asıllı renkli bir kişilik, Marko Paşa'ydı. Marko Paşa, insanların dertlerini sabır ve ilgiyle dinler ama hiçbir zaman sorunlara çözüm bulmaya çalışmazdı.

Bu nedenle, "Derdini Marko Paşa'ya anlat!" şeklinde, şikâyet etmenin faydasız olduğunu, Marko Paşa dışında kimsenin dert dinlemeye istekli olmadığını anlatan alaycı bir söz türemiştir. Asıl adı Markos Apostilides olan bu paşa, İstanbul'daki Askeri Tıbbiye'de şef ve Sultan Abdülhamit'in hekimbaşıydı. Ayrıca, Osmanlı İmparatorluğu'nun Tıbbiye Nazırı olarak görev yaptı ve Hilal-i Ahmer'in (Kızılay Derneği), ilk başkanı oldu. Askeri Tıbbiye Okulu'ndayken hastalarının ve öğrencilerinin şikâyetlerini dinlerken gösterdiği sabırla ünlenmişti.

Bir gün okuldaki bir öğrencisi sınıfta yaşadığı bazı sorunlar hakkında Marko Paşa'ya dert yanar. Marko Paşa, "Anladım oğlum, anladım ama ne söylüyorsun?" diye karşılık verir.

Öldüğünde Kuzguncuk Mezarlığı'na gömülen Marko Paşa'nın içten tavrı ve insanların dertlerini dinleme isteği ona çok sayıda dost kazandırmıştı.

Hürriyet gazetesi köşe yazarı Ferai Tınç, 5 Kasım 2000 tarihli yazısında, Osmanlı Paşası Markos Apostilides'in torunu George K. Papadopulos ile Atina'da kahve içtiğini yazdı. Tınç, Marko Paşa'nın torunları George ile Despina'yı Atina'da bulduğunu belirterek, George K. Papadopulos'un kendisine şöyle konuştuğunu anlattı: "Dedem herkesi dinlermiş, ama çare aramazmış. Dinlermiş, o kadar."

Ferai Tınç, telefonla aranan Despina'nın yardımıyla, sorularına Papadopulos'dan aldığı yanıtlara şunları ekledi:

"Dedem Marko Paşa İstanbul'a Yunanistan'dan geliyor. Çok kısa boylu ve çok çirkin bir adammış. Ama çok güzel, uzun boylu bir kadınla evlenmiş, 13 çocukları olmuş. Bunların onu difteriden ölmüş. Dedem, hayatta kalan üç çocuğundan en küçüğünün oğlu. Diğer ikisi kız."

Marko Paşa, yalnızca halkla ilişkiler konusunda değil, aynı zamanda insanlar arası iletişimde de bir öncüydü. Türk toplumunda sevilen bu karakterin, hem Türkler hem de Rumlara "dostça davranma" konusunda açık bir miras bıraktığını düşünüyorum.

Başbakan Recep Tayip Erdoğan ve eşi Emine Erdoğan, 2004 yılı Mayıs ayında Atina'ya yaptıkları ziyaret sırasında, Yunanistan Başbakanı Kostas Karamanlis ve eşi Nataşa Karamanlis tarafından sıcak bir şekilde karşılandılar. Hatta Başbakan Karamanlis, ayrılırken Emine Erdoğan'ı sol yanağından öperek şaşırttı. Türban takan ve dindar birisi olan Emine Erdoğan ise, sağ yanağına kondurulacak diğer öpücüğü kibarca önlemeyi becerdi.

Bu olay Yunan medyasına yararken, Türk medyası gizemli bir sessizliğe büründü. Bu öpücük olayı sırasında resmi yayın organı Türk Radyo ve Televizyon Kurumu'nun ve Anadolu Ajansı'nın muhabirleri de oradaydı. Fakat her iki kuruma da konu hakkında haber yapmamaları tavsiye edildi.

13

Marksistler, İslamcılar ve Osmanlı Nostaljisi

Biri yer biri bakar, kıyamet ondan kopar.

Atasözü

Türkiye'de komünizm faaliyeti, Rusya'daki Bolşevik hareketi kadar eskidir. 1922 yılında Komünist Parti yasaklanmış olduğundan, küçük bir solcu grup, Atatürk devrinde gizli olarak faaliyetlerini sürdürdü. Komünistler, Atatürk'ün ölümünün ardından İsmet İnönü dönemindeki katı yönetim sırasında, cezalandırılmaktan korktukları için, dikkat çekmemek ve gözden uzak durmak zorunda kaldılar. Marksist-Leninist hareket, Adnan Menderes'in Demokratik Parti yönetimiyle 1950'de başlayan demokratik deneme sürecinde bile, demokrasiye aykırı yasalarla bastırılıyordu.

Menderes yönetimini deviren 27 Mayıs 1960 askeri darbesi, yurtdışında yaşayan birçok solcunun yurda dönüşüne olanak verdi. Bunların bazıları, sosyal adaleti kendilerine slogan yapmış köşe yazarları olarak zaten çalışmaktaydılar. Fakat daha sonraki askeri rejimler tarafından hedeflenen solcu yazarlar, kışlalarda gözaltında tutuldu ve askeri mahkemelerde yargılandı.

27 Mayıs darbesi, Sovyetler Birliği'ne solcu hareketi ülke içinde

genişletme fırsatı sunmuştu. Gerçekte KGB ajanları olan Sovyet diplomatları ve konsolosluk görevlileri, aktif olarak halk arasında yeni yandaşlar bulmaya başlayıp, onları eğitim için Suriye'deki ve Bulgaristan'daki terörist kamplara gönderiyorlardı. Sonuçta, bugün hâlâ oldukça aktif olan militan ve kararlı bir Marksist hareket ortaya çıktı.

1950'lerin başlarında, Babıâli'de solcu muhabirler vardı ama sayıları azdı; bunlar, Kemalist fikirlere verdikleri desteğe karşın, henüz hapse atılmaktan korkacak kadar belirgin değillerdi. Türk denizaltısı *Dumlupınar*, 4 Nisan 1953 tarihinde, Çanakkale Boğazı'nda bir İsveç şilebiyle çarpışıp battığında, Babıâli'den çok sayıda muhabir Çanakkale'ye akın etmişti. Denizaltının içinde 81 görevli ve denizci vardı. Kurtarılamayacaklarını çok iyi bildikleri halde, geçitin 92 metre derinlikteki dibinde, 72 saat boyunca yaşadılar. Onları kurtarabilecek olan teknoloji o dönemde henüz yoktu.

Solcu yazar Yaşar Kemal de, günlük sol gazete *Cumhuriyet*'in muhabiri olarak oradaydı. Çanakkale'deki otelin lobisinde ona sık sık, "Hey, komünist" diyerek takılırdım; Yaşar Kemal bu sözlere haklı olarak sinirlenirdi. O da benim gibi bir Anadolu insanıydı. O zamanlar uzun boylu, siyah saçlı, esmer tenli genç bir adamdı; görebilen tek gözü ona dehşetli bir görüntü verirken, bana hep, anne soyundan kendi atalarının eşkıya olduğunu hatırlatırdı.

Sözlerime sinirlenen Yaşar Kemal, "Deyyus! Bir yakalarsam, gebertecem!" diye bağırırdı.

Yaşar Kemal Göğceli'nin eşi, Associated Press için çevirmen olarak çalışan, Mathilda adlı bir Musevi'ydi. Mathilda, Tilda olarak tanınır, Yaşar Kemal'in romanlarını diğer dillere çevirirdi. Abdülhamit'in baştabibi Jack Mandil Paşa'nın torunu olan Tilda, 1972 yılında solcu faaliyetlerde bulunduğu iddiasıyla askeri mahkemede sorgulanmıştı.

Yaşar Kemal, ona sataşınca arkamdan gelip beni yakalar, "Kapa çeneni! Polisler duyacak! Yakacaksın beni!" derdi. Endişelenmekte haklıydı; 1950 yılında komünizm propagandası yaptığı iddiasıyla tutuklanmış fakat suçsuz bulunmuştu.

İtalya'nın faşist diktatörü Benito Mussolini'nin ceza kanunları, 1926 yılında Türkiye'de benimsendi. Bu kanunlar, demokrasi kurallarının ve konuşma özgürlüğünün önünde ciddi bir engel oluşturdu ve yıllar boyunca, çok sayıda entelektüelin ve yazarın hayatının mahvolup gitmesine neden oldu.

O yıllarda, özellikle İsmet İnönü'nün İkinci Dünya Savaşı sırasında ülkeyi tek adam olarak yönettiği dönemde, komünist avı gerçekleştirildi. Birinci Şube, bilinen bütün solculara ilişkin dosyalar tuttu. Polis tarafından *Azılı Komünist* olarak tespit edilen herkese, bütün kapılar kapandı. Bu tanıma giren kimse iş bulamadı; eğer şans eseri bulduysa da, işveren derhal polis tarafından o kişinin adı çıkmış bir komünist olduğu konusunda uyarıldı.

Tanınmış bir komünistin herhangi bir iş sahibi olması, hatta ülkeden ayrılmak için pasaport çıkarması çok zordu. Muhafazakâr hükümetler, yıllar boyunca, solcu yazarları ve onların eserlerini hedef aldılar. Reşad Enis'in *Toprak Kokusu* adlı kitabına el konuldu. *Bizim Köy*'ün yazarı Mahmut Makal'ın başı hükümetle büyük belaya girdi. Solcu yazarlar, sık sık ceza mahkemelerinde ciddi suçlamalarla karşı karşıya kalan sanıklar durumuna düştüler; bunların birçoğu da hapse atıldı.

Devlet görevlileri, yabancı yazarlar tarafından yazılarak Türkçeye çevrilen bazı kitapların bile dağıtımını yasakladılar. Bunlar arasında, Jack London'ın korkunç bir faşist rejimi anlatan *Demir Ökçe (The Iron Heel)* adlı romanı ve John Steinbeck'in iki Marksist tarafından ayaklandırılan tarım işçilerinin grev hikâyesini anlatan *Bitmeyen Kavga (In Dubious Battle)* adlı eseri de vardı.

Katlanılması mümkün olmayan bu gibi durumlar, bir kısım solcu yazarları bazı tehlikeli durumlara soktu. Bunlara iyi bir örnek, Aziz Nesin ile birlikte mizah dergisi Marko Paşa'yı çıkaran Sabahattin Ali'nin diğer yazarlara hakaret ettiği gerekçesiyle hapse mahkûm olmasıydı. Yazarlığı ve hayatı üzerindeki baskılardan bunalan Sabahattin Ali, kaçıp kurtulmaya çalışırken, 1948 yılında Türk-Bulgar sınırında öldürüldü. Sabahattin Ali, kafasına bir odunla indirilen güçlü bir darbe sonucunda yaşamını kaybetmişti. Ünlü yazarın katili hâlâ bilinmiyor, fakat genel olarak, istihbarat servisi tarafından öldürüldüğü düşünülmektedir. Sabahattin Ali'nin solcu arkadaşları, Bulgaristan sınırını aşması için ona yol gösteren kişinin, aslında bir istihbarat ajanı olduğuna inanıyorlar.

Tabii ki, Yaşar Kemal'in de başı derde girmekten kurtulamadı. 73 yaşındayken, Alman dergisi *Der Spiegel*'e Kürt yanlısı bir makale yazdığı için İstanbul'da mahkemeye verildi. Yirmi aylık hapis cezasına çarptırıldı ama bu ceza uygulanmadı.

1960 askeri darbesi sırasında *Akşam* gazetesinin Genel Yayın Müdürüydüm. Gazetenin yazı işlerinde, başını köşe yazarı Aziz Nesin'in çektiği solcu bir grup vardı. Kendilerini ilerici olarak tanımlayan diğer köşe yazarlarının arasında Çetin Altan ve Müşerref Hekimoğlu da vardı ve bu grup, ülkenin sosyal yapısında gerçekleştirilecek değişimleri savunuyordu. O zamanlar da Türkiye'de şimdi olduğu gibi haksızlıklar vardı ve yine bugün olduğu gibi yoksulluk büyük bir sorundu. Ne yazık ki, varlıklılar ve yoksullar arasındaki fark, o zamandan bu yana daha da artmış durumda.

Köktendinci İslamcılar, Aziz Nesin'i *Şeytan Aziz* olarak adlandırıyorlardı. Nesin, 1993 yılının Temmuz ayında Sivas'taki bir festival sırasında öfkeli dindar fanatikler tarafından neredeyse yakılarak öldürülüyordu. Bu olay, Sivas Katliamı olarak tarihe geçmiştir. İslamcı gericiler, Aziz Nesin'in de katıldığı ve Alevi toplumunun 16. yüzyıldaki halk ozanlarından Pir Sultan Abdal anısına düzenlenen bir toplantının yapıldığı kentte, sanatçıların yerleştiği oteli ateşe verdiler. Sivas doğumlu Pir Sultan Abdal, Muhteşem Süleyman döneminde yaşamış ve bir Alevi ayaklanmasında yer almıştı. Bölgedeki Osmanlı Valisi Deli Hızır Paşa tarafından astırılan şair, ölmeden önce bu vali hakkında aşağıdaki şiiri yazdı:

Yürü bre Hızır Paşa
Senin de çarkın kırılır
Güvendiğin padişahın
O da bir gün devrilir

Aziz Nesin, yangından bir gün önce Sivas'ta, halka hitap ederek İslam karşıtı bazı görüşler dile getirmiş ve yerel basın da bunu haber yapmıştı. Bu durum, gerici İslamcıların tepkisine neden oldu. Bu gruptakiler, Aziz Nesin'e zaten önceden de öfkeliydiler.

Çünkü Nesin, Salman Rüşdi'nin *Şeytan Ayetleri (Satanic Verses)* adlı kitabını haftalık solcu gazete *Aydınlık*'ta yayınlamıştı. Yaklaşık on beş bin kişiden oluşan gerici İslamcı grup, o gün, sanatçıların kaldığı Sivas'taki Madımak Oteli'ni kuşattı. "Kahrolsun laiklik, şeriat isteriz!" ve "Kahrolsun Şeytan Aziz!" şeklinde sloganlar atıyorlardı. Polis, gösteriyi kontrol altına alamadı. Gericiler, Kültür Merkezi'nin önündeki Şairler Anıtı'nın kaldırılmasını talep ettiler. Bunun üzerine görevliler anıtı yerinden kaldırarak festivali yarıda kestiler.

Fakat hâlâ tatmin olmayan köktendinciler ayaklanma çıkardılar. Anıtı ele geçirerek sokaklarda sürüklediler ve sonunda parçaladılar. Akşam olduğunda ise, otelin önünde yangın çıkararak binayı taşladılar ve sonunda ateşe verdiler. Otel alevler içinde kaldığında, yüz civarında kişi dördüncü kata çıkarak korunmaya çalıştı. Sivas polisine göre, otel yangınında otuz yedi kişi öldü. Aziz Nesin, doksan iki kişiyle birlikte dördüncü kata uzatılan itfaiyeci merdiveniyle kurtarıldı. Fakat kurtardıkları insanın Aziz Nesin olduğunu fark eden itfaiyeciler öfkelenmişti ve olayı kışkırttığı gerekçesiyle yazarı itip kakarak hakarette bulundular.

2000 yılının Mayıs ayında, Kemalist reform yasalarını kaldırarak şeriata dayalı İslami rejimi getirmeye çalışan ve Sivas'taki kundaklama olayını gerçekleştiren otuz üç kişi hakkında mahkeme tarafından ölüm cezası verildi.

Aziz Nesin, değerli bir öykücüydü. İsmet İnönü'nün 1946 yılındaki baskıcı rejimi sırasında Sabahattin Ali ile birlikte mizah dergisi Marko Paşa'yı yayınlamışlardı. Yetkililer, dergiyi kapatıp Sabahattin Ali'yi diğer yazarlara hakaret ettiği gerekçesiyle hapse attıklarında, dergi *Merhum Paşa*, *Malum Paşa* ve *Ali Baba* gibi adlarla çıkarılmaya devam edildi.

Nesin, yazdığı yazılar nedeniyle 1940'larda sık sık tutuklanır ve hapis cezası alırdı; farklı nedenlerden dolayı toplam beş yıldan fazla hapiste yattı. Daha önceleri orduda görevli olan yazarın, aşırı solculuk gerekçesiyle bu kurumla ilişkisi kesilmişti.

Bu çok yetenekli hiciv ustası, kısa boylu, esmer tenli, sert bakışlı biriydi ve ender olarak gülerdi. *Akşam* gazetesindeki diğer solcularla işbirliği yaparak, beni Marksizm-Leninizm davasına çekmeye çalışmıştı. Nesin'in yazıları, ülkedeki aşırı sağ ve sol arasındaki bölünmeye büyük katkıda bulundu.

Laikliğe katı bir şekilde bağlı olan solcu köşe yazarlarının istemeden İslami köktendinciliğin yayılmasına aracılık ettikleri bugün de tartışılan bir konudur. Bu gruptakilerin umudu, Marksist-Leninist bir yönetimin kurulmasıydı. Fakat muhafazakâr Anadolu halkı, imansız bir idare altında yaşamak istemediği için komünizmi tamamen reddetmişti. Bu durum köktendincilere ve din tacirlerine fırsat yarattı. Radikallere güç kazandırmak için, Osmanlı İmparatorluğu'nun "Din elden gidiyor" şeklindeki eski gerici sloganını yeniden gündeme getirdiler.

Sovyetler Birliği'nin yıkılışından sonra, ülkedeki aydınlar (başka deyişle laik solcular) ve yobazlar (ya da bağnazlar) arasındaki uyuşmazlık devam etti.

Aziz Nesin, yaşamını kaybetmeden önce, *Aydınlık* adlı solcu gazeteyi yayınlıyordu. Aziz Nesin'in idolü, Marksist şair Nâzım Hikmet Ran'dı ve o da hapis cezası çekmişti. Nâzım Hikmet, iki dünya arasında sürüklenen ve ikisinde de ıstırap çeken çok yetenekli bir şairdi. Türkiye'de hapisten çıkınca, 1951 yılında kırk sekiz yaşındayken gizlice Sovyetler Birliği'ne gitti.

Moskova'dayken, Sovyet yazarların gerçek duygularını ifade edemedikleri konusunda yakınınca, Sovyet yetkilileri kızdırdı. Gazeteci Hıfzı Topuz, 2000 yılında yayınlanan *Eski Dostlar* adlı kitabında, Nâzım Hikmet'in Aleksey Acubey'den bir tehdit telefonu aldığını şöyle anlatıyor:

"Nazım'ın Moskova'da bulunduğu yıllarda onunla ilgili haberleri Abidin Dino'dan alıyorduk. Bir gün yine Abidin'e Nazım'ı sordum, üzgün bir durumda olduğunu söyledi. Nazım, yazarların özgür olmamasından sızlanıyor ve yapılan baskıları her fırsatta gündeme getiriyormuş. Yazarlar Birliği toplantılarında bu tür konuşmalar yapmış. Kruşçev'in damadı, *Pravda*'nın başyazarı Acubey'e bunları anlatmışlar. O da açmış telefonu Nazım'a, "Sen kim oluyorsun bizi eleştirecek," demiş, "Sen burada bir sığıntısın. Yarın sokakta kafana bir kurşun sıkarlar, yok olup gidersin! Aklını başına topla!"

Nazım, "Olabilir," demiş, "yapabilirsiniz. Beni öldürürsünüz ama adım kalır. Ya sen yarın öldüğün zaman senden ne kalır?"

Nazım telefonu kapatmış, ama hırsından eli ayağı titremeye başlamış.

Bunlar, hayatını Marksist-Leninist davaya, düşünme ve düşünceleri açıklama özgürlüğüne adamış olan şair için oldukça zor dönemlerdi. Bir şiirinde, "Güzel günler göreceğiz çocuklar, güneşli günler göreceğiz," demişti. Fakat güzel günleri göremedi.

Moskova'da sürgündeyken özgürlük ve mutluluğu bulmayı umdu. Fakat onun yerine, tam bir hayal kırıklığı ve içkide teselli buldu. Nâzım Hikmet'in Budapeşte, Moskova ya da Sovyetler Birliği'nin başka bir yerinde geçirdiği şarap, kadın ve müzikle geçen gecelerine ilişkin haberler duyar ve bu olağanüstü yeteneğin boşa harcanmasına üzülürdük.

Hıfzı Topuz'a göre, 12 Eylül 1957'de yazdığı "İyimserlik", onun özgün şiirlerinden biriydi:

Şiirler yazarım
Basılmaz
Basılacaklar ama
Bir mektup beklerim müjdeli
Belki de öldüğüm gün gelir
Mutlaka gelir ama...

Nâzım Hikmet, 1902 yılında Selanik'te doğdu, Heybeliada Bahriye Mektebi'ni bitirdi ve Türk donanmasında görev yaparken sağlık sorunları nedeniyle bu kurumdan ayrıldı. Edebiyat hocası Yahya Kemal Beyatlı, annesi Celile Hanım'a aşıktı. Nâzım Hikmet, bir gün öğretmeninin cebine, "Bu eve öğretmenim olarak girdiniz, fakat babam olarak giremezsiniz," yazılı bir not koydu. Bu olay, Beyatlı'nın Celile Hanım'a duyduğu aşkı yatıştırmıştı.

Nazım, gençliğinde okumak için Moskova'ya gitti. 1924 yılında Türkiye'ye döndüğünde, Marksist bir dergi için çalışmakla suçlanarak tutuklandı ama daha sonra Moskova'ya kaçmayı başardı. Kemalist devrimler sırasında, 1928 yılında çıkarılan bir genel afla yeniden ülkeye dönmesine izin verildi. Fakat Milli İstihbarat Teşkilatı tarafından sürekli izleniyordu. Nâzım Hikmet, siyasal mahkûm olarak defalarca hapse atıldı, 1938'de Harp Okulu'ndaki aramada şiir ve kitapları bulununca, orduyu kışkırttığı iddia edilerek 28 yıl 4 ay hapis cezasına çarptırıldı. Bursa ve Çankırı cezaevlerinde yattı ve toplam 12 yıl kadar hapis yatarak 1950 yılında serbest kaldı.

Şaire göre, İstanbul sokaklarında kendisini öldürmek için iki araba kazası planlanmıştı. Nâzım Hikmet, daha sonra, Doğu Anadolu'nun Türk-Rus sınırında askerlik için gönderilmek isteniyordu. Askeri doktor, sağlık durumunun yerinde olduğunu bildiren bir rapor verirken, yarım saat güneş altında ayakta durmanın onu öldüreceğini şairin kendisine özel olarak söylemişti. 1951 yılında, bir kez daha gizlice Moskova'ya gitti. Bu tarihten sonra ise, Adnan Menderes'in Demokrat Parti yönetimi tarafından Türk yurttaşlığından çıkarıldı.

Nâzım Hikmet'in Moskova'ya ikinci kez kaçışı, oldukça esrarengiz bir biçimde gerçekleşmişti.

Ünlü şair, fırtınalı bir gece, Boğaziçi'nde bir deniz motoruna binerek Karadeniz'e giden bir Sovyet gemisi bulmaya çalışır. Romanya bandralı bir yük gemisi görür, bağırarak mendilini sallar ve kendini göstermek ister. Fakat gemi durmaz. Nâzım Hikmet, Romen gemisinin etrafında turlayıp kendi adını bağırarak duyurmaya çalışırken, bindiği ufak motor birden duruverir. Sonunda Romanyalılar, Nâzım Hikmet'i gemiye çekerler ve talimat almak için Bükreş'i ararlar.

Daha sonraları bu olay hakkında Fransız yazar Simone de Beauvoir'a şunları anlatır Hikmet: "Gemi kaptanının odasına doğru sendeleyerek giderken yarı ölü durumdaydım. Orada altında *Nâzım Hikmet'i Kurtar* yazan büyük boy bir fotoğrafımı gördüm."

Bu poster, cezaevinde yattığı yıllarda yapılmıştı. Fakat Nâzım Hikmet, Simone de Beauvoir'a, gemiye bindiğinde hapisten çıkalı bir yıl olduğu için, bunun garip olduğunu söylemişti.

Bir kez daha Sovyetler Birliği'ne giden Nâzım Hikmet'e, mavi gözlerinin Polonya kökeninden geldiğini söylediği için, Polonya vatandaşlığı ve Moskova'da Peredelkino bölgesinde yazarlara ayrılan bir ev verildi. Marksizm ve Sovyetler konusunda hayal kırıklığı yaşayan Nâzım Hikmet, burada 1963 yılında ikinci bir kalp krizi geçirerek yaşamını kaybetti.

Bir Sovyet mezarlığına gömülen şairin, Sovyetler Birliği'nin yıkılışından yaklaşık 10 yıl kadar sonra, Türkiye'de itibarı iade edildi. Türk sosyalistleri, 2000 yılının Kasım ayında, Nâzım Hikmet'in Türk vatandaşlığına kabulünün sağlanması isteğiyle, yarım milyon kişinin imzasını toplayarak Başbakan Bülent Ecevit'e gönderdiler.

Nâzım Hikmet, Mao Tse-tung'un Kızıl Çin'ine hayranlık duyuyordu ve sosyal konulardaki ilerici tutumunu şiirlerinde açıklamıştı. 1930'larda yazdığı eserlerde, halkın konuştuğu dili ve serbest nazım türünü kullanarak Türk şiirinde devrim gerçekleştirdi. Nâzım Hikmet'in şiirleri, Osmanlı İmparatorluğu'nun saraya özgü geleneklerini ve karışık dil kullanımını ortadan kaldırdığı için gerçekten etkileyiciydi. "Angina Pektoris" adlı şiirinde, doktoruna kalbinin yarısı bir Türk hapishanesindeyse, diğer yarısının da Çin'de Sarı Nehir'e doğru akan Kızıl Ordu ile birlikte olduğunu söyler.

Nâzım Hikmet'in Şeytan adlı bir köpeği vardı. Bu köpek, 1956 yılında öldüğünde onun için bir şiir yazmıştı:

İnsan gibiydi
Hayvanların çoğu insan gibidir
Hem de iyi insan gibi.

Birleşmiş Milletler Eğitim, Bilim ve Kültür Organizasyonu (UNESCO), 2002 yılını Nâzım Hikmet yılı olarak ilan ederek kutladı.

* * *

Dostum Abdi İpekçi'ye yapılan suikastin, Yunanistan ile Türkiye arasında gerilen ilişkiler ve Nâzım Hikmet'in Marksizm ve Sovyetler Birliği konusunda yaşadığı hayal kırıklığıyla ilgisi olabilir. Henüz daha genç Kemalist muhabirler olduğumuz sırada bile, Abdi İpekçi Yunanistan ile Türkiye arasındaki ilişkilerin güçlenmesini istemişti. Sonraları, *Milliyet* gazetesinin genel yayın yönetmeni olarak iki ülke arasında uzlaşmanın gerçekleşmesine yardımcı olma konusunda oldukça aktif rol almış ve çabuk öfkelenen, aceleci Türk politikacıları sakinleştirmek için elinden geleni yapmıştı. Fakat onun bu çabaları, Yunanistan ile Türkiye arasındaki ilişkileri bozarak NATO'daki ittifakı zayıflatmayı amaçlayan Sovyet amaçlarına uymuyordu.

Abdi İpekçi, ülkedeki solcuları ve Sovyetler'i kızdıracak bir şey daha yapmıştı. 1950'lerde Bulgaristan Büyükelçisi olan Çobanov'la yaşanan olaya ek olarak, 1978 yılının sonbaharında *Milliyet*'te kıdemli solcu yazar Zekeriya Sertel'in anılarını yayınladı. Sertel, Nâzım Hikmet'le birlikte Rusya'da sürgündeydi ve anılarında, ünlü şairin komünizm ve Sovyetler Birliği hakkında çok büyük bir hayal kırıklığı yaşadığını söylemişti.

Sertel'in anıları, Türk solcularını şoke etti. Nazım gibi bir idolü kaybetmekten korkan Sovyetler ise öfke içindeydi.

Abdi İpekçi cinayeti hâlâ açıklığa kavuşturulamamıştır ve suçlananlar arasında yalnızca Sofya ve Moskova değil, aynı zamanda siyasal patronlar ve Türkiye'deki aşırı milliyetçi grup da bulunmaktadır. Abdi İpekçi, bazıları yüksek devlet görevlileri olmak üzere, aşırı sağ grupların ve milliyetçilerin suç çeteleriyle olan yakın ilişkilerini soruşturduğu için, bu gruptakileri kızdırmış; milliyetçileri ve özellikle de Milliyetçi Hareket Partisi'ni eleştiren yazılar yazmıştı.

Abdi İpekçi cinayeti nedeniyle hapse atılan Mehmet Ali Ağca, yakın dönem Türk siyasetinin bilinmeyen karanlığında bir hayaletin gölgesi gibidir. Ağca, sağcı bir terörist, bir ülkücü olarak tanımlanmaktadır. "Ülkücü", "Bozkurt" gibi, Milliyetçi Hareket Partisi'nin kurucusu Alparslan Türkeş'in fikirlerinin peşinden giden militanlar için kullanılan bir diğer isimdir. 1979 yılında esrarengiz bazı kaynaklarca yardım edilen Ağca, Abdi İpekçi cinayeti nedeniyle yattığı, çok sıkı koruma altındaki Kartal Cezaevi'nden kaçmayı başardı. Daha sonra Bakire Fatima Mucizesi'nin[*] yıldönümü olan 13 Mayıs 1981'de, Roma'nın St. Peter Meydanı'nda Papa II. John Paul'ü vurup öldürmeye çalışan da yine bu teröristti. Ömür boyu hapis cezasına çarptırılan Ağca, 2000'in Mayıs ayında İtalya'da hücresinde yatarken, Papa'nın Portekiz'de Fatima

---

(*) Hazreti Meryem'in Portekiz'in Fatima kasabasında üç çocukla konuşarak üç sır verdiğine inanılan olay. (ç.n.)

manastırını ziyaret ettiği sırada affını diledi. Papa II. John Paul, Ağca'nın saldırısında ölmemiş olmasını Fatima mucizesi ile açıklıyordu.

Şu anda 46 yaşında olan Ağca, 2000 yılında affedilerek İtalya'daki cezaevinden çıkarıldı ve İstanbul'a varır varmaz, olağanüstü koruma altındaki Kartal Cezaevi'ne konuldu. Burada şu anda, İpekçi suikastinden dolayı on yıllık cezasını doldurmak üzere tek kişilik bir hücrede tutuluyor.

Günümüzde İsa olduğunu iddia eden Ağca, bir deli, bir komünist ajanı ya da Türkiye'deki aşırı sağın tetikçisi miydi?

Ağca, taşıdığı sırları açığa vurmuyor. Kaldığı aşırı güvenlik altındaki hapishanede, hiçbir şey söylemedi ve bazıları Türk siyasetinde güçlü isimler olan destekçilerini olaya karıştırmak için hiçbir şey yapmadı. Sakladığı bilgiler, suç çetelerinin, uyuşturucu kaçakçılarının, aşırı sağ ve aşırı solun devlet içindeki bağlantılarını da kapsıyor olabilir.

Ağca olayının daha da esrarengiz olan kısmını, Papa II. John Paul'ün vurulması oluşturuyor. Gerçek adı Karol Wojtyla olan II. John Paul'ün Papalığa getirilmesiyle, İtalyanların bu görevde 456 yıldır süren egemenliği sona ermişti. Papa II. John Paul, Polonyadaki "Dayanışma" hareketi, organize bir siyasal güce dönüştürüldüğü sırada vurulmuştu. John Paul'ün Polonya halkı ve Sovyetler Birliği'ndeki Hıristiyanlar üzerinde güçlü bir etkisi vardı ve komünizm için bir tehdit olarak algılanıyordu. Polonyalı liderler Stanislaw Kania ve Woyciech Jaruzelski, Polonya'daki Dayanışma hareketine karşı kesin bir tavır almaları konusunda Sovyetler'den sürekli baskı görüyorlardı. Hatta Sovyet askeri müdahalesi ile korkutulmuşlardı. Bu nedenle, papa suikastinin, Türkiye'deki aşırı sağın milliyetçi çetelerinden ya da İslami gericilerinden daha çok Sovyetler'e yaramış olabileceği görülüyor.

Durum gerçekten böyle miydi?

KGB'nin, bir milyardan fazla Roma Katolik Kilisesi taraftarının ruhani liderini öldürmenin, şüpheleri Sovyetler'e çekeceğini tahmin etmemesi aptallık olurdu. Moskova, böylesine bir suikasti gerçekleştirerek, Sovyetler Birliği'ne karşı dünya çapında oluşacak tepkiyi gözden kaçırabilir miydi? Biz o dönemde Türkiye'deki aşırı milliyetçilerin hareketlerini önemsememiş olsak bile, Sovyetler'in bu hataya düşmesi pek olası değildi.

Aşırı milliyetçiler, Enver Paşa'nın altmış yıl önceki rüyası olan bütün Türk kökenlilerin birleşmesini savunan Pan-Turanizm'in peşindeydi ve Marksizm ile Sovyet karşıtlıkları tehlikeli boyutlardaydı. Milliyetçiler arasında, Sovyetler'in egemenliği altında yaşayan bütün Türk kökenlilerin özgürleştirilmesini amaçlayan belli bir grup vardı. Ve sağcı teröristler aracılığıyla Papa'ya karşı düzenlenen bir suikast, dünya çapında derhal Sovyet karşıtı bir tepki yaratabilirdi.

İstanbul ve Roma'da görülen mahkemelere karşın, papa suikasti nedeniyle yapılan suçlamaları sonuçlandırmak ve Papa'yı öldürme girişiminde bulunanları ortaya çıkarmak çok kolay bir mesele değildir. Aynen Abdi İpekçi cinayetinde olduğu gibi, bu konu da hâlâ esrarengiz bir bilmece gibi çözülememiştir.

Papa'nın, 1981'de kendisini öldürmek için bir komünist Bulgar komplosu kurulmuş olduğu yolundaki iddiaları 2002 yılında reddetmesiyle, şüpheler Türkiye'deki aşırı gruplara kaydı. Bu gruplar arasında, ırkçılar, aşırı miliyetçiler, aşırı sağ ve aşırı sol, Pan-Turanistler ve şaşırtıcı bir şekilde Turan ülkesinin ve efsane Ergenekon'un kesin çözüm olduğunu düşünen Maoistler ve tarikat üyeleri bulunuyor. Kızıl Elma ülküsü ya da Birleşik Türk Devletleri'nin kuruluşuna dair özlem, aynı zamanda bu olağandışı grupları da bir araya getiriyor. Türk devletinin içinde seslerini oldukça iyi duyuran bu gruplar, ülkenin içerdeki ve dışardaki düşman güçlerin, Türkiye'yi bölmek ve ulusu yok etmek için çalıştıklarını savunuyor.

1951 yılında Türk kökenlilerin Todor Jivkov tarafından Bulgaristan'dan sürülüşü sırasında, Türkiye'ye ilk büyük komünist sızışı meydana gelmişti. Darjavna Sigurnost'un Türkçe konuşan ajanları, mültecilerle birlikte ülkeye girerek, daha sonraları işçi sendikaları ve öğrenci birliklerinde çok aktif bir şekilde çalıştılar. Türk kökenlilerin Bulgaristan'dan çıkarılışının ana hedeflerinden birisinin, Türkiye'ye önemli ölçüde komünist ajan sızmasını sağlama olduğu konusunda bir olasılık da bulunmaktadır.

Sovyetler Birliği'nin sahip olduğu etkiyi genişletme çabaları,

Türkiye'nin kaderinin değişmesinde önemli bir rol oynadı ve bu değişim beklenmeyen bir şekilde ortaya çıktı. Genel olarak muhafazakâr bir yapıya sahip olan Anadolu Türk'ü, daha önce belirtildiği gibi, komünizmi reddetmişti. Bu ideoloji yalnızca, entelektüeller, işçi sendikaları üyeleri, lise ve üniversite öğrencileri arasında destek buluyordu. Komünizm tehdidi, İslam yanlılarına, kontrol edilemeyen ve daha önce eşi görülmemiş bir uyanış için dolaylı olarak fırsat ve neden verdi.

İslami hareketin içinde, Osmanlı İmparatorluğu'nun parlak dönemleri için zaten bir özlem vardı. Köktendinciler, Osmanlı İmparatorluğu'ndaki hilafetin, dünyevi ve ruhani liderlik sayesinde dünyadaki Müslümanları bir araya getirebilecek bir güç olduğuna inanıyorlardı.

Türkler, seksen iki yıllık laik Cumhuriyet tarihi boyunca bile, Osmanlı İmparatorluğu'nun askeri fetihlerinden gurur duydular. Hikâyeler, şarkılar ve kaybolan imparatorluğun kahramanlık dönemlerine ilişkin şiirler, Kemalist gençliğin eğitiminin bir parçasını oluşturmuştu.

İslamcılar, Osmanlı İmparatorluğu'nu büyük yapan şeyin, İslam dininin gücü olduğuna inanıyorlardı. Köktendinci İslamcılara göre, yüzyıllardır İslam dünyasının lideri durumunda olan Osmanlı İmparatorluğu'nun yıkılışından sonra, bu din, dünya meseleleri üzerindeki etkisini yitirmişti.

İlginçtir ki, İslami kökenli Adalet ve Kalkınma Partisi'ne mensup Dışişleri Bakanı Abdullah Gül, bu noktayı açıklığa kavuşturmaya çalıştı. Gül, 2 Haziran 2003 tarihinde *Milliyet* gazetesine verdiği bir beyanatta, İslam dünyasının sorunları nedeniyle otoriter yönetimleri suçladı. "Bugün İslam ülkelerinin geri kalmışlığının nedeni rejimleridir. Yoksa Müslümanlık değildir," diyen Gül, "Ancak, krallık, emirlik gibi kapalı ve diktaya dayalı rejimler bu gelişmelerin önündeki gerçek engellerdir. Bu gerçeği o ülkeleri yöneten liderlerin de görmesi gerekir," şeklinde konuştu.

Bugün hâlâ gerici İslamcılar, Atatürk'ü, Türkleri İslam dünyasından, Osmanlı ve İslam geleneklerinden ayırdığı için düşman olarak değerlendiriyor. Atatürk ve Kemalizm, Türkiye'yi Batılılaştırdı; fakat bu, Kuran'ın katı kurallarına karşı işlenmiş bir suç olarak görüldü. Atatürk, sadece İslami devleti değil, aynı zamanda hilafeti de ortadan kaldırdığı için düşman sayıldı.

Köktendinci İslamcılara göre Atatürk, kötü ahlaklı ve kötü niyetli düzenbazların (Kemalistler) lideri olan deccal'di. Arapça bir kelime olan deccal, dünya sona ermeden önce ortaya çıkarak kötülük yayan bir günahkârı anlatır. İslamcı gericiler, kötü niyetli günahkârın ancak güçlü bir İslami uyanış ile yenilebileceğine inanmaktadır. Bu görüş, özellikle Said Nursi tarafından kurulan Nurculuk tarikatında vardır. Bu tarikata göre, Türkiye Cumhuriyeti, bir kefere düzenidir. Müritleri, Said Nursi'nin, çağının eşsiz güzelliği ya da döneminin peygamberi anlamına gelen Bediüzzaman olduğuna inanırlar.

Said Nursi, 1877 baharında Bitlis'in Nurs köyünde doğdu. Sufi Mirza adlı Kürt kökenli bir küçük toprak sahibinin oğlu olan Said Nursi, çeşitli medreselerde eğitim gördü ve 12. yüzyılda Bağdat'ta Kadiri tarikatını kuran Şeyh Abdülkadir Geylani'nin öğretilerinden etkilendi. Kadiri tarikatı, Türkiye'de ve Orta Asya'da oldukça yaygın olan en eski tasavvuf tarikatlarından biridir. Şeyh Geylani'nin tasavvuf kavramı, bireylerin bencilliğe, kendini önemsemeye ve dünyeviliğe karşı mücadelesi üzerine kuruluydu. Kadiri tarikatı, insanların Tanrı'nın emirlerine itaat etmelerini ister. Bu tarikat, tasavvuf ile Ortodoks İslamı birbiri ile karıştırarak yorumlar. Genel olarak, tasavvuf, Müslümanlıkta ilahi sevgi, akıl ve Tanrı ile özdeşlik üzerine vurgu yapan felsefi ve edebi bir akımdır.

Said Nursi, Geylani'nin öğretilerine olan bağlılığına karşın, tasavvufun modern çağın gereklerine uymadığını düşünürdü.

Molla Said olarak da bilinen Nursi, 1909'da İttihat ve Terakki Cemiyeti tarafından gerçekleştirilen reformlara karşı Derviş Vahdeti ayaklanmasına da karışan İttihad-ı Muhammedi Cemiyeti'nin üyesiydi. Birinci Dünya Savaşı sırasında Osmanlı ordusunda görev yapmış, Doğu Cephesi'nde Ruslara karşı savaşmıştı. Ardında bıraktığı miras, İslami birlik ya da Pan-İslam'a dayalı gerici bir İslami harekettir.

Gerici İslam'ın dünya görüşü, kritik bir noktayı merkez alır. Hıristiyan dünyası –Amerika Birleşik Devletleri ve Avrupa- İslam'a kıyasla zengin ve bilimde, teknolojide ve toplumsal gelişimde çok daha ileri durumdadır. Gerici İslamcılara göre, İslam ülkelerinin geri ve fakir kalışının nedeni, Batı etkileri ve Hıristiyan entrikalarıdır. Köktendinci İslamcıların gözünde Batı'nın ahlaki çöküşü de, bu dünyaya karşı oluşun dayanaklarından biridir. Oysa İslam'ın parlak dönemlerinin bitişi yeni değildir. Osmanlı devlet adamı ve şair Ziya Paşa, bu gerçeği 140 yıl önce şu şiirinde belirtmiştir:

Diyar-ı küfrü gezdim beldeler, kâşaneler gördüm,
Dolaştım mülk-ü İslamı, bütün viraneler gördüm.

Yine de bazı Türkler, hâlâ yıkılan imparatorluklarının anılarıyla yaşıyor; yönetimi sırasında Osmanlı İmparatorluğu'nun doruğa ulaştığı Muhteşem Süleyman'ın büyüklüğüne özlem duyuyorlar.

Günümüz Türkiyesi'nde Osmanlı İmparatorluğu'nun büyüklüğüne duyulan özlem, aynı zamanda mülteci krizi ile de ilgilidir. Rusların Balkanlar, Kırım, Kafkasya ve Orta Asya'da yayılmasının sonucunda İmparatorluğun yıkılışı ve daha sonra Birinci Dünya Savaşı, bu mülteci krizini yarattı. Ülkeye, Balkanlar, Ege Adaları, Kafkasya ve Orta Asya'dan dalgalar halinde çok sayıda mülteci geldi.

1951'de muhabir olduğum sırada, Hindistan yoluyla Tibet'ten Çin Türkistanı'na seyahat ederek gelen bir grup Kazakla tanıştım. Onlarla rahatlıkla iletişim kurabilmemizden oldukça etkilenmiştim.

Çeçenler, Ruslara karşı verdikleri bağımsızlık savaşı nedeniyle 1996 yılında sık sık haber oluyorlardı. Türkiye'deki büyük göçmen gruplar arasında, yirmi beş bin kadar Çeçen ve Gagavuz Türklerinden oluşan küçük bir grup bulunmaktadır.

İstanbul'daki lisede öğretmenim olan aşırı milliyetçi Nihal Atsız, sınıfta sık sık Gagavuz Türklerinden söz ederdi. *Gagavuz* kelimesinin, Türkçe *kara* ve *Oğuz* kelimelerinden türediğine inanılmaktadır. Toplam 180.000 kadar olan Gagavuzlar, çoğunlukla çiftçidir ve Moldova, Kişinev'de, Chisinau'nun güneyindeki Komrat bölgesinde yaşarlar. Ruslar, Besarabya'nın bir parçası olan bu bölgeyi, 1812 Bükreş Anlaşması'yla Osmanlı İmparatorluğu'ndan aldılar. Ortodoks Hıristiyan olan ve Türkçe soyadlarına sahip olan

Gagavuzlar, uzun yıllardır bağımsızlıklarını elde etmeye çalışmaktadır. Gagavuzlar, 1906 yılında özerkliklerini ilan ettiler, fakat özgürlükleri Çar II. Nikola, onların üzerine polis güçlerini gönderene kadar yalnızca iki hafta sürdü. Sovyet lider Leonid I. Brejnev, Gagavuz liderlerini hapse atardı. Çünkü onların rüyası, Gagavuz Halk Cumhuriyeti'ni kurmaktı ve bu rüya bir yüzyılı aşkın bir süre devam etti. Bugün artık, Gagavuz Özerk Cumhuriyeti kurulmuş durumda. Bu Cumhuriyet'in Başbakanı Mihail Kendigelen, bir Türkiye ziyaretinde, "Sizi gerçek bir dost olarak görüyoruz," diyerek Türkler hakkındaki düşüncelerini dile getirdi.

Bu Türk kökenli toplulukların varlığı, Osmanlı İmparatorluğu'nun büyüklüğüne duyulan özlemin en önemli nedenlerinden biriydi ve bu durum, Pan-Turanist ve Pan-İslamist akımların yeniden canlanmasına yardım ediyordu. Pan-İslamizm, gözüpek fakat genellikle sinirli ve kızgın görünen bir politikacıyı talihsiz bir maceraya sürüklemişti.

Politika
ve Bir Osmanlı Prensesi

Arı bal alacak çiçeği bilir.

Atasözü

𝓑aşbakan olan Adnan Menderes'in Demokrat Parti ile birlikte kendi çöküşüne neden oluşunu, 1950 ve 1960 yılları arasında yakından gözlemledim.

menderes, uyguladığı politikalar nedeniyle medyayla arasını bozmuş, orduyu kızdırmıştı. İlk olarak, Menderes iktidara geldiğinde, İslam'a karşı büyük bir hoşgörü söz konusu oldu. Buradaki amaç, halkın dindar kesimini, cami avlularını siyasal konuşmalar için kullanan Demokrat Parti'ye çekmekti. Menderes, siyasal kampanyalarında yaptığı konuşmalarda oldukça ileriye giderek, din konusunda sınırsız hoşgörü göstermiş ve hatta bir konuşmasında, "Siz isterseniz hilafeti bile getirebilirsiniz," demişti.

Bu, Kemalistler ve komünistler gibi laik reformları desteklemiş olan diğer bütün kesimleri dışlayan tehlikeli bir siyasetti.

Türkiye Cumhuriyeti, 3 Mart 1924'te hilafeti kaldırmış ve bu dini unvanın getirdiği tüm haklarla olan ilişkisini kesmişti. Halife, Hz. Muhammet'in vekiline verilen unvandı. Yavuz Sultan Selim'den itibaren bütün Osmanlı padişahları, İslam'ın yeryüzündeki ruhani lideri sıfatıyla Muhammet'in vekili yani halife olmuşlardır.

Halife kelimesi, Arapça'da vekil anlamına gelir. Yavuz Sultan Selim, 1517 tarihinde Mısır'da Memlûk ordusunu yenerek, Kahire'deki Abbasi Hanedanı'nın soyundan gelen son halifeyi yakalamıştır. Bunun üzerine, Mekke Şerifi, İslam'ın kutsal şehri olan Mekke'nin anahtarlarını Yavuz Sultan Selim'e sunmuş ve o zamandan beri de Osmanlı padişahı yeni halife olarak kabul edilmiştir. Bu unvan, yüzyıllar boyunca 1924 tarihine kadar bir padişahtan diğerine geçmiştir.

Reform yıllarında, hilafetin ya da saltanatın geri dönüşüne ilişkin herhangi bir önerinin laik yasalara karşı bir hareket olduğunu ve hapis cezası için yeterli neden oluşturduğunu hatırlıyorum. Adnan Menderes'in Demokrat Parti'ye oy toplamak amacıyla kullandığı konuşma tarzı, laik kurumlara karşı geldiği izlenimini yaratmıştı. İslam yanlısı politikaları, Anadolu'da dini akımların uyanışına yol açtı ve ülkede laik devlet okullarına gerçekten ihtiyaç duyulduğu bir dönemde camilerin pıtrak gibi çoğalmasına neden oldu.

İslamcı Necmettin Erbakan, İslam NATO'su fikriyle Türk siyaset sahnesinde ortaya çıkmadan çok önce, Menderes, Amerikan destekli Bağdat Paktı düşüncesiyle Arap uluslarını kazanmaya çalışmıştı. Fakat başarısız oldu, çünkü o dönemde Mısır Devlet Başkanı olan Cemal Abdül Nasır'ın başını çektiği bazı Arap liderleri, Sovyetler Birliği ile dostluk ve yakın ittifak ilişkileri içindeydiler. NATO üyesi Türkiye'nin Bağdat Paktı içindeki Sovyetler'e karşı liderliği onlara uygun gelmemişti.

Menderes, İslam'ın yeniden canlanışını teşvik ederken, aynı zamanda Osmanlı hanedanının üyeleriyle de ilişki kurdu. 1952'de, saltanat kaldırılıp Osmanlı hanedanının tüm üyeleri ülke dışına çıkarıldıktan otuz yıl sonra, Menderes bir iyi niyet gösterisi olarak hanedanın kadın üyelerini affederek, ülkeye dönmelerine izin verdi. 1974 yılında ise, genel bir af çıkarıldı.

1950'lerin başlarında bir sabah, Park Otel'in Ermeni Müdürü Kazaz, kulağıma, "Hanzade burda!" diye fısıldadığında, epeyce şaşırmıştım. Hanzade'nin ilk adı Zehra idi; *Hanzade*, hanlık ya da hükümdarlık içinde dünyaya gelen anlamını taşıyordu. Osmanlı hanedanının bu üyesi, 12 Eylül 1923 tarihinde, tüm saltanat ailesi ülke dışına çıkarılmadan hemen önce Dolmabahçe Sarayı'nda doğmuştu. Hanzade'nin babası Ömer Faruk, Sultan II. Abdülmecid'in oğlu; annesi Rukiye Sabiha ise, Sultan VI. Mehmet'in ya da daha iyi bilinen adıyla Vahdettin'in kızıydı.

Osmanlı İmparatorluğu'nun Birinci Dünya Savaşı'nda yıkılışının ardından, Ulusalcı Hareket, son padişah Vahdettin'i vatan haini olarak adlandırdı. Ulusalcıların Anadolu'daki zaferinden sonra, Vahdettin İstanbul'da rahat değildi. Bir gece İngiliz işgal güçlerinden bir görevli, Vahdettin'i ve oğlu Ertuğrul'u gizlice Yıldız Sarayı'ndan alarak, İngiliz ordusuna ait bir ambulansa sakladı. Son padişah, 17 Kasım 1922'de, İngiliz savaş gemisi *HMS Malaya*'ya bindi ve Malta'ya kaçtı. Vahdettin'in Osmanlı İmparatorluğu'ndaki İngiliz Kuvvetleri'nin Başkomutanı General Sir Charles Harrington'dan acınası bir son isteği olmuştu: General, arkasında bıraktığı beş karısını ona gönderebilir miydi? Bu eski padişah ve halife, 15 Mayıs 1926'da İtalya'nın San Remo şehrinde öldüğünde, evinin masraflarını karşılayacak parası bile yoktu.

Kemalistler, Vahdettin'den nefret ediyor ve eski Osmanlı hanedanı ile ilgisi olan hiçbir şeye bulaşmak istemiyorlardı. Bu yüzden, Vahdettin'in torunu Zehra Hanzade'nin Türkiye'ye dönüşüne izin verilmesinin, Adnan Menderes yönetiminin geleceği için kötü bir belirti olduğu açıkça ortadaydı.

Röportaj yapabilmek için Hanzade'nin kaldığı suit odaya telefon ettim. Daha önce Osmanlı sultanlarının akrabalarından hiç kimse ile tanışmamıştım. Bu Osmanlı prensesi, şık giyimli, genç ve güzel bir bayandı. Kaldığı suit odanın balkonundan gözüken Boğaziçi'nin ve Marmara Denizi'nin muhteşem manzarası ile büyülenmişti. İstanbul'dan altı aylık bir bebekken ayrılan Hanzade, "Doğum yerimi gördüğüm için çok heyecanlıyım," diyordu. Osmanlı hanedanına mensup atalarının yüzyıllarca içinde yaşayıp koca Osmanlı İmparatorluğu'nu yönettikleri kenti görmekten memnundu. Hanzade, röportaj sırasında kendi hayatını anlattı. Nebile Sabiha Fazıla İbrahim adında genç bir kızı ve Ahmed Rıfat adında bir oğlu vardı. Mısırlı bir prens olan kocası Mehmet Ali

İbrahim, yelken sporuna meraklıydı; eşinin sahip olduğu Rakkase adlı yelkenli gemi, Boğaziçi'nde demirlemişti.

Sonraları Türk vatandaşı olarak Osmanoğlu soyadını alan Zehra Hanzade, o gün bana ziyaretinin gerçek nedenini söylemedi. Fakat Menderes'in iki hanedanlık arasında arabuluculuk yapmaya karar verdiği anlaşılmıştı: Bunlardan biri Osmanlı hanedanlığı, diğeri ise Irak'taki Faysal hanedanlığı idi. Daha sonra, Irak, Türkiye'nin ana oyuncu olarak ortaya çıktığı Amerika destekli Bağdat Paktı'na katıldığı zaman gerçeği öğrendik. Menderes, Irak'ın genç kralı II. Faysal ve onun amcası Prens Abdülilah ile yakın ilişkiler geliştirmek istiyordu.

Irak'ın bağımsız bir ülke olarak yönetilmesi bugün olduğu gibi geçmişte de zordu. Bu ülkenin güneyde Şii Araplar, merkezde Sünni Araplar ve kuzeyde Kürtler ile Türkmenlerden oluşan nüfusu birlik içinde değildir. Kabilelerin, aşiretlerin, feodal beylerin ve İslami tarikatların ülkesidir Irak. Bu nedenle, bölge Osmanlı İmparatorluğu döneminde, Musul, Bağdat ve Basra vilayetleri olarak üçe ayrılmıştı ve bunların her biri ayrı bir Osmanlı valisi tarafından yönetilirdi. Nuri Paşa olarak da bilinen Irak'ın güçlü devlet adamı Nuri Said'in, 1950'lerde Adnan Menderes ile bu önemli sorun hakkında konuştuğunu hatırlıyorum. Sonunda, her ikisi de aradıkları çözümü, hoş bir genç bayanda buldular.

Irak Başbakanı olan Nuri Paşa, 1957 yılında İstanbul'da Sultan II. Abdülmecid'in torunu ve Hanzade'nin kızkardeşi olan Neslişah Sultan'la yaptığı konuşmada, genç Kral Faysal'ın, halife torunu Fazıla ile evlenmesiyle Irak'ın Sünni ve Şii halklarının daha kolaylıkla idare edilebileceklerine inandığını belirtti.

Hanzade, Kavalalı Mehmet Ali Paşa'nın soyundan gelen ve dostları arasında "Diko" adıyla tanınan Prens Mehmet Ali İbrahim ile evliydi. 16 yaşındaki Fazıla ile Faysal arasındaki nişan, 1957 yılının Eylül ayında İstanbul'da, Boğaz'daki bir yalıda açıklandı.

Genç Kral Faysal'ın soyu, Birinci Dünya Savaşı sırasında ve öncesinde Osmanlı İmparatorluğu ile karışmıştı. İngilizler, sonraları Hicaz Kralı olan Mekke Şerifi ve Emiri Hüseyin ibn Ali'yi askere almışlardı. Şerif Hüseyin, Hz. Muhammet'in soyundan geldiği kabul edilen Mekke şerifleri ailesindendir.

Hüseyin ibn Ali, İngilizlere karşı kullanılacak ekipleri yetiştirip, silah ve malzeme temin etmek üzere, 1916 baharında Osmanlılardan yaklaşık 22 bin 700 kg. altın almıştı. Fakat iki taraflı oynadığı için bunun yerine, oğulları Faysal ve Abdullah ile birlikte, haziran ayında Osmanlı yönetimine karşı ayaklandı. İngiltere, Osmanlı İmparatorluğu'na karşı büyük bir Arap isyanına yol açacağını umarak, şerifin ayaklanmasına destek sağlamak için 11 milyon sterlin harcadı.

Fakat bu asla gerçekleşmedi; Arap isyanı çok sınırlı kaldı.

Hüseyin'in ikinci oğlu Abdullah, İstanbul'da eğitim görmüş ve 1908'deki Jön Türkler Devrimi'nden sonra, Osmanlı parlamentosunda Mekke'yi temsil etmişti. Şerif Hüseyin'in yine Osmanlı parlamentosunun bir üyesi olan diğer oğlu Faysal tarafından komuta edilen küçük bir Arap ordusu, Osmanlı askeri güçlerinden ayrılan Arap görevliler ile birlikte Hicaz'da kurulmuştu. 1909 yılında, Osmanlı ordusunun eski subaylarından biri olan Nuri Said'e görev verildi. Birinci Dünya Savaşı'nın ilk iki yılında, İngilizler'e karşı savaşan Said, daha sonra ele geçirildi. 1916 yılında ise, Şerif'in Arap güçlerine katılarak Türklere karşı savaştı. Mezopotamya'daki Osmanlı ordusunda görev yapan ve aralarında Binbaşı Abdülaziz El Masri'nin de bulunduğu diğer muhalif Araplar da, Osmanlı yönetimine karşı gizli bir örgüt olan El-Ahd'ı (Ant İçme Örgütü) kurdular. İngilizler, Osmanlı istihbarat örgütü Teşkilat-ı Mahsusa'nın ünlü kişiliklerinden Cafer Askeri Paşa'yı Libya çöllerinde yakaladılar. Cafer Paşa, Binbaşı El Masri ve Nuri Paşa, Türklere karşı Arap askerlerini eğittiler. Şerif Hüseyin ise, 5 Haziran 1916'da Arap isyanını başlattı.

II. Faysal'ın babası olan Faysal, Birinci Dünya Savaşı sırasında Arabistanlı Lawrence'ı destekleyerek, onunla birlikte 1 Ekim 1918'de Şam'a girdi. Ve Osmanlı İmparatorluğu'nun yıkılışının ardından, İngilizler tarafından ödüllendirilerek Irak Kralı I. Faysal olarak atandı.

Şerif Hüseyin ibn Ali ise, 1924 yılında kendisini halife olarak ilan etti, fakat Abdülaziz ibn Suud'un başını çektiği Vahabiler, onu yerinden ederek Müslümanlığın kutsal kentleri Mekke ve Medine'yi korumaları altına aldılar ve böylelikle Suudi Arabistan

Krallığı'nı kurdular. Şerif Hüseyin'in İngilizler tarafından desteklenen ikinci oğlu Emir Abdullah ibn al-Hüseyin ise, Müslüman Kardeşler örgütü tarafından 1951'de Kudüs'te öldürülene kadar Ürdün'ü yönetti.

Gerçekte, Arap ayaklanması, T. E. Lawrence'ın *Bilgeliğin Yedi Sütunu (Seven Pillars of Wisdom)* adlı kitabında açıklandığı kadar büyük bir boyutta değildi. Yalnızca birkaç bin Arap kabile üyesi, Türklere karşı savaşmak amacıyla gönüllü olmuştu. Bu yüzden, ayaklanmanın sonucu, Araplar için hayal kırıklığı yarattı. Bağımsızlık rüyaları, uzun bir süre için gerçekleşemedi; bunun yerine Britanya ve Fransa tarafından yönetildiler.

Yine de, Ortadoğu'nun Birinci Dünya Savaşı'ndan sonraki haritasını şekillendiren siyasal entrikalar, Suriye, Ürdün, Irak ve Lübnan gibi bazı devletler yaratarak, bölgede uzun bir süre felaketlerin meydana gelmesine neden oldu. Esas olarak, Osmanlı İmparatorluğu'nun topraklarını paylaştıran gizli anlaşma, Ortadoğu uzmanı olan İngiliz albayı Sir Mark Sykes ile Fransa'nın eski Beyrut Başkonsolosu Francois Georges-Picot arasında 9 Mayıs 1916'da imzalandı. Fakat bu kişilerin, o sırada ne tür bir Pandora'nın Kutusu açtıklarına ilişkin en ufak bir fikirleri yoktu.

Sykes-Picot Anlaşması, Irak'ta İngiliz ve Suriye'de ise Fransız himayesini akla getirmişti. Filistin, Britanya, Fransa ve Rusya'nın ortak sorumluluğuna kalırken, Fransızlar Lübnan'ı ve İngiliz kontrolündeki Hayfa ve Akre'nin yönetimini alıyorlardı.

Sykes-Picot Anlaşması, sonunda Arapların Batı'ya, Arap anlaşmazlığına, azgın milliyetçiliğe ve militan İslam'a karşı öfke duymalarına yol açtı. Arapların büyük bir kısmı, Hıristiyan uluslar tarafından yönetilmek istemiyordu. Bu nedenle, daha az özerklik sağlayan Türk idaresini tercih ediyorlardı. Müttefik liderleri, özellikle İngiliz Başbakanı David Lloyd George da, Osmanlı yetkilileri gibi, konuya bu önemli bakış açısından yaklaşamamıştı. Lloyd George, Osmanlı İmparatorluğu'nun politikalarının Çarlık Rusyası'nı yıktığına inanan tanınmış bir Türk düşmanıydı.

Ve Sykes-Picot Anlaşması'ndan kırk yıl sonra, Adnan Menderes ve Nuri Paşa, Kral II. Faysal ve Hanzade'nin kızı Fazıla arasında muazzam bir düğün organize etmeye karar vermişlerdi. Menderes, bu evlilik aracılığıyla, Irak'la Bağdat Paktı içinde dostluk ilişkileri kurmaya çalışıyordu. Fakat Osmanlı hanedanlığının üyeleri ile hükümet arasında bağlantı kurması, Kemalistler arasında, özellikle Silahlı Kuvvetler içinde hoşnutsuzluk yaratmıştı. Zehra Hanzade hakkında yazdığım ilk haber on satıra indirilmiş ve *Yeni Sabah*'ın iç sayfalarına alınmıştı. Fakat bu defa, genç çiftin nişanı büyük bir olay haline gelmişti ve bunun nedeni açıktı: Güzel bir prenses ile genç bir kral arasındaki masalsı birliktelik.

Daha önceki yıllarda, Bağdat'taki bazı olayları izlemiş ve genç Kral'ın aile üyeleri ve Nuri Said'le tanışmıştım. Kral Faysal'ın amcası Veliaht Prens Abdülillah, Binbir Gece Masalları'nı hatırlatan gösterişli bir tarzda yaşayan, adı kötüye çıkmış bir kadın düşkünüydü. 1953 yılına kadar kral naibi olarak Irak'ı yönetti ve genç Kral ile Nuri Paşa'nın idaresi zamanında bile Irak meseleleri üzerinde egemen oldu.

Bir gün Bağdat'ta saçları sarı boyalı, hoş görüntülü ve çekici bir Türk kadınla tanıştım. Asfaltı eriten sıcağa uygun olarak ince giysiler giymiş, sokakta tek başına yürüyordu. O yürürken, arkasında yirmi kadar Iraklı erkek ise onu takip ediyor, siyah bıyıklarını bükerek kadının kalçalarına bakıyorlardı. Sonunda, Bağdat'ta bir gece kulübünde dans eden İstanbullu bir dansöz olduğu anlaşılan bu genç kadın, meslektaşım İlhan Turalı ile beni çalıştığı yerde içki içmeye davet etti. Fakat biz kulübe girdikten yarım saat sonra, bir kurye gelip dansözün kulağına bir şeyler fısıldadı. Bunun üzerine kadın bize dönerek, "Kusura bakmayın beyler," dedi, "Gitmek zorundayım. Bağdat Hovardası beni istiyor."

Bağdat Hovardası'nın kim olabileceği hakkında hiçbir fikrimiz yoktu. Dansöz, gelen kuryenin Veliaht Prens Abdülilah'ın sarayından olduğunu söyledikten sonra, "Buralarda çok kudretlidir ve büyük zenginlik içinde yaşar," diyerek yanımızdan ayrıldı.

Veliaht Prens Abdülillah, Zehra Hanzade'nin kızı Fazıla'nın evlenerek içine girmekte olduğu Irak kraliyet ailesinin asıl lideriydi.

Daha sonraki günlerde, Kral II. Faysal ile Fazıla'nın düğünü için hazırlıklar devam etti. Yirmi yaşındaki Kral II. Faysal, kısa boylu ama esmer bir yakışıklıydı. Açık tenli Fazıla'nın ise, yeşilimsi mavi güzel gözleri vardı ve hemen hemen Faysal'la aynı uzunluktaydı. Genç kız, 1941 yılında, Neuilly-sur-Seine'de Fransa'da doğmuştu. Nişan, resmi olarak 1957 yılında duyurulduğunda, parmağında büyük bir elmas yüzük taşıyan Fazıla, İstanbul'daki bir yalıda basına tanıtıldı. Birilerinin çıkarları için organize edilmiş bir evliliğe giden çekingen genç kızın, mutlu gözükmeye çalıştığı gözümden kaçmamıştı.

Bu birliktelik daha başlangıçta sona ermişti.

Irak'a görevli olarak gittiğim dönemlerde, Irak Kraliyet Ailesi'ne ve Başbakan Nuri Said'in yönetimine karşı duyulan hoşnutsuzluğun işaretlerini fark etmiştim. Ne *Savile Row*'dan giyinen uzun boylu, siyah gözlü Veliaht Prens ne de Nuri Paşa popülerdi. Kral Faysal'ın taç giyme töreni sırasında bile Nuri Paşa'nın polisleri muhalifleri tutuklamıştı. Irak'ta basın özgürlüğü yoktu ve sansür çok katı bir biçimde, bütün haberleri kontrol edecek şekilde uygulanıyordu.

O dönemde *Hürriyet* gazetesi muhabiri olan Necati Zicirkıran, diğer gazetecilerle birlikte Kral Faysal'ın taç giyme töreni için Bağdat'a gitmiş ve muhaliflerin zincirlenerek tutuklandığını gösteren fotoğraflarla diğer gazetecilere haber atlatmıştı. Zincirkıran, Irak'taki sansürden kurtulmak için haberi ve fotoğrafları Bağdat Ekspresi ile tren yoluyla İstanbul'a göndermişti. Bu fotoğraflar, üç gün sonra *Hürriyet*'in ilk sayfasında yayınlandığında, Iraklı yetkililerin öfkesine neden oldu. Saraydaki bahçede verilen bir parti sırasında, dönemin Nuri Said kabinesinde İçişleri Bakanı olan Hüsameddin Cuma, Turalı ile bana yaklaşarak, Zincirkıran'ı tutuklayıp Bağdat'ta hapse atmayı planladığını söyledi. Turalı ile birlikte, bunun, iki ülke arasındaki ilişkilerde gerginliğe yol açacak kötü bir fikir olduğunu anlattık.

Zincirkıran, daha sonra, 1994 yılında basılan *Hürriyet ve Simavi İmparatorluğu* adlı kitabında bu konuda başına gelenleri anlattı. Bağdat'taki otelinin dışında bekleyen iki polis tarafından alıkonarak kötü muamele edilmiş ve komünist ajanı olmakla suçlanmıştı! Ayrıca pasaportuna, uçak biletine ve parasına el konulmuştu. Hoyratça davranışlara maruz kaldıktan sonra, Türk Büyükelçisi Nedim V. İlkin'in araya girmesiyle, gece yarısı serbest bırakılmıştı.

Bağdat Paktı'nın imzalanışı için yapılan kutlamalar sırasında,

Veliaht Prens Abdülillah ile Bağdat'ta birkaç kere karşılaştım. *Yeni Sabah*'ın sahibi Safa Kılıçlıoğlu, törenler için Adnan Menderes tarafından Bağdat'a davet edilmiş ve oraya Menderes'in uçağıyla gitmişti. Ayrıca, törenler sırasında Iraklı liderleri eğlendirmek için başta ünlü yorumcu Münir Nurettin Selçuk olmak üzere, bir grup Türk müzisyen ve şarkıcı da Menderes'le birlikte Bağdat'a götürülmüştü. Genç ve güzel şarkıcı Şükran Özer de onların arasındaydı.

Şükran Özer, kendisinden çok daha yaşlı olan ve İstanbul'da genellikle çekici bayanları kullanarak yaptığı becerikli iş anlaşmaları nedeniyle oldukça iyi tanınan Tütüncü İhsan ile evliydi. Bağdat'taki bir parti sırasında, Veliaht Prens Abdülillah, bu çarpıcı güzellikteki şarkıcıyı fark ederek tanışmak istedi. Özer, bu ilgiyi kibarca reddetse de, Abdüllillah ısrar ederek, genç sanatçı ile birlikte olma fikrini takıntı haline getirdi. Sonunda, iki Iraklı adamını gece gündüz Özer'in peşine takarak taciz etmeye başladığında, Türk yetkililer alarma geçti.

Genç şarkıcı, kaçırılıp Bağdat'ta zevk için bir yerde alıkonulabileceğinden korkuyordu. Bu yüzden, çaresizlik içinde Adnan Menderes'e gitti ve İstanbul'a geri gönderilmesi için gözyaşları içinde yalvardı. Menderes, skandal çıkmasından ve daha çok da Veliaht Prens'i gücendirmekten çekiniyordu. Bağdat Paktı ve Ortadoğu'nun geleceği ile ilgili politikaları tehlikedeydi. Resmi olarak herhangi bir şey yapamayan Menderes, "Bu kadını sessizce buradan götürün," diyerek patronum Kılıçlıoğlu'ndan yardım istedi.

Ve sonunda ben bu işi yerine getirmekle görevlendirildim. Kılıçlıoğlu, hemen bir plan geliştirdi. Ben kıskanç aşık rolüne bürünerek, Abdüllillah'ın iki koruması tarafından izlenmeden, Şükran Özer'i Irak'tan çıkaracaktım. Otelin lobisinde yerleşen korumalar, Türk gazeteciler ile müzisyenlerin kaldıkları katı sık sık kontrol ettiklerinden, bu kolay bir iş değildi.

Özer'i dışarıya çıkarmadan bir gece önce, iki koruma ile kavga çıkarıp, kız arkadaşımı rahat bırakmaları için bağırdım. Kavga sırasında, gazeteci arkadaşım Nuyan Yiğit'le birlikte, Münir Nurettin'in hafifçe aralanmış kapıdan bakıp hemen geri çekildiğini fark ettik; belli ki, olaya karışmaya hiç niyeti yoktu.

Ertesi sabah, o zaman Doğu'nun Paris'i olarak bilinen Beyrut'a erkenden bir uçak kalkıyordu. Şükran Özer'e şafaktan önce kalkmasını ve bavulunu odasında bırakmasını söyledim. Günlük kıyafetlerini giyecek ve yalnızca el çantasını alacaktı. Kimseyi aramadım ve herhangi bir rezervasyon yaptırmadım. Benim geride bıraktığım bavul da Nuyan Yiğit tarafından İstanbul'a getirilecekti. Fakat hâlâ bir sorun vardı. Şükran Özer'in Lübnan vizesi ve vize için gereken fotoğrafı yoktu.

Sabah olduğunda erkenden durumu kontrol ettim. Korumalar, otelin lobisindeki sandalyelerin üzerinde yarı uyur haldeydiler. Koşarak Şükran Özer'in odasına gittim, sonra arka taraftaki servis kapısından geçerek onu otelden çıkardım. Sokak fotoğrafçısı bulana kadar Bağdat sokaklarında yürüdüğümüzü hatırlıyorum. Sonunda birini bulup fotoğrafı çektirdik; her ne kadar o fotoğraf genç şarkıcının çarpıcı güzelliğini ortaya koymasa da, bunun önemi yoktu, işimizi görmüştü. Bir taksiye binerek doğruca Lübnan konsolosluğuna gittik, vizeyi aldık ve uçakla Bağdat'tan ayrıldık. Şükran Özer, Beyrut'a varınca eşini telefonla arayıp kendisine yeni kıyafetler aldı ve sonra da İstanbul'a uçtu. Fakat daha sonraları, bunun hikâyenin sonu olmadığına ilişkin dedikodular duydum. Abdülillah, inatla şarkıcıyı takip etmiş ve ona pahalı hediyeler ve mücevherler göndermişti. Sonunda, Veliaht Prens'in hayatı da, genç Kral ve Nuri Said'in hayatları gibi, Bağdat'taki kanlı devrim sırasında sona erdi ve Menderes'in İslami Birlik hayali ile Bağdat Paktı böylelikle yok oldu.

Kral II. Faysal ve amcası Abdülillah, İstanbul'a beklendikleri bir sırada, Yeşilköy Havaalanı'nda Iraklı misafirleri karşılamak için hazırlıklar yapmakla meşgul olan Adnan Menderes ve diğer yetkililer, Bağdat'ta solcu bir Pan-Arap devrimine ilişkin şok edici bir haberle sarsıldılar. Darbe lideri Tümgeneral Abdülkerim Kasım ve Yüzbaşı Abdülselam Arif, emirlerindeki kuvvetlerle Bağdat'ı ele geçirmişlerdi.. Bu, Bağdat Paktı'nı ortadan kaldırmayı amaçlayan, Nasır ve Sovyet yanlısı bir darbeydi.

Değirmi çehreli, orta boylu Adnan Menderes'in özenle taranmış koyu siyah saçları ve siyah kaşları vardı. Koyu renk takım elbisesi, beyaz gömleği ve ona uygun kravatını bağlamış bir halde otururken, Bağdat'taki ayaklanmayla ilgili ilk haberleri duyunca neredeyse kendinden geçti. Yüzünün morardığını ve yumruklarını sıktığını gördüm. Bağdat'ta meydana gelen bir solcu devrimin başarılı olması durumunda, Bağdat Paktı'nı yok edip, çok değişken bir yapısı olan bölgede kurmayı hayal ettiği liderliği sona erdireceğini biliyordu. Bu yüzden, genç Kral'ı ve krallığını kurtarmak için Irak'ı Türk silahlı kuvvetleriyle işgal etmeyi istedi, fakat kendi adamları tarafından böyle bir maceraya atılmaması tavsiye edildi. Zaten, devrimi doğrulayan her yeni haber geldikçe, Kral'ı ve krallığını korumak için çok geç olduğu anlaşılıyordu. Irak rejimi devrilmişti.

Ardından, Tümgeneral Kasım, Irak monarşisinin düştüğünü açıklayarak Irak Cumhuriyeti'ni ilan etti. Bunun üzerine, genç Kral ve Veliaht Prens, kraliyet ailesinin diğer üyeleriyle birlikte öldürüldü. Nuri Paşa, bir çete tarafından katledildi. Irak'tan gelen haberlere göre, bu kişilerin cesetleri arabalara bağlanarak Bağdat sokaklarında sürüklenmiş ve vücutlarından kopan parçalar, köpeklere yem olarak atılmıştı.

14 Temmuz 1958 günü, iki hanedanlık arasındaki birlikteliğin ve Menderes'in büyük bir ittifakın başını çekme hayalinin sona erdiği ortaya çıktı. Irak'taki sol rejim, bir yıl sonra, 1959'da, (daha sonraları Merkezi Antlaşma Örgütü CENTO olarak bilinen) Bağdat Paktı'ndan çekildi. Türkiye, Pakistan, İran, Irak ve İngiltere arasında kurulan ve Amerika Birleşik Devletleri'nin gözlemci üye olarak destek verdiği bu ittifakın, Sovyetler Birliği tehlikesine karşı NATO dışında bir güvenlik zinciri oluşturması amaçlanıyordu. Fakat bu ittifak, 1979 yılında İran ve Pakistan'ın ayrılmasıyla son buldu.

Kral II. Faysal'ın öldürülmesi, Zehra Hanzade'nin ailesinde büyük acıya ve hayal kırıklığına neden oldu. Fazıla, bu olaydan yedi yıl sonra, eski başbakanlardan ve Türkiye'nin Londra büyükelçilerinden Suat Hayri Ürgüplü'nün oğlu Hayri Ürgüplü ile evlendi. İki oğlu olan Fazıla, daha sonra 1980 yılında İstanbul'da Hayri Ürgüplü'den boşanarak Fransa'ya döndü ve böylece modern bir peri masalı da şaşırtıcı bir biçimde sona erdi. Hanzade, 19 Mart 1998'de Paris'te yaşama veda etti.

Irak'taki darbe, Adnan Menderes'in iki yıl sonra Kral Faysal'a benzer bir şekilde acımasızca sona eren kaderini önceden göstermişti. Tarikatları yeniden ortaya çıkaran dini hareketlenme için siyasal oyunlar gerçekleştiren Menderes, aynı zamanda kendi çöküşünde de önemli bir rol oynadı.

Bu trajik olaya geçmeden önce, yakın dönem Türk tarihinde Müslüman Kardeşler'in ve solcu Kürt eylemlerinde oynadıkları rollere bakmak ayrıca önem taşıyor.

Müslüman Kardeşler ve Eski Tasavvuf Bilginleri

Eceli gelen köpek cami duvarına siyer.

Atasözü

𝓑ugünkü İslami hareketin kökeni, Müslüman Kardeşler ya da *İhvan-ı Müslimin* örgütüne dayanır. Batı karşıtı ve fanatik İslam eğilimli bu örgüt, Hasan el-Benna tarafından 1920'lerde Mısır'da kuruldu. Kral Hüseyin'in büyükbabası olan Ürdün Kralı Abdullah, İsrail'le ateşkes üzerinde anlaştığı için, 1951 yılında Müslüman Kardeşler tarafından öldürüldü. Bu örgüt, Arap ülkelerinde oldukça güçlüdür ve laik devlet sistemini kurabilmiş tek İslam ülkesi olan Türkiye'ye de sızmış durumdadır. Hamas'ın (Islamic Resistance Movement-İslami Direniş Hareketi) kurucuları, Müslüman Kardeşler'in takipçileridir. Hamas'ın militan kanadı, *El Kassam Tugayları*, İsrail'deki birçok kanlı saldırının sorumlusudur.

Müslüman Kardeşler, Suriye'de, Alevi bir aileden gelen Hafız Esad rejimi ile kötü bir deneyim yaşadı. Farklı görüşlere sahip azınlıktaki bazı Şii Müslümanlarının oluşturduğu Alevilik mezhebinden olanlar, Basra'da bin yıl önce yaşayan Muhammed ibn Nushayr an-Amiri'nin öğretilerini takip ederler. Geçmişte kırmızı başlık taktıkları için Alevilere Türkiye'de *kızılbaş* denir. Türklerin çoğunluğu ise, Sünni Müslümanlardır.

Suriye'deki Alevi azınlık ile Sünni çoğunluk arasındaki dini farklılıklar, Irak'taki Sünniler ile Şiiler arasındaki farklar gibi çatışmaya neden olarak, bu gruplar arasında bölünmeye yol açmaktadır. Diğer ülkelere karşı yapılan terör hareketlerini destekleyen Suriye eski Devlet Başkanı Hafız Esad, teröristlerin Suriye topraklarında yaşayıp eğitilmelerine izin verdi, fakat buna karşın, ülke içindeki Sünnilerin muhalefetine karşı insafsızca davrandı. Müslüman Kardeşler, Esad rejimine karşı 1980'de Aleppo, 1982'de Hama kentlerinde Sünni ayaklanmalar gerçekleştirdi. Fakat Suriye askerleri, ayaklanmanın liderlerini ve Müslüman Kardeşler Örgütü'nün binlerce üyesini acımasız bir şekilde öldürdü. Bu isyana katılan Müslüman Kardeşler yanlıları, aynı zamanda Kadiri tarikatının kurucusu Abdülkadir Geylani'nin takipçileriydi.

Daha önceleri Marvan Hadid tarafından kurulan At Tali'a al Muqatila (Savaşçı Öncüler) örgütü altında bir araya gelen Müslüman Kardeşler'in ilk Suriyeli üyeleri, yüzlerce güvenlik mensubu ile hükümet görevlisini ve ayrıca yirmi kadar Sovyet danışmanı öldürmüştü.

Tasavvuf, tarih boyunca İslam kültürünü ve tarikatları yaymada yardımcı olmuştur. Genel kabul gören mutasavvıflara göre, şeriatın gereklerini yerine getirmek kaçınılmazdır. Anadolu'daki tasavvufun kökeninde, eski tasavvuf bilginlerinin edebi etkileri, özellikle mistik sevgi şiirleri oldukça önemli yer tutar. Büyük tasavvuf şairi Yunus Emre (1240-1321), Mevlâna Celalettin Rumi'nin mistik felsefesini mısralarıyla güzel bir şekilde dile getirmiş, ilahi aşka ve insanın yazgısına ilişkin duygusal şiirler yazmıştır.

Bütün insanların eşit olduğuna inanan Anadolulu bir hümanist ve şair olan Yunus Emre'nin eserlerinin çoğu, *Yunus Emre Divanı*'nda toplanmıştır. UNESCO, 1991 yılını, şairin 750. doğum yılı anısına "Uluslararası Yunus Emre Yılı" olarak ilan ederek kutlamıştır. Yunus Emre bir şiirinde şöyle der:

İlim ilim bilmektir, ilim kendin bilmektir
Sen kendini bilmezsen ya nice okumaktır

Bir başka şiiri ise şöyledir:

Biz kimseye kin tutmayız
Kamu alem birdir bize

Batılıların kullandığı ve bir insanın sahip olduğu malı ve mülkü ölürken beraberinde götüremeyeceğini anlatan, "You can't take it with you" şeklindeki deyim, Yunus'un şiirinde ifadesini şöyle bulur:

Mal sahibi mülk sahibi
Hani bunun ilk sahibi

Yunus Emre aşk hakkında şu dizeleri yazmıştır:

Biz sevdik, âşık olduk
Sevildik, maşuk olduk

Ölüm hakkında ise şöyle der:

Vaktinize hazır olun
Ecel vardır, gelir bir gün

Yunus Emre'ye yol gösteren Mevlâna Celalettin Rumi, 30 Eylül 1207'de bugün Afganistan'ın sınırları içinde olan Belh şehrinde doğdu. Moğol işgalcilerden kaçan ailesi Orta Anadolu'da Konya'ya göç etmişti. Burada derviş cemaatinin şeyhi olan Mevlâna, en büyük tasavvuf bilgini ve şairidir. Ölümsüz eseri *Mesnevi* destansı bir öğretidir; uyaklı beyitler halindeki ruhani şiirlerden oluşan bu eser, Müslüman mistik edebiyatını çok büyük ölçüde etkilemiştir.

Semazenler olarak da tanınan Mevlevi tarikatı, Mevlâna'nın müritleri tarafından kurulmuştur. Semazenler ney eşliğinde ibadetlerini gerçekleştirirler. Neyi çalan ney ustasına neyzen adı verilir. Neyzen Tevfik, benim çocukluk yıllarımda bu ney ustalarının en büyüğüydü.

Mevlâna'nın şiirlerinde yer alan ve yüzyıllar sonra bugün bile geçerli olan sözleri çok önemlidir. Mevlâna, dünyanın bugünlerde karşılaşmış olduğu Uygarlıklar Çatışması ile ilgili sorunların çözümü için ne güzel yol gösteriyor:

Gel gel ne olursan ol yine gel
İster kafir ister Mecusi (Zerdüşti), ister haça tapan ol, yine gel

Bizim dergâhımız ümitsizlik dergâhı değil
Yüz kere tövbeni bozmuş isen de yine gel

Yine Mevlâna, âlemin nasıl değiştiğini anlatmak için der ki:

Dünle beraber gitti cancağızım
Ne kadar söz varsa düne ait
Şimdi yeni şeyler söylemek lazım

Mevlâna, neyin ve değirmenden akan suyun çıkardığı kederli nağmelerin yarattığı huşu içinde, *Rubaiyat* adlı eseri yaratmıştır. Bu ünlü tasavvuf bilgininin şiiri, Şemseddin Tebrizi adlı bir yoldaşa duyduğu sevgiyi yansıtır. Mevlâna Celalettin Rumi, onun hakkında, daha önceleri Tanrı olarak düşündüğünü bugün bir insanda bulduğunu söylemiştir.

Bu ünlü tasavvuf bilgininin Konya'da bulunan türbesi, günümüzde bir müzedir. Eserlerinden de anlaşıldığı gibi, ilk dönem tasavvufçular, köktendinci değil, hümanisttir.

Yalnızca ruhani bakımdan gelişim, evrensel birlik ve insan sevgisi arayan tasavvuf dervişleri, açgözlülüğü, boşanmayı ve çokeşliliği reddeder. *Hırka*, onların sembolik olarak sahip oldukları tek şeyi temsil etmektedir. Dervişler, basit ve gösterişsiz bir hayat süren yoksul insanlardır.

Yedi yüz yıl önce Anadolu'da *Bektaşi* tarikatını kuran Hacı Bektaş-ı Veli, "Ara ve hakikati bul" demiştir. Sufiler için gerçek anlamına gelen *Hakika*, Kamil İnsan olabilme yolunda geçilecek üç temelden ya da kapıdan biridir. (Diğer ikisi şeriat ve tarikattır.)[*]
Arapça'da *hakikat* anlamına gelen sözcüğün yanlış yorumlanışının, Hallacı Mansur olarak bilinen tasavvuf bilgini Hüseyin ibn Mansur Hallac'ın katledilişine neden oluşu, bugün bile hatırlanmaktadır. Hallacı Mansur'un dedesi Zerdüşt dinine inanıyordu,

---

(*) Bektaşi tarikatında ise, geçilecek dört kapıdan söz edilmektedir: Şeriat, tarikat, hakikat ve marifet (ç.n.).

babası ise dinini değiştirerek İslam'ı seçmişti. Hallac, bin yıldan fazla bir zaman önce Bağdat'ta, Enel Hak "Hak veya Hakikat benim" dediğinde, Arapça'daki bu ifade, "Ben Tanrı'yım" olarak yorumlanmış ve bu da Hallaç'ın kafir olduğu gerekçesiyle suçlanmasına neden olmuştur.

Türkiye'de tarikatlar, laik reform yılları sırasında yasaklanarak, İslami hareketin yeniden ortaya çıkışına kadar kapalı tutulmuştur.

Yapılan laik reformlara karşın, İslami tarikatlar bugün Türkiye'de yeniden yaygın bir şekilde ortaya çıkmış durumdadır. Müslüman Kardeşler, Suudi Arabistan ve İran'daki diğer İslami hareketlerle birlikte, Türkiye'de gerici ideolojileri yaymıştır. Bu İslami tarikatların bir kısmının bazı garip âdetleri vardır. Örneğin Şafiler'e göre, köpek mekruhken (iğrenç, tiksindirici), Malikiler'e göre temizdir. Bunlar içinde en açık görüşlüleri olan Melami ve Bektaşi tarikatlarının üyeleri, gerici İslam'a karşıdır. Melami tarikatına göre, aşırı Müslümanlık taslayarak, cennet mekânlığını tekelinde tutar görünmek de günah sayılır.

1953 yılının Mayıs ayında bir görev nedeniyle Bağdat'ta bulunduğum sırada, Kemal Deniz adlı bir Türk üniversite öğrenciyle tanıştım. Deniz, İlhan Turalı ve beni, Müslüman Kardeşler'in liderleriyle buluşturmayı önerdi. Bu öneri iki nedenle ilgimizi cezbetmişti. Birincisi, Müslüman Kardeşler'in Türkiye ile ilgili planlarını öğrenmek istiyorduk; ikinci neden de, *Vatan* gazetesinin laik yazarı Ahmet Emin Yalman'a, 22 Kasım 1952'de Malatya'ya yaptığı bir ziyaret sırasında altı kez ateş edilmiş olmasıydı.

Daha sonraları İstanbul'un İslamcı gazetelerinden *Vakit*'te köşe yazarı olan bir lise öğrencisi, bu suikast girişimi nedeniyle suçlanmış ve on yıl hapse mahkûm olmuştu. Yalman'ın vurulmasının arkasında Müslüman Kardeşler'in olduğu yolunda haberler çıkmıştı ve bu yüzden bu esrarı da çözmek istiyorduk.

Sonuç olarak öneriyi kabul ettik ve Kemal Deniz bizi, Müslüman Kardeşler'in liderleri Mahmut Es Saffaf ve Abdurrahman Hıdır'la Bağdat'ta buluşturdu. O dönemde bu örgüt, Türkiye'de açıkça operasyon yapamıyor, fakat üyeleri yeraltında gizli olarak faaliyette bulunuyordu.

Mahmut Es Saffaf ve Abdurrahman Hıdır'ın bizimle ilgili bazı planları vardı. Türk gazetelerinde onların etkinliklerini öven dizi yazılar yazmamız için, örgütlerinden etkilenmemizi sağlamaya çalışıyorlardı. Bu amaçla, bizi arabayla Suriye ve Ürdün'e götürmeyi teklif ettiler, biz de kabul ettik.

Onlarla olan ilişkimizde rahat değildik, çünkü köktendinci İslamcılar olarak Kuran'ın katı kurallarına uyarak yaşıyor ve bizim de onlar gibi davranmamızı bekliyorlardı. Müslüman Kardeşler, laikliği tamamıyla reddederek, Kuran'a geri dönüşü talep ediyorlar ve Türkiye'deki Kemalistleri ve laik gelenekleri, Türklerin İslam dünyasından kopuşu olarak değerlendiriyorlardı. Onlara göre, Türkiye'deki laiklik lanetlenecek bir şey, Türkiye Cumhuriyeti de kafir bir devletti. Bu yüzden, Türkleri İslami cepheye geri döndürecek her şeyin yasal olacağına inanıyorlardı. Bizlerse laik olarak yetiştirildiğimiz ve bu yönde görüşlere sahip olduğumuzdan, daha seyahatin başında onlarla sorun yaşamaya başladık. Ahmet Emin Yalman'ın vurulmasından söz eden Mahmut Es Sarraf, "Türkler artık Müslüman değildir," iddiasında bulundu ve bu söylediğinin doğruluğunu kanıtlamak için, bizi Suriye Çölü'nde İslami geleneklere uygun olarak ibadet etmeye zorladı.

Seyahatimizin bu tehlikeli kısmında, Suriye Çölü'nün ortasındaki küçük, pis bir konaklama yerinde mola vermiştik. Bir kum fırtınasının öğle yemeğimizi berbat etmesinden kısa bir süre önce, örgüt lideri, benim öğle namazına önderlik etmemi önerdi.

Laik bir eğitim almakla birlikte, İslam dininin âdetlerinden tamamen habersiz değildim. Anadolu'nun kırsal kesiminde, İslam'ın günlük uygulamalarını gözlemlemeden yetişmek olanaksızdı. Fakat imam gibi namaza önderlik etmek, benim kapasitemin dışındaydı. İçinde bulunduğumuz durumun oldukça eğlenceli olduğunu düşünen Turalı, benim duyduğum endişe karşısında gülmekten katılıyordu. Namaza durmaya hazırlanırken, Turalı'nın kulağına, "Burada öldürülmemizi mi istiyorsun?" diye fısıldadım.

Bu söz onu bir anda dondurdu. Durumun ancak sona erdikten sonra gülebildiğim komik bir tarafı da vardı. Bu olay bana, Osmanlı döneminin büyük hiciv ustası Nasrettin Hoca'yı ve onun tehlikeli bir çölü geçiş hikâyesini anımsattı. Hoca, bir keresinde çölde kana susamış bir göçmen kabilesiyle karşılaşır. Daha sonra bu hikâyeyi kalabalık bir gruba anlattığı sırada, birisi sorar: "Onlarla karşılaşınca ne yaptın Molla Efendi?" Hoca cevap verir: "Kabiledekileri koşturdum!" Bunu nasıl yaptığı sorulunca da şöyle cevaplar: "Ben koşmak zorundaydım, onlar da arkamdan beni kovaladılar."

Bizim çölde kaçabileceğimiz bir yer yoktu ama bana yapılan teklifen kurtulabilmem için makul bir gerekçe vardı. Abdurrahman Hıdır'a döndüm ve "Bu seyahatin lideri sizsiniz, bu nedenle ibadet sırasında bize liderlik etmek de size düşer," dedim. Teklifi reddetmem ev sahiplerimizde kötü bir izlenim yaratarak, ortamın biraz daha gerilmesine neden olmuştu.

Dinlendiğimiz yerde su olmadığından, namazdan önce yüz, el, kol ve ayak yıkama şartını yerine getiremedik. Ev sahiplerimiz, çöl kumunun temiz olduğunu ve su yerine kullanılabileceğini, bunun dini ibadet için ender bulunabilen bir madde yerine geçtiğini söylediler. Arapça'da elleri kumla ovalayarak temizlemeye *teyemmüm* denir. Bizim yaptığımız da buydu. Daha sonra imamlık görevini üstlenen Hıdır'ın arkasında sıralanarak namaz kıldık. Hıdır'ın Allah'ın büyüklüğünü dile getiren Arapça ilahileri çölün sessizliğini bozarken, başımızı eğdik, diz çöktük ve alnımızla sıcak kuma dokunduk. Çölde kıldığımız bu namaz, hâlâ çok canlı bir şekilde hatırladığım sıra dışı bir deneyimdi.

O zamanlar Ürdün idaresi altında olan Kudüs'te Müslüman Kardeşler'in diğer üyeleriyle tanıştıktan sonra, Kubbet-üs Sahra'ya ve İslam'ın diğer mukaddes yerlerinin birçoğuna gittik. Kudüs, başka dinler için de kutsal bir kent olduğundan, o dinlere ait yerleri de görmek istedik Bu isteğimiz ev sahiplerimiz tarafından hoş karşılanmasa da, biz istediğimizi yaptık.

Amman'da, Müslüman Kardeşler'in Ürdün'ün kurucusu Kral Abdullah ibn Hüseyin'i öldüren Filistinli milliyetçi üyesi ile tanıştık. Bu suikast yapıldığında, Kral ve on beş yaşındaki torunu Hüseyin ibn Tallal, Kudüs'teki El Aksa Camisi'nin merdivenlerinde duruyorlardı. Kral Abdullah bu suikastte yaşamını kaybederken, torunu Hüseyin ibn Tallal, kurşunun göğsündeki madalyona çarparak sekmesi sonucu ölümden kurtuldu ve daha sonraları Ürdün Kralı oldu. Müslüman Kardeşler, bu olaydan gurur duyuyorlardı; çünkü onlara göre, Kral Abdullah'ın İsrail ile yaptığı ateşkes Arap davasına ihanetti.

Nihayet, Müslüman Kardeşler'in kendi davaları ve işledikleri cinayetlerle ilgili haklılıkları üzerine yeterince vaaz dinledikten sonra, onların hazırladıkları programa tümüyle uymaya karşı çıktık. Mahmut Es Saffaf ve Abdurrahman Hıdır, bizim gözümüzü korkutmak için silah taşıdıkları için üzgünlerdi. Şam'a dönüşümüzden kısa bir süre sonra, Beyrut'a gitmek üzere sessizce ayrıldık.

Müslüman Kardeşler'in Türkiye ve Türk Silahlı Kuvvetleri'yle ilgili belli planları olduğunu öğrenmiştik. Amaçları, Türk basınında faydalı olabilecek Müslüman Kardeşler yanlısı bir destek yaratmak ve böylelikle Türk kamuoyunu kendi davalarının haklılığı konusunda pozitif bir yönde etkilemek ve esas olarak da, Türk ordusunun Arap-İsrail çatışmasına doğrudan katılımı için kapı aralamaktı.

Müslüman Kardeşler, bize karşı yönelttikleri sözlü saldırının, bizi onların davasına çekeceğini ve böylece diğer Müslüman ülkeler için yıkıcı bir model olarak gördükleri laik Türkiye'de, onların gerici hareketini yaymalarını destekleyeceğimizi umuyorlardı. Tabii ki, ayrıca, Türkiye'nin İsrail devleti ile yakın ilişkiler kurmasına da tamamen karşıydılar.

Onları hayal kırıklığına uğrattık ve ne Turalı ne de ben Müslüman Kardeşler'in liderleri ile yaptığımız seyahat hakkında tek bir satır yazdık. Bu hassas konuyla başa çıkmak için daha iyi bir yol bulmuştuk. Turalı'nın patronu, *Son Posta* gazetesinin sahibi Selim Ragıp Emeç, Demokrat Parti'den milletvekiliydi ve o dönemde Cumhurbaşkanı olan Celal Bayar'a yakındı. Onun önerisi üzerine, özel bir rapor yazdık. Emeç, bu raporu doğrudan Cumhurbaşkanı'na ileterek, onu Müslüman Kardeşler'in planları hakkında uyardı.

Bunun üzerine, Celal Bayar'ın, Türkiye'nin laik gelenekleri sağlam bir şekilde kurulduğu için Müslüman Kardeşler'den gelecek bir tehlike olmadığını belirttiğini öğrendik. O dönemde, çoğu kişi, Türkiye'nin laik devlet sisteminin, modern devrimlerinin ve Kemalizm'in Araplar ve İran'daki İslamcı gericiler tarafından düşman olarak görüldüğünün ve bu grupların aşırı fikirleriyle Türkiye'ye sızarak ne pahasına olursa olsun ülkenin laik yapısını yok etmeye azmettiklerinin farkında değildi. Fakat İslami hareketin Türkiye'de güçlü bir şekilde canlanışı, bu gerici sızmanın başarıldığını kanıtlıyor. Yine de, Celal Bayar birkaç ay sonra bizim raporumuzu kullanarak, Müslüman Kardeşler'i köktendinci fikirlerini yayma girişimi nedeniyle eleştirmişti.

Kırk yıldan fazla bir süre sonra, Türkiye ile İsrail ilişkilerinde meydana gelen beklenmedik bir siyasi ve askeri değişiklik, bütün Arapları ve İranlıları müthiş kızdırdı. Bu değişikliğe, kısmen Suriye diktatörü Hafız Esad'ın Güneydoğu Anadolu'da PKK'nın Marksist-Leninist Kürt eylemlerine verdiği destek neden olmuştu. Türk hükümeti, 1996 yılının Şubat ayında, İsrail ile beş yıllık askeri işbirliği anlaşması imzaladığında, Arap ülkeleri ve İran alarma geçti.

Türk gazetelerindeki haberlere göre, İsrail Başbakanı Ehud Barak, 1999 yılının Ekim ayında Türkiye'yi ziyaret ettiği sırada, İran'ın devlet radyosu bu ziyareti lanetlemiş ve "Türkiye'nin Müslüman halkının yara aldığını" iddia etmiştir. İran gazetesi *Cumhuri İslami* (İslam Cumhuriyeti)'de, Türkiye'nin İsrail ile "şer bir ittifak" kurduğunu yazmıştı. Türkiye'deki köktendinci İslamcılar da, Araplar ve İranlılar gibi, bu anlaşmayı Türkiye'deki İslami harekete ihanet olarak değerlendirdi.

Buna karşın, Türkiye'deki güçlü laik generaller, anlaşmayı kararlılıkla tatbik ediyorlar.

Türkiye'nin İsrail ile dostluğu ve yapılan askeri anlaşma, Suriye için aşırı derecede rahatsız ediciydi. Ve bunun sonucu olarak, Suriye'nin güçlü adamı Hafız Esad, ölümünden kısa bir süre önce, Güneydoğu Anadolu'daki Kürt eylemlerine arka planında rol alarak Türklerle çok riskli bir poker oyunu oynamaya kalkıştı.

PKK Eylemleri ve Su

> *Su uyur, düşman uyumaz.*
> Atasözü

Hafız Esad'ın Suriyesi'nde insanlar, rejim hakkında kötü konuşurken başkaları tarafından duyulmaktan korkardı. Bir gün Şam'da, postanede çalışan bir görevli, kulağıma doğru yaklaşarak, "Osmanlı İmparatorluğu'nun yönetimi altında daha mutluyduk," deme cesaretini göstermişti. Ülkede yaygın olarak uygulanan baskıdan söz eden posta görevlisi, Esad ailesinin Baas Partisi (Alevilerin egemenliğindeki askeri sistem) aracılığıyla uyguladığı otoriter yönetim ve Sünni halk çoğunluğu arasındaki bölünmeden söz ediyordu. Hafız Esad 2000 yılının Haziran ayında ölmeden önce, herkes, Aleviler tarafından kontrol edilen bu acımasız diktatörlük sisteminin, Esad'ın varlığını sürdürmesini sağlayıp sağlamayacağını soruyordu. Suriye'nin bu güçlü lideri, kendisinden sonra oğlu Beşar Esad'ın devlet başkanı olmasını düşünüyordu.

Suriye Hafız Esad'ın diktatörlük yönetimi sırasında Kemalist reformlara benzer reformlara ihtiyaç duysa da, Esad reformcu bir devlet adamı değildi. Bununla birlikte, onun ölümünden beri de Suriye'de hiçbir şey değişmedi. Çok uzun zaman önce değil, daha 8 Mart 2004 tarihinde, Şam'daki parlamento binasında bulunan polis gücü, yirmi kadar insan hakları eylemcisine dağılmalarını emrederek, taşıdıkları "Düşünce Mahkûmlarına Özgürlük" yazan pankartı yırttı.

Suriye, her zaman, 1940'larda başlayan bir dizi askeri darbe ile devrilen hükümetleriyle gündeme geldi. 1958'de Baas Partisi, Cemal Abdül Nasır yönetimindeki Mısır'la bir araya gelerek, Birleşik Arap Cumhuriyeti'ni oluşturmayı kabul etmişti. Cemal Abdül Nasır, bu Sovyet yanlısı birliğin cumhurbaşkanı olmuştu, fakat Mısırlıların Suriyelilere ikinci sınıf muamelesi yapması, Suriye halkında hayal kırıklığı yarattı. Bundan üç yıl sonra, 1961 yılının Eylül ayında, Suriye ordusundaki albaylar tarafından yapılan bir askeri darbe ile, Suriye, bağımsız bir devlet olarak yeniden kuruldu.

Şam'da şaşırtıcı bir olaya yakından tanık oldum. Her zaman bir askeri darbe yapılabileceğini bilen kurnaz Suriye Devlet Başkanı, böyle bir duruma karşı zekice hazırlanarak, Şam'daki evinin en üst katında kendisi yaşarken, ilk katını Türk Büyükelçiliği'ne kiralamıştı. Ve sonunda kaçınılmaz olan gerçekleşti. Darbe yapıldığını haber aldığında, kendisini tutuklamak üzere ordu görevlilerinin her an gelebileceği bir sırada, aşağı kata inerek sığınma talebinde bulundu.

O dönemde Şam'daki Türk Büyükelçisi İsmail Soysal'dı. Onun yardımıyla, devrik Devlet Başkanı ile buluşmuş ama onu konuşturmayı başaramamıştım. Fakat isyancılar büyükelçilik binasına taşlarla saldırdığı sırada, fotoğrafının çekilmesini ve televizyona çıkmayı kabul etti. Benimle birlikte orada bulunan fotoğrafçı arkadaşım, *Kova* ve *Deve* şeklinde iki alışılmadık takma isme sahip olan, Rüçhan Arıkan'dı. Arıkan, aynı zamanda haber kameramanı olarak NBC için de çalışıyordu. İri bedeni ve omzunda taşıdığı ağır televizyon kamerasıyla, hızla hareket eden isyancıları görüntülemeye çalışırken, bir deve gibi koşabiliyordu. Ayrıca, tehlikeli görevlerden yara almadan çıkmayı başardığı için de çok şanslıydı.

Devrik Devlet Başkanı ile yaptığımız özel görüşmeden sonra, fotoğraf filmini Türkiye'ye göndermekte zorlanmıştık. Şam havaalanı bütün uçuşlara kapatıldığından, haberi ve fotoğrafları Beyrut'a arabayla götürmeye ve oradan da uçakla İstanbul'a göndermeye karar verdim. Arıkan'dan *Hürriyet* için çektiği henüz banyo edilmemiş filmleri ve NBC haberlerine gidecek kaseti aldım ve hepsini yağmurluğumun ceplerine yerleştirdim. Diğer yabancı muhabirlerin ve televizyon kameramanlarının Beyrut'ta çalıştıkları şirketlere teslim edilecek malzemeler de bana yüklendi. Bazıları Amerikan televizyon şirketlerine gönderilecek bu malzemeler çok fazla olduğundan onları bavuluma yerleştirdim.

Suriye-Lübnan sınırına vardığımda, Suriyeli bir yüzbaşı, bavulum aranmadan ülkeden ayrılmama karşı çıktı. Arama sonucunda kaset ve filmleri bulduğunda ise, histerik bir şekilde, "filmler" anlamına gelen "El flum, el flum" diye bağırmaya başladı. Bunun üzerine, beni alıkoydu, ama ne yapacağını da bilmiyordu. Daha yüksek kademede bir yetkiliden talimat almak için Şam'ı aradı. Sonunda, tekrar tekrar yapılan telefon görüşmeleri ve birtakım Arapça bağrışmalardan sonra, bavulumdaki malzemeler olmadan Lübnan'a gidebileceğim söylendi. Çok fazla olmasa da, bildiğim kadar Arapça'yı kullanarak yüksek sesle olayı protesto ettim ve yüzbaşının filmlere el koymaya yasal olarak hakkı olmadığını söyledim. Arapça konuşmalarım genellikle kapalı kapıları açardı ama bu defa işe yaramamıştı.

Böylece yağmurluğumun cebinde duran malzemelerle oradan ayrıldım; Suriyeliler, üzerimi aramayı unutmuşlardı. Bu şekilde, NBC haberleri ve o dönemde çalıştığım *Hürriyet* gazetesi, tüm dünyayı atlatarak bu konudaki haberleri yayınlayabilmişti.

Sigara reklamıyla ünlenen Joe Camel karakterine benzeyen Rüçhan Arıkan, tuhafiye dükkânlarına çok düşkündü. Evi için Beyrut'tan saf altından yapılma çatal bıçak takımı ve kahve içmek için minyatür bir kap almıştı. İstanbul'a dönüşümüzde, kauçuktan yapılma ve üzerine oturulduğunda kaba bir ses çıkaran yastığı saf görünüşlü muhabirlerin üzerinde denedi. Bu yastık, onun garip ve kaba şakalar repertuvarının önemli bir parçası haline gelmişti.

Suriye-Lübnan sınırında başıma gelenleri duyan Şam'daki yabancı basın mensupları, filmlerine el konulması nedeniyle hayal kırıklığına uğramışlardı. O günlerde, bu gibi durumlar, muhabirlerin sorunlu bölgelerden malzemelerini gönderirken karşılaştıkları normal risklerdi. Uzaydaki uydulardan sinyal alıp sinyal gönderebilen uydu telefonlarımız, bilgisayarlarımız, elektronik postalarımız ve faks cihazlarımız yoktu. Son dönemde ortaya çıkan bütün bu keşifler, gazetecilik mesleğini önemli ölçüde değiştirdi.

Güneydoğu Anadolu'daki ayrılıkçı Kürt hareketini destekleyen Suriye, 1998 yılına kadar Türkiye için büyük bir sorun oluşturdu. Kürt eylemleri, 1984 yılından sonra, az sayıda destekçisi olan küçük bir isyan olmaktan çıkıp yıkıcı bir savaşa dönüştü. Yunan hükümetleri gibi, Hafız Esad da, PKK olarak bilinen Kürdistan İşçi Partisi'nin (Partiya Karkeran Kurdistan) militanları için silah, eğitim ve barınak sağladı.

Bu terörist örgütün üyeleri, Türkiye'de düzenli olarak baskınlar yapıp cinayetler işledikten sonra Irak topraklarına geçtiler. PKK lideri Abdullah Öcalan, Suriye'nin başkenti Şam'da rahatça yaşamını sürdürüp, buradan, Türkiye'deki suikast, cinayet ve terör eylemlerini gerçekleştiren vahşi militanların operasyonlarını yönetmiştir. Öcalan başlangıçta, Sovyetler Birliği tarafından desteklenirken, daha sonraları Yunanistan, Ermenistan, İran ve Suriye tarafından da desteklenmeye başlandı. PKK militanları, uzun yıllar boyunca Suriye'nin kontrolündeki Bekaa Vadisi'nde eğitildiler ve buradan Türkiye'ye sızarak, köylere ve karakollara baskınlar düzenlediler ve terörü yaydılar.

Hafız Esad'ın Güneydoğu Anadolu'da Kürt devleti kurmayı amaçlayan Marksist Kürt militanları desteklemesinin ana nedeni, daha büyük bir Suriye için su kaynaklarını kontrol edebilmekti, ki bu da Esad'ın diğer büyük hedefiydi.

Doğu Anadolu'daki dağlar, Suriye'ye doğru akan Fırat ve Dicle adlı iki büyük nehire karışan kolların kaynağıdır. Türkiye'nin kuzeydoğusundan doğarak, Güneydoğu Anadolu'dan geçen ve sonra da Suriye'ye akan Fırat Nehri, toplam 2800 km uzunluğundadır. Bu nehir, Dicle Nehri ile birleşerek Basra Körfezi'ne dökülen Şatül Arab su yolunu oluşturmadan önce, Irak'ın ovalarını geçer. Mezopotomya'nın büyük uygarlıkları, tarihte Bereket Hilali (the Fertile Crescent) olarak bilinen bölgede Fırat ve Dicle nehirleri etrafında gelişmişlerdir.

Türkiye'de Fırat ve Dicle'nin gücünden yararlanmak için geliştirilen Güneydoğu Anadolu Projesi ile bir dizi baraj inşa edilmektedir. Bu projenin çok yüksek rakamlara ulaşan maliyeti (32 milyar dolar) nedeniyle, 2003 yılında bile ancak yarısı tamamlanabilmişti. 22 baraj ve 19 hidroelektrik santralini kapsayan dev proje, bu yoksul bölgeyi verimli hale getirip ekonomik açıdan canlandırmayı amaçlamaktadır. Projenin kapsadığı bölgede yaşayan halkın çoğunluğu Kürt kökenlidir. Kürt isyancılarla savaşmak için harcanan paralarla birlikte bu proje için yapılan masraflar, Türkiye'nin ulusal bütçesinde sarsıntıya yol açmış ve ülkede enflasyon oranının yükselmesinde baş etken olmuştur.

Suriye ve Irak, Türkiye'nin aşağıya doğru akan suyun yönünün değişmezliği yönünde verdiği garantiye karşın, yıllardır Türkiye'nin suyun yolunu değiştirme planları yaptığından yakınmaktadır. PKK militanları, 1980'lerde ve 90'larda, GAP projesine bazı saldırılar düzenleyerek mühendisleri öldürmüştür. Bu saldırıların, Hafız Esad adına yapıldığına inanılmaktadır. Fakat Hafız Esad'ın bu konudaki planları, 1990'ların sonlarında Türk ordusu üstünlük sağlayıp isyanı bastırdığında suya düştü.

Türk yetkililerine göre, 1987'de 11 Doğu ve Güneydoğu ilinde olağanüstü hal ilan edildiğinden bu yana 24.000 ayrılıkçı Kürt ölmüştür. Diğer kayıplar arasında 5061 Türk askeri ve görevlisi ile beş bine yakın sivil bulunmaktadır. Türkiye'nin başına bela olan bu terör yüzünden, şehit askerlerin, PKK örgütünden ve sivil toplumlardan ölülerin sayısı tırmanmaktadır. Olağanüstü hal ancak yakın zamanlarda sona ermiştir.

Hafız Esad, ayrıca İsrail'le yapılan beş yıllık askeri anlaşmayı iptal etmeleri için Türklere baskı yapmak amacıyla da PKK'yı kullanmaya çalışmıştır. Çünkü Esad, kendi ordusunun gelecekte iki taraflı bir savaşa girmesi olasılığından korkuyordu. Türk hükümeti, 1998 yılının Ekim ayında, Öcalan'a verdiği desteği kesmesi için Esad'a bir ultimatom verdi; aksi takdirde Şam'a girilip Öcalan ele geçireceklerdi. Aynı zamanda, Türkiye, Suriye sınırına büyük bir askeri güç yığarak savaşa gitme konusunda açık bir gözdağı verdi. Gerilim, ancak Hafız Esad, PKK'ya verdiği desteği sona erdirmeyi kabul ederek anlaşma imzalandığında ortadan kalktı. 2004 yılının kışında o bölgede tahmini olarak beş bin PKK teröristi bulunuyordu.

Türkiye ile Suriye'nin ilişkilerinin düzelmesi üç yıl sürdü ve daha sonra her iki ülke de suç çeteleri ve kaçakçılıkla savaşmak için güvenlik anlaşması imzaladı.

Kendisine Apo (Kürtçe amca) denilmesinden hoşlanan ve Ho

Chi Minh'in büyük bir hayranı olan Öcalan, sonunda Türkiye'de İmralı Cezaevi'ne konuldu. O, son derecede kanlı olaylara ve büyük bir yıkıma neden olmuştu. 1997'de Bülent Ecevit, Kürt eylemlerinin olduğu bölgeyi 370 bin insanın terk ettiğini ve 3185 köyün boşaltıldığını söyledi. Kürt teröristler, düzinelerce öğretmeni katledip, iki bin okulun kapanmasına neden olmuşlardı.

Devlet, silahlı çatışma ortamında, elli bin kadar Kürt köylüsüne aylık ücret ödeyerek, bunları militanlara karşı köy korucusu olarak görevlendirdi. 2000'in yazında çatışmalar sona erdiğinde, bu defa, bu insanlara iş verebilme yolları bulmaya çalışılıyordu. Bazı köy korucuları, ürünlere zarar veren yaban domuzlarına karşı gece devriyesi olarak çalıştırıldı. Bir köy korucusu bu duruma atıf yaparak, "Artık domuzlara karşı nöbet tutuyoruz," demişti.

İmralı Cezaevi'nde yatan tek mahkûm olan Öcalan, 2002'nin başlarında siyasal stratejisini değiştirdi ve Avrupa Birliği'ne üye olan ülkeleri etkilemek amacıyla, PKK'nın terörist imajından kurtulmaya çalıştı. Bu nedenle, PKK'yı Kürtlerin hakları için savaşan Kürdistan Özgürlük ve Demokrasi Kongresi (KADEK) adlı bir siyasal partiye dönüştürmeye karar verdi. Fakat KADEK de terörist bir örgüt olarak görüldüğünden, bu çabaları sonuç vermedi.

Bunun yanı sıra, isyan Kürtlerin kültürel hakları konusunda yoğun bir tartışma başlatarak, Kürt nüfusa büyük ölçüde zarar verdi. Eğer ulusun birliğini tehdit eden bu ayrılıkçı hareket gerçekleşmemiş olsaydı, Kürtler'in kültürel hakları konusunda gösterilen resmi hassasiyet, bugünkü boyutlara varmazdı diye düşünüyorum.

Türkiye'de yaşayan Kürt kökenli nüfus, on ile oniki milyon arasındadır ve bunların çoğunluğu kanunlara saygılı vatandaşlardır. Kendi haklarının tanınmasını arzulamakta fakat ayrı bir devlet istememektedirler. 1997 yılında Meclis'in dörtte biri, Meclis Başkanı Hikmet Çetin de aralarında olmak üzere, Kürt kökenlilerden oluşuyordu.

1991 yılının Nisan ayında, Kürtçe ile ilgili resmi yasak gevşetildi. On beş yıl boyunca süren Kürt terörü ve yaşanan kanlı olaylar, Türk yetkililerinde ve halkta bu konu ile ilgili bir hassasiyet yaratmıştır ve bu yüzden Kürt milliyetçiliğine değinen görüş ve fikirleri açıklamak zordur.

Kürt sorununa bulunacak son çözüm, Kuzey Irak'taki gelişmelerle yakından ilgilidir. Bunun nedeni, Saddam Hüseyin rejimi Amerikan güçleri tarafından devrilmeden önce, Kuzey Irak'ta uçuşa yasaklı, özerk bir Kürt bölgesi kurulmuş olmasıdır. Kürdistan Demokratik Partisi (KDP) lideri Mesud Barzani ve Kürdistan Yurtseverler Birliği (KYB) lideri Celal Talabani, 2002 yılının Eylül ayında, Irak Federasyonu içinde kendi bayrağı ve parlamentosu olan özerk bir Kürdistan bölgesi için bir anayasa taslağı üzerinde anlaştılar. Daha sonra ekim ayında Erbil'de bölgesel parlamento toplandı.

Irak, Türkiye, İran ve Suriye'de yaklaşık yirmi beş bin Kürt yaşıyor. Türkiye de, İran ve Suriye gibi, Kuzey Irak'ta kurulacak tamamen bağımsız bir Kürt devletinin ayrılıkçı bir sivil savaşı körükleyebileceğinden endişe ediyor. Ayrıca, Kuzey Irak'ta Musul ve Kerkük bölgesinde yaşayan Türkmen nüfusunun durumundan da endişe duyuluyor. Geçmişte Irak yönetimleri, petrol bakımından zengin olan bu bölgelere Arapları yerleştirmek için Türkmenlerin çoğunu başka yerlere sürmüştü.

Musul, Osmanlı İmparatorluğu zamanında önemli bir ticaret merkeziydi. Musul sorununun çözümü, Lozan Konferansı'nda (1922-23), Milletler Cemiyeti'ne bırakılmış, 1925 yılında Türkiye'nin protestosuna karşın, burası Irak'a verilmişti. 1534 ile 1918 tarihleri arasında Türkler tarafından yönetilen Musul, Osmanlı İmparatorluğu'nun Musul vilayetinin idari merkeziydi. Burası, Dicle Nehri'nin sağ kıyısında, eski Asur kenti Ninova'nın karşısında yer alır. Musul, Milletler Cemiyeti'nin kararından sonra, bölgede petrol yatakları bulunana kadar, ticari önemini kaybetmişti.

1950'lerde, Bağdat'a görevli gittiğim bir sırada, helikopterle Kerkük'e gittim. Irak'ın Başbakanı Nuri Said tarafından düzenlenen toplantıya, Türkiye'nin Başbakanı Adnan Menderes de katılmıştı. Orada, petrol sahasında çalışan birçok Türk kökenli ve Türkmen'le tanıştık. Bu ziyaret, Adnan Menderes'in Osmanlı İmparatorluğu'nun yıkılmasından dolayı büyük üzüntü duymasına neden olan olaylardan biriydi.

Akşam Gazetesi ve Son Günlerinde Adnan Menderes

İnsan insanın şeytanıdır.
Atasözü

𝓑ir sabah haber toplantısındaydık. 1959 yılıydı. Genel Yayın Müdürü Osman Karaca, *Yeni Sabah*'tan istifa ettiğini ve *Akşam* gazetesine geçeceğini söyleyince hepimiz şaşırmıştık. Karaca, bana da, haber müdürü olarak onunla gitmek isteyip istemediğimi sordu; *Akşam*'a geçiş bir ilerleme anlamına gelmese de öneriyi kabul ettim. Attan inip eşeğe binmek gibi bir durumdu bu aslında. *Yeni Sabah*'tan birkaç kişiyle birlikte ayrılarak, *Akşam* için çalışmaya başladım. İlhan Turalı editör, Meryem Abigadol Beyoğlu muhabiri ve Burhan Tan fotoğrafçı olarak çalışıyordu. Aziz Nesin, Müşerref Hekimoğlu ve Çetin Altan ise köşe yazarlarıydı.

1918'de kurulan *Akşam*'ın, her biri iki yüz lira yatırımda bulunan dört ortağı vardı. Bu gazete, Anadolu'daki ulusalcı hareket, Bağımsızlık Savaşı ve laik Kemalist devrim sırasında yayın hayatını sürdürmüş ve bu önemli olayları okuyucularına aktarmıştı. Hem Arapça hem de Latin harflerle yayınlandığı uzun geçmişi nedeniyle özel bir gazeteydi.

1928 yılında Latin harflerinin kabul edilmesinden sonra, bu

gazete de Arapça harfler yerine Latin harfleriyle yayınlanmaya başlamıştı.

Geride kalan son ortak Kâzım Şinasi Dersan, 1957'de gazeteyi, gemi sahibi ve helva ihracatçısı Malik Yolaç'a sattı. O dönemde *Akşam*'ın günlük tirajı, çok daha fazla satışı olan *Yeni Sabah*'a karşı, sadece birkaç bin kadardı. Bir zamanlar en çok satan gazete olmasına karşın, Birinci Dünya Savaşı'ndan sonra tirajı düşmüş, sadık okuyucuları ya çok yaşlanmış ya da yaşama veda etmişti. Fakat bu gazete, sayfalarında seri ilanlara yer veren ilk günlük Türk gazetesiydi.

Yeni Sabah'ın göz alıcı yeni binası, günün teknolojisine uyarlanmış baskı tekniği ve linotip makinelerinin tersine, *Akşam* gazetesi, ünlü karikatürist Cemal Nadir'in adını taşıyan sokakta, gıcırdayan merdivenleri olan eski bir binada faaliyet gösteriyordu. Malik Yolaç, Demokrat Parti milletvekiliydi ve prestiji açısından gazete sahibi olmayı çok istiyordu. Almanya'dan dev Mann baskı makinelerini alan en büyük gazete *Hürriyet*, eski, daha küçük ve sürekli arızalanan makinelerini Yolaç'a satmıştı. Böylece, biz de topal eşekle kervana katılmış oluyorduk.

Fakat *Akşam*'a geçişim, şaşırtıcı bir şekilde benim için mutlu bir değişiklikti. *Yeni Sabah*'ın her zaman gergin olan atmosferine karşılık, *Akşam*'da çalışmak rahattı. Ufak tefek bir adam olan Yolaç da, geçinmesi kolay, kibar biriydi. İşler az olduğu zaman, kimin daha güçlü olduğunu kanıtlamak için, onunla yazı işlerinin ofislerinde güreşir, yere yatırır ve kemiklerinden ses gelene kadar sıkıştırırdım. O da bundan rahatsız olmazdı, ama güreş sonrasında hâlâ kazanmış olduğunu söylenerek övünmeye devam ederdi. Fakat Yolaç'ın gazete sahipliği çok uzun sürmedi; ben ayrıldıktan sonra, *Akşam*'ı İşçi Sendikaları Konfederasyonu'na sattı. Konfederasyon da kâr elde edemedi ve sonuçta gazete kapandı. Uzun zaman sonra ise, başka birinin sahipliğinde tekrar yayınlanmaya başladı. Malik Yolaç, daha sonra Adalet Partisi'nden milletvekili seçildi ve 1968 yılında İsmet İnönü'nün koalisyon hükümetinde Spor Bakanı oldu.

Akşam'daki çalışma masam, küçük bir mekân olan haber odasının ön kısmındaydı. Kentle ilgili haberleri izleyen toplam altı muhabirdik. Dışardan çalışan muhabirler bularak, Anadolu haberlerine de yer vermeye başlamıştım. Ankara, İzmir ve Adana'da bürolarımız vardı ve tek bir teleks makinesi aracılığıyla onlarla iletişim kuruyorduk. O zamanlar en büyük uluslararası havayolu şirketi olan Pan Am firmasından reklam karşılığında uçak biletleri alıyorduk. Bu, finansal olarak zorlanan *Akşam* gazetesi için, gerektiğinde muhabirleri yurtdışına göndermek bakımından büyük bir katkıydı.

Karaca, *Akşam*'a geçişimizden kısa bir süre sonra, telif hakları alanında çalışacak ONK ajansı kurmaya karar verip ayrıldı. Yolaç, beni genel yayın müdürü olarak atadı. *Hürriyet*, *Yeni Sabah* ve *Milliyet* gazetelerinin haber kaynaklarına sahip olmadığımız halde onlarla rekabet etmeye çalışıyorduk. O sırada otuz altı yaşındaydım ve hâlâ Reuters'e günlük haberler geçiyordum.

Beyoğlu muhabirimiz Meryem Abigadol, Türkçeyi biraz farklı ama şirin bir aksanla konuşan hoş bir kumral bayandı. Aynı zamanda akıcı bir İngilizce de konuşan Abigadol, çok çalışkan ve herkes tarafından sevilen biriydi. Uzun zaman önce Bağdat'tan göç etmiş Musevi bir ailedendi. (Sonraları İlhan Turalı ile evlenerek iki kız çocuğuna sahip oldu ve genç yaşında beyin tümöründen yaşamını kaybetti.) Meryem Abigadol'le sık sık konuşur ve onu farklı etnik gruplardan meydana gelen bir ülkenin bütünleşme sembolü olarak görürdüm.

O günlerde tanıdığım Musevi kökenli bir başka muhabir, daha sonraları *Milliyet*'in editörü ve köşe yazarı olarak yükselen Sami Kohen'di. Amerika Birleşik Devletleri'nde 1968 yılında yapılan başkanlık seçimleri sırasında, Sami Kohen'le farklı görüşlerdeydik. Ben, Richard Nixon'ın etkinliklerine sık sık katılarak, seçim kampanyasını yakından izlemiştim. Seçmenler arasında Nixon'a verilen desteğe tanık olduğum için, oy sayımından önce Nixon'ı seçimin galibi olarak ilan ettim. Böylelikle, *Hürriyet* gazetesi, *Milliyet* dahil diğer günlük gazetelerin hepsinden önce bu haberi duyuran bir manşetle çıktı. O sırada New York'ta Birleşmiş Milletler ziyaretinde olan Sami Kohen, haberim nedeniyle beni eleştirmişti.

Gazetecilik etiği konusunda Kohen'le girdiğim bu tartışma, aynı ülkede yaşayan ama birbirinden farklı dinlere ya da geçmişlere sahip insanlar arasındaki ilişkileri merak etmeme de yol açtı. Eğer etnik ve dini farklılıklar, insanlar arasında gerilim yaratan ciddi nedenlerse, Yunanlılar ve Türkler ya da Türkler ve Ermeniler arasında olduğu gibi, o zaman neden diğerleri arasında ortaya çıkmıyor diye düşündüm. Örneğin, Türkler ve Museviler ya da Türkler ve Polonyalılar gibi...

Benim gençliğim sırasında İstanbul'daki Museviler, diğer azınlık mensupları gibi, çoğunlukla işadamıydı. İş dünyasında başarılı olmuş ve Türklerle barış içinde yaşamışlardı. İlişkinin böyle olması için asıl neden basitti. Osmanlı İmparatorluğu'ndaki Musevilerin, Rum ve Ermenilerden farklı olarak, en kötü dönemlerde bile, dış güçlerle çok sıkı bağları olmamıştı. Ayrıca, Musevilerle Türklerin ihtilaflı bir toprak parçası üzerinde kavga etmelerine neden olacak bir durum da yoktu.

Osmanlı İmparatorluğu, 15. yüzyıldaki İspanyol Engizisyonu'nun zulmünden kaçan Museviler için bir sığınak olmuştu. İspanyol Musevileri 1492'de İspanya'dan çıkarıldıklarında, Sultan II. Beyazid, valilere emir vererek, onlara iyi davranılmasını ve yerleşmelerine yardım edilmesini istemişti. Museviler, Batı sanatları ve finans konularındaki bilgileri nedeniyle, Osmanlı İmparatorluğu için bir kazanç olarak görülüyorlardı.

Sonuçta, çok sayıda İspanyol Musevisi Osmanlı topraklarına gelip yerleşti. Bunların birçoğu Müslüman olarak, Osmanlı toplumunda ve daha sonra Cumhuriyet döneminde nüfuzlu aileler kurdular. Köktendinci Müslümanlar, onları bugün bile Sabetaycı ya da dönme olarak tanımlamaktadırlar. Soner Yalçın'ın yakın zamanda yayınlanan *Efendi* adlı kitabına göre, Adnan Menderes'in eşi Berin Menderes, Atatürk döneminde Dışişleri Bakanı olan Tevfik Rüştü Aras, yazar ve kadın hakları savunucusu Halide Edip Adıvar ve gazeteci dostum Abdi İpekçi de bu gruptakilerin soyundan gelmektedir.

İkinci Dünya Savaşı sırasında Nazi Almanyası'nın soykırımından kaçan bazı Museviler Türkler tarafından korundu. Fransa'nın Marsilya kentinde 1941 ile 1944 arasında görev yapan Türk diplomat Necdet Kent, birçok Fransız Musevisi'ne Türk pasaportu vererek onları toplama kamplarından kurtardı. Kent, 20 Eylül 2002'de 91 yaşındayken İstanbul'da yaşamını yitirdi.

Şu anda Türkiye'de yirmi yedi bin kadar Musevi bulunmakta ve haftalık gazete *Şalom*, Sefarad Musevilerinin İspanyolcası Ladino dilinde İstanbul'da yayınlanmaktadır.

Museviler, Hıristiyanlar ve Müslümanlar için en kutsal kent olan Kudüs'ün, tarihte etnik kökenleri ve dinleri farklı insanlardan oluşan bir toplumun var olabildiğini göstererek, bize bir ders verdiğini düşünüyorum. Oradaki insanlar, Osmanlı İmparatorluğu yönetimi altında, yüzyıllarca barış içinde yaşamışlardı. Bununla birlikte, günümüzde de, Osmanlı İmparatorluğu'nun vatandaşlarına verilen din özgürlüğü ve etnik hakların açık bir örneğini oluşturan bir yerleşim yeri bulunmaktadır. Polonezköy, Boğaziçi'nin Asya tarafında bir Hıristiyan yerleşim bölgesinin adıdır. İstanbul'da geçen delikanlılık dönemimde, Boğaziçi, Florya Plajı, Belgrad Ormanları ve Prens Adaları'nda ailece gezinti yapardık. Polonezköy de ziyaret ettiğimiz yerlerdendi, fakat uzaklığı nedeniyle fazla sık gidemezdik.

Oraya özellikle kiraz toplama döneminde giderdik. Polonezköy, 1940'lı yıllarda, karakteristik evleri, kilisesi ve düzenli bahçeleriyle Polonya'daki köylerin bir kopyasıydı. Köylüler, çiftçilikle uğraşır, domuz besler ve kışın da yaban domuzu avlarlardı. Bu bölgenin sakinleri, yaz aylarında hâlâ turistlere oda kiralamaya ve işlettikleri restoranlarda Polonya'dan ve Türkiye'den özel yemekler sunmaya devam etmektedir. Polonezköy, İstanbul'daki önde gelen gurme dükkânları için yağ, yoğurt, reçel, domuz eti, av sezonunda da yaban domuzu ile ördek eti sağlar. Bu bölgede bulunan bakımlı mezarlıkta bugün hâlâ, Osmanlı İmparatorluğu zamanında yüksek devlet makamlarında görev yapmış kişilerin mezarları görülebilmektedir.

Bu özel köyün kurucusu Jerzy Adam Czartoryski, Litvanya kökenli tanınmış bir Polonyalı ailedendi. Polonezköy'ün girişinde, 1914 yılında yapılan ve Prens Jerzy Adam'a adanan bir kilise vardır. Bu Polonyalı vatansever, 1830 isyanından sonra Polonya'daki devrim hükümetinin başkanıydı. Fakat isyanı bastıran Ruslar tarafından 1831'de sürgüne gönderildi. Askerleri ve kendisini destekleyenler için güvenli bir yer arayan Prens, sonunda Türkiye'de kendisine barınak bulmuş ve bu köyü kurmuştu. Köyde bugün yaşayanlar, Prens Jerzy Adam Czartoryski'nin askerlerinin ve onu destekleyenlerin soyundandır, bazıları ise daha sonraları gelin olarak Polonya'dan gelerek buraya yerleşmiştir.

Polonezköy'ün yerlileri, 150 yıldan fazla bir süredir, Polonyalı kimliklerini, Katolik din ve gelenekleri ile dillerini korudular ve yalnızca son dönemde, zamanın değişen koşullarından etkilenmeye başladılar. 1983 yılında 150'si kadın, toplam 225 kişi, köyden ayrılarak Almanya'ya konuk işçi olarak gitti. Polonezköylüler, Prens Jerzy Adam'ın Kırım Savaşı'nda bir Osmanlı Kazak birliğinin komutanı olarak oynadığı rolden gurur duymaktadır.

Prens Jerzy'nin köydeki görevini devrettiği Michael Czajkowski, Osmanlı İmparatorluğu'nda yüksek rütbeli bir göreve tayin edilmişti. Bu, renk ve etnik ayrımın yapılmadığı, tarih boyunca her ırktan bendenin sadrazamlık dahil, en yüksek görevlere geldiği bir ülkede alışılmadık bir durum değildi. Genellikle Mehmet Sadık Paşa olarak tanınan Michael Czajkowski, Osmanlı tarihinin istikrarsız bir döneminde, paşa unvanını kazanmış ve daha sonra beylerbeyi olarak (Osmanlı yönetimi altındaki Avrupa topraklarının bütününü oluşturan Rumeli'ye genel vali olarak) atanmıştı.

* * *

Akşam'a geçişimiz, çok önemli siyasal gelişmelerin olduğu bir döneme rastlamıştı. Haber toplantıları sırasında, genç Cumhuriyet'in tarihinde ilk kez gerçekleşebilecek olası bir darbenin işaretlerini tartışmaya başlamıştık.

Bir sabah odama gelen Meryem Abigadol'ün sorduğu şu soruyla irkildim: "Adnan Menderes, kendi yönetimine karşı gelişen muhalefeti görmeyecek kadar kör mü?" İstanbul dışında olduğum zamanlarda benim yerime Reuters'e Meryem haber geçtiği için, siyaseti artık daha yakından izliyordu. Ve Meryem haklıydı. Deneyimli siyasetçi Menderes, kendi hükümetine karşı gelişen tehlikeden habersiz gözüküyordu.

İslam yanlılarına ve çoğunlukla Başbakan Adnan Menderes'in antidemokratik uygulamalarına karşı Kemalist rahatsızlığın iyice meydana çıktığı bir dönemdi. Sosyal adaletin gelişmesi için büyük bir özlem duyuluyor; yolsuzluk ve haksızlıklar yüzünden demokratik süreç konusunda toplumun her kesiminde hayal kırıklığı yaşanıyordu. Öfkeli bir muhalefetle tahrik edilen öğrenciler ve Cumhuriyet Halk Partisi, neredeyse her gün kampüslerde ve sokaklarda Menderes yönetimine karşı gösteri yapıyordu.

Adnan Menderes, yönetimdeki son yılında, eleştirilerden duyduğu hoşnutsuzluğu açıkça göstererek, genellikle kızgın ve küstah bir tavır sergiledi. "Ben kütüğü aday göstersem, milletvekili seçtiririm," şeklindeki sözü medyaya yansıdığında, büyük bir öfkeye neden oldu. Bu değişimin işaretlerini zaman zaman, özellikle Şam'da tanık olduğum bir olay sırasında görmüştüm. Bir DC3 Dakota uçağıyla Arap ülkelerine yaptığı ziyaretten dönen Menderes'in yanındakiler bir sorunla karşılaşmışlardı. Uçak, hediyeler ve hurma sandıklarıyla aşırı derecede yüklenmiş durumdaydı. Yükü azaltmak amacıyla, Başbakan'ın güvenliği için görevlendirilmiş olan bir polis şefi uçaktan indirilerek geride bırakıldı. O sırada *Cumhuriyet*'e yazan Nuyan Yiğit'le birlikte, gözünde yaşlarla Şam havaalanında geride kalan o polis şefini gördük. Polise, "Başbakan sizin geride kaldığınızın farkında olmayabilir," dedim. "Biliyor. Hurmalar daha önemliydi," diye yanıt verdi.

Evli ve çocuk sahibi olan Menderes'in, İstanbul polis teşkilatının bölge müdürlerinden birinin eşiyle ilişkisi vardı. Bu kadın, oldukça kilolu, hatta Menderes'ten bile iriydi. Bir gün, bir siyasal gelişme hakkında tepkisini sormak üzere Menderes'i ararken, bu kadının İstanbul'daki evine gittim. Bir gazetecinin kapısını çaldığını gören Menderes'in metresi kızmış ve küfürler savurarak beni kovalamıştı.

Menderes, muhalefettekileri cezalandırırken, Demokratik Parti'nin güçlü olduğu bölgeleri ödüllendiren çok büyük ve verimsiz yatırımlar yapma politikası izliyordu. Başbakan ve yönetimi giderek daha da otoriter bir hal almıştı. Basın özgürlüğü ve toplantı hakkı ile ilgili antidemokratik yasaları yürürlüğe koyması ise gerilimi iyice artırdı. Menderes, Cumhuriyet tarihinde cumhurbaşkanının gücünü ve önemini azaltan ilk başbakan olurken, rejim karşıtlığı ve öğrenci gösterileri çoğaldı. Bu arada, ekonomik büyüme oranını yüksek tutmak amacıyla daha fazla para basıldı.

Adnan Menderes, en yüksek otorite olarak, Atatürk'ün laik uygulamalarını gevşetti. Kuran kurslarının açılmasına ve dini eğitimin uzatılmasına izin verdi. Camilerde tekrar Arapça ezan okunmaya ve devlet radyosunda Kuran'dan ayetler yayınlanmasına başlandı. O dönemde henüz televizyon kanalları yoktu ve özel kişilerce radyo istasyonu işletilmesine izin verilmemişti.

Bu gelişmelerin üzerine, İsmet İnönü'nün lideri olduğu Cumhuriyet Halk Partisi, Menderes'i, laikliğin ilkelerinden vazgeçmekle ve siyasal çıkar için muhafazakâr dini kurumları desteklemekle suçladı. Buna karşılık Menderes ise, muhalefete karşı atağa geçerek, Cumhuriyet Halk Partisi'nin mallarına el koydu ve Halkevleri'ni kapattı. O zamana kadar, 222 Halkevi inşa edilmiş ve köy halkının kültürel gelişimi için iki bin şube açılmıştı. Halkevlerinin, özellikle bu kurumların kütüphanelerinin kapanışı, ülke gençliği için büyük bir kayıptı.

Cumhuriyet Halk Partisi'nin yayın organı *Ulus*'a el konuldu. 1954 yılında çıkarılan yasalar, "devletin itibarına" zarar veren gazeteciler için ağır hükümler taşıyordu. Bu yasalar açıkça, Demokrat Parti görevlilerinin, özellikle Adnan Menderes'in eleştirilmesine karşı hoşgörüsüzlüğü ortaya koyuyordu. Bunlara karşı gelme cesaretini gösterecek gazeteciler, yalnızca para cezası değil, ağır hapis cezaları da alıyordu.

Yönetime muhalif olan gazeteler, hükümetin verdiği ilan gelirlerinden yoksun kalmıştı. Hükümet ihaleleri vb. konularla ilgili bu resmi ilanlar, gazetelerin ayakta kalması için son derecede büyük önem taşıyor ve basını hizada tutmak için silah olarak kullanılıyordu. Eğer bir gazete Menderes'i ve hükümeti eleştirdiyse, o gazete resmi ilanlardan ve bunların gelirinden mahrum bırakılıyordu.

Menderes'i ve hatta Demokrat Parti üyelerini kızdıran, onların uygulamalarında hata bulan her eleştiri, işten çıkarılmaya neden oluyordu. Adnan Menderes, Cumhuriyet Halk Partisi'nin lideri İsmet İnönü'ye kızdığı zamanlar, onun için "Şeamet Tellalı" derdi. 1956'ya gelindiğinde, kamu toplantılarına sınırlama getirildi. Aynı yılın ekim ayında, genç subaylardan Orhan Kabibay ve Ahmet Yıldız, "Memleketi kurtarmak lazım, kan dökülecekse dökülür" düşüncesiyle askeri cunta kurmuşlardı.

Hükümet, Cumhuriyet Halk Partisi'nin faaliyetlerini soruşturmak üzere bir komite kurup, orduya, İsmet İnönü'nün Kayseri'de kampanya yapmasının engellenmesini emrettiğinde, CHP'nin günlerinin sayılı olduğu anlaşılmıştı. Gazeteciler olarak çoğumuz, Menderes'in muhalefeti tamamen yok etmeye hazırlandığına inanıyorduk.

Menderes'in hareketleri, orduyu doğrudan siyaset sahnesine çekti. 1959 yılında, dokuz subay, yönetimi devirme girişimiyle suçlanarak tutuklandı. Muhalefetteki Cumhuriyet Halk Partisi'ni destekleyen ordudaki bazı subaylar da, öğrenciler gibi, huzursuzlaşmaya başlamışlardı.

Bütün bunlar, o dönemde, yaklaşmakta olan ayaklanmanın ve Adnan Menderes'in trajedisinin işaretleriydi.

Gatwick'teki Trajedi ve Adnan Menderes'in Çöküşü

> *Her gece her mahfelde, her orduevi lokantasında birkaç genç subay Türkiye'yi kurtarır. Bazıları ihtilal de konuşur.*
>
> İsmet İnönü

Adnan Menderes, 1959 yılında ülkenin kargaşa içinde olduğu bir sırada, Kıbrıs'ı bağımsız bir Cumhuriyet'e dönüştüren anlaşma törenine katıldı. Bu üç taraflı anlaşma, Kıbrıs'taki Türk azınlığın anayasal haklarını tanıyor ve iki tarafın resmi dairelerini etnik temele dayalı olarak kalıcı bir şekilde ayırıyordu. Londra'da imzalanan anlaşma, Rum ve Türk toplumlarına ait meclislerin, din ve eğitim gibi konularla ayrı ayrı ilgilenmesini hükme bağlıyordu. Daha sonra, Başpiskopos Makarios, Kıbrıs Cumhurbaşkanı; Dr. Fazıl Küçük ise, Cumhurbaşkanı Yardımcısı seçildi. Fakat Rumlar, adanın Yunanistan'la birleşmesini öngören Enosis'ten vazgeçmedikleri için, bu anlaşma başarısız olmaya mahkûmdu.

17 Şubat 1959'da Londra'ya yapılacak seyahat için Menderes'in uçağında iki kişilik yer elde etmeye çalışıyordum. Bunu sağlamak için, *Akşam*'ın sahibi Malik Yolaç'tan bağlantılarını kullanmasını rica ettim. Londra'ya *Akşam*'ın fotoğrafçısı Burhan Tan ile gitmek istiyordum. Fakat İngiliz yapımı Viscount tipi turbo motorlu *Sev*

adlı uçakta sınırlı sayıda yer olduğu yanıtı geldi. Yalnızca bir kişilik yer ayrılabiliyordu ve o kişi de Burhan Tan'dı. Bütün politikacılar gibi Menderes de fotoğraflara konu olmayı seviyordu. Bu gelişme üzerine, Başbakan'ın varışından bir gün önce Londra'ya giden tarifeli bir uçağa binmeye karar verdim.

Gazeteden havaalanına gitmek için ayrılmadan birkaç dakika önce, Burhan Tan'la gazete binasının gıcırtılı merdivenlerinde karşılaştım. Merdivenleri tırmanan Burhan, beni görünce durdu.

"Yarın Londra'da görüşürüz Köfte," dedim.

Özellikle bol miktarda baharatla yoğrulup kebap gibi şişe geçirilerek pişirilen köfteye düşkün olduğu için ona bu ismi takmıştık.

"Öyle umarım," dedi. "Kaderin ne getireceğini kimse bilemez. Çok kötü bir şey olacakmış gibi bir his var içimde. Çok tuhaf. Kore Savaşı'nda görevliyken bile, böylesine kötü bir önsezim olmamıştı. Bu beni korkutuyor."

"Umarım öylesine bir şeydir," diyerek onu neşelendirmeye çalıştım: "Sen İstanbul'un çılgın trafiğinde araba kullanırken dikkat etmeye bak."

Çoğunlukla neşesi yerinde olan Burhan Tan, bu defa esprime gülmemişti. Uzun boylu, yakışıklı bir adam olan Tan'ın, çok sevdiği için kimsenin kullanmasına izin vermediği Citroen marka güzel bir arabası vardı. Ne yazık ki, merdivenlerdeki bu tuhaf karşılaşma son karşılaşmamız oldu.

Kaderin bir oyunu muydu bu, hâlâ merak ederim. Belki de yaklaşan ölümün sezilişi olarak tanımlanabilir. Merdivendeki o karşılaşma, hâlâ zihnimde çok net bir şekilde yer alıyor. Neden uçağa alınmadığımı, başbakanın neden benim yerime fotoğrafçı arkadaşım Burhan Tan'ı seçtiğini sık sık merak ederim.

Londra'ya vardığımda, Strand Otel'de Necati Zincirkıran'la buluştum ve ertesi gün Menderes'in uçağını karşılamak için Heathrow Havaalanı'na beraber gitmeye karar verdik. Zincirkıran, rakip gazete *Hürriyet* için çalışıyordu. Burhan Tan'la merdivende yaptığımız konuşma, o sırada aklımdan çıkıp gitmişti.

Ertesi gün Heathrow'da, Menderes'in uçağının sis nedeniyle Gatwick Havaalanı'na yönlendirildiğini ve ekibin trenle Londra'ya gelebileceğini öğrendik. Zincirkıran'la bir taksiye binip bekleyeceğimiz yere, Victoria İstasyonu'na gittik. Oraya vardığımızda, Gatwick Havaalanı yakınlarındaki ormana uçak düştüğünü öğrendik. Şoke olmuştum ve büyük bir üzüntü içinde Burhan Tan'ın sözlerini hatırladım.

Victoria İstasyonu'nda akşam olmuştu ve yaşadığımız şokun, haberi izleme görevimizi engellemesine izin vermemek zorundaydık. Strand Postanesi'nin bekleme odasına yerleşip, ofisteki tüm telefon ve daktiloları kullanarak orayı kendi ofisimiz haline getirdik. O dönemde, Londra ve İstanbul arasındaki telefon iletişimi hâlâ iyi bir şekilde sağlanamıyordu ve uzun metinleri göndermek olanaksızdı. Bu nedenle telgrafa ağırlık verdik. Çılgınca çalışarak Gatwick Havaalanı'nı, bölge polisini ve hastaneleri aradık. Zincirkıran ve ben, o gece ve sonraki birkaç gün boyunca gönderdiğimiz telgraflarla muhtemelen koca bir kitap yazmışızdır.

Adnan Menderes, uçak Gatwick Havaalanı'na doğru gelirken bir çam ormanının üzerinden geçtiği sırada, kuyruk kısmında pencere kenarında oturuyormuş. İniş sırasında, havaalanına yaklaşık 3.2 km uzaklıktayken, yolcular uçağın ağaçların tepesine çarptığını hissetmişler. Sonrasında ani bir şekilde meydana gelen çarpma ve korkunç bir sesle uçağın gövdesi yerde sürüklenmeye başlamış ve ikiye ayrılmış. Kopan kuyruk kısmı tersine dönmüş ve Menderes dışarıya sarkan sağ ayağı sayesinde bulunmuş. Başbakan'ın baş üstü asılı kaldığını gören Demokrat Parti milletvekili Rıfat Kadızade, onu aşağıya çekmiş. Böylelikle Menderes, tamamen çamurla kaplanmış ve sarsılmış bir halde ama yüzünden hafif bir yara alarak kurtarıldı. Uçaktan hızlıca dışarıya çıkan Menderes ve Kadızade, ana gövdenin yanışını görmüşler. Bu sırada şok içindeki Menderes, Kadızade'ye, "Arkadaşlarımız orada yanıyor ve biz onlara yardım edemiyoruz," demiş.

Yakınlarda bir çiftlik evinde yaşayan ve büyük patlamayı duyan Tony ve Margaret Bailey, hızla arabayla felaket bölgesine giderek, Menderes, Kadızade ve Başbakan'ın sekreteri Refik Fenmen'i alarak evlerine götürmüşler. Daha önce hemşire olarak çalışmış olan Margaret Bailey, yaralıların tedavisine yardım etmiş. Başbakan Menderes, daha sonra Londra Kliniği'ne götürülerek tedavi altına alınmış.

O kazada diğer on dört kişiyle Burhan Tan da yaşamını kaybetti.

Zincirkıran'la acil haberleri gazetelere ilettikten sonra, bir taksiye binerek kaza yerine gittik. Bugüne kadar o kanlı ceset yığınına benzeyen bir manzara ile karşılaşmadım. Ağaç dallarına asılı kalmış vücut parçaları ve kıyafetler gördüm. Ağaçlar, sanki kibrit çöpleriymiş gibi yarılıp parçalanmıştı. Yer, enkaz parçalarıyla, yolcuların ve uçak personelinin eşyalarıyla doluydu.

O manzara, daha sonraki günler ve geceler boyu bana acı veren bir kâbusa dönüştü.

Kaza hakkında yapılan soruşturma, uçağın düşmesine neden olarak pilot hatasını gösteriyordu. Havaalanına yaklaşılırken uçağın bulunduğu yüksekliği pilota daha yüksek olarak gösteren altimetre bozukluğundan da söz edildi. Menderes'i öldürmek amacıyla altimetrenin bozularak sabotaj yapılmak istendiği hakkındaki şüpheli iddialar ise, hiçbir zaman kanıtlanamadı.

Adnan Menderes, Türkiye'ye döndükten bir süre sonra, şiddetli bir muhalefetle karşılaştı. Mucize eseri bir felaketten kurtulmuştu fakat İmralı'da idamla yüz yüze geldi.

Menderes rejiminin çöküşü için pek çok neden vardı. Amerikan yardımı ile modernleşme sürecine giren Silahlı Kuvvetler, hükümet konusunda hayal kırıklığı içindeydi. Ordudaki subaylar, Menderes'i ve Demokrat Parti'yi Kemalist devrimlere tehdit olarak görüyorlardı. Yönetime karşı yapılan öğrenci gösterileri şiddetlenerek, 28 Nisan 1960'da büyük olaylara yol açmış ve askerlerin gösterici öğrencilerle karşı karşıya gelmesine neden olmuştu.

Basın camiasındaki herkes, muhalefetteki Cumhuriyet Halk Partisi'nin ödün vermez destekçilerinin, 1950 yılındaki hezimeti unutamadığını biliyordu. Bu kesim, seçimden kısa bir süre sonra, muhalefete karşı on yıl sürecek bir kampanya başlatmıştı. 1960 yılında meydana gelen olayları izlediğim sırada, Cumhuriyet Halk Partisi gençlik kollarının, gösterici öğrencileri sık sık kışkırttıklarına tanık olurdum. O dönemde, muhalefetin Menderes'in devrilmesinde oldukça önemli bir rol oynadığına ilişkin kesin bir izlenim edinmiştim.

Yaklaşan darbenin belirtileri ortaya çıkmıştı. Savaşçı kahraman

Plevneli Gazi Osman Paşa hakkında şarkılar söyleyen göstericileri dağıtan askerlerin gözünde yaşlar görmüştüm. Göstericilerin şarkının sözlerinde değiştirdikleri iki dize, askerleri çok etkilemişti: "Olur mu böyle olur mu, kardeş kardeşi vurur mu?" diyorlardı. Giderek işler karışmaya, süreç hızlanmaya başlamıştı. 3 Mayıs 1960'ta, Kara Kuvvetleri Komutanı Orgeneral Cemal Gürsel, siyasal reform yapılmasını istedi. Subaylar tarafından oldukça sevilen Gürsel, bu isteği Menderes tarafından reddedilince istifa etti. Haberler üzerinde uygulanan kısıtlamalar giderek artarken, gazetecilerin hapsedilmesi günlük bir olay haline geldi. Gazete için önemli olan yaratıcı personelin hapse düşmesini önlemek için, gazetenin içeriği ile ilgili bütün sorumluluğu üzerine alan gönüllü yazı işleri müdürüne bel bağlamıştık. Kurbanlık koyun konumunda olan bu kişi, yönetimin hoşuna gitmeyen bir makale nedeniyle askeri mahkeme tarafından ceza verilirse, hapse girmeyi kabul ediyordu. Nitekim birçok haberci, bu şekilde hapse girerek, diğerlerini askeri mahkemelerdeki sinir bozucu duruşmalardan korumuştu.

O dönemde Reuters'e gönderdiğim haberler, beni Menderes'in kendisiyle doğrudan karşı karşıya getirdi. 5 Mayıs 1960 günü Ankara'da yapılan bir gösteri sırasında üniversite öğrencileri tarafından yuhalanan Menderes, arabasından çıkarak, öğrencilere doğru yürümüş ve "İstediğiniz ne?" diye sormuştu. O sırada kaldırımın üzerinde kayarak yere düşmüş ve ayağa kalkarken, "İstifa!" sloganları arasında göstericiler tarafından tartaklanmıştı. Haberlere göre, üzerindeki gömlek de yırtılmıştı. Bu haberi olduğu gibi yazıp Londra'ya gönderdim ve bu haber, Reuters'den yarı resmi Anadolu Ajansı'na ulaştığında Menderes küplere bindi! Haberlerimi derhal kontrol altına almam gerektiği, aksi halde hapse atılabileceğim konusunda uyarıldım. Ben yazdığım haberlerde herhangi bir sınırlama yapmadım, ama o sıralarda Menderes'in artık kimseyi hapse yollayacak kadar zamanının kalmadığı da ortaya çıkmıştı. Eskişehir'deki hava üssünü ziyaret ettiği sırada, üste çalışan görevliler sırtlarını dönerek Menderes'i protesto ettiler. Demokrat Parti yönetiminin yakında devrileceği açıktı.

Çoğu gazete, yasaklanan haberlerin ya da makalelerin yer alması gereken yerleri boş bırakarak sıkıyönetimin uyguladığı sansüre karşı çıkıyordu. Bunun sonucunda, gazetelerin sayfalarında her gün öylesine fazla boş yer kalıyordu ki, bu durum yönetimin basın özgürlüğüne getirdiği sınırlamalara karşı bir protestoya dönüştü. Birkaç gazete ise, sıkıyönetim kurallarına karşı gelmekten dolayı kapatıldı.

Avrupa'ya yaptığım seyahatler sırasında, Batı Almanya'dan, o dönem için yeni bir ürün olan, avucum büyüklüğünde ve tek pille çalışan Hitachi marka transistorlu bir radyo almıştım. Kriz hızla tırmandığından, ofiste, evde ya da arabada bulunan radyolardan uzakta olduğum zamanlarda, resmi açıklamaları ve sıkıyönetim bildirilerini dinlemek için, bu radyoyu sürekli cebimde taşımaya başladım. Her an olabilecek darbeye ilişkin bir işaret ya da habere karşı hazırlıklıydım.

Fakat bu sefer, o sıralarda hiç ummadığım bir kaynaktan haber geldi. Her gece yatmadan önce, yerel haberler ile BBC haberlerini dinler ve son gelişmeler hakkında gece yönetmeniyle konuşurdum. 26 Mayıs 1960 günü, günlük koşuşturmacadan yorulmuş bir halde, her zamankinden daha erken yattım.

Gece yarısını biraz geçtiği bir sırada, ısrarla çalınan kapı ziliyle derin uykumdan uyandım. Kimseyi beklemiyordum, ama Reuters'den gündüz ya da gece herhangi bir vakitte, gelişen son haberlerle ilgili olarak telgraflar alırdım. Bazen de önemli bir olayla ilgili haberimin, rakiplerden (genellikle Associated Press'ten) kısa süre de olsa geride kaldığını ya da önce ulaştığını bildiren telgraflar gelirdi. Gece yönetmeninin önemli bir haber kendisine ulaşır ulaşmaz beni arayacağından emindim. O yüzden, kapıyı çalanın Reuters'den alışıldık telgrafları getiren postacı olduğunu düşündüm.

Fakat bu gece yarısı ziyaretçisi postacı değil, amcam Ethem'in oğlu Zeki Ergun'du. O dönemde Birinci Ordu'da görevli olduğundan üzerinde albay üniforması vardı. Bir erin kullandığı askeri cip motoru çalışır halde dışarda onu bekliyordu. Aileyi ilgilendiren kötü bir haber getirmiş olabileceğini düşündüm.

"Selam," dedim. "Bir sorun mu var?"

"Birden çok...Uyanıp kapıya gelmen yeterince uzun sürdü," diye karşılık verdi.

"Uzun iş," dedim.
"Dinle, fazla kalamam. Acele gitmem lazım. Çok önemli bir gelişme var, eminim ilgilenirsin… Silahlı Kuvvetler, Menderes yönetimini devirmek üzere… Valiyi göz altına aldık. Şu anda Menderes ve bütün yüksek devlet görevlileri tutuklanıyor."

Şok edici bir haberdi bu! Yapılmakta olan bu ihtilal, kısa bir süre sonra Albaylar Darbesi adını aldı.

Darbeyi günlerdir bekliyor olmama karşın, aldığım haber beni şaşırtmıştı.

Zeki Ergun evden ayrılır ayrılmaz, hemen Londra'yı ve o dönemde Londra'daki merkez ile teleks bağlantısı olan Atina'daki Reuters ofisini aramaya çalıştım. Fakat darbeler sırasında her zaman olduğu gibi yine bütün telefon iletişimi kesilmişti. Haber atlatmak için mükemmel bir fırsat yakalamıştım, fakat bu önemli haberi ajanslara hızla iletemiyordum. Havaalanları kapatılmış olduğundan, geriye tek bir seçeneğim kalmıştı. Hemen acil bir telgraf yazdım ve gazetedeki gece yönetmenini arayarak baskıyı durdurmasını, gece çalışacak elemanları çağırmasını ve sayfa değişiklikleri için hazır olmalarını istedim.

Gece yönetmeninin ne olduğu hakkında hiçbir fikri yoktu. Ona olanları anlattım ve sahip olduğumuz tek makine üzerinden Ankara büromuzla bağlantımızı kuracak bir teleks hattı sağlamasını söyledim. Evden ayrıldım ve yıldırım telgrafı çekmek üzere doğruca postaneye gittim. Sokak ve meydanlarda alışılmışın dışında askeri bir hareketlilik vardı.

Merkez postanesinde çalışan gece görevlisini tanıyordum. Fakat görevli o gece yalnız değildi; elinde otomatik bir silah taşıyan sert bakışlı bir binbaşı postaneye girdiğimde merakla beni süzdü. Gece görevlisi, gazeteci olduğumu ve Londra'daki Reuters için çalıştığımı söyleyerek beni binbaşıya tanıttı.

Bunun üzerine dikkatlice bana bakan binbaşı, "Yani bir casus," dedi.

Bu sözler, bende şiddetli bir tokat etkisi yaptı. Binbaşı son derecede ciddiydi. Hiçbir şey demedim ama askeri akademiden mezun olan bir binbaşının, aşırı milliyetçi görünse bile, nasıl böylesine dar görüşlü olabildiğine şaştım.

Yıllar içinde, kendi ülkelerinden yabancı ajanslara haber gönderen gazetecilerin, her zaman casusluk şüphesi altında olduklarını yaşayarak öğrendim. Bu gazeteciler, özellikle hükümetlerin devrildiği dönemlerde çok büyük tehlikelerle karşılaşabiliyorlardı. Bağdat'ta yaşayan Irak vatandaşı bir gazetecinin uluslararası bir haber ajansına çalıştığı için başının büyük belaya girdiğini biliyorum. Bu gazeteci, Irak Başbakanı Nuri Said'e çok yakındı ve bu yüzden defalarca haber atlatmıştı. Nuri Said ve Kral II. Faysal, 1958 yılındaki solcu Pan-Arap Devrimi sırasında devrilerek öldürüldüklerinde, o da Bağdat'ta berbat bir hapishaneye gönderilmişti. Onunla daha sonra karşılaştığım zaman, hapiste geçirdiği o dönemde kimsenin, hatta uzun yıllar çalıştığı haber ajansının bile kendisine yardımcı olmadığını gözyaşları içinde anlatmıştı.

Postanedeki gece görevlisi yazdığım telgrafı alıp, "Yukarı çıkıp hemen göndereceğim bunu, fakat bu akşam Londra'ya iletileceğinden şüpheliyim. Bütün bağlantılar kesildi," dedi.

Yapabileceğim başka hiçbir şey yoktu. Albay Alparslan Türkeş, sabahın erken saatlerinde, askeri darbe yapıldığını askeri marşlar yayınlamaya başlamış olan ulusal radyodan halka duyurdu. Aşırı milliyetçi ve Pan-Turanist Albay Türkeş, daha sonraları aşırı sağcı *Milliyetçi Hareket Partisi* (MHP)'nin lideri olarak *başbuğ* unvanını aldı.

Gazeteye gitmek üzere postaneden ayrıldım. Darbeler şüpheli bir belirsizlik yarattıklarından tehlikelidir. Adnan Menderes, şafak vakti kalkıp şok edici haberi aldığında Eskişehir'deydi ve gelişmeler üzerine yanında bulunan Maliye Bakanı Hasan Polatkan'la birlikte kaçmaya çalıştı. Fakat bir jet uçağı, Menderes'in konvoyunu Kütahya yolunda yakaladı. Ve Menderes, oraya varır varmaz tutuklanarak Eskişehir Hava Üssü'ne götürüldü. Cumhurbaşkanı Celal Bayar ise, Demokrat Parti liderlerinin büyük bölümü ve bu partinin Meclis'teki üyeleri ile birlikte Ankara'da gözaltına alınmıştı. Bu kişilerin bazılarının evlerindeki yatakların altına saklanarak tutuklanmadan kurtulmak için ellerinden geleni yaptıklarına ilişkin haberler aldık. Sonuçta, dört yüz mahkûm Yassıada'ya gönderilerek özel bir mahkemede yargılandı. Marmara Denizi'ndeki

Yassıada, üzerinde bir deniz üssü bulunan küçük bir adadır ve bizim Robinson Crusoe macerasını gerçekleştirdiğimiz Sivri Ada'dan da fazla uzakta değildir.

Adnan Menderes hakkında çıkarılan, "Öldürttüğü gençleri kıyma makinelerinden geçiriyor," iddiaları yalandı. Babıâli'nin karşısındaki morga giderek olayı soruşturdum ama bu tarz iddiaları doğrulayacak hiçbir kanıt bulamadım.

Eski cumhurbaşkanlarından Celal Bayar, kemerini kullanarak hücresinde intihar etmeye çalışmıştı, fakat kulaklarından kanlar fışkırdığı sırada son anda kurtarıldı. Menderes, duruşmalarda konuşmalarındaki keskin tonu değiştirerek yargıçları bol bol pohpohlamaya başladı. Fakat bu durum, ona yardımcı olmadığı gibi imajını zedeledi. On bir ay boyunca gerçekleştirilen duruşmalar, ulusal radyodaki *Yassıada Saati* adlı bir program aracılığıyla yayınlanarak halka duyuruldu. Menderes'in işlediği iddia edilen suçların bazıları gülünç derecede saçmayken, bu iddiaların arasında, gösteri yapan öğrencilere karşı polisin ateş açması emrini vererek anayasayı ihlal etmek gibi çok ciddi suçlar da vardı.

Menderes de yanında sakladığı uyku haplarını içerek intihar etmeye çalıştı. Fakat midesi hastanede yıkanarak kurtarıldı ve hemen sonrasında 17 Eylül 1961'de İmralı Adası'nda asıldı. Kabinesinin iki üyesi, Dışişleri Bakanı Fatin Rüştü Zorlu ve Maliye Bakanı Hasan Polatkan, bir gün önce aynı adada idam edilmişlerdi. Celal Bayar ise, ilerlemiş yaşı dolayısıyla idam edilmekten kurtuldu ve 1987 yılında 103 yaşındayken öldü.

Yargılamalar ve idamlar barışı sağlamadı, çünkü Demokrat Parti'yi ve Menderes'i her seçimde desteklemiş olan dört milyonluk kemikleşmiş bir seçmen grubu vardı. Daha sonraları bu dört milyon Demokrat Partili, bu partinin taklidi olarak ortaya çıkan diğer partiler aracılığıyla Türk siyasal yaşamında önemli ve bir bakıma da yıkıcı bir rol oynadı.

Yassıada duruşmaları, daha sonraları Cumhurbaşkanı olan Orgeneral Cemal Gürsel'in liderliğinde toplanan otuz sekiz kişilik bir albaylar cuntası tarafından gerçekleştirildi. Milli Birlik Komitesi adlı bu cuntanın kendi üyeleri arasında birlik yoktu. Toplantılarda uygulanacak ilkeler üzerinde tartışır ve sık sık birbirlerine silah çekerlerdi. Ben de o sırada cunta üyelerinin anlaşmazlıkları hakkında yaptığım haberlere bir süreliğine ara vermiştim.

Türkiye'nin Washington Büyükelçiliğinde Basın Ataşesi olmak üzere UPI'dan ayrılan Zeyyat Gören, o zamanlar *The Indianapolis Star* ve *The Indiana News* gazetelerinin sahibi Eugene C. Pullinam ile işbirliği yaparak, Türk gazetecileri için burs verilmesini sağlamıştı. Amerika'ya yaptığım bu ilk ziyarette Indiana'da bir ay kalarak *The Indianapolis Star*'da Amerikan gazeteciliği üzerine çalıştım. Başkanlık seçiminin yapıldığı 1960 yılı Kasım ayıydı ve Demokrat aday John F. Kennedy, Cumhuriyetçi Richard M. Nixon'ı yenilgiye uğratmıştı.

O dönemde, Indianapolis'teki tarihi Adliye Sarayı hakkında bir tartışma yaşanıyordu. Birçok kişi o binanın yıkılmasını istiyordu. Binayı gezdiğimde neden Amerikalıların öylesine güzel merdivenlere sahip olan tarihi bir binayı yok etmek istediklerini merak etmiştim. Bu yüzden, o binanın gelecek kuşaklar için korunmasını öneren bir makale yazdım ve *The Indianapolis Star* da bu makaleyi yayınladı. Amerikalıların yeni, büyük ve daha iyi olan her şeye karşı duydukları bilindik sevdaları yüzünden, bu makaleyle herhangi bir kişinin ilgilenmiş olduğundan kuşkuluyum.

Cunta üyeleri hâlâ kendi aralarında sürtüşmeye, hatta şaşırtıcı bir şekilde devletin laikliği konusunda bile tartışmaya devam ediyorlardı. Ülkeye döndükten sonra, bazı cunta üyelerinin Kemalist reformun laiklik ilkesine karşı görüşler açıkladıklarını öğrendiğimde oldukça şaşırmıştım. Cuntanın yaşça büyük olan üyeleri, demokrasiyi olabildiğince hızlı bir şekilde geri getirmeyi arzularken, bazıları da iktidarlarını sürdürmeyi istiyordu. Milli Birlik Komitesi, komite içi kavgalar yüzünden 13 Kasım 1960 tarihinde feshedildi. Yeniden kurulduğunda ise, Albay Alparslan Türkeş dahil olmak üzere on dört üyesi yurtdışı görevler verilerek ülke dışına sürüldü. Daha sonra cunta, işçi sendikalarına izin vererek basın özgürlüğü gibi hakları garanti altına alan liberal bir anayasa oluşturdu. Aynı zamanda, darbe ile birlikte, siyasal sorunlarla dolu olan Pandora'nın Kutusu da açılmıştı.

O sırada profesyonel iş yaşamımda da değişiklik gündemdeydi. *Hürriyet*'te açık olan haber yönetmeni pozisyonuna başvurdum.

O zamanlar bu görev, Babıâli'de en zor görevlerden biriydi. Haber servisi yönetme konusunda zaten deneyimim vardı ve ayrıca yeni görevimde bana yardım edeceğinden emin olduğum bir yetenek de geliştirmiştim. Bu, var olan bir haberi okuma yoluyla, umulmayan gelişmeleri ve çoğunlukla da gelişebilecek diğer haberler için ipuçlarını önceden sezme olarak açıklanabilecek olan *yaratıcı tasavvur* ya da *yaratıcı imgelem* yeteneğiydi.

Necati Zincirkıran, *Hürriyet*'e Genel Yayın Müdürü olarak atanmıştı; genç muhabir ve yazarların da katılımıyla güçlü bir haber ekibi oluşturduk.

O günlerde *Hürriyet*, yolsuzlukla mücadele eden, demokrasiyi ve insan haklarını savunan tarafsız bir gazeteydi ve çalışanları Kemalizm'e bağlı insanlardı. Bunlar, *Hürriyet*'in yazarlarını, hiçbir hükümetin ve hiç kimsenin etkisi altında kalmadan tarafsız olmaları konusunda uyaran gazete sahibi Sedat Simavi'nin ilkeleriydi. Simavi'nin, "Kaleminizi esir etmeyin. Gerekirse kırın ama satmayın," sözleri ünlüydü.

Hürriyet, kurucusunun ilkelerine tümüyle bağlı kaldığı dönemde çok başarılı ve saygın bir gazete olmuştu.

Bir Gazete ve Bir Ulusun Kaderi

"Ezelden beridir hür yaşadım, hür yaşarım."

Mehmet Akif Ersoy

    1960 yılında *Hürriyet,* diğer günlük gazetelere içerik ve tiraj açısından fark atan genç bir gazeteydi. Kemalist reformların ürünü olan *Hürriyet,* bu adla çıkarılan ikinci gazeteydi. Vatansever oyun yazarı ve "hürriyet şairi" Namık Kemal, *Hürriyet*'i ilk kez, 1857 yılında Osmanlı baskısından kaçtığı Londra'da Arapça harflerle yayınlamıştı. Daha sonraları Namık Kemal'in yazıları, Türk edebiyatındaki Batılılaşma ve 1908 Jön Türk Devrimi üzerinde etki yapmıştır.

    Sedat Simavi, 1948 yılında *Hürriyet*'i Latin harfleriyle yeniden yayınlamaya başladığında, Londra'daki Olimpiyat Oyunları'na bir muhabir ekibi göndererek tirajda artış sağlamıştı. O yıl Türk güreşçileri Londra'da altın madalya kazandılar. Deneyimli gazeteci Sedat Bey, *Hürriyet*'i kurduktan beş yıl sonra, ölmeden önce gazeteyi oğulları Haldun ve Erol Simavi'ye bıraktı. Kardeşi Erol'dan daha uzun boylu olan esmer yakışıklısı Haldun, *Hürriyet*'in editoryal yönetimini devralırken, Erol Simavi idari işleri üstlendi.

    Erol Simavi, yıllar sonra, sağ ve sol gruplar arasındaki kavgalardan kaygı duyarak İsviçre'ye yerleşti. 1990'ların ortalarında *Hürriyet*'i işadamı ve *Milliyet* gazetesinin sahibi Aydın Doğan'a sattı.

Erol Simavi, Babıâli'de *Çapkın Patron* olarak tanınmak istemişti. Neden böyle pek de övgü dolu olmayan bir isimle anılmak istediğini hiç anlayamadık. Gazetecilik konusundaki eksiklikleri ve kişisel davranışları, ağabeyi tarafından telafi ediliyordu. Haldun Simavi, gazete personeline emirler yağdıran disiplinli, sert bir kişiydi; web ofset baskı makinelerini kullanarak günlük gazeteyi renkli basma teknikleriyle ilgilenirdi. Bu sistemin, gazete basımını tamamen değiştireceğini anlamıştı. Daha sonraki yıllarda, renkli yayınladığı günlük gazete *Günaydın*'ı Polly Peck imparatorluğunun sahibi Kıbrıslı Türk işadamı Asil Nadir'e bir servet karşılığında sattı ve sonra da Londra'ya yerleşti.

Haber Ajansı'nın Londra temsilcisi Nuyan Yiğit, *Günaydın*'a Genel Yayın Müdürü olarak atandı. Yiğit, çok sonraları bana, "Beş tane yeni baskı makinesi ithal ettik ve *Günaydın*'ı aynı anda, Doğu Anadolu'nun uzak bölgeleri dahil olmak üzere farklı yerlerde basabilmek için müthiş bir faks sistemi kurduk. Tiraj günde bir milyona çıktı. Daha sonra, Asil Nadir'in İngiltere'den Türk gazeteciliği hakkında hiçbir fikri olmayan uzmanları getirme girişimi ve Polly Peck'in yıkılışı gazetenin sonunu getirdi," demişti.

Ülke çapında yüksek tiraj elde etmek için gazetenin satış fiyatının düşük tutulmasında ısrar eden Asil Nadir için, *Günaydın* büyük bir masraf olmaya başlamıştı. Necati Zincirkıran, Nadir'in *Günaydın*'ı satın alışının Polly Peck International şirketinin yıkılışında rol oynadığına inanıyor.

İngiltere Ağır Dolandırıcılık Bürosu tarafından altmış altı ayrı konuda suçlanan Asil Nadir, 1993 yılında Kuzey Kıbrıs'a kaçtı. Meyvecilikten elektroniğe kadar hemen her konuda uzmanlaşan uluslararası Polly Peck grubu, 1990 yılında çok büyük bir borçla birlikte iflas etmişti.

1960 yılında *Hürriyet*'te çalışmaya başladığımda, Haldun Simavi'nin saygı duyulan bir gazete sahibi olduğunu gördüm. Bu, gazetede daha önce okumuş olduğum ve Simavi kardeşleri epeyce eleştiren oldukça sert bir makalenin tersine bir durumdu. Haldun Simavi, yazar değildi ama yeni ve yaratıcı düşünceleri heyecanla karşılardı. Fakat bununla birlikte, gazetenin kendi genel yayın müdürü tarafından yazılan ve isim vermeden Simavi kardeşlerin gazete işletmeye uygun olmadıklarını ima eden bir yazıya da hoşgörü göstermedi ve Genel Yayın Müdürü Samih Tiryakioğlu, ertesi gün işten çıkarıldı. Tiryakioğlu arkadaşımdı; tek tutkusu günlük bir gazete sahibi olmaktı.

Hürriyet'te çalışmaya başlamadan çok önce, bu gazeteyi, birçok nedenle ulusun kaderinde çok önemli bir rol oynayan yol gösterici bir fener olarak görüyordum. *Hürriyet*, birkaç fırsatçı ve gelip geçici gazetenin tersine, yolsuzluklara karşı halkın gözü kulağı gibi işlev gören dürüst bir gazeteydi. 1948'de kurulduğu günden beri, Cumhuriyet'in Kemalist geleneklerinin ve gelişen demokrasinin korunmasında kararlı bir rol üstlenmişti. Laikliğin, demokrasinin, basın ve fikirleri yayma özgürlüğünün, insan haklarının güçlü bir savunucusuydu. Ne yazık ki, daha sonraları her şey çok değişti.

1960 yılında *Hürriyet*'in taşındığı yeni bina, o dönemde Cağaloğlu'nda annemin hâlâ dişçilik yapmakta olduğu binanın yanındaydı. Giriş katında Alman yapımı Mann baskı makineleri yer alırken, ikinci katta Erol Simavi'nin yönetim ofisleri ve reklam bölümü vardı. Yazı işleri ofisleri üçüncü kattaydı. Odamdaki teleks makinelerinin çıkardığı ses nedeniyle, gürültünün dışarıya yayılmasını önlemek için duvarları kadife ile kaplamak zorunda kalmıştık. Zamanımın büyük bölümünü orada geçirir, saç kestirmek için bile odadan ayrılmazdım. Ani gelişen bir haber olduğunda, hemen harekete geçebilmem için berber odama gelir ve telekslerin yanında saçımı keserdi.

Sıcak baskı makinelerinin keskin kokusu, (acil haberlerde ulaşımın çabuk sağlanabilmesi için) aynı katta bulunan dizgi odasından ofislere yayılırdı. Dizgi odasında bir linotip akümülatörü, klavye ile kumanda edilen dizgi makineleri, bütün gazeteyi kurşun satır bloklar halinde dökerdi. Daha sonra bu satır yazılar, sırayla, baskı makineleri için ana kalıbı oluşturan metalden yapılma bir model üzerine yerleştirilirdi. Dökme kurşun nedeniyle, dizgi odası yazarları bir fırına döner ve havalandırma sistemimiz de olmadığından bu durum linotip operatörlerinin şikâyetlerine neden olurdu.

Bütün bu sistem yıllar sonra, siyah-beyaz basılan gazeteleri renkli basma olanağı veren renkli web ofset (rotatif) baskı tekniğinin gelişiyle tamamen değişti ve dizgi odaları ile linotip makineleri demode oldu.

Gazete binasının dördüncü katında arşiv ve fotoğraf laboratuvarı vardı. En üst katta ise, çok güzel bir Boğaziçi manzarasına sahip kafeterya yer alıyordu. Çalışanların çoğu orada manzaranın keyfini çıkarırken, sigara ve kahve içerek vakit geçirmekten hoşlanırdı.

Sıcak yaz günlerinde, Boğaziçi'nden esen meltem rüzgarının içeriye dolması için camlar açık bırakılırdı. Dünyanın mucizelerinden biri olan Boğaz, bizim bulunduğumuz yerden bakıldığında, dik tepeler arasında uzanarak Avrupa ile Asya'yı ayıran, kocaman parlak bir kurdele gibi gözükürdü.

Türk edebiyatında Boğaziçi'nin önemli bir yeri vardır. Türkiye'ye Batı tarzı şiiri getiren şair Tevfik Fikret, Boğaziçi'nde şimdi müze olan Aşiyan adını verdiği bir evde yaşardı.

Halide Edip Adıvar, bir eserinde, "Boğaziçi'nin koyu mavi gecesinde / Bir balıkçı kayığı kayıp gidiyordu" diye yazmıştı.

Boğaziçi bazı etkileyici özelliklere sahiptir. Örneğin, bazı noktalarda derinliği 120 metreyi geçer, ayrıca tehlikeli ve alışılmadık akıntıları vardır. Yüzey akıntısı, Karadeniz'den Marmara Denizi'ne doğru yönelir, soğuktur ve yüzme için tehlikeli olabilir. Denizaltındaki derin ve ılık akıntı ise, ters yönde Marmara Denizi'nden çıkarak sonunda Kırım kıyılarına ulaşır ve yarımadaya ılıman havayı taşır.

Hürriyet'in binası, bir tepenin en üst noktasında yer alıyordu; kafeteryanın camlarından, gökyüzünde yükselen cami kubbeleri ve minareleri ile panoramik bir İstanbul manzarası görülürdü. Boğaziçi, her zaman gemiler, botlar ve Avrupa ile Asya arasında sürekli seferler yapan vapurlar ile dolu olurdu. Beyaz boyalı Kız Kulesi, Üsküdar yakınlarındaki ufak bir adanın üzerinde yükselir, telaş içindeki deniz yolunun ortasında hareketsizce dururdu.

Haldun Simavi, bu manzaraya bakarak boş vakit geçirilmesini önlemek için, bütün camları kaldırıp onların yerine düz bir duvar ördürttüğünde hepimiz çok şaşırmıştık.

Haldun Simavi'nin, kardeşi Erol Simavi'nin tersine, Reuters

için çalışmama bir itirazı yoktu; bu nedenle bu uluslararası ajansa haber göndermeye devam ediyordum. Bununla birlikte, birincil görevim, okuyucular için yeni ve heyecan verici fikirler bulmak için, düzinelerce gazeteyi, dış haber ajanslarının bültenlerini ve yabancı gazeteleri okumaktı. Çalışanlar için tabloid boyda "Küçük Hürriyet" adlı haftalık bir yayın çıkararak, burada kendi başarılarımızı ve eksikliklerimizi tartışmaya başladık. Bu küçük yayın, rakip gazeteciler tarafından bile aranıp sorulurdu.

Sabahları yapılan haber toplantıları, gazetenin günlük akışını belirlediğinden bu, *Hürriyet* için son derecede önemliydi. Haldun Simavi, az eğitimli okurların da anlayabilmesi için haberlerin kısaltılarak basitleştirilmesinde ısrar ediyordu. 1969'da *Günaydın*'la birlikte renkli web ofset baskıya öncülük ederek, ılımlı, renkli ve reklam toplayabilecek, dergi gibi bir günlük gazete yaratmaya çalışıyordu. Daha önceleri, siyah-beyaz yayınlanan, kapsamlı ve ciddi haberciliği ile tanınan fakat zorlandığı için sonunda kapatılmak zorunda kalınan *Yeni Gazete* deneyimini yaşamış ve bu da ona kitlelere ulaşmanın yüksek tiraj anlamına geldiğini göstermişti.

Haldun Simavi'nin en büyük hatası, hem editoryal içeriği hem de çok sayıda gazeteciyi gözden çıkarmasıydı. Sonunda, Türk basınında renk devriminin taklitçilerinin ortaya çıkışıyla, Babıâli, teknik olarak gelişmiş fakat içerik olarak zayıf gazetelerle doldu. Muhabirlik deneyimine sahip olmadıkları halde, çok sayıda köşe yazarına muhabirlik yaptırılırdı. Yine de, Haldun Simavi, *USA Today* gazetesi Amerika'da yayınlanmadan on yıl kadar önce *Günaydın*'ı o gazetenin formatında düşünüp tasarlamıştı.

Hürriyet'teki haber ekibimiz son derecede girişkendi. Bu durum, başarıların yanı sıra, epeyce üzüntü ve sıkıntıyı da beraberinde getirdi. Burhan Tan'ın Gatwick'te ölümü, beni duygusal olarak etkilemişti. Hayatın ne kadar değerli ve kolay kaybedilebilir olduğunu yeterince erken bir yaşta anlamıştım. Aynı zamanda, haberleri daha hızlı ve daha iyi yansıtabilmek için, yaz sıcağına ya da kış soğuğuna bakmadan, diğer gazetelerle büyük bir günlük yarış içine girmiştik.

Trakya'da kış mevsiminin sert geçtiği bir yıldı; bir sabah,

İstanbul'a doğru gelmekte olan Simplon Ekspresi'nin karda mahsur kaldığını öğrendik. Bunun üzerine, Yüksel Kasapbaşı ve Abidin Behpur adlı iki muhabir, bindikleri aracı kullanan Yüksel Öztürk adlı şoför eşliğinde, mahsur kalan yolculara ulaşmak için yola çıktılar. Fakat bu genç insanları bir daha canlı göremedik.

Şiddetli kar ve aşırı soğuk altında hayatta kalma yöntemleri konusunda deneyimsiz olan bu ekip, trendeki yolculara ulaşmak için ısrarcı davranmış ve Çatalca yolunda bir kar kümesi altında sıkışıp kalmıştı. Yakındaki köyden gelenler köye gitmeyi teklif ettilerse de, ekiptekiler aracın yanında kalmayı tercih etmişler ve sonra da ısınmak için gaz kullandıkları aracın içinde uyuyup kalmışlar. Bu gençlerin donmuş bedenleri, gece olduğunda kurtarma ekipleri tarafından bulundu.

Çalışma arkadaşlarımızın ve dostlarımızın kaybı, hepimiz için son derecede zordu. Bununla birlikte, gazeteciler, tehlike söz konusu olduğunda, özellikle silahlı çatışmalarda, bir bakıma polisler ve itfaiyeciler gibi davranmak durumundadır. O tarihten beri, Türkiye'de çok sayıda gazeteci, özellikle sağ ve sol aşırı gruplar arasındaki çatışmalarda ve daha sonra Anadolu'daki Kürt eylemleri sırasında suikastlere kurban gitti ve açıkça katledildi.

1961 yılında Amerikan Başkanı John F. Kennedy ile Sovyet lider Nikita Sergeyeviç Kruşçev arasında yapılan zirveyi izlemek üzere Viyana'ya gittim. Kruşçev, kel kafalı, kısa boylu, güdük bir adamdı; düşük, bol pantolonlar ve kalın lastik tabanlı ayakkabılar giyerdi. Trenle Viyana'ya vardığında, Avusturya Şansölyesi Bruno Kreisky tarafından karşılandı. Ben de hemen arkalarında durmuş ve konuştuklarını duymaya çalışmıştım.

Tahsin Öztin, o dönemde ekibimizdeki en yaşlı ve en çok seyahat etmiş gazeteciydi. Çok sayıda kral, kraliçe ve hükümet lideri ile röportaj yapmış olduğundan, Viyana zirvesini onun izlemesi gerektiğini düşünmüştüm. Fakat öyle olmadı.

Öztin iyi huylu bir insandı. Çeşitli defalar Hac ziyaretlerini izlemek üzere Mekke'ye gönderilmişti. Mekke'deki aşırı kalabalık hakkında konuşur, Hac ziyaretini, Arapça kıyamet günü, büyük kargaşa anlamına gelen *mahşer* kelimesiyle tanımlar, bize şeytan taşlama törenini anlatırdı. Hac sırasında hacılar, Arapça'da Büyük

Şeytan anlamına gelen Şeytan el-Kebir'i temsil eden üç sütunu taşa tutarlar. Öztin, Hac'da olanları şöyle aktarırdı:

"Hacılar dalga dalga gri taş sütunların önüne yığılıyor. Birçok kişi panik içinde itiş kakış sırasında ölüyor. Diğerleri de yaşlılık ya da doğal nedenlerle yaşamını kaybediyor. Hac sırasında ölmenin Müslüman cennetine girişi sağladığına inanılıyor. Taşa tutma töreni sırasında, her bir hacı yedi adet taşı sütunlara atıyor ve bazı aşağılayıcı hakaretleri Arapça bağırarak söylüyor. Hacılar, çoğunlukla, ayakkabılarını ya da terliklerini çıkararak Büyük Şeytan'ı temsil eden sütunlara fırlatıyor."

Dünyanın kaderinin tartışıldığı o zirve sırasında Viyana, eğlence ve baharın son dönemine özgü renklerle doluydu. Kennedy-Kruşçev buluşması için düzenlenen basın merkezi, eski İmparatorluk Sarayı ve Habsburgların gözde rezidansı Hofburg'daydı. Kennedy ile Kruşçev, 17 Nisan 1961'de meydana gelen Domuzlar Körfezi çıkarmasında yaşanan bozgunun iki ay sonrasında, Alman meselesi üzerinde anlaşamadılar. Gündemde ayrıca Türkiye'de bulunan, on beş orta menzilli Amerikan Jüpiter nükleer füzesi de vardı. Bu füzeler, bir yıl sonra ekim ayında, Amerikalılar Küba'da bulunan kısa ve orta menzilli Sovyet füzelerinin varlığını keşfettiklerinde, pazarlık konusu haline geldi. Jüpiter füzelerinin Türkiye'den çıkarılması, verilen bir ödün yerine geçerek, Küba krizinin çözülmesinde önemli bir rol oynadı.

Balkan ülkeleri, özellikle Bulgaristan ve Yugoslavya, katı komünist yönetimlerdeki koşulları gözlemlemek üzere sık sık ziyaret ettiğim ülkelerdi. Her iki ülkede de Osmanlı İmparatorluğu zamanında bu bölgelere yerleşmiş olan çok sayıda Türk kökenli insan yaşıyordu. Fakat oradaki insanlar yabancılarla konuşmaktan korktuklarından, onlara yaklaşmak zordu. Polisler daima yabancılardan, özellikle de fotoğraf makinesi olanlardan şüpheleniyordu. Bir keresinde, şu anda Makedonya'da olan o zamanın Yugoslavya topraklarındaki Üsküp'te, yalnızca yaşlı bir Türk kadınının fotoğrafını çektiğim için, üniformalı bir polis tarafından gözetlenmiştim. O yaşlı kadın, bir cami avlusundaki ağaçtan düşen cevizleri topluyordu ve polisin varlığı nedeniyle, Sırpların zalim yönetimi altında yaşamanın zorluklarını ancak fısıldayarak anlatabilmişti.

BİR GAZETE VE BİR ULUSUN KADERİ 227

Bir defasında Yugoslavya'da esrarengiz bir deneyimim oldu. Belgrad'ın güneyinde yer alan Kragujevac^(*) kentinde kullandığım arabada bir sorun çıkmıştı. Kış zamanıydı ve yer karlarla kaplıydı. Belgrad'a gidecektim ama hiçbir neden olmaksızın, huzursuzluk ve aşırı derecede tedirginlik hissediyordum. Araba hazır olur olmaz planımı değiştirdim ve Belgrad'a gitmekten vazgeçtim. Onun yerine, geri dönerek İstanbul'a doğru yola çıktım. İçimdeki bir his, bütün Yugoslavya, Bulgaristan ve Trakya boyunca sınır kontrolleri dışında hiçbir yerde durmadan yol almama neden oldu. Balkanlar'daki kırlık alanlara ve dağlara kar yağarken, tavşanların geceleri arabamın ön farlarının ışığında hızla yoldan geçtiklerini hatırlıyorum. İstanbul'a sağ salim ama bitkin bir halde varmıştım.

Birkaç saat sonra telefon çaldı. Arayan, bir uçak kazası hakkında bilgi vermek isteyen gece editörüydü. Ortadoğu ülkesinden kalkan bir uçak, Ankara üzerinde bir askeri uçakla çarpışmıştı. Yanan cesetler, uçak parçaları ve tutuşan jet, üzerlerine düştükleri insanları ateşten meşaleye çevirmişti. Reuters'e yazdığım haber, büyük bir atlatma haber olayıydı ve dünya basınında oldukça geniş ölçüde yer aldı.

(*) Kragujeva: Osmanlı tapu kayıtlarında (1476) 32 hanelik bir köy olarak adı geçen şehir. Şimdi sanayi merkezi.

Yeni Sabah'ın Kapanışı

Suçu gelin etmişler, kimse güvey girmemiş.

Atasözü

Sivillere iktidarı devretmeden önce 1960 cuntası, çalışan gazetecilerin haklarını alışılmadık ölçüde koruma altına aldı. O zamana dek duyulmamış konularda yasalar çıkarılmış, örneğin asgari ücret belirlenmiş ve işten ayrılma tazminatı onaylanmıştı.

Çıkarılan yasaya göre, tazminat maddesinin, geriye dönük bir şekilde gazetecinin işe alındığı yıl baz alınarak, uzun dönemi kapsayacak şekilde uygulanacak olması gazete sahiplerini korkutmuştu.

Daha önceleri, 1950'de Demokrat Parti iktidara geldiğinde, gazetecilerin iş güvenliği, sendikaları ve işten çıkarıldıklarında tazminat hakları yoktu. Demokrat Partililer, gazetecilere sendika kurma hakkını tanıyan yeni bir yasayı çıkarmış olmasına karşın, gazetecilere yazdıklarını kanıtlama hakkını vermeyi reddediyorlardı. Diğer bir deyişle, hükümette bir yolsuzluk yapılmışsa ve bir gazetecide bununla ilgili bir delil varsa, o gazetecinin bu konu hakkında yazması yasayla engellenmişti. Eğer yazarsa, hapis cezasına çarptırılabilirdi. Bu durum, ancak 1960 müdahalesinden sonra değiştirilebildi.

1960 darbesi, gazeteler için oldukça yoğun bir dönem olan

Türk işçilerinin Batı Almanya'ya akın ettiği zamanda gerçekleşmişti. *Hürriyet*'in de aralarında bulunduğu bazı gazeteler, Batı Almanya'da ve Batı Avrupa'daki diğer ülkelerde baskıya geçmeden yıllar önce, gazete kopyalarını bu bölgelere uçakla göndermeye başlamışlardı.

Eski patronum Safa Kılıçlıoğlu, yeni yasayla gelen tazminat haklarından doğacak sorumluluklardan endişe duyduğu için *Yeni Sabah*'ı kapatmaya karar verdi. Babıâli'deki yarış zorlu bir mücadeleye dönüştüğünden, gazeteyi kapatma kararının ardında başka nedenler de olabilirdi. Haldun Simavi, bir haber toplantısında, Safa Kılıçlıoğlu ile röportaj yapmamı istedi. Bunun üzerine, eski patronumu ofisinde görmeye gittim ve ofisin kapısında bir kez daha o kırmızı-yeşil ışık prosedüründen geçtim.

Safa Kılıçlıoğlu hâlâ o eski öfkeli tavrını dışarı yansıtıyordu; buna karşın, *Hürriyet*'e karşı yıllarca sürdürdüğü saldırganlıktan artık eser yoktu. Bir yarışa katılarak kaybetmiş fakat bundan sonra ne yapacağını bilmiyor gibiydi. Neden *Yeni Sabah*'ı kapatmaya karar verdiğini sorduğumda şu yanıtı verdi: "Savunulacak bir şey kalmadı." Halkın yaşadığı yaygın yoksulluğun ve günlük hayattaki sosyal adaletsizliklerin, herkesin görebileceği kadar açık olduğu bir ülkede, mücadele vermek için çok sayıda neden vardı ve bu yüzden gösterdiği mazereti yetersiz bulmuştum.

Görüşmeden sonra, "Dün bir gazete vefat etti" başlığıyla haberimi yazdım ve yazarken de oldukça üzüntü duydum.

Yıllar sonra, bir parça ün kazandığımda, eski patronumu Marmara Denizi kıyısındaki Florya Plajı'nda güneşlenirken gördüm. Kılıçlıoğlu, orada arabesk tarzda görkemli bir ev yaptırmıştı. Gençliğin verdiği gösterişçi bir tavırla, ona sessizce el sallarken verdiğim mesaj açıktı: "Görüyor musun, nerelere geldim!" Eski patronum da karşılık olarak bana el sallarken, gözlerindeki o eski kurnaz parıltıyla muzipçe gülümsemişti. Söylemesi gerekmiyordu ama aklında ne olduğunu çok iyi tahmin edebiliyordum: "Kendinle o kadar gurur duyma! Terry Moore'un o sansasyonel fotoğrafını nasıl aptalca kaçırdığını unuttun mu?"

Gazete, Kılıçlıoğlu için büyük bir güç kaynağı olmuştu; fakat şimdi onsuz hayattan sıkılmış gibi gözüküyordu. Kusurlarının yanı sıra, ona karşı gönülsüz de olsa saygı duyuyordum. Ben de dahil olmak üzere, onun sert yönetimi altında çok değerli deneyimler kazanma fırsatını bulan birçok genç gazeteci için bir yol gösterici olmuştu. Safa Kılıçlıoğlu, gazeteci değildi ama son derecede akıllı bir insan ve haberlere ulaşmadaki yarışın önemini kavrayan parlak bir işadamıydı. Onu ayrıca, eli sıkı ama gazeteciliğin profesyonel standartlarına uygun davranan, ahlaklı bir gazete sahibi olarak hatırlıyorum. Askerliğinde mutfakta çalıştığından, *garson* sıfatı ona yapışıp kalmıştı. Bazı gazeteciler de, çoğunlukla onu bu şekilde anarak bir şekilde küçümsemeye çalışırlardı.

Kanımca, kendi yarattığı gazete için en önemli şey yine kendisiydi. Kendisine karşı açılabilecek tazminat davaları yüzünden *Yeni Sabah*'ı ülkenin bir numaralı gazetesi yapma konusundaki tutkusunu kaybettiğinde, gazetesiyle birlikte ortadan kaybolmaya karar verdi. Kılıçlıoğlu, soyadına uygun bir şekilde, Türkiye'nin gelişmekte olan medya dünyasında gerçek bir silahşor olmuştu.

Simavi kardeşler, Kılıçlıoğlu'nun gazeteyi kapama kararının tersine, tazminat hakları ile başa çıkma konusunda daha iyi bir yöntem buldular ve *Hürriyet*'e bağlı olarak çalışacak, gazete ile çalışan gazeteciler tarafından ortak sahip olunacak bir haber ajansı kurmaya karar verdiler. Bu ajansa Haber Ajansı adını verdik. Bunun bağımsız bir şirket olması gerekiyordu, fakat *Hürriyet*'in doğrudan ortaklığı ve en iyi haber ve fotoğraf tekelini elinde bulundurması nedeniyle, bu gerçekleştirilemedi.

Esentepe'deki Gazeteciler Sitesi'nde bir evim vardı. Onu satarak bütün parayı ajansın hisselerine yatırdım ve böylelikle en büyük bireysel hisse sahibi oldum. Diğer çalışanlar da, ufak miktarlarda hisse senetleri aldılar ve sonunda *Hürriyet* binasının dördüncü katı ajansın merkezi haline geldi.

Bütün haberciler ve fotoğrafçılar ile haber bürolarının hepsi yeni şirkete devredildi. Ben, Genel Müdür ve Genel Yayın Yönetmeni olarak atanarak, Batı Almanya, Londra, Atina ve Moskova'da yeni bürolar açmak üzere çalışmaya başladım. Batı Almanya, orada bulunan çok sayıda Türk işçisi nedeniyle haber açısından önemli bir ülkeydi. (Şu anda, iki milyondan fazla Türk işçisi Almanya'da yaşıyor ve bunların çoğu da ikinci ya da üçüncü kuşak.)

Meslek hayatımdaki en unutulmaz gecelerimden birini, tam bu sıralarda yaşadım. Ankara'daki Harp Okulu'nun komutanlarından Albay Talat Aydemir, 22 Şubat 1962'de ayaklanma çıkararak İsmet İnönü'nün koalisyon hükümetini devirmeye çalışmıştı. Biz *Hürriyet* çalışanları için heyecanlı ve oldukça şaşırtıcı bir dönemdi.

İsyancı Bir Kurmay Albay ve Karakolda Bir Kraliçe

Tilkinin dönüp dolaşıp geleceği yer, kürkçü dükkânıdır.

Atasözü

Talat Aydemir, başını çektiği Albaylar Cuntası aracılığıyla, Ankara Harp Okulu'ndaki diğer subayları ve öğrencileri isyana katılmaya ikna etmişti. Aydemir'le hareket eden isyancılar, sonunda Meclis binasını ve askeri binaları tanklarla çevirerek, Başbakanlık ile Ankara Radyosu'nu kontrol altına aldılar.

O günlerde, darbeyi başarıyla gerçekleştirmek için ulusal radyoyu ele geçirmek oldukça önemliydi. Çünkü henüz televizyon kanalları yoktu ve darbeyle ilgili haberleri yayıp kontrol altına alabilmek için en hızlı ve en iyi yol radyoyu kullanmaktı.

Darbe, ordudaki bazı subaylar ile birkaç basın mensubunun ve durumdan rahatsız olan bazı üniversite profesörlerinin hayal kırıklığının sonucu olarak ortaya çıkmıştı. Bu grupta yer alanlar, 27 Mayıs 1960 darbesinin sonuçlarından hoşnut değillerdi, çünkü hiçbir şeyin değişmediğini düşünüyorlardı. Devrilen Menderes rejiminin destekçileri, eski Demokratlar, İslam dinini seçimlerde güç kazanmak için kullanmak dahil olmak üzere, Menderes'in eski politikalarını aynen benimseyen yeni partiler kurarak siyasete dönmüşlerdi.

Hürriyet ve *Haber Ajansı*, derhal isyana karşı tavır aldı. Bütün gece ayakta kalarak darbe hakkında sürekli bilgi toplamıştım. *Hürriyet*'in Albay Talat Aydemir'in isyanı ile ilgili ana manşeti şöyleydi: "DEMOKRASİ TEHLİKEDE, ANKARA'DA İSYAN." Ve bu başlıkla başkente ulaşan gazete, isyanın liderlerini şoke ederek cesaretlerini kırmıştı.

Gece sona ermeden önce, hiç beklemediğimiz bir gelişme ile sarsıldık. Aramızdan yalnızca birkaç kişi, Erol Simavi'nin Albay Talat Aydemir isyanına verdiği destekle ilgili sarsıcı haberi öğrendi.

O zamanlar *Dünya* gazetesinin tanınmış köşeyazarları ve ortakları olan Falih Rıfkı Atay ve Bedii Faik'in de aralarında bulunduğu bazı gazeteciler ile gazete sahiplerinin Albay Talat Aydemir'i desteklediklerini biliyorduk. Hatta Falih Rıfkı Atay, yazılarından birinde, "Aydemir'in gözlerinde Mustafa Kemal'in pırıltısını gördüm," diyerek, Talat Aydemir'e övgülerde bulunmuştu. Atay, Albay Aydemir'in ülke için olağanüstü bir lider, belki de ikinci bir Mustafa Kemal Atatürk olabileceğine inanıyordu.

Talat Aydemir'le birkaç kez görüşmüştüm. Orta boylu, sarı saçlı, mavi gözlü bir Çerkez'di ve tavırları ve görünüşü ile Atatürk'e benzediği izlenimini vermeye çalışırdı. 27 Mayıs 1960 darbesinin destekçilerinden biriydi fakat cunta üyesi değildi. 1962 yılında, Silahlı Kuvvetler içinde bulunan farklı devrimci gruplardan birini temsil ediyordu. 1960 darbesi yüzünden ordu içindeki disiplin bozulmuştu. Genç subaylar general gibi davranırken, generaller komuta zincirini düzene koymaya çalışıyorlardı.

Albay Aydemir, sivil rejimi devirip, siyasal partileri kapatmak ve Albaylar Cuntası'nın başında ülkeyi yönetmek istiyordu. Bu nedenle de, medya ile birlikte ordunun belli başlı ünitelerinden destek bekliyordu. Fakat bu destek ortaya çıkmayınca, başlattığı isyan gücünü yitirdi.

Aydemir, darbe lideri olarak büyük bir hata yapmıştı. Cumhurbaşkanlığı Muhafız Alayı'nda binbaşı olan ve Aydemir'in önde gelen destekçilerinden Fethi Gürcan, Cumhurbaşkanlığı Köşkü'nde bir toplantı yapıldığı sırada, komutan Albay Cihan Alpan'ı tutuklayarak Muhafız Alayı'nı denetimi altına aldı. O sırada Köşk'teki toplantıda, Cumhurbaşkanı Cemal Gürsel, Başbakan İsmet İnönü ve Silahlı Kuvvetler'in başkomutanları isyanla nasıl baş edeceklerini tartışıyorlardı. Binbaşı Gürcan, Albay Aydemir'i arayarak içerdekiler hakkında ne yapmaları gerektiğini sormuş ve "Bırakın gitsinler. Onlarla bir işimiz yok," yanıtını almıştı. Binbaşı, daha sonra çok pişmanlık duyacaktı ama o anda aldığı emir üzerine hükümet temsilcilerini ve en üst düzeydeki askeri komutanları alıkoymayarak binadan serbestçe çıkıp gitmelerine izin verdi.

Hükümete sadık olan Hava Kuvvetleri'nin jetleri Harp Akademisi'nin üzerinde uçarken, İsmet İnönü Albay Talat Aydemir'e mesaj gönderdi ve eğer barışçıl bir şekilde çekilirlerse, isyana katılan herkesin affedileceğini söyledi. İsyanın sonuydu bu. Aydemir'i emekli olmaya zorunlu olarak ikna eden İnönü, daha sonra sözünü tuttu ve onun serbest kalmasına izin verdi.

Erol Simavi'nin isyancılarla olan ilgisi, o dönemde asla kamuoyuna açıklanmadı; bu küçük sırrı kendimize sakladık. Erol Simavi'nin yeni bir darbeden dolayı çok endişe duyduğunu ve böyle bir darbeye karşı kendi güvenliğini garanti altına almak istediğini biliyorduk. Bu nedenin yanı sıra, giderek gelişen Marksizm ve köktendinci İslam'ın yayılması ile ilgili endişeleri, İstanbul barlarındaki arkadaşlıkları yeğlemesinde ana rolü oynuyordu.

Necati Zincirkıran, *Hürriyet ve Simavi İmparatorluğu* adlı kitabında, Erol Simavi'nin Talat Aydemir isyanı ile olan ilgisini açıklıyor. Kitabın bu bölümünde, Albay Talat Aydemir'in destekçilerinin, Hürriyet'in 'DEMOKRASİ TEHLİKEDE, ANKARA'DA İSYAN' şeklindeki manşetine gösterdikleri tepki de yer alıyor. Gazetenin bu ilk baskısı, başkent Ankara dahil her yere dağıtılmış durumdaydı. Necati Zincirkıran şöyle yazıyor kitabında:

> Saat 21.30'da *Dünya* gazetesinin müdürlerinden Hayri Alpar gazeteye geldi. Bana "Yanlış bir iş yapıyorsun, hem kendini hem de gazeteyi tehlikeye sokuyorsun. Değiştir bu manşeti," dedi. Tepem atmıştı. "Sen kimden yanasın?" diye bağırdım herkesin içinde. "Bunun için geldinse çık burdan dışarı.

İhtilalin sivil uzantılarından talimat alacak kadar şerefsiz bir gazeteci değilim ben."

Hayri Alpar, aslında beyefendi bir insandı. Ağabeyimizdi, ama, hiçbir zaman iyi bir gazeteci olamamıştı. Üstelik kalp hastasıydı da. Salondan çıkarken kulağıma eğilerek, "Erol bey de bu işin içinde," demez mi? Erol Simavi patronlarımdan biriydi. Sedat Simavi'nin oğlu, Haldun Simavi'nin kardeşi. O zaman anladım bana neden telefon numarasını vermediğini. Fakat bu itiraf karşısında donakalmıştım, elim ayağım titriyordu.

Albay Aydemir, bu başarısız darbe girişimine karşın, iktidar hırsından vazgeçmedi. 20 Mayıs 1963'te bir sivil olarak, bir kez daha koalisyon hükümetini devirmeyi denedi ve yine başaramadı. Fakat bu defa çatışmalar sırasında sekiz kişi öldü, bazı öğrenciler Harp Akademisi'nden atıldı ve Albay Aydemir ile Binbaşı Fethi Gürcan idam edildi.

Talat Aydemir'in maceraları, daha sonra hükümeti devirmeye çalışan diğer kişileri etkilemeye devam etti. 1960'ların başlarında birbiri ardına birçok taklitçi ortaya çıktı ve zincirleme bir reaksiyon başladı. Ardından, seçimle iş başına gelen hükümeti devirmek amacını taşıyan çok sayıda devrimci grup türedi. Silahlı Kuvvetler'in içinde kendilerine Genç Kemalistler adını veren gizli örgüt üyeleri ise tutuklandı. Meslektaşlarımızın bazıları da, bu hükümeti devirme girişimlerinin hesabını tutmaya başlamıştı.

* * *

1960'lı yıllara ilişkin olarak çok iyi hatırladığım bir olay, Şah Muhammed Rıza Pehlevi'nin eşi, eski İran Kraliçesi Süreyya ile ilgili. Süreyya, İranlı aristokrat toprak sahibi Halil İsfendiyar Bahtiyari'nin kızıydı, annesi Eva Karl ise Alman'dı. İran Şahı'na varis olacak erkek bir çocuk dünyaya getiremediği için, Şah'tan boşanmaya zorlanmış ve eski kraliçe durumuna düşmüştü. Daha sonra Paris'e yerleşerek, Avrupa sosyetesine katılan Süreyya, Alman magazin dergilerinin ilgi odağı haline geldi. İstanbul'da film çekimi için bulunan Avusturyalı film yıldızı Maximilian Schell ile birlikte o da Türkiye'ye gelmişti.

Bir sabah Rumelihisarı'ndaki karakoldan bir telefon aldım. Arayan kişi, Haber Ajansı'nın fotoğrafçılarından Özkan Şahin'in Süreyya'nın fotoğraflarını çekmeye çalışırken Maximilian Schell ile kavga ettiğini bildirdi. Paparazzi tarzı izinsiz çekimlerden rahatsız olan Schell, Şahin'i tartaklamış ve kamerasını almaya çalışmıştı. Özkan Şahin ise, polise şikâyette bulununca, üçü birden karakola götürülmüştü.

Bu haber üzerine, "Hemen geliyorum," dedim.

Yıllar önce benim başıma da benzer bir olay geldiğinden, bu tarz kavgalara yabancı değildim. Film yıldızı Jennifer Jones, İsviçre'deki St. Moritz adlı lüks otelde kaldığı sırada, ben de bu yıldızın birkaç fotoğrafını çekebilmek amacıyla otelin lobisinde dolaşıyordum. Jones, lobide göründüğünde hemen kamerama sarıldım, fakat daha ben fotoğrafı çekmeden önce David O. Selznick öfkeyle arkamdan geldi. *Rüzgar Gibi Geçti*'nin de aralarında yer aldığı bazı ünlü filmlerin prodüktörü olan Selznick, eşi Jennifer Jones'u aşırı derecede sahiplenmiş ve koruması altına almıştı. Kolumu tutarak bana saldırmaya çalıştı ve kameramı elimden aldı. Neyse ki, Jennifer Jones dışarda bekleyen limuzine koşunca Selznick de beni bırakarak ünlü yıldızın arkasından gitti.

Bizim foto muhabirinin Maximilian Schell ve Süreyya ile olan tartışması, benim başıma gelenden daha kötüydü. Özkan Şahin, Schell'in kendisine kötü davrandığını savunuyordu. Şahin, Süreyya'nın birkaç fotoğrafını çekmeyi başarmıştı. Polis cipine alınan Schell, Hisar'ın arkasındaki yamaçta bulunan harap haldeki ahşap karakol binasında hâlâ öfke içindeydi. "Prenses Süreyya" unvanı verilen eski kraliçe, güzelliği ile ünlüydü. Bir polis memuru, kendisine saldırdığı için film yıldızı Schell'i dava etmek isteyen foto muhabirinin ifadesini daktilo ederken, Süreyya da gıcırtılı bir sandalyede oturuyordu.

Prenses Süreyya bir zamanlar komşu ülke İran'da kraliçe olduğundan, bu durum hiç hoşuma gitmemişti. Yıllar önce, Şah yıllarında kraliçe olduğu zaman İstanbul'a resmi ziyarette bulunmuştu. Süreyya'nın eski kraliçe olarak dahi, karakolda bulunmasının uygun olmadığını düşündüm ve Özkan Şahin'i suçlamalarından vazgeçmesi için ikna ettim. Fakat o sırada köşede durmuş beklerken, Schell beni fark edip yanıma geldi ve bağırmaya başladı. Beni düzenbazlıkla ve tüm olayı planlamakla suçluyordu.

Ona haklı olmadığını, kavga ile hiçbir ilgimin bulunmadığını ve olayı mahkemeye taşıyarak Süreyya için daha fazla küçük düşürücü bir hale sokmayı istemediğimi söyledim. Türk polisleri hakkında söylenen bir dörtlük vardır:

Olur böyle vak'alar
Türk polisi yakalar
Alır götürür merkeze
Rezil eder herkese

Yaptığı suçlamalardan vazgeçmeyi gönülsüzce kabul eden foto muhabirine konu hakkındaki düşüncelerimi açıkladım. Hâlâ kızgın olan Schell de Süreyya ile birlikte karakoldan ayrıldı. Haber Ajansı ise, Süreyya ve Maximilian Schell'i polis arabasında karakola götürülürken gösteren fotoğraflarıyla büyük bir haber yakalamış oldu.

Gençliğinde film yıldızı olmaya heveslenen Prenses Süreyya, 2001 yılının Ekim ayında, 69 yaşındayken Paris'te yaşamını yitirdi.

Amerika'dan Haberler

*Kalp camdan bir köşktür,
kırılırsa tamir edilmez.*

Atasözü

Haber Ajansı'nın 1966 yılında New York'taki Birleşmiş Milletler Genel Merkezi'nde görev yapan sürekli bir temsilcisi yoktu. Fakat ajans, Amerika Birleşik Devletleri'ndeki olayları daha fazla izlemeyi planlıyordu. New York'taki bu göreve ben getirildim ve neredeyse on iki yıl boyunca çalıştığım Reuters ajansındaki görevimden istifa ederek Türkiye'den ayrıldım. Benim yerime Nuyan Yiğit Reuters'in Türkiye muhabiri oldu.

Staten Island, 1966 yılında Manhattan'a kıyasla huzurlu bir yerdi; her gün vapur ile gidip gelmek insanı hem rahatlatıyor hem de New York limanının etkileyici manzarasını görme olanağı veriyordu. Vapur ücreti tek yön için kişi başına beş sentti ve 25 sente vapurda satılan sosisli sandviçlerden almak mümkündü. Adaya ilk gittiğim zamanlarda, arabam olmadığı için her yere yürüyerek gider ve arabalarının içinde yoldan geçen insanların meraklı bakışlarına hedef olurdum. O dönemde Amerika'nın Vietnam Savaşı devam ediyordu.

Eşim Magrid daha önce serbest gazetecilik yaptığı için, gelişen haberleri izlemek amacıyla aramızda işbirliği yaptık. Daha sonra araba kesin bir ihtiyaç olduğundan, 2000 dolara bir Ford Mustang aldık ve bu araçla o dönemde bütün ülkeyi dolaştık.

Birleşmiş Milletler binasının üçüncü katındaki 371 numaralı odada bir büromuz vardı; burası aynı zamanda aralarında *Tercüman* gazetesine yazan Necdet Berkand'ın da bulunduğu diğer yabancı muhabirlerin de bürosuydu. Yıllar önce *Yeni Sabah*'ta birlikte çalıştığımız için Berkand'ı iyi tanıyordum. Uzun boylu ya da yakışıklı değildi ama şeytan tüyü vardı onda. Konuşmasıyla kadınları nasıl etkileyeceğini bilirdi. Berkand ofiste olmadığı zamanlarda onun telefonuna bakardım; arayanların çoğu kadın olurdu. Sık sık Birleşmiş Milletler delegeleri için ayrılan restoranda Berkand'ın masraf kalemine yazılan uzun öğlen yemekleri yerdik.

Birleşmiş Milletler'de sürekli görev yapan bir diğer Türk gazeteci, fotoğrafları *National Geographic* ve *Time* dergilerinde yayınlanan *Yeni Sabah*'ın usta foto muhabiri Mehmet Biber'di.

Maine eyaletini ilk olarak, Portland şehri açıklarındaki Casco Adaları'nın halkı Birleşmiş Milletler Muhabirleri Derneği üyelerini adaya davet ettiğinde ziyaret ettim. Fakat o zaman, hayatımın sonraki dönemlerinde, bu eyalette uzun yıllar geçirmek durumunda kalacağım hakkında hiçbir fikrim yoktu. Little Diamond Adası'nda yazlık evleri olan Ted ve Edith Yonan, o dönemde beni iki ayrı seyahatimde ağırlamışlardı.

Birleşmiş Milletler'de o sırada protokol şefi olan Sinan Korle'yi tanıyordum; New York'a gelmeden önce, İstanbul'da *Vatan* gazetesinde çalışmıştı. Korle'nin bürosunda oturur, gündelik işlerinin bir parçası olarak sürekli görüştüğü eyalet valileri ve uluslararası delegeler hakkında konuşurduk. Sinan Korle'den öğrendiğim bazı ilginç ve sansasyonel notları haberlerimde kullanmaktan çoğunlukla sakınırdım.

Birleşmiş Milletler'in çalışma yöntemini yakından izleyince, bu örgütün dünyanın sorunlarını çözme konusunda büyük ölçüde hayal kırıklığı yarattığını ve etkisiz kaldığını gördüm ve bu düşüncemi de haberlerimde belirttim. Birleşmiş Milletler, insanın doğasından gelen aldatma ve bencillik özelliklerini yansıtıyordu; delegelerin istedikleri gibi tavır alarak sorunlarla baş etme yöntemleri, temsil ettikleri ülkelerden daha çok kendilerinin çıkarlarıyla ilgiliydi. Diğer yandan, delegeler, ilkesizce davranarak, ülkelerinin çıkarları için gerçekleri çarpıtabiliyorlardı. Bu yüzden, Birleşmiş Milletler, dünyanın yüz yüze geldiği sorunlara gereği gibi karşılık veremiyordu. Komisyonlardaki çalışma sürecine ilişkin eksiklikler ile üye ülkelerin anlaşmazlıkları ve özel çıkarlar nedeniyle Genel Kurul'da hiçbir yere varmayan tekdüze tartışmalar, örgütte reform yapılması gerektiğini gösteren işaretlerdi.

Uzun ve tekdüze tartışmalar nedeniyle Birleşmiş Milletler'deki haberleri izlemek, zaman zaman son derecede sıkıcı bir hal alırdı. Bu yüzden, çok daha ilginç ve heyecan verici olan Amerika'daki diğer olayları izlemekle ilgileniyordum.

Amerika Birleşik Devletleri'nde meydana gelen olayları gözlemlemenin hem iyi hem de kötü yanları vardı. Martin Luther King'in Yoksul Halk Kampanyası ile Amerika'daki kenar mahalle koşullarına karşı sivil haklar hareketini başlattığı ve daha sonra Memphis, Tennessee'de öldürüldüğü dönemdi. "Çiçek Çocuklar"ın zamanıydı; şehirlerde siyah nüfusun yaşadığı gettolarda karışıklıkların çıktığı, bu insanların oturdukları blokların tümüyle yakıldığı ve Robert F. Kennedy suikastının gerçekleştiği dönemdi. Vietnam Savaşı nedeniyle Amerika'da huzursuzluk ve uyuşmazlık hakimdi; savaş karşıtı gösteriler günlük haber konusuydu.

Baltimore'daki bir kargaşa sırasında Amerikan Ordusu'na ait bir ceket ve kot pantolon giyen öfkeli bir siyah Amerikalı, "Çık git burdan, beyaz adam. Yoksa öleceksin," diyerek beni uyarmıştı. İsyancı kıyafetindeki bir polis yardıma hazır durumda beklerken, ateşe verilen binaların fotoğraflarını çekiyordum. Afrikalı-Amerikalıların kendi evlerini yakmaları beni şoke etmişti.

Bir keresinde, Vietnam, Danag'da öldürülen, New York'un Queens bölgesinden bir Amerikalı Türk gencinin hikâyesini haber yaptık. Gencin Queens'de gömüldüğü mezarlıkta, birçok tabutun başında şehitlere saygı için top ateşleyen askeri muhafızlar gördük. Amerikan halkı için oldukça üzücü bir dönemdi.

Amerika'dayken yapmaktan en çok hoşlandığımız şey, bu ülkeye göçmen olarak gelip Amerikan rüyasını gerçekleştiren Türkleri aramak üzere ülke içinde seyahat etmekti. New York'taki Yabancı Basın Derneği'nde edindiğimiz deneyimlerden biliyorduk ki, diğer medya temsilcileri de kendi ülkelerinden Amerika'ya göç ederek başarı kazanan insanlarla ilgileniyorlardı. Amerika'da görüşme yapabileceğimiz Türk doktorlar, üniversite öğrencileri, şirket yöneticileri ve işadamları vardı. Bu insanların hikâyeleri, Amerika'daki yaşam hakkında okuyucuları bilgilendirirken, bir yandan da onlara umut ve cesaret veriyordu. Bu nedenle, bu tarz haberlere düzenli şekilde yer vermeye başlamıştık.

Birmingham, Alabama'da tanışıp röportaj yaptığım renkli kişiliklerden biri, süper marketlerdeki kasaların ve raflarının üreticisi Kent Şirketi'nin Başkanı Muammer Öztekin'di. Birmingham, aynı zamanda, ilk kez olarak bir Amerikan cezaevini ziyaret ettiğim yerdi. Tanıştığım diğer bir ilginç işadamı, o zamanlar Houston, Texas'taki Seismic Computing Corporation'ın Yönetim Kurulu Başkanı olan M. Turan Taner'di. Taner, Teksas'ta mühendislik okumuş ve bu şirketi kurarak varlıklı bir hale gelmişti. Ayrıca, şirketlerinden birisinin hisselerinden almasını önererek profesörlerinden birini de zengin etmişti. Tanıştığım bu başarı kazanmış kişiler arasında, Atlantic Records'dan Ahmet Ertegün ile rahmetli Nesuhi Ertegün ve Rochester, New York'ta Bond Clothes için çalışan birçok terzi de vardı.

İslam topluluğunun bugünkü lideri Louis J. Farrakhan, o zamanlar örgütün New York, Corona'da Northern Bulvarı üzerindeki resmi yayın organı *Muhammed Speaks* gazetesinin genç imamıydı. Onunla röportaj yapmış ve *The Black Muslims*'ın (Siyah Müslümanlar) bir araya gelerek haklarını geliştirme konusunda gösterdikleri çabadan etkilenmiştim. Farakhan, o günlerde fazla tanınmıyordu ve çok tartışılan biri değildi.

Bunların dışında, 1960'lı yıllarda izlediğimiz en önemli ve en ilginç olay, büyük bir füze ve Ay'la ilgiliydi. Tüm dünyayı etkileyen bu olay, benim hayatımda da yeni gelişmelere neden oldu.

23

Ay'a Uçuş, Yaşlı Bir Sovyet Casusu ve Hi Jolly

Ay gibi güzel kadın...
Bir deyiş

𝒜pollo 11 uzay aracının Eagle modülünün 20 Temmuz 1969 günü, Ay'a inmesi ve "Eagle indi" diyen insan sesinin uzaydan duyulmasıyla tarihin en muhteşem anlarından birini yaşadık. O anda, bütün dünyadan gazetecilerle birlikte NASA'nın Houston'daki Johnson Uzay Merkezi'nde Ay'a yapılan inişi dev bir ekrandan canlı izliyorduk.

Neil Armstrong, dünyadan 240 bin mil (yaklaşık 386 bin km.) uzaklıkta uzayda ayağını Ay'a basarak, "Bu bir insan için küçük fakat insanlık için dev bir adımdır," dediği anda, hepimiz görev kontrol noktasının yanındaki basın merkezinde toplanmış ve bu müthiş başarıyı ayakta alkışlamıştık.

Ay'a uçuş ve iniş, hiç kuşkusuz, insanoğlunun en büyük teknolojik başarısıydı. İnanıyorum ki, o anda orada bulunan bütün gazeteciler, aralarındaki ulusal, etnik ve dini farklılıkları unutmuşlardı. Yalnızca Amerikalıların değil, tüm insanlığın olanaksız bir rüyayı gerçekleştirmiş olduğuna dair bir his kaplamıştı içimizi. Dünyadaki bütün insanlar için gurur duyulacak bir andı.

Ertesi sabah, tüm dünyadaki gazeteler, büyük ve kalın puntolarla aynı başlığı atmıştı: *Ay'da İnsan Yürüdü.*

Ay'a inişi beklerken, daha önceden Florida'daki Cape Canaveral Üssü'ne gitmiş ve ilginç bulduğumuz her şeyin fotoğrafını çekmiştik. Florida'nın Cocoa, Cocoa Beach ve Titusville bölgelerinde her yer, beklenen Ay uçuşu için donatılmış, her tarafta Apollo 11 ile ilgili hazırlıklar yapılmıştı. Bizim yazdığımız haberler de, bu uçuş ve Ay'a iniş için heyecan yaratmıştı.

O yıllarda, dizüstü bilgisayarlar yoktu. Çoğumuz, fermuarlı, bej ya da mavi renkli çantaların içinde *Olivetti Lettera 32* marka daktilolar taşıyorduk. Bu daktilolar, küçük olmalarına karşın, bugünkü dizüstü bilgisayarlara göre daha ağırdı. Florida'daki John. F. Kennedy Uzay Merkezi'nde ve sonraları da Houston'daki NASA Johnson Uzay Merkezi'nde sürekli daktiloda haber yazıp, fotoğraf çekmiş ve bir sürü materyali uçakla *Hürriyet*'e göndermiştim.

Apollo 11'in Ay'a gönderildiği tarihten yirmi yedi yıl sonra John F. Kennedy Uzay Merkezi'ni ziyaret ettim. O sırada boş olan VIP bölümüne girdiğim anda eski anılarım canlandı. Apollo 11 ekibini tarihi görevlerine taşıyan o dev Satürn füzesinin üç mil ötemizde kükreyip havalandığı anda hepimizin nasıl heyecan içinde olduğumuzu hatırladım. Ay'a ulaşmak yarışında önemli bir andı bu. Füzenin ateşlenişiyle havaya alevler fışkırmış ve altımızdaki yer sarsılmıştı. Ardından gelen dalgalanmalar da muazzam bir güçle bedenimi sarsmış, neredeyse yere düşmeme neden olmuştu.

O tarihi anda, Nasrettin Hoca'yı anımsadım. Bir keresinde kendisine, "Eski dolunayları ne yaparlar?" diye sorulan Hoca, "Kırpar kırpar yıldız yaparlar," yanıtını verir.

Bir başka sefer de, bir arkadaşı Hoca'ya sorar: "İnsanoğlu için Ay mı yoksa Güneş mi daha değerli?" "Ay, elbette," der Hoca, "Çünkü geceleri daha çok ışığa ihtiyacımız var."

Amerika, Ay'a insan indirerek tüm dünyayı sarsmıştı. Bu büyük başarı, Sovyetler tarafından 1957 yılının Ekim ayında uzaya gönderilen ilk insan yapımı uydu Sputnik -1'in dünya çapında yaptığı etkiyi gölgelemişti. Daha sonraları Apollo -12 olayını da izledik, fakat o zamana kadar dünyada konuya gösterilen ilgi azalmıştı.

Ay uçuşu ile ilgisi olmasa da, Cape Canaveral'dayken kaçırdığımız ilginç bir hikâye nedeniyle bugün bile pişmanlık duyarım. Amerika Birleşik Devletleri Dışişleri Bakanlığı bazı Türk yetkililerini füzenin fırlatılışını izlemeye göndermişti. İsmail Ege adında, beyaz bıyıklı ve gri saçlı yaşlı bir çevirmen de bu Türk yetkililere eşlik ediyordu. İşten sonra otelde Ege'yle buluşur havuzda yüzmeye gider ya da genel politika hakkında konuşurduk. Avrupa tarihini, özel olarak da Rusya'yı iyi bilen Ege'nin Türkçesi benimki kadar iyiydi; fakat göründüğü gibi biri değildi, çünkü gerçek kimliğini bizden saklamıştı.

İsmail Ege, gerçekte, Stalin'in *Glavnoye Razvedyvatelnoye Upravleniye* (GRU) adını taşıyan Sovyet Askeri Haber Alma Teşkilatı'nda albaydı; yıllar önce Sovyetler tarafından Türkiye'ye istihbarat ajanı olarak gönderilmişti.

Ege'nin gerçek kimliğini yıllar sonra öğrendim. Bir gün Maine, Bangor'da basılmış olan kitaplarla ilgili mikrofişlere bakarken, İsmail Ahmedov adında biri tarafından yazılmış *In and Out of Stalin's GRU* adlı bir kitaba rastladım. Sovyetler Birliği ve istihbarat konularıyla her zaman ilgilendiğim için, kitabı hemen sipariş ettim. Kitap elime geçtiğinde şoke olmuştum. Arka kapakta, İsmail Ege'nin yazar olarak fotoğrafı yer alıyordu ve gerçek ismi de İsmail Ahmedov'du.

Başkır-Tatar kökenli olan İsmail Guseynoviç Ahmedov, Rusya'da Ural Dağları'nın eteklerindeki Orsk'ta doğmuştu. Leningrad Askeri Akademisi'nden mezun olduktan sonra, GRU'ya alınmış ve ilk önce Berlin'e gönderilerek, Tass ajansının temsilcisi Georgy Petroviç Nikolayev adı verilerek asıl kimliği gizlenmişti. Naziler Sovyetlerle savaşa girdiklerinde, Türkiye-Bulgaristan sınırında, diğer Ruslarla birlikte Sovyetler Birliği'ndeki Almanlara karşılık mübadele edilmişti. Bu defa, İstanbul'daki Sovyet basın ataşesi kimliği verilerek casusluğu saklanmıştı.

Ankara'daki Sovyet Büyükelçisi Sergey Aleksandroviç Vinogradov'un, daha sonra Sovyet Casusluk ve Haberalma Örgütü KGB'ye dönüşen NKVD ile ilişkisi vardı. Vinogradov, Ahmedov'dan, İstanbul'un önde gelen gazete sahipleri ile editörlerini kendi yanlarına çekmek için çalışmasını istemişti. Hedeflenen gazeteciler arasında, *Vatan*'dan Ahmet Emin Yalman, *Cumhuriyet*'ten

Hüseyin Cahit Yalçın ve Yunus Nadi, iktidardaki Cumhuriyet Halk Partisi'nin sahip olduğu *Ulus* gazetesinde başmakaleleri yazan Falih Rıfkı Atay da vardı. Vinogradov'a göre, *Tan* gazetesinden Zekeriya Sertel zaten Sovyet yanlısıydı, bu nedenle Ahmedov'a onun için çaba harcamaması söylenmişti.

Ahmedov, kitabında, ikna ya da rüşvet gibi uygun ve uygunsuz her türlü yöntemi kullanarak yazarları kendilerine çevirmeye çalışması için emir verildiğini; Vinogradov'un kendisine, "Bizimle işbirliğinden elde edilebilecek çok büyük çıkarlar var. Hükümetimizin ve partimizin, Türk kamuoyunda Sovyet yanlısı düşünceleri harekete geçirmek için basını büyük ölçüde denetim altına alması gerekiyor," dediğini belirtiyor.

Etnik olarak Türk kökeninden gelen Ahmedov, bu verilen emri yerine getirmeyi reddedince Moskova'ya geri çağrıldı. Fakat büyük olasılıkla öldürüleceği Moskova'ya geri dönmek yerine, Türkiye'den siyasal sığınma talebinde bulundu. Savaş yılları sırasında İsmet İnönü yönetimi tarafından korundu ve bir süre benim memleketim Isparta'da yaşadı. Ne yazık ki, Orta Asya ve Kafkasya'daki Türkler ve 1920'lerdeki Sovyet tarihi hakkında yararlı ve ilginç bilgilerle dolu olan kitabı çok fazla bilinmiyor.

* * *

Ay uçuşu, bize ayrıca, bir yüzyıl önce Türkiye'den Amerika'ya gelen renkli bir kişilik hakkında bilgi edinme olanağı da verdi.

Houston'da Apollo 11'in Ay'a inişini izledikten sonra, Teksas'ın doğusundaki ormanlık bölgede Kızılderelliler için ayrılmış bir araziyi ziyaret ettik. Orada, Alabami – Kuşatta Kızılderili Kabilesi'ne ait küçük bir gruba rastladık; bu insanlar kendi sade hayatlarını yaşıyor, kadınlar ufak leğenlerin içinde elleriyle çamaşır yıkıyordu. Batıya doğru ilerleyerek Arizona'ya vardık ve şans eseri yol kenarında bir deve sürücüsünü simgeleyen anıtla karşılaştık. Bu sıra dışı kişiliği merak edip hakkında daha fazla bilgi edinmeye çalıştık. Yuma'daki kütüphanede bulduğumuz bazı kitaplarda bu konuda sınırlı bilgi vardı ve hatalı bir şekilde İzmir limanı Suriye'de gösterilmişti.

1829'da işlek bir liman kenti olan İzmir'de doğan bu deve sürücüsü, Hacı Ali adını taşıyordu ve gençliğinde Amerikan Ordusu için aldığı develerle birlikte Amerika'ya göç etmişti. Develeriyle Amerikan Ordusu'na katılan Hacı Ali, 1856'da Arizona'da Edward Fitzgerald Beale komutasındaki asker sınıfının develi birlik deneyiminde deve sürücüsü olarak yer aldı. İsmi, askerler tarafından doğru söylenemediği için Amerikanlaştırılarak Hi Jolly haline getirilmişti. Ayrıca Philip Tedro olarak da tanınıyordu.

Beale deneyimi başarısızlıkla sonuçlandığında, Hi Jolly develerin bir kısmını elinde tutarak askeri malzeme taşıma işini yapmaya başladı. Fakat bir süre sonra, kara ve nehir taşımacılığında meydana gelen gelişmeler, Hi Jolly'nin develerinin tercih edilmemesine neden oldu. Bu yüzden, Yuma Çölü üzerinden develerle malzeme taşıma işinden vazgeçerek, develerini Gila Bend yakınlarında salıverdi. 1925'lerde Yuma Çölü'nde dolaşan develerin bazılarının o develerin soyundan geldiği söyleniyordu.

Apollo 11 uçuşunu gazetede başarıyla yansıtmıştık. Bunun sonucunda, *Hürriyet*'in tirajının artması, bir yıl sonrasında hayatımı etkileyen başka bir gelişmeye neden oldu. Bir gün, Erol Simavi'nin görüşmek için beni İstanbul'a geri çağıran telgrafını aldım.

1970 yılının baharıydı. Yeni bir Boeing 947 Pan-Am jetiyle yaptığımız uçuş, bir maceranın başlangıcıydı. Kanada üzerindeyken, uçağın motorlarından birindeki teknik bir arıza nedeniyle, New York'taki John F. Kennedy Havaalanı'na geri döndük. Dönüş yolculuğumuz oldukça sallantılı geçmiş, tüm yolcular zincirlere tutunarak korunmaya çalışmıştı. Havayolu şirketi, o gece 42. Cadde üzerindeki Commodore Otel'de gecelememizi sağladı ve ertesi gün yeniden yola çıktık.

Cadı Kazanı
ve Entrika Yuvası

Şeytanın dostluğu darağacına kadardır.

Atasözü

Beyoğlu'nda Taksim Parkı'nı gören Divan Oteli, İstanbul'un lüks otellerinden biridir. Burası, 1970 yılında *Hürriyet*'in sahibi Erol Simavi'nin iş görüşmelerinin merkezi haline gelmişti. Erol Simavi, ağabeyi Haldun kendi gazetesi *Günaydın*'ı çıkarmak üzere bir yıl öncesinde *Hürriyet*'ten ayrıldığından beri, gazete ile ilgili işlerini otelin barından yürütmeye başlamıştı.

Erol Simavi, o barda bana, *Hürriyet*'in yazı işlerinin nasıl bir cadı kazanı ve entrika yuvası haline geldiğini anlattı. "Durum kontrol dışına çıktı. Kahveci çırağının bile genel yayın yönetmenliğinde gözü var. Ağabeyim *Hürriyet*'i yıkmak istiyor," dediğinde çok şaşırmıştım.

"Şaka yapıyor olmalısınız," dedim, "*Hürriyet* babanızın mirası. Ağabeyiniz neden onu yok etmek istesin ki? Haldun Simavi, bu gazetenin ülkemiz, demokrasi ve laik Kemalist devrimler için ne kadar önemli olduğunu bilir."

"Söylediklerim doğru," diye ısrar etti. "Neden *Hürriyet*'ten ayrıldı? Neden *Günaydın*'ı yayınlıyor?"

Bu sözler üzerine hiç de diplomatik olmayan bir şekilde konuşmaya devam ettim: "Haldun Bey, belki sizin yaşam tarzınızdan ve darbecilerle dostluğunuz yüzünden ayrılmış olabilir. Örneğin Orhan Erkanlı'yı görevlendirmeniz... Erkanlı, Adnan Menderes yönetimini deviren cuntaya üyeydi. Onu *Hürriyet*'e genel müdür olarak atamanız ciddi bir hatadır. Erkanlı, ihtilalci olarak tanınır. Bu yüzden onun görevlendirilmesi, *Hürriyet*'in de ihtilalci maceraları desteklediği izlenimini veriyor. Bu atama, gazeteyi kuran babanızın ilkelerine uymuyor."

Erol Simavi, verdiğim yanıttan hoşlanmadı ve "Bir süredir uzaktasınız ve neler olduğuna dair bir fikriniz yok," diyerek sertçe yanıt verdi. "Bizim sorunumuz Haber Ajansı, benim yaşam tarzım ya da Erkanlı'nın atanması değil. Haber Ajansı bizden ayrıldı ama biz hâlâ onlara en yüksek parayı ödüyoruz. Onlardan ne alıyoruz? Bilinen, rutin haberler... *Günaydın* ise, en ilginç ve önemli fotoğrafların ve haberlerin üstüne konuyor. En önemli haberleri elde edemiyoruz ve bu bizi bitiriyor. Tirajımız düşüyor, gazetenin kârı azalıyor. Sen de bu nedenle burdasın."

Haber Ajansı, Simavi kardeşler arasında çatışma konusu haline gelmişti. Bununla birlikte, *Günaydın* renkli baskısıyla yarışta öne geçiyordu. Artık *Hürriyet* de, renkli web ofset baskıya geçmeyi planlamıştı. Gazetenin yalnızca siyah-beyaz baskı yapabilen eski Mann baskı makinelerinin dönemi sona ermişti.

Erol Simavi, Haber Ajansı'nın hâlâ önemli oranda hissesini elinde bulundurduğum için, ajansın kontrolünü ele geçirmemi istedi.

"Ayakta kalabilmek için ajansı geri almalıyız," dedi.

Ajansın hissedarlarının yıllık toplantısı yakındı. Benim kendi hisselerim ile *Hürriyet*'in sahip olduğu hisseler, ajansın kontrolünü ele almak için yetiyordu. Nitekim kısa bir süre sonra bunu gerçekleştirdik ve ajansı *Hürriyet* binasına geri getirdik.

New York'a geri dönmek istiyordum. Fakat Erol Simavi, öncelikle gazetenin giderek düşen tirajını artırmak için elimden geleni yapmamı söyledi. Bu nedenle İstanbul'da kalarak, Orhan Erkanlı ve gazetenin yazı işleri müdürleriyle birlikte Türk kahvesinin yerini Scotch viskinin aldığı toplantılara katıldım.

Orhan Erkanlı'nın gazeteciliğin nasıl yapıldığı hakkında hiçbir fikri yoktu ve asker mantığı ile emirlerini uygulatmaya çalışıyordu. Tabii bu işe yaramadı ve durum daha da kötüleşti. Erkanlı'ya göre, gazete çalışanları, Türk hamamlarında vakitlerini dedikodu yaparak geçiren nispetçi yaşlı kadınlar gibi davranıyordu. Erol Simavi, gazetenin ülkedeki itibarını zedeleyen birtakım ticari risklere atılma konusunda Erkanlı tarafından ikna edildiğinde çok şaşırmıştım. Bu ticari riskler, gazetenin işletilmesi ile ilgili değildi. Gazetecilerin, gazete sahibinin ticari çıkarlarını Ankara'daki bakanlıklarda izlememeleri gerektiğini belirterek bu durumu protesto ettim.

Aydınlanmanın, Kemalist fikirlerin ve laikliğin güçlü bir savunucusu olan ve halkın yolsuzluklara karşı gözü kulağı yerine geçen *Hürriyet*, esin kaynaklarını kaybediyordu. Sedat Simavi'nin mirası, 1948'den beri gazetenin koruduğu ilkeler artık önemli görülmüyordu. Bugün kesin olarak inanıyorum ki, o dönemde Hürriyet'in yönetiminde meydana gelen bu değişiklik, daha sonraları devlet, iş dünyası ve medyada görülen bozulma ve yolsuzluk üzerinde büyük ölçüde etkili oldu.

Ülkenin içinde bulunduğu durum da bütünüyle tehlikedeydi. Siyasal partiler arasındaki kutuplaşma yeni bir safhaya girmişti. Atatürk'ün eski reformist partisi Cumhuriyet Halk Partisi'nde oldukça etkili olan genç ve hırslı solcu gazeteci Bülent Ecevit, partiyi daha sola kaydırdı. Ve karşısında derhal Süleyman Demirel'in sağcı Adalet Partisi ile Albay Alparslan Türkeş'in Milliyetçi Hareket Partisi'ni buldu. Aşırı milliyetçi olan Türkeş, şehirlerdeki üniversite öğrencilerini *Ülkücüler* ya da Bozkurtlar diye adlandırıp militan savaşçılar olarak eğitmeye başladı. Alparslan Türkeş, Marksistlerle silahlı savaşa girmeyi kararlaştırmıştı. Enver Paşa gibi o da Pan-Turanizm hayalini kuruyordu.

Komünistler, milliyetçiler ve köktendinci İslamcılar arasındaki ayrım, aşırı sol ve aşırı sağ arasında bir çatışma ortamı yaratmıştı. Süleyman Demirel, Bülent Ecevit ve Alparslan Türkeş arasında iktidar için verilen sert mücadele, sonunda ülkede sosyal, ahlaki, ekonomik ve siyasal bir kargaşaya yol açarak, Türkiye'yi sivil bir savaşın eşiğine getirdi. Bu mücadele, aynı zamanda Kemalizm'in ilkelerini de büyük ölçüde baltaladı.

Süleyman Demirel'in lideri olduğu Adalet Partisi'nin yönetimi altındaki ülkede yolsuzluk ve adam kayırma giderek arttı ve halkın politikacıların dürüstlüğüne olan inancı sarsıldı. Devlet idaresi çökmüştü. Süleyman Demirel, Anayasa Mahkemesi'nin, kendisinin ve kardeşi Şevket Demirel'in malvarlığının Meclis tarafından soruşturulması yönünde aldığı kararı görmezlikten geldi. Adalet Partisi 1960'larda çok sayıda demokratla birlikte gerici İslamcıları partiye üye kaydetmişti. Barajlar Kralı Demirel, kendisine "Su Müdürü" diyen Menderes için çalışmış ve partinin kurucusu Ragıp Gümüşpala'nın ölümünden sonra 1964 yılında Adalet Partisi'ne başkan seçilmişti.

1970 yılında, güçlü bir gerici İslami hareket baş gösterirken, sol kanattaki Türkiye İşçi Partisi, iki ayrı fraksiyona ayrılmıştı. Bu partinin liderleri hükümeti Sovyet tarzı bir yöntemle devre dışı bırakmaya karşıydı. Fakat partideki militanlar, bu kararı protesto ederek, 1969 yılında Dev-Genç olarak bilinen Türkiye Devrimci Gençlik Federasyonu'nu kurdular. Türk Halk Kurtuluş Ordusu denilen Marksist örgütteki radikal eylemciler, yabancı uyrukluları kaçırıp katlettiler ve terörizme bulaştılar.

Marksist öğrenciler arasında Çinli komünist lider Mao Tse-tung'un çok sayıda hayranı vardı. Bunlar, rejimi şiddet kullanarak devirmeyi planlıyorlardı. Sağcı ve solcu aşırılar üniversite kampüslerinde ve sokaklarda silahlı çatışmayı sürdürürken, halk arasında şu tekerleme söylenirdi:

Ne sağcıyız, ne solcu
Futbolcuyuz futbolcu

Bu arada, beni İstanbul'da genel yayın müdürü olarak tutma konusundaki baskılar artmıştı. Sonunda, Erkanlı, daha önceden maaş ödemelerinde meydana gelen garip bir durum nedeniyle oluşan o dönemin parasıyla 300.000 lira tutarındaki kaybımı karşılamayı önerdi. Üstelik, New York'taki görevim sırasında *Hürriyet*'teki maaşımın neredeyse yüzde 95'i masraf olarak ödeniyordu. Erol Simavi, bunu fırsat bilmiş ve ilerde ağır bir tazminattan kurtulmak için tazminatımı çok düşük maaştan ödemişti. Erkanlı, bu haksızlığı gidermeyi önerdiğinde, görevi kabul ettim.

Bir toplantıda benim atanma kararımdan haberdar olan Nezih Demirkent büyük bir şok geçirdi. Demirkent, benim gazetedeki varlığımı kendi tasarladıkları için bir engel olarak görmüştü. Haberi duyduğunda sağ elinde bulunan viski bardağını öylesine kuvvetle sıktı ki, bardak avucunda parçalandı.

Orhan Erkanlı, bana yapılan ödemenin, gazeteyi vergiden kurtarmak için iş borcu olarak ödeneceğini söyledi. Oysa gazetenin son Genel Yayın Müdürü Ferhan Devekuşuoğlu'nun başına gelenleri hatırlamam gerekirdi. Devekuşuoğlu, göreve atandıktan sonra kendisine verilen arabadan bana söz etmişti. Bir hediye verdiğinde mutlaka bir karşılık beklemesiyle ünlü olan Erol Simavi, Ferhan bu görevden alındığında arabayı geri almaya çalışmıştı.

Hesaba yatırılan parayı almak üzere bankaya gittim ve destelerce Türk lirasını alarak benim kullanımıma tahsis edilmiş olan Anadol marka külüstür otomobilin ön koltuğuna doldurdum.

Yeşilyurt'ta kule dibinde yeni bir apartman görmüştüm. Doğruca oraya gittim ve bankadan aldığım parayı olduğu gibi vererek küçük bir daire satın aldım. Müteahhit te, kendi vergisini az göstermek için, bana ödediğimin ancak yarısı tutarında bir makbuz verdi. Gelir vergisinden kaçmak için kurulan bu düzenler, bugün hiç aksatılmadan hâlâ sürdürülüyor. 2003 yılı gelir vergisi beyanlarına göre, ihracatçı, avukat, doktor yoksul; müteahhit, sanayici, kuyumcu ise açlık içinde. Yalnızca noterler, sanatçılar gibi her işleri makbuza dayananlar, vergilerini doğru dürüst ödüyor. Türkiye'de toplam gelirin yaklaşık yüzde 66'sı vergi memurlarına bildirilmemekte ve hiç kimse üçkâğıtçılık yaparak devlet gelirlerinde azalmaya yol açtığı için hapse atılmamaktadır.

Kısa sürede yeni evimize taşındık. Benim atanmam, gazete binasındaki entrikaları sona erdirmedi. Ayrıca rahatsız edici iki durum daha söz konusuydu: İş sırasında aşırı miktarda içki içilmesi ve dizgi odasındaki sıcaklık. Dizgi ekibi devamlı olarak sıcaktan yakınıyordu. O binada hiçbir zaman havalandırmamız olmamıştı, fakat Orhan Erkanlı kendi odasına bir havalandırma makinesi taktırdığı zaman dizgiciler neredeyse isyan ettiler. Bu durumda, gazete personelinin işi terk etmesinden korkan Erol Simavi ise, "Fincancı katırlarını ürkütmeyelim," derdi.

Erkanlı'yla ofisinde baş başa kaldığımız bir sırada, yaptığının dizgi ekibine haksızlık olduğunu ve oraya da havalandırma sistemi koyulması gerektiğini söyledim. Erkanlı, sinirlendiğinde hemen alevlenir ve sanki hâlâ cunta üyesiymiş gibi davranırdı. Benim sözlerim üzerine çekmeceden tabancasını çıkarıp masanın üstüne vurdu ve "Ben onların dırdırını nasıl keseceğimi biliyorum!" dedi. Dizgi ekibini desteklediğim için o silahla aynı zamanda beni de korkutmaya çalıştığını düşündüm. Erkanlı'nın kuşkucu bir düşünce yapısı olduğundan, yanlışlıkla, o "fincancı katırlarını ürkütmeye çalışanın" ben olduğumu da varsayabilirdi.

Sovyetlerden esinlenen sivil savaş tehdidi, haber toplantılarımızın günlük konusu olmuştu. Gazetenin Ankara Büro Şefi Cüneyt Arcayürek'in yazdığı Demirel yanlısı makaleler, diğer bir ciddi endişe konusuydu. Zaman zaman bu makaleleri yayınlamayı reddetsem de, okuyucuların aklında gazetenin Süleyman Demirel'in sözcüsü olduğu inancı yerleşmişti.

Başbakan Süleyman Demirel ile kişisel bir kavgam olmamıştı, fakat toplumda etkili bir gazete olarak, olup bitenler hakkında görüş açıklama zorunluluğumuz olduğunu hissediyordum. *Hürriyet*'in diğer müdürleri de, Demirel'in, İslamcı akımları cesaretlendirmesi ve Anayasa Mahkemesi'nin kendisi ve kardeşi Şevket Demirel hakkında yolsuzluk soruşturması yapılmasına dair verdiği kararlardan kaçmaya çalışması üzerine dikkat çekmemiz gerektiğini düşünüyorlardı.

Haldun Simavi'nin yeni gazetesi *Günaydın*, zaten Demirel'e karşı kılıçları çekmiş durumdaydı. Bunun nedeni, Süleyman Demirel'in eşi Nazmiye Demirel'in ayakkabıcısı Osman Nuri Tepe ile ilgiliydi. Tepe, 1967 yılında bir trafik kazasında ölmüştü, fakat Ayko Otel'in sahibi olan kardeşi Ali Tepe'nin noterde tasdiklettirdiği açıklama başka bir yöndeydi: "Ağabeyim Nazmiye Demirel'le olan yakın arkadaşlığı nedeniyle öldürüldü." Ali Tepe'nin iddiasını kanıtlayacak hiçbir kanıt ortaya çıkmasa da, bu haber, 15 Kasım 1969 tarihli *Günaydın*'ın Ankara baskısında gazetenin İstanbul'daki merkezinden onay alınmadan yayınlandı. Haberi destekleyecek herhangi bir kanıt yoktu ve böyle bir haberin yayınlanması Demirel ile yandaşlarını kızdırmıştı. Sonrasında ise, kimliği bilinmeyen kişilerce ortaya konan tepki, yalnızca yasadışı olmakla kalmayıp, tam bir terör hareketini andırıyordu.

Haberi yazan muhabir Necdet Onur, derhal bir hedef haline geldi ve dönemin Ankara Emniyet Müdürü İbrahim Oral tarafından sorgulandı. Onur'un evinin önünde park ettiği arabası ateşe verilerek, *Günaydın*'ın Ankara baskı tesisleri yakıldı. Gazetenin dağıtım sistemini engellemek için çeşitli girişimlerde bulunuldu. Anadolu'daki dağıtımcılara gönderilecek gazetelerin olduğu paketler ele geçirilerek çete mensupları tarafından yakıldı.

Necati Zincirkıran bu konuda şöyle yazdı: *"Günaydın* düzeltme yayınladı. Fakat yine de gazeteye tehditler yağmaya devam ediyordu. Bu planlanmış bir kampanyaydı." İstanbul'da Haldun Simavi'nin çocuklarına bakan Brenda adlı bir İngiliz dadı kurban seçildi ve İngiliz casusu olmakla suçlanarak ülkeden çıkarıldı.

Günaydın'ın başına gelenleri bildiğim halde, Başbakan ve onun zor kullanan destekçilerine karşı gelmem muhtemelen delicesine bir gözükaralıktı. Başbakanın yandaşları, bir gazete binasını hedef haline getirerek yakmış ve muhabirin arabasını ateşe vermişlerdi. *Hürriyet*'te yayınlanacak kesin bir dille kaleme alınmış bir başmakalenin, Demirel'i istifaya zorlayacağını ve böylece ülkedeki tehlikeli durumla baş edebilecek yeni bir liderlik için yol açılacağını sandım.

Nasıl da boş bir hayaldi bu!

Makalenin çok büyük etkisi oldu, fakat arı kovanına çomak sokmuştuk. Demirel ve yandaşları, yeniden harekete geçtiler. Makalede yazılanlar, dokuz ay sonra 1971 yılının Mart ayında yaşananların habercisiydi. Genelkurmay Başkanı Orgeneral Memduh Tağmaç'ın öncülük ettiği kıdemli askeri komutanlar, Demirel'i istifaya zorladılar.

Hürriyet'in makalesi, gazetedeki Demirel yandaşları için büyük bir fırsat yaratmıştı. Benim CIA ajanı olduğum şeklinde suçlamalar ileri sürmeye başladılar. Eskişehir'de *Hürriyet*'in bazı nüshaları yakılarak gazetenin sahibi uyarılmak istendi ve ölüm tehditleri almaya başladım.

Makalenin yayınlanmasından itibaren izlendiğimi fark etmiştim. Bana gelen postalar, kurcalanıyor, zarflar açılıp tekrar kapatılmış halde geliyordu. Telefonu her açtığımda alışılmadık bazı tıkırtılar duyuyordum, telefonum sürekli dinleniyordu. Koyu renk elbiseli garip adamlar tarafından izleniyordum. O sıralarda, Nezih Demirkent, benim oturduğum Yeşilyurt bölgesi civarında aniden ortaya çıkarak planlarımı öğrenmeye çalışırdı.

Demirkent'in özellikle *Hürriyet*'e Genel Yayın Yönetmeni olarak atanmasından sonra Demirel'e verdiği destek, ona maddi açıdan bir yarar sağlamış mıydı? *Sabah* gazetesinin köşe yazarlarından Necati Doğru, 2000 yılında yazdığı bir yazıda, Nezih Demirkent'e ne kadar banka kredisi verildiğini sorarak, Demirkent'in malvarlığının kaynaklarını merak ettiğini belirtti.

Nezih Demirkent, 2001 yılının Şubat ayında ağır bir kalp krizi geçirdi ve yardımcılarıyla birlikte hastaneye gitmek üzere arabaya doğru yürürken öldü. Doktorlar, kalp krizi geçiren birisinin yürümesine izin vermenin büyük bir hata olduğunu söylediler.

Benim açımdan ise, makale, insan psikolojisi bakımından büyük bir ders ve deneyim oldu. Makalenin yayınlanmasından önce bu konuda oldukça istekli ve destekleyici olan diğer müdürler, yaşananlardan sonra ürkerek geri çekildiler. Konuyu tek başıma göğüslemeye terkedilmiştim ve ölüm tehditlerine karşı korumasızdım. Başbakan'ın ve hükümetin, demokrasi, adalet ve insan hakları konusundaki anlayışlarını merak ediyorum.

Türkler ve İnsan Hakları

Vakitsiz öten horozun başını keserler.

Atasözü

Tarih boyunca Türk hükümetleri, demokrasi, basın özgürlüğü ve insan haklarını anlama konusunda sorunlar yaşadılar. İnsan hakları savunucuları, bir gazeteciyi dövmekle suçlanan beş Türk polisinin, 1998'in Mart ayında bir bölge mahkemesi tarafından yedi buçuk yıl hapis cezasına çarptırılması nedeniyle Türkiye'ye eleştirilerde bulundu. Çünkü 1996 yılının Ocak ayında iki sol eylemcinin cenazesinde gözaltına alınan gazeteci Metin Göktepe'nin katilleri için verilen bu cezayı çok hafif bulmuşlardı. Polisler tarafından dövülen Göktepe, beyin kanaması ve iç kanama nedeniyle hayatını kaybetti.

Uluslararası Af Örgütü'ne göre, 1988 yılında Türkiye'de "siyasal nedenlerle binlerce insan hapse atıldı. Sistematik ve yaygın olarak işkence uygulandı."

2000 yılı Mayıs ayında, dönemin Türkiye Büyük Millet Meclisi İnsan Hakları Komisyonu Başkanı olan Sema Pişkinsüt, polisin sanıklara elektrik şoku vermek için telefonları nasıl kullandığını açıkladı. Pişkinsüt, bu yöntemin yeraltındaki hücrelerde bulunan işkence aletleri ile gerçekleştirildiğini söyledi. Sema Pişkinsüt'ün verdiği bilgilere göre, komisyon üyelerinin Erzincan ve Şanlıurfa'da bulunan terörle mücadele birimlerine yaptığı ziyaretler, tutuklu ve mahkûmların maruz kaldığı acımasız işkenceleri doğrulamıştı.

Komisyonun yirmi beş üyesi tarafından yazılan altı bölümlük şoke edici rapor, elektrik kabloları ile işkencelerin yapıldığı hücrelerin fotoğraflarını da içeriyordu. Bu hücre odalarının duvarları sesin dışarı çıkmasını önlemek için siyah derilerle kaplanmıştı. Fotoğraflarda ayrıca, Filistin Askısı denilen ve tutukluların koltuk altlarına yerleştirilerek havada asılı kalmalarını sağlayan tahta parmaklıklar da gözüküyordu. Bunun dışında, Osmanlı dönemindeki falakaya benzer şekilde, tutukluların ayak tabanlarına vurmak için kullanılan metalden yapılma coplar da vardı.

2000 yılının Ekim ayında, Meclis İnsan Hakları Komisyon Başkanlığına Sema Pişkinsüt'ün yerine Milliyetçi Hareket Partisi'nden sağcı bir milletvekili getirildi. İnsan hakları savunucuları, Pişkinsüt'ün polisin uyguladığı işkence hakkındaki bu komisyon raporu nedeniyle görevden alındığını söylediler. 2001'in Temmuz ayında, işkence kurbanlarının adını açıklamayı reddeden Sema Pişkinsüt, oligarşik devlet tarafından, "suçlulara yardım etmekle" suçlandı.

Türk tarihi boyunca karşı görüşte olanları kontrol altına almak için, işkence, sürgün ve açık cinayet yöntemleri daima uygulanagelmiştir. Osmanlı İmparatorluğu döneminde padişahlar, acımasız yöntemlerle karşıtlarını bastıran despotlar olarak tarihe geçtiler. Cenab-ı Padişahi de denilen padişahların, bu dünyada ve ahrette Allah'ın temsilcisi olduklarına inanılırdı. Bu yüzden onlar iki dünyada da Allah'ın sevgili kullarıydı. İşte bu mantık, padişahların istedikleri gibi yönetip cezalandırmalarına olanak veriyordu. Siyasal karşıtlar için, en çok uzak yerlere sürme ya da idam cezası uygulanırdı. Kendilerini mahkemede savunma hakkı verilmeyen birçok vatandaşın idam edildiği sehpaların kurulduğu yer, bugün hâla İstanbul'daki Eski Saray'ın giriş kısmının civarında görülebilir.

Atatürk'ün yönetimi sırasında insan haklarında yalnızca bir miktar ilerleme olabildi. Bunun bir örneği, rejime karşı olanların örgütlenme girişimiydi. Kurtuluş Savaşı'nda Atatürk'e yoldaşlık eden arkadaşları, 1924 yılında onun otoriter yönetimine karşı çıktılar ve Cumhuriyet Halk Partisi'nden istifa ederek Terakkiperver Cumhuriyet Fırkası adında yeni bir parti kurdular. Bu kişiler arasında oldukça iyi tanınan Rauf Orbay, Refet Bele, Dr. Adnan Adıvar, Kâzım Karabekir başta olmak üzere diğer üyeler yer alıyordu. Bu gruptakiler milliyetçiydi ve Atatürk gibi modernleşme yanlısıydı. Fakat bu parti, bir yıldan az bir süre içinde, 1925 Haziranı'nda, gerici İslamcıları cesaretlendirdiği gerekçesiyle rejim tarafından kapatıldı. Bu durum beraberinde kanlı olayları da getirdi. Türk tarihinde Kel Ali olarak bilinen Ali Çetinkaya, İstiklal Mahkemeleri aracılığıyla rejimin en ünlü idam yargıcına dönüştü. İzmir'de Atatürk'e suikast girişiminde bulunuldu. Bundan sonra muhalefet günah keçisi haline geldi ve mutlak iktidar için verilen mücadele sonunda bir tasfiye hareketi başlatıldı.

Cumhuriyet Halk Partisi'nin egemenliğindeki Türkiye Büyük Millet Meclisi, Atatürk'ün kararlarının gerçekleştirmesini sağlayan bir araçtı. Parlamentonun üyeleri, onun bütün kararlarını onaylıyorlardı. Parti, kırmızı renkli bayrağı üzerinde altı adet okla gösterilen Kemalizm'in değişmez ilkelerini benimsedi. Bunlar, cumhuriyetçilik, milliyetçilik, halkçılık, devletçilik, laiklik ve devrimcilik idi. Bunlar, 1930'ların tek partili devletinde anayasa kadar büyük önem taşıyan ilkeler olarak kabul edildi.

1953 yılında İsmet İnönü, Cumhuriyet Halk Partisi'nin içindeki Kemalizm anlayışını *Atatürk Yolu* olarak değiştirdi. Ve gerçekleşen demokrasi hamlesi ve özgür seçimler sonucunda, CHP ülkedeki egemen konumunu Adnan Menderes'in Demokrat Parti'sine kaptırdı. Fakat buna karşın, 1930'ların resmi devlet ideolojisi Kemalizm, doğmatik yapısı içinde kalarak değişikliği reddetti.

Kemalist hareket, örgütlü dini çağdışı görerek, tarikatlar gibi dini örgütlenmeleri toplum yaşamından dışladı. Din, Tanrı ile insan arasında özel bir konu olarak değerlendiriliyordu.

Atatürk, "Hayatta en hakiki mürşit ilimdir," demişti.

Türkiye Büyük Millet Meclisi'nin üyeleri, on yıldan az bir sürede her alanda inanılmaz devrimler gerçekleştirebilecek, parlak aydın ve seçkinlerden seçilmişti. Ülkeyi temelden değiştiren bu inanılmaz devrimlerin, o dönemde insan haklarına bütünüyle uyularak gerçekleştirilmesinin mümkün olduğu kuşkuludur. Bununla birlikte, Türkiye, 1930'larda modernleşmeyi, laikliği ve disiplini sağlayan yasaları çıkaran tek parti yönetimi altında hızla gelişme kaydetti. 1927 yılında ülke nüfusunun yüzde 85'inin okuma yazma bilmediği de bir gerçekti.

Osmanlı İmparatorluğu tarihinde *Tanzimat-ı Hayriye* ya da kısaca *Tanzimat* denilen bir dönem vardır. Bu Arapça sözcük, Osmanlı İmparatorluğu'nu modernize etmeyi ve ihmal edilmiş olan ordusunu etkili bir savaş gücü haline getirmeyi amaçlayan yeniden yapılanmayı ya da reformları anlatır. *Tanzimat* dönemi, I. Abdülmecit (1823-61) döneminde başladı. Bu padişah, 3 Kasım 1839'da insan haklarıyla ilgili maddeler içeren *Gülhane Hattı Hümayunu*'nu ilan etti. Tanzimat, ırkı ya da inancı ne olursa olsun, Osmanlı yönetimi altında bulunan herkesin can ve mal güvenliğini koruyarak ve her vatandaşa adil muamele yapılacağı konusunda güvence verdi. Bu noktada, Tanzimat'ın yerine getirmeyi taahüt ettiği insan haklarının, İngiliz baronlarının İngiltere Kralı John'u zorlamasıyla 1215'te Runnymede'de imzalanan yüce ferman, büyük özgürlük beyannamesi Magna Carta'dan 624 yıl sonra gündeme geldiğini belirtmek gerekiyor.

Padişah ve Halife ilan edildiğinde onaltı yaşında olan I. Abdülmecit'in annesi eskiden hamamda çalışan Bezmiâlem adlı bir Gürcü'ydü. Çok zeki bir kadın olan Bezmiâlem Valide Sultan, oğluna hükümetin önemli görevlerine reformcu kişileri atamasını önermişti. Bunlar arasında Tanzimat reformlarının mimarları olan Mehmet Fuat Paşa ve Mustafa Reşit de vardı. Bezmiâlem Valide Sultan, hasta İmparatorlukta reform yapmanın büyük önem taşıdığını kocası II. Mahmut'tan öğrenmişti.

Gazeteci Falih Rıfkı Atay, Osmanlı İmparatorluğu'nun reform çabasını şöyle anlatmıştı: "Tanzimat... Türkleri, asılmaktan veya malları mülkleri müsadere edilmekten, düpedüz kulluktan kurtarma hareketi idi."

Falih Rıfkı Atay'dan çok önce Osmanlı şairi Eşref ise devlet baskısı hakkında şu kıtayı yazmış:

Her bir halince, icra-i mezalim etmede
Görse bir memuru insan, bir şaki zannediyor
Eyleme beyhude ey biçare, feryad-ü figan
Ah-ı mazlumu hükümet, musikî zannediyor

Tanzimat, işte bu Osmanlı mantığını yok etmeye çalışmış ama başarısız olmuştu. Yine de, Tanzimat dönemi, bir özgürlük akımı başlattı ve Abdülhak Hamit ve Tevfik Fikret gibi edebiyatçıların da aralarında bulunduğu Genç Osmanlılar hareketini ortaya çıkardı. Bu yazarlar, Türk şiirinin Farsça'nın etkisinden kurtulmasını sağlayarak Batı ekolünde yeni bir şiir tarzının gelişmesine yardım ettiler. O dönemde Tevfik Fikret, hükümet baskılarına karşı yazıyordu. Oğluna adadığı *Haluk'un Defteri* adlı kitabında, bir gün ülkede özgürlüğün ve insan haklarının var olabileceğini umduğunu ifade etmişti.

Kemalist devrimlerin bir Müslüman ülkede sağladığı başarıları anlayabilmek için, öncelikle Osmanlı İmparatorluğu'nun tarihini bilmek gerekiyor.

Osmanlı İmparatorluğu'nda ilk gazete, 1702 yılında Londra'da ilk İngiliz gazetesi *The Daily Courant* ve 1704'de ilk Amerikan gazetesi *The Boston News-letter* basıldıktan bir yüzyıl sonra ortaya çıktı. 1795'de İstanbul'daki Fransız Büyükelçiliği tarafından kurulan *Gazzette Française de Constantinople*, Fransız Devrimi'nin mesajını yansıtıyordu.

Bundan yaklaşık otuz yıl sonra, İzmir'de ticari firmaların desteklediği bir gazete basıldı. Ardından, 1831 yılında devlet destekli ilk resmi gazete *Takvim-i Vekayi* ve 1832'de *The Ottoman Monitor* (Takvim-i Vekayi'nin İngilizcesi) yayınlandı. *The Egyptian Gazette* de, diğer bir hükümet destekli gazeteydi. 1840 yılında, William Churchill adlı bir İngiliz'in sahip olduğu fakat yine Osmanlı devletinin destek verdiği *Ceride-i Havadis* gazetesi yayınlanmaya başladı. Arapça harflerle çıkarılan Türk gazetelerinde yazılar, sayfanın sağından soluna doğru yazılıp okunuyordu.

1860 ve 1862 yıllarında çıkarılan iki etkili gazetenin, yazarları ve editörleri reform yanlısıydı. *Tercüman-ı Ahval* ve *Tasvir-i Efkâr* adlı bu gazeteler, çoğunlukla Osmanlı yönetimini eleştirerek Türk edebiyatında Batı etkisi yaratmışlardı. *Tasvir-i Efkâr*'ı çıkaran İbrahim Şinasi, 1865 yılında başı Osmanlı yönetimiyle derde girince Paris'e kaçtı.

Tanzimat'ın ilanından on sekiz yıl sonra, 1857 yılında ise, vatansever yazar ve şair Namık Kemal, özgürlük üzerine görüşlerini açıkladığı için Londra'ya kaçmak zorunda kalmıştı. Namık Kemal daha sonra ülkeye geri döndü, fakat Bulgaristan'ın Silistre kentinin1854 yılında kuşatılmasını konu alan *Vatan Yahut Silistre* adlı oyununda vatanseverlik ve özgürlüğü savunduğu gerekçesiyle, 1873 yılında sürgün edilerek, Kıbrıs'ın Mağusa ilinde hapse atıldı. Namık Kemal'in *Rüya* adlı çalışması, insan haklarını ve baskıdan kurtulma konularını ele alır.

1789 Fransız Devrimi ve bu devrimle ortaya konan İnsan ve Yurttaş Hakları Beyannamesi'nin Tanzimat'ın gerçekleştirilmesinde açık bir etkisi olmuştu. Nitekim, Fransız Devrimi, ifade özgürlüğü verilmesini ve insan haklarına saygı gösterilmesini isteyen Türk entelektüelleri için, daha sonraki yıllarda da bir model olmaya devam etti. Örneğin, İstanbul'daki Askeri Tıbbiye öğrencileri 1889'da İttihad-ı Osmani adlı bir cemiyet kurdular. Bu, 1895 yılında İttihat ve Terakki adını alan ve en sonunda 1908 Jön Türk Devrimi'ni gerçekleştiren cemiyetti. Jön Türkler, Fransız Devrimi'nden ve bu devrimle öne çıkan "Özgürlük, Eşitlik, Kardeşlik" sloganından çok etkilenmişlerdi.

Fakat buna karşın, Tanzimat döneminden 130 yıl sonra 1970'te bile, demokrasi düşüncesi ve yazarların ceza korkusu olmadan görüşlerini özgürce açıklama hakları Türkiye'de henüz kabul görmüş değildi.

Laikliğe bağlı Türklerin modern ve Batılı bir ülkeye sahip olma konusunda gösterdikleri büyük isteğe karşın, yıkılan imparatorluktan kalma zihniyet ve eski gelenekler bir türlü aşılamıyordu. Bunlar arasında devletin kutsallığına ilişkin düşünce de vardı. 1983'te Anavatan Partisi'nin lideri olan Turgut Özal, bu sorunu oldukça iyi görmüş ve o yıl yapılan genel seçimlerde, "Devlet millet için vardır," diyerek bu düşünce biçimini eleştirmişti.

Ben de bir vatandaş ve bu milletin bir üyesiydim, ama anayasayı görmezden gelen Başbakan'ın istifasını istediğim için, 1970 yılında rejim beni düşmanı olarak görmüştü. Devlet kontrolünü elinde bulunduran oligarşik düşüncedeki insanlar için anayasanın hiçbir anlamı yoktu. Onlar, kendilerini yasa olarak görüyorlardı.

Sonuçta, *Hürriyet* gazetesine satılık ev ilanı verdim. Bu, gazetedeki Demirel yanlılarını alarma geçirdiği için fazla akıllıca bir hareket değildi. Demirel yönetimi destekçilerinin yardımıyla bana karşı bir komplo düzenlendi. Bir zamanlar Amerika'da çalışmış olan ve kocası hâlâ New Jersey'de görevli bulunan Makbule adlı bir kadın terzi, *Hürriyet*'in kafeterya müdürünün akrabasıydı ve emeklilik dönemi için bir apartman dairesi arıyordu; ya da kadının bana anlattığı buydu. Ayrıca ödemeyi de Amerikan doları olarak yapacaktı.

Bir Amerikan bankasından tahsil edilmesi için bana verilen ama karşılıksız çıkan 20.000 dolarlık çeki hâlâ saklıyorum. Bu gibi durumlarda söylenen bir söz vardır: "Geçmiş olsun! Üstüne bir bardak su iç." Genellikle bir hastalıktan kurtulan ya da ölümden dönenlere söylenen "Geçmiş olsun" sözü, benim durumumda "Bu da geçer," anlamını taşıyordu.

Akbabalar Dönemi

Tencere dibin kara, seninki benden kara.

Atasözü

Türkiye'de daha sonraki yıllarda yaşananlar, gerçekleri ortaya seren, gözümüzü açan tarihi bir ders oldu. Fakat aynı zamanda, Kemalizm'in ilkesiz oligarşik liderlerin kurbanı olduğunu gören gerçek laik idealistler için de büyük bir üzüntüye neden oldu.

Yukardaki Türk atasözü, Türk siyasetine, iş ve medya dünyasına sızan hilekârlar ve eşkıya yüzünden sürekli gündemde olan kavga ortamını iyi bir şekilde örnekliyor. Bazı medya patronları, rüşvet yiyen politikacılarla işbirliği yapmayı ve maddi kazançları için onları kullanmayı yıllardır sürdürüyor.

Atatürk'ün ölümünden sonra Cumhurbaşkanı İsmet İnönü tarafından Başbakan olarak atanan Refik Saydam, devletin içinde bulunduğu durumu, "Her işimiz A'dan Z'ye kadar bozuktur," diyerek anlatlamıştı. Saydam, aynı devletin 1990'larda yaşadığı bozulmanın boyutlarını, kendi döneminde hayal bile edemezdi.

1950'de yapılan özgür seçimlerden beri, devlet oligarşisi, demokrasiyle âdeta dalga geçmiş ve seçilmek için İslam dinini kullanmıştı. Sonraki yıllarda ise, devletin kaynakları ve hazinesi yağmalandı. Politikacıların akrabaları ve yandaşları zenginleşirken, onları eleştirenler şiddetle cezalandırıldı. Halk, dürüst ve güvenilir bir lider, ikinci bir Atatürk için özlem duymaya başladı. Fakat böyle bir lider hiçbir zaman ortaya çıkmadı.

1970'lerin başlarında, rüşvetçi politikacılar, suç çeteleriyle bağlantıları olan işadamları ve sahtekâr medya patronları arasında kurulan yıkıcı bir üçlü sacayağına ait işaretler belirdi. Bu soyguncu yatağının üyeleri, daha sonraki yıllarda çok daha fazla güç kazanarak, devletin kaynaklarını talan etme konusunda hiçbir sakınca görmediler. Bu yağma ve talan sürecini uzun yıllar boyunca ceza almadan sürdürebilmek için ellerinden geleni yaptılar. Yalnızca devlet bankaları ve özel bankalar değil, devlet kurumları ile Hazine mülkiyetindeki fabrikalar, araziler ve ormanlar da bu yağmaya konu olmuştu.

Bu üçlü sacayağının üyeleri, kendilerini, sahip oldukları iktidar ve nüfuz tarafından korunan özel insanlar olarak görüyor, çalma hakkı konusunda ayrıcalıklarının bulunduğunu ve cezalara karşı dokunulmaz olduklarına inanıyorlardı. Bu yüzden yasaları çiğnediler ve kendilerini korumaya almak için adalet sistemini kötüye kullandılar. Bu iktidar sahibi hırsızların kim olduklarını herkes bildiği halde yıllardır hiçbir otorite bu kişileri cezalandırmak için gerekli cesareti gösteremedi ve arkasında bunun için destek de bulamadı. Var olan yolsuzluk ortamında adli sistemin kendisi de işe yaramayacak derecede ağır ve etkisiz bir hal almıştı. Ne yazık ki Türkiye, milyonlarca dolar çalan varlıklı hırsızlar serbest dolaşırken, bir parça ekmek çalan yoksul ve aç insanların cezalandırıldığı bir ülkedir.

Yıllarca süren ticari yolsuzluklar ve yağmalama, sonunda devlete büyük ekonomik krizler getirdi. 2002 yılının ilk altı ayında devletin elde ettiği vergi gelirleri, yıllık borç faizlerini ödemek için yeterli değildi. Yani, "Devletin hazinesi tamtakır kurubakırdı."

İslami bir çizgide bulunan iktidardaki Adalet ve Kalkınma Partisi'nin lideri Recep Tayyip Erdoğan, 2003 yılının Şubat ayında gazetecilere, ülkenin, var olan dış borçları için o yıl 73 milyar dolar ödeme yapması gerektiğini söyledi. Bu borç, alınan yeni kredilerle kapatılıyordu. Daha sonraları, 2003'ün ilk yedi ayında 66.5 milyar dolarlık borcun ödenmiş olduğu ve alınan kredilerle yıl sonuna kadar 40.4 milyar dolarlık borç ödemesi daha yapılacağı açıklandı.

Adalet Bakanı Cemil Çiçek, 2003 Haziranı'nda şunları söyledi: "Türkiye soyuluyor, hukuk bir şey yapamıyor. Devletin iki yakası bir araya gelmiyor, hukuk bir şey yapamıyor. Türkiye göz göre göre fakirleştiriliyor, hukuk bir şey yapamıyor."

1990'larda yolsuzluk kontrolden çıkmıştı. Yolsuzluklara bulaşmamış lekesiz bir parti ya da hükümet yetkilisi Zümrüdüanka kuşu kadar nadir bulunuyordu. Dönem dönem başbakanlık yapan Demokratik Sol Parti'nin lideri Bülent Ecevit, adı skandallara karışmadığı için özel bir yere sahipti ve bu özelliği nedenle de yıllarca siyasette öne çıktı. Fakat onun tersine, Milli Görüş'ün lideri Necmetin Erbakan ve laik olduğunu iddia eden Tansu Çiller, her ikisinin de nasıl milyarder oldukları konusunda yapılacak soruşturmaları önlemek için 1996 yılında aralarında anlaştılar. Parlamentodaki bir diğer aklama operasyonu sırasında yapılan anlaşma ile de, daha önceki iki başbakan Tansu Çiller ve Mesut Yılmaz, bütün hata ve kusurlarından arındırılmıştı. Bunun sonucunda Çiller çıkıp, "Aklandım," dedi.

Muhteşem Süleyman devrinde *Şikâyetname* adlı eseri kaleme alan büyük Türk şairi Fuzuli (1495-1566), Nişancı Mehmet Paşa'ya yazdığı mektupta, "Selam verdik, rüşvet değildir deyu almadılar," diyerek daha o zamanlarda rüşvetin toplumdaki yaygınlığını eleştirmişti.

1980 darbesinin lideri Orgeneral Kenan Evren, yıllar sonra, askeri idare sırasında birçok sorunu çözdüklerini ama rüşveti yenemediklerini itiraf etti.

Osmanlı şairi Eşref bir şiirinde şöyle der:

Kabrimi kimse ziyaret etmesin Allah için
Gelmesin reddeylerim billahi öz kardaşımı
Gözlerim ebna-yı ademden (Adem oğlundan)
   o rütbe yıldı kim
İstemem ben fatiha, tek çalmasınlar taşımı

Şairin mezar taşı daha sonraları çalındı! Kim bilir, belki de birisi şaka diye yapmıştı?!

Yolsuzluk ve rüşvet, Osmanlı döneminde sadrazamlara *sadaret kürkü* hediye edilmeye başlandığında bir hastalık haline geldi. *Ye-*

kürküm ye, rüşvet alan sadrazamlar için kullanılan ve iyi bilinen bir sözdür.

Ünlü şair Tevfik Fikret, 90 yıl önce yazdığı "Han-ı Yağma" (Yağma Sofrası) adlı şiiriyle, Osmanlı hükümetinin yolsuzluk yapan görevlilerini şöyle hicvetmişti:

Bu sofracık efendiler – ki yutulmaya çok hazır,
Huzurunuzda titriyor – ki şu milletin hayatıdır.
Şu milletin ki muztarip (acı çeken),
  şu milletin ki muhtazır (can çekişiyor),
Fakat sakın çekinmeyin, yiyin, yutun hapır hapır.
Yiyin efendiler yiyin, bu sofra iştahı sizin,
Doyunca, tıksırınca, çatlayıncaya kadar yiyin.

Bu harmanın gelir sonu, kapıştırın giderayak,
Yarın bakarsınız söner bugün çatırdayan ocak!
Bugünkü mideler kavi, bugünkü çorbalar sıcak,
Atıştırın, tıkıştırın kapış kapış, çanak çanak...
Yiyin efendiler yiyin, bu harika sofra sizin,
Doyunca, tıksırınca, patlayıncaya kadar yiyin.

Tevfik Fikret'in "Yağma Sofrası" şiirine konu olan saray ziyafetinde sunulan yemekler arasında şunlar vardı: Bezelye çorbası, soğuk hindi, terbiyeli ıspanak kökü, pisi balığı filotosu, çerkez tavuğu, bademli börek, zeytinyağlı lahana dolması, amberli pilav, yemişli pasta. Bu ziyafetin verildiği dönemde, çok sayıda insan yemek için ekmek bile bulamıyordu.

Kanımca, Türkiye'de günümüzde yaşanan yolsuzluk, Osmanlı dönemindekini bile geçmiş durumdadır.

Yağmacılar, "Devletin malı deniz, yemeyen domuz," deyişini kendilerine düstur edinmiş durumda. Genellikle domuz olarak nitelenen sahtekârlar, aynı zamanda özel bankaların mal varlıklarını da talan ettiler.

Birçok devlet görevlisi, özellikle inşaat ve enerji sektöründeki hükümet ihalelerinden elde ettikleri komisyonlarla servet sahibi oldu. Devletin sahip olduğu bankalar ve fabrikalar, Ortaçağ baronları gibi hareket eden politikacılar için sağılacak birer inek haline geldi. Nüfuzlu politikacıların akrabaları ile yandaşları devlet kurumlarında işe alındı.

Başbakanlık tarafından yapılan bir araştırmaya göre, 2000 yılında Türkiye, resmi rüşvet uygulamasında dünyada bir numaraydı. Üç yıl öncesinde, Türkiye bu sıralamada altı numarada yer almıştı. Pricewaterhouse Coopers'ın şeffaflık raporu, 2001 yılının Ocak ayında İsviçre'nin Davos kentinde yapılan Dünya Ekonomik Forumu sırasında kamuoyuna açıklandı. Bu rapora göre Türkiye, yolsuzluğun neden olduğu ekonomik kayıplarda dünyada dördüncüydü. Otuz beş ülke arasında bir numarada Çin, iki numarada Rusya ve üç numarada Endonezya yer alıyordu.

1993 yılında Cumhurbaşkanı Turgut Özal'ın ölümünden sonra, onun bazı arkadaşları ve dostları, rüşvet suçlamaları nedeniyle yargılandılar. Süleyman Demirel'in iş adamı kardeşi Şevket Demirel'in nüfuz kullanma yoluyla zenginleştiği yolunda iddialar vardı. Süleyman Demirel'in yeğeni, Egebank'ın eski sahibi Yahya Murat Demirel, 2000 yılının Ekim ayında bankanın iflasıyla ilişkili olarak hapse atıldı. Eski Devlet Güvenlik Mahkemesi Savcısı Nuh Mete Yüksel'e göre Yahya Murat Demirel, akrabalarının yardımıyla, Egebank'tan Kuzey Kıbrıs ve Virgin Adaları'ndaki bankalara kaynak aktarımı transfer etmekle suçlanıyordu. Mevduatlar dahil olmak üzere Egebank'ın içi boşaltılarak batırılmış ve kayyuma devredilmişti.

Bankanın batışı, iddialara göre organize bir çetenin işiydi.

28 Haziran 2002 günü, savcı, Yahya Murat Demirel'i çeşitli konularda dolandırıcıkla suçlayarak 4727 yıllık rekor düzeyde bir hapis cezası istedi.

Aynı zamanda Demirel'in eşi ve otuz altı arkadaşı da olaya karışmakla suçlandılar. Hapiste 711 gün yatan Yahya Murat Demirel, 13 Eylül 2002'de serbest bırakıldı. Mahkeme, benzer şekilde banka dolandırmaktan suçlanan diğer kişiler serbest bırakılmış olduğundan, Yahya Murat Demirel'in de hapiste kalmasının gerekli olmadığına karar vermişti. Demirel, 138 dolar civarında bir para cezası aldı.

Çeşitli davalardan serbest yargılanmaya devam eden Yahya Murat Demirel, 2005'in yılbaşı gününde medya için heyecanlı bir haber konusu oldu. Yahya Demirel, 31 Aralık günü İstanbul'da ticari bir balıkçı teknesine binerek geceyarısı Bulgaristan'ın Karadeniz'deki limanı Burgaz'a vardı. Yanında Amerikan vatandaşı olan eşi Ayşegül Esenler vardı. Demirel ve eşi, balıkçı teknesinde Bulgar polisleri tarafından bulundu. Yahya Murat Demirel'in üzerinde biri Bulgaristan'dan diğeri Belize'den olmak üzere iki pasaport, ayrıca büyük miktarda euro, dolar ve Türk Lirası vardı. Bulgar polisi, Demirel'in serbest bırakılmak için yüz bin euro tutarında rüşvet teklif ettiğini açıkladı. Fakat rüşvet reddedilmiş ve Demireller İstanbul'a gönderilmişti. Yahya Murat Demirel, ülkeye geldiğinde tutuklanarak Kartal Cezaevi'ne konuldu, eşi serbest bırakıldı. Demirel ifadesinde, eşiyle birlikte yılbaşını balıkçı teknesinde geçirmek istediklerini, fakat teknenin Karadeniz'de akıntıya kapılıp beklenmedik bir şekilde Burgaz'a vardığını söyledi.

25 Ocak 2005 günü, *Dünden Bugüne Tercüman* gazetesi, İstanbul İkinci Ağır Ceza Mahkemesi'nin Yahya Murat Demirel'in balıkçı teknesinin kötü hava koşulları nedeniyle Burgaz'a sürüklenmiş olduğu şeklindeki ifadesini geçerli bulduğunu yazdı. Mahkeme, Demirel'in bu davadan dolayı aldığı hapis cezasını kaldırmıştı, fakat 8. Ağır Ceza Mahkemesi'nde devam eden davalar ve banka yolsuzluğu nedeniyle Demirel hapiste tutulmaya devam etti.

Yolsuzluklara bizzat kendileri de bulaşmış olan politikacılar, bankaları hortumlayan suçluların serbest kalması için yasaları değiştirdiler. On dokuz özel bankadan yağmalanan 55 milyar dolara ek olarak çeşitli devlet bankalarından 21.9 milyar dolar çalınmıştı. Bu büyük Türk banka soygunu, 2003 yılında Uzan ailesinin sahip olduğu İmar Bankası'ndan uçup giden beş milyar dolar dahil olmak üzere toplam 77 milyar doları buldu.

Bu banka yolsuzluklarını soruşturma operasyonuna, yetkililerce genel olarak *Hortum Operasyonu* denildi. Fakat bu operasyon, kurumsallaşmış düzeydeki yağmalamaya bulaşan kişilerin kendilerini korumak için önlemler almalarıyla tıkanıyordu. Soyguncular, işçi ve çaycı gibi düşük ücretli çalışanlarının adına bankalardan büyük miktarda para çekiyorlardı. Ve mahkemeler, kredi başvuru belgelerini imzalayan fakat gerçekte o paraları almayan bu çalışanların ifadelerini almakla boşuna zaman harcıyordu.

Egebank'ın hortumlanan malvarlığı 31 Aralık 1999'da kayyuma devredildiğinde 1.2 milyar dolardı. Fakat konuyla ilgili yetkililer dahil, hiç kimse bu paranın nasıl kaybolduğu konusunu açıklayamadı. Devletin, tahmini 275 milyar dolarlık borcuyla kıyaslandığında, banka soygunu ile kaybedilen bu miktar şoke ediciydi. Bu kayıpların meydana gelmesi kaç yılı almıştı ve neden bir devlet sırrı olarak kalmıştı? *The Financial Times*'e göre, güçlü politikacılar devlet bankalarından kredi alabiliyorlardı.

Egebank'ın batışından sonra, cumhuriyet savcıları, Yahya Demirel'in bankanın yönetim kurulu üyesi olan kızkardeşi Neslihan Demirel'i sorguladılar. Neslihan Demirel, ağabeyini savunarak, "Her zaman ilahlar kurban edildiği için, sistem de bizi kurban etti," şeklinde konuştu.

Neslihan ile Yahya Murat Demirel'in babası ve Süleyman Demirel'in kardeşi olan Şevket Demirel, büyük bir servetin sahibidir. Süleyman Demirel'in kayınbiraderi olan Ali Şener, iddialara göre Hazine'nin sahip olduğu Fatih Ormanı'ndan yasadışı arazi alma olayına karışmıştır. Bunlara ek olarak, Demirel'in yakın dostu Cavit Çağlar'ın da bir hikâyesi var. Çağlar, Adalet Partisi'ni kapatan 1980 askeri darbesinden sonra kurulan Demirel önderliğindeki Doğru Yol Partisi'nden milletvekili olarak seçilmiş varlıklı bir iş adamıdır. 1991 yılında Demirel Hükümeti'nde Devlet Bakanı olarak atanan Cavit Çağlar, daha sonraları Interbank, Etibank ve Egebank'ın batışıyla ilgili olarak dolandırıcılık yapmakla suçlandı. Savcılar, Çağlar'ın Egebank'tan ticari faaliyetleri için 7.4 milyon dolarlık kredi alarak bu parayı bir grup suç ortağı ile birlikte kendi hesabına geçirdiğini ileri sürdüler. İddialara göre bu parayı geri ödemeyen Çağlar, banka yolsuzluğuna karışarak, 1 milyar dolarlık bir kayba neden olmakla suçlandı.

İstanbul Devlet Güvenlik Mahkemesi'nce hakkında tutuklama emri çıkarılan Cavit Çağlar, 17 Nisan 2001'de New York'un John F. Kennedy Havaalanı'nda tutuklandı. New York'taki mahkeme, Çağlar'ın 5 milyon dolar kefaletle salıverilmesini reddetti. Türkiye'ye iade edilen Cavit Çağlar, Kartal Cezaevi'ne konularak davası görüldü ve ardından serbest bırakıldı. Bu arada yakın dostu

Süleyman Demirel, kamuoyuna, Çağlar'ın tutuklanıp hapse konulmasından duyduğu "derin üzüntüyü" açıkladı.

Süleyman Demirel yolsuzluk iddialarını haksızlık olarak değerlendiriyordu. 11 Mayıs 2002'de Bahçeşehir Üniversitesi'nde yaptığı bir konuşmada, yeğeni Yahya Murat Demirel ve Cavit Çağlar ile ilgili olarak şunları söyledi:

"Murat Demirel, 643 gündür suçunun ne olduğu bilinmeden, hangi mahkemede muhakeme edileceği bilinmeden hapistedir. Dünyanın hiçbir yerinde bir adamı, mahkemesi tayin edilmeden 643 gün hapiste tutmazlar. Cavit Çağlar'a yapılan zulümdür. Cavit Çağlar, fabrikalarında 20 bin kişiye iş vermiştir. 20 bin kişiyi besliyor, 20 bin Cavit Çağlar'ı beslemiyor ki. Cavit Çağlar ayda 20 milyon dolarlık döviz kazandırıyor Türkiye'ye. Bu Cavit Çağlar'ı zincire vurdular, buna da vicdanınız elveriyorsa, Allah'a havale ediyorum."

Fatih Altaylı, 13 Mayıs 2002 tarihli *Hürriyet* gazetesinde yayınlanan Süleyman Demirel hakkındaki yazısında şöyle diyordu:

Cavit (Çağlar) ile Murat (Demirel) haksız yere yatıyormuş. Onlara zulmedilmiş.

Demirel tipi hukuk anlayışı doğrudur. Bu anlayışta Demirel'in yakınları "hukuk üstüdür" ve dokunulmazlıkları vardır.

Bir eski başbakan, bir eski cumhurbaşkanı Türk yargısına hakaret ediyor.

Çünkü o yargı onun yakınlarından hesap soruyor. Oysa ben yazıyorum. "Herkes çıkar, Murat çıkamaz," diye.

Çünkü Murat Demirel'den batan, yüz milyonlarca doları yok olan bir banka var ve geride hiçbir şey yok.

Ne bir yatırım, ne bir fabrika, ne bir iş.

Buharlaşmış paralar.

Murat'la Cavit Çağlar arasındaki fark bu. Cavit Çağlar'dan alınacak bir şey var.

Murat'ta yok.

Üstelik de Murat paraları sahte şirketlere, hayali kuruluşlara, batık firmalara vermiş.

Ama amcasına göre suçsuz.

O amcanın 40 yıl yönettiği ülkede, bugünkü halimize şükredelim.

Bu kafanın yönettiği ülkede, bugün yaşayacak bir toprağımız dahi olmayabilirdi.

Hürriyet, 14 Ağustos 1999 tarihinde Demirellerin bir davette çekilmiş aile fotoğrafını yayınladı. Bu fotoğrafta Süleyman Demirel, iki yanına kayınbiraderi Ali Şener, eşi Nazmiye Demirel ve yakın arkadaşı Cavit Çağlar'ı almış olarak gözüküyordu. Fotoğrafta ayrıca Demirel'in diğer bir dostu Kamuran Çörtük de vardı. Gazetenin iddiasına göre Çörtük, bir banka alımında rakibini korkutmak için mafya ile anlaşmıştı.

2004 yılının Aralık ayında, Bursa Üçüncü Ağır Ceza Mahkemesi, Interbank'ın batışı ile ilgili yolsuzluk nedeniyle eski Devlet Bakanı Cavit Çağlar ve oğlunun da aralarında bulunduğu diğer dört kişiye üçer yıl onar ay hapis cezası verdi. Ayrıca ağır para cezaları da aldılar.

Türkiye'deki en büyük banka skandallarından birisi de, 1935 yılında Atatürk'ün isteği üzerine kurulmuş olan Etibank'ın malvarlığının ve mevduat hesaplarının hortumlanışıydı. Kemalist reform yıllarını takiben kurulan bu banka, Türk sanayisinin gelişiminde önemli bir rol oynamıştı. Medya patronu, *Sabah* gazetesinin sahibi Dinç Bilgin'in de karıştığı skandal, 2000 yılının Ekim ayında tüm ülkeyi şoke etti. Sabah Medya Holding'in Başkanı Bilgin, 2001 Nisanı'nda Etibank davası ile ilgili olarak "zimmet", "nitelikli dolandırıcılık" ve "cürüm işlemek için teşekkül oluşturmak" suçlarından tutuklandı. Devlet Güvenlik Mahkemesi'ne çıkarılan Bilgin, bankayla ilgili bazı bilgiler için, "Siyasidir açıklayamam," dedi.

Bilgin on ay sonra serbest bırakıldı ve 2002 yılının Ekim ayında Sabah Grubu'na bağlı medya şirketleri, on beş yıllığına Turgay Ciner'in Merkez Grubu'na devredildi. Bu transfer resmi olarak devletten de onay görmüştü, çünkü *Sabah* ve ATV gibi medya kuruluşlarının içinde yer aldığı grup, devlete yılda 10 milyon dolar ödeyecekti. Fakat Ali Atıf Bir'in 23 Ocak 2005'te *Hürriyet*'teki yazısında belirttiğine göre, bu grup devlete bir önceki yıl yalnızca 2 milyon dolar ödemişti. Bir zamanlar devlet bankası olarak kurulan Etibank, 1997'de özelleştirilmiş ama bankayı satın alanlar devlete olan borçlarını ödeyememişlerdi. Banka, 1998'in Mart ayında, bu defa Dinç Bilgin'in sahip olduğu Sabah Medya Holding ile Cavit Çağlar'ın İpek Holding'ine 150 milyon dolara yeniden satıldı. Bilgin, daha sonra ortağının yüzde 50 hissesine de sahip oldu. Fakat daha sonra, Bankacılık Denetleme ve Düzenleme Kurulu, Bankalar Kanunu'nun "bankanın kaynaklarının lehte kullanılması" ve "kötü yönetimi" içeren maddelerine dayanarak Etibank'a el koydu. Medya, açık bir şekilde, banka soygunlarında önemli bir rol oynamıştı.

Bu yolsuzluklara karışan sekiz holdingin gazete, dergi, televizyon ve radyo istasyonu varken, yedi tanesi de banka sahibiydi. 2003 Şubatı'nda, ikisi hariç bütün medya baronlarının, banka yolsuzluklarına karıştıkları yönündeki iddialar nedeniyle yurtdışına çıkmaları yasaklanmıştı.

Akşam ve *Güneş* gazeteleri, Show TV, Turkcell, Superonline ve Digitürk'ün sahibi olan Çukurova Holding, iddialara göre Haziran 2002'de Pamukbank'a 2.7 milyar dolar ve Yapı Kredi Bankası'na 2.3 milyar dolar borçlanmıştı. *Forbes* dergisi, birkaç yıl öncesinde holding sahibi Mehmet Emin Karamehmet'in en zengin Türk ve dünyadaki en zengin yirmi dokuzuncu kişi olduğunu duyurmuştu. Çukurova Holding, Bankacılık Denetleme ve Düzenleme Kurulu ile bir anlaşma yaparak, 6.2 milyar dolarlık borcunu on beş yıl içinde ödemeyi kabul etti. 2005 yılının Kasım ayında yapılan bir açıklamada ise, Mehmet Emin Karamehmet'in sahip olduğu Çukurova Grubu'nun TMSF'ye olan borcunu ödediği belirtildi.

İki gazete, Star dahil olmak üzere üç Star TV kanalı, Telsim ve iki bankanın sahibi olan Uzan ailesinin yaşadığı yasal sorunlar, 2003 yılı yazında tüm gazetelerde baş konuydu. Uzanların küçük kardeşi olan Bahattin Uzan tutuklanmış, aynı yılın eylül ayında Kemal Uzan, oğlu Hakan Uzan ve Hakan'ın amcası Yavuz Uzan hakkında tutuklama kararı çıkmıştı. Uzan ailesinin sahip olduğu İmar Bankası'ndan hortumlanan paranın 5 milyar doları geçtiği belirtiliyordu. 380 bin adet mevduat sahibinin parasını ödemeyen bankaya 2003 Temmuzu'nda Bankacılık Denetleme ve Düzenleme Kurulu tarafından el konuldu.

Uzan ailesi mensuplarının sorgulanması sırasında, şirket ofisleri, evler ve yatlarda yapılan aramalar sonucunda şantaj amacıyla kayıtlar yapıldığı belirlendi. Devlet, medya şirketleri dahil olmak üzere ailenin mülkiyetindeki mallara el koydu. Ailenin reisi Kemal Uzan, bir zamanlar *Forbes* dergisi tarafından dünyanın en zengin kişileri arasında (371. sırada) gösterilmişti. Haklarında tutuklama kararı çıkmış olmasına karşın, polis 2005 yılının Şubat ayında hâlâ Hakan ve Yavuz Uzan'ı aramaya devam ediyordu; çünkü ülkeyi terk ederek kayıplara karışmışlardı.

Uzan ailesinin Amerika Birleşik Devletleri'nde de yasal sorunları vardı. Dünyanın önde gelen iki GSM bağlantılı şirketi Motorola ve Finlandiya'nın Nokia şirketi, Amerika'nın dolandırıcılığı önleme yasalarına dayanarak, Uzanlar aleyhine 3 milyar dolarlık dolandırıcılık davası açtılar. Motorola ve Nokia, Uzan ailesinin milyarlarca dolar borcuna karşılık ödeme yapmaya niyetinin olmadığını söylüyordu. Uzanlar, suçlamaları reddederek, Motorola ve Nokia'nın kalitesiz hizmet ve ürün verdiklerini söylediler. 2003 yılının Temmuz ayında bir New York mahkemesi, Uzanların Motorola'ya 4.2 milyar dolar ödemesini kararlaştırdı.

Uzan ailesinin sahip olduğu medya kuruluşlarını yöneten ve siyasal hırslara sahip olan Cem Uzan, 2002 yılında Genç Parti adlı bir siyasal parti kurdu.

Hürriyet, Milliyet, Radikal ve *Posta* gazetelerinin sahibi Doğan Medya Grubu, medya dünyasının önde giden grubu konumuna gelmişti. Bu grup, bunlara ek olarak, *Fanatik, Tempo* ve *Finansal Forum*'un da aralarında bulunduğu diğer gazete ve dergilere de sahiptir. Grubun başkanı Aydın Doğan ayrıca, birkaç banka ile Kanal D, CNN Türk gibi televizyon kanallarının ve Radyo D, Radyo Frekans ve Hür FM radyolarının sahibi durumundadır. Aydın Doğan'ın enerji sektöründe de yatırımları bulunmaktadır. 1960'larda benim kurup örgütlendirdiğim Haber Ajansı, bugün Doğan Haber Ajansı adını almıştır.

2003 yılında Aydın Doğan'ın, Çukurova Holding'in sahibi Mehmet Emin Karamehmet, Dinç Bilgin'in Sabah (Merkez) Grubu ve Uzan ailesi ile girdiği medya savaşı devam ediyordu. Doğan'ın bu grupların iddia edilen banka yolsuzluklarını öne çıkardığı kampanyalar, kendi grubunun yaptığı iş anlaşmalarına karşı saldırılarda bulunulmasına yol açtı. Petrol sektöründe yatırımlar yapan İş-Doğan şirketi için devletten alınan bir kredi borcunun, devlet tarafından üç yıldan beş yıla uzatıldığı iddia edildi.

Aydın Doğan, 14 Ekim 2003 günü Doğan Haber Ajansı'na verdiği beyanatta, bankalardan milyarlarca dolar hortumlayan medya baronlarının kendisine karşı yaptığı hücumların amacının kendisini susturmak için şantaj olduğunu söyledi. "Ben işte hortumcu koalisyonun şantaj saldırısına maruz kaldım," dedi ve şunları ekledi: "Ben susmayacağım. Ben hortumlamadım. Devlete de vergi borcum yok." Aydın Doğan'ın açıklamasına göre, Doğan Grubu'nun 234 milyon dolar borcu varken, kasasında 100 milyon dolar nakit parası ve ayrıca 70 milyon dolarlık menkul değeri bulunuyordu.

Doğan, 84 milyon dolara kendisine satılan DemirHalk Bank hakkında ise, "İyi ettim, onlar sattı ben de aldım," dedi. Müfettişlere göre banka ucuza gitmişti.

Medyanın şantaj amacıyla kullanıldığını, o pisliğin parçası olmamak için elinden geleni yaptığını söyleyen Aydın Doğan, "Türkiye'de kiralık gazeteci var," diyordu.

Aydın Doğan, kendisinin sahip olduğu imparatorluğa karşı olan medya kaynaklarını ve diğer gazeteleri ortadan kaldırarak, medyada tekelleşme yaratma planlarından dolayı suçlanıyor. Ayrıca, rakipleri Doğan Medya Grubu'nu, 2003'te iktidara gelen İslami programa sahip Adalet ve Kalkınma Partisi de dahil olmak üzere, her zaman iktidardaki hükümeti desteklemekle suçluyorlar.

Bütün bunlar olurken, köktendincilerin "Ahret Medyası" denilen İslamcı gazeteler ve diğer yayın kuruluşları ise, bu medya savaşını sevinçle izlediler. Bu İslamcı gazeteler arasında, daha önceleri İstanbul Belediye Başkanı olan Recep Tayip Erdoğan döneminde belediyenin yaptırdığı işlerde tercih edildiği söylenen Albayrak ailesinin sahip olduğu *Yeni Şafak;* Necmettin Erbakan ile onun İslam yanlısı *Milli Görüş* politikalarını ve Saadet Partisi'ni destekleyen *Milli Gazete*; Nur Cemaati'nin lideri Fethullah Gülen'in sahip olduğu *Zaman*; eskiden *Akit* ismiyle yayınlanan fakat hakkında dava açılarak kapatıldıktan sonra adını değiştirerek *Vakit* adıyla çıkarılan gazete ve *Yeni Asya* bulunmaktadır.

Zülfü Lüvaneli, *Sabah* gazetesinde köşe yazarlığı yaparken, ülkedeki yolsuzluklar hakkında sert bir şekilde dert yanmıştı. Livaneli yorumunda, yolsuzluklara bulaşan uygunsuz kişilerin her yere sızdıklarını ileri sürerek, kirlenmeyen hiçbir yer kalmadığını belirtti. Etibank skandalından hemen sonra yazdığı yorumda Livaneli, büyük bir ülkenin bir suçlar cehennemine çevrildiğini yazıyordu.

İlhan Selçuk, 2 Kasım 2000 günü, *Cumhuriyet* gazetesindeki "Pencere" köşesinde, "Özal, ülkemizin yaşamında, sanıldığından çok daha derin bir olumsuz dönüşümün lideridir," diye yazarak şöyle devam etti: "Bugün kokuşan her pislik onun zamanında tohumlandı; 'Anayasa bir kez delinmekle bir şey olmaz' deyip devleti de kullanarak oğluna televizyon kurduran Cumhurbaşkanı'na Hotanto'da bile rastlamak güçtür; ama, Türkiye bunu yaşadı; içine sindirdi."

Selçuk, dejenere olan medya ile ilgili "Kaç Buçuk Gazete Var?..." başlıklı yazısında şöyle diyordu:

> "Derin devlet" dedikleri bilinmez bir alamete çatarak demokrasi yaptıklarını sanan köşecilere ve entellere bak sen!...
> "Derin devlet" çalıştıkları gazetenin patronuna milyonlarca dolar akıtıyor.
> Banka tezgâhlıyor...
> Ne kadar derin devletmiş bu?...
> Derin devlet, patrona yüz milyonlarca dolar akıtıyor; patron derin devlete çatan köşeciye on binlerce dolar akıtıyor...

İlhan Selçuk yazısında, "Derin devletin derin ilişkileri içinde kirlenen medyanın yapısı bozuldu, doğası çürüdü," şeklindeki görüşünü de ifade ediyordu.

Hürriyet yazarı Emin Çölaşan, ülkede yolsuzluğun yayılmasına ve kendi destekçilerinin bankaları talan etmesine izin verdikleri için bütün siyasal partileri suçladı. Çölaşan, 8 Kasım 2000 tarihli yazısında banka soygunlarından bahsederek şöyle devam etti:

Şimdi Murat Demirel içerde. Kesinlikle de öyle olması gerekir. İyi ama diğer banka hortumcuları nerede?

İçleri gaddarca ve haince boşaltılan diğer bankaların patronları, yöneticileri niçin içeri alınmadı ve alınmıyor?

Örneğin Yurtbank takımına niçin dokunulmuyor? Diğerlerinin üzerine niçin gidilmiyor? Bir tek Sümerbank'ın Hayyam'ı yeter mi?

Sevgili okuyucularım, biz bu süreçte iki gerçeği daha öğrendik.

1- Türkiye'de en büyük soygun ve vurgun, bankacılık alanında.

2- Türkiye'de götüreceksen çok büyük götür. O zaman bir şey olmuyor. Küçük götürürsen enselenir ve ayvayı yersin.

1980'li yıllarda batırılan İstanbul Bankası, Hisarbank ne oldu? Sahipleri ve yöneticileri köşeyi dönmedi mi? İstanbul Bankası genel müdürü Özer Çiller komisyon karşılığı kredi verir, kredinin yüzde 15'ini cebine atardı. Bunu burada belgelerle kanıtlamıştım. Sonra başbakan kocası oldu ve Türkiye'yi yönetti.

...Peki Tansu döneminde boşaltılan Marmarabank, İmpeksbank, TYT Bankası sahip ve yöneticileri ne oldu? Oralarda da Turgut Özal'ın prensleri vardı. Trilyonlar vantuzlandı, hepsi aramızda aslanlar gibi dolaşıyor...

Ve Tansu şimdi ortaya çıkıyor, bankalar konusunda bu hükümeti suçluyor.

Kendisi bu hükümetten daha mı az suçlu?

Türkbank rezaletinin içindeki Mesut da suçlama kervanına katılıyor!

Aman yarabbim, Türkiye'de korkunç bir kara mizah yaşıyoruz.

Çölaşan'ın anlattığı aynı durum, Osmanlı İmparatorluğu'nda yolsuzluğun arttığı dönemlerde de söz konusuydu. Ziya Paşa, *Terkib-i Bend* adlı eserindeki bir beyitte şöyle der:

Milyonla çalan mesned-i izzette şerefraz,
Birkaç kuruşu mürtekibin cay- ı kürektir.

Bu beyitin anlamı şudur:

Milyonla çalan nasılsa saygınlığa yücelir,
Birkaç kuruş çalana da kürek cezası verilir.

İçişleri Bakanı Sadettin Tantan, 2000 yılında rüşvetçi politikacılar ve işadamları için bir isim bulmuştu: *Akbabalar*. Tantan, İstanbul'da düzenlenen Türkiye'de yolsuzlukla mücadele konulu konferansta, hapsedilmeleri gerekli hırsızların ve istismarcıların halkın arasında saygın adamlar gibi dolaştıklarını belirtmiş ve bozukluğun Türkiye'nin ekonomik ve politik dengesini tehdit ettiğini de ileri sürmüştü. Tantan ayrıca, yolsuzlukların radikal İslam'a, kirli politikaya ve devletteki düzensizliğe neden olduğu anlaşılmazsa ve bataklığı kurutmak için önlemler alınmazsa, vaktimiz sivrisinek avlamakla geçecektir yolunda bir uyarı da yapmıştı. Fakat Tantan'ın uyarıları görmezden gelindi ve iki yıl sonra yapılan seçimler, İslamcıların kesin zaferiyle sonuçlandı.

Birbiri ardına skandallar patlarken, halk devlette ortaya çıkan ahlaki çöküntünden yakınıyordu.

Doğru Yol Partisi Genel Başkanı Tansu Çiller, Ekim 2000'de, partisinin İstanbul İl Gençlik Teşkilatı'nın Ataköy'de bir restoranda düzenlediği gecede konuşarak, Türkiye'de bir çözümsüzlük ortamı bulunduğunu ileri sürdü ve "Artık bu kokuşmuş sisteme 'dur' deme zamanı gelmiştir," dedi. Çiller, Etibank ile Bank Kapital'in yönetim ve denetiminin Tasarruf Mevduatı Sigorta Fonu'na devredilmesi konusuna değinerek, "Neredeydiniz bugüne kadar? Şimdiye kadar neden el koymadınız? Bu zavallı millete bunu zeval gördünüz," dedi.

Tansu Çiller, kendisinin Türkiye Cumhuriyeti'nin ilk kadın başbakanı olduğunu da anımsatarak, "Cumhuriyet'in ilk kadın başbakanına haksızlık edilmiştir. Ama asıl bu millete haksızlık edilmiştir... Demokrat gençler, bu ülkede liberal ekonomiye, eğitim seferberliğine, demokrasiye el koyacak mısınız? O zaman DYP'nin yolu doğrudur. Sizin de yolunuz doğrudur. Gazanız mübarek olsun," şeklinde konuştu.

Çiller'in konuşması sırasında, "Vur de vuralım, öl de ölelim!" "Gençlik sizinle gurur duyuyor!" sloganları atıldı.

Tansu Çiller'in kendisi de daha önceden yolsuzluk iddialarından suçlanmış ama servetinin annesinden miras kaldığını savunmuştu.

Oldukça hırslı bir kişiliğe sahip olan Tansu Çiller, 1946'da İstanbul'da doğdu ve şimdi Boğaziçi Üniversitesi olarak bilinen Robert Kolej'de okudu. Aynı okuldan Özer Uçuran'la evlenerek doktora yapmak için Amerika Birleşik Devletleri'ne gitti ve burada bir erkek çocuk sahibi oldu. Özer Uçuran, eşinin soyadı olan Çiller'i kendi soyadı olarak benimsemeyi tercih etmişti.

Türkiye'ye döndükten sonra, Boğaziçi Üniversitesi'nde bir süre ekonomi dersleri veren Tansu Çiller, daha sonra politikaya atıldı. Doğru Yol Partisi'nin lideri Süleyman Demirel, 1990 yılında Çiller'in politikadaki yol göstericisi oldu. Çiller ailesi, Türkiye'de ve Amerika Birleşik Devletleri'nde gayrimenkul edinmeye başlamıştı. Tansu Çiller, 1991 yılında milletvekili seçilerek ekonomiden sorumlu Devlet Bakanı oldu. Ekonomik rakamlar konusundaki dikkatsizlikleri ve alışılmadık istekleri, kendi partisindeki çalışma arkadaşlarını bile şaşırtıyordu. Bir keresinde, bütçeyi denklemek için devlet memurlarının maaşlarının bir ay ödenmemesini teklif etti.

Cumhurbaşkanı Turgut Özal'ın 1993 yılında ölümü üzerine Süleyman Demirel Cumhurbaşkanı seçildi. Bunun sonucunda da Çiller, Demirel'in desteğiyle Doğru Yol Partisi'nin lideri seçilerek Türkiye'nin ilk kadın başbakanı oldu. Başbakanlığı sırasında gazetecilere, "Rusya zaten NATO üyesi değil mi?" türünden sorular sormak gibi inanılmaz gaflar yaptı. Üstün Reinart'ın 1999 Martı'nda *Women's International Net Magazine*'de yayınlanan "Ambitions for All Seasons, Tansu Çiller" başlıklı makalesinde yazdığına göre, Çiller yabancı devlet başkanlarının adlarını hatırlamakta zorlanıyordu. Devlete ait uçaklar, hoşlandığı marka dondurmalar ve yemeklerin yapımında kullanılan özel maddeleri taşıyordu.

Reinart'a göre Tansu Çiller, liberallikten milliyetçiliğe geçmiş ve ayrılıkçı Kürt hareketine karşı sert bir tavır almıştı. Siyasal cinayetlerin sayısının arttığı 1994 yılında İslamcıların *Gâvur Gelini* dedikleri Çiller'in serveti de gazete manşetlerine çıkmıştı.

1995 seçimlerinin açık bir galibi olmadığından, Çiller, imajını kısa sürede bir kez daha değiştirdi. İslamcı Necmettin Erbakan'ın yüzde 21 oy alan Refah Partisi, Anavatan Partisi Başkanı Mesut Yılmaz ile koalisyon görüşmelerine başlamıştı. Bunun üzerine, "Beni Atatürk yarattı," diyen Çiller, Yılmaz'ı "Türkiye'yi karanlığa itmek"le suçladı.

Çiller'in serveti üzerine geniş bir soruşturma yapan İslamcıların, onun hakkında, gizli fondan esrarlı bir şekilde yok olan para dahil, birçok konuda hazırlanmış ciddi dosyaları vardı. Çiller'in 1993 ile 1996 yılları arasında başbakan olduğu dönemde, muhalefet, Tansu Çiller ve eşi Özer Çiller'in hükümete ait fonları kanunlara aykırı bir şekilde kullanarak zenginleştikleri suçlamasında bulundu. Tansu Çiller ise, bu suçlamalara karşılık olarak, annesi Muazzez Hanım'dan altınlar dahil olmak üzere 1.1 milyon dolar tutarında miras kaldığını söyledi. Oysa annesinin komşularına göre, Muazzez Hanım fakir biriydi.

The New York Times gazetesine göre, Özer Çiller, hisselerinin çoğunluğuna sahip olduğu Amerikan şirketi GCD aracılığıyla, New Hampshire'de gayrimenkuller satın almıştı. Bunlar arasında Massachusetts, Salem'deki Holiday Inn Oteli ve New Hampshire, Hooksett'te bulunan Granite State İş Merkezi de vardı. Çiller ailesi, açıkladıkları servet beyanına Amerika'daki gayrimenkulleri de eklemiş ve ayrıca, Marsan Marmara Holding'te 424.965 adet hissenin, *Denge* ve *President* isimli iki yatın ve Kuşadası'nda bir çiftliğin sahibi olduklarını açıklamışlardı.

O dönemde Tansu Çiller, kendi çıkarlarını korumak amacıyla kurnazca bir dönüş yaparak, daha önce karanlık güçler olarak adlandırmış olduğu İslamcılarla koalisyon hükümeti kurma konusunda anlaştı. Refah Partisi, Çiller'in koruyucusu konumundaydı; Erbakan ve Çiller, İslam camiasının şöhretli üyelerini yatıştırmak için birlikte harekete geçtiler ve çeşitli tarikat liderlerini iftara davet ettiler. Bu ikilinin işbirliği, gerici İslamcı hareketin yükselişe geçmesine yararken, Kemalizm'in ilkelerine zarar veriyordu.

Boğaziçi Üniversitesi'nde siyaset bilimi profesörü olan Kemal Kirişçi, Tansu Çiller hakkında şöyle diyordu: "Çiller, muhtemelen Türkiye'nin uzun bir süredir karşılaştığı en Makyavelist politikacı. Amacına ulaşmak için her şeyi yapacaktır. Kendisinin bir sürü kirli çamaşırı olduğu halde, diğer politikacıların da çok miktarda kirli çamaşırı olduğunu biliyor ve bunu kullanmakta da tereddüt etmiyor. Onun Makyavelizminin asıl önemli noktası bu."

Tansu Çiller'in düşmanı eski Başbakan ve Anavatan Partisi lideri Mesut Yılmaz'dı. Her ikisi de, yolsuzluk yaptıkları iddiasıyla çeşitli defalar açılan parlamento soruşturmaları sonucunda küçük düştüler. Ellerine her fırsat geçtiğinde de birbirlerine zarar vermek için her şeyi yaptılar.

Tansu Çiller, 1998 yılında kendisinin ciddi yolsuzluklara bulaşmış olduğunu gösteren bir hükümet raporunun açıklanmasıyla, ağır bir darbe aldı. Bu rapor, bir bölümü Mesut Yılmaz tarafından açıklanan ve Çiller'in başbakanlık dönemini (1993-96) ölüm mangaları, uyuşturucu ticareti, yurtdışında beceriksizce yapılan gizli operasyonlar ve kumarhane sahiplerinden alınan haraçlarla ilişkilendiren *Susurluk Raporu*'ydu.

Susurluk kasabasında 1996 yılının Kasım ayında büyük skandala yol açan bir araba kazası meydana geldi. Bu kazada bir polis müdürü, aynı zamanda gizli bir devlet ajanı olarak çalışan sağcı bir tetikçi ve onun kız arkadaşı ölürken, bir Kürt politikacı hayatta kaldı. Bu kaza, organize suç çeteleriyle, siyasal cinayetler ve bunların devletteki uzantılarını ortaya çıkarmıştı. Susurluk kazası hakkındaki rapor, devlet destekli ölüm mangalarının Kürt eylemlerine destek veren gazeteciler dahil bazı ayrılıkçı Kürtleri öldürdüğü yolundaki daha önceki iddiaların doğruluğunu gösterdi. Ayrıca raporda, Abdullah Çatlı adlı sağcı tetikçinin Bakû'dan Batı'ya uyuşturucu kaçakçılığı yapabilmek amacıyla, Azerbaycan Cumhurbaşkanı Haydar Aliyev'in devrilmesi için 1995 yılında gerçekleştirilen darbede önemli bir rol oynadığı da belirtiliyordu.

1 Ocak 1997'de, Kelly Couturier, *The Washington Post*'ta çıkan Susurluk skandalı hakkındaki raporunda şöyle yazdı: "Olayın en korkunç yanı, suç çeteleri ağının Türkiye'nin parlamentosuna, güvenlik güçlerine ve polis teşkilatına sızmış olmasıdır. İddialara göre, hükümet görevlilerinin düşmanlarından kurtulmalarına yardım eden bu çetelerin, karşılık olarak, şantaj, kumar, kara para aklama ve eroin kaçakçılığı yoluyla zenginleşmelerine izin veriliyor."

Başbakan Bülent Ecevit'in üçlü koalisyon ortakları arasında 2000 yılında yapılan pazarlıklar sonucunda, Meclis, hem Mesut

Yılmaz'ı hem de Tansu Çiller'i haklarındaki yolsuzluk iddialarından akladı.

İlhan Selçuk, *Cumhuriyet* gazetesinde, Mesut Yılmaz ve Tansu Çiller hakkında dağlar kadar yolsuzluk iddialarıyla ilgili dosyalar olduğunu, fakat oturup pazarlık yapıldığını ve Bülent Ecevit'in de bu işi onayladığını ileri sürdü. Meclis komisyonlarındaki yolsuzluk dosyaları da, böylece kaldırılmış oluyordu.

Bu arada, Enerji Bakanı Cumhur Ersümer'in bilgisi dışında, enerji ihalelerindeki yolsuzluk ve rüşvet iddialarıyla ilgili olarak Beyaz Enerji Operasyonu adlı bir soruşturma başlatılmış ve bu operasyon, polis tarafından değil jandarma, İçişleri Bakanlığı'ndaki bazı yetkililer ve Genelkurmay tarafından yürütülmüştü. O dönemde, hem Enerji Bakanlığı hem de İçişleri Bakanlığı, Bülent Ecevit'in liderliğindeki üçlü koalisyon hükümetinde, Mesut Yılmaz'ın Anavatan Partisi'nin kontrolü altındaydı.

Yolsuzlukların önüne geçilmesi konusunda çeşitli baskılarla, özellikle yeni bir IMF ve Dünya Bankası kredisi koşulu olarak karşılaşan Ecevit, 28 Nisan 2001'de Enerji Bakanı Cumhur Ersümer'in istifasını kabul etmek durumunda kaldı. Parlamento, 22 Mayıs 2001'de muhalefetteki İslamcı Fazilet Partisi'nin Cumhur Ersümer hakkında açılması istenen soruşturma önerisini reddetti. 430 milletvekilinin katıldığı oylamada 259'a karşı 167 kabul oyu çıkmıştı. Milliyetçi Hareket Partisi'nin, koalisyonu kurtarmak için eski Enerji Bakanı hakkındaki suçlamalara karşı oy kullandığı iddia edildi. Parlamento, devlet içindeki yolsuzlukları örtbas etmeye devam ediyordu.

Beyaz Enerji Operasyonu'nda garip bir durum söz konusuydu. İçişleri Bakanı Sadettin Tantan, üç ay boyunca devam edem soruşturma hakkında Mesut Yılmaz ve Cumhur Ersümer'i bilgilendirmediğini açıkladı. Soruşturma sırasında, Enerji Bakanı Cumhur Ersümer'in telefonları kendisinin bilgisi dışında dinlemeye alınmıştı. Pahalı Rus doğalgazını denizaltındaki borularla Türkiye'ye taşıyan Mavi Akım projesi için yapılan sözleşme de soruşturma kapsamındaydı.

Yolsuzluk skandalları, birçok kişiye Nasrettin Hoca'nın hikâyesini anımsatmıştı:

Nasrettin Hoca günlerden bir gün bir bahçeye girerek orada ne bulduysa karpuz, kavun, havuç, şalgam koparıp çuvala doldurmuş. Tam iş başındayken bahçıvan ona doğru gelmiş:
"Burada ne arıyorsun?" diye sormuş.
Hoca şöyle cevap vermiş:
"Geceki korkunç fırtına beni buraya attı."
"Öyle mi? Ya bunları kim kopardı?"
"Nasıl fırtına beni buraya kadar fırlattıysa, kendisine tutunduğum şeyler de elimde kaldı."
"Peki bunları çuvalına kim doldurdu?"
Bu soruya herhangi bir açıklama getiremeyen Hoca, şöyle yanıt vermiş:
"Ben de şu anda onu düşünüyordum."

* * *

Sonunda Milli Güvenlik Kurulu (MGK) toplantısında Türkiye Cumhuriyeti tarihinde ilk defa cumhurbaşkanı ile başbakan arasında sert tartışmalar oldu.

Nankör Kedi Olayı adı verilen bu çatışmada, *Cumhuriyet* gazetesinde belirtildiğine göre, Cumhurbaşkanı Ahmet Necdet Sezer'le Başbakan Bülent Ecevit arasında yaşanan tartışma şöyle gelişti:

Sezer: "Bana sürekli engeller çıkarıyorsunuz. Beni kamuoyu önünde küçük düşürmek istiyorsunuz. Hukuk bilmiyorsunuz, bilenlerden de yararlanmıyorsunuz. Yasamayı ve yargıyı yürütmenin emri altına aldınız. Sürekli önüme hukuka aykırı kararnameler gönderiyorsunuz.

"Yolsuzlukların üzerine gidilmesinden neden korkuyorsunuz? Savcılara müdahale ediyorsunuz. Yürüyen soruşturmalara müdahale ediyorsunuz. Bu yargıya müdahaledir ve anayasaya aykırıdır."

Ecevit: "Bitti mi?"

Sezer: "Hayır bitmedi. Yolsuzlukların örtbas edilmesine izin vermeyiz. Ülkeyi soydurtmayız. Enerji Bakanı Cumhur Ersümer'in istifası gerekirdi, ettirmediniz."

Bu tartışma üzerine Başbakan Yardımcısı Hüsamettin Özkan,

Cumhurbaşkanı Sezer'e "Nankör kedi" diyerek, kimin sayesinde cumhurbaşkanı olduğunu unuttuğunu ileri sürmüştü.

Nihayet Başbakan Bülent Ecevit, çok sarsılmış bir halde toplantıyı terk etti ve kavganın tüm ayrıntılarını basına açıklayarak, "ciddi bir kriz" yaşandığını söyledi. Ecevit'in açıklaması, finansal çöküşle birlikte, milyarlarca dolara mal olan ve aşırı boyutlarda işsizliğe neden olan Türkiye'nin 1945 yılından beri yaşadığı en kötü iktisadi durgunluk dönemini başlattı. Hükümet içinde çıkabilecek diğer çatışmalar konusundaki endişe mali piyasalara hakim olmuştu.

Bu olayın sonucu olarak, Türk Lirası dolara karşı bir gecede yüzde 50 değer kaybetti. Buna ek olarak, birbuçuk yıldır uygulanmakta olan IMF enflasyonla mücadele programı çöktü. Aylık ortalama gelirde büyük azalmalar meydane geldi ve Türk halkı daha da yoksullaştı. 2001 yılının Ekim ayında, 1 dolar 1.5 milyondan fazla Türk Lirası değerindeydi. 2003'ün Ekim ayında, dört kişilik bir ailenin yaşamını sürdürebilmesi için 1.6 milyar Türk Lirasına (1110 dolar civarında) ihtiyacı vardı. En düşük ücretli memurun aylık maaşı 517 milyon lira iken (369 dolar civarında), aylık 490 milyon lira (350 dolar civarında) açlık sınırıydı.

İşçiler bu krizden çok kötü şekilde etkilendi. Türk-İş'in 2003 yılının Eylül ayında yaptığı açıklamaya göre, bir işçinin aylık ücreti 360 milyon liraydı (218 dolar civarında). Vergiler, sosyal güvenlik ve işsizlik ödenekleri kesildikten sonra işçiye kalan net para 225.999 liraydı (161 dolar civarında). Ve aynı işçi, bir kilogram kıyma alabilmek için 8 saat 43 dakika, bir kilogram ağırlığında ekmek alabilmek içinse 1 saat 20 dakika çalışmak zorundaydı. Resmi rakamlara göre, 2004 yılının Aralık ayında işsiz sayısı 2.396.000 idi. Kadınlar gibi bazı kişiler, iş aramaktan vazgeçtiğinden, aslında gerçek rakamın 9 milyon olduğuna inanılıyor. İşi olan 20.811.000 kişinin büyük bir kısmı da düşük gelir getiren işlerde çalışıyordu. Devlet İstatistik Enstitüsü'nün 2003 yılında açıkladığına göre, 12,2 milyon kişi günlük yalnızca 1 dolar kazanıyordu. Bu arada, Türk Lirası, 112 ülkenin parası arasında en değersiz para olarak *Guinness Rekorlar Kitabı*'na girmişti.

Yolsuzluk mu Dediniz? Ne Yolsuzluğu?

Yağma Hasan'ın böreği
Bir deyiş

Ünlü yazar Hüseyin Rahmi Gürpınar bir keresinde, "Olur mu hiç? Bırakır mıyız sizi biz, yağma yok kuzum yağma yok!" diye yazmıştı.

Gürpınar, bunları yazdığı dönemde, gelecekte laik Cumhuriyet'in kurumlarını sallayacak olan yağma ve talanın büyüklüğünü tahmin bile edemezdi. Oysa, ortaya çıkan bu yağma neredeyse devleti iflas ettirdi.

Hükümet ihalelerinin yıllarca saydamlıktan yoksun bir şekilde gerçekleştirilmesi yüzünden, Uluslararası Para Fonu'ndan alınan krediler ve Türk Hazinesi'nin kendi kaynakları ya çalındı ya da boşa harcandı. Bayındırlık ve İskan Bakanı Zeki Ergezen, 6 Haziran 2003 günü TBMM'de şöyle konuştu:

"Türkiye bütçesinin üçte biri yolsuzluğa, üçte biri israfa gidiyor. Şeytanın bile aklına gelmeyen yolsuzluklar yapılmış."

Adalet Bakanı Cemil Çiçek, 2003'ün Ağustos ayında Hürriyet'e verdiği demeçte, "Vatandaş bana soruyor: Hortumcu neden dışarda? Vatandaş, 'bir teyp çalan içeriye atılıyor, bankayı hortumlayan dolaşıyor. Çaldın mı büyük çalacaksın' diye konuşuyor," dedi.

Devlet Bakanı Ali Babacan ise, TBMM'nin Plan ve Bütçe Komisyonu'nda yaptığı konuşmada şunları söyledi: "1990'da her 100 liralık vergi gelirinin 30,6 lirası faiz ödemesine gidiyordu. 2002'de bu rakam 87 liraya ulaştı. Bu durum, kamu görevlerini yerine getirmek için yeterli kaynak bırakmıyor."

Kaynakların boşa harcanmasına verilecek örnekler arasında, küçük yerleşim bölgelerine havaalanı yapılması ya da olmayan tren yolları için açılan tüneller gibi gerekli olmayan inşaatlar vardı ve bunların sözleşmeleri nüfuzlu politikacıların akrabaları ile yandaşlarına veriliyordu. Bugün on dört havaalanı işlevsiz durumda. Yalnızca Süleyman Demirel memleketini ziyaret ettiğinde kullanılmaya yarayan Isparta havaalanı, kapatılmadan önce büyük para kaybına neden oldu. Diğer bir havaalanı ise, İslamcı lider Necmettin Erbakan'ın Edremit'teki yazlık evinin yakınındaki bir hayvan otlatma çayırında inşa edilmişti. Aşırı savurganlık hallerinde söylenen bir söz bu duruma iyi uyuyor: "Ayranı yok içmeye, tahtırevanla gider ...maya."

2003 Haziranı'nda İzmir yakınlarındaki Yuvacık Barajı'nın yapımındaki yolsuzlukları soruşturmak üzere bir parlamento komisyonu kurulması yönünde verilen önerge reddedildi. Soruşturma önerisine eski Başbakan Tansu Çiller ve on bir eski bakan da dahil edilmişti. Yuvacık Barajı bu kişiler iktidardayken yapılmış ve devlete 5,2 milyar dolara mal olmuştu. Barajın yapım maliyetinin gerçekte yalnızca 217 milyon dolar olduğu iddia ediliyordu. Tansu Çiller, bu konuda şöyle konuştu:

"Benim bu işle bir ilgim yok. Şoke oldum."

Yolsuzluklara ve kaynakların boşa harcanmasına karşı mücadele veren Yüksek Planlama Kurulu, 2003 yılının Şubat ayında henüz tamamlanmamış durumda bulunan 614 devlet projesini durdurdu. Kurula göre, hali hazırda devletin 130 milyar dolar harcamış olduğu 5556 bitmemiş yatırım zaten vardı. Bu projeleri tamamlamak için, fazladan 355 milyar dolar gerekiyordu. Üstelik devletin 2003 yatırım bütçesi yalnızca 3 milyar dolardı. Tamamlanmayan projeler arasında yol, fabrika, okul ve hastane yapımı bulunuyordu. Gümüşhane'de inşa edilen bir okul, öğrenciler için yurt yapılmamış olduğu için kullanılamıyordu.

Eski İstanbul Ticaret Odası Başkanı Mehmet Yıldırım, 26 Eylül 1998 tarihinde, devlet ihalelerinin nasıl dağıtıldığını açıkladı:
"Çetelere komisyon ödemeden devlet ihalelerine katılmak imkânsız. Bu kabine üyelerine ve yüksek düzeydeki devlet görevlilerine kadar uzanır."

O dönemde ülkede her şey öylesine kötüye gidiyordu ki, IMF yeni bir kredi konusunda anlaşmadan önce, kamu ihalelerinde düzenleme yapılmasını istedi. Hükümet, IMF baskısı yüzünden, 2002'nin Nisan ayında yeniden düzenlenmiş devlet ihaleleri sistemini denetleyecek yeni bir kurul oluşturdu.

1990'lardaki yağma ve talanın faturasının milyarlarca dolar olduğuna inanılıyor, fakat gerçek rakam hâlâ bilinmiyor. Ülkenin mali durumundaki güçlükler, birçok aydına kapitülasyonların tecavüzü altında iflas eden savaş yorgunu Osmanlı devletini hatırlatıyordu. Namık Kemal, Osmanlı İmparatorluğu'nun karanlık dönemlerinde şu beyiti yazmıştı:

Vatanın bağrına düşman dayamış hançerini,
Yok mudur kurtaracak bahtı kara maderini?

Yaklaşık bir yüzyıl sonrasında Tevfik Fikret ise şöyle diyordu:

Göz yumma güneşten ne kadar nuru kararsa,
Sönmez ebedi, her gecenin gündüzü vardır.

"Ülkenin servetini çalan hırsızlar neden hâlâ serbest?"
İnsanların kafasındaki bu soruya tatmin edici bir yanıt verilmemişti. Türkiye'de birçok kişi, 3 Kasım 2002 seçimlerinde İslamcıların kazandığı zaferin, bu sorunun yanıtını arayan yılgın durumdaki halkın tepkisi olduğu konusunda hemfikirdi.

2001 Şubatı'nda, Dünya Bankası'nın üst düzey yöneticilerinden Kemal Derviş, yıkılan ekonomiyi kurtarması umuduyla, Başbakan Bülent Ecevit tarafından Ekonomiden Sorumlu Devlet Bakanı olarak atandı. Derviş yeni krediler buldu, politikacı oldu, Cumhuriyet Halk Partisi'ne katıldı ve sonrasında da milletvekili seçildi.

Hükümetin ekonomik uygulamaları yıllardır aynı kısır döngü

içine girmişti: Kredi alınıyor, para harcanıyor ve sonra yine daha fazla kredi alınıyordu. Neredeyse tek başına devlet, iş dünyası, bankacılık sektörü ve medyadaki yağmalama olaylarıyla savaşan İçişleri Bakanı Sadettin Tantan, siyaset kodamanlarından gelen büyük bir baskıyla karşı karşıya kalmıştı. Turgut Özal döneminde iktidara verdikleri destek nedeniyle kredi ve bağış şeklinde milyarlarca dolar elde eden medya patronları, Tantan'ın yolsuzluk soruşturmalarına karşıydılar. Bu yüzden, partilerin kıdemli patronları ve onların medyadaki destekçileri, yolsuzlukla mücadelenin öncüsü olarak gördükleri Tantan'ı karalama kampanyası başlattılar.

İlk olarak, Tantan'ın Beyaz Enerji Operasyonu jandarmadan alınarak polise verildi. Ülke hızla polis devleti haline geliyordu. Bu durum, Beyaz Enerji Operasyonu kapsamında, özellikle doğalgaz hattı projesi aracılığıyla Rus Mafyası ile kurulan yolsuzluk bağlantıları konusundaki araştırmaların baltalandığı yolundaki şüpheleri artırdı. Ve 5 Haziran 2001'de asıl bomba ortaya çıktı: Yolsuzluklara karşı mücadele veren Sadettin Tantan, Anavatan Partisi'nin lideri ve Başbakan Ecevit'in yardımcısı Mesut Yılmaz tarafından görevden alındı. Gümrüklerden sorumlu Devlet Bakanlığına atanan Tantan, ertesi gün hem bu yeni görevinden hem de Anavatan Partisi'nden istifa etti. Tantan, yolsuzluklarla mücadele konusundaki tavrı nedeniyle Mesut Yılmaz'la sürekli bir anlaşmazlık içinde olmuş; çeşitli vesilelerle de bu konuda yürüttüğü soruşturmaların, özellikle Beyaz Enerji Operasyonu'nun Anavatan Partisi'nin içindeki bazı unsurlar tarafından engellendiğini açıklamıştı.

Bu arada Başbakan Bülent Ecevit, yolsuzluk soruşturmaları feda edilecek olsa da, yalnızca koalisyon hükümetinin yaşamasına odaklanmış gibi görünüyordu. İstifa etmesi yönünde yapılan çağrıları umursamadı ve ülkenin içinde bulunduğu koşullarda kendi hükümeti dışında başka bir seçenek olmadığını söyledi. Yeni krediler arayan Ecevit, sanayileşmiş G7 ülkelerinin liderlerinden yardım istedi. Daha önceki kredilerin kötü kullanıldığını ya da çalındığına tanık olan Batılılar, bu defa kredi vermeden önce önemli ekonomik reformların yapıldığını görmek istiyorlardı.

Ecevit'in manevi oğlu olarak tanınan Hüsamettin Özkan, bir süreliğine Türk siyasetine yön veren kişi olarak ortaya çıktı.

Ülkenin tarihinde oldukça kritik bir döneme girildiği sırada, Hüsamettin Özkan da hükümetin yolsuzluk davalarıyla ilgili politikasını yürütüyordu. Özkan'ın başbakanlığa çok büyük ölçüde etkide bulunduğu söyleniyordu. O dönemde İslamcı gazete *Yeni Şafak*'ta köşe yazarı olan Nazlı Ilıcak, Özkan için Türkiye'nin Rasputin'i diyordu.

Ülkede en çok güven duyulan kurum olan ordu, finansal ve ekonomik krizi yok etmek için bazı önlemler alacağını ve eskiyen tank ve helikopterlerin değişimi dahil olmak üzere 19,5 milyar dolar maliyetindeki otuz iki projesini ertelediğini duyurdu.

Fakat başka kötü haberler de vardı. Türkiye Odalar ve Borsalar Birliği (TOBB) 2001 yılının Nisan ayında, "Savurganlık Ekonomisi" adı altında bir rapor yayımladı. Bu rapora göre, 1990'dan 2000 yılına kadar olan dönemde, öngörüsüz kararlarla yapımı kararlaştırılan ve siyasal amaçlara dayanan projeler nedeniyle 195,2 milyar dolar çalınmış ya da boşa harcanmıştı. Bu miktara, bankacılık sektöründeki 32,5 milyar dolar kayıp, 95 milyar dolarlık kredi faizi ve hükümet tarafından dağıtılan ihalelerdeki 32,2 milyar dolarlık yolsuzluk da dahildi. Rapor, bu on yıllık dönemde, hükümetin on kez değiştiğini de belirtiyordu. Süleyman Demirel, Turgut Özal, Mesut Yılmaz, Tansu Çiller, Necmettin Erbakan ve Bülent Ecevit bu süre içinde kurulan hükümetlere başkanlık etmişlerdi.

2002 yazında, 79 yıllık laik Cumhuriyet'in kritik ve tehlikeli bir döneme girdiğinin işaretleri görülüyordu. İnsanların hayatında mutsuzluk ve güvensizliğe ilişkin güçlü belirtiler söz konusuydu. Ülkede siyasal, sosyal, kültürel ve ekonomik anlamda değişiklik kaçınılmaz gözüküyor; devletteki bozulmaya, siyasal partilere, iş, medya dünyası ve hızla yok edilen reformlara karşı kamuoyundan gelen tepkiler giderek artıyordu.

Sanki sihirli bir değnek Türk halkını derin uykusundan uyandırmış; uzun zamandır yalanlar ve yerine getirilmeyen sözler veren hırsızlar ile çeteler tarafından aldatıldığını anlamasını ve gerçekleri görmesini sağlamıştı. Türk ulusunun dünya üzerindeki en büyük ve kahraman ulus olduğunu iddia eden efsanevi balon patladığında, halk aptal yerine konduğunu anladı. Ülkeyi yöneten sınıf, kahramanlık, sıklıkla dile getirdikleri ulusal fedakârlık ve sürekli hatırlattıkları ulusun büyüklüğüne ilişkin masallarla halkı istediği şekilde yönlendirirken, bir yandan da onları soymuştu. "Büyük ülke Türkiye" ya da "Bir Türk dünyaya bedeldir" gibi sloganlar, dikkati gerçeklerden başka yöne kaydırmaya yaramıştı. Böylelikle, sıradan vatandaşlar, artık kendi ülkelerinin diğer gelişmiş ülkelerin çok gerisinde kalmış olduğunu görmeye başladı.

Bununla birlikte, medyanın devlete yönelttiği eleştirilerdeki artış beni şaşırtmıştı. Necati Doğru, şunları (30.03.2001, *Sabah*) yazdı:

Biz dış borç arayan,
Dış borç bulan,
Bulduğu dış borcu yiyen,
Yeniden dış borç arayan,
Bulduğu borcu yeniden yiyen,
Ülke durumuna düştük.
Dilenci ülke olduk.

Türkiye'yi yeniden ABD kapısında arsız, terbiyesiz, pişkin dilenci durumuna düşürdüler. Türk parası enflasyon yüzünden o kadar onursuz, şerefsiz, dandik, üfürük, pespaye duruma gelmiş ki, çöpçüsünden genel müdüre, bakan eşinden temizlikçi kadına, esnaf çırağından çiftçisine kadar herkes parasını dolarla tutuyor.

Kimse kendi parasına güvenmiyor.
Kendi ülkesine güvenmiyor.
Kendi liderine güvenmiyor.
Kendi programına güvenmiyor.

Eski TBMM İnsan Hakları Komisyonu Başkanı Sema Pişkinsüt, Türkiye'de yaşanan olayları açıklarken sözünü sakınmamıştı. 2001 yılının Nisan ayında Ankara'da Yargıtay'ın düzenlediği bir toplantıda konuşurken, Türk polisinin işkence uyguladığını dile getirdi ve TBMM üyelerinin avam, eğitimsiz ve cahil olduklarını iddia ederek, bu üyelerle yasa çıkarmanın olanaksızlığından söz etti. Pişkinsüt, parlamentoya giden yolun aşiret, sermaye ve parti liderleri olduğunu söyleyerek, kendi görüşüne göre, TBMM üyelerinin Türk halkının gerçek temsilcileri olmadığını ileri sürdü.

O dönemde Ecevit'in Demokratik Sol Partisi'nden milletvekili olan Pişkinsüt, gerçekten halkın çıkarlarını temsil edecek milletvekillerini belirlemeye yarayacak bir seçim sistemi bulunmadığını ve Seçim Kanunu ile Siyasi Partiler Yasası'nın değiştirilmesi gerektiğini söyledi. "Benim görüşüme göre parlamento üyeleri halkın gerçek temsilcileri değildir," diyen Sema Pişkinsüt, Türkiye'de demokrasinin işlemediğini, sayısız yolsuzluk soruşturmasının, IMF baskısına karşın, parlamento üyelerinin dokunulmazlığı yüzünden hiçbir yere varmadığını belirtti.

Elli beş yaşında bir tıp doktoru olan Sema Pişkinsüt'ün, kısa bir süre sonra, Türkiye'de gerçekleri dile getiren kişiye zarar gelebileceğini yaşayarak görmesine pek de şaşırmadım. Pişkinsüt, Ecevit'in liderliğindeki Demokratik Sol Parti'nin 2001 Nisan ayında yapılan Beşinci Olağan Büyük Kurultayı'nda, büyük tepki gördü, delege ve partinin genel başkan adayı olarak kendisine söz hakkı verilmedi. Bunun üzerine hükümet komiserine başvuran Pişkinsüt yuhalandı ve yirmi iki yaşındaki üniversite öğrencisi oğlu Yücel bir grup partili tarafından tartaklandı.

Ertesi gün, Mehmet Özcan ve Nazire Karakuş adlı iki milletvekili, Demokratik Sol Parti'den istifa ettiler. İzmir milletvekili Mehmet Özcan, düzenlediği basın toplantısında, yolsuzluklara karışan politikacıların korunduğunu söyledi. Ayrıca, yolsuzluk davalarına bakan savcıların, kendilerine karşı başlatılan soruşturmalarla gözlerinin korkutulduğunu da ekledi. Sema Pişkinsüt, 2001 yılının Eylül ayında, Demokratik Sol Parti'nin halka verdiği sözü tutmadığını söyleyerek Ecevit'in partisinden ayrıldı.

Yetmiş yedi yaşındaki parti lideri ve Başbakan Bülent Ecevit ise, gaflar yapmayı sürdürdü. Bir keresinde Anadolu'da sel baskını olan bir bölgeye yaptığı ziyarette, yaşanan felaketin deprem olduğunu söyledi; felaketin gerçekte sel baskını sonucu meydana geldiğinin farkında değildi.

Bu sahne, Türk televizyon kanallarında canlı yayında ekrana yansıdı.

İslamcılar ve Kemalistler

> *Bir adama kırk gün deli dersen deli olur.*
>
> Atasözü

Süleyman Demirel'in başından iki darbe ve bir suikast girişimi geçti. 1996 yılının Mayıs ayında bir İslamcı, Demirel'e karşı suikast girişiminde bulunmuş, Demirel'in yanında bulunan iki kişi yaralanmıştı. Bunun dışında, 1975 yılında Başbakanlık binasındaki saldırıda Demirel'in yumruklanması olayı yaşanmıştı. Yedi kez başbakan olarak görev yapan Süleyman Demirel, nihayet 1993 yılında cumhurbaşkanı oldu ve 2000 yılına kadar bu göreve devam etti.

"Baba" takma adıyla tanınan Demirel, el dokuması halılarıyla ünlü Isparta ilinde doğdu. Şehirden çok uzakta olmayan İslamköy kasabasında çobanlık yapan ve bu nedenle Çoban Sülü olarak bilinen Süleyman Demirel, benimle aynı şekilde Cumhuriyet'in laik eğitim sisteminden geçerek mühendis oldu ve Adnan Menderes yönetimi sırasında barajların yapımında görev aldı. Demirel'in liderlik ettiği ilk siyasal örgüt olan Adalet Partisi, resmi olarak açıklanmasa da Adnan Menderes'in Demokrat Parti'sinin yeniden dirilişiydi. Adnan Menderes iktidarı devrildikten beş yıl sonra, Adalet Partisi 1965 genel seçimlerinde oyların yüzde 53'ünü aldı.

Demirel, başbakan olur olmaz, hapiste bulunan Demokrat Parti üyelerinin serbest bırakılması için çaba harcadı. Askerlerle anlaşma yaparak, hapisteki Demokrat Partililerin serbest bırakılması karşılığında, 21 Mayıs 1963'te İsmet İnönü'nün koalisyon hükümetine karşı ikinci kez ayaklanan Albay Talat Aydemir'in yandaşlarının cezalarında indirim yapılmasını önerdi. Ve Demokrat Partililer, politikaya girmemeleri şartı ile serbest bırakıldılar. Türk siyasetinde meydana gelen buna benzer bazı tuhaf durumlar yüzünden, Atatürk'ün tam anlamıyla laik Türkiye hayali bugün onarılmaz bir biçimde zarar görmüştür.

1946'dan önce, Cumhuriyet Halk Partisi hükümeti, *ailelerin istemesi halinde* devlet okullarında din eğitimi verilmesine izin vermişti. O dönemde İsmet İnönü tek adam olarak ülkeyi yönetiyordu. İnönü, demokrasiye kapıları açtığında, Cumhuriyet Halk Partisi'nin dört ünlü üyesi –Celal Bayar, Adnan Menderes, Refik Koraltan ve Fuat Köprülü– Demokrat Parti'yi kurmak üzere, 7 Ocak 1946'da CHP'den ayrıldılar. Bir süre sonra, 1950'deki genel seçimleri kazanan Demokratlar, *aileler çocuklarının muaf tutulmasını istemedikçe* din dersi eğitiminin bütün öğrenciler için geçerli olacağını açıkladılar. Muaf tutulma maddesinin bir anlamı yoktu. Anadolu'da yaşayan hiçbir aile, çocuklarının dini eğitimden muaf tutulmasını istemeye cesaret edemezdi. Çünkü böyle bir talep, o ailenin kafir ya da dinsiz olduğu söylentilerini başlatmak için yeterdi.

Laik Cumhuriyet'e karşı yeraltında gizli bir şekilde faaliyet gösteren gerici İslamcı örgütler, Demokrat Parti içinde sempatiyle karşılandılar. Camilerin ödenekleri artırılarak, dini hareketleri ve tarikatları yasaklayan laik yasalar gevşetildi. Laik reformlar sırasında kapatılan İslamcı örgütler yeniden ortaya çıktı ve yenileri kuruldu. Bunlardan biri de terörist örgüt Hizbullah'tır. 1951'de Demokrat Parti iktidarında, daha sonra Süleyman Demirel'in başbakanlığı döneminde mantar gibi türeyecek olan İmam Hatip Okulları kuruldu. Kanımca bu okullar, Türkiye'nin laik imajını zedeleyerek, Kemalist fikirlere onarılamaz biçimde zarar vermiştir. Bu okulların yanı sıra, günümüzde on dokuz gazete, on bir dergi, elli bir radyo, yirmi televizyon istasyonu, iki yüzelli dernek, beş bin vakıf ve İslamcı harekete tam destek veren binden fazla şirket kurulmuş durumda.

Demokrat Parti'nin yolundan giden Adalet Partisi, 1960 darbesinden yalnızca birkaç yıl sonrasında, Türkiye'nin kaderini değiştirmeye yardım eden bir güç olarak ortaya çıkmıştı. Adalet Partisi, gerici İslamcı hareketin liderleri ve milliyetçi grup için bir üs olarak örgütlenmiş ve bu gruptakiler böylelikle kendi ilkelerini yaymak için oldukça elverişli bir ortam bulmuşlardı. Adalet Partisi'nin en önde gelen ateşli destekçilerinden birisi olan Necmettin Erbakan'ın Kemalist reformların düşmanı olduğu kamuoyunda biliniyordu. Erbakan, İstanbul Teknik Üniversitesi'nde Süleyman Demirel'in sınıf arkadaşı olmasına karşın, Demirel tarafından rakip görüldüğü için Adalet Partisi'nden pek yüz bulamadı. Bunun üzerine, 1969 yılında İslam temelinde hareket eden kendi *Milli Nizam Partisi*'ni kurdu. Bu aşırı dinci partinin önde gelen üyelerinden birisi, Nakşibendi tarikatına bağlı olan Turgut Özal'dı. Bunun yanı sıra, bazı sağcılar da, 1970'lerdeki kanlı mücadelelerde yıkıcı bir rol oynayacak olan *Milliyetçi Hareket Partisi*'ni kurdular.

Geçmişte Babıâli'de genç bir gazeteci olduğum dönemde, laiklik karşıtı, İslami eğilimli politikacılarla karşılaşırdım. Bunlardan biri de Necmettin Erbakan'dı. İslam dünyası hakkında gerçekçi olmayan eski moda fikirlere sahip olduğundan gelecek vaat etmeyen bir politikacı gibi görünürdü. Siyasal fikirleri, Osmanlı geleneklerinin ve İslam'ın yeniden canlanışı üzerine kuruluydu. Bununla birlikte, Erbakan, halkın Osmanlı İmparatorluğu'nun o eski görkemli dönemine özlem duyduğunu da biliyordu.

Yolsuzluk ve halkın laik siyasal partiler konusunda yaşadığı düş kırıklığı, İmam Hatip Okulları ve iktidardaki oligarşik politikacılar, Necmettin Erbakan'ın İslam yanlısı hareketine yardım etmişti. Aynı zamanda, komünizm korkusu, sosyal adaletin yokluğu, kötü yönetilen hükümetin eğitim standartlarını yükseltmek için çaba harcamaması, çok sayıda köylü ve fakirden oluşan nüfus, köktendinci İslam'ın gelişmesine yaradı.

Suudi Arabistan, Libya ve İran'dan gelen çok miktardaki maddi destek de Türkiye'de siyasal İslam'ın güçlenişinde önemli bir rol oynadı. Suudi Arabistan'dan ve Libya'dan gelen paraların İslam yanlısı siyasal partileri ve gazeteleri desteklemekte kullanıldığı, yıllar önce Babıâli'de herkesçe bilinirdi. Suudi Arabistan, Erbakan'ın İslam sermayesi tarafından finanse edildiği söylenen Refah Partisi'nin yükselişe geçmesinde etkili olmuştu. Parti, oy toplamak için bu sermayenin bir kısmıyla cami ve İmam Hatip Okulları yaptırıyor, bir kısmıyla fakirlere yardım dağıtıyordu. Böylelikle, Necmettin Erbakan ve 1969 ile 1983 yılları arasında kurduğu üç siyasal parti, Türk halkının birbirine taban tabana zıt iki gruba ayrılarak kutuplaşmasında katalizör görevi gördü. Bu gruplar, köktendinci İslamcılar ve Kemalist devrimler ile katı ideolojinin laik takipçileriydi.

Necmettin Erbakan, Türk siyasetinde İslam dinini siyasallaştıran kişi olarak bilinir. *Necmettin* adı, İslam'ın Yıldızı anlamına gelir. Erbakan'ın geçmişle ve Osmanlı İmparatorluğu dönemi ile güçlü duygusal bağları vardır. Kendisini destekleyenler tarafından Mücahit Erbakan olarak adlandırılan ve ayrıca *Hocaefendi* olarak bilinen Necmettin Erbakan, namazdan önce abdest alırken yandaşlarına ayaklarını yıkatırdı. Bazı yandaşları tarafından dünyada Müslümanlığın egemen olmasını sağlayacak mesih yani Mehdi olduğuna inanılan bu siyasetçi, laik anayasaya ve Kemalist reformlara defalarca saldırıda bulunmuştur.

Necmettin Erbakan'ın siyasal yaşamda aktif olarak yer aldığı dönemde büyük bir servet edindiği de bilinmektedir. Açıkladığı malvarlığı beyannamesine göre, 148 kilo ağırlığında altın külçe ve çok miktarda doları bulunmaktadır.

Erbakan'ın babası Osmanlı İmparatorluğu'nun son yıllarında görev yapan bir kadıydı. Necmettin Erbakan, İstanbul Teknik Üniversitesi'nde Süleyman Demirel gibi öğrenci olduğu dönemde, İslam yanlısı bir profesörün etkisi altında kaldı. 1991 yılındaki Körfez Savaşı'nı "Siyonist bir saldırı" diye niteleyerek kınadı.

1971 darbesinden sonra, liderliğini yaptığı Milli Nizam Partisi'nin kapatılmasına karşın, İslamcı görüşlerinden vazgeçmedi. Milli Selamet Partisi adı altında ikinci bir İslam yanlısı parti kurdu ve 1973 yılında Cumhuriyet Halk Partisi lideri Bülent Ecevit'in liderliğindeki koalisyon hükümetinde Başbakan Yardımcısı olarak görev yaptı. Daha sonra, yirmi yıl içinde gerçekleşen üçüncü darbe olan Kenan Evren önderliğindeki 1980 darbesi, siyasal ve sosyal kargaşayı sona erdirmek amacıyla siyasal partileri kapattı ve bütün parti liderlerini tutuklayarak siyasetten men etti.

Fakat bu siyasetçiler, kısa bir süre sonra, askerler iktidarı sivillere devrettiğinde bir kez daha siyaset arenasına döndüler. Diğerleri gibi yasaklanan Süleyman Demirel'in Adalet Partisi ise, adını değiştirerek *Doğru Yol Partisi* adını aldı. Demirel, seçmenlere insan haklarında yeni bir başlangıç yapmayı, her aileye bir ev ve bir araba vermeyi vaat etti. Bunlar boş vaatten başka bir şey değildi. Demirel'in 1991 yılında Başbakan seçildiğinde verdiği sözlerden birisi de, hükümetin şeffaflığı hakkındaydı. Buna göre, polis karakollarının duvarları camdan yapılacaktı.

Demirel'in uzun süreli siyasal hayatında yaptığı en büyük yanlışlardan birisi, Tansu Çiller'e verdiği destekti. Demirel'in desteğini alan Çiller, 1993 yılında Türkiye'nin ilk kadın başbakanı olma yolunda Doğru Yol Partisi'ni itici bir güç olarak kullandı. Demirel, daha sonraki yıllarda, Tansu Çiller'e verdiği bu erken destek nedeniyle pişmanlık duymuştu.

Necmettin Erbakan, 1983 yılında üçüncü partisini kurdu. Refah Partisi adı verilen bu partiyle birlikte, İslamcı hareket, Kemalist reformlardan ödün verilme pahasına ülke çapında güç kazandı.

Hemen sonrasında ise, Özal Yılları diye anılan dönem başladı. Önceleri imamlık yapan bir banka müdürünün oğlu olan Turgut Özal ekonomistti ve kısmen Kürt asıllıydı. Başlangıçta, merkez sağda yer alan Anavatan Partisi ile birlikte Türk siyasetinde yeni bir soluk gibi ortaya çıkmıştı. Bu parti, 1983 yılında yapılan seçimlerde, oyların yüzde 45'ini kazandı. Sempatik tavırları nedeniyle "Tonton Amca" olarak tanınan Özal, 1983 ile 1989 yılları arasında cumhurbaşkanlığı yaptı. Özal'ın yönetimi, serbest piyasa ekonomisi ve diğer ekonomik reformların yanı sıra, devlet ve iş dünyasında ağır bir yolsuzluk hareketi başlattı. Turgut Özal'ın rejimi, liberalizm, dini dogma ve yolsuzlukların bir karışımıydı. Toplum içinde rüşvetçi bir sınıf ve üyelerinin hâlâ Özal'ın prensleri olarak anıldığı aşırı zengin bir grup yarattı ve uyguladığı ekonomik yöntemler yoksulluğu artırdı.

Özal, siyasal rakibi Süleyman Demirel için statükocu derdi; bir keresinde, onu şöyle tarif etmişti: "Hindi gibi kabararak, horoz gibi dolaşıyor."

Turgut Özal'ın yaptığı en kötü şey, bir İslami tarikatı siyaset sahnesine ve devletin içine sokmasıydı. Özal'ın annesi Hafize Hanım, din hocalarının etkisi altındaydı; İstanbul'un Fatih semtinde faaliyette bulunan, Türkiye'deki tarikatların en büyüğü ve en güçlüsü olan Nakşibendi tarikatına mensup bir şeyhin takipçisiydi. Nakşibendi dergâhı, kendi davalarının güçlenip ilerlemesi için Anavatan Partisi'ni bir araç olarak kullandı. Turgut Özal'la birlikte Anavatan Partisi'nin Nakşibendi tarikatına üye olan diğer lider takımı arasında, Özal'ın kardeşi Korkut Özal ve bazı hükümet üyeleri vardı.

Daha önce söz edildiği üzere, Atatürk'ün yönetimi sırasında ortaya çıkan Kürt isyancı Şeyh Sait; Nur tarikatının kurucusu Said Nursi ve 1930 yılında genç laik subay ve öğretmen Kubilay'ın başını kesen Derviş Mehmet, Nakşibendi tarikatına bağlıydılar. Kafkas ırkına mensup bir Nakşibendi lideri olan Mehmet Zahit Kotku, Turgut Özal ve ailesinin bazı üyeleri ile Necmettin Erbakan için kılavuz olmuştu. Kotku, 1980 yılının Kasım ayında öldükten sonra, bu hareket, damadı Profesör Mahmut Esad Coşan'ın liderliği altında gelişmeye devam etti.

Nakşibendi tarikatının kurucusu olan Muhammed Bahaüddin Nakşibend, 1318'de doğdu ve öldüğü tarih 1389'a kadar bugünkü Özbekistan sınırlarında bulunan Buhara'da yaşadı. Farsça "nakışçı" anlamına gelen *an-Nakşibend*, nakş ve bend (bağ) kelimelerinden oluşmuştur. Zikrin etkisi nakşa, zikir de bu etkiyi ortaya çıkaran bağa benzetilmektedir. Bu isim ona, Müslümanların ibadet yöntemi zikir konusuna getirdiği açıklama nedeniyle verilmiştir. Nakşibendilikte kalp ile gizli zikir yapılır ve bu zikrin tekrarıyla, kalpte Allah'ın etkisi hissedildiğine inanılır. Bu Müslüman tarikatının Nakşibendi denilen müritleri, Orta Asya, Çin, Hindistan, Pakistan, Malezya ve diğer Müslüman ülkelerde yaşarlar ve tarikatın ilk halife Ebu Bekir'e dek uzandığına inanırlar.

Buhara'daki Nakşibendi Müzesi'nde Turgut Özal'ın bir fotoğrafı asılı durmaktadır. Özal, Özbekistan'da bulunduğu bir sırada şeyhin türbesini ve Nakşibendi Merkezi'ni ziyaret etmişti.

Böylelikle, siyasal arenada Anavatan Partisi'nin ortaya çıkmasının bir sonucu olarak, Nakşibendi tarikatının bazı üyeleri, aşiret reisleri veya onların temsilcileri milletvekili seçildiler.

Anavatan Partisi'nin iktidarda olduğu sırada, Milli Eğitim Bakanı Vehbi Dinçerler gibi bazı Nakşibendi üyeleri, hükümette önemli görevler alarak, Necmettin Erbakan'ın Türkiye'nin laik yüzünü değiştirme çabalarına yardım ettiler. Okul ders programlarına Arapça ve ayrıca namaz öğretimi eklendi. Parlamentonun ve bazı devlet üniversitelerinin içine camiler yaptırıldı. Ülkedeki okulların sayısı -günümüzde bile- 52.650'de kalırken, cami sayısı 72.000'e çıktı.

Nakşibendi tarikatının takipçileri, Charles Darwin'in evrim teorisinin ilk ve orta dereceli okullarda öğretilmesine karşı çıktılar; ulusal radyo ve televizyon kanallarında bira reklamının yasaklanmasında önemli rol oynadılar.

Bu arada, Necmettin Erbakan, 1983'te Refah Partisi'ni kurduktan sonra, partinin ülke çapındaki örgütlenmesini genişletti. Şöyle diyordu Erbakan: "Refah, adil düzeni getirecek. Kanlı mı kansız mı olacak, buna 60 milyon karar verecek... Refah için çalışacaksın. Çalışmazsan patates dinindensin."

İslamcılar, bu defa iktidarı ele geçirme kararlılığıyla bir araya gelen bir grup olarak ortaya çıkmışlardı. Refah Partisi, parti örgütünü ülkedeki en iyi oy makinesi haline getirip büyütmek için her yolu kullanırken, laik partiler, pek de parlak olmayan liderleriyle kavga eden aşiretleri andırıyor ve hâlâ düzensiz gruplar gibi hareket ediyorlardı. Bu partilerin liderleri, sistemi yenileyip düzeltecek fikirlerden yoksun fırsatçı kişilerdi. İslam yanlısı olmayı aşağılayıp kötüleyen ve diğer yandan Kemalizm'i kayıtsız şartsız değişmeyen bir dogma gibi gören bu politikacılar, politikayı kendilerini, aile üyelerini ve yandaşlarını zenginleştirme aracı olarak gördüklerinden, statükoda hiçbir değişiklik istemiyorlardı.

Ve onların zayıflıkları, Refah Partisi için fırsat yarattı. Bu parti, yoksullara kucak açarak, 27 Mart 1994 tarihinde yapılan belediye seçimlerinde yurt çapında 327 başkanlık kazandı. Bunlar arasında, İstanbul ve Ankara gibi büyükşehir belediyeleri de bulunuyordu. Bazı Refah Partili belediye başkanları, kentlerin temizliğinde başarılı olmuş, Suudi Arabistan'dan gelen finansal yardımlar sayesinde halka çok uygun fiyatlarla gıda ve elektrik sağlamıştı. Refah Partisi'nin üyeleri, yoksul insanların evlerine bedava pirinç, makarna ve bulgur çuvalları taşıyarak insanların şikâyetlerini dinlediler ve Marko Paşa'nın tersine bu şikâyetleri gidermek için çözümler aradılar. Böylelikle, Refah Partisi 1996 yılında dört milyon üyeye ulaştı. İslamcıların yoksullara gıda dağıtımı sonraki yıllarda da devam etti. 2003 yılına gelindiğinde, Refah Partisi'nin ılımlı liderleri tarafından oluşturulan Adalet ve Kalkınma Partisi hükümeti, her öğrenciye gerekli olan okul kitaplarını ücretsiz olarak verdi ve yoksullara bedava kömür çuvalları dağıttı.

Eğer Refah Partisi'nin siyasal tabanı yalnızca köktendinci İslamcılar ve laiklik karşıtlarından oluşmuyor olsaydı, 1994 yılında ve daha sonraları çok daha büyük bir desteğe ulaşabilirlerdi. Parti burada en büyük hatayı yapmış ve sonunda ordunun ve laik seçkinlerin bu harekete şiddetle karşı çıkmalarına neden olmuştu. İslamcıların daha ılımlı grubunda olanlar, bu deneyimden derslerini aldılar ve hatta 3 Kasım 2002'de yapılan seçimleri kazanmak için İslami kökenlerini inkâr ettiler.

Refah Partisi'nin gücünün ana temeli, halkın ahlaki değerleri üzerinde güçlü bir etkisi bulunan camiler ile İslam dininin ve Osmanlı'nın gelenekleriyse, görünüşe göre, yoksul halka karşı yardımsever tavrı da bir diğer temeli oluşturuyordu. 1995 yılının Aralık ayında yapılan parlamento seçimlerinde Refah Partisi oyların yüzde 21,3'ünü alarak, 550 kişilik parlamentoda 150 sandalye elde etti. Bu parti için bir diğer güç kaynağı ise, giderek çoğalan İmam Hatip Okullarıydı; 1996 yılında 3,8 milyon ortaokul ve lise öğrencisinin yüzde sekiz kadarı bu okullara kayıt yaptırmıştı. İmam Hatip Okullarının ortaokul kısmı askeriyeden gelen baskı sonucunda kaldırılırken, lise kısmı devam ediyordu.

1997 yılının Şubatı'nda Ankara'da yapılan bir Milli Güvenlik Konseyi toplantısında gösterilen bir video, generalleri şoke etmişti. Videoda, Atatürk'ün büstüne tükürmek için sıraya girmiş olan bir Kuran kursunun öğrencileri, Atatürk'ün dinsizliğine karşı savaşma ve şeriat temelinde bir devlet yaratma andı içerken görülüyordu.

Müslüman dünyasının NATO'sunu, yani Avrupa Birliği gibi kendi para birimi olan bir Müslüman Birliği'ni düşleyen Necmettin

Erbakan, 1996 yılının Temmuz ayında hükümeti kurma görevini aldı. Ve yalnızca partilerin işine geldiği için kurulan bir koalisyon aracılığı ile, laik Cumhuriyet'in tarihinde ilk İslamcı başbakan olarak on bir aylığına iktidar koltuğunda oturdu. 28 Haziran 1996 tarihinde Erbakan'ın Başbakan olmasını sağlayan politikacı, daha önce laik olduğunu açıklamış olan Doğru Yol Partisi'nin lideri Tansu Çiller'di. Oysa Çiller, 1993 yılında Türkiye'nin ilk kadın başbakanı olduğunda, İslamcılar tarafından *Gâvur Gelini* olarak damgalanmıştı. Üstelik Tansu Çiller, daha önce kamuoyuna, "Köktendinci İslamcılarla koalisyon yok" sözünü de vermiş, Refah Partisi'nin "ülkeyi karanlığa iteceğini" söylemişti.

Fakat Çiller'in iktidar hırsı ve Refah Partisi'nin kendisi hakkında hazırlamış olduğu söylenen suç dosyasından duyduğu endişe, İslamcıların yaratacağı tehlikeden daha büyüktü. Böylece Çiller, 1996 yılının Haziran ayında, kendi koalisyon ortağı Anavatan Partisi'nin lideri Mesut Yılmaz'ı saf dışı bırakmak için Erbakan ile işbirliği yaptı. Mesut Yılmaz'ın Erbakan ile koalisyon kurabileceğinden ve bunun sonucunda kendisinin hükümet dışında kalabileceğinden çekiniyordu. Bu nedenle, oyunda rakibini yenmek için çabuk davrandı ve İslamcılarla koalisyon kurma konusunda anlaştı. Bu garip ortaklıkta Erbakan Başbakan olmuş, Çiller ise Başbakan Yardımcısı ve Dışişleri Bakanlığını üstlenmişti.

Erbakan, İslam yanlısı politikaları ve İran ile Libya'ya yaptığı ziyaretlerle ordudaki generaller ve Kemalistler arasında ciddi endişeler yarattı. Kadın devlet memurlarının ve devlet üniversitelerindeki kız öğrencilerin türban takmalarını engelleyen yasaları kaldırmak isteyen Erbakan, Silahlı Kuvvetler'deki subayların arasına İmam Hatip Okulu mezunlarının sızmasını sağlamaya çalıştı ve sonrasında da kurum içinde çoğalmalarını planladı. Kendi özel korumaları bulunan bu politikacı, Refah Partisi'nin sadık destekçilerine devlette iş olanakları sağladı.

Erbakan'ın 1990'lı yıllarda anlayamadığı şey, yıkıldığı dönemde kendi vatandaşlarına genellikle acımasızca davranan Osmanlı İmparatorluğu'nun, kendi yönetimi altında yaşamış olan halklarda kötü anılar bırakmış olduğuydu. Nitekim Erbakan, Libya'yı ziyaretinde bu ülkenin diktatörü Albay Muammer Kaddafi'nin diplomatik kurallara uymayan yakışıksız tavrı ile karşılaştı. Kaddafi, açık bir şekilde Türklerin Kürt eylemleri karşısındaki tutumunu eleştirmişti. Bu durum, Osmanlı'nın yeniden doğuşuyla ilgili hayallerinde beklenmeyen bir terslik yarattığı için, Erbakan ve yanındakileri oldukça şaşırtmıştı.

Erbakan ve yandaşları ayrıca, kendi inançlarının tersine, Osmanlı İmparatorluğu'nu büyük yapan şeyin, İslam dininin gücü değil, aydın sultanlar ve sadrazamlar, disiplinli, güçlü bir ordu ve ilk Osmanlıların savaş konusundaki gelişmiş bilgileri olduğunu da anlayamadılar. İmparatorluk, Fatih Sultan Mehmet, onun torunu Yavuz Sultan Selim ve Selim'in oğlu Muhteşem Süleyman gibi yetenekli liderler tarafından yönetildiği dönemlerde büyük ve görkemliydi. Askeri bir deha olan Yavuz Sultan Selim, Osmanlı İmparatorluğu'nun en önemli generali olmuştu.

Necmettin Erbakan'ın, kendi döneminde Başbakan sıfatıyla, Tunus'un muhalefet lideri Raşid el Ganuşi ve diğer Arap muhaliflerle kurduğu ilişkiler, potansiyel olarak ilerde zarar verebilecek türdendi. Erbakan, Mısır'ın İslamcı muhalefet örgütü, Müslüman Kardeşler'i destekledi, Filistin'de Hamas ve Lübnan'da Hizbullah grupları ile bağlantı kurdu. Buna ek olarak da, Türkiye'nin Batı, yeni Türk Cumhuriyetleri, Kafkasya ve Orta Asya ile olan bağlarını ihmal etti.

Başbakan Erbakan, ülke içinde seyahatler yaparak, kısa bir süre sonra unutulup asla tamamlanmayacak olan çeşitli kuruluşların açılışlarını yaptı. Toplum içinde yaptığı konuşmalar boş vaatlerden ibaretti. Türkiye'nin sanayileşmiş bir ulus olarak, yakın bir zamanda yılda yüz bin tank ve yüz bin top üreteceği iddiasında bulundu.

Bütün bunlara karşılık olarak, generaller kısa bir süre sonra tepki göstererek İslamcı hükümete baskı yapmaya başladılar. Doğru Yol Partili eski bakanlardan Yalım Erez'e göre, askeriye 20 Şubat 1996 tarihinde hükümetin uygulamalarıyla ilgili olarak Çiller ve Yılmaz'a bir ultimatom vermişti. Her iki politikacı da paniğe kapılarak darbe tehlikesinden çekinmiş olsa da, ikisi de bir sonraki başbakan olmayı istiyordu.

Bir hafta kadar sonra, 28 Şubat günü, askeri kuvvetler, Ankara'daki siyasal liderleri bütün İslami cemaat ve tarikatların faaliyetlerini yasaklayan bir kararnameyi imzalamaya zorladılar. Milli Güvenlik Kurulu'nun bu toplantısı, Erbakan yönetiminin sonbaharda sona ermesinde son derece önemli rol oynayacaktı. Kararnameye imza atanlar arasında Cumhurbaşkanı Süleyman Demirel, Başbakan Yardımcıları Tansu Çiller ve Mesut Yılmaz da vardı.

Necmettin Erbakan'ın hükümeti, 18 Haziran 1997'de sona erdi. İslamcılar, generallerden gelen baskıların bu postmodern darbeye neden olduğunu savundular. Bununla birlikte, İslami cemaatler ve tarikatlara dokunulmadı. Ardından, Çiller başbakanlığı devralmak istediği ve buna karşılık Mesut Yılmaz bir kadının yönetimi altında görev yapmayı reddettiğinde kriz patladı. Cumhurbaşkanı Demirel, 1997'nin Haziran ayında Mesut Yılmaz'dan hükümeti kurmasını istemek durumunda kaldı.

Anayasa Mahkemesi, 16 Ocak 1998'de, "Cumhuriyet'in laik ilkelerine karşı hareketleri" nedeniyle Refah Partisi'ni kapattı. Erbakan ve altı Refah Partili politikacının beş yıl süresince siyasete girmeleri yasaklandı; bu süre 2003 Şubatı'nda sona erdi. Mahkeme kararından önce, Refah Partisi'nin bazı ılımlı üyeleri, zaten Erbakan'ı parti liderliğinden uzaklaştırma planları yapmış durumdaydı. Erbakan'ın modası geçmiş eski siyasal yöntemlerini ve İslam dünyası hakkındaki gerçekçi olmayan görüşlerini uygun bulmuyorlardı.

Erbakan ve diğer Refah Partili üyeler, toplumda düşmanlığı körüklemenin de aralarında bulunduğu bir dizi suçla suçlanırken, bazı milletvekili üyeleri de, 1998 Şubatı'nda yeni kurulan *Fazilet Partisi*'ne katıldılar. Bu yeni İslamcı parti Erbakan'a danışılmadan kurulsa da, sonunda yine arka plandaki işleri o yönetir hale geldi.

Refah Partisi'nin yerini alan Fazilet Partisi, savcılar tarafından sürekli izleniyordu; nitekim onun da ömrü fazla sürmedi. Bu parti de, 2001 yılının Haziran ayında, Anayasa Mahkemesi tarafından laik devlete karşı hareketleri nedeniyle kapatıldı. Fazilet Partisi'nin kapanışı, İslamcı hareketin iki ayrı partiye bölünmesine neden oldu. İlericiler, Tayip Erdoğan'ın liderliği altında *Adalet ve Kalkınma Partisi*'ni (AKP) kurdular. Erbakan'ın destekçileri, yani gelenekçilerse kurdukları partiye *Saadet Partisi* adını verdiler. Fazilet Partisi'nin sahip olduğu 103 milletvekilinin yarıya yakını Saadet Partisi'ne katılmayı tercih ederken, diğerleri AKP'ye katıldı. Saadet Partisi, Erbakan'ın *Milli Görüş* adlı köktendinci İslamcı hareketine sadık kalmayı sürdürdü. Erbakan, daha sonra partinin toplam 968 delegesinin 960'ının oylarını alarak liderliğe seçildi. Partinin gençlik kollarının düzenlediği Saadet Şenliği adlı organizasyonda Ortadoğu'da yaşanan olaylarla ilgili bir film gösterildi. Partililer Amerika Birleşik Devletleri Başkanı George W. Bush'u yuhalayarak, El Kaide örgütünün lideri Usame bin Laden'i ve o dönemde Irak'ta diktatörlüğünü sürdüren Saddam Hüseyin'i coşkuyla alkışladılar.

Adalet ve Kalkınma Partisi'nin lideri olan Recep Tayyip Erdoğan, gerçek bir dönüşüm geçirerek, partisinin laik düzene karşı çıkmayacağını ve sosyal refah programı üzerinde çalışacaklarını söyledi. İslamcı şeklinde anılmayı reddederek, partisinin muhafazakâr bir demokrasi yolunda ilerleyeceğini bildirdi. Bu değişim, Erdoğan'ın daha sonraki seçimden zaferle çıkmasında önemli rol oynadı, fakat yine de geçmişinde açık bir İslamcı olarak ortaya çıktığı dönem akıllardan çıkmadı.

2002 yılının Nisan ayında cumhuriyet savcıları ve laik köşe yazarları, Erdoğan'ın 22 Mayıs 1992 tarihinde yapmış olduğu bir konuşma nedeniyle öfkeliydiler. Erdoğan, Rize'de bir yerel televizyon kanalında yayınlanan konuşmasında, Türk ordusunun Kürt eylemleriyle baş etme yöntemini eleştirerek, Afganistan'daki Taliban örgütünden övgüyle söz etmişti. Bu konuşma yeniden yayınlandığında büyük bir tepki doğdu. Laik basın kuruluşları, Recep Tayyip Erdoğan'ın İstanbul Büyükşehir Belediye Başkanı olduğu dönemde zenginleştiği iddiasında bulundu. Ankara Cumhuriyet Başsavcısı, 2002'nin Mayıs ayında Erdoğan aleyhindeki yolsuzluk iddiaları üzerine soruşturma başlattı. Başbakan Ecevit, partisinin milletvekillerine Erdoğan'ın partisinin "karanlık dönemin mirasçıları" olduğunu söyledi.

Recep Tayyip Erdoğan'ın içine düştüğü sıkıntılı durum giderek büyüdü ve sorunlar tırmandı. 19 Nisan 2002 tarihinde, Anayasa Mahkemesi'nin, kırk sekiz yaşındaki AKP Genel Başkanı Recep

Tayyip Erdoğan'ın kurucu üyelikten çıkarılmasına ilişkin gerekçeli kararı, *Resmi Gazete*'de yayımlandı. Erdoğan'ın son dönemde orduya yaptığı öneriler, laikliği destekleyen konuşmalar ve Türkiye'nin Avrupa Birliği üyeliğine adaylığı için verdiği desteğe karşın, açıklanan mahkemenin kararı Erdoğan'ın Türkiye'nin gelecek başbakanı olma yolundaki hayallerine darbe indirdi. *Resmi Gazete*'de yayınlanan kararda, Adalet ve Kalkınma Partisi Kurucu Üyesi ve Genel Başkanı Recep Tayyip Erdoğan'ın Türk Ceza Kanunu'nun 312 maddesi uyarınca 10 ay hapis cezasına mahkûm olması nedeniyle milletvekili seçilme yeterliliğinin bulunmadığı ve bu nedenle Siyasi Partiler Kanunu'na göre bir partinin kurucu üyesi olamayacağından, kurucu üyelikten çıkarılması için ihtar kararı verilmesine karar verildiği açıklandı. Fakat bu "karar", Erdoğan'ın başbakan olma konusundaki kararlılığı ve İslam yanlısı seçmenlerden aldığı oylar karşısında işe yaramadı.

İnsanları siyasal görüşleri nedeniyle hapse atmak, çoğu Türk hükümeti için kolay olduysa da, aynı şey hapishanelerin kontrolünü sağlamak için mümkün olmadı.

Cezaevi Operasyonu ve Marksist Terörizm

Bir göz ağlarken öbür göz gülmez.

Atasözü

Çocukluğumuzdan beri Türk cezaevlerindeki koşulların korkunç olduğunu duyardık. Devletin kontrolünün dışında mahkûmların nöbetçiler tarafından dövüldüğü, işkence ve tecavüze maruz kaldıkları bilinirdi. Sonraları durum daha da kötüleşti. Türk cezaevleri, on yıl boyunca (2001'in başına kadar), Marksist olduklarını iddia eden terörist örgütlerin yanı sıra çeteler ve dolandırıcılar tarafından yönetildi. Mahkûmlar, çalıntı cep telefonlarını kullanarak cezaevlerinin içinde ve dışında gerçekleştirilen adam kaçırma ve ayaklanmaları koordine ettiler.

Devletin kendi cezaevlerini kontrol etmedeki yetersizliği, 2000 yılının Aralık ayında iyice su yüzüne çıktı. Bülent Ecevit'in koalisyon hükümeti, eski tip cezaevinin geniş koğuşlarında tutulmakta olan mahkûmları, modern tarzda yeni yapılan ve tek kişilik hücreleri bulunan F tipi cezaevine taşıma planını ertelemek zorunda kaldı. Dışarda bulunan arkadaşları ve akrabaları tarafından desteklenen iki binden fazla mahkûm, F tipi cezaevine taşınmayı reddediyordu. Dönemin Adalet Bakanı Hikmet Sami Türk'e göre, çoğunluğu Marksist olan 1656 mahkûm, daha küçük hücrelerde işkenceye maruz kalacaklarını savunuyorlardı. Bu mahkûmlar, F tipi cezaevini protesto etmek için yaklaşık iki ay boyunca *Ölüm Orucu* adı verilen açlık grevini sürdürdüler.

19 Aralık 2000 tarihinde askerler, bazıları PKK teröristi olan Marksist mahkûmların açlık grevini sona erdirmek amacıyla ülkedeki yirmi cezaevine girdi. Tutuklu yakınlarının akrabaları ve destekçileri, cezaevlerinin dışında greve devam ederken, 107 mahkûm açlık grevi nedeniyle yaşamını yitirdi.

Hayata Döndürme Operasyonu adı verilen cezaevleri baskınları sırasında, otuz mahkûmun öldüğü resmi olarak açıklandı. İki jandarma eri ölmüş ve 131 mahkûm da yaralanmıştı. Cezaevlerinden birinde tutuklular tarafından AK-47 Kalaşnikof marka tüfekle askerlere ateş açıldı. Bir başkasında ise, güvenlik güçleri çatıyı balyozlarla yıkarak koğuşlara girdi. Mahkûmlar, buldozerlerle cezaevlerinin kalın duvarlarını yıkan askerlere, gaz bidonlarına bağlanmış borularla yapılan ateşsavarlar, gaz bombaları ve çeşitli silahlarla karşılık verdiler. Askerlerin söylediğine göre, Marksist tutuklular kamuoyunun dikkatini çekmek amacıyla kendi arkadaşlarına ateş açıyorlardı. İstanbul'daki Bayrampaşa Cezaevi'ne yapılan operasyonda, AK-47 Kalaşnikof marka bir tüfek, birçok tabanca, bıçak ve fişek bulundu. Günlerce süren bu operasyonun ardından, İçişleri Bakanı Sadettin Tantan, cezaevleriyle ilgili operasyonun, devletin içindeki yakışıksız bir durumu temizlediğini belirtti.

Daha önce parlamento tarafından çıkarılan bir af yasası, adi suçlardan cezaevlerinde yatan toplam yetmiş beş bin mahkûmun yaklaşık yarısını af kapsamına almış, fakat şiddet unsuru içeren suçlardan yatan siyasal mahkûmları bu affin kapsamı dışında bırakmıştı. Yine de, eski Başbakan Necmettin Erbakan, ayrıcalıklı bir şekilde, "kin ve düşmanlığı kışkırtmak" suçundan aldığı bir yıl hapis cezasını çekmekten kurtarıldı. PKK'nın hapiste bulunan lideri Abdullah Öcalan af kapsamı dışındaydı. Çıkarılan af, iktidar partileri ile İslamcı muhalefet arasında yapılan pazarlıkların sonucuydu ve halkın yalnızca yüzde 23'ü tarafından destekleniyordu. Nitekim cezaevlerindeki aşırı kalabalığı azaltmayı hedefleyen bu af, daha fazla şiddetin sokaklara taşınmasına neden oldu.

Başbakan Bülent Ecevit, af konusunda vicdanının rahat olduğunu açıkladı. Af çıkarılması için girişimlerde bulunmuş olan eşi Rahşan Ecevit ise, sonuçtan hoşnut değildi. İki yıl içinde kırk bin mahkûmun serbest kalmasını sağlayan bu af nedeniyle suçlanan Rahşan Ecevit, eleştirilere, "Benim istediğim bu değildi. Ben baklava çalan çocukların serbest kalmasını istemiştim," diye karşılık verdi.

Aşırı solcu gruplar, cezaevi baskınlarından sonra, öç almak için bombalama eylemleri gerçekleştirerek masum insanları ve polisi yaralayıp öldürmeye başladılar. Aşırı solcu tutukluların çoğu, polis, general ve diğer devlet görevlilerine karşı suikastler düzenleyen Devrimci Halk Kurtuluş Partisi (DHKP)'ne üyeydi. Şehirlerde faaliyet gösteren DHKP, 1970'deki Dev-Genç kongresini takiben kurulan eski Dev-Yol örgütünden ayrılanlar tarafından oluşturuldu. 1994 yılında adını DHKP-C olarak değiştiren örgüt, Marksist-Leninist bir rejim kurmak için anayasal düzeni değiştirmeyi amaçlamaktadır.

DHKP-C, yıllar boyunca Amerika Birleşik Devletleri'nin askeri ve diplomatik temsilciliklerini hedef alarak 53 cinayet gerçekleştirdi. Bu örgütün saldırıları sonucunda 193 kişi yaralandı. DHKP-C, birçok kişiyle birlikte, İngiliz sigorta şirketi yöneticisi Andrew Blake ile Türk işadamı Özdemir Sabancı'yı öldürdü ve İstanbul'daki Amerikan Konsolosluğu'nu bombaladı. Karanlığın Sol Eli olarak tanınan örgüt lideri Dursun Karataş, Hollanda'dan Türkiye'deki operasyonları yönetmektedir. Gizlenmekte oldukça uzman olan Karataş, Türkiye'de bir süre cezaevinde yattıktan sonra kaçmayı başarmıştı.

DHKP-C, Türkiye'de bulunan aşırı sol militan grupların en büyüğüdür. Maddi kaynaklarının bir bölümünü Avrupa'dan alan DHKP-C örgütünün liderleri, Bayrampaşa Cezaevi'ndeki koğuşları merkez haline getirerek, Türkiye'deki terörist operasyonları cep telefonlarıyla yönettiler. İngiltere, Hollanda, Fransa, Belçika, Almanya, Yunanistan ve Suriye'de aktif olan örgüt, Türkiye'deki operasyonları yönetmek üzere, Hollanda ve Belçika'da serbestçe faaliyet gösterebiliyordu.

Türk Dışişleri Bakanlığı'na göre, Hollanda Dışişleri Bakanlığı'nın kıdemli bir yetkilişi ve Roterdam Belediye Başkanı, DHKP-C üyelerini kabul ederek onlarla basın toplantısı yapmıştı. Belçika hükümeti, yıllarca bu yasadışı terör şebekesinin Brüksel'de bir merkezinin olmasına izin verdi. DHKP-C'nin Özdemir Sabancı suikastine karıştığı iddia edilen üyesi Fehriye Erdal, hakkında bulunan uluslararası tutuklama isteğine karşın açık bir şeklide Brüksel'de yaşamaya devam etti.

Sonunda, 11 Eylül'de New York ve Washington'da meydana gelen terör saldırıları, Avrupa Birliği üyelerinin uyanmasına neden oldu. Avrupa Birliği, 2002'nin Mayıs ayında, hem PKK'nın hem de DHKP-C'nin terörist örgüt olduklarına karar vererek, bunları terör örgütleri listesine dahil etti.

2000'in Aralık ayında, DHKP-C üyeleri, İstanbul'daki silahlı bir çatışmada iki polisi öldürerek on iki kişiyi yaraladılar. Polislerin vuruluşu, laik Cumhuriyet'in tarihinde ilk kez olarak dört bin Çevik Kuvvet polisinin İstanbul'da gösteri yapmasına neden oldu. Ellerindeki silahları havaya kaldıran polisler, "Kana kan intikam!" şeklinde bağırarak, dini sloganlar attılar ve Başbakan Bülent Ecevit'i istifaya çağırdılar. Polisler, Kalaşnikoflu teröristlere karşı Kırıkkale yapımı tabancalarla savaştıklarını söyleyerek bu durumu protesto ettiler. Ayrıca, aldıkları ücretler de bir diğer protesto nedeniydi.

Yaşanan Kaos Dönemi, Marksist-Leninist grupların ve militan İslam'ın yarattığı terör ve Kürt eylemleri Türk halkını usandırmıştı. Kaos Dönemi, 1980 yılında Cumhuriyet tarihinde üçüncü darbenin meydana gelmesine neden olmuş, sıkıyönetim yasaları çoğu üniversite öğrencisi olan 50 militanı darağacına göndermişti. Bugün aşırı sol ve aşırı sağ arasındaki çatışmanın sona erdiği konusunda hâlâ bir işaret yok. 31 Mayıs 2000'de, İzmir Devlet Güvenlik Mahkemesi, aşırı solcu altı militanı ölümle cezalandırdı. DHKP-C üyesi olan bu militanlar, iki yıl öncesinde Denizli'de güvenlik güçleriyle giriştikleri bir çatışmada, bir askeri öldürmek ve bir diğerini de ağır yaralamaktan dolayı suçlu bulundular. Bu militanların asılarak idam edilmesine karar verilmesine karşın, Türkiye'de 1984 yılından beri hiç kimse idam edilmedi. Geçmiş dönemde asılan bir lise öğrencisinin korkunç anısı, hâlâ akıllardan silinmemişti.

On sekiz yaşındaki bu öğrencinin adı Erdal Eren'di. Bir ilkokul öğretmeninin oğlu olan Erdal Eren, yasadışı solcu militan grup Yurtsever Devrimci Gençlik'e katılmıştı. Eren, güvenlik güçleriyle solcu militanlar arasında meydana gelen bir çatışmada, bir askeri öldürmekle suçlandı ve 13 Aralık 1980 tarihinde asılarak idam edildi. Tanık olduğu bu idamı hâlâ aklından çıkaramayan avukatı Nihat Toktay, Associated Press ajansına, "O zamanlar genç bir adamdım. Saçlarım o gece ağardı," dedi.

Marksist-Leninist militanların terörü ve ayrılıkçı Kürt hareketi; gerici İslamcıların yarattığı terörle birlikte, Türk halkı için bir kâbusa dönüştü. Atatürk'ün devam eden laik reform hareketinin ihmal edilmesi ve aynı zamanda bu hareketin getirdiği fikirlerin zamana uyumunun sağlanmaması, bu kâbusun yaşanmasında önemli bir rol oynamıştı. 1920'lerde ve 30'larda yaşanan reform yıllarının tarihi, bugün Türkiye'de birçok kişi tarafından ya hiç bilinmiyor ya da anlaşılmamış durumda. Türban üzerinde kopan şiddetli tartışma, Kemalist reformların arkasındaki düşüncelerin birçok kişiye ulaşamamış olduğunu ve bu reformların o kişiler tarafından kabul edilmediğini gösteriyor.

Türban Krizi ve İslamcı Terör

*En büyük günahımız yüzümüzde bir peçe,
sırtımızda bir çarşaf olması.*

Aka Gündüz

Tesettür sözcüğü Arapça'dır ve gizlemek ya da örtmek anlamına gelir. Bu sözcüğün dini yorumu, Müslüman kadınların yüzyıllardır köleleştirilmesine neden oldu. Harem, tesettürün en belirgin şekilde ortaya çıktığı yerdir. *Harem* sözcüğü, Arapça'da erkeklerin ziyaretinin yasak ya da yasadışı olduğunu anlatan *haram*'dan gelir ve bir evde kadınlara ayrılmış bölümü gösterir. Erkek misafirler, yalnızca erkeklere ayrılmış olan *selamlık* denilen yere alınırlar.

Bu konuyla ilgili olarak anlatılan bir hikâye vardır. Osmanlı İmparatorluğu döneminde beş kez dışişleri bakanlığı ve iki kez de sadrazamlık yapan Mehmet Fuat Paşa (1815-69), Fransa'da eğitim görmüştü ve mükemmel Fransızca konuşurdu. Tanzimat reformlarının mimarlarından biri olan Mehmet Fuat Paşa, bir gece, yabancı büyükelçileri eşleriyle birlikte İstanbul'daki sarayında verdiği partiye çağırır. Sarayın selamlık bölümünde verilen davet sırasında, büyükelçilerin eşleri harem kısmını ziyaret ederler. Fakat Türk âdetlerini bilmeyen büyükelçilerden biri, haremi görmek istediğini söyleyince, Mehmet Fuat Paşa şöyle der:

"Sayın Büyükelçi, Bab-ı Âli nezdinde yetkilisiniz, benim evimde değil."

Müslüman bir kadın tesettürü yaşama biçimi olarak kabul etmişse, eşi ve yakın akrabalarının dışındaki diğer erkeklerin yanındayken örtünür. Yaz sıcağında bile ayak bileklerine kadar vücudunu örten *çador* yani bir tür çarşaf giyer; saçlarını ve boynunu erkeklerin bakışlarından korumak için türban takar. Fiziksel bir temas yarattığı için yabancı bir erkek ile asla el sıkışmaz. Radikal İslamcılar, küçük bir saç tutamını, boynunun ya da bacaklarının bir kısmını gösteren ve vücudunun şeklini az da olsa belli eden giysiler giyen kadınların ahlaki olarak evliliğe uygun olmadıklarını ve bu tarz kadınların öteki dünyada cehennem ateşinde yanacaklarını düşünürler.

Tesettürün önerdiği yaşam biçimi, Osmanlılar tarafından Araplar ve İranlılardan bir İslam geleneği olarak alınmıştı. Atatürk'ün reformları ile kaldırılan tesettür, İslami hareketin güç kazanmasıyla birlikte, Türk devletinin laikliğine karşı bir meydan okuma şeklinde yeniden gündeme geldi. Kanımca, AKP'nin 3 Kasım 2002'deki seçim zaferi, sonunda tesettürün laik Türk devletinin idaresini devralmasına neden oldu. Yıllar içinde türban, İslamcıların tesettür hareketinin vazgeçilmez sembolü haline geldi. İslamcılar, türban için verilen mücadelenin İslam'ın varlığı adına verildiğine ve türban giderse, dinin de yok olacağına inanıyorlar.

Gerici İslamcılardan gelen baskılara boyun eğen Başbakan Mesut Yılmaz, 2 Mart 1998 tarihinde, daha önce devlet okul ve üniversitelerinde türban takılmasını yasaklamak için alınmış olan karardan geri adım attı. Binlerce üniversite öğrencisi türban yasağını protesto ederken, Mesut Yılmaz'ın lideri olduğu Anavatan Partisi'nin bazı üyeleri de onlara destek verdi. Yılmaz, bir kabine toplantısından sonra yaptığı açıklamada, örf ve âdetlere saygı nedeniyle bu kararı aldıklarını söyleyerek şöyle konuştu: "Kız öğrenciler başlarını örtmeleri ya da örtmemeleri için zorlanmayacaktır."

Sonunda türban meselesi, modern Türk tarihinindeki temel anlaşmazlık haline geldi. Merve Kavakçı adlı otuz yaşındaki Fazilet Partisi üyesi, 1999 yılında milletvekili seçilip yemin törenine türbanıyla katılmaya karar verdiğinde konu birden alevlendi. O dönemde askerlerin egemenliğinde bulunan Milli Güvenlik Kurulu, türbanın, milletvekillerinin yemin metninde bağlı kalacaklarına söz verdikleri "laik Cumhuriyet" ve "Atatürk devrimlerinin ilkeleri" ile çeliştiğini belirterek, böyle bir davranışta bulunmaması konusunda Kavakçı'yı uyardı.

Laiklikten ödün vermeyen liderler ve özellikle ordudaki generaller, yıllardır tam bir siyasal özgürlüğe karşı uyarılarda bulunuyorlardı. Çünkü tam bir siyasal özgürlüğün, köktendinci İslamcıların, ayrılıkçı Kürtlerin ve militan Marksistlerin yıkıcı doktrinlerine yardımcı olacağından endişe ediyorlardı.

Sonunda Merve Kavakçı gerçekten türban takarak parlamentoya geldi ve 2 Mayıs 1999 günü yapılan açılış oturumunda büyük bir kargaşaya neden oldu. Bülent Ecevit'in Demokratik Sol Partisi'ne üye milletvekilleri Kavakçı'ya "Defol!" diye bağırırken, muhafazakâr milletvekillerinin büyük kısmı tuhaf bir sessizlik içinde yerinde oturdular. Açılış oturumu ertelendi ve Kavakçı daha sonra yapılan törene katılmadı. Ecevit, "Burası devletin en yüce kurumudur. Burası devlete meydan okunacak yer değildir," dedi.

Yargıtay Cumhuriyet Başsavcısı Vural Savaş, Fazilet Partisi'ni kapatma girişiminde bulunduğunda, binlerce İslamcı Malatya'da polisle çatışmaya girdi. İki yüzden fazla gösterici mahkemeye sevk edilerek, yasaları çiğnedikleri için bir yıl hapis cezası aldı.

1970'lerin şiddet dolu ortamında Marksist-Leninist hareketten yana tavır alan Malatyalılar, daha sonra devamlı olarak siyasal tutumlarını değiştirdiler. Rahmetli Başbakan ve Cumhurbaşkanı Turgut Özal, 1980'lerde uygulamaya koyduğu ekonomik reform programının sonucu olarak, döviz kurundaki kontrolü kaldırıp, Kürt azınlığın haklarının genişletilmesini desteklediğinde Malatya halkı da sağa kaydı. Ayrıca, Anavatan Partisi'nin Başkanı olan Turgut Özal, 1927'de Malatya'da doğmuştu, yani hemşehrileriydi. 1995 yılında, Malatyalı seçmenler çok yüksek oranda İslamcı Refah Partisi'ne oy verdiler. Dört yıl sonra ise, bu ildeki oy pusulaları, aşırı milliyetçi ve Pan-Turanist Alparslan Türkeş tarafından kurulan Milliyetçi Hareket Partisi için kullanılan oylarla dolmuştu.

1999 yılının Haziran ayında, aralarında bazı kadınların da bulunduğu Malatyalı gençler, türbanı savunmak için bir araya geldiler. Şehirdeki bir camide kılınan cuma namazından hemen sonra, bir grup, taş ve ellerindeki sopalarla polislerle çatışmaya girdi. Çatışmayı başlatan gruptakiler, türbanlı kız öğrencilerin final sınavlarına girmesine izin vermeyen ordu emeklisi üniversite dekanına karşı öfke içindeydi.

1930'larda laik reform marşları söylediğimiz ilkokul günlerimden bu yana, başörtüsü, evlerde ya da sokakta, her zaman hayatımızda var olmuştu. Anadolu'da kadınların taktığı bu örtü, köy ve kent yaşantısından hiçbir zaman çıkmamış, kadınlar istedikleri her yerde onu rahatlıkla takmışlardı. Başörtüsü takmak hiçbir zaman yasalara aykırı sayılmadı. Fakat o dönemlerdeki kullanımı, gerici İslamcı akıma verilen desteği ya da laik devlete ve onun kurumlarına duyulan tepkiyi gösterme anlamına gelmiyordu. Ayrıca, başörtüsünün görünüşü türbandan farklıydı. İslamcıların taktığı türban, Arap ya da İranlı kadınların baş, boyun ve omuzlarını tamamen kapatacak şekilde giydikleri *hicab*'ın taklidiydi.

Türban krizi, Necmettin Erbakan ve onun Fazilet Partisi içindeki sabit fikirli destekçileri tarafından, köktendinci hareketi devletin, okulların, üniversitelerin, devlet dairelerinin ve parlamentonun içine sokma amacıyla kasıtlı olarak başlatıldı. Üniversitelerde eğitim gören altı yüz binden fazla kız öğrencinin yalnızca yedi bin kadarının türban taktığı söylenmektedir. Çok daha ciddi sorunların var olduğu unutularak, gereksiz bir şekilde başa takılan bir örtü üzerine bunca kavga verilmektedir.

Bir süre sonra gazetelerde, Merve Kavakçı'nın Amerikan vatandaşı olduğu ve yurtdışındaki İslam yanlısı konferanslara katılarak, *cihad* için siyasal alanda etkinlik göstermeyi seçtiğini söylediği yazıldı. Bunun üzerine, Türk Vatandaşlığı Kanunu uyarınca, izin almaksızın bir başka ülkenin vatandaşlığına geçtiği gerekçesiyle, Türk vatandaşlığından çıkarılmasına karar verildi. Bu da Kavakçı'nın milletvekilliğinin sonu oldu.

Konu hakkında görüşlerini açıklayan Başbakan Bülent Ecevit, Türkiye'de radikal İslam'ın ilerlemesine çalıştığı ve Kürt eylemcileri desteklediği için İran'ı suçladı. Yargıtay Cumhuriyet Başsavcısı Vural Savaş, Fazilet Partisi'ni laik anayasanın yerine şeriatı getirmeye çalışmakla suçlayarak, bu parti kapatılmadan kısa bir süre önce, "Kan emen vampirler gibi dini sömürüyorlar," dedi. Savaş ayrıca, Fazilet Partisi'nin yalnızca Refah Partisi'nin devamı değil, 1971 yılından beri yasaklanan Erbakan'ın üç İslamcı partisinin devamı olduğunu da ekledi. Başsavcı, Fazilet Partisi'ni, "vücutta giderek yayılan kötü niyetli bir tümör" olarak tanımlayarak, bu partinin liderlerini de ülkede dolaşarak siyasal cahillikle beslenen vampirlere benzetti. Yargıtay'ın Vural Savaş'ın görevde kalması yönündeki tavsiyesine karşın, Cumhurbaşkanı Necdet Sezer, 21 Ocak 2001'de görev süresi dolacak olan Vural Savaş'ın yerine, 18 Aralık 2000 tarihinde, Yargıtay'daki seçimlerde en çok ikinci oyu alan Sabih Kanadoğlu'nu seçti.

Gerici İslamcı hareketin yükselişi, toplumun görüntüsünü, hatta laikliğin çok uzun süredir yerleştiği kentleri bile çarpıcı şekilde değiştirdi. Kendilerine *mehdi* diyen yeni bir tür hilekâr takımı ortaya çıktı. Bu uydurma mesihler, inananları kurtaracak özel güçlere sahip olduklarını iddia ettiler. Bunların bazıları, Almanya'nın da aralarında bulunduğu Avrupa ülkelerine göç etti ve buralarda hızla zenginleşmelerini sağlayacak son derecede çirkin ve ahlaksız düzenler kurarak, oradaki Türk işçilerinin dini duygularını istismar etti.

Türban konusundaki tartışma Türkiye'de sürekli gündemde kaldı. 2000 yılının Haziran ayında, bir üniversite öğrencisi sınavlarda türban taktığı için mahkeme tarafından altı ay hapis cezasına çarptırıldı, fakat bu ceza daha sonra para cezasına dönüştürüldü (4 YTL civarında). 2000 yılının Ocak ayında bir öğrenci, türban yasağını savunduğu için Marmara Üniversitesi İlahiyat Fakültesi Dekanı Zekeriya Beyaz'ı bıçakladı. Suçu işleyen Halil Civan adlı öğrenciye on bir yıldan fazla hapis cezası verildi.

1998 yılında, Mesut Yılmaz'ın başbakan olduğu sırada meydana gelen ilk türban çatışması sırasında yaptığı açıklama, bu liderin politik hırslarına ilişkin belirtileri ortaya çıkarmıştı. Yılmaz, ılımlı İslamcıları muhafazakâr Anavatan Partisi'ne çekmeyi umuyordu. Fakat uyguladığı politikalar başarısız oldu ve türban tartışması, kısa bir süre sonra laik Kemalist reformlara karşı bir protesto olarak devletin en yüksek makamlarına ulaştı.

Dinin siyasete ve devlet işlerine karışması, Kemal Atatürk tarafından konulan ilkelere ters düşmektedir. Atatürk, 1920'lerde kadınların çarşaflarını çıkarıp, peçe takmamalarını ve erkeklerin feslerinden vazgeçmelerini istemişti. Çok sayıda kişi, o İslami sembol fes yüzünden, rejimin kurduğu özel mahkemelerde idam cezası aldı. Bazıları feslerini çıkarmayı reddettikleri ve reformlara karşı silahlı direniş gösterdikleri için asıldı, kimileri de iki ile on yıl arasında hapis cezaları aldı. Anadolu kentlerinde Kılık Kıyafet Kanunu'na karşı ayaklanmalar meydana gelmiş, inatla fes takan çete mensupları, İslam'ın yeşil bayrağını dalgalandırıp, "kafirler", "dinsizler" ve "Allahsız rejim" sloganları atarak laikleri öldürmüşlerdi.

İrtica (İslami gericilik) ve *mürteciler* (gericiler), benim çocukluğumda gerçekleştirilen laik reformları, *gâvur* ya da *kafir* işi olarak görüyordu. Gericiler ayrıca, fesin yerini alan şapkanın kafirleri temsil ettiğine inanıyor ve şapka takan herkesi kafir olarak değerlendiriyordu. Bu kesime göre, Arapça harfler yerine Latin alfabesi ile yazmak da yine bir kafir işiydi.

Bütün bu tepkiler din adına ortaya konulmuyordu; çünkü Osmanlı İmparatorluğu döneminde dini özgürlük vardı ve laik Cumhuriyet'in kurulmasından sonra da bu özgürlük devam etti. Camiler hiçbir zaman kapatılmadı, hiç kimsenin namaz kılması ya da oruç tutması yasaklanmadı. Uygulamaya konulan katı kurallar, dini inanca ya da dini ibadetlere karşı değil, şeriat yasalarına dayalı bir devlet konusundaki dayatmaya karşıydı.

Müslümanlık ve şeriat yasaları, Türk tarihi boyunca siyasal araç olarak kullanıldı ve çoğunlukla şiddete neden oldu. Bununla birlikte, son yıllarda radikal İslam tehlikesi, geçmişte kendileri de dini istismar etmiş olan (ve oy toplamak için hâlâ da eden) tutucu politikacıları bile alarma geçirdi. Geçmişte dini teşvik ederek öne çıkaran Adalet ve Doğru Yol partilerinin liderliğini yapan Süleyman Demirel, adliyeye, polis teşkilatına, devlet kurumlarına ve hatta orduya sızan radikal İslamcıların yarattığı tehlike hakkında uyarıda bulundu. Demirel, bu uyarıları yaptığı sırada artık Cumhurbaşkanı'ydı. İslamcılar çoktan yol almış olduklarından bu tür uyarılar için de geç kalınmıştı. Diğer bir deyişle, atı alan Üsküdar'ı geçmişti. Fakat yine de, tutucu, yorgun ve yaşlı liderler, alarma geçmekte haksız değillerdi.

İstanbul Devlet Güvenlik Mahkemesi Savcısı Enver Çoban, 2 Ağustos 1999'da, İBDA-C (İslami Büyükdoğu Akıncılar Cephesi) ile bağlantı kurmakla suçlanan dokuz İslamcı hakkında uzun süreli hapis cezası isteminde bulundu. Çok sayıda bombalama saldırısının sorumlusu olan bu İslamcı terör örgütü, Hizbullah (Allah'ın Partisi) ve İslami Hareket gibi, laikliğin yerine şeriatı geçirmeyi amaçlıyor.

21 Ekim 1999'da, altmış yaşındaki tanınmış akademisyen ve *Cumhuriyet* gazetesinin köşe yazarı Ahmet Taner Kışlalı, arabasının altına yerleştirilen bir bomba ile öldürüldü. Radikal İslamcı militanlar, eski kültür bakanlarından olan Kışlalı'yı siyasal İslam konusundaki görüşleri ve *Cumhuriyet* gazetesindeki laiklik yanlısı yazıları nedeniyle hedeflemişlerdi. Kışlalı'nın cenaze töreninde yer alan Silahlı Kuvvetler mensupları alkışlarla karşılanırken, "mafya" olarak adlandırılan siyasetçiler aleyhinde sloganlar atıldı. Kışlalı'nın öldürülmesi, silahlı kuvvetleri kızdırmış, bir hafta sonra Cumhuriyet'in 76. kuruluş yıldönümü nedeniyle Anıtkabir'de yapılan törene çok sayıda ordu mensubu katılmıştı. Aynı gün Marmara Üniversitesi Rektörlük Binası yakınında patlayan bomba, radikal İslamcıların hâlâ faaliyette oldukları konusunda endişe yarattı. Bu bombalama saldırısının sorumluluğunu İBDA-C üstlendi.

Taliban ve Usame bin Laden'in El Kaide örgütlerinin gerçekleştirdiği saldırıların da ortaya koyduğu gibi, köktendinci terör tehlikesi bütün dünya için geçerlidir. 1998 yılında, gericilerin, patlayıcı maddelerle dolu bir uçakla Anıtkabir'i vurmayı planladıkları eylem, Türk yetkililerce önlendi. Bu eylemin Cumhuriyet'in 75. kuruluş yıldönümünde binlerce insanın Anıtkabir'i ziyaret ettiği sırada yapılması planlanmıştı. Üç yıl sonra, 11 Eylül 2001'de, Usame bin Laden'e bağlı El Kaide terör örgütü, aynı taktiği kullanarak, uçaklarla Dünya Ticaret Merkezi'ne ve Pentagon'a saldırdı.

1998'de Anıtkabir'e yapılması planlanan eylemi organize eden kişi, Almanya'nın Köln şehrinde üslenen sözde Halife Devleti'nin lideri Metin Kaplan'dı. Adından da anlaşıldığı gibi, Halife Devleti'nin amacı, laik Türkiye devletini ortadan kaldırarak bir İslam devleti kurmaktır. Kaplan, daha sonra yandaşlarını, kendi rakiplerinden birini öldürmeye teşvik ettiği suçlamasıyla Almanya'da hapse atıldı ve 2004 yılında Türkiye'ye iade edildi. Alman hükümeti, Halife Devleti'nin aşırı faaliyetlerine son vermek amacıyla 2001 yılında bu oluşumu yasakladı. 2003 yılının Ekim ayında Karlsruhe Federal Mahkemesi, militan Halife Devleti'nin demokrasiye tehdit oluşturduğunu karara bağladı. Soruşturmayı yürüten Alman yetkililere göre, bu grubun bazı üyeleri 1996 ve 1997 yıllarında Usame bin Laden'in destekçileriyle buluşmak için Almanya'dan Afganistan'a gitmişlerdi. Bu ziyaretler sırasında, bomba taşıyan uçaklarla Anıtkabir'e ya da yüksek binalara çarpma planlarının da El Kaide örgütü içinde tartışılmış olması hayli muhtemeldir.

Avrupa ülkelerinin, şüphe altındaki bu teröristlerin faaliyetleri karşısında 11 Eylül öncesinde ve hatta sonrasında aldıkları tavır, tarihte utanç verici bir derstir. Örneğin, Halife Devleti ile ilgili durumu göz önüne alırsak, Türk yetkililerin Metin Kaplan'ın Türkiye'de işlediği ciddi suçlardan dolayı Türkiye'ye iade edilmesi için sürekli tekrarladıkları uyarılara ve çağrılara karşın, Halife Devleti Almanya'da faaliyet içindeydi.

Metin Kaplan, Necmettin Erbakan'ın köktendinci Milli Görüş politikasını destekleyen Cemalettin Kaplan'ın oğludur. Amerika Birleşik Devletleri ve Batı değerlerine karşı ateşli vaazlar veren Cemalettin Kaplan, bu yüzden Kara Ses olarak tanınır. Cemalettin Kaplan, 1980 darbesinden sonra Almanya'ya yerleşerek orada siyasal sığınmacı olarak kabul edildi ve oğlunun bin yüz üyeli İslamcı Halife Devleti örgütüyle birlikte, oradaki Türk işçilerden bağış topladı. Cemalettin Kaplan, 1995 yılında ölünce oğlu onun yerini aldı.

Metin Kaplan, babasının hatiplik yeteneğinden yoksun olsa da, Kara Ses unvanını üzerine alarak onun yerine geçti ve Köln Halifesi şeklinde bir yeni unvan daha edindi. İslam'ın dünyaya egemen olacağına dair büyük hayaller içindeydi; yandaşlarını Batı toplumuna karşı kışkırttı ve konuşmalarında 11 Eylül saldırılarından övgüyle söz etti. Fakat yine de, anlaşılması güç bir şekilde Alman yasaları tarafından korunuyordu. Üstelik Alman hükümeti kendisine 170 bin avro tutarında sosyal yardımda bulunmuştu. Aynı hükümet bugün o parayı geri istiyor. Metin Kaplan, güvenliği açısından Alman hükümeti tarafından kiralanan özel bir uçakla İstanbul'a gönderildiğinde mahkemeye çıkarıldı. Her zaman taktığı sarığı olmadan mahkemeye getirilen Kaplan, dizlerinden şikâyet ederek ayakta durmayı reddetti ve Anıtkabir'e yapılması planlanan saldırının da aralarında bulunduğu daha önceden işlediği suçlardan yargılanmak üzere tutuklandı.

Türban takmak, bir demokraside kişisel bir tercih olarak değerlendirilir. Fakat Türkiye'de türban, yıllardır Suudi Arabistan ve İran tarafından desteklenen gerici hareketin protesto aracı olarak kullanılıyor.

İslami hareket gelişip yayıldıkça, laik ve Kemalist olduğunu iddia eden politikacılar üzerinde bile etkili oldu. Atatürk'ün merkez soldaki reformcu partisi CHP, tarihi misyonundan saptı. Üyeleri giderek yaşlanan bu parti, garip bir dogmatik milliyetçilik ve İslam yanlılığına kayan eğilimle karışık bir solculuk siyaseti izliyor. Partinin lideri Deniz Baykal, 3 Kasım 2002 seçimlerinden önce *Milliyet* gazetesine verdiği bir demeçte, "Ben türbanlıların da oylarını istiyorum," dedi. CHP lideri, partisinin Kırıkkale İl Başkanlığı binasının açılışı için gittiği Kırıkkale'de, Hasandede Türbesi'ni ziyaret ederek dua okudu. Baykal, 2002 yılının Nisan ayında yaptığı bu ziyaret sırasında verdiği demeçte, Türkiye'nin pusulasının kaybolduğunu söyledi. Bugün bazı kesimler, CHP'nin laik reformları koruma kararlılığından yoksun olduğunu söylüyor ve bu nedenle bu partinin etkisiz bir muhalefet yaptığını düşünüyor.

Yıllar önce CHP'nin lideri olan İsmet İnönü, yakınındakiler tarafından konuşmalarında Allah hakkında bir şeyler söylemesi ya da yalnızca Allah sözcüğünü telaffuz etmesi konusunda uyarılmıştı. O dönemde CHP, Müslümanlığı siyasal destek için kullanan Adnan Menderes'in liderliğindeki Demokrat Parti'ye karşı mücadele veriyordu. İsmet İnönü, kendisine yapılan bu uyarıya şu karşılığı vermişti: "Allahaısmarladık." Türkiye'deki sorun şudur: Din özgürlüğü, din tüccarlarınca kötüye kullanılıp istismar edildiğinde, demokratik değerler ve insan hakları doğrudan bu özgürlük ile çatışır hale gelmektedir.

1999 yılının Haziran ayında, Türk medyasında Nur Cemaati'nin lideri Fethullah Gülen'e ait olduğu söylenen videolar gösterildi. Fethullah Gülen, bu videolarda yandaşlarına hükümete, orduya sızmalarını söylüyor ve devleti ele geçirmek için uygun zamanı beklemelerini istiyordu. Nur tarikatı, uluslararası çapta bir ticaret ağı, bir gazete, bir televizyon istasyonu ve Türkiye, Balkanlar ve Orta Asya'da derslerin İngilizce ve Türkçe verildiği sayısız okul işletmektedir. Kazakistan'da bu tarikatın sahip olduğu birçok okula ek olarak bir de üniversite vardır.

Fethullah Gülen, kendi kontrolündeki *Zaman* gazetesinde yayınlanan bir demecinde, laik devleti ele geçirme planları olduğunu inkâr etti.

Buna karşın, Cumhurbaşkanı Ahmet Necdet Sezer, Nur tarikatının Orta Asya'daki etkisini azaltmak amacıyla, Kazakistan ve Özbekistan'ın liderleriyle, bu ülkelerde Türkiye'nin lise ve teknik okul açma ihtimali hakkında görüşmelerde bulundu.

Birçok siyasal parti, bugüne kadar seçim çıkarı adına Gülen'in Nur tarikatına yaranmaya çalıştı. Üstelik bu, laik kesimlerin ve generallerin, radikal İslamcı hareketin laik sistemi yıkmak üzere İran tarzı bir İslami devrim planladığı uyarılarına karşın yapılıyordu. Fethullah Gülen'in önde gelen bazı politikacılarla yakın ilişkileri olduğu bilinmektedir. Tansu Çiller, Mesut Yılmaz, Bülent Ecevit ve Turgut Özal ise, başbakanlık yaptıkları dönemlerde Gülen'i kabul edip görüştüler. Ayrıca Ecevit, okul yapımını finanse ettiği için Gülen'den övgü ile söz ediyor.

Fethullah Gülen, Atatürk'ün ölümünden üç yıl sonra, 1941'de Erzurum'un Korucuk köyünde doğdu. Alvar köyünün imamı olan babasından Arapça öğrendi. On yaşında Kuran'ı ezbere biliyordu ve hafız olmuştu. İki buçuk yıl okuduktan sonra ilkokuldan ayrıldı ve medreseye yazıldı. On dört yaşında köydeki camilerde vaaz vermeye başladı. Fethullah ismi, Arapça'da Allah'ın Fatihi ya da Allah'ın Muzaffer Kulu anlamına gelir. 1971 yılında askeri yönetimle sorun yaşayan Fethullah Gülen, tutuklanarak hapse atıldı.

Fethullah Gülen, kendi internet sitesine göre (http://m-fgulen.org), 1999 yılından bu yana kalp ve şeker hastalıklarının tedavisi için Amerika'nın New Jersey eyaletinin Perrineville bölgesinde yaşamaktadır. Gülen, sahip olduğu kurumlar ve şirketler hakkındaki soruşturmadan sonra, 2000 yılının Ekim ayında, Ankara Devlet Güvenlik Mahkemesi'nde yapılan duruşmaya katılmadı. Gülen hakkında laik rejimi yıkarak yerine şeriatı getirmeye çalışmak suçundan tutuklama kararı çıktı. 19 Ocak 2003 tarihinde, Ankara DGM savcısı Hamza Keleş, Gülen için beş yıldan on yıla kadar hapis cezası istedi. Fakat davanın kesin hükme bağlanması af nedeniyle ertelendi. Buna göre, Gülen'in beş yıl içinde aynı tür veya daha ağır şahsi hürriyeti bağlayıcı cezayı gerektiren bir suç işlemesi durumunda dava yenilenecek, suç işlememesi durumunda ise dosya işlemden kaldırılacak.

Ordudaki generaller, Fethullah Gülen'e ve faaliyetlerine şiddetle karşı çıkmaktadır. Orgeneral Hilmi Özkök, Kara Kuvvetleri Komutanı olduğu sırada, siyasal İslam'a verilecek en küçük bir ödünün, ülkeyi yeniden "Ortaçağ karanlığına" döndüreceği uyarısında bulundu. Orgeneral Hüseyin Kıvrıkoğlu ise, Genelkurmay Başkanı olduğu dönemde, binlerce İslamcı militanın laik devleti yıkmak için çalıştığını söyledi. "Her yere sızdılar," diyen Kıvrıkoğlu, silahlı kuvvetlerden son dönemde çıkarılan kırk altı subayın on bir tanesinin Gülen'in destekçileri olduğunu belirtti.

Ankara Devlet Güvenlik Mahkemesi Savcısı Nuh Mete Yüksel, Fethullah Gülen'in kendisini destekleyenleri polisin içine ve Milli Eğitim Bakanlığı'na sızdırdığını ileri sürerek, Gülen'in dine dayanan bir diktatörlük kurmak istediğini iddia etti. "Gülen'in hedefi, teokratik bir İslami diktatörlük kurmak ve tarikatların devleti ele geçirmesini sağlamaktır," diye konuşan Yüksel, Fethullah Gülen'in kamuoyuna karşı söylediklerinin gerçek amacını saklama taktiği olduğunu söyledi.

Fakat kısa bir süre sonra savcı Nuh Mete Yüksel'in başı belaya girdi. 2002 yılının sonbaharında, Yüksel'in yer aldığı seks kasetleri kamuoyuna yansıdı. Skandala yol açan bu kasetler bazılarınca tuzak olarak değerlendirildi. Bu olay üzerine görevinden alınan Yüksel, adının kirletilmesi amacıyla düzenlenen bir komplonun kurbanı olduğunu savundu.

Radikal İslamcılar, üç yıl önce, 17 Ekim 1999 günü, şiddetle karşı oldukları Diyanet İşleri Başkanlığı'na ait bulunan İstanbul'daki bir kitap satış mağazasında hafif derecede hasar veren bir bomba patlattılar. Bu olayın sorumluluğunu da yasa dışı İBDA-C örgütü üstlendi. Bombalama eylemini gerçekleştiren örgüt üyeleri, arkalarında "7.4 yetmedi mi?" yazan bir not bırakmışlardı. Bu notla, 17 Ağustos 1999 tarihinde meydana gelen ve on yedi binden fazla kişinin öldüğü 7.4 şiddetindeki depreme atıf yapılıyordu. Teröristlere göre, askeri liderler Necmettin Erbakan'ın İslamcı hükümetini devirmek için 18 Haziran 1997'de Gölcük Donanma Komutanlığı'nda bir plan tasarlamışlardı ve bu deprem orduya verilen bir cezaydı.

Kitapçıdaki bombalama olayı, adını Said Nursi'den alan Nur tarikatının liderlerinden Mehmet Kutlular hakkında soruşturma başlatılmasından bir hafta sonra meydana gelmişti. Kutlular, Bediüzzaman Said Nursi'nin ölümünün 39. yılında Ankara'daki Kocatepe Camisi'nde, okutulan mevlit esnasında gazetecilerin soruları üzerine, "Deprem ilahi bir ikazdır," demiş, toplantı sırasında, "Kutsal İkaz: Deprem" başlıklı kitapçıklar dağıtılmıştı. Bu gelişmeler üzerine, *Yeni Asya* gazetesinin sahibi olan Mehmet Kutlular, Ankara 1 Numaralı Devlet Güvenlik Mahkemesi tarafından, "halkı, din farklılığı gözeterek kin ve düşmanlığa tahrik ettiği" gerekçesiyle suçlu bulunarak, 2 yıl 1 gün hapis cezasına çarptırıldı. Kutlular hapse atıldığında, *Yeni Asya* gazetesi, "Düşünce Hapiste" manşeti ile yayınlandı. 10 Nisan 2002 tarihinde Ankara'da yapılan ikinci duruşmada ise, Türk Ceza Yasası'nın 312. maddesinde yapılan değişiklikler nedeniyle Kutlular'ın beraatine karar verildi.

Laik reformlar sırasında getirilen yasaklara karşın, tarikatların çoğu 1923'te kurulan Cumhuriyet'ten sonra da varlıklarını sürdürmeye devam etti. Faaliyetlerini gizli olarak sürdüren tarikatlar, İslami hareketin yeniden güçlenişiyle birlikte intikam duygularıyla yeniden ortaya çıktı. Çok daha sonraları kurulan bir İslamcı örgüt ise, laik Türkler arasında korkunç bir şok yarattı. Bu, Türkiye'nin yakın dönem tarihinde kanlı bir iz bırakan Hizbullah (Allah'ın Partisi) örgütüydü.

Allah'ın Partisi, Terör Partisi

Allah'a bir can borcum var.
Bir deyiş

Diyarbakır'da 92 radikal İslamcı militan, 1999'un Ekim ayında tutuklandı. Bu silahlı militanlar, radikal İslamcı Kürt terör örgütü Hizbullah'ın (Arapça'da Allah'ın Partisi) üyeleriydi. Vahşi cinayetler, adam kaçırma ve bombalama olayları gerçekleştiren Hizbullah'ın hedefi, Türkiye'de İran tarzı şeriata dayalı bir devlet kurmaktır.

Bu örgüt, İstanbul'da on Kürt iş adamını kaçırıp, bankadaki paralarını çektikten sonra işkence yaparak öldürdü. 2000 yılının Ocak ayında, kurbanların çürüyen cesetleri İstanbul'daki bir evin bahçesine gömülü olarak bulundu. Teröristler, etrafa koku yayılmasını önlemek için bahçeye soğan ekmişlerdi. Bulunan cesetlerin bazılarında kırık kemikler vardı ve bir kurbanın kafasına çivi çakılmıştı. Örgütün lideri Hüseyin Velioğlu, Hizbullah militanları ve güvenlik kuvvetleri arasında meydana gelen bir çatışmada ölü olarak ele geçirildi ve iki militan yakalandı. Velioğlu, o sırada İran'dan İstanbul'a yeni gelmişti.

Daha sonra Ankara'da üç erkek ve iki kadın terörist patlayıcılarla birlikte geçirilirken, üç ceset bulundu. Buna ek olarak, Tarsus yakınlarında gömülmüş olan altı ceset ile Konya'da on iki ceset daha ortaya çıktı. İslamcı militanlar, Konya'yı, kaçırdıkları kurbanları sorguya çekme merkezi olarak kullanıyorlardı. Hizbullah örgütünün yüzlerce kişiyi kaçırıp işkence yaptığına ve bazılarını da canlı olarak gömdüğüne inanılmaktadır. Bu örgüte karşı yapılan operasyonlar sonucunda binden fazla kişi tutuklandı; bunlardan 13'ü, 156 kişiyi öldürmekten suçlu bulundu. Kürt eylemleri sırasında Türk güvenlik kuvvetlerinin eylemcileri öldürmek amacıyla Hizbullah'ı kullanıp desteklediği konusunda iddialar da vardır.

Bu İslamcı terör örgütünün kurbanlarından birisi Konca Kuriş adlı Müslüman bir feminist yazardı. Beş çocuk annesi Kuriş, gençliğinde bir dini tarikata katılmış fakat şeyhlerin çamaşırlarını yıkamaya zorladığında tarikattan ayrılmıştı. Daha sonra bir Hizbullah ekibiyle birlikte İran'a kaçırılan Kuriş, orada İslami rejimin kadınlara karşı uygulamalarıyla yüz yüze geldi. Kadınlara kötü muamele eden İran rejimi, Hizbullah tarafından da destekleniyordu.

Konca Kuriş, yazılarında ve konuşmalarında, dini liderlerin yüzyıllardır, Kuran'ın özünü çarpıtarak kadınları haklarından yoksun bıraktıklarını savunuyor; kadınların saçlarını ve boyunlarını türbanla kapatmalarını ve yalnızca kız öğrencilere ayrılmış okullara devam etmelerini şart koşan katı dini anlayışa karşı çıkıyordu. Kuriş ayrıca, ezanın Arapça değil Türkçe okunması gerektiğini de söylemişti.

1998 yılının Temmuz ayında, Mersin'deki evinin önünden kaçırılan Kuriş'in tanınmaz haldeki cesedi, 2000'in Ocak ayında Konya'da gömülü olarak bulundu. Polislerin ele geçirdiği bir video kasette Konca Kuriş'e işkence yapılırken çekilmiş görüntüler vardı. Kuriş, öldürüldüğünde otuz sekiz yaşındaydı.

Başbakanlık'ta bilgisayar analisti olarak çalışan bir militanın yakalanması ise şok edici bir gelişme oldu. Bu kişi başbakan ve diğer yüksek dereceli devlet görevlilerinin programlarına girebiliyordu.

Başbakan Bülent Ecevit, 2000'in Temmuz ayında, 118 öğretmen, 69 vaiz ve 201 yargıç, doktor ve mühendisin Hizbullah cinayetleriyle olan bağlantıları nedeniyle tutuklandığını açıkladı. O tarihte bu kişiler hâlâ devlette görevliydi. Yapılan açıklamada, hafif disiplin cezalarının bu kişilerin faaliyetlerine devam etmelerine izin vererek, devletin radikal İslam'la mücadele çabalarını zayıflattığı da belirtildi.

2000'in Şubatı'nda Van ilinde Hizbullah gerillalarına karşı düzenlenen operasyonlarda beş militan ölü ele geçirilirken, beş polis yaşamını kaybetti, altı polis de yaralandı. Yetkililerin verdiği bilgiye göre, militanlar polise el bombası fırlatmışlar ve otomatik tüfeklerle ateş açmışlardı. O dönemde İçişleri Bakanı olan Sadettin Tantan, militanlar kadın ve çocukları siper olarak kullandığında ateş edemeyen polislerin bu nedenle yaşamlarını kaybettiklerini söyledi.

Güvenlik güçleri, 2000 yılının Kasım ayında, Cizre'de Hizbullah'a ait bir depoya baskın yaptı. Bu baskın sonucunda, çok büyük miktarda tanksavar roketi, mayın ve Kalaşnikof marka tüfeğin yer aldığı cephanelik ele geçirildi.

Daha sonraki yıllarda da, Hizbullah'ın öldürdüğü insanların cesetleri bulunmaya devam etti. Bu terörist örgütün üst düzey yöneticilerinden, Hizbullah Kasabı olarak bilinen Mehmet Salih Kolge, 2002'nin Nisan ayında Diyarbakır'da yakalandı. Bu terörist, yapılan sorgulamada kendisinin on iki kişiyi öldürdüğünü, fakat radikal İslamcıların çok daha fazla cinayet işlemiş olduklarını itiraf etti. Gaziantep yakınlarındaki bir yol kenarını kazan güvenlik güçleri, orada da üç ceset buldular.

İslamcı teröristlerin kurbanlarından birisi de, garip bir şekilde, Van'da görev yapan bir vaizdi. 63 yaşındaki vaiz, Hizbullah militanlarının caminin anahtarlarını vermesi yönündeki taleplerini geri çevirdiği için öldürülmüştü.

Hizbullah, âdeta Türkiye'nin yakın tarihinde devletin vicdanını rahatsız etmek üzere ortaya çıkan bir hayalet gibi. Bu korkunç örgüt, iddialara göre, 1980'lerde ve 90'larda Kürdistan İşçi Partisi'nin Marksist teröristlerine karşı savaşmak için antikomünist bir güç olarak devlet tarafından meydana getirilmişti. Hizbullah'ın yarattığı şiddete öfkelenenler, devlete şu eski deyişi hatırlattılar: "Ektiğini biçersin." Düzinelerce ceset çıkarıldıktan sonra, Güngör Mengi *Sabah*'taki köşesinde, artık devletin "kendi yarattığı Frankenstein'ın hedefi haline geldiğini" yazdı.

"Devlet, cinayet işlemez, işletmez" diyen Süleyman Demirel,

"Devlet içinde gayrimeşru güçler olmuş olabilir, bunlar başka gayrimeşru güçleri kullanmış olabilir, fakat bu durumda onlar suç işlemektedirler," şeklinde konuştu.

Hizbullah tarafından korkunç bir şekilde işkence gören kurbanların cesetlerinin bulunması ve bu dini terör örgütüne yapılan baskınlar, hükümetin karıştığı bir skandalı ortaya çıkardı. Gazeteler, Başbakan Tansu Çiller'in 1990'ların ortalarında, Kürt eylemine karşı olan terör örgütlerine silah dağıtılması için Güneydoğu'daki görevlilere yetki verdiğini yazdı. Hükümetin bu amaçla Batman Valisi'ne gönderdiği malzemenin içinde 443 otomatik tüfek, 115 roket bombası ve 1450 mayın da vardı ve bunların büyük kısmı Hizbullah'a verilmişti.

2000 yılının Mayıs ayında, Adalet Bakanı Hikmet Sami Türk, İslamcı teröristlerle o yılın başında girişilen bir çatışmanın, araştırmacı gazeteci Uğur Mumcu suikastinin çözülmesine yardım ettiğini söyledi. *Cumhuriyet* gazetesinin önde gelen yazarlarından Uğur Mumcu, köktendinci İslamcılar ve onların siyasal kurumlarla olan bağlantılarını irdeleyen yazılarıyla tanınırdı. Ayrıca, mafya çeteleriyle devlet görevlilerinin ve politikacıların ilişkilerini açıkladığı için de çok sayıda düşmanı vardı. Uğur Mumcu cinayetine karışan militanlar, gizli İslamcı terör örgütleri Tevhid-i Selâm'ın ve Hizbullah'la bağlantılı Kudüs Savaşçıları'nın üyeleriydi. Bu teröristler, İran kaynaklarından yardım aldıklarını itiraf ettiler.

Uğur Mumcu'yu *Cumhuriyet* için araştırmacı gazetecilik yaptığı yıllarda tanıdım. Genç, yakışıklı ve yaptığı işi çok ciddiye alan, kendini mesleğine adamış bir gazeteciydi.

2000 yılının Mayıs ayında, *Milliyet* gazetesi, üç İslamcı militanın, suikastin iki İranlı tarafından C4 tipi patlayıcılarla gerçekleştirildiğini itiraf ettiklerini yazdı. Şüpheliler, İranlıların patlayıcıları Uğur Mumcu'nun arabasının altına yerleştirdiğini iddia etmişlerdi.. Yapılan soruşturma sonucunda, aynı yılın eylül ayında yakalanan Rüştü Aytufan adında bir şüpheli, gazeteci Ahmet Taner Kışlalı'yı öldüren bombayı kendisinin yerleştirdiğini itiraf etti. 2002 yılının Ocak ayında, Necdet Yüksel ve Rüştü Aytufan ömür boyu hapis cezası ile cezalandırıldılar. Sekiz sanık da, Uğur Mumcu, Ahmet Taner Kışlalı, Çetin Emeç, Muammer Aksoy ve Bahriye Üçok'un da aralarında bulunduğu diğer tanınmış laik yazar ve aydın cinayetleri nedeniyle hapse atıldı. İran Devrim Muhafızları ile bağlantı içinde olan Kudüs Savaşçıları, birçok suikastte yer almıştı. Bunların arasında, İsrailli diplomat Ehud Sadan ve Amerikalı çavuş Victor Marwick cinayetleri de var.

Laik aydınlara yönelik yapılan suikastler sonraki günlerde de devam etti. 18 Aralık 2002 tarihinde, Ankara Üniversitesi'nde tarih dersleri veren kırk sekiz yaşındaki Doç. Dr. Necip Hablemitoğlu, evinin önünde arabasından ayrıldığı sırada başından iki kere vuruldu. Eski Cumhuriyet Savcısı Nuh Mete Yüksel'in yakın arkadaşı olan ve radikal İslam'a karşı eleştirileriyle bilinen Hablemitoğlu, Atatürk'ün laik reformları üzerine dersler vermiş ve Hizbullah dahil olmak üzere İslamcı tarikatların faaliyetleri üzerine araştırmalar yapmıştı.

İstanbul polisi, 1 Kasım 1999 tarihinde, İBDA-C'nin önde gelen on dört üyesinin yakalandığını duyurdu. Bu teröristler, şehirde çeşitli bombalama olaylarını gerçekleştirmekle suçlanıyordu. Aynı terörist grup, 18 Kasım 1999'da ise, Kemalist Düşünce Derneği'nin İstanbul şubesini bombalayarak maddi hasara yol açtı. Bıçakla Atatürk'ün fotoğraflarını zarar veren saldırganlar, duvarlara sprey boyayla kendi örgütlerinin adını yazdılar ve daha sonra bomba yerleştirerek binayı terk ettiler. İslamcı çetelere karşı verilen mücadeleye karşın, İBDA-C militanları, 2000 yılının Şubat ayında İstanbul'un dört yerinde bombalama eylemi gerçekleştirdi. Bu bombalardan birisi, Atatürk'ün bir dönem yaşamış olduğu Atatürk Müzesi'ne yerleştirilmişti.

Büyük şoka neden olan cinayetlerden birisi, 24 Ocak 2001 tarihinde, Diyarbakır Emniyet Müdürü Gaffar Okan'ın ve beş polisin öldürülmesiydi. Okan, daha önceden Hizbullah'tan ölüm tehditleri almıştı. Aynı yılın mart ayında, bir özel operasyon timi tarafından Diyarbakır'da Hizbullah'ın tetikçisi olduğu söylenen Hasan Sarıağaç öldürüldü. Sarıağaç'ın Gaffar Okan suikastine karışan yirmi altı kişiden biri olduğu belirtiliyor. Bu suikastı yapanlar, silahlarını şalvarlarının içine saklamışlardı. Önce Emniyet Müdürü ve beraberindeki polislere yaklaşmış, sonra silahlarını çıkarıp ateş açmışlardı.

Tanınmış Türk laik aydın ve yazarlarına karşı düzenlenen suikastlerdeki İran parmağı sürekli sorgulanmaktadır. Başbakan Bülent Ecevit, 17 Mayıs 2000 tarihinde, İran'ı Türkiye'deki silahlı ayrılıkçı Kürt eylemcilere ve radikal İslamcılara yardım etmekle suçlayarak şöyle konuştu:

"İran'ın kendi devrimini ihraç etmeye çalıştığı bütün dünyada bilinen bir gerçek. Türkiye de bunun hedefi olmak istemez."

Militan İslamcı hareketin yarattığı şiddet, Avrupa Birliği üyesi olmayı hayal eden Türk halkının büyük çoğunluğunu şoke etti. Hıristiyan milletler tarafından kurulan Avrupa Birliği, sonunda 1999 yılının Aralık ayında, Türkiye'nin ilk Müslüman ülke olarak adaylık statüsünü teyit etti. Fakat bu adaylık önerisi, bazı koşullar getirdi. Bir aday ülkenin siyasal ve ekonomik olarak üye olmaya hazır hale geleceği koşulları açıklayan Kopenhag kriterleri ile, insan hakları alanında önemli reformlar yapılması şart koşuldu. Kopenhag kriterleri, aday ülkenin müzakereler başlamadan önce açık ve demokratik bir siyasal sisteme sahip olmasını öngörmüştür. Daha sonra Türkiye'ye, müzakerelerin başlama tarihini belirleyecek değerlendirme toplantısı için 2004'ün Aralık ayında gün verilmiştir. Avrupa Birliği, yıllar önce, 1963 yılında altı üyesi olan Avrupa Ekonomik Topluluğu iken, Ankara'da Türkiye ile tam üyelik öngören bir ortaklık anlaşması imzalamıştı.

Belçika'nın başkenti Brüksel'de faaliyet gösteren Avrupa Komisyonu, 2004'ün Kasım ayında, Türkiye ile Avrupa Birliği arasında müzakerelerin başlamasını önerdi. Avrupa Komisyonunun Genişlemeden Sorumlu Üyesi Guenter Verheugen, Reuters'e verdiği demeçte, nüfusunun büyük çoğunluğu Müslüman olan Türkiye ile müzakerelere başlanılması yönünde yapılan bu önerinin, Avrupalı komisyon üyeleri arasında geniş bir görüş birliği ile alındığını söyledi. Bu arada, Avrupa Birliği, müzakerelere başlamak için çetin koşullar olduğu; demokratik sistem ve insan hakları konusunda hiçbir geriye gidiş olmadan reformlara devam edilmesi gerektiği konusunda Türk yetkilileri bilgilendirmişti. Müzakerelerin 10 ile 15 yıl arasında süreceği ve bu zaman içerisinde Türkiye'nin reformları gerçekleştirme sürecinin izleneceği anlaşılıyor. Komisyon, demokrasi ve insan haklarını ciddi olarak zedeleyecek bir olayın üyelik müzakerelerini durduracağı uyarısında da bulundu. Sonunda, 3 Ekim 2005 tarihinde Lüksemburg'da yapılan toplantı ile Türkiye ile Avrupa Birliği arasında tam üyelik müzakerelerine başlanılması yönünde karar alındı. Özellikle Fransa ve Almanya halklarının Türkiye'nin üyeliğine karşı olmasına karşın, Avrupa Birliği yetkililerinin, Hıristiyan ve Müslüman uygarlıkları arasında uzlaşmazlık konusunda endişelendikleri açık. Bu nedenle, Müslüman Türkiye'nin üyeliğinin durumu yumuşatacağını umuyorlar. Laik Türkiye'nin yalnızca bu konuda değil, İslamcı terörle savaşma konusunda da çok büyük önemi vardır. Bazı Avrupa Birliği üyelerinin, özellikle Fransa'nın Türkiye'nin üyeliği konusunda halkoyuna başvuracağını açıklaması ise, Türk halkında rahatsızlık yaratmıştır.

Avrupa Birliği tarafından getirilen katı kurallar, Birliği ülkenin iç işlerine karışmak ve ayrılıkçı Kürt azınlığı desteklemekle suçlayan milliyetçileri ve Kemalistleri kızdırdı. Emin Çölaşan gibi bazı ünlü yazarlar, Avrupa Birliği yetkililerinin Türkiye'ye karşı tavırlarının onur kırıcı olduğunu ve diğer adaylara aynı şekilde davranılmadığını ısrarla savundular. Köktendinci İslam'ı temsil eden medya ise müthiş bir isyan içinde, Hıristiyanların tüm ülkede toprak ve gayrimenkul alıp kilise açtıklarını iddia ediyordu. Bazıları, Hıristiyan misyonerlerin ülkeyi işgal etmiş olduğunu ve her yerde bedava İncil dağıtarak, Müslümanları büyük paralar karşılığında Hıristiyan yaptıklarını iddia etti.

Eski başbakanlardan Bülent Ecevit'in eşi Rahşan Ecevit, 2005'in Ocak ayında bir yazılı açıklama yaparak bu kargaşaya katıldı: "Din elden gidiyor," diyen Rahşan Ecevit, hükümeti Avrupa Birliği üyeliği için misyonerlik faaliyetlerine yaygın olarak izin vermekle suçladı.

Gazetelerde okuduğum bu açıklama, "Fesüphanallah!" diyerek yerimden sıçramama neden olmuştu. Daha sonra *Gündem* adlı televizyon programına konuk olan Ecevitler, Başbakan Recep Tayyip Erdoğan'ı, Antalya'da bir kilise, bir cami ve bir sinagogun yan yana inşa edildiği "Dinler Bahçesi"nin resmi açılışını yapmakla eleştirdiler. Programda konuşan Bülent Ecevit, "Bu gerekli miydi?" diye soruyordu.

Türkiye'nin Avrupa Birliği'ne üyeliği, giderek nüfusları yaşlanan diğer üye ülkeleri etkileyebilir. Türkiye'nin yetmiş milyonu aşan nüfusunun yarısı gençtir ve doğurma oranının düşük olduğu diğer üye ülkeler gelecekte genç çalışanlara ihtiyaç duyacaktır. Ayrıca, Avrupa Birliği'nin Türkiye'nin sahip olduğu güçlü silahlı kuvvetlere de ihtiyacı vardır. Türk ordusu, Kürt eylemcilerine karşı on beş yıl boyunca verdiği mücadele nedeniyle, terörizmle nasıl savaşılacağını bilmektedir. Türkiye'nin üyeliği Avrupa Birliği için olağanüstü bir gelişmedir; bu üyelikle birlikte, Avrupa'nın sınırları Gürcistan, Ermenistan, Azerbaycan, Irak, İran ve Suriye'ye dek uzanacak ve üye ülkeler ile Uzakdoğu arasında bir köprü kurulacaktır. Türkiye'nin üyeliğinin, komşularını da, özellikle siyasal, kültürel ve ticari açılardan olumlu etkileyeceğine şüphe yoktur.

Kısıtlı Demokrasi

Üzümünü ye, bağını sorma.

Atasözü

Türkiye'nin birbiriyle sürekli çatışma ve kavga halindeki farklı gruplardan oluşan toplumunda gerçek demokrasi hiçbir zaman kurulamadı. Türk demokrasisi her zaman müdahale edilip yönlendirilen bir demokrasi oldu. Türk demokrasisi, kendilerini Kemalist, laik ya da İslamcı olarak adlandıran siyasal parti patronlarının, çatışmaları ateşleyip kavgaları körükleyerek, uluslararası alanda kabul edilmiş olan kuralları defalarca istismar edip çiğnedikleri bir demokrasi. Türk demokrasisi, medya, parlamento ve siyasal liderlerin, itibarsızlığı ve ikiyüzlülüğü fazilet gibi göstermek için ellerinden geleni yaptıkları bir demokrasi.

Bu demokrasi, dalkavukluğun, adam kayırmanın ve rüşvetin kol gezdiği, "Türk yapımı" özel bir tür demokrasi.

İlhan Selçuk, *Cumhuriyet* gazetesindeki "Pencere" köşesinde Türk demokrasisi hakkındaki görüşlerini şöyle açıkladı:

> Değerli ressam Komet'in "*İdi, İdim, İdik*" adlı (Artist Yayınları) kitabını inceliyordum; bir sayfayı çevirdim; Reşad Ekrem Koçu'nun "*Osmanlı Tarihinde Yasaklar*" araştırmasının sunuşuna rastladım.

Neymiş o yasaklar?

Okuyalım:

Esir Pazarı ve gayrimüslimlere cariye satma yasağı; Tütün yasağı; Kahve yasağı; İçki yasağı; Geceleri ezanla yatsı arasında sokağa çıkma yasağı; Evlerde ışık yakma yasağı; Afyon ve esrar kullanma yasağı; Kadınların kayıklara erkeklerle binme yasağı; Kadınların Eyüp'te kaymakçı dükkânına girme yasağı; Kadınların açık saçık gezme yasağı; Kadınlara mesire yasağı; İstanbul'a bekar uşağı girme yasağı; Hamama giden gayrimüslimlere nalın giyme yasağı; Saçak, şahnişin, çardak yasağı; Araba ve ata binme yasağı; Çingenelere ata binme ve kısrak besleme yasağı; Arnavutlara hamam tellağı olma yasağı; Umumi yerlerde devlet sohbeti yasağı; Kiliselerde çan çalma yasağı; Şehirlerdeki konaklardan yalılara, yalılardan konaklara taşınma yasağı; Silah taşıma yasağı; Surların üzerine ev yapma yasağı; Kahvelerde saz, söz ve meddah yasağı; Erkeklere sefihane kıyafet yasağı...

Birdenbire kafama denk etti!...

Nereden nereye gelmiştik?...

İlhan Selçuk, yazısında Necmettin Erbakan'ın 312. maddeden bir yıl ceza aldığını, topu topu dört ay hapis yatacağı halde kıyametin koptuğunu belirterek şunları ekliyor:

Demokraside epey yol aldık. Eskiden şu toplumda değil dört ay, on dört ay sorgulanmadan tutuklu kalmış nice kişi vardır; kimsenin gıkı çıkmış mıdır?... Ya içerdekilere ne demeli?... 312'den hapse atılanlar seslerini bugüne dek duyurabildiler mi?...

Ama Necmettin Hoca'nın durumu özel!...

Hoca öylesine demokrattır ki, abdest alırken ayaklarını korumalarına yıkatır.

Müritlerine göre adı nedir:

"Mücahit Erbakan!..."

Artık Hoca "demokrasi mücahidi" olacak; 312 yasağını delecek...

Bir başka "demokrasi mücahidi" de hapisteki Abdullah Öcalan değil mi?...
Erbakan sayesinde 312 kalkacak..
Apo sayesinde idam cezası kalkacak..
Biri mürteci..
Öteki bölücü.

* * *

Çelebi, böyle olur bizde demokrasi dediğin!...
"*Osmanlı Tarihindeki Yasaklar*"a bakınca günümüzü anlamak kolay!... Hamama giden gayrimüslimlere nalın giyme yasağı koyanların torunları değil miyiz?... Demokrasiye de başından değil kıçından girmeyip ne yapacaktık?...
Mürteci başı ile bölücü başı demokratlık savaşımında başı çekiyorlar.
Haydi hayırlısı... *(Cumhuriyet,* 16 Eylül 2000)

Türk halkının büyük bir kesimi için Amerikan tarzı demokrasinin anlamını kavramak kolay değildir. Çünkü Türkler, yüzyıllardır devlet baskısı ve İslam gelenekleriyle biçimlendirilen kurallar altında yaşadılar. Buna ek olarak, ülkede hâlâ Osmanlı'dan miras kalan katı bir bürokrasi varlığını sürdürmektedir.

Bu bürokrasi, sıradan bir vatandaşın devletle olan işlerini yürütürken karşı karşıya kaldığı devasa bir duvar gibidir. Devlet görevlileri, genel olarak "yeterlilik" ölçütünden çok, siyasal parti başkanlarıyla olan ilişkileri göz önünde tutularak atanmakta ve bu kişiler, vatandaşların şikâyette bulunma hakları olsa bile, sıradan insanlara saygısızca davranmakta ve şüpheyle yaklaşmaktadır. Rüşvet verecek parası olmayan ya da nüfuzlu bir sınıfa mensup olmayan kişilerin bürokratlarla baş etmesi zordur. Yasal meselelerde ise, Batı ya da Amerikan yöntemi olan "suçu kanıtlanana kadar masumdur" kuralı, "suçsuzluğu kanıtlanana kadar masum değildir" şekline dönüşmüştür.

İngilizce yayın yapan *Turkish Daily News* gazetesinin köşe yazarlarından Burak Bekdil, 17 Mayıs 2002 tarihinde sıradan Türk vatandaşlarının dürüst bir yargılama konusunda ancak küçük bir umuda sahip olabileceklerini yazdığı için suçlu bulundu. Bekdil, "Sıradan bir Türk, o da eğer Türk mahkemelerine ve yargıçlarına güvenecek kadar aptalsa, milyonda bir görülebilecek bir şans eseriyle dürüst bir şekilde yargılanabilir," şeklindeki ifadesi nedeniyle 1 yıl 8 ay hapis cezası aldı. Daha sonra bu hapis cezasını erteleyen mahkeme, Bekdil iki yıl içinde benzer bir suç işlediği takdirde cezanın uygulanacağını karara bağladı.

2003 yılının Ekim ayında Yargıtay Başkanı Eraslan Özkaya, "Türkiye'de yargı bağımsızlığı yok. Çünkü idare yargının üzerine tabiri caizse gelmiş oturmuş. Bunun mutlaka düzeltilmesi gerekir," dedi.

Devletin nüfuz sahibi olmayan yoksullara karşı haksız antidemokratik uygulamaları, toplumdaki uyumsuzluğun ve köktendinci İslami hareketin gelişmesinin nedenlerinden biridir. Öyleyse, radikal İslamcı bir rejimin, Türkiye'de demokrasiyi kurması mümkün müdür?

Gelenekçi-İslamcı Necmettin Erbakan'ın başarısızlığı, İslamcı bir yönetimin laik bir devlette demokrasiye karşı oluşturduğu engellerin açık bir örneğidir. İslam, dini, adli ve siyasal meselelere müdahale etmeyi amaçlamakta; vaizler ve imamlar, temel insan haklarını görmezden gelerek şeriat kanunlarını kabul ettirmeye çalışmaktadır. Çünkü, İran ya da Suudi Arabistan Krallığı gibi İslami devletlerde, devlet ve din arasında kesin bir ayrım yoktur; şeriata dayalı bir devletin anayasası Kuran'dır.

Devlet ve kilise arasındaki ayrım, insan haklarını ve doğuştan sahip olunan temel özgürlükleri kabul eden Amerikan tarzı demokrasinin ilkelerinden biridir. Amerika'ya gelen göçmenler, öncelikle özgür olmanın ne demek olduğunu öğrenirler. Amerika Birleşik Devletleri Anayasası'nın 1. maddesinde bu şöyle açıklanır:

"Kongre, dini bir kuruma saygı gösteren ya da serbest ibadeti yasaklayan; ya da söz özgürlüğünü, basın özgürlüğünü; ya da halkın sükunet içinde toplanma ve şikâyete neden olan bir halin düzeltilmesi için hükümete dilekçe verme hakkını kısıtlayan bir yasa yapmayacaktır."

Oysa tersine, Türk Ceza Yasası'nın 2001'de uygulamada olan 159. maddesi şöyle diyordu:

"Türklüğü, Cumhuriyeti, Büyük Millet Meclisini, hükümetin manevi şahsiyetini, bakanlıkları, devletin askeri veya emniyet muhafaza kuvvetlerini veya adliyenin manevi şahsiyetini alenen tahkir ve tezyif edenler bir seneden altı seneye kadar ağır hapis cezası ile cezalandırılırlar."

Aynı yasanın 160. maddesi ise şöyle diyordu: "159. maddenin birinci fıkrasında beyan olunan hususlar hakkında takibat yapılması Adalet Bakanlığı'nın iznine bağlıdır." Yani başka deyişle, son dönemde değiştirilmiş olan bu yasaya göre vatandaşlar eşit değildi; Adalet Bakanlığının isteğine bağlı olarak bazı vatandaşlar cezalandırılırken, bazıları ceza almıyordu.

Türkiye'de siyasal parti liderlerinin, üst düzey devlet görevlilerinin ve seçkinlerin, yasaların, kendileri ve aileleri dahil olmak üzere, herkes tarafından ve herkese karşı aynı biçimde uygulandığı fikrini kabul etmeleri gerekiyor. Saydamlıktan yoksun olan ve vatandaşlarına adalet konusunda eşit şekilde muamele etmeyen devlet, demokratik bir devlet değildir.

2002 yılının sonbaharında Türk halkı ne siyasetçileri, hükümeti, parlamentoyu ve ne de medyayı güvenilir görüyordu. Eğer Türkiye, Batı tarzı bir demokratik bir toplum olacaksa, kamu güveninin mutlaka sağlanması gerekiyor.

Türkiye'yi tanımayanların, bu ülkede yüksek · rütbeli ordu görevlilerinin demokrasiyi yoluna koymak için neden siyasal meselelere karıştıklarını anlamak zordur. Bunun nedenleri arasında, sivil hükümetlerin sosyal ve ekonomik sorunları giderme konusundaki etkisizliği, ülke kaynaklarının yağmalanması, laik reformların İslamcılar tarafından açıkça çiğnenmesi, Kürt ayrılıkçıların, Marksistlerin ve gerici İslamcıların yarattığı tehlike bulunmaktadır. Generaller, ülke birliğinin ve Kemalist reformların korunması konusunda çok hassas davranmakta; çoğu politikacıyı, yetersiz ve ileri görüşe sahip liderlik niteliklerinden yoksun, fırsatçı kişiler olarak değerlendirmektedirler.

Generallere göre, "irticaya karşı mücadele" halkın karşılaştığı en önemli zorluktur ve hükümet dini aşırılığa karşı sıkı önlemler almalıdır. Mesut Yılmaz'ın türban krizi sırasında kıyafet kurallarına uyulması konusunda geri adım atması, türbanı İslamcı ideolojinin sembolü olarak gören generalleri kızdırmıştı. Askeri liderler, 1998 yılının Mart ayında yapılan bir Milli Güvenlik Kurulu toplantısında, İslamcıların, köktendincilikle mücadele etmekle görevli devlet dairelerine dahi sızmış olduklarını savundular.

1960, 1971 ve 1980 askeri darbelerinin, kan dökülmesini durdurmak, ülkenin bütünlüğünü ve Kemalist reformları korumak için kötü gidişata karşı alınan bir önlem olması amaçlanmıştı. Bu askeri darbeler sonucunda, generaller yeni kurallar koyup düzenlemeler yaptılar, hatta laik Cumhuriyet'i korumak amacıyla anayasayı bile değiştirdiler. Buna karşın, her defasında göreve gelen sivil yönetimler yıkıcı siyasetlerine devam ettiklerinden paşalar başarı sağlayamadı. Diğer yandan, askeri darbeler demokrasinin kurulmasına da yardım edemedi. Gerçekte, bu darbeler, sosyal, ekonomik ve demokratik reformları geciktirdi ve gerici akımları durdurmakta etkisiz kaldı.

2000'in Aralık ayında Başbakan Yardımcısı olan Mesut Yılmaz, AB üyeliği yolunda ilerlediği zaman Türkiye'nin bütün parametreleri gibi, ordunun siyasetteki rolünün de ister istemez değişeceğini belirterek şöyle konuştu: "Yakın geçmişte ordunun, terörle mücadelede, ardından 28 Şubat sürecinde irtica ile mücadelede üstlendiği görevde, durumdan vazife çıkarmak suretiyle üstlendiği görev, bazen kendi yasasına dayandırmak suretiyle üstlendiği görevler, bu değişimin çok kısa sürede olmayacağını gösteriyor."

Türk ordusu, halk tarafından sevilen ve şerefli bir kurumdur. Aşırı görüşlerden ve yolsuzluklara bulaşmış hükümetlerden yılan birçok kişi, orduyu güvenliği koruyucu bir kurum olarak görmekte ve bu nedenle saygı duymaktadır. 2000 yılının Ocak ayında Genelkurmay Başkanı olan Hüseyin Kıvrıkoğlu, *Cumhuriyet* gazetesine verdiği demeçte, eğer gerek olursa, siyasal İslam üzerindeki kısıtlamaların bin yıl devam edeceğini söyledi ve yolsuzluğun ülke için terörizm kadar büyük bir tehlike olduğunu belirtti.

Türkiye'nin 2003 yılına kadar 9 milyar dolar olan yıllık savunma bütçesi, eğitime harcanan paranın dört katıydı. Bu yüksek askeri harcamaların ana nedenleri, Sovyetler Birliği ve ayrılıkçı Kürt isyanlarının yarattığı tehditler ile Yunanistan'la yaşanan anlaşmazlıklardı. Türk Silahlı Kuvvetleri'nde 298 general ve kara, deniz ve hava kuvvetleri kuvvetlerinin bünyesinde on beş orgeneral bulunmaktadır. Bu komutanlar, aktif durumdaki 639.000 askerden oluşan bir orduya komuta ediyorlar; NATO ülkeleri arasında en büyük ikinci güç olan bu ordu, aynı zamanda, Avrupa ve Asya arasındaki stratejik bölgede Hıristiyanlık ile Müslümanlık arasında dengeleyici bir rol oynuyor.

Bir İmparatorluğun Mirası

Kâbe'ye gitmekle hacı olunmaz.
Atasözü

Türk kökenlilerin Orta Asya'dan Batı'ya doğru yaptıkları göçün tarihini ve daha önceleri sürdürdükleri yaşam tarzıyla örtüşmeyen bir dini benimsemelerini ilginç buluyorum. Çünkü Orta Asya'daki ilk dönemlerde Türk kadınları başlarını örtmez, erkeklerle halk içinde güreşir, okçuluk atışlarına katılır ve erkekler kadar iyi at binerlerdi.

Türkler, bin yıl önce Müslüman değildi. Sibirya ve Orta Asya'daki Türk kökenli kabilelerin çok eski çağlardan beri Şamanizm'i benimsemiş oldukları bilinmektedir. Şaman sözcüğü, Sibirya'da avcılık ve balıkçılık yaparak geçinen Tunguz kabilesinin dilinden gelmektedir. Yarı-göçebe Tunguzlar, Ural-Altay ailesinin soyundandır ve dilleri de Türkçe ile bağlantılıdır. Bir şamanın (büyücü hekim), güç kuvvet verici ruhani güçlere sahip bir dini lider olduğuna ve geleceği söyleyebileceğine inanılır ve kabilenin koruyucusu olarak görülürdü.

Türk kökenli kabileler, 6. yüzyılda Asya steplerine doğru yayılmaya başladığında, Şamanist geleneklerini korumuşlardı. Bununla birlikte Türkler, ilk dönemlerinde, İslam dışında, Hıristiyanlık, Musevilik ve Budizm gibi değişik dinlerle karşılaştılar. Asya steplerindeki Türkler, Maniheizm'in yayılmasında önemli rol oynamıştır. Uygur Türklerinin hakanı, 8. yüzyılda Maniheizm inanışına bağlanmış ve bu düalist dini inanca dayalı bir devlet kurmuştu. Üçüncü yüzyılda İran'da Mani tarafından kurulan Maniheizm, Işık Dini olarak bilinir. Kendini peygamber ilan eden Mani, Babil'de bir bacağı kısa ve çarpık olarak doğmuş ve dünyanın anlamı ve amacı hakkında kendisine kutsal bir esin verilmiş olduğunu iddia etmiştir. Maniheizm inancı, Doğu Türkistan'da Moğol işgaline kadar yaşadı. Daha sonra Moğol fatihleri, Mani'nin öğretilerini Çin'e taşıdılar. Maniheizm, sonraları Hıristiyan inançlarından sapma olarak değerlendirildi.

Orta Asya'daki Türk savaşçılarına göre, Türklerin ufku Batı'daydı; bu yüzden, Batı'ya ulaşmak için atlarının üzerinde hızla yol alıyorlardı. Hızı ve dayanıklılığı ile bilinen Orta Asya steplerinin atları onların aracı; ok, yay ve kılıç ise silahlarıydı. Doğuştan binici olan Türkler, zaman içinde atlarıyla bütünleştiler. Türk kabileleri Orta Asya'dan Batı'ya doğru ilerlerken, kadınlar hiçbir zaman kapanmamıştı. Fakat 10. yüzyılda, Bağdatlı Abbasi halifelerinden etkilenen Türkler, İslam dinini benimseyerek, kendi geleneklerini Arapların örf ve gelenekleriyle değiştirdiler.

Günümüzde hâlâ İslam dışında başka dinlere inanan Türk kökenli insanlar da bulunmaktadır. Örneğin, Ortodoks Hıristiyan olan Gagavuzlar ile Hazarlar gibi. Güney Rusya ve Kafkasya'da hüküm süren Hazarlar, 969-1030 yılları arasında Ruslar ve Bizanslılar tarafından bastırıldı. Kralları ve ileri gelenleri ise, Milattan sonra 740 yılında Musevilik dinini kabul ettiler. Musevilik, aynı zamanda Polonya ve Güney Litvanya'da Türk kökenli Karayların da dinidir.

Büyük bir imparatorluk yönetmiş olan Selçuklu Türkleri, iki yüzyıl içinde dinlerini üç kez değiştirdiler ve sonunda Sünni İslam'ı seçtiler. 1071 yılında Selçuklu lideri Alparslan, Malazgirt'te Bizans İmparatorluğu'nu yenerek Bizans İmparatoru Romen Diyojen'i (Romanus IV Diogenes) ele geçirdi. Böylelikle, Türkmen kabilelerinin Anadolu'ya göçerek orada güçlü bir İslam mirası bırakmalarının yolu açıldı.

Bununla birlikte, köktendinci İslam, Osmanlı İmparatorluğu döneminde oldukça yıkıcı bir rol oynadı. İmparatorluğun resmi ideolojisi olan bu din, yeniliklerin önünde bir engel haline geldi. İslam devleti ve katı şeriat kuralları, Osmanlı İmparatorluğu'nun bilim ve keşif konusundaki tarihi fırsatları kaçırmasının önemli nedenleri arasındaydı. Osmanlılar ilk dönemlerinde, Avrupalılara kıyasla ekonomi, sosyal gelişme, hukuk, sanat ve bilimde çok daha ilerlemişlerdi ve devlet yönetimi, askeri güç, planlama ve strateji gibi alanlarda üstün durumdaydılar. Fakat tembellik ve rüşvet, İmparatorluğun yönetici kadrolarını esir alınca, bu durum tamamen değişti ve Osmanlılar "Avrupa'nın Hasta Adamı" unvanını aldılar.

Kuran'ın cahil mollalar tarafından yanlış bir şekilde yorumlanan ayetleri, devletin reformları ihmal etmesine neden oldu. Oysa genellikle ulemanın çıkarlarına ters düşen bu reformlar, halkın kültürel aydınlanması ve ekonomik gelişimi için gerekliydi. Cahilliğin yanı sıra, Allah'ın ve ayrıca padişahın kulları olarak tanımlanan vatandaşlardan beklenen tam itaatkâr davranış, Osmanlı İmparatorluğu'nun yıkılmasında önemli bir rol oynadı.

Kul sözcüğü, tam olarak "köle" demektir. Buradan *kapıkulu* sözcüğü türemiştir. Hayatları boyunca padişaha hizmet eden köleler –sadrazam gibi en yüksek devlet görevlerine yükselenler dahil– kapıkulu olarak bilinirdi.

Osmanlı İmparatorluğu'nun, görkemli dönemlerinde kendi yönetimi altındaki halklara karşı hoşgörülü ve iyi davrandığı bilinen bir tarihi gerçektir. Bu imparatorlukta, yüzyıllar boyunca köleler yönetici konumuna gelebilmişti. Hıristiyan olarak doğan ve daha sonra İslam dinine geçen köleler ya da bunların oğulları, hem İmparatorluğun büyüyüp görkemli günlerine ulaşmasında, hem de daha sonra yıkılmasında önemli roller üstlendiler. Hasta İmparatorluğun yıkılışını durdurmak için sonraları büyük yöneticiler olarak anılan birçok yetenekli köle ortaya çıktı. Osmanlılar fethettikleri toprakları sömürmediler; onun yerine makul vergiler topladılar.

Hoşgörünün egemen olduğu Osmanlı İmparatorluğu, otuz altı milleti bir araya getirerek, bu milletlerin din işlerini kendilerinin idare etmesine izin verdi. İmparatorluk içinde çok sayıda dil konuşuluyordu, çeşitli mesleklerde uzmanlaşmış olan Rum, Ermeni ve Musevi azınlıklar, bütün ticaret ve iş dünyasını idare ediyorlardı.

Buna karşın, dini sınırlamalar yüzünden, genç kızların en yetenekli olanları bile haremlere kapatılarak eğitimsiz bırakıldı ve köreltildi. Osmanlıların uzun tarihinde sanat ve bilimde yalnızca birkaç kadın temsilci ortaya çıkmıştır.

Seçkin ailelere mensup olan erkek çocuklar ise, ilerde paşa olma ya da orduya girerek veya bir devlet görevine atanarak ömür boyu devlet hazinesinden maaş alabilme hedefine yönelik olarak yetiştirilmekteydi. Bu gelenek, 1923'te Cumhuriyet kurulduktan sonra bile devam etti. Türkler, ancak son elli yılda iş dünyasında etkili bir şekilde varlık göstermeye başladılar.

Osmanlı döneminde görev yapan yüksek düzeydeki memurların çoğu, Slav, Arap, Rum, Bulgar, Ermeni ve Çerkez'di. 14. yüzyılda meydana getirilen ve bir zamanlar askeri güçleri nedeniyle oldukça takdir toplamış olan seçkin askerler grubu yeniçeriler, Balkan bölgelerinden devşirme olarak alınan Hıristiyan çocuklarıydı. Bununla birlikte, yeniçeriler, sık sık padişahlara karşı ayaklanmalar düzenleyip Avrupa tarzı reformları reddederek, İmparatorluğun çöküşünde önemli bir rol oynadılar. Devşirmeler, genel olarak Osmanlı hükümdarlarını cahil bırakarak, entrikalar aracılığıyla onları kontrol altında tuttu. Doğduklarında Hıristiyan olan bu kişilerin çoğu, daha sonraları İslamcı bağnazlar haline gelerek din adına öldürmeyi öğrendiler. Devşirme sistemi, 17. yüzyılda Sultan IV. Murat tarafından kaldırıldı. Bu tarihe kadar, Osmanlı İmparatorluğu, Harem ve Yeniçeri Ağaları tarafından yönetilmişti.

Bütün bunlar, Muhteşem Süleyman döneminden bir süre sonra başlayan çöküş devrinin nedenleriydi. İlerleme süreci, bu aydın Osmanlı padişahının son yılları sırasında bile durma noktasına gelmişti. İmparatorluk çökerken, giderek etkileri artan İslamcı fanatikler, köktendinciliğin karanlığını ortaya çıkarmakta oldukça başarılı oldular ve yenilikleri dine aykırı görerek yasakladılar. Müslüman liderler, halkın emirlere uymasını sağlamak için Allah korkusunu kullandılar. Yargıçlar rüşvet alarak masumları cezalandırırken suçluları serbest bıraktılar. Sadrazamlar, üst düzey devlet görevlerini en çok parayı verene satarak aldıkları paraları cebe indirdiler. Diğer önemli devlet görevlileri de onların yolundan gitti.

Bir dönem, büyük miktarda rüşvet verilmeden devlet görevlerine atanmak olanaklı değildi.

Bunların sonucunda devletteki hoşgörü kayboldu; gelişmiş sanat dalları ve bilim dalları gerileyerek zamanla unutuldu. Tanınmış zanaatkârlar öldükten sonra, mesleki bilgileri de onlarla birlikte tarihe karıştı. İslam dini ve Pan-İslamizm, İmparatorluğun ilişkilerinde daha fazla rol oynamaya başlamıştı. Şeyhülislam tarafından verilen fetvalar, sağduyunun yerini aldı. Ayaklanan yeniçerilerin baskısına maruz kalan şeyhülislamlar, reformist sultanları tahttan indirebiliyordu. Osmanlı tarihi boyunca, aydın şeyhülislamlar da vardı. Örneğin, 1909 yılında Şeyhülislam olan Elmalılı Hamdi, "milletin egemenliğinin hilafetten üstün olduğunu" söylemişti.

19. yüzyılda, hilafet, İmparatorluğu bir arada tutan efsanevi güç haline gelmişti. Aynı zamanda Halife olan Sultan II. Abdülhamit, 1879-1909 yılları arasında İmparatorluğun parçalanmasını durdurmak ve saltanatını korumak amacıyla, İslam dinini ve cihat tehdidini kullanıyordu. Yabancı güçlere karşı cihat tehdidini ortaya atarken, İmparatorluktaki Müslüman nüfusu kendi yönetimi altında bir arada tutabilmek için de İslami tarikatların desteğinden yararlanıyordu.

Çocukluğum sırasında aldığım laik eğitim, II. Abdülhamit'i Osmanlı İmparatorluğu'nun yıkılışında rol oynayan bir despot olarak değerlendiriyordu. Bu yüzden, günümüz Türkiyesi'ndeki gerici İslami hareketin, Abdülhamit Han olarak adlandırdığı bu padişahı, bir vatansever, bir bilge ve Jön Türkler'in kurbanı bir hükümdar olarak değerlendirmesi benim için oldukça şaşırtıcı. İslamcılar, ayrıca, Osmanlı İmparatorluğu'nu çöküşe götüren diğer nedenleri de görmezden gelerek, bu yıkımdan dolayı Jön Türkler'i suçluyorlar.

Araştırma ve incelemelerin ihmal edilmesi ve potansiyel gelişmeler hakkında bilgilere sahip olunmaması, Osmanlı İmparatorluğu'nun yıkılışında etkili oldu. Batılı milletlerin yeni coğrafi keşifler yaparak uzak topraklara doğru yayılması, uzun bir süre Osmanlıları etkileyemedi. Christopher Columbus'un İspanya, Vasco da Gama ile Fernando Macellan'ın Portekiz ve Francis

Drake'in İngiltere için yaptıkları keşiflerle ortaya çıkan bu yayılma, iş işten geçinceye kadar Osmanlıların ilgi alanına girmedi.

Oysa Vasco da Gama'nın 15. yüzyıl sonundaki keşifleri, Osmanlı İmparatorluğu açısından birçok sonuç doğurdu. Portekizli denizci, Hindistan'a gitmek için, Hint Okyanusu üzerinden Afrika'nın çevresini dolaşan bir yol izledi. Bu keşif, Avrupalılar için Asya'ya giden yeni bir deniz yolu açtı ve Osmanlı İmparatorluğu'ndan Hindistan ve Uzakdoğu'ya uzanan Baharat ve İpek yollarının önemini azaltarak, Akdeniz'in işlekliğini kaybetmesine neden oldu. Gelecek, artık okyanus yolculuklarından geçiyordu ama Osmanlılar bunun önemini çok zor anladılar.

Osmanlı İmparatorluğu'ndaki üst tabaka, dünyayı değiştiren bu olaylardan soyutlanmış bir halde beklerken, Avrupa aniden artan gücüyle dünyanın geri kalan bölgelerini kontrol etmeye hazırlanıyordu. Osmanlılar, Avrupalıların keşiflerinden gelebilecek tehditlerin farkına varmış olsalardı bile, okyanus üzerinde seyahat edecek donanmaları yoktu. Avrupalılar, uzun okyanus seyahatleri ve savaşlar için büyük, sağlam ve iyi donanımlı kalyonlar inşa ediyorlardı; oysa Osmanlılar, daha küçük kadırgalardan oluşan bir Akdeniz donanmasına sahipti.

Christopher Columbus (1492-1502) tarafından Yeni Dünya'nın keşfi, Avrupalılara sömürgecilik ve keşifler için yeni bir yol açtı. 15. ve 16. yüzyıllarda Batıya ve Uzakdoğu'ya uzanan deniz yollarını keşfeden Avrupalılar (İngilizler, İspanyollar ve Portekizliler) Osmanlılara karşı büyük avantaj elde etmişlerdi. Avrupalıların Asya'ya ve Uzakdoğu'ya yayılması, daha sonraları Rusların karşı güç olarak Balkanlar, Kırım ve Kafkasya'nın da yer aldığı Karadeniz'in kuzeyindeki bölge ile kuzey ve Orta Asya'ya doğru yayılması üzerinde etkili oldu.

Sonunda, yeni keşfedilen kuzey ve güney Amerika'da çok büyük miktarlarda bulunan gümüş ve altın külçelerin neden olduğu enflasyon, Osmanlı ekonomisi için yıkıcı oldu. Enflasyon nedeniyle kötüleşen ekonomiyle birlikte, ilerleme ve sosyal gelişmenin olmayışı, İmparatorluğun durumunun daha da bozulmasına neden oldu. Bu kargaşadan yarar sağlayan yönetici sınıfın değişikliğe karşı gösterdiği direnç arttı.

Christopher Columbus'un Yeni Dünya'yı keşfi sırasında, 1481 ile 1512 arasında II. Beyazid hükümdardı. Fakat babası İstanbul'u fetheden Fatih Sultan Mehmet gibi Avrupa uygarlığından etkilenmemişti. Oysa Fatih, laik düşüncesi hümanistler tarafından başlatılmış olmasına karşın Rönesans'la ilgilenmiş, gençliğinde şehzade olduğu yıllarda, Manisa'da İtalyan hocalardan Batı tarihi üzerine dersler almıştı. Aslında, Fatih'in İstanbul'u fethi, Rönesans için itici bir güç oldu, çünkü Bizans İmparatorluğu'nun yıkılışından sonra birçok bilgin İtalya'ya kaçtı.

Fatih'in en büyük hatalarından birisi, şehzadeler arasındaki taht kavgalarını önlemek için bir kararname çıkararak, kardeş katlinin vacip olduğunu ilan etmesiydi. Bu uygulamanın sonucu olarak, İmparatorluğun tek bir hükümdar tarafından yönetiminin sağlanması için, padişahın kardeş ve kuzenleri idam edilerek öldürülmüş; mükemmel liderlik özelliklerine sahip birçok genç insan, bu görevi üstlenme kapasitesinden yoksun ahmaklara yol açmak amacıyla boğulmuştur. Fatih Sultan Mehmet ayrıca, sultanların, özellikle seferdeki askeri birliklerin sofrasına oturup, askerle, askerin karavanından yemek yemesi ve sultanların divan toplantılarına katılması gibi eski gelenekleri de kaldırdı. Bu sultanın oğlu II. Beyazid ise oldukça dindardı ve bu yüzden babasının İtalyan ressamlara yaptırdığı resimleri bile saraydan kaldırtmıştı.

II. Beyazid aynı zamanda çok inatçı, batıl inançları olan, melankolik birisiydi. *Adli* mahlası olan bu padişah, ulema adı verilen din bilginlerinin büyük etkisi altındaydı. Bu yüzden, Kuran'ın ve şeriatın emirlerini tam olarak uygulayarak keşiflerin yarattığı sonuçları görmezden geldi. II. Beyazid ve çevresindeki yardımcıları, Avrupalı Hıristiyanların, bilim konusunda muhteşem Osmanlı İmparatorluğu'na önerecekleri hiçbir şeyin olmadığına inanıyorlardı.

Gerçekte, yönetici Osmanlı sınıfı ve muhafazakâr ulema, Hıristiyanları ve onların bulduğu yenilikleri, sanat ve bilimde yaptıkları keşifleri küçümsüyorlardı. İslam bilginleri, uzun süre, Osmanlı İmparatorluğu'nun en büyük ve İslam'ın da Hıristiyanlık'tan çok daha ileri ve güçlü olduğuna inandılar. Osmanlılar, bu inancın artık gerçeklere dayanmadığını, ancak savaşlar kaybedilip, dağılan İmparatorluğun hazinesi tamamen boşaldığı zaman fark ettiler.

Avrupa ülkelerinde yaşanan gelişmeler hakkındaki bilgiler, Osmanlı padişahlarına yüzyıllar boyu aracılar ve ajanlar aracılığıyla ulaştırıldı. Bu aracıların çoğu, Yunanca'da *dragoman* olarak bilinen Rum tercümanlardı. Dragoman, Türkçede ve Arapça'daki *tercüman* sözcüğünün bozularak değiştirilmesiyle meydana gelmiştir. Osmanlı sultanları dragomanos sistemini, yabancı güçlerle baş etmeye elverişli bir yöntem olarak görmüş, bu nedenle de büyük Avrupa başkentlerinde büyükelçilik açılmasına gerek duyulmamıştır.

Avrupa'da keşiflerin yaşandığı dönemde, II. Beyazid, devlet bütçesinin büyük kısmını cami, medrese ve hastane yapımına harcamakla meşguldü. Bunun yanı sıra bu padişah, genel olarak Osmanlı yönetiminin Balkanlar, Anadolu ve doğu Akdeniz'de güçlendirilmesi üzerinde yoğunlaşmış ve İran'daki Safevi Hanedanlığı'na karşı başarı kazanmıştır.

Osmanlı İmparatorluğu, Rönesans'ın 14., 15. ve 16. yüzyıllarda Avrupa uygarlığında yarattığı gelişmelerin büyük kısmını kaçırmıştır. Okyanusların ve yeni kıtaların keşfi ile Avrupa feodal sisteminin çöküşü, Avrupalılara akla ve insan ruhuna ilişkin yeni bir bakış açısı kazandırmıştır. Ardından Leonardo da Vinci, Michelangelo, Raphael ve diğer birçok yetenekli sanatçının eserleriyle Batı sanatında büyük bir ilerleme olmuş; Desiderius Erasmus (1469-1536), Galileo Galilei (1564-1642) ve Voltaire (1694-1778) gibi bilginler, Avrupa'daki aydınlanma için çok önemli çalışmalarda bulunmuşlardır. Rönesans, insanı evrenin temeli olarak değerlendirir ve bütün bilgilere kapılarını açarken, Osmanlılar, değişiklik ve yenilikleri şiddetle reddettiler. Sonunda İmparatorluk, 16. yüzyılda modern ulus-devletin ortaya çıktığı dönemin gerisinde kalarak, 18. ve 19. yüzyıllardaki Aydınlanma ve Sanayi Devrimi'ni de kaçırdı.

Daha önce uygulamaya konan kapitülasyonlar sistemi, Avrupalılara güç kazandırmış, İmparatorluğun sınırları içinde Osmanlı hükümetinin otoritesini baltalamış ve 17. ve 18. yüzyıllarda giderek niteliğini yitirerek iyice yozlaşmıştı. İmparatorluk içinde yaşayan Avrupalı tüccarlara diplomatik dokunulmazlık tanıyan bu kapitülasyonlar, Muhteşem Süleyman döneminde başlamış ve böylelikle bu tüccarların İmparatorluk içinde işledikleri suçlardan dolayı Osmanlı mahkemelerinde yargılamaları engellenmişti. Bu uygulamaya göre, yabancı devletlerin konsoloslukları yargıç yerine geçerek, kendi ülkelerindeki yasalara göre bu tüccarların lehinde ya da aleyhinde karar alıyordu. Fransa, 1569 yılında, Fransız misyoner ve tüccarlarının işledikleri suçla ilgili olarak benzer ayrıcalıklar elde etti. 1740 yılında, Fransa'ya tanınan haklar genişletilerek, İmparatorluk içerisindeki diğer yabancılara da aynı haklar verilmiştir. Bu tarihe kadar zaten Osmanlı egemenliği, onarılamayacak şekilde zarar görmüş durumdaydı.

İmparatorluğu modernize etme çabaları, cahillik ve bağnazlık yüzünden başarılı olamıyordu. Sivil, askeri ve diplomatik alandaki çöküş devam ederken, rüşvet ve harem entrikaları, devletin, yalnızca birkaçı parlak fakat çoğu yeteneksiz sadrazam ve padişahların boyunduruğuna girmesine neden oldu.

Osmanlı devletinde, harem içinde entrikalar çeviren yabancı kadın kölelere verilecek en iyi örnek Roxelana'dır. "Güzel Gülen" anlamına gelen ve *Hürrem Sultan* adıyla bilinen bu kadın, Osmanlı'nın yıkılışında önemli bir rol oynadı.

Ortodoks bir Rus papazın kızı olan Roxelana, kızıl-sarı saçları ve gök mavisi rengi gözleriyle olağanüstü bir güzelliğe sahipti ve on iki yaşındayken Don ırmağının kıyısında Tatar haydutlar tarafından kaçırılmıştı. Yavuz Sultan Selim'in karısı Hafize, köle değil, aydın bir Osmanlı kadınıydı. Daha önceden oğluna iki cariye sunmuş ve bu cariyelerin ikisi de oğluna çocuk doğurmuştu. Köle Rus kızlarının güzelliğini duyan Hafize Sultan, Kırım'daki köle pazarından Roxelana'yı aldı ve birkaç yıl sarayda özel bir eğitim verdikten sonra bu Rus kızını oğlu Muhteşem Süleyman'a hediye etti.

Kanuni Sultan Süleyman, güzel öyküler anlatan köle kızının cazibesine kapılmış, onu en gözde cariyesi yapmıştı. Padişahın çocuğunu dünyaya getiren Roxelana, Muhteşem Süleyman'ı kendisiyle evlenmeye ikna etti. Böylece Osmanlı İmparatorluğu'nda hükümdarla evlenen ilk köle kadın oldu ve ölene kadar da hükümdarın büyük aşkı olarak kaldı.

Osmanlı İmparatorluğu, Muhteşem Süleyman (1494-1566) zamanında, mimarlık, edebiyat ve hukuk alanlarında en başarılı dönemini yaşadı. Fakat bu padişah Roxelana'ya karşı zayıftı ve bu zayıflık beraberinde felaketi de getirdi. Roxelana'nın ilk hedefi, Rum asıllı kapıkulu İbrahim Paşa'ydı. Oldukça iyi keman çalan İbrahim, müziğiyle padişahı eğlendirirdi. Muhteşem Süleyman, bu genç Rum köleyi Manisa Valisi olduğu sırada dul bir kadından almış ve onunla yakın dost olmuştu.

1493'de Yunanistan, Parga'da doğan İbrahim, yönetici, politikacı ve askeri komutan olarak gösterdiği başarılarla öne çıktı. 1524 tarihinde yaptığı bir seferde Mısır'daki Osmanlı otoritesini yeniden kurdu ve oradaki idari ve mali reformları gerçekleştirdi. Tuna Nehri bölgesindeki seferlerde başkomutanlık yaptı ve Kutsal Roma İmparatoru V. Charles ile Macaristan meselesi konusunda yapılan görüşmelerde padişah adına resmi görüşmeleri yürüttü. Onun çabaları sonucunda Macaristan'ın büyük bölümü, Osmanlı idaresi altında kaldı. Bu Sadrazam, 1534 yılının Ağustos ayında Tebriz'i işgal ederek, ardından İran'da Safevilere karşı savaş açtı; ayrıca Bağdat'ı ele geçirdi.

Muhteşem Süleyman, bu Rum köleye neredeyse kendisininkine eşit düzeyde olağanüstü yetkiler verdi. İbrahim Paşa'nın sahip olduğu bu güç sonunda aklını başından aldı; paşa, kendini hükümdar olarak görmeye ve belgeleri Sultan İbrahim olarak imzalamaya başladı. İkinci hatası çok daha tehlikeliydi. Roxelana'nın Muhteşem Süleyman üzerindeki etkisine karşı çıktı ve bu durum Roxelana'nın ondan öç almasına neden oldu. 15 Ağustos 1536 tarihinde verilen bir yemek davetinden sonra, 43 yaşındaki İbrahim Paşa, padişahın emri üzerine, dilsiz cellatlar tarafından boğularak öldürüldü.

Onun yerine Roxelana'nın damadı Rüstem Paşa sadrazam atandı. Rüstem Paşa, Muhteşem Süleyman ile Hürrem Sultan'ın kızları Mihrimah Sultan'la evliydi. Hırvat bir köylünün oğlu olan Rüstem'in Sinan adlı bir de erkek kardeşi vardı. Bir zamanlar Hırvatistan'da domuz yetiştiren bu kardeşler, *devşirme* olarak değil, savaş esiri yani *pençik* oğlanları olarak alınmışlardı. İki kardeş de *Enderun*'da eğitim görmüş, daha sonra Sinan Paşa Kaptan-ı Derya olmuştu.

Rüstem Paşa, cimri, onursuz, aç gözlü biriydi ama iyi bir idareciydi. Rezil Rüstem olarak bilinen bu paşa, on beş yıl sadrazamlık yaptı. 1561'de ödem nedeniyle öldüğünde arkasında inanılmaz bir servet bıraktı ve böylelikle karısı Mihrimah, dünyadaki en zengin dul oldu.

Rüstem Paşa, ayrıca Osmanlı İmparatorluğu'na miras olarak derin bir yolsuzluk ve rüşvet dalgası bıraktı. Reşad Ekrem Koçu'nun *Osmanlı Tarihinin Panoraması* adlı kitabına göre, Rüstem Paşa'nın bıraktığı servetin içinde binlerce çiftlik, 467 su değirmeni, 2900 at, çok değerli 33 elmas, 1160 katır ve üzeri elmaslarla kaplanmış 5000 adet altın eyer vardı. Rüstem Paşa, elli milyon altın lira değerinde olduğu tahmin edilen bu serveti dolandırıcılık ve kayınvalidesi Roxelana'nın entrikaları aracılığıyla elde etmişti.

Entrikaları karşılığında Roxelana'ya yapılan özel muamele ise, Kanuni'nin eski cariyelerinden, Şehzade Mustafa'nın annesi Gülbahar'ın öfkesine neden oldu. O dönemde taht kavgasını önlemek amacıyla kardeş katli uygulaması hâlâ geçerli olduğundan, Gülbahar, oğlu Mustafa için endişeleniyordu. Eğer oğlu gelecek hükümdar olamazsa, boğularak öldürülecekti. Sadrazam İbrahim de öldürülmeden önce, Mustafa'nın liderlik özelliklerine sahip olduğuna inanıyordu. Fakat Roxelana'nın entrikalarına ne Gülbahar ne de İbrahim dayanabildi. Roxelana da aynı kardeş katli uygulamasından korkuyor ve oğullarından birisinin gelecek hükümdar olmasını istiyordu. Bu nedenle, Kanuni üzerindeki etkisini kullanarak, Gülbahar'ın oğluyla birlikte İmparatorluğun uzak bir köşesine sürgüne gönderilmesini ve Şehzade Mustafa'nın bölge valisi olmasını sağladı.

Rüstem Paşa, İran seferi sırasında Roxelana'dan aldığı talimatlar doğrultusunda, padişaha yanlış bilgi vererek, yeniçeriler tarafından çok sevilen Mustafa'nın onu devirmek amacıyla bir darbe hazırlığı yaptığını söyledi. Yaşına karşın hızla yol alıp orduya yetişen Muhteşem Süleyman, oğlunu çadırına davet etti. Zeki ve yakışıklı Şehzade, kendisini boğmaya çalışan yedi cellada karşı direnmeye çalışıp babasından yardım dilerken, Muhteşem Süleyman, ipek bir divanın üzerinde oturarak oğlunun yaşamak için verdiği mücadeleyi izlemişti. Sonunda, Enderun'da eğitilmiş şampiyon güreşçi ve silahtar Zal Mahmut'u çağırtan Süleyman, ondan işi bitirmesini istedi. Aynı zamanda saraydaki iç oğlanlardan biri olan genç ve güçlü Zal Mahmut, Mustafa'yı bir hareketle yakalayıp yere yıkmış ve elleriyle boğmuştu. Hürrem Sultan, padişaha bağlılığı nedeniyle her zaman en iyi şekilde ödüllendirildi. Şehzade Mustafa'nın cellatlığını yaptıktan sonra paşa olan Zal Mahmut, daha ilerki yıllarda, Hürrem Sultan tarafından, torunu Şah Sultan'la evlendirilerek sarayda *damat* pozisyonuna yükseldi.

Şehzade Mustafa'nın Mehmet adında bir oğlu ve iki kızı vardı. Kardeş katli uygulaması nedeniyle Mehmet sağ bırakılamazdı; nitekim sonunda o da büyükbabasının emriyle öldürüldü. Roxelana'nın üç oğlu vardı. Bunlardan en genci 32 yaşındaki kambur ve saralı Cihangir'di. Şehzade Mustafa'ya çok düşkün olan Cihangir, onun nasıl öldürüldüğünü duyunca, yaşadığı şok ve büyük üzüntü nedeniyle yaşamını kaybetti.

Hürrem'in ikinci oğlu Beyazid, babasına karşı başarısız bir darbe girişiminde bulundu ama annesinin müdahalesiyle affedildi. İkinci kez darbe planlayıp yine başarısız olunca, bu defa dört oğluyla birlikte İran'a kaçtı. Fakat orada da kurtulamadı ve babasının peşlerine taktığı cellatlar tarafından yakalanarak öldürüldü.

Hürrem'in en büyük oğlu Ayyaş Selim (ayrıca Sarı Selim olarak da bilinirdi), şişman, kızıl-sarı bıyıklı ve mavi gözlü bir adamdı. Kanuni, 6 Eylül 1566'da öldüğünde, Ayyaş Selim, tahtın tek varisi olarak 42 yaşında padişah oldu ve 1574'te öldüğü tarihe kadar Osmanlı İmparatorluğu'nu yönetti.

Selim'in savaşmak için gerekli cesareti yoktu ve yeniçerileri hiçbir zaman savaşa sürüklemedi. Yaptığı en büyük hatalardan biri, köle olmayan Müslümanların yeniçeri olmasına izin vererek, Osmanlıların daimi ordusunun kuruluş esasını tamamen değiştirmekti. Bunun sonucu olarak, yeniçerilerden bazıları iş adamı gibi davranmaya başlamış, daha önceki evlenme yasağı bozularak kimisinin evlenmesine izin verilmiş ve böylece daimi ordudaki disiplin bozulmuştu. Yeniçerilerin içki, rüşvet ve itaatsizlik nedeniyle yozlaşmaları, Ayyaş Selim döneminin başlangıcında ortaya çıktı. Buna karşın bu padişah oldukça şanslıydı, çünkü Osmanlı İmparatorluğu'nun en iyi yöneticilerinden biri olan Sokollu

Mehmet Paşa, uzun yıllar boyunca sadrazam olarak kendisine hizmet vermişti.

Sokollu Mehmet Paşa, Muhteşem Süleyman'ın öldüğünü kırk altı gün boyunca yeniçerilerden saklamayı başarmıştı. Kanuni, Macaristan'daki Zigetvar kalesini kuşattığı sırada geçirdiği kalp krizi nedeniyle ölmüştü. Fakat yeniçerilerin padişahın öldüğünü öğrenmeleri durumunda ayaklanma çıkabileceğinden çekinen Sokollu, Kanuni'nin cesedini mumyalattırarak büyük bir gizlilik içinde sakladı. Zigetvar'da zafer kazanılırken, padişahın ölü bedeninin etrafına görünmeyen destekler konularak, her zamanki görkemli giysileri giydirilmiş, kafasında kuştüyleri ve mücevherlerle süslenmiş imparatorluk sarığı ve yüzünde makyajı ile çadır içinde oturur pozisyonda tutulmuştu. Sokollu Paşa, arada bir padişahın çadırını ziyaret etmiş ve dışarıdakilere padişahın savaştaki gelişmeleri heyecanla izlediğini söylemişti. İpek perdeler arkasında olanlar, yeniçerilere ve ağalara normal gözükmüştü. Zaferden sonra, padişahın bedeni bir sedyeye yatırılarak dört günde Belgrad'a taşındı. Ayyaş Selim de burada babasının ölümünden haberdar edildi. Ordu Belgrad yakınlarında kamp kurduğunda, askerlere, Muhteşem Süleyman'ın öldüğü ve oğlu II. Selim'in hükümdar olduğu duyuruldu.

Saray'a yıllar önce köle olarak alınan Sırp asıllı Sokollu Mehmet Paşa, Ayyaş Selim devrinde İmparatorluğun gerçek hükümdarıydı ve o da Saray'a damat gidenlerdendi. 59 yaşındaki evli ve çocuk sahibi Sokollu Mehmet Paşa, Ayyaş Selim'in küçük kızı Esmahan Cevher Sultan'ın beğenisini kazanmıştı. O sırada henüz on yedi yaşında olan Cevher Sultan, Sokollu'nun kocası olması talebinde bulunmuştu.

Kıbrıs'ın şaraplarını çok seven Ayyaş Selim, bu adayı ele geçirmek istiyordu. Fakat Sadrazam Sokollu Mehmet Paşa, bu Venedik adasını işgal etmenin, bütün Avrupalı Hıristiyanları Osmanlı İmparatorluğu'na karşı bir araya getireceğini söyleyerek buna karşı çıktı. Ayyaş Selim'in karısı Safiye Sultan da Venedikli bir köleydi ve bu nedenle kendi anavatanı ile Osmanlı İmparatorluğu arasında bir savaş çıkmasını istemiyordu. Selim'in hareminde savaşı desteklemeyen bir başka Venedikli köle daha vardı. Bu,

III. Murat'ın annesi ve Osmanlı tarihinde Nurbanu Sultan olarak bilinen Cecilia'ydı. Fakat Ayyaş Selim'in içki sofralarındaki yakın arkadaşı İspanyol Musevisi Banker Joseph Nasi, padişahı Kıbrıs'ı şarapları için işgal etmeye ikna etmişti.

Sonunda Sokollu'nun tahmini doğru çıktı. Kıbrıs'ın ele geçirilmesinin ardından Şeyhülislam Ebusuud Efendi tarafından verilen bir fetva, Osmanlılara karşı kutsal bir birliğin kurulmasına neden oldu. İspanya, Venedik, Malta Şövalyeleri ve Papalık tarafından V. Charles'ın oğlu Avusturyalı Don Juan komutasında oluşturulan bir donanma liderliğindeki birkaç İtalyan devleti bir araya geldiler. Ve daha önce değinildiği gibi, Osmanlı donanması, 7 Ekim 1571 tarihinde İnebahtı'da tam bir bozguna uğradı. Sekiz yıl sonra, 12 Ekim 1579 tarihinde, Sokollu Mehmet Paşa, bir suikastçı tarafından Eski Saray'da hançerlenerek öldürüldü. Bu cinayetin harem içindeki güç mücadelesi nedeniyle işlendiğine inanılmaktadır.

Bundan sonra yeni bir dönem başladı. Katı dini dogmalar ve harem içindeki entrikalar, reform yapılması gerektiğini düşünen birkaç aydın padişah ve sadrazama karşın, İmparatorluğun varlığını sürdürmesinin önünde engel oluşturuyordu. Eğer zeki bir Arnavutluk genci devşirme olarak alınmamış olsaydı, İmparatorluğun yıkılışı daha da hızlı olabilirdi. Arnavutluk'un Berat Sancağının Rodnik köyünde 1575 yılında doğan Köprülü Mehmet Paşa, küçük yaşta devşirme usulü saraya alınmış, Enderun'da eğitilmiş ve iç oğlanı olarak saray personeli arasına katılmıştır. Türk tarihinde Köprülü olarak tanınan Mehmet Paşa, uzun yıllar İmparatorluğa hizmet veren ünlü yetenekli sadrazamların mensup olduğu Köprülü ailesinin kurucusudur.

Köprülü Mehmet Paşa, birçok bölgede valilik yapmış çok yetenekli bir yöneticiydi. Çocuk yaşta padişah olan IV. Mehmet'in (Avcı Mehmet) hükümdarlığı sırasında, 1656 yılında oldukça yaşlandığı bir dönemde sadrazam olmuş ve 1661'de ölene dek bu görevi sürdürmüştür. Köprülü'nün sadrazam olarak atanması tam zamanında yapılmıştı. Çünkü o sırada, Çanakkale Boğazı'nı abluka altına alan Venedikliler, bütün önemli tahıl nakliyesi dahil olmak üzere, İstanbul'a yapılan gemi ticaretini durma noktasına getirmişlerdi. Ayrıca, yeniçeriler ve Sipahi Ocağı fazla ücret talebiyle ayaklanmış; haremde padişahın annesi Hatice Turhan Sultan'ın başını çektiği bir grup baskın yaparak güç denemesinde bulunmuştu.

IV. Mehmet, babası Deli İbrahim'in yerine tahta çıktığı 1648 yılında altı yaşındaydı. IV. Mehmet'in büyükannesi Kösem Sultan, Turhan Sultan'la harem içi entrikalar çevirmiş ve 1651 yılında İmparatorluğun sosyal ve mali kriz içinde olduğu bir dönemde, kendi evinde boğularak öldürülmüştür. Sadrazam Tarhuncu Ahmet Paşa, İmparatorluğun mali durumunu düzene koymaya çalışırken, bir yandan da Ankara ve İstanbul'daki isyanları bastırmaya çalışıyordu. Tarhuncu, İmparatorluğa bütçe sistemi getirme girişiminde bulunan ilk yöneticiydi. Haremde Turhan Sultan'ın önderlik ettiği grup, Tarhuncu'nun mali reformları nedeniyle kızgındı; bu yüzden 1653 yılında konuşmak üzere Tarhuncu'yu saraya davet ettiler. İmparatorluk sarayında zenci harem ağası ile buluşan Tarhuncu Ahmet Paşa'ya sadrazamlık mührünü teslim etmesi emredildi ve o daha ne olduğunu anlayamadan, saray muhafızlarınca yakalanıp oracıkta boğularak öldürüldü.

Bu olayın arkasından göreve gelen diğer sadrazamların sergilediği başarısızlıklardan sonra, Köprülü Mehmet Paşa'nın sadrazam olarak atanmasında, Turhan Sultan'ın öngörüsü etkili oldu. Köprülü, bu göreve atanmasıyla otoriteyi yeniden sağladı, asileri ve diğer rakipleri bastırdı, orduyu yeniden düzenledi ve 17 Temmuz 1657'de Çanakkale Boğazı'ndaki Venedik ordusunu yendi. 1661 yılında öldüğünde, iki oğlu, Köprülü Fazıl Ahmet Paşa ve Köprülü Fazıl Mustafa Paşa, ardı ardına sadrazam oldular. Bu iki paşa da babaları kadar yetenekliydiler. Girit adası ve Podolya'yı kazanan, Balkan topraklarında birliği sağlayan ve Yeniçeri ile Sipahi Ocaklarını reforme eden Köprülü ailesi, Osmanlıların saygınlığını yeniden kazandı.

Köprülü Fazıl Ahmet Paşa'nın 1676 tarihinde ölümünden ve Merzifonlu Kara Mustafa Paşa'nın sadrazam olarak atanmasından kısa bir süre sonra felaketler başladı. Merzifonlu Kara Mustafa Paşa, parlak biri değildi ve selefinin yöneticilik ve askeri strateji konularındaki yeteneklerinden yoksundu. Köprülülerin bacanağı olan bu paşa, Polonya ve Rusya'ya karşı başarısız seferler gerçekleştirdi. O dönemde kırk bir yaşında olan Sultan IV. Mehmet, bütün zamanını avcılık yaparak geçiriyor, devlet işleriyle ilgilenmiyordu. Buna karşın, Merzifonlu Kara Mustafa Paşa, Habsburg İmparatoru I. Leopold yönetimindeki Kutsal Roma İmparatorluğunu fethetmek üzere büyük bir sefer düzenlemeyi önerdiğinde, Avcı Mehmet önce karşı çıkıp sonra kabul etti. Macar Kalvinistlerinin lideri İmre Tököli, Merzifonlu'yu Habsburg başkenti Viyana'ya saldırmaya ikna etmişti. Macarlar tarafından desteklenen 150.000 kişilik Osmanlı ordusu Viyana sırtlarına vardığında I. Leopold şehri terk etti.

Kuşatma, Lehistan Kralı John III Sobieski ve Lorraine Dükü Charles komutasındaki sekiz bin kişilik birleşik Avusturya-Polonya ordusu, bölgedeki tepelere yığılana kadar iki hafta boyunca sürdü. Bu ordu, 12 Eylül 1683 tarihinde tepelerden inerek Türk ordusunun karargahına baskın yaptı. 15 saat boyunca süren çarpışma sonunda işgalciler hendeklerinden çıkarıldı ve binlercesi katledilerek öldürüldü. Merzifonlu, lüks çadırını ve çuvallar dolusu kahvenin de yer aldığı büyük bir ganimeti arkasında bırakarak kaçtı. Böylelikle bu olay, bir bakıma ünlü Viyana kahvelerinin de kuruluşuna yol açtı.

Viyana kuşatması, daha sonraları ortaya çıkan ağır sonuçlarıyla, Osmanlı İmparatorluğu'nun aldığı en ciddi yenilgiydi. Bu olaydan sonra Türklerin Avrupa'daki saygınlığı büyük zarar gördü. Viyana'daki yenilgi, ayrıca Osmanlıların dini hoşgörü konusundaki tutumlarını değiştirmelerinde de etkili oldu. Osmanlılar, tarihlerinde ilk kez olarak Hıristiyan Avrupa'nın sahip olduğu askeri gücün kendi varlıkları için tehdit oluşturduğunun farkına vardılar. Bu durum, İmparatorluk içinde yaşayan Hıristiyan milletlere karşı hoşgörüye yol açtı.

Merzifonlu Kara Mustafa Paşa, başarısızlığı yüzünden 1683 yılının ilk gününde Belgrad'da idam edildi.

Anlatılanlara göre Merzifonlu, "Ölecek miyim?" diye sormuş cellatlara.

"Evet" demiş cellatlar; emrin Hünkar'dan geldiğini ve hiçbir şeyin bunu değiştiremeyeceğini, idamın alnına yazılmış olduğunu, ölümden kaçılamayacağını söylemişler.

"Allah'ın takdiriyle," demiş Merzifonlu ve ardından idam edilmiş.

Merzifonlu Kara Mustafa Paşa'ya ait olduğu söylenen kafatasının, Viyana Müzesi'nin deposunda bir kutu içinde saklandığı iddia edilmektedir.

Osmanlı ordusunda yedek subay olarak görev yapmış olan gazeteci ve yazar Falih Rıfkı Atay, yaklaşık üç yüz yıl sonra Osmanlıların Viyana'da uğradığı yenilginin etkisi hakkında şöyle diyordu: "1683'te Viyana ricatı ile imparatorluk, Avrupa fetihlerini kaybetmeye başlayacaktır." Viyana kapılarındaki ezici yenilgi, gerçekte Osmanlı İmparatorluğu'nun Doğu Avrupa'daki üstünlüğünün sonu ve Köprülü ailesinin kurmuş olduğu idari sistemin yıkılışının da başlangıcıydı.

Çocukluğumuzda reform yılları sırasında devam ettiğimiz laik okullarda, Osmanlı İmparatorluğu'nun olağanüstü liderlerin yönetimiyle zafere ulaştığı öğretilirdi. İmparatorluğun görkemli dönemlerinde, İmparatorluk sınırları içinde yaşayan Türkler ve diğer milletlere eşit adalet uygulanıyordu. İlk Osmanlı hükümdarları orduya komuta ederek askerler arasında yaşayan savaşçılardı ve onların kazandıkları savaşlar, toprak ve nüfus artışı sağlayarak, İmparatorluğun gücünü ve hazinesini büyütmüştü.

Kanuni Sultan Süleyman'dan sonra başa geçen oğlu Ayyaş Selim ise, haremin konforunu tercih etmişti. İmparatorluğun çöküşü daha sonraki yıllarda iyice hızlandı. Deli İbrahim sakalını mücevherler ve incilerle donatıyor; balıkların para harcayabileceğine inanan Sultan Mustafa paraları denize fırlatıyordu. Saray müneccimleri, büyücüler ve falcılar, sultanlara tavsiyelerde bulunurken, ulema ya da şeyhülislamlar, padişahların savaş ilanı gibi önemli kararlarında bile etkili oluyorlardı.

Tulipmania diye adlandırılan "lale çılgınlığı", Sultan III. Ahmet devrinde Osmanlı hanedanlığını acı gerçeklerden uzaklaştırmış, savaşlarda çoğunlukla yenilen İmparatorluk, artık yönetilemez olmuştu. Oysa o sırada, Osmanlı liderleri, deniz kaplumbağaları tarafından taşınan titrek ışıklı şamdanların aydınlattığı, kokular içindeki lale bahçelerinin bulunduğu hayali bir periler ülkesinde kendilerinden geçmekle meşguldüler. 1703 ile 1730 yılları arasında III. Ahmet'in yönetimindeki dönem, tarihte Lale Devri olarak bilinir. Osmanlı İmparatorluğu'nun seçkinler sınıfının bu devirdeki düsturu, "yarını bırak, bugünün keyfine bak" şeklindeydi.

O dönemde halk yoksulluk içinde çırpınırken büyük saraylar inşa ediliyor; saray şairi Nedim, "Gülelim, oynayalım, kâm alalım dünyadan," diye yazıyordu.

Ayrıca, çok büyük bir alana yayılan Osmanlı İmparatorluğu'nu idare etmek de olanaksız bir hale gelmişti. Zayıf liderliğin de etkisiyle İmparatorluk, giderek artan bir şekilde düzensizlik, haksızlık, aşırı vergilendirme ve harem entrikaları ile boğuşuyor, cahil dini liderlerin bilimsel araştırma ve keşiflere getirdiği sınırlamalara teslim oluyordu. Savaşlarda uğranılan bir dizi yenilgi; milliyetçiliğin yükselmesi; Rus, devrimci Fransız ve Avusturyalı ajanlar tarafından İmparatorluk içindeki milletler arasında başlatılan bağımsızlık hareketleri ve bütün reform girişimlerine karşı yapılan İslamcı ayaklanmalar İmparatorluğun çöküşüne yardım etti. 1804 yılında Sırplar ve 1821'de Yunanlılar ayaklandı. Bunların dışında, daha önce meydana gelen önemli bir olay da, Osmanlıların kaderinin belirlenmesine etkili oldu.

Lale Devri sırasında hükümdar olan III. Ahmet, İsveç Kralı XII. Charles yüzünden, Rus Çarı Büyük Petro ile 1710 tarihinde savaşa girmeye zorlandı. XII. Charles, Büyük Kuzey Savaşı (1700'den 1721'e kadar) sırasında, Poltava'da uğradığı ezici yenilgiden ve Rusya'nın Baltık Denizi'nde asıl büyük güç olarak İsveç'in yerini almasından sonra Osmanlılara sığınmıştı. III. Ahmet, seçtikleri kişiyi sadrazam ataması için kendisini zorlayan asi yeniçerilerin kontrolünde kukla bir vezirdi. İki yüz bin kişilik bir Türk ordusu, Prut Nehri ile bugünkü Romanya sınırlarında kalan bir bataklık arasında, Çar Büyük Petro komutasındaki otuz sekiz bin kişilik Rus ordusunun etrafını kuşattı. Sonuçta Rus ordusu, Büyük Petro ile birlikte kapana kıstırıldı.

O sırada Türk ordusunun komutanı Sadrazam Baltacı Mehmet Paşa'ydı. Asi yeniçeriler, bu paşanın sadrazam olarak atanması için padişaha baskı yapmışlardı. Fakat Baltacı'nın göze çarpan devlet adamı ya da komutanlık nitelikleri yoktu. 21 Temmuz 1711'de Çar Büyük Petro'nun kuşatmadan kurtulup kaçması karşılığında 230 bin ruble tutarında rüşvet aldı. Rusların tek kaybı Azov bölgesinden çekilmek oldu. Böylelikle, Rusların gücünü kırmak için ele geçirilen büyük bir fırsat kaybedildi.

Büyük Petro'nun Prut'a kaçışından bu yana, Çar'ın metresi Katerina'nın, sevgilisinin serbest bırakılmasını sağlamak için Türk komutanının çadırına bir gece gizlice ziyarette bulunduğu konusunda bazı şaka yollu laflar yayılmıştır. Ve doğru olmayan bir şekilde, Baltacı Mehmet Paşa ile cinsel ilişkide bulunan Katerina'nın tarihin akışını değiştirdiğine inanılmaktadır. Marta Skowronska adıyla Litvanya'nın bir köyünde dünyaya gelen Katerina, 1712'de Büyük Petro'nun ikinci eşi olmuş ve Yekaterina Alekseyevna adını almıştır.

Osmanlı İmparatorluğu'nda her şey öylesine bozulmuştu ki, Patrona Halil adlı bir tellak bile 28 Eylül 1730'da bir isyan çıkarabilmişti. Sadrazam İbrahim'in kellesini isteyen Patrona Halil, İbrahim damadı olmasına karşın Sultan III. Ahmet'i bunu yapmaya zorunlu bıraktı ve sadrazam boğularak öldürüldü. 1 Ekim gününde ise, III. Ahmet tahttan çekilmeye zorlandı.

1730 ile 1754 yılları arasında hükümdarlık yapan Sultan I. Mahmut, kısa süre sonra Arnavut asıllı bu eski yeniçeriyi, devletin önemli meselelerinde danışmak üzere saraya çağırdı. Patrona Halil, saraya girer girmez öldürüldü ve bu şekilde yeniden düzen sağlandı. I. Mahmut'a bu tavsiyeyi, sonradan Müslümanlığa geçerek Humbaracı Ahmet Paşa adını alan Fransız General Claude Alexandre Comte de Bonneval vermişti.

Patrona Halil tarafından tahttan indirilen önceki padişah III. Ahmet, Eski Saray'ın hareminde esir olarak altı yıl daha yaşadı. Taht kavgasını önlemek için şehzadelerin öldürülmesine olanak veren uygulama 1603 yılında kaldırılmış, onun yerine kafes cezası almıştı. Kafeslere kapatılan şehzadeler, yıllarca çıplak cariyelerin arasında gerçek dünyadan uzak bir halde yaşıyorlardı. Eğer yönetime yeniden getirilecek olsalardı bile, zaten o zamana kadar akıllarını yitirmiş ya da delirmiş bir hale geliyorlardı.

III. Selim (1761-1808), Fransız Devrimi'nden etkilenen ilk reformist hükümdardı ve bunun sonucu olarak *Nizam-ı Cedid* denilen bir dizi yeni kural getirerek ülkeyi batılılaştırmaya çalıştı. Bu Yeni Düzen, modern silahlara sahip yeni bir ordu kurmayı da öngörüyordu. Osmanlı hükümet sistemini değiştirerek kabine sistemini benimseyen III. Selim, postane hizmetini başlattı, Avrupa tarzı yozlaşarak, sosyal bir tehdit halini almış olan Osmanlı yeniçeriler, Fransız ve Almanların yardımlarıyla yapılan bu reformları, kendi ayrıcalıklı pozisyonlarının sonu şeklinde değerlendirip ayaklanma çıkardılar. Yaşamı için endişe duyan III. Selim, reformları kaldırdıysa da, 1807 yılında tahttan indirilerek bir yıl sonra öldürüldü.

Bir sonraki reformist sultan, Selim'in kuzeni II. Mahmut'tu. Bu padişah, yeniçerilere karşı harekete geçmeden önce gizlilik içinde dikkatle hazırlandı. Yunanistan ve Sırbistan'daki ayaklanmalara, Rusya'ya karşı alınan savaş yenilgilerine ve toprak kaybına karşın, yaptığı reformlar Osmanlı İmparatorluğu'nun dağılmasını önledi.

Kimi tarihçilere göre, Osmanlı İmparatorluğu'ndaki ilk ciddi reform hareketine genç bir Fransız kızı yol açmıştı. Bu, Fransız İmparatoriçesi Josephine Bonaparte'ın kuzeni Martinikli Aimee Dubucq de Rivery'ydi. Anlatılan söylencelere göre, Aimee, Fransa'daki bir manastırdan evine giderken denizde Barbary korsanları tarafından yakalandı ve henüz 13 yaşındayken Sultan I. Abdülhamit'e armağan olarak sunuldu. Sultanın hareminde cariye olan bu genç kıza Nakşidil adı verildi.

Aimee, bir erkek çocuk (II. Mahmut) doğurunca padişahın karısı oldu ve daha sonra oğlunun yönetimi sırasında etkili bir kişilik haline gelerek *Valide Sultan* olarak anılmaya başlandı. Valide Sultan, kocası, onun yeğeni III. Selim ve kendi oğlu II. Mahmut üzerindeki etkisi nedeniyle, Osmanlı İmparatorluğu'ndaki reformların Fransız ve Alman uzmanlar aracılığıyla gerçekleştirilmesini sağladı. Bu uzmanların arasında bazıları topçu birliklerinden gelen Fransız subayları da vardı.

1826 yılında Batı tarzı yeni askeri birliklerin kuruluşunu haber alıp kazan kaldıran yeniçeriler, kendi sonlarını hazırladılar. Bu isyan, tarihte *Vakayi Hayriye* olarak bilinir. Sultan II. Mahmut, teslim olmayı reddeden yeniçerilere savaş açmış; 140.000 kişilik ordunun kaldığı kışlalar, top ateşleriyle yıkılmıştı. Bu olay sırasında binlerce yeniçeri öldü, yakalananlar da idam edildi.

Reform hareketine ve yeniçerilerin ortadan kaldırılmasına karşın, gerileme durdurulamadı ve sonunda Osmanlı İmparatorluğu Avrupa'nın Hasta Adamı haline geldi. Bu tanımlama, hiçbir reformun Osmanlı İmparatorluğu'nun çöküşünü durduramayacağına inanan Rus Çarı I. Nikola tarafından 1853'te yapılmıştı. I. Nikola, dağılmakta olan Osmanlı İmparatorluğu'nu bölüşmenin zamanının geldiğine kanaat getirmişti. "Avrupa'nın Hasta Adamı" ya da "Şark Meselesi" ifadeleri de, aslında Osmanlı İmparatorluğu'nun yok edilmesine gönderme yapıyordu.

Ünlü Osmanlı siyasetçilerinden Mehmet Fuat Paşa hakkında anlatılan ilginç bir hikâye vardır. Avrupa'da yapılan bir toplantı sırasında diplomatlar dünyadaki en büyük gücü tartışırlar. Adaylar arasında İngiltere, Rusya ve Fransa'nın adları sayılır. Fakat Fuat Paşa aynı fikirde değildir. "Beyler, hepiniz yanılıyorsunuz," der, "En güçlü Osmanlı İmparatorluğu'dur." Neden diye sorulduğunda da, "Yüzyıllardır siz dışardan biz içerden İmparatorluğu yıkmak için elimizden geleni yaptık ama hâlâ ayakta," cevabını verir.

Böylesine hasta bir İmparatorluğun o kadar uzun bir süre ayakta kalması ve ancak Birinci Dünya Savaşı sırasındaki sarsıcı yenilginin sonrasında dağılması şaşırtıcıdır.

Matbaa, Osmanlı İmparatorluğu'na, Johannes Gutenberg'in 1450 yılında yaptığı keşiften ancak 275 yıl sonra gelebilmiştir. Bu baskı sistemi, büyük bir değişiklik yapılmadan bütün Avrupa'da 20. yüzyıla kadar kullanıldı. Gutenberg'in kendisi, Constantinople'un 1453 yılında düşüşüyle ilgili olarak ertesi yıl *Turkenkalender* adlı bir kitap çıkararak, Almanları bir Türk işgaline karşı uyarmıştı.

Macar asıllı İbrahim Müteferrika, 1727 yılında İstanbul'da kitap basan ilk kişi oldu. Matbaayı kendileri için bir tehlike olarak gören katipler ve bağnaz İslamcılar bu keşfe karşı çıktılar. Osmanlı hükümeti, İbrahim Müteferrika ünlü bir diplomat olsa bile, onun işlettiği matbaayı defalarca kapatmak zorunda kaldı.

Benim çocukluğum sırasında "mütercim" olarak tanınan Mehmet Rüştü Paşa hakkında şu hikâye anlatılırdı. Osmanlı İmparatorluğu'nun son sadrazamlarından Mütercim Mehmet Rüştü Paşa, bir sohbette devlet işlerinden şikâyet edince, bir dostu ona şu soruyu sorar: "Siz de kaç kere makama gelip gittiniz. Neden düzeltemediniz?" Mütercim Mehmet Rüştü Paşa şu cevabı verir:

"Biz makama gelince, uzakta, denizde dümeni bozuk, yelkenleri yırtık, direkleri de kırık bir tekne görüyoruz. Ve hemen çala kürek o gemiyi kurtarmaya gidiyoruz. İçeri girdiğimiz zaman bir de bakıyoruz ki, herkes bir alem ve eğlence içinde. Kimisi rakı ve şarap içiyor, kimisi şarkı söylüyor, başkaları da çalgı çalıp oynuyorlar. Biz, yahu bu hal nedir diye sorunca, çok söylenme, sen de bize uy, böyle gelmiş, böyle gider diyerek, elimize bir kadeh rakı veriyorlar. Biz de onlara uyarak, vur patlasın, çal oynasın eğlenceye katılıyoruz."

Daha çok Koçi Bey olarak bilinen aslen Arnavut asıllı Kuricalı Koçi Mustafa Bey, Osmanlı İmparatorluğu'nun çöküşünü ilk görenlerdendi. Reformcu bir nazır olarak 1630 yılında kaleme aldığı zekice yazılmış Risale-i Koçi Bey adlı eserinde, Osmanlı devletini çöküşe götürecek sebepler konusunda uyarmıştı. Bu sebepler arasında İmparatorluğun geleneklerinden sapması da vardı. Koçi Bey'e göre, sultanlar artık savaşta ordularına önderlik etmiyor ve onlarla aynı sofrada yer almıyorlardı. Yeniçeri Ocağı'na asker almakta uygulanan *devşirme* sisteminin ilkeleri bozulmuştu. Başvuruda bulunan herkes yeniçeri olarak kabul ediliyor ve bu kişiler de edindikleri pozisyonu kişisel çıkarları için kullanıyorlardı. Hükümdarlar artık halka doğrudan ilişki kurmuyordu; sadrazamlar genellikle zayıf, yetersiz, fırsatçı ve bu nedenle de güçsüz kişilerdi. Siyasal gruplaşmalar, İmparatorluk içinde uyumsuzluk, sorumsuzluk ve haksızlıkları artırmıştı. "Dünya inançsız da var olabilir ama adaletsiz olmaz," diyerek uyaran Koçi Bey'i dinleyen olmadı. Bir yüzyıl sonra, hasta durumdaki Osmanlı İmparatorluğu'nun geniş toprakları, Karadeniz'in kuzeyinde yayılan bir başka güç için cazip bir hedef haline gelmişti.

Bu güç Çarlık Rusyası'ydı.

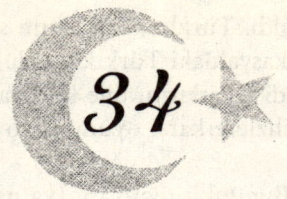

Türkler ve II. Büyük Oyun

İki cambaz bir ipte oynamaz.

Atasözü

Rusya, 19. yüzyıl sırasındaki fetihlerle güçsüz Osmanlı İmparatorluğu'ndan elde ettiği büyük toprak parçalarıyla sınırlarını genişletti. Çarlık Rusyası, o dönemde İngiliz yayılmacılığının en büyük düşmanıydı. Hem İngilizler hem de Ruslar, Türkistan ve Afganistan'ın da dahil olduğu Orta Asya'ya göz dikmişlerdi. Bu topraklar için âdeta satrancı andıran askeri ve siyasal bir oyun oynandığı için, İngiliz politikacılar ve komutanlar bunu *Büyük Oyun* olarak adlandırmışlardı.

Ruslar, *Bolshaya Igra* olarak adlandırdıkları bu oyuna göre, Hindistan'ın kendilerinin en büyük ödülü olduğunu düşünüyorlardı. İngilizler ise, Rusların Orta Asya'daki planlarını bozma ve özellikle de Hindistan'ı Rus işgalinden koruma fikrine kendilerini iyice kaptırmışlardı. Kraliçe Victoria, bu konudaki İngiliz politikasını, "dünyada Rus ya da İngiliz üstünlüğünün sağlanması meselesi" olarak açıklamıştı. Geleneksel İngiliz politikası da, Rusya'nın Balkanlar, Kırım ve Orta Asya'daki hırslı planlarına karşı Osmanlı İmparatorluğu'nu kullanmayı öngörüyordu.

Oysa, 19. yüzyıldaki bu *Büyük Oyun* sırasında Osmanlı İmparatorluğu, Orta Asya'da önemli bir rol oynayacak durumda değildi. Türkler, Rusya'nın saldırısına karşı Orta Asya'daki ya da Kafkasya'daki Türk kökenli halklara yardım etmek şöyle dursun, kendi çıkarlarını bile koruyamıyorlardı. Sonunda Çarlık Rusyası, İngilizlere karşı oyunu iyi oynadı ve büyük toprak parçaları elde etti.

Bugünkü oyun ise (ya da diğer bir deyişle, II. Büyük Oyun), kontrol, güvenlik, Ortadoğu, Kafkasya ve Orta Asya'daki petrol kaynaklarını pazarlama ve ortak düşman terörizmle savaşmakla ilgilidir. Bu yeni oyun, bu geniş bölgede demokrasiyi geliştirmeyi, kadınları özgürleştirme dahil olmak üzere insan haklarını yaymayı ve ekonomiyi düzeltmeyi hedefliyor. Bu kez, Amerika'nın Büyük Ortadoğu Girişimi (kamuoyunca bilinen adıyla Büyük Ortadoğu Projesi ya da BOP) adını verip liderlik ettiği bu projede birçok ulus yer alıyor. Bu proje, Kuzeybatı Afrika'daki Arap ülkelerinden Pakistan'a kadar çok büyük bir alanı kapsıyor.

Bu yeni Batı politikasının Afganistan, Irak, Kıbrıs ve muhtemelen Çeçenya'daki sonuçlarını görmeye başlıyoruz. 170 yıldır özgürlükleri için savaşan Çeçenler, terörizmle savaşa odaklanan uluslararası diplomasi nedeniyle büyük acılara maruz kaldılar. Çeçenya, işin içine militanlık ve terörizm girdiğinde bağımsızlık mücadelesinin nasıl zarar görebileceğinin iyi bir örneğini oluşturuyor. Suudi Arabistan ve Basra Körfezi civarındaki bazı ülkelerin desteklediği bağnaz İslamcı hareket Vahabilik, bir süredir Kafkasya ve Orta Asya'da kendisine zemin bulup yayılmış ve bunun sonucu olarak, Çeçenya'nın bağımsızlık hareketine ağır bir darbe indirilmiştir.

Kendisini İslam savaşına adayan Ürdün asıllı Çeçen komutan Hattab, çıkardığı isyanlar ve adam kaçırma olaylarıyla Çeçen davasının meşruluğuna zarar verdi. 1990'larda Çeçenya'yı etkisi altına alan anarşi, kanunsuzluğu başlatıp ülkeyi haydutlar ülkesi haline getirdi ve Cumhurbaşkanı Aslan Maşadov'un yönetimi altındaki devlette kurumlar, özellikle mahkemeler ve yasalar etkisiz kaldı.

Ardından yeni ve acımasız bir Rus işgali daha oldu ve Çeçenya, birçok Çeçen'in radikal İslamı reddetmesine karşın yaşanmayacak bir hale geldi. Rus askeri birliklerinin maskeli adamları, *Zachistki* denilen yağmacı suç çeteleri gibi davranarak gasp ve şantaj olaylarına karıştılar; Çeçen köy ve kasabalarına saldırarak kadınlara tecavüz ettiler ve insanlara işkence yaparak öldürdüler.

Bu olaylar, Çeçenlerin özgürlük uğrunda verdikleri ilk mücadele değildi. Çocukluğumda Şeyh Şamil'in 25 yıl boyunca süren özgürlük savaşıyla ilgili hikâyeler anlatılırdı. Dağıstan ve Çeçenistan'ın bu efsanevi lideri, 1834 yılında bağımsız bir devlet kurdu. Ruslar, 1859 yılının Nisan ayında, Vedeno'daki kalesine saldırınca, Gunib Dağı'na kaçtı. Fakat altı ay sonra teslim olmak zorunda kaldı ve sürgündeyken öldü.

İki yüz farklı dilin konuşulduğu Kafkasya kritik bir bölgedir. Burası, Hazar Denizi, Ortadoğu ve Balkanlar'ın oluşturduğu sürekli hareket halindeki üçgenin tehlikeli bir kısmıdır. Afganistan'daki El Kaide teröristlerinin Gürcistan'ın Çeçenya sınırındaki Pankisi Geçiti'nden sızdıkları bilinmektedir. Amerika'ya ait 150 civarında özel operasyon timi, 2002 yılının Mayıs ayında, Gürcistan'ın asker sayısı ve maddi kaynak bakımından güçsüz durumdaki ordusuna antiterörizm taktikleri konusunda eğitim vermeye başladı. Bu Washington'un dünya çapında yürüttüğü terörizmle mücadele kampanyasının bir parçasıdır, fakat aynı zamanda da Rusya ve Amerika Birleşik Devletleri arasındaki çıkar çatışmasının bir sonucudur. Bu yüzden, bu konuda anlaşmazlık çıkması kaçınılmazdı. Gürcistan'da üslenen Rus askeri güçleri, Gürcistan askerlerinin eğitimi sırasında, Amerikan yapımı helikopterlerin radyo frekanslarını bozuyorlardı.

Öte yandan, Rusların Ermenistan'a verdiği destek de bilinmektedir. Dört bir yanı kara parçalarıyla çevrili bir ülke üzerinde kurulu olan Ermenistan'ın nüfusu toplam 2.5 milyondur. Ermenistan ve Azerbaycan arasında Nagorno-Karabağ toprak anlaşmazlıkları ve savaşlar nedeniyle ortaya çıkan nefret, Ermenilerin Rusya'ya olan bağımlılıklarından kurtulmalarının önünde engeldir. Bu durumdan yararlanan Ruslar, kuzey Kafkasya'daki Amerikan-Türk planlarını etkisiz hale getirmek için, Ermenilere 2 milyar dolar değerinde silah verdiler. Türkiye ise, 2001 yılının Şubat ayında, aralarındaki Nagorno-Karabağ meselesini çözmeye yardımcı olmak için Azerbaycan ve Ermenistan'a öneride bulundu.

Taliban'ı yok etmek için Afganistan'da verilen savaş ve El Kaide terörist örgütüne ek olarak, Irak'ta Saddam Hüseyin rejimini devirme çabası, Büyük Oyun'daki oyuncuların çıkarlarında değişiklikler meydana getirdi. Hem Rusya'nın hem de Amerika'nın Hazar Denizi bölgesinde kalıcı bir varlık edinmeyi amaçladıkları anlaşılıyor. Özbekistan, Kırgızistan ve Gürcistan'da Amerikan askerleri konuşlandırılmış durumda. Özbekistan'daki Amerikan askerlerinin üslendiği yer, Karşı Hanabad denilen eski Rus üssüdür. Rusya ve Kırgızistan, Kırgızistan'da yirmi uçaklık bir filo ve sayısı bin adet Rus askerine kadar çıkabilecek bir güç oluşturmak üzere bir güvenlik anlaşması imzaladılar. Bu, hızla müdahalede bulunabilecek yeni bir gücün parçası olacaktı. Kan Havaalanı'ndaki Rus üssü, Amerikan askerlerinin üslendiği Manas Havaalanı'ndan kırk mil uzaklıktadır. Ayrıca, Rusya, Kırgızistan, Kazakistan ve Tacikistan arasında bir Kolektif Güvenlik Anlaşması Örgütü kurulmuştur.

Büyük Ortadoğu Girişimi, 11 Eylül sonrasında ortaya çıkan durum nedeniyle daha çok önem kazandı. Nükleer silahlar dahil olmak üzere kitle iletişim silahlarını üretebilecek ya da sahip olabilecek bir devlet ya da terör örgütünün varlığı ciddi bir kaygı yaratmaktadır. Bu nedenle bu proje, yalnızca petrol konusundaki çıkarlarla ilgili değil, aynı zamanda istikrarın sağlanması ve ortak güvenlik tehditlerine karşı nasıl hazırlanılacağı ile de bağlantılıdır. Bu, aynı zamanda, Rusya'nın ve NATO'nun Soğuk Savaş zihniyetini ortadan kaldırmak için büyük çaba göstererek, 2002 yılının Mayıs ayında İzlanda'nın Reyjkavik kentinde tarihi anlaşmayı imzalamalarının da nedenlerinden biridir. Fakat Rusya Federasyonu ve Amerika Birleşik Devletleri arasında İran konusunda hâlâ ciddi anlaşmazlıklar bulunmaktadır. İran, nükleer silahlar edinerek ve İran tarzı bir İslami devrimi yayarak, bölgede kendi oyununu oynamaya çalışmaktadır.

Türkiye, sahip olduğu stratejik konumu ve Kafkasya ile Orta Asya'daki Türk kökenli halklarla olan etnik ve dilsel bağlantıları nedeniyle, Büyük Ortadoğu Girişimi'nde ana oyunculardan biri durumundadır. Türkiye, aynı zamanda laik ve demokratik bir hukuk devleti olarak, Arap ülkeleri için de bir modeldir. Buradaki soru, gelecekte bölgeyi etkileyecek Türk modelinin nasıl olacağı üzerinedir. Bu model, Atatürk'ün reformlarına bağlı laik bir devlet mi, yoksa İslam'ın şeriat kanunlarıyla belirlenen bir devlet mi olacaktır? Bunların yanı sıra, Büyük Ortadoğu Girişimi'nin başarısı, Filistin sorununun çözümüne ve Irak'taki Amerikan işgaline karşı verilen amansız direnişin sonuçlarına da bağlıdır. Bu olaylar ve diğerleri, gelecekte bölgede Türkiye'nin rolünün önemini artıracaktır.

Türkiye, aynı zamanda, Avrupa ve Asya arasında, Müslüman ve Hıristiyan dünyalar arasında bir köprü durumundadır. Ayrıca, Kazakistan'daki Tengiz petrol yatağı dahil, Hazar Denizi bölgesindeki petrol ve doğalgaz yatakları ile Batı arasında da bir köprü işlevi görmektedir. Hazar Denizi bölgesindeki petrol kaynaklarının, çoğu henüz çıkarılmamış olmakla birlikte, 200 milyar varili bulduğu ve 5 trilyon dolar değerinde olduğu tahmin edilmektedir. Buna ek olarak, BP Amoco şirketinin Azerbaycan'daki Şah Deniz bölgesinde, çok büyük doğalgaz rezervleri bulunmaktadır.

Bazı uluslararası petrol şirketleri, Kazakistan'ın Kaşagan petrol bölgesinde, Hazar Denizi'nin yüzeyden dört bin metre altında arıtma tesisi kurma işine girmiştir. Kaşagan, Tengiz yatağının üç katı büyüklüktedir ve buranın dünyanın en büyük on petrol rezervlerinden birisi olduğuna inanılmaktadır.

1990'lı yıllarda boru hatları döşeyerek bu doğal kaynakları dünya marketlerine taşıma konusunda bir yarış başladı. Rus ve Gürcü topraklarından geçen iki boru hattı, ham petrolü Tengiz'den Karadeniz'e kısa yoldan taşıdığı için tercih edildi. Bu yol, petrol yüklü devasa tankerlerin Karadeniz'in limanlarından çıkarak Çanakkale ve İstanbul Boğazları'ndan geçişini de kapsıyor. Türk yetkililer, bu güzergâh üzerinde artan tanker trafiğinin, çevreye ve doğaya verdiği zararlardan dolayı kabul edilemeyecek düzeyde olduğunu belirtiyorlar. 2002 yılında Türk boğazlarından geçen tanker sayısı 5500 olarak belirlendi.

Şu anda yapımı süren ana boru hatlarından birisi, Bakû'dan çıkarak Akdeniz'de Türkiye'nin Ceyhan Limanı'na varacak. Ankara ve Washington, yüksek yapım masrafına karşın bu yolu tercih ederken, Ruslar karşı çıktılar. İranlılarla birlikte hareket eden Ruslar, Hazar Denizi bölgesini Rus-İran etkisinde bir bölge olarak görüyorlar. Bu politika, Rusya'nın İran'la yeni bir askeri anlaşma imzalaması sonucunu doğurdu. Kafkasya ve Orta Asya'daki Amerikan varlığı ve Türkiye'nin bölgedeki önemli rolü, Rus ordusu için hâlâ bir kâbustur.

NATO üyesi olan Türkiye'nin Azerbaycan topraklarında bir askeri üs kurması olasılığı bulunmaktadır. Azeri Parlamentosu'nun Sözcüsü Murtuz Eleskerov, 8 Şubat 2002 tarihinde, Türkiye'ye Azerbaycan'da askeri üs kurma izni verebileceklerini söyledi ve ayrıca, Azerbaycan'ın Sovyet yapımı Gabala radar istasyonundan Türkiye'ye bilgi aktarımında bulunabileceğini belirtti. Dünyanın tüm güney yarım küresinde fırlatılan füzeleri gerçek zamanlı olarak görebilen bu istasyon, Rusya'nın füze saldırılarını önlemek için kullandığı erken uyarı sisteminin ana elemanlarından birini oluşturuyor.

Dinamik, esnek ve çabuk uyum gösterebilen özel sektörüyle yükselen bir pazar olan Türkiye, giderek artan bir enerji ihtiyacı içindedir. Rusya ve İran, Türkiye'ye doğalgaz sağlamakta, fakat Karadeniz'den geçen Mavi Akım Projesi üzerinde bir tartışma süregelmektedir. 2003'ün Ocak ayında faaliyete geçen bu boru hattının, Rusya'dan Türkiye'ye yılda 16 milyar metre küp gaz pompalaması bekleniyor. Denizaltından geçen en derin boru hattı olan Mavi Akım, Amerika Birleşik Devletleri'nin ve Milliyetçi Hareket Partisi'nin itirazlarına karşın, Rus doğalgaz şirketi Gazprom ve İtalya'nın ENI şirketleri tarafından yapılmıştır. Amerika ve milliyetçi Türkler, Türkiye'nin ihtiyacı olan doğalgazı, doğrudan, aralarında doğalgaz zengini Türkmenistan'ın da bulunduğu, Kafkasya ve Orta Asya'daki Türk cumhuriyetlerinden almasını savunuyorlardı. 3.5 milyar dolara mal olan Mavi Akım, aynı zamanda Bakû -Ceyhan Boru Hattı'na rakip olarak da değerlendirildi.

Mavi Akım, Anavatan Partisi'nin eski lideri Mesut Yılmaz'ın tercih ettiği bir projeydi. Söylendiğine göre, Yılmaz, hükümeti temsil etmediği halde, Gazprom şirketinin yetkilileriyle Moskova'da görüşmüştü. 20 Eylül 1999 tarihinde Moskova'da yapılan ve Gazprom'un Başkanı Victor Çernomirdin'in de katıldığı bu pazarlıklarda Anavatan Partili Enerji Bakanı Cumhur Ersümer de yer almıştı.

Türkiye'deki Beyaz Enerji Operasyonu'nun kapsamına, Mavi Akım projesi hakkındaki soruşturma da dahil edilmişti. Bu soruşturma, Başbakan Yardımcısı Mesut Yılmaz ile yine Anavatan Partili İçişleri Bakanı Sadettin Tantan arasında bir çatışmaya neden oldu.

Mesut Yılmaz'ın bu konudaki politikalarını eleştirenleri şaşırtan bir başka gelişme, 16 Ekim 1999 günü Aşkabat'ta Türkmenistan Cumhurbaşkanı Saparmurat Türkmenbaşı ile Enerji Bakanı Cumhur Ersümer arasında geçen garip bir konuşmaydı. Gazetecilerin önünde gerçekleşen konuşmanın konusu Mavi Akım boru hattıydı. Doğalgaz zengini Türkmenistan'ın Cumhurbaşkanı Türkmenbaşı, Ersümer'e, "Türk siyasetinde anlamadığımız bir şey oluyor. Türk politikacılarının bir bölümü halkının çıkarlarını düşünmüyor. Rusya bizden 42 dolara doğalgazı alıp size 114 dolara satacak. Gelin Türk halkının doğalgaz ihtiyacını birlikte karşılayıp sevap işleyelim. Hazar geçişli hattı 2 yıl içinde yapmalıyız. Doğalgazı Azerbaycan'dan ve Rusya'dan alacağınızı söylüyorsunuz. Siz bilirsiniz. Azeriler 5 yıl, Ruslar 6-7 yıldan önce gaz veremez," diyerek çıkıştı.

Cumhurbaşkanı Türkmenbaşı'nın ne demek istediği yeterince açıktı. Ruslar, Türkmenlerden ucuza aldıkları doğalgazı çok daha pahalı bir fiyata Türklere satıyorlardı. Mavi Akım boru hattı aracılığıyla Türkiye'ye ithal edilen doğalgazın yüksek maliyeti hâlâ tartışmalı bir konudur.

Büyük Ortadoğu Girişimi, Arap dünyasında yaygın olarak eleştirilmektedir. Bunun önemli bir nedeni, şeriat tarafından yönetilen, kralların, şeyhlerin ya da oğullarına unvanlarını miras bırakan başkanların hüküm sürdüğü Arap devletlerinin çoğunda, laikliğin, demokrasinin ve kadınların özgürleştirilmesini de içeren insan haklarının kabul edilmemesidir. Ayrıca birçok ülke, diğer ulusların onlara neyin iyi olduğunu dikte ettirmesini istemiyor. Bazıları da Büyük Ortadoğu Girişimi'ni, Amerika, İngiltere ve İsrail'in bölgedeki kaynakların kontrolünü sağlamak amacıyla yaptıkları bir plan olarak görüyor.

Saadet Partisi'nin yayın organı *Milli Gazete,* 2 Mart 2004 tarihinde yayınladığı makalede, BOP'un hedefinin, İslamı yok etmek olduğunu savunarak, "ABD, Büyük Ortadoğu Projesi ile 22 Müslüman ülkenin kaynaklarını gaspedecek," diye yazdı.

Bu projenin önündeki diğer engeller arasında, İslam yanlılarının Batılı güçlere ve özellikle Amerika Birleşik Devletleri'ne karşı duyduğu güvensizlik vardır. Irak'ta ve Filistin'de güvenliğin sağlanamaması ve Filistin halkı için adil bir çözüm bulunamamış olması, İslam dünyasında ciddi endişeler yaratmaktadır. İsrail-Filistin çatışmasına adil bir çözüm bulunmadıkça; projenin kapsadığı ülkelerde ekonomiyi düzeltme ve yoksulluğu giderme konusunda girişimlerde bulunulmadıkça, Büyük Ortadoğu Girişimi, ciddi muhalefetle karşılaşacaktır.

Kanımca, Türk Dışişleri Bakanı Abdullah Gül, Büyük Ortadoğu Girişimi'nin temel hedefleriyle ilgili olarak daha doğru bir tespit yaptı. Gül, 2004 yılının Şubat ayında yapılan bir röportaj sırasında, BOP ile ilgili projenin adını anmadan, konu hakkındaki görüşlerini açıkladı. Arap devletlerinin kendi işlerine yabancıların karışmasını önlemek için kendi devrimlerini yapmaları gerektiğini ileri sürdü. Gül'e göre, bu devrimler yapılmazsa, İslam dünyasının duygularından, âdetlerinden, geleneklerinden habersiz olan yabancılar, sorunları kendi görüşlerine göre halletmek amacıyla müdahalede bulunabilirler.

Türkiye Seyahati

Minareyi çalan kılıfını hazırlar.

Atasözü

Kendi inisiyatifimle sürdürdüğüm 29 yıllık kişisel sürgünden sonra, 1999 yazında o yıkıcı deprem Türkiye'nin kuzeybatısını harabeye çevirdiğinde Türkiye'ye gittim. Atatürk Havaalanı'ndan şehre doğru giderken bir mezarlık gözüme çarptı. Adnan Menderes ile Dışişleri Bakanı Fatin Rüştü Zorlu ve Maliye Bakanı Hasan Polatkan'ın naaşları İmralı'dan alınarak, anıt mezara defnedilmişti. Bu anıt mezar, Türk ekonomisini dışa açan, derin bir yolsuzluk dönemini başlatan ve Nakşibendi tarikatının devletin içine sızmasını sağlayan Turgut Özal'ın mezarına yakındı.

Bu mezarın, Adnan Menderes'in eski Demokrat yandaşlarının desteğini kazanmak üzere oynanan bir siyasal oyun sonucunda yapıldığını öğrendiğimde hiç de şaşırmadım. Turgut Özal, kurnaz bir hareketle, rakibi Süleyman Demirel'e karşı avantaj sağlamak için anıt mezarı yaptırmış, Menderes ve iki bakanın naaşı asıldıkları İmralı adasından alıp yeni yaptırılan mezara taşıtmıştı.

Bu mezarları görünce, o uzun boylu, kibar, birkaç dili konuşabilen eski Dışişleri Bakanı Fatin Rüştü Zorlu'yu hatırladım. Zorlu'nun neden ve hangi korkunç suçlar sebebiyle asıldığını asla anlayamadım. Buna karşılık, Adnan Menderes aleyhine açılmış hukuki bir dava vardı; Menderes, Yassıada'daki duruşmalar sırasında anayasaya aykırı hareket etmek, İslamcı hareketleri teşvik etmek, devletin parasını zimmetine geçirmek, ekonomiyi bozmak, muhalefete baskı uygulamak ve savurganlıkla suçlanmıştı. Yine de, kendilerinin ardından gelen Türk hükümetlerinin karıştığı skandallarla karşılaştırıldığında, Menderes ve Maliye Bakanı Hasan Polatkan amatör kalıyorlar.

Menderes ve iki bakanının idamı büyük bir hataydı; bu olayın sonraki yıllarda Türk siyasetinde büyük etkileri oldu. *Mahutlar* denilen eski Demokratlar, 27 Mayıs askeri darbesinin ardından meydana gelen bu olayı asla unutmadılar ve Yassıada duruşmaları hakkındaki kızgınlıkları hiçbir zaman yok olmadı.

Menderes, *"Hafıza-i beşer, nisyan ile maluldür,"* derdi. Fakat yanılıyordu, çünkü kendi adı Türklerin hafızasından çıkmadı. Arkasında bıraktığı siyasal miras yok olmadı; bu miras, bugün hâlâ Demokrat Parti'nin taklitçileri tarafından yaşatılıyor.

Geçmişte Menderes'le uzun süreli bir ilişki yaşamış olan eski opera sanatçısı Ayhan Aydan, onca yıldan sonra seksen yaşında hâlâ Menderes'i unutamadığını söylüyor. Aydan'a göre Menderes'in asılması korkunç bir hataydı. 27 Mayıs 1960 askeri darbesinin topluma bıraktığı en kötü miras Menderes'in idamıydı; bu olay, demokratik sürecin aksamasına ve Türk siyasal yaşamında uzun yıllar boyunca sürecek belirsizliği yaratan anlaşmazlığa neden oldu.

"Mahutlar" tanımlaması, daha sonra Menderes'in izinden giden politikacılar için de geçerli oldu. Özel sektör ve yardım kuruluşları, 1999 yılının Eylül ayında, Bülent Ecevit'in başkanlığındaki koalisyon, siyasal partiler ve medya içindeki yaygın yolsuzluk nedeniyle, depremzedeler için uluslararası alanda toplanan yardımın çalınabileceğinden korkuyorlardı.

Enis Berberoğlu, *Hürriyet* gazetesindeki köşe yazısında, deprem yardımı, hükümete yakın müteahhitleri beslemek, TBMM üyeleri için yeni konutlar inşa etmek ya da paşalara yeni otomobiller almak için mi kullanılacak diye sorarak, hükümete karşı güven duyulmadığını belirtmişti. O dönemde deprem için 200 milyon dolara yakın yardım yapılmıştı ve bu rakam artmaya devam ediyordu. İş dünyası ve sivil yardım kuruluşları, bu paranın resmi yetkililer tarafından yağmalanmasının önlenmesi için bağımsız bir denetçi görevlendirilmesini istiyorlardı.

Türkiye'yi ziyaretim sırasında tanıştığım yüksek tirajlı bir günlük gazetenin yöneticisi bana şunları söyledi: "Eğer 1970 yılında Süleyman Demirel'den kurtulmayı başarmış olsaydınız, bugün Türkiye mutlu ve refah içinde bir ülke olurdu. Oysa şu anda refah içinde değiliz, halk mutlu değil." Ben de kendisine, yirmi dokuz yıl aradan sonra ülkede beni en çok şaşırtan şeyin, Atatürk'ün reformlarına ve laik devlete karşı her gün yapılan saldırılar olduğunu söyledim. İstanbul'a varışımdan itibaren, sanki zaman içinde geriye doğru seyahat ediyormuşum gibi hissettim. Eskiden var olan ilerici ve laik aydınlanma kültürü artık yoktu. Giderek artan nüfus, benim çocukluk dönemimdeki reformlara yabancılaşmış, Türkiye'nin saatini yüz yıl geriye doğru, çöken Osmanlı İmparatorluk dönemine göre ayarlamıştı.

Depremin yarattığı sorunlar, Türk hükümetinin bu felaketle baş etme konusundaki yetersizliğini açıkça ortaya koydu. O sırada Cumhurbaşkanı olan Süleyman Demirel'in de aralarında bulunduğu yetkililer, deprem gerçekleştikten dört saat sonra bile olaydan haberdar edilmemiş olduklarını itiraf ettiler. Oysa çok büyük bir sanayi bölgesi ve askeri bir üs harabeye dönmüştü. Yetkililer, olanları öğrendikten sonra da, molozların altında sıkışıp kalan insanlara yardım etmek için hızla hareket edemediler. Çocukların da aralarında bulunduğu binlerce insan belki de kurtarılabilecekken yaşamını kaybetti. Turizm Bakanı Erkan Mumcu, hükümetin felaket karşısındaki durumunu, "Türkiye'nin siyasal, ekonomik ve idari açıdan iflas etmiş olduğunun ilanı" şeklinde değerlendirdi.

Bu olanlara karşın, hiçbir yetkiliden istifa edeceği konusunda herhangi bir işaret gelmedi. Milliyetçi Hareket Partili Sağlık Bakanı Osman Durmuş, Amerika'dan alınacak tıbbi yardıma ihtiyaç duyulmadığını açıkladı. Ayrıca deprem bölgesinde taşınabilir tuvaletlere gerek olmadığını, çünkü civardaki camilerde tuvalet bulunduğunu söyledi. Sağlık Bakanı, Türklerin Yunanlılardan gelecek kan bağışlarını kabul etmemeleri gerektiğini de ekledi. *Sabah* gazetesi, yayınladığı bir başmakale ile bu bakana derhal susması uyarısında bulundu.

1999'un Kasım ayında Düzce'de ikinci bir büyük deprem meydana geldi. Yine yüzlerce insan öldü, birçok kişi yaralandı ve evsiz kaldı. Sismologlar, İstanbul'da büyük bir sarsıntı meydana gelebileceği konusunda bugün de genel olarak görüş birliği içindeler. Aktif durumdaki kuzey Anadolu fay hattı, Marmara Denizi'nin altından kentin güneyinden geçiyor. İstanbul'da her yüz yılda bir, 1766'da, 1894'te, büyük depremler meydana geldi. Ne yazık ki, dolandırıcı müteahhitlik firmaları ve verilen rüşvetler yüzünden, okulların da aralarında bulunduğu birçok bina, bu sarsıntılar sırasında birer ölüm tuzağı oldu.

Türkiye, derin farklılıkların hakim olduğu bir ülke haline gelmişti. Bazı genç ve cesaretli girişimcilerin ekonomik alanda başarılar sağladıklarını gördüm. Türkiye, Avrupa Birliği'nin en büyük onuncu ticaret ortağı olurken, Rusya ikinciydi. 1997 yılında, 37 milyar dolarlık ihracat ve 41 milyar dolar değerinde ithalat gerçekleştirildi. Yine aynı yıl turizm geliri 8,89 milyar dolardı, bu rakam Türkiye yılda 13 milyon turist çekmeye başladığında daha da arttı. Yüksek enflasyon oranı nedeniyle, halk kendi ulusal parasına yatırım yapmak istemiyordu. Bunun sonucu olarak, ülkenin her yerinde sıkı bir şekilde korunan döviz büroları açılmıştı.

İstanbul, birçok otoyola ve Boğaziçi'nin üzerinde iki büyük asma köprüye sahip büyük bir metropoldür. Kentin sokaklarında dolaşınca, insanların konuşma, davranış ve giyim tarzlarında laiklik ve İslami köktendincilik kutuplaşmasını görmek mümkündür. Onca yıl sonra Türkiye'ye gittiğimde, aynen Osmanlı dönemindekine benzeyen İslami tarzda giyimin, sanki Türkiye'de laik devrimler hiç yapılmamış gibi yeniden yaygınlaşmış olduğunu gördüm. Benim bildiğim Türkiye yok olmuş, çocukluğumda yaşadığım reformların bazıları tarihe karışmıştı. Devletin laikliği ise, Osmanlı döneminin sempatizanları ve radikal İslamcıların sürekli saldırısı altındaydı.

Atatürk'ün mirası, öylesine dogmalaştırılıp ihmal edildi ki, artık birçok kişi ondan etkilenmiyor. Kemalizm, kendisini değişen zamana göre uyarlayamadı; İslam'ın güçlü bir şekilde yeniden yükselişine karşı kültürel bakımdan hazırlıksız kaldı ve aydınlanma mesajı giderek sayısı artan nüfusa zamanında benimsetilemedi.

Kemalizm'in reform yıllarındaki en önemli özelliği, halkı Batılı uygulamaları kabul etmesi yönünde etkileyerek değişim için harekete geçirmekti. Fakat artık Kemalistlerin içinde bile, bu ideolojiyi Batı karşıtı bir muhafazakâr ideolojiye dönüştürme yönünde bir hareket başlamıştı. Reform yıllarını pek bilmeyen ve Kemalist ideolojinin gerçek anlamı konusunda yanlış yönlendirilen bu mirasçılar, ideolojiyi, kendisine zarar verecek katı bir doktrin haline dönüştürüyorlardı.

İstanbul seyahatim sırasında Boğaziçi'nin Asya yakasındaki Çamlıca tepesine de gittim. Bu güzel tepede mescit, ufak yiyecek standları ve çay bahçeleri gördüm. Mermerden yapılmış standların birinde döner kebap satılıyordu. Boğaziçi ve İstanbul'un Avrupa yakası bu tepeden hâlâ nefes kesici güzellikte görünüyor, Boğaz'dan ferahlatıcı meltem esiyordu. Bir yandan genç çiftler civardaki banklarda otururken, birçok genç kız ve kadın yaz sıcağında bile bileklerine kadar uzanan uzun pardesüler giymişti ve yalnızca yüzlerini açıkta bırakan türbanlarını takmışlardı. Ayrıca, bir tek gözlerini açıkta bırakacak şekilde siyah çarşaf giyenler de vardı. Fiziksel güzelliğin sergilenmesine dayanan Batı düşüncesini kabul edilemez bulan dindar kadınlar, plajlarda başlarını, kol ve bacaklarını kapatan elbiseler giyiyorlardı. Buna karşın, diğer kadınlar, kot pantolon, etek, bluz ve Batı tarzı mayoları giymeye devam ediyorlardı. Şaşırtıcı bir şekilde, fes bile geri gelmişti. Püsküllü kırmızı fes ya da sarık takan erkeklere rastladım.

Devlet içindeki en yüksek mevkilerdeki görevliler, ısrarla ve büyük bir gayretle, Atatürk'ün kişiliğini, laik devrimlerini ve 1923'te kurduğu Cumhuriyet'i yok etme planları yapıyorlardı. Osmanlı hanedanına mensup kişilerin günlük faaliyetleri hakkında gazetelerde yazılanları okuduğum zaman aklıma çocukluğumdaki akıl hocam Albay geldi. Albay, hanedan üyelerinin ülkeye dönüşünü asla görmek istemiyordu. Fakat şimdi onların hepsi geri gelmiş ve sultan, prenses gibi unvanlarla medya tarafından coşkuyla karşılanmışlardı. Bazı gazeteler, dergiler, televizyon ve radyo istasyonları, güçlenen radikal İslam'ın eseriydi ve sahipleri gericiler olduğundan, bu medya kuruluşları da onların laiklik karşıtı inançları doğrultusunda yayın yapıyorlardı.

Büyük bir manevi çöküşle karşılaşmıştım. Anadolu'nun her yerinde İslam yanlısı ticari kuruluşlar ortaya çıkmıştı. Bunlar, fabrika ya da işletme sahibi bile olmadıkları halde, yatırımcılarına faiz yerine helal kazanç sağlayacaklarını vaat etmişlerdi. Bu yöntemle, Avrupa ülkelerinde işçi olarak çalışan binlerce Türk dolandırıldı. Milyonlarca dolar uçup giderken, bu olayların sanıkları Türkiye'de saygıdeğer kişilikler olarak dolaşmaya devam ettiler.

Beni en çok hayrete düşüren gelişmelerden birisi de, tarikatların devlet içinde ortaya çıkan gücüydü. Turgut Özal'ın ailesi, Muhteşem Süleyman ile eşi Roxelana'nın mezarlarının bulunduğu Süleymaniye Camisi'nin avlusu ile yakından ilgilenmişti. Çünkü o avluda aralarında Mehmet Zahit Kotku'nun da bulunduğu, Nakşibendi tarikatının bazı şeyhleri gömülüydü ve kendileri de aynı tarikata mensup olan Özal ailesinin üyeleri, öldüklerinde oraya gömülmek istiyorlardı. Turgut Özal, iktidarda olduğu yıllarda özel bir kararname çıkartarak annesi Hafize Hanım'ın Süleymaniye Camisi'nin avlusuna defnedilmesini sağladı; kardeşi Yusuf Bozkurt Özal da 2001 yılının Ocak ayında öldüğünde aynı mezarlığa gömüldü.

Profesör Mahmut Esad Coşan, Nakşibendi tarikatının lideri olan kayınpederi Mehmet Zahit Kotku 1980 yılında ölünce onun yerini aldı. Nakşibendi tarikatının bir kolu olan İskenderpaşa Cemaati'nin (İskenderpaşa Dergâhı) lideri olan Coşan, Refah Partisi'ne yakındı. 28 Şubat kararlarının açıklanmasından sonra, yurtdışına giden Coşan, 2001 yılının Şubat ayında, Sidney yakınlarında meydana gelen bir trafik kazasında damadı Yücel Uyarel'le birlikte yaşamını kaybetti. Özallar'ın şeyhi olarak bilinen Mahmut Esat Coşan, Turgut Özal'ın Anavatan Partisi'ni kurmasına yardım etmiş ve Avustralya Kotku Federasyonu'nun başkanı olarak orada Nakşibendi dergâhları açmıştı.

Yasalara göre, Türkiye'de 677 İslami cemiyet ve tarikat yasaklanmış durumdadır. Ayrıca, Milli Güvenlik Kurulu'ndaki siyasetçiler, askerlerden gelen baskı sonucunda, 28 Şubat 1996 tarihinde, bütün İslami tarikatların ve cemiyetlerin faaliyetlerini yasaklayan bir kararname imzaladılar. Bu kararname, Necmettin Erbakan'ın İslamcı hükümetinin 18 Haziran 1997 tarihinde devrilmesine neden oldu. Fakat bunlara karşın hâlâ, Özal ailesi dışında bazı tanınmış siyasetçiler de, İstanbul'daki İskenderpaşa Cemaati'ne üyedir. Türkiye Cumhuriyeti'nin kurulduğu 1923 yılından bu yana, ikiyüzlülük Türk siyasetinde hiç bu kadar yaygın olmamıştı.

Laik politikacıların İslam dinini seçim çıkarları için kullandıklarını görmek benim açımdan sarsıcıydı. O dönemde Başbakan olan Bülent Ecevit, Şeyh Coşan ve damadı Uyarel'in Süleymaniye Camisi'nin avlusuna gömülmelerine izin vermeye karar verdi. Fakat Cumhurbaşkanı Necdet Sezer, adı geçen şahısların oraya defnedilmesinin Anayasa'ya, Kültür ve Tabiat Varlıklarını Koruma Yasası'na ve Mezarlıklar Nizamnamesi'ne aykırı olduğunu belirterek hükümet kararnamesini veto etti. Bunun üzerine Nakşibendi tarikatı, başka bir defin yeri bulmak zorunda kaldı ve Haliç'teki Eyüp Sultan Camisi'ni gören bir tepenin üzerindeki Eyüp Sultan Mezarlığı'nda karar kılındı.

Turgut Özal'ın kardeşi Korkut Özal, "Biz ailecek Nakşibendi tarikatına mensubuz. Turgut Özal, Şeyh'in (Nakşibendi tarikatı Şeyhi Mahmut Esad Coşkun) öğrencisiydi," diyerek, hükümetin defin konusundaki kararının doğru olduğunu söyledi. Korkut Özal da ağabeyi gibi, 1973 yılında Necmettin Erbakan'ın İslamcı Milli Selamet Partisi'ne üyeydi. 1973 ve 1977 seçimlerinde milletvekili olarak seçilmiş, içişleri ve tarım bakanlıkları yapmıştı.

Defin yeri konusundaki tartışma sırasında, İlhan Selçuk *Cumhuriyet* gazetesindeki "Pencere" köşesinde şöyle yazdı:

> Müritçilik Nakşibendi tarikatına özgüdür. "Bir şeyhe kapılanan mürit, ölü yıkayıcısının yıkadığı ceset gibi kendini şeyhine teslim etmelidir." Benliğini şeyhinin istencine tümüyle bırakmalıdır.
>
> Turgut Özal, Nakşibendi şeyhinin bir müridi olarak mı başbakanlık yaptı?...
>
> Çankaya'ya bu kimlikle mi çıktı?...
>
> ...Şeyhinin müridi miydi Turgut Özal, yoksa laik Türkiye'nin Cumhurbaşkanı mı?...
>
> Demokrasi müritler rejimi değildir.
>
> Laik yurttaşlar düzenidir.

Herkes simdi yana yakıla soruyor:
— Türkiye bu hale nasıl düştü?...
Nasıl düşmesin ki?...
Gerekçesi açık seçik ortada!... Düşkünlüğümüzün nedenleri ülkenin şeyhler ve müritler memleketine dönüştürmesinde yatıyor; böyle bir toplumda ancak çağdışı bir hayatın körkütük karanlığı geçerli olabilir.
Karanlıkta kimse önünü göremez.

Bu makaleyi okuduktan sonra Atatürk'ün devrim yılları sırasında söylediklerini hatırladım. Türkiye Cumhuriyeti'nin şeyhler, dervişler ve müritler ülkesi olamayacağını, en doğru, en gerçek tarikatın uygarlık tarikatı olduğunu söylüyordu Atatürk. İslam'ın güç kazanması ve tarikatların şeyhleri, dervişleri ve müritleriyle yeniden ortaya çıkması, bana göre, Kemalizm'in, seksen iki yıllık tarihi boyunca dini bağnazlığı ve cehaleti ortadan kaldırmak konusunda başarısız olduğunu yadsınamayacak biçimde kanıtlıyordu.

İstanbul'da ziyaret ettiğim yerlerden birisi de Sultanahmet Cezaevi'ydi. Eğer Adnan Menderes iktidarda kalmış olsaydı, 1960 yılında, bir süre bu eski cezaevinde ikamet etmek durumunda kalacaktım. Menderes'in çok sayıda gazeteciyi cezalandırmak için kullandığı kötü şöhretli Sultanahmet Cezaevi satılmış ve lüks bir otele dönüştürülmüştü. Bu ünlü yapının kapısında artık silahlı hapishane bekçileri yerine, şık üniformalı otel görevlileri vardı.

İstanbul'daki değişikliklerden bir diğeri, benim gençlik dönemimde kaldırılmış olan tramvayların bazılarının tekrar çalışır hale gelmesiydi. İstiklal Caddesi'ndeki tramvaya bindiğimde kondüktör bana bilet bile sormadı, çünkü yaşlılar için bedavaydı.

1955 yılında Kıbrıs krizi konusundaki şiddetli çatışmaların merkezi olan İstiklal Caddesi de değişmişti. Birçok insan alışveriş yapmasa da uzun cadde boyunca yürüyor, çok az kişi alışveriş torbası taşıyordu. Dükkân sahipleri, işlerin azlığından yakınarak, paralı müşterilerin yeni ve şık alışveriş merkezlerine kaydığını söylüyorlardı. Amerikan tarzı alışveriş Türkiye'ye de gelmişti.

Bu büyük alışveriş merkezlerinden birisinin adı Akmerkez'di. Bu binaya girerken güvenlik kontrolünden geçmek zorunda kalmıştım. Aşırı sağ ve aşırı sol arasındaki çatışmalar, militan Marksist ve İslamcı radikallerin neden oldukları olaylar ve Kürt isyanlarından sonra, güvenlik, Türkiye'de büyük bir sanayi haline gelmişti. Akmerkez, camdan ve mermerden yapılma kocaman vitrinleri ve yürüyen merdivenleri olan, içindeki gösterişli mağazalarda Avrupa ve Amerikan markalarının yanı sıra Türk ürünlerinin de satıldığı büyük bir alışveriş merkezi.

Seyahatim sırasında, sonunda Rusların asıl hedeflerinin farkına vardıklarını ve Doğu Anadolu'nun bazı uzak bölgeleri dahil olmak üzere Türkiye'ye akın ettiklerini de gördüm. Sovyetler Birliği'nin yıkılışından sonra, Türkiye ile Rusya ve eski Sovyet cumhuriyetleri arasında büyük bir bavul ticareti başlamış, Rusların Batı malları konusundaki taleplerinin karşılanması için bütün ülkede pazarlar kurulmuştu. Bu durum, tüccarlara düşük fiyat veren ve bedava uçak bileti sağlayan Çin, Rus bavul ticaretini kendi ülkesine çekene kadar devam etti. Ve sonuç olarak, bir zamanlar Türkiye'de oldukça hareketli olan bavul ticareti yok oldu. Tüccarlar, "Şimdi sinek avlıyoruz," diyerek yakınıyorlardı.

Bunun dışında, korkunç bir istila daha vardı. Binlerce sokak kadınının Türkiye'ye gelmesine neden olan bu olaya "Nataşaların İstilası" deniliyordu. Eski Sovyet bloğu ülkelerinden çok sayıda genç kadın, seks ticareti yapmak için Türkiye'ye gelmişti. Halk, bu kadınlar yüzünden yuvalarının yıkıldığından yakınıyordu. Sonunda polisler birçok restoran ve otele baskın yaparak Nataşaları tutukladılar ve sınır dışı ettiler; fakat bu da istilayı önleyemeye yetmedi. Türkiye'de seks ticaretinin kazançlı bir iş olduğunu keşfeden birçok kadın her yıl ülkeye akın etmeye devam ediyor. Nataşaların istilasının ardından, Türkiye, bu defa da Rusya Federasyonu'ndan gelen çok sayıda turistin akınına sahne oldu.

Son dönemde, Türkiye'de gazetecilik bazıları için oldukça kârlı bir iş haline gelmiş ve çek defteri gazeteciliği giderek yaygınlaşmış durumda. Sedat Simavi'nin şu sözlerini çok fazla sayıda gazeteci ya da yazar hatırlamıyor artık: "Kaleminizi köle yapmayın. Gerekirse kırın ama satmayın." Bazı köşe yazarları da vatan haini olarak damgalanmış. Bir zamanlar Süleyman Demirel'in büyük hayranı ve destekleyicisi olan Cüneyt Arcayürek'in *Cumhuriyet* gazetesinde, Demirel'i olayları kavramadaki eksikliği ve servetlerinin şaibeli olduğu bilinen kişilerle kurduğu dostluklar nedeniyle eleştiren yazılarını okuduğumda epeyce şaşırmıştım.

Arcayürek, 2001 yılında yayınlanan *Etekli Demokrasi* adlı kitabında, Süleyman Demirel'le ilgili deneyimlerini anlatıyor. Bir keresinde, Demirel'le birlikte Isparta'yı ziyaret eden Arcayürek, orada bir Ispartalı ile karşılaşır. Gazeteci Fatih Çekirge ile Eğridir Gölü kıyısında öğle yemeği yedikleri sırada bir adam yaklaşır ve onlara hikâyesini anlatır. Adamın anlattığına göre, Demirel'in kardeşi Şevket Demirel, Eğridir ile Isparta yolu üzerinde kamu arazisinde yer alan kavak ağaçlarını satarak kamu arazilerini yağmalamıştır.

Bu satırları okuduğumda, bazen içimden, *"Ah, Cüneyt, ah be! Şimdi bunları yazan sen misin?"* demek de gelmiyor değil.

Süleyman Demirel, Cüneyt Arcayürek'in *Etekli Demokrasi* kitabındaki iddiaları üzerine *Sabah* gazetesinde yayınlanan tepkisinde, Arcayürek'i müzevirlikle suçladı ve "Elinden ne geliyorsa yapsın. Kuştan korkan, darı ekmez," dedi.

Yıllarca süren terörizmle savaş deneyimi medya üzerinde de etkisini göstermişti. Terörizmle ve özellikle PKK'nin yarattığı terörle mücadele yasaları, ayrılıkçı fikirleri destekleyici açıklamaları yasadışı ilan etmişti. O dönemde mahkemelerin siyasal partileri kapatma yetkisi vardı ve insanlar Kürt ayrılıkçılığı gibi konular üzerindeki görüşlerini serbestçe dile getiremezlerdi. Son yıllarda, 130'dan fazla öğretim görevlisi, gazeteci ve yazar, devletin birliğine zarar verici bulunan görüşler açıkladıkları için devlet güvenlik mahkemelerince hapse atılmıştı. İnsan hakları savunucularının baskılarıyla bunların bazıları serbest bırakıldı. 1992'den bu yana, yazıları ya da faaliyetleriyle Kürt davasına destek vermiş oldukları düşünülen yirmi beş gazeteci, esrarlı şekillerde yaşamını kaybetti. Bir parlamento raporuna göre, 1975 ile 1994 arasında, aralarında yazıları nedeniyle öldürülen birçok gazeteci cinayetinin de yer aldığı, sırrı hâlâ çözülmemiş 908 cinayet olayı bulunmaktadır.

TBMM, 2002'nin yazında, Avrupa Birliği üyeliği için şart koşulan Kopenhag kriterlerine uyum yasalarını onaylayarak, insan hakları alanında ilerleme kaydetti. 19 Haziran 2003 tarihinde, özel radyo ve televizyonlarda Kürtçe yayın yapılması dahil, insan hakları alanında gelişme sağlayan diğer uyum paketi de Meclis'te kabul edildi. Terörle Mücadele Yasası'nın "devletin bölünmez bütünlüğü aleyhine propaganda yapma" suçunu tanımlayan 8. maddesi kaldırıldı. Daha önce Kürt ayrılıkçılığı lehinde görüş ifade etmekten dolayı üç yıla kadar varan hapis cezaları verilebiliyordu.

Aslında insan haklarının geliştirilmesi için resmi girişim, Ahmet Necdet Sezer'in Anayasa Mahkemesi Başkanı olduğu dönemde başladı. İnsan hakları konusunda Meclis'in yeni seçilmiş üyelerine tarihi bir çağrıda bulunan Sezer, 26 Nisan 1999 tarihinde Anayasa Mahkemesi'nin 37. kuruluş yıldönümünde yaptığı konuşmada, aralarında Türk Ceza Yasası'nın 312. maddesinin de bulunduğu bir dizi yasa ve anayasa maddesinin kaldırılmasını istedi.

"Düşünceyi açıklama özgürlüğü ile bağdaşmayan yasalar değiştirilmelidir," diyen Sezer, Kürtçe üzerindeki yasakların kaldırılması çağrısında bulundu ve 1982 Anayasası'nın "toplumun yerleşik değerlerine ters gelen düşünce ya da fikirleri" yasakladığını söyledi. Sezer ayrıca, Türkiye'nin insan hakları alanında evrensel normlara uyum sağlamak için basın özgürlüğü, sendikalar ve siyasal partilerle ilgili yasalarda değişiklikler yapması gerektiğini de ekledi.

Ve bir yıl sonra, 5 Mayıs 2000 tarihinde, 58 yaşındaki Ahmet Necdet Sezer, Süleyman Demirel'in dönemi sona erdiği zaman onun yerine Cumhurbaşkanı seçildi. Sezer yaptığı ilk basın toplantısında, "Toplumsal ve siyasal yaşamda demokrasi anlayışı yeterince gelişmemiş, demokratik bir gelenek yaratılamamıştır," dedi.

Uzun yıllar İstanbul'daki basın kuruluşlarının merkezi olan Babıâli, 1970 yılından bu yana çok değişmişti. En son *Cumhuriyet*'in de taşınmasıyla Babıâli'de bugün gazete kalmadı. Medya patronları ve güçlü holdingler tarafından yönetilen gazetelerin çoğu, iddialara göre, bir zamanlar sahip oldukları bankalardan hortumlanan milyarlarca dolarla inşa edilen büyük merkezlere taşınarak buradan ayrıldılar. Yolsuzluklara ve insan hakları ihlallerine karşı durması gereken medyanın kendisi yozlaşma batağına saplandı. Bunun sonucunda gazete tirajları düştü; 70 milyondan fazla nüfusu olan bir ülkede toplam günlük gazete satışı 4,35 milyon. 2004 yılının Ocak ayında gazetelerin tirajları şöyleydi: *Posta*, 527.163; *Hürriyet*, 474.004; İslamcı gazete *Zaman*, 394.062; *Sabah*, 386.833; *Milliyet*,

294.174; *Takvim,* 263.585 ve *Akşam,* 209.181. Köşe yazarlarının çoğu, hatta bir zamanlar sosyal adalet savunucuları olarak tanıdıklarım bile, işlerini kaybetme korkusuyla, medya patronlarının yağma ve dolandırıcılıkları hakkında hiçbir şey yazmıyorlardı.

Sözünü sakınmayan İçişleri Bakanı Sadettin Tantan, 2001 yılının Mart ayında, henüz görevi bırakması için zorlanmadan önce, medyanın kendi menfaat çarkı içerisinde çöktüğünü söyledi. Tantan, NTV'de yayınlanan *Gündemdekiler* adlı programda ayrıca, Türkiye'nin önündeki en önemli sorunun, medyanın siyasetteki ve bürokrasideki gerçekleri örtbas etmesi olduğunu da belirtti.

Medyanın yaşça büyük eski kıdemli üyeleri ise, büyük teknik gelişmelere karşın, gazeteciliğin öldüğünü söylüyorlardı ve ayrıca, medya patronları ile editörlerin kız arkadaşlarının ya da metreslerinin de aralarında bulunduğu çok sayıda niteliksiz kişinin köşe yazarı olmasından şikâyet ediyorlardı. Bu deneyimli gazetecilere göre, haber anlayışı da değişmiş, dedikodular haber gibi değerlendirilmeye başlanmıştı. Bazı müteahhitlerin sahip olduğu gazete ve televizyon kanalları, patronlarının devlet ihalelerindeki çıkarlarına karşı çıkmaya kalkışan devlet görevlilerine şantaj yapmak için kullanılıyordu.

1960'larda haber toplamada konusunda yaşanan büyük rekabete karşın, *Hürriyet*'in tirajının o dönemde günde bir milyona yaklaştığını hatırlıyorum. O sırada ülkenin nüfusu 35 milyon dolayındaydı. Fakat yaklaşık otuz beş yıl sonrasında, nüfusu 70 milyona varan bu ülkede, tirajı bir milyon ya da daha fazla olan tek bir gazete yoktu.

Laik eğitimin ihmal edilmesi, gazete okuma oranının artmamasında önemli rol oynadı, ama bunun başka nedenleri de var. Medya zenginlerinin karıştığı skandallar, halk arasında medyaya karşı güvensizliği artırdı; televizyon kanalları, canlı haber bağlantıları ve sundukları eğlence programlarıyla düşük gelirli ve az eğitimli çoğunluğu cezbetti; basın kuruluşlarının kendileri muhabir eğitimine önem vermeyerek, dünyadan haberi olmayan deneyimsiz insanları işe aldı ve kuponla tabak, çanak dağıtımı, önemli haberleri toplamak için yapılan yarışın yerine geçti.

Eski patronum Safa Kılıçlıoğlu ölünce İstanbul renkli bir kişiliği kaybetmişti. Kılıçlıoğlu'nun oğlu *Yeni Sabah*'ın yayıncılık haklarını *Sabah*'a sattı. Aralarında Tahsin Öztin'in de bulunduğu bazı arkadaşlarım yaşamını kaybetmiş, kimisi de emekli olmuştu.

23 Mayıs 1997 tarihinde, henüz Başbakan Necmettin Erbakan istifaya zorlanmadan önce, *The Washington Post* gazetesinde Nora Boustany imzasıyla, "Diplomatic Dispatches- Working to Turkish Media's Discredit" başlıklı bir makale yayınlandı. Makalenin konusu, "Türk medyasının itibarını sarsmak" amacıyla Erbakan tarafından Washington'a gönderilen Refah Partili Ankara Büyükşehir Belediye Başkanı Melih Gökçek'ti. Bunun yapılmasının nedeni Gökçek'in açıkladığı üzere, "Türk medyasının sürekli olarak Refah Partisi'ne saldırıda bulunması"ydı. Nora Boustany'nin yazdığına göre, Gökçek, cep telefonlu enerjik imaj danışmanları ve lobiciler tarafından Washington'da ordan oraya dolaştırılıyordu. Bu makale bana, Osmanlı döneminde hastaların şikâyetlerini sabırla dinlediği için ünlenen Marko Paşa'yı hatırlattı. Bana göre, İslamcılar Washington'a gitme zahmetine girmeden, şikâyetlerini Marko Paşa'ya anlatmış olsalardı, çok daha iyi olurdu.

Ben şahsen, geçmişte Süleyman Demirel'le ve İstanbul barlarının büyük hovardası ile yaşadığım sorunlar hakkında Marko Paşa'ya şikâyette bulundum. Marko Paşa da yıllar önce bu şikâyetlerle derhal ilgileneceğine söz verdi. Fakat onun Türkiye'nin yaşlanmış siyasal seçkinlerine karşı gelerek, Süleyman Demirel'e ağır bir darbe vurması otuz yılını aldı. Parlamento, 2000 yılının Nisan ayında, Demirel'in cumhurbaşkanlığı süresinin uzatılarak bir dönem daha görev yapması için Başbakan Ecevit'in verdiği anayasa değişikliği önerisini reddetti. Ecevit'in girişimi, statükonun korunması amacına yönelik eski bir siyasal oyundu. Bir kamuoyu araştırmasına göre, Türk halkının yüzde 70 ila 75'i, ülkenin geçmişte yaşadığı siyasal istikrarsızlıkta Demirel'in sorumluluğunun bulunduğuna inanıyordu ve bir dönem daha cumhurbaşkanlığı yapmasına karşı çıkıyordu.

Üniversite profesörü ve köşe yazarı Soli Özel, bu konuda, "Demirel'in bir dönem daha görev yapmasının reddedilmesinin gerçek anlamı, siyasal sistemimizin olgunlaşmaya başlamasıdır," yorumunda bulundu.

Reform yıllarından bu yana, Türkiye Cumhuriyeti'nin olağanüstü laik ve kültürel gelişmeleri devam ettirmesi için yetmiş yıldan fazla zaman geçti. Buna karşın, devlet, nüfusun çoğunluğunu oluşturan yoksul ve köylülerin eğitim ve yaşam standartlarını geliştirmek için hiçbir ciddi girişimde bulunmadı. Sonuç olarak, bu yeni bin yılda Türkiye'de hâlâ iki farklı gerçeklik bulunmaktadır: Birisi, azınlıkta kalan eğitimli insanların ve zengin seçkinlerin yanı sıra, iş arama ümidiyle Anadolu'dan gelen yoksul ve eğitimsiz milyonların yaşadığı modern kentler ve kasabalar; diğeri de, yaşlanmış köylülerin ve geçimlik üretim yapan çiftçilerin yaşadıkları gelişmemiş kasabalar ve kırk bin adet köy. Bu köylerin çoğu da, her kış ağır kar yağışının altında haftalarca dünyayla ilişkileri kesilen köyler...

Okul çağındaki bir milyondan fazla çocuk, ailelerine maddi destek olabilmek için fabrikalardaki ve dükkânlardaki düşük ücretli işlerde çalışmak zorunda olduklarından okula devam edemiyor. Köylerdeki okulların çoğunda beşinci sınıfın ötesinde eğitim verilemiyor. Okulların büyük kısmında bilgisayar yok ve sınıflardaki ortalama öğrenci sayısı 64.

Türkiye'de çoğu kişi kitap okuma alışkanlığına sahip değildir. Ortalama olarak bir kitabın baskı sayısı on binin çok altındadır; on bin satan bir kitap çok satanlar arasına girer. Menderes rejimi sırasında Halkevleri ve bunların kütüphaneleri kapatılmış olduğundan, yeniden halk kütüphaneleri oluşturma girişimi devam etmektedir. Şu anda 1437 adet kütüphane bulunsa da, bu mekânları kullanan insan sayısı giderek azalmaktadır.

Kişi başına düşen gayrisafi yurtiçi hasıla, 2001 yılında yaşanan ekonomik kriz nedeniyle, 2003'ün başlarında ancak 2580 dolardı ve bu miktar 1980'lerdeki miktara eşitti. Resmi rakamlara göre, ekonomik kriz, ülkenin toplam yurtiçi hasıla miktarında önemli düşüşlere neden oldu; bu miktar kriz öncesinde 201,5 milyar dolarken, kriz sonrasında 144,3 milyar dolara indi. Türkiye'de okur yazarlık oranı yüzde 82. Büyük bir çoğunluğu genç kız ve kadın olan 7 milyon kişi ise okuma yazma bilmiyor. Her 1000 kişiden yalnızca 44'ü gazete alırken, her bin kişiye 171 televizyon, 141 de radyo düşüyor.

2000 yılının Dünya Almanağı ile karşılaştırırsak, Amerika

Birleşik Devletleri'nde kişi başına düşen gayrisafi yurtiçi hasıla 30.200 dolar, Yunanistan'da ise 13.000 dolar. Amerika'da her bin kişiden 238'i, Yunanistan'da ise 135'i günlük gazete alıyor. Amerika'da her bin kişiye 776 televizyon, 2172 radyo düşerken, bu sayı Yunanistan'da yine her bin kişi için 442 televizyon ile 402 radyo olarak açıklanıyor. Yunanistan'daki okuma yazma oranı yüzde 95. Bununla birlikte, Avrupa'daki her on televizyondan üç adedi ve birçok cihaz Türk yapımı ve Türkiye'de 16 milyon adet cep telefonu bulunuyor.

Bir sabah İstanbul'da Gülhane Parkı'nın ana giriş kapısının karşısında durduğum sırada, oranın 160 yıl önce Gülhane Hattı Hümayunu'nun (Tanzimat Fermanı) ilan edildiği yer olduğunu düşündüm. Tanzimat ile, ırk, din ya da dil ayrımı yapmadan bütün Osmanlı vatandaşlarının can ve mal güvenliklerinin korunması ve her vatandaşa adil davranılacağının garanti altına alınması amaçlanmıştı. Tanzimat, uzun yıllar önce yok olan Osmanlı İmparatorluğu'ndaki insan haklarını ifade ediyordu. Fakat ne yazık ki, Tanzimat'tan bu yana bütün Osmanlı ve Cumhuriyet dönemi hükümetleri vatandaşların insan haklarını çiğnemişti.

Bir zamanlar Osmanlı döneminin güzel başkenti olan o ünlü kent İstanbul, hem felaketlerle dolu hem de görkemli tarihiyle, hâlâ uluslararası entrikaların ve yüksek sosyete dedikodularının gözdesiydi. Bu sosyetenin dolandırıcılık yoluyla servet edinen birçok üyesi, bugün görkemli bir ikinci Lale Devri yaşıyor. Bu kişiler, laik Cumhuriyet'e yönelik tehlikeler ve ülkenin gidişatı hakkında bilgileri yok ya da bunları umursamıyorlar.

Devleti ve bankaları yağmaladıkları bilinen bu yeni zenginler, Boğaziçi kıyılarında multi-milyon dolarlık yalılarda yaşıyorlar. Yalı çetesi olarak bilinen bu gruptakilerin düsturu da, Lale Devri'nde olduğu gibi, "günün keyfine bak."

Türkiye seyahatim sırasında, İstanbul'un lüks otellerindeki barlarda *Hürriyet*'in eski sahibi o hızlı çapkına bakındım, fakat hiçbir yerde yoktu. İsviçre'nin Cenevre kentinde yaşamayı tercih ederek ayrılmış ve İstanbul'un sosyete dedikodularından uzak kalmıştı. Fakat 11 yıl uzakta yaşadıktan sonra 2004 yılında, beyaz sakallı ve hasta bir yaşlı adam olarak Türkiye'ye döndü. Belindeki sorunlar nedeniyle İsviçreli bir doktor tarafından ameliyat edilmiş ama iyileşememişti. İstanbul'da geçirdiği ikinci bir ameliyatla sağlığına kavuştu ya da *Hürriyet* muhabirine öyle anlattı. Bu konuyla ilgili haber, gazetenin 8 Nisan 2004 tarihli sayısında şaşırtıcı bir şekilde manşet oldu. Fakat hikâyenin sonu bu değildi. Erol Simavi, *Sabah* gazetesine de demeç verdi ve *Sabah* için, "*Hürriyet*'ten daha iyi bir gazete olmuş," yorumunda bulunarak *Hürriyet* ekibini kızdırdı.

* * *

Lodos gibi şehirde dolaşan bir başka dedikodu da, ünlü bir sanatçıyla ilgiliydi. Türkiye'de eşcinsel ilişkileri açıklamanın ölümcül olabileceğinin farkında olmayan bu sanatçı, sonunda bir skandala bulaştı. Sosyete dedikodularına göre, bu kişinin eşcinsel partneri, oldukça iyi tanınan, ünlü biriydi. Bu beyefendiyle yaşadıklarından gurur duyan sanatçı, akılsızca davranıp bu konuyu başkalarına anlatınca, öç kurbanı oldu ve kendisini kaçıran üç kişinin tecavüzüne uğradı. Tecavüz sırasında çekilen fotoğraflar, elden ele gezdirilerek şehirde onu tanıyan herkese gösterildi. Sanatçının maço olarak bilinen o eski ünü artık yerlerde sürünüyordu.

* * *

İstanbul'daki yaşantı hakkında beni şaşırtan olaylar arasında Ermeni asıllı Matild Manukyan'ın hikâyesi de vardı. Benli Belkıs'ın izinden giden Manukyan, Türkiye'nin en ünlü genelev patronuydu. İstanbul'da işlettiği 32 genelev, 1990'larda İstanbul'un vergi rekortmeni olmasına neden oldu. Daha önceleri terzilik yapan Manukyan, genelevlerden elde ettiği kârları gayrimenkullere yatırmıştı. Pera Kızı olarak da tanınan Manukyan, çok sayıda bina, alışveriş merkezi sahibiydi ve İstanbul'da bir Rolls-Royce içinde gezerdi. Bu genelev patroniçesinin beş yıl boyunca en yüksek vergi veren kişi olarak açıklanıp resmi törenle onurlandırılması İslamcı gericileri kızdırmıştı. Manukyan, 1995 yılında İstanbul'daki bir hastaneye 36 bin dolar bağışta bulundu. O dönemde arabasına yapılan bombalı saldırının arkasında kimin olduğu ise hâlâ bilinmiyor. Şoförü ve korumasının öldüğü bu patlamadan yaralı olarak kurtulan Manukyan, 2001 yılının Şubat ayında 84 yaşındayken uykusunda öldü; serveti ise oğlu ile kardeşine kaldı.

* * *

Beni şaşırtan bir başka olay daha vardı. Eski Cumhurbaşkanı Turgut Özal'ın hâlâ görevde olduğu sırada esrarlı bir komplonun kurbanı olduğu iddia ediliyordu. Türk siyasetinde bir fenomen haline gelen Özal, kendi döneminde (1986-1993) yaygın olarak görülen yolsuzluklara ve İslamcı hareketlere verdiği desteğe karşın, Türkiye'de birçok kişi tarafından hâlâ öngörülü, vizyonu olan bir lider olarak hatırlanıyor.

Turgut Özal Öldürüldü mü?

Açma sırrını dostuna, o da söyler dostuna.

Atasözü

Özal ailesi, 2002 baharında, ailelerinin reisi eski Cumhurbaşkanı Turgut Özal'ın zehirlenerek bir komplo kurbanı olduğu iddiasında bulundu.

Turgut Özal'ın o dönemde ANAP'tan Malatya milletvekili olan oğlu Ahmet Özal, babasının zamansız ölümünün soruşturulmasını istedi. Babasına karşı daha önce yapılmış suikastları hatırlatan Ahmet Özal, ölüm nedenini belirlemek için neden otopsi yapılmamış olduğunu soruyordu.

Ahmet Özal, 1 Mayıs 2002'de *Sabah* gazetesine verdiği demeçte, babası Turgut Özal'ın kanının nerede olduğunu sordu ve bu konuda TBMM Başkanlığına bir önerge vereceğini söyleyerek şunları ekledi:

"Düşünebiliyor musunuz, Hacettepe'de alınan kan 5 yıl muhafaza ediliyor. Ben kanın saklandığını bir televizyon programında öğreniyorum ve 1998 yılında talep ediyorum. Hemen ertesi gün kan kayboluyor. Yani ben istedikten 1.5 gün sonra kan kayboluyor." Ahmet Özal, daha önce Hacettepe Hastanesi laboratuvar şefinin, kendisine kanın ellerinde olduğunu söylediğini ileri sürerek şöyle konuştu: "Kanın hemşireler tarafından yanlışlıkla döküldügünü söylediler. Beş yıl muhafaza et, 1.5 günde kaybet. Yani bunların hepsinin kayıtlarının olması lazım hastanede." Fakat Ahmet Özal'a göre, kayıtlar bulunamıyordu.

Nakşibendi tarikatına üyeliği nedeniyle "derviş" olarak bilinen Turgut Özal, 17 Nisan 1993 yılında 66 yaşında geçirdiği kalp krizi sonucu yaşamını kaybetti. Çok iştahlı olan Özal'a kilosu nedeniyle Tonton da denilirdi. 1987 yılında Houston, Teksas'ta bypass ameliyatı olan Özal, kalp ve prostat tedavisi görmüştü.

Turgut Özal'ın eşi Semra Özal, *Sabah* gazetesine verdiği demeçte, kocasının öldüğü sabah sağlıklı gözüktüğünü, egzersiz yapmamış olduğunu, Çankaya Köşkü'ndeki kahvaltı salonuna doğru yürürken yere yıkıldığını söylemişti. Semra Özal, bunun üzerine yere yığılan kocasını hemen kontrol etmiş ve kalbinin durmuş olduğunu fark etmişti. Ölümün gerçek nedeninin anlaşılması için otopsi yapılmalıydı diyen Özal, "Saatli bombalar gibi iğneler de yapılıyor, biliyorsunuz," şeklinde konuştu. Semra Özal, Turgut Özal'ın saç telini saklamıştı ve bunların ölüm nedenini belirlemek üzere devlet ya da Meclis tarafından Amerika'ya gönderilmesi gerektiğine inanıyordu.

Emin Çölaşan, 1 Mayıs 2002 günü *Hürriyet* gazetesinde "Özal'ı öldürmüşler!!!" başlıklı yazısına şu cümlelerle başladı:

> Ben bu Özal hanedanını yıllardan beri anlayamadım gitti. Bunların marifetlerini geçmişte yüzlerce yazıyla, kitaplarla, belgelerle ortaya koymuş bir gazeteciyim. Hanedanın ciğerinin içini bilirim. Fakat şimdi anlıyorum ki, bunlar sonsuz bir cevherdir ve gündemde kalabilmek için ölünün sırtından bile sömürü yapmaktan çekinmezler.
>
> Özal'ın ölümünden bu yana 9 yıl geçti ve hanedan şimdi koro halinde tutturmuş "Onu zehirlediler, öldürdüler" diye çığlık atıyor.
>
> Eceliyle ölmemiş, öldürülmüş!

Emin Çölaşan daha sonra aynı yazıda başından geçen bir olayı şöyle anlatıyor:

1993 yılının sanırım Ocak ayı. Halamın oğlu, o sırada Meclis Başkanı olan Hüsamettin Cindoruk'la Özal'dan söz ediyoruz. Kulağıma eğiliyor ve şu sözleri söylüyor:

Bu gidici. Yakında ölecek.

İnanmıyorum, şaşırıyorum ve aynen "Ne gidicisi abi, o hepimizi götürür," diyorum.

Cindoruk ısrar ediyor: Haberin kaynağı Baba'dır. Bu devlet bilgisi. Sadece sen bil ve ağzını sıkı tut. Önümüzdeki yaz aylarını çıkaramayacak. Baba sağlamcıdır. Bunu diyorsa bildiği vardır.

...Aradan kısa bir süre geçince Özal 17 Nisan'da ölüyor. Cumhurbaşkanlığına soyunan Baba, bizim gazetenin yazarlarını 24 Nisan günü Konut'ta öğle yemeğine çağırıyor. Öğrenmiş olduğum bu olayı kendisine aktarıyorum ve açıkça soruyorum:

Özal'ın öleceğini gerçekten biliyor muydunuz?...

Emin Çölaşan'ın yazısına göre, Süleyman Demirel soruya şu cevabı veriyor:

"Hükümetler cumhurbaşkanının sağlığından da sorumludurlar. İki ay önce güvenilir kaynaklı bir yerden (tedavi gördüğü, ameliyat geçirdiği Houston Hastanesi) sağlığının iyi olmadığı konusunda bize bilgi geldi. Bunu duyunca kendisine sağlığının nasıl olduğunu sordum. İyi olduğunu söyledi. Ben daha başka bir şey söyleyemezdim. Ancak bizim bilgimiz kalbiyle değil, prostatla ilgiliydi. Durumunun iyi olmadığını biliyordum ama öleceğini nasıl bilirdim. Kimin öleceğini sadece Allah bilir."

Süleyman Demirel, 1993 yılının Mayıs ayında başbakanlıktan istifa etti ve ardından Meclis tarafından Cumhurbaşkanı seçildi. Turgut Özal'ın ölümünden sonra ancak birkaç hafta geçmişti.

Doğan Heper, 22 Nisan 2004 tarihinde *Milliyet* gazetesinde, Özal'ın ölümüyle ilgili hâlâ iddialar olduğunu yazdı ve Özal ailesinin Turgut Özal'ın öldürülmüş olduğu konusunda ısrar ettiğini ekledi. Heper, "Not" adlı köşesinde şöyle yazdı: "Bu iddiaların üzerinde yıllardır ciddi bir şekilde durulmuyor." Özal'ın "Adriyatik'ten Çin Seddi'ne" sözünü anımsatan Heper, onun güçlü bir Türkiye yaratmak istediğini ve bu amacı gerçekleştirmek için Orta Asya ve Balkanlar'a seyahatler yaptığını yazdı. Ayrıca, iddialara göre, güçlü bir Türkiye istemeyen çevrelerin bu yolda ilerleyen Özal'ın sonunu hazırladıklarının da söylendiğini belirtti.

O dönemde Sağlık Bakanı olan Halil Şıvgın da, Özal'ın öldürüldüğüne inandığını açıkladı. Şıvgın, 6 Mayıs 2002 tarihinde *Yeni Şafak* gazetesine verdiği demeçte, Özal'ın öldüğü sabah meydana gelen bazı garipliklere dikkat çekerek, Köşk'te iki doktorun görev başında olması gerekirken, 17 Nisan 1993 tarihinde hiçbir doktorun olmadığını söyledi. Ayrıca, ambulans ve hangi hastaneye gidileceği konusunda da sorunlar yaşandığını belirten Şıvgın, "İlk günde bana inanmadılar, ancak zaman içinde bana inananların sayısı arttı," açıklamasını yaptı.

Cumhurbaşkanı Özal'ın ölümüyle ilgili başka esrarengiz durumlar da söz konusuydu. Başbakan Demirel dahil olmak üzere, bazı Türk yetkilileri Özal'ın yakında öleceğini biliyor idiyse, neden bu hayati bilgi kendisinden ve yakınlarından gizlenmişti?

1927 yılında Malatya'da doğan Turgut Özal, İstanbul Teknik Üniversitesi'nde elektrik mühendisliği eğitimi aldı ve burada Süleyman Demirel'le tanıştı. Bu ikili daha sonra birbirlerine siyasal rakip oldular. Özal, 1971 ile 1973 yılları arasında Dünya Bankası'nda ekonomist olarak çalıştı ve 1979 yılında Süleyman Demirel hükümeti sırasında danışmanlık yaptı. Demirel, 1980 yılında ikinci kez askeri darbe ile görevden uzaklaştırıldığında, darbe liderleri, döviz üzerindeki kontrolü kaldırmanın da aralarında bulunduğu ekonomik reformları gerçekleştirmek üzere Özal'ın Başbakan Yardımcısı olarak kalmasını istediler.

Darbe liderlerinin Turgut Özal'ın İslamcı olduğu konusunda herhangi bir bilgileri yoktu. Darbe lideri Orgeneral Kenan Evren anılarında şöyle yazdı: "Özal'ın Nakşibendi tarikatına üye olduğunu bilseydim, görevde kalmasına izin vermezdim." Daha sonraları, merkez sağdaki Anavatan Partisi'nin kurucusu ve lideri olarak Başbakanlık yapan ve Cumhurbaşkanı seçilen Özal, laik devleti baltalamak için elinden geleni yaptı.

Turgut Özal'ın Cumhurbaşkanı olduğu dönemde, Ankara'da gazeteci Uğur Mumcu için yapılan cenaze töreni sırasında meydana gelen bir olay, Özal'ın tarikatların canlanmasındaki rolünü gösteriyor. Cenazeye katılan büyük bir grup, Uğur Mumcu'yu öldürmekle suçlanan İslamcıları desteklediği için Özal aleyhinde "laiklik düşmanı" şeklinde sloganlar atmıştı.

Amerika'ya hayran olan Turgut Özal, kendi özel yaşamında liberalken, sosyal yaşamında dindar olarak biliniyor ve "Devlet laik, ben değilim," diyordu.

Özal, düzenli olarak cuma namazlarına gider ve resmi yemeklerde şampanya yerine su dolu bardakları şerefe kaldırırdı. Özel yaşamında ise, en sevdiği içki, çikolatayla sunulan brandy idi.

Özal'ın Nakşibendi tarikatının desteğiyle kurduğu merkez sağdaki Anavatan Partisi'nin seçmenleri, Anadolu'da hakim olan siyasi ve dini muhafazakâr kesimdendir. Bu parti, 1983 yılında yapılan seçimde büyük bir zafer kazandı. Kardeşi Korkut Özal'a göre, Turgut Özal, bu zaferi kendisinin değil, Allah'ın yarattığına inanıyordu. Eğer Turgut Özal ailesinin iddia ettiği gibi öldürüldüyse, bu Türk devleti içindeki güç mücadelesinin sonucunda mı meydana geldi? Ya da başka bir neden söz konusu olabilir mi?

Özal, kısa boylu (ancak 1 metre 60 santim kadar) fakat kiloluydu. (140 kilo). Çok fazla yemek yediği bütün arkadaşlarınca bilinirdi. Orta Asya'daki Türk cumhuriyetlerine yaptığı önemli bir seyahatten sonra yaşamını kaybetti. Ankara'ya dönerken havaalanında yorgunluktan şikâyet etmişti. Orta Asya'ya yaptığı seyahat, Sovyetler Birliği'nin yıkılışından iki yıl sonra gerçekleşmişti. Özal, Buhara'da Nakşibendi tarikatının kurucusu Muhammed Bahaüddin Nakşibendi'nin türbesini de ziyaret etmişti.

Sovyetler Birliği 1991'de dağıldığında, Orta Asya ve Kafkasya'daki bazı Türk cumhuriyetleri hızla bağımsızlıklarını elde ettiler ve Türkiye çabuk davranarak bu yeni devletlerin her birinde büyükelçilikler açtı. Turgut Özal, Türkiye'nin bu yeni ortaya çıkan devletlerle Batı arasında önemli bir köprü işlevi göreceğine; petrol ve doğalgaz kaynaklarının Hazar Denizi bölgesinden Batı'ya Türkiye üzerinden taşınabileceğine inanıyordu. Özal, Türkiye'nin Türk cumhuriyetlerinin halkları ile olan etnik, tarihi, dilsel ve kültürel bağları nedeniyle, stratejik olarak son derecede önem taşıyan bölgede dengeleyici bir rol oynayabileceğini anlamıştı.

"21. yüzyıl Türk yılı olacak," diyen Turgut Özal, 1992 yılının Ekim ayında Ankara'da, Türk devletleri arasında kültürel bağlantılar, müşterek bankalar ve serbest ticaret bölgeleri kurulması amaçlarını da içeren bir zirve toplantısı düzenledi. Özal, "Bizler aynı kökenden geliyoruz, büyük bir aileyiz... Bütünlük içinde olmalıyız," derken, onun ölümünden sonra göreve gelen bazı Türk liderleri Orta Asya'da ortaya çıkan Türk devletlerini ihmal ettiler.

Özal'ın serbest piyasa politikaları, Kemalist geleneğin sonucu olarak devletin iş ve medya dünyasında kurduğu hakimiyetle çelişmesine karşın başarılıydı. Bu politikalarla, ithal mallar üzerindeki kotalar kaldırıldı, bankacılık sistemi kuruldu ve yabancı yatırımlarla ilgili yasalar çıkarıldı, fakat bunlar yapılırken enflasyon ve büyüyen işsizlik kontrol altına alınamadı.

Özal'ın Orta Asya ve Kafkasya ile ilgili politikaları Rusları ve İranlıları endişelendiriyordu. II. Büyük Oyun'da hâlâ aktif bir şekilde yer alan Rusya, eski Sovyet cumhuriyetleri üzerindeki etkisini sürdürmek istiyordu. İran'ın isteği ve ekonomik hedefi ise, bölgede Ayetullah'ın gerici İslamcı hareketini yaymaktı.

Özal'ın kendisini Orta Asya'daki hassas politikalara fazlasıyla kaptırdığı sırada, etkisi belirli bir zaman içinde ortaya çıkan kuvvetli bir zehirle öldürülmüş olabileceğine dair komplo teorileri ortaya atılmıştır. Daha önceleri Özal'a iki suikast girişiminde bulunulmuştu. Acaba Özal II. Büyük Oyun'un mu yoksa Türk devleti içinde planlanan bir komplonun mu kurbanıydı? Kalbindeki rahatsızlık nedeniyle mi ölmüştü? Bu soruların yanıtlarını hiçbir zaman öğrenemeyebiliriz.

Buna karşın, Turgut Özal'ın ekonomik reformların yanı sıra, arkasında tarikatlar, devlet, medya ve iş dünyasında ortaya çıkan derin bir yolsuzluğu miras bıraktığını biliyoruz. Bu öylesine bir mirastı ki ulusun kaderini değiştirdi.

Onun arkasından iktidara gelen hükümetler, laik Bülent Ecevit'in güçsüz koalisyonu da dahil olmak üzere, tümüyle başarısızlık sergileyip, Özal tarafından başlatılan ekonomik gidişatı geliştiremediler. Ve Özal'dan sonraki dönemde yolsuzluk daha da yayılarak, güçlenen İslamcı hareketle birlikte laik Cumhuriyet'in üzerine yok edilemeyen bir hayalet gibi çöktü.

Aklı Karışan Bir Başbakan ve Tansu Çiller'in Ördekleri

> *Ördeklerim kayboldu.*
> Tansu Çiller

*B*ülent Ecevit, Kemalizm, küreselleşme, katı milliyetçilik, solculuk ve antiemperyalizm arasında gidip gelen bir idealist, bir çelişkiler adamıydı. Kendisini demokratik sosyalist olarak tanımlamış ve 1970'lerde Başbakan olduğu sırada Türkiye'nin Avrupa Birliği üyeliği adaylığına karşı tavır almıştı. Vladimir İliç Lenin'e hayranlık duyan Ecevit, o dönemde Amerika ve Avrupa karşıtı olarak, Avrupalılar ile Amerikalıları sömürgeciler olarak değerlendiriyordu. En büyük hatası, 40 yıl önce eline şans geçtiğinde, Atatürk'ün laik devrimlerinin devamı yönünde yeni bir strateji geliştirmemesiydi.

Ben 1946 ile 1950 yılları arasında İngiltere'de öğrenciyken, o da Londra Büyükelçiliği'nde görevliydi. 1950 yılında Türkiye'ye döndükten sonra, önce Ankara'daki *Halkçı* gazetesinde, sonra da Cumhuriyet Halk Partisi'nin resmi yayın organı olan *Ulus*'ta çalıştı. O zamanlar *Ulus* gazetesi, partinin ileri gelenlerinin çocuklarının siyasette ilerlemeleri için bir basamak olarak görülürdü. O sırada Ecevit'in babası da milletvekiliydi. Bülent Ecevit, 1957 yılında milletvekili seçildi ve iki yıl sonra CHP Parti Meclisi Üyesi oldu. İsmet İnönü'nün 1961 ile 1965 yılları arasındaki üç koalisyon hükümetinde Çalışma Bakanlığı yapan Ecevit, Türk tarihinde ilk kez olarak sendikalara grev hakkının verilmesini sağladı.

Genç bir gazeteci olduğum dönemde, Ecevit'i, Türkiye'nin sosyal ve siyasal sisteminden hoşnut olmadığı için bu alanlarda değişiklik talep eden solcu bir idealist olarak tanıdım. Ecevit, aynı zamanda, ulusal politikanın ortanın soluna taşınmasını; Sovyet yanlısı, Batı karşıtı ve anti-Amerikan bir yol izlenilmesini; yapılacak sosyal ve siyasal reformlarla nüfusun çoğunluğunu oluşturan işçi ve köylülerin yaşam şartlarının düzeltilmesini; adaletli bir toprak reformu yapılmasını istiyordu. Bülent Ecevit'in edebiyat alanındaki çalışmaları arasında, Hintli şair-yazar Rabindranath Tagore'un eseri *Gitanjali*'nin (Nefesler) Türkçe çevirisi de yer almaktadır.

Gazetecilikten daha çok siyasetle ilgili olan Bülent Ecevit, siyasal yaşamında başındaki şapkası ve siyah bıyığıyla *Karaoğlan* olarak tanındı. Ecevit, sakin konuşması ve alçakgönüllü yaşam tarzına karşın, eski tarz siyasetin otokrat temsilcilerindendi. Aynı zamanda, Türk siyasetinde ender görülen dürüst politikacılardandı. Buna karşın, Ecevit'in sürekli değişen politikalarının, ülkede uyumsuzluk, kargaşa, daha fazla yolsuzluk ve aşırı yoksulluğun gelişmesine yardım ettiğine inanıyorum.

Bülent Ecevit, genç ve hırslı bir solcu politikacı olarak, Genel Sekreterliğini yaptığı Cumhuriyet Halk Partisi'nin ortanın soluna kaymasına neden oldu ve bunun sonucunda da, CHP'nin karşısında derhal Süleyman Demirel'in sağcı Adalet Partisi'ni buldu. Buna ek olarak, Ecevit'le Alparslan Türkeş'in Milliyetçi Hareket Partisi arasındaki zıtlaşma, 1970'lerde aşırı sağın kanlı olaylarını körükledi. Ecevit'in başbakan olduğu 1978-79 döneminde, aşırı sağ ve aşırı sol görüşteki militanların silahlı sokak çatışmalarında günde yirmi kişi can veriyordu.

CHP'nin yaşlanan lideri İsmet İnönü'nün hızla değişen zamana ayak uyduramadığını düşünen Bülent Ecevit, 1972 yılında İnönü'nün görevi bırakmasına neden oldu. Bundan 30 yıl sonra ise, o zamana dek beş kez başbakanlık yapmış olan Ecevit'in kendisi, değişiklik isteyenlerin istifa çağrılarıyla yüz yüze geldi.

1972 yılında Cumhuriyet Halk Partisi'nin başkanı seçilen Bülent Ecevit, 1974 yılında başbakan oldu. O sırada İslamcılara karşı çıkarak laik devleti savunuyordu. Fakat 1974 yılında Atatürk'ün güçlü bir şekilde laikliğe bağlı olan partisi CHP'nin, Necmettin Erbakan'ın İslamcı Milli Selamet Partisi ile koalisyon kurması yönünde karar verdi ve bu koalisyon laik Cumhuriyet için bir felaket oldu. Ecevit, bu koalisyonla birlikte İslamcıların siyasal meşruluk kazanmaları için en büyük fırsatı yaratmıştı. Bu sırada Kıbrıs krizi patladı ve Türkiye adaya çıkarma yaptı. Ecevit, sonunda Erbakan'la anlaşamadığı için 1974'ün Eylül ayında istifa etti ve koalisyon dağıldı.

1977 seçimlerinden sonra azınlık hükümeti kuran Ecevit, Meclis'ten güvenoyu istedi fakat alamadı. Bunun üzerine, iktidar Adalet Partisi'ne geçti ve Süleyman Demirel başbakan oldu. Demirel, Ecevit ve aşırı milliyetçiler arasındaki iktidar mücadelesiyle birlikte sokaklardaki kanlı olaylar da arttı. Sonunda, 1980 yılında laik Cumhuriyet'in tarihindeki üçüncü askeri darbe gerçekleşti. Demirel gibi Ecevit de askeri yönetim tarafından Hamzakoy'da zorunlu ikamete tabi tutuldu ve on yıl boyunca siyaset yapması yasaklandı.

Bülent Ecevit, siyasette büyük hatalar yaptı.

Cumhuriyet Halk Partisi'nden ayrılarak, 1985 yılında eşi Rahşan Ecevit'le birlikte, Demokratik Sol Parti adını taşıyan kendi partisini kurdu. 1998 yılında azınlık hükümeti kurarak başbakan oldu. Bu dönemde, Batı karşıtı duruşunu değiştirmeye başladı ve yirmi beş yıl boyunca Avrupa Birliği'ne karşı çıkmış olduğu halde, bu defa üyeliğin gerçekleşmesi için çalıştı.

1999 yılında, Türk ekonomisini felakete sürükleyen üç partili koalisyon hükümetinde başbakandı. 19 Şubat 2001 tarihinde meydana gelen "nankör kedi" tartışmasının hemen sonrasında basına verdiği demeç, bir siyasal öngörüsüzlük örneğidir. Cumhurbaşkanı Necdet Sezer ile yolsuzluklar üzerine girdiği tartışmanın sonrasında, gazetecilere konuyla ilgili ayrıntıları açıklayarak, 1945'ten bu yana meydana gelen en büyük ekonomik yıkıma ve işsizliğe neden oldu. Ecevit, o dönemde Cumhurbaşkanı Sezer'in eleştirilerinin, Mesut Yılmaz ve Hüsamettin Özkan'ı hedeflediğinin farkına varamadı. Ecevit'in manevi oğlu Özkan, o talihsiz toplantı sırasında Cumhurbaşkanı Sezer'i nankörlükle suçladı; bu davranış daha sonraları ustalıklı bir siyasal manipülasyon olarak değerlendirildi.

2002 yılının baharında çoğu kişi, Ecevit'in hafızası ve sağlığıyla ile ilgili sorunlar nedeniyle ülkenin belirsizlik içine giren geleceğinin ne olacağını merak ediyordu. O sırada hiçbir partiye bağlı olmayan Ekonomiden Sorumlu Devlet Bakanı Kemal Derviş, seçim için tarih belirlenmesini önerdi. MHP'li Dış Ticaretten Sorumlu Devlet Bakanı Tunca Toskay ise, buna karşılık olarak, Derviş'in seçilmemiş bir kişi olarak bu konularda görüş bildirmemesini söyledi.

Sonuçta, 2002'nin yazında yapılan kamuoyu araştırmalarına göre, Bülent Ecevit'in işlemeyen koalisyon hükümetinin ortağı olan üç partinin desteklenme oranları da oldukça düşüktü ve kamuoyunda erken seçim istekleri artmıştı. Sağlık sorunları nedeniyle, Başbakanlığın merdivenlerini tırmanmanın zorluğundan yakınan Ecevit, aynı yılın mayıs ayında iki hafta içinde iki kez Başkent Hastanesi'ne kaldırıldı. Doktorların açıkladığına göre, Ecevit'in sol bacağında tromboflebit (kirli damar iltihabı) ile kaBurgazında travmatik kırık ve yumuşak doku zedelenmesi saptanmıştı. Ayrıca, Ecevit'in beş yıldır *parkinson* hastası olduğuna dair haberler de çıktı. Ecevit bu söylentiler üzerine, bir basın toplantısı sırasında, "Bakın, ellerim titremiyor," diyerek bunu yalanladı.

Ecevit'in başarısız politikalarından hoşnut olmayanların arasında manevi oğlu olarak gördüğü Hüsamettin Özkan da vardı. Rahşan Ecevit, Bülent Ecevit'in bazı çalışma arkadaşları ve doktorları tarafından eşini denetim altında tutarak ziyaretlere sınır koymakla suçlanıyordu. İstanbul Bilgi Üniversitesi'nde siyaset bilimi profesörü olan İlter Turan, Associated Press'le yaptığı bir röportaj sırasında, "kapı muhafızı" diye nitelediği Rahşan Ecevit'in Başbakana ulaşmayı kontrol ederek gücü elinde tuttuğunu söyledi.

Bülent Ecevit, son yıllarda giderek sağlığını yitiriyor, kamuoyunda çoğunlukla unutkanlıklarıyla gündeme geliyordu. Sesi titrekleşmiş, hareketleri yavaşlamıştı. 2002'nin başlarında verilen diplomatik resepsiyonlarda Ecevit'in konuşmaları hakkında çeşitli espriler yapılıyordu. Ecevit, bir keresinde, Afganistan'daki geçici hükümetin başkanı Hamid Karzai'ye, "Genel Müdür" diye hitap etmiş, İngiltere Başbakanı Tony Blair'e İngiltere Dışişleri Bakanı demişti. Amerika Birleşik Devletleri gezisinden sonra yaptığı açıklamada ise, İsrail'de yaptığı görüşmelerden söz etmişti. Fakat en kötü gafı, İsrail'in Nisan 2002'de Filistin'e yaptığı saldırı ile ilgiliydi. Yazılı bir açıklamayı okuduğu sırada, İsrail'in askeri düzeydeki harekatını Filistin halkına karşı soykırım olarak niteledi. Bu olay sonucunda, alarma geçen uluslararası haber ajansları, Türkiye'nin müttefiki İsrail'e karşı dış politikasının değişmiş olabileceği kuşkusuyla Ecevit'in yaptığı açıklamayı bütün dünyaya flaş haber olarak duyurdu.

2002'nin Haziran ayında giderek siyasetteki sıkıntıları artan Ecevit, partideki yardımcılarına ufukta genel bir seçimin olduğunu söyledi. Konuşmaları sırasında genellikle nefessiz kalıyor ve sürekli aynı sözcükleri tekrarlıyordu. Partideki çalışma arkadaşlarına yaptığı açıklamadan bir saat sonra, muhabirlere erken seçimin düşünülmediğini belirterek, "2004 yılının Nisan ayından önce bir seçim olası değildir," dedi.

Bütün bu olanlar üzerine, Ecevit'in istifası yönünde halktan gelen talepler de arttı, hatta bazı köşe yazarları ülkenin iyiliği için istifa etmesi için yalvardılar. Koalisyonun büyük ortağı olan Milliyetçi Hareket Partisi'nin lideri Devlet Bahçeli, sonradan pişman olsa da, 2002'nin Kasım ayında erken seçim yapılmasını istedi. Tekelleşmiş medya, gelecek başbakan olarak Hüsamettin Özkan'a destek verirken yaşanan karışıklık devam etti. Medya mensuplarına göre, Bülent Ecevit ve eşi Rahşan Ecevit oynanan politik oyunun farkına varmış ve manevi oğullarının önünü kesmek için önlemler almışlardı. Nitekim Ecevit, "Demokratik Sol Parti bizimdir," açıklamasında bulundu.

Basında çıkan haberlere göre, Profesör İlter Turan, liderliğe çok ihtiyaç duyulan bir zamanda, Başbakan'ın fiziksel olarak liderlik yapmaya uygun olmadığını söyledi.

Bender Menkul Değerler'in uzmanlarından ekonomist Emin Öztürk, "Hepimiz şaşkın durumdayız. Piyasa bir inip bir çıkıyor," sözleriyle içinde bulunulan durumu açıklıyordu.

Zaman geçtikçe Ecevit'in koalisyon hükümetindeki gerginlik

AKLI KARIŞAN BİR BAŞBAKAN VE TANSU ÇİLLER'İN ÖRDEKLERİ 393

arttı. Erkan Mumcu, Mayıs 2002'de koalisyonun küçük ortağı Anavatan Partisi'nin Siyasi İşlerden Sorumlu Genel Başkan Yardımcısı iken, Bahçeşehir Rotary Kulübü tarafından "Sun Club" lokantasında düzenlenen bir konferansta, Türkiye'nin vizyon kavramını 8. Cumhurbaşkanı Turgut Özal ile öğrendiğini ve sonra unuttuğunu belirterek şöyle konuştu: "Vizyonsuz, ufuksuz, bırakın yarını, bugünü bile görmekten ve anlamaktan aciz bir liderler kadrosu, ülkeyi maalesef kendi vizyonsuzluğuna ve ufuksuzluğuna mahkûm etti." Anavatan Partisi'nin yolsuzluklara bulaşan bir şirket gibi olduğunu söyleyen Mumcu, partisinin başkanı Mesut Yılmaz'ı liderlik vasıflarından yoksun olduğu için eleştirdi. Bunun üzerine, Erkan Mumcu derhal görevinden alınarak, partinin Parlamento İle İlişkilerinden Sorumlu Başkan Yardımcılığına atandı. Mumcu, bu olaydan dört ay sonra Anavatan Partisi'nden istifa ederek Adalet ve Kalkınma Partisi'ne katıldı.

Türk siyasetindeki belirsizlik hâlâ devam ediyordu. Artık muhalefete geçmiş olan eski başbakanlardan Tansu Çiller, içinde bulunulan o kargaşa ortamından dolayı umutlu bir bekleyiş içindeydi. Nisan 2002'de *Hürriyet*'e yaptığı açıklamada, Ecevit'in koalisyon hükümetinin neden olduğu ekonomik kriz yüzünden halkın açlık çektiğini söyledi. Çiller, verdiği demece göre, Ankara Bilkent'teki villasının havuzunda on bir adet ördek besliyordu. Günde yirmi dört saat polis koruması altında olan bu villadan ördekler kaybolmuştu. Çiller, bu olayı, "Bana aç sansarların ve başıboş köpeklerin ördekleri kapıp kaçtıklarını söylediler. Ördeklerimi birer birer alıp yemişler. Bana söylenen bu. İnsanlar aç. Hayvanlar bile yiyecek bulamıyor, onlar da aç," ifadeleriyle anlattı.

Tansu Çiller'in eşi Özer Çiller, 16. yüzyılda Şeyhülislam olan Zembilli Ali'nin soyundan geldiğini iddia etti. Çiller, *Hürriyet*'ten Murat Bardakçı'ya, ayrıca soyunun Mevlânâ Celalettin Rumî ve ilk halife Ebu Bekir'e dayandığını da söyledi. Özer Çiller'in bu iddialarla, İslamcı oyları Tansu Çiller başkanlığındaki Doğru Yol Partisi'ne çekmeye çalıştığı çok açıktı.

2002'nin Temmuzu'nda Ecevit'in partisinde giderek büyüyen isyan, Tansu Çiller'e yeni umutlar verdi. Çiller, eğer kendi partisi seçimi kazanırsa, ekonomik ve siyasal durumu düzelteceğini söyledi. Kadın seçmenleri hedefleyerek, on beş yıl boyunca vergi ödeyen ev kadınlarına sosyal sigortadan maaş bağlanacağına söz verdi. Eğer ev kadınları ödeme yapacak durumda değilse, o zaman onların yerine vergileri devlet ödeyecekti.

Amerika'nın desteğini de arkasına alan Çiller, "Irak'a karşı ABD harekâtı yapılırken ben başbakan olmak istiyorum. Çünkü benim terörle mücadelede deneyimim var," açıklamasında bulundu.

Bekir Coşkun *Hürriyet*'te, "Çiller iktidara gelirse, mali af çıkarmayı amaçlıyor. Böyle dedi. Başka bir şekilde söylersek, devleti dolandıranlar affedilecek," diye yazdı.

Ecevit'in aile partisinin içindeki kargaşa, çok geçmeden partinin Meclis'teki egemenliğini yitirmesi sonucunu doğurdu. Neredeyse koalisyon hükümetinin yıkılışına neden olan bu durum karşısında Ecevit, daha fazla erken seçimden kaçamadı. Gerçekte Başbakanlığı yönetmekte olan hırslı Başbakan Yardımcısı Hüsamettin Özkan, iddialara göre, Ecevit'in çöküşünü hazırlamıştı. Kayseri doğumlu bu politikacı, ekonominin çöküşüne ve kirli işlere bulaşmış devlet görevlileri ile medya kartellerinin korunmasına neden olmakla suçlanıyordu. Onun için, Kayseri'de halk arasında yaygın olan şu ifadeyi kullanıyorlardı: "Eşeği bile boyar satar."

Statükoyu devam ettirmeye çalışan bazı medya mensupları, Mesut Yılmaz ve Tansu Çiller'in yanı sıra, Özkan'ı da yeni umut olarak desteklediler. Olup bitenlerin farkına varan Ecevit, manevi oğlunun partiden istifasını istedi. Özkan'dan sonra, Dışişleri Bakanı İsmail Cem ve aralarında bakanların da bulunduğu 57 milletvekili Demokratik Sol Parti'den istifa etti. 2002 yılının Ekim ayında, Ecevit'in aile partisinde yalnızca 58 milletvekili kalmış ve parti Meclis'teki çoğunluğunu kaybetmişti.

Bu durum üzerine Bülent Ecevit, bir taktik geliştirerek erken seçimi önlemeye çalıştı ve eğer 2004 yılından önce seçim yapılırsa, Recep Tayyip Erdoğan'ın İslamcı Adalet ve Kalkınma Partisi ile Kürt partisi HADEP'in büyük oy alacağını söyledi. Korku taktiğini kullanan Ecevit, "Seçimden sonra rejim tehlikeye girer," diyordu.

Bu gelişmelerden sonra İsmail Cem, Yeni Türkiye Partisi adlı bir parti kurdu. Hüsamettin Özkan ve multi milyar dolarlık IMF destekli kriz planını uygulamakla görevli olan Ekonomiden

Sorumlu Devlet Bakanı Kemal Derviş de Cem'e destek veriyordu. Cem, yeni kurulan bu partinin, Türkiye'nin Avrupa Birliği'ne tam üyeliğini sağlamak için çalışacağını açıkladı.

Fakat Kemal Derviş, kısa bir süre sonra başka bir fırsat yakaladı. Derviş'in, Erdoğan'ın giderek popülerlik kazanan Adalet ve Kalkınma Partisi'ne karşı merkez solu birleştirme girişimleri, Bülent Ecevit tarafından kızgınlıkla karşılandı. Ecevit, Derviş'in kabine üyesiyken hükümete muhalif tavır almış olduğunu ima ederek, Derviş'ten hükümete sadık kalmasını ya da görevi bırakmasını istedi. Bunun üzerinde Derviş hükümetteki görevinden istifa etti ve Cumhuriyet Halk Partisi'ne katıldı. Derviş'e göre, "Türkiye'nin birikmiş büyük sorunları vardı ve bu sorunların üstesinden gelinmek zorundaydı." Kemal Derviş, daha sonraki dönemde milletvekili seçildi.

Meclis, 3 Kasım 2002 tarihinde erken seçim yapılması yönünde karar aldığında, garip bir durum yaşandı. Bu kararın alınması için yapılan oylamada 449 kabule karşı 62 ret oyu çıkmıştı. Yenilgiye uğramaktan korkan koalisyon ortakları derhal bu kararı tersine çevirmeye çalışınca, ordudan sert bir tepki geldi. Genelkurmay Başkanı Orgeneral Hüseyin Kıvrıkoğlu, seçimler ertelenirse, çıkabilecek olası bir kaos konusunda uyarıda bulundu. Kara Kuvvetleri Komutanı Orgeneral Aytaç Yalman ise, Türk toplumunu saran ahlaki çöküntüden yakındı.

Hükümet içinde yaşanan böylesine bir kargaşa ve kararsızlık, gelecekte ortaya çıkabilecek diğer sorunların da habercisiydi. Verdiği mücadeleyi kaybeden Ecevit, istifa etmeyi reddediyordu. 2002'nin Eylül ayında, koalisyon hükümeti tamamen etkisiz ve işlemez bir hale geldi. Ecevit bu durum karşısında, "Durum bir hayli karışık," şeklinde bir yorumda bulundu.

Bu karışıklık, ekonominin çöküşü ve yaygın yoksulluk, İslamcıların iktidara gelmesi için büyük bir fırsat yarattı.

İslamcıların Zaferi

> *Deliye her gün bayram.*
> Atasözü

Türk halkının Mustafa Kemal Atatürk'ün ölümünden bu yana ne kadar değişmiş olduğunu, 2002 baharında görmek beni bir kez daha şaşırttı. Güçlü İslami temellere dayanan Adalet ve Kalkınma Partisi'nin (AKP) lideri Recep Tayyip Erdoğan, Anadolu'da seçim kampanyası yapıyor ve düzenlediği mitinglerde büyük kalabalıklara hitap ediyordu. AKP, kamuoyu araştırmalarında sürekli önde gözüküyor; geleneksel İslamcı Necmettin Erbakan'ı destekleyen Saadet Partisi'nden ve merkez sağdaki diğer partilerden kayan oylarla günden güne güçleniyordu.

Erdoğan, Anayasaya karşı hareketleri ve İstanbul Büyükşehir Belediye Başkanı olduğu dönemdeki yolsuzluk iddiaları üzerine açılan davalara karşın, seçimi kazanmak üzere yoluna devam ediyordu. Erdoğan, o dönemde, Adnan Menderes ve Turgut Özal'ın eski politikalarının toplumun büyük kesimine hitap ettiğine inandığını söyledi. Seçim kampanyası sırasında, özellikle Anadolu'daki köylüleri ve yoksulları hedef alarak bu kesimlere seslendi. Şeffaf bir hükümet ve inanç özgürlüğünü genişletecek bir dizi yasal değişiklik sözü verdi; birçok kişi onun bu sözlerinden türban yasağının kaldırılacağı anlamını çıkardı.

Kendinden emin Erdoğan, güllük gülistanlık olmayan bir Türkiye devraldıklarını ileri sürdü.

Önceki İslamcı partilerin kaderine şahit olan Recep Tayyip Erdoğan, büyük bir politika değişikliği yaparak, eski lideri Necmettin Erbakan ve onun gerici Milli Görüş hareketiyle yollarını ayırdı. Daha önceleri İslamcı Refah ve Fazilet partilerinde üstlenmiş olduğu öncü rollere karşın, bu defa yeni partisini muhafazakâr demokrat olarak tanımladı ve İslamcı nitelemesini reddetti. Eğer iktidara gelirse, AKP yönetiminin "demokratik, laik, sosyal bir hukuk devleti" olacağını söyledi. Bir parti açıklamasında, "Laiklik, toplumun barışı için temel bir prensiptir," deniliyordu.

Erdoğan, *The Times* dergisine verdiği bir röportaj sırasında, siyasal kariyeri boyunca kendisini asla İslamcı olarak nitelendirmediğini söyledi. Bunun üzerine tepki gösteren Emin Çölaşan, *Hürriyet* gazetesinde şöyle yazdı:

"Şu sözler kimindi? Elhamdülillah şeriatçıyım. İstanbul'un imamıyım. Demokrasi bizim için amaç değil araçtır."

44 yaşındaki Recep Tayyip Erdoğan, Süleyman Demirel, Necmettin Erbakan ve Turgut Özal'ın tersine, 1920'lerin ve 30'ların reformlarına doğrudan katılan bir kuşaktan gelmiyor. Fakir bir gemi kaptanının oğlu olan Erdoğan, İstanbul'un koşulları çetin olan Kasımpaşa semtinde yetişmiş; İmam Hatip Okulunu bitirmiş ve eğitimini tamamlamak için bayat ekmek ve kartpostal satmıştı. İstanbul Belediye Başkanı olduğu bir sırada ise, "Baleyi ahlaki bulmuyorum," şeklinde bir açıklamada bulunmuştu.

Recep Tayyip Erdoğan, İslami hareketin liderliği için yarıştığı dönemde, 6 Aralık 1997 tarihinde, Siirt'te yaptığı bir konuşma sırasında aşağıdaki şiiri okuduğunda büyük bir tepki aldı:

Minareler süngümüz
Camiler kışlamız
Kubbeler miğferimiz
Müminler askerimiz

Savcılara göre yıllar önce çok daha farklı koşullar altında Cevat Örnek tarafından yazılan bu şiir, cihadı kışkırtıyordu. Bu nedenle savcılar, bu şiiri okumanın da laik orduya karşı bir kışkırtma olduğu iddiasında bulundular ve 13 Şubat 1998 tarihinde dini kullanarak nefreti kışkırttığı gerekçesiyle Erdoğan aleyhinde Diyarbakır'da dava açtılar. Diyarbakır Devlet Güvenlik Mahkemesi, 21 Nisan 1998'de, Erdoğan'a 10 ay hapis cezası verdi. Cezayı Yargıtay da onayınca, Erdoğan İstanbul Büyükşehir Belediye Başkanlığı'ndan istifa etmek zorunda kaldı. Erdoğan'a verilen cezanın açıklanmasından sonra, İstanbul Belediye Sarayı'nın önünde beş bin kişilik bir kalabalık gösteri yaparak, hükümetin istifasını istedi. Cezasını çekmek üzere 26 Mart 1999 tarihinde Pınarhisar Cezaevi'ne giren Erdoğan, dört ay sonra serbest bırakıldı.

1993 yılında İslamcı Refah Partisi'nin İstanbul İl Başkanı olan Erdoğan, partinin İslam yanlısı politikalarını çekinmeden savunuyordu. Erdoğan'a göre, Cumhuriyet dönemi Kemalizm'i din olarak kabul etmiş, bunu zorla toplumlara dikte ettirmiş ve başka dinlerin varlıklarını da reddetmişti. Erdoğan, Türkiye'nin geleceğinde Kemalizm ve başka resmi bir ideolojiye yer olmadığını belirterek, Müslümanlar için İslami prensiplerin her şeyi tanımladığını ileri sürmüştü. İslamcıları kışkırtan konuşmaları nedeniyle başı sık sık savcılarla belaya giren Erdoğan, "Bir hareketi durduramazsınız, bu mümkün değil," diyordu.

16 Eylül 2002'de Yargıtay, Diyarbakır DGM'nin Erdoğan'ın adli sicil kaydının silinme isteminin reddine ilişkin kararını onadı, böylece Erdoğan seçimlere milletvekili adayı olarak katılamayacaktı. Ardından, 20 Eylül 2002 tarihinde Yüksek Seçim Kurulu, Adalet ve Kalkınma Partisi Genel Başkanı Recep Tayyip Erdoğan'ın milletvekilliği adaylığını reddetti. Erdoğan'ın serveti tartışılıyordu. 1994 yılında İstanbul Büyükşehir Belediye Başkanı olduğunda varlıklı biri değilken, daha sonra edindiği servetin kaynakları hakkında çeşitli iddialar ortaya atılmaya başlanmıştı. Ayrıca, bir işadamının çocuklarına burs vermesini kabul ederek menfaat sağlaması gibi diğer iddialar da gündeme geldi. Amerika'da okuyan çocuklarının eğitim masrafları bir işadamı tarafından karşılanan Erdoğan, kızlarının türban taktıkları için Amerika'da okumak zorunda kaldıklarını söyledi.

Yenilgiye uğrama tehlikesiyle yüz yüze gelen statükocu politikacılar, seçimden kısa bir süre önce, bir kez daha Meclis'e seçimleri erteleme ve seçim yasalarını değiştirme çağrısında bulundular. Bunun üzerine Cumhurbaşkanı Necdet Sezer, "3 Kasım 2002 tarihinde yapılması planlanan seçimler ertelenirse, parlamentoyu feshederim," açıklamasını yaptı. Ve sonra yine aynı sahne yaşandı: Seçmenlere bir kez daha, ekstra vergi alınmayacağına, yeni iş olanakları yaratılacağına, her aileye bir ev verileceğine ilişkin boş vaatler verilerek çeşitli yalanlar söylendi. Nüfusun yoksulluk içinde yaşayan büyük çoğunluğu ise, yağma ekonomisini yaratanlardan öç almayı bekliyordu.

Recep Tayyip Erdoğan, seçimden önce televizyonda yaptığı son konuşmasında, partisi AKP'nin sembolü olan elektrik ampulünü ima ederek, "Işıkları yakın; Türkiye aydınlansın, işsizler iş bulsun, yoksulluk sona ersin," dedi.

Hürriyet'in köşe yazarlarından Pakize Suda, seçimi İslam yanlısı Adalet ve Kalkınma Partisi kazanırsa, aşırı talep yüzünden çarşaf fiyatlarının artabileceğini, fakat böyle bir durumda kadınların yalnızca çarşaf giymeleri gerekeceğinden kıyafet sorunlarının kendiliğinden çözüleceğini yazdı. Suda, konuyla dalga geçerek, "Bugün ne giyeceğim" derdinden kurtulmanın yanı sıra, "o kadın benden daha çekici" şeklindeki sorunların da ortadan kalkacağını belirtti. Suda'ya göre kadınlar artık büyüyen göbeklerinin ortaya çıkmasından dolayı da endişelenmek zorunda kalmayacaklardı.

Ortadoğu tarihi konusunda saygın bir otorite olan Bernard Lewis, *What Went Wrong?* adlı kitabında, Atatürk'ün, "Nüfusun sadece yarısını modernize ederek modern dünyayı yakalayamayız," sözlerini hatırlatarak, onun kadınların özgürleşmesi hakkındaki düşüncelerini ele alıyor. Prof. Lewis, Atatürk'ün bu konudaki görüşü için kitabında şöyle yazıyor: "Bu, 20. yüzyılın başlarında şaşırtıcı bir görüştü ve beklenmeyen bir kaynaktan gelmiş, aynı zamanda Türkiye'nin kurucusu olan bir Osmanlı generali tarafından dile getirilmişti."

Kemalizm ve laik reformlar, genel seçimin yapıldığı 3 Kasım 2002 tarihinde, Türkiye'deki toplam 172.143 seçim sandığında ezici bir yenilgiye uğradı. Kazananlar, İslamcı bir program izleyeceklerini inkâr etseler de, Atatürk'ün laik devrimlerini baltalamayı hedefliyorlardı.

O seçim günü, 31.528.000 adet geçerli oyun yüzde 34.29'u, Bülent Ecevit'in yetersiz ve skandallara boğulan koalisyon hükümetini sona erdirdi. Bu seçimle birlikte, 15 yıl süren koalisyon hükümetleri dönemi de sona erdi ve laik Cumhuriyet yeni ve kritik bir döneme girdi. Bu yeni dönem, ülkenin yalnızca siyasal manzarasını değiştirmekle kalmamış, demokratik İslam, ya da İslamcıların tanımlamayı tercih ettiği şekilde, muhafazakâr demokratik rejim hakkındaki endişeleri de beraberinde getirmişti.

Seçim sonucunda 10.779.489 oy alan Adalet ve Kalkınma Partisi, Meclis'teki toplam 550 milletvekilliğinden 363'ünü elde ederek seçimin galibi oldu. Yalnızca yüzde 34.29 oy alan AKP, seçim yasalarındaki tuhaflığın sonucu olarak, Meclis'te açık farkla hakimiyeti ele geçirdi. Daha önce benzeri görülmeyen bu durum, AKP'ye laik anayasayı dahi değiştirme gücü veriyordu. Cumhuriyet Halk Partisi, yalnızca 6.099.083 adet oy alarak (yüzde 19.39) 178 milletvekilliği elde etti. Kemalistler, çoğunlukla gönülsüz de olsa, İslamcıların zaferini önlemek için CHP'ye oy verdiler, fakat işe yaramadı.

Diğer partiler, özellikle merkez sağdakiler ve aşırı milliyetçiler, yüzde 10'luk oy barajını bile aşamadılar ve Meclis dışı kaldılar. Bunlara verilen toplam yüzde 45 oranındaki oy, bu partiler bazı seçim bölgelerinde çoğunluğu sağlamış olsalar da boşa gitti. Fakat seçim yasalarındaki tuhaflık sonucunda, daha az oy alan dokuz bağımsız aday milletvekili seçildi. Ağır bir yenilgiye uğrayan Tansu Çiller ve Mesut Yılmaz, partilerinin liderliğinden istifa etmek zorunda kaldılar.

Erdoğan'ın sosyal refah gibi bazı konuları öne çıkararak önerdiği yeni politikalar onu başarıya ulaştırdı. İslamcılar, toplumda yoksulluk, yolsuzluk ve işsizlik nedeniyle meydana gelen öfkeyi iyi kullanmışlardı. Sevinç içindeki Erdoğan şöyle diyordu: "Atatürk'ün dediği gibi, egemenlik, kayıtsız şartsız ulusundur."

Erdoğan, partisinin zaferinden sonra, haksız kazanç sağladığı iddiasıyla Ankara'da kendisine karşı hapis istemiyle açılan davanın iki duruşmasına da gitmedi. İkinci duruşmaya gitmeme nedeni olarak "ishalden rahatsız olduğu" gerekçesini göstermişti. Fakat aynı gün Avrupa Birliği ülkelerinin büyükelçileri için verilen akşam yemeğine katılınca, bu gerekçe medyada alay konusu oldu.

Erdoğan, sonunda 28 Kasım 2002 tarihinde mahkemeye çıktı ve servetinin kaynağının oğlu Burak'ın düğününde hediye gelen altınlar olduğunu söyledi. Erdoğan'ın mahkemede verdiği ifadeye göre, bu altınlar 30 kilo ağırlığındaydı ve 262 milyar Türk lirası karşılığında satılmıştı. Mahkeme, Ocak 2003'te delil yetersizliğinden Erdoğan'ı suçsuz buldu. Ayrıca İstanbul'da bir diğer mahkeme tarafından da, İstanbul Büyükşehir Belediye Başkanı olduğu sırada yapılan ticari sözleşmelere müdahale ederek çıkar sağladığı suçlamasıyla açılan davadan dolayı aklandı. Savcı elinde yeterli delil olmadığını açıklamıştı.

Adalet ve Kalkınma Partisi'nin seçim zaferi her şeyi değiştirdi. İslamcılar ile onlara muhalif olanlar, askerler ve Kemalizm'in sadık takipçileri arasında gerginlik arttı. Birdenbire, medyadaki dalkavuklar, Erdoğan'ın kişiliğindeki erdemleri keşfettiler. Bankaları hortumlayan medya patronları ve medya dışında faaliyet gösteren şirketleri için devletten büyük meblağlı iş sözleşmeleri kapmaya ya da yeni krediler almaya çalışan diğer işadamları, yeni rejimi överek göklere çıkarmaya başladılar.

Askerler ortaya çıkan durum nedeniyle açık bir şekilde mutsuzdu, seçim darbesinin sonuçlarına bakarak giderek büyüyen köktendincilik akımıyla nasıl mücadele edileceğini düşünüyorlardı. Genelkurmay Başkanı Orgeneral Hilmi Özkök, Silahlı Kuvvetler'in köktendinci İslam'a karşı devleti koruyacağını söyledi. Cumhurbaşkanı Ahmet Necdet Sezer, Atatürk'ün ölüm yıldönümünde, ülkenin laik prensiplerinin savunulacağını belirterek, "Demokratik ve laik Cumhuriyet'i yıkmayı amaçlayan hareketlere karşı mücadele kararlı bir şekilde sürdürülecektir," dedi.

Başbakan Bülent Ecevit ise, "Adalet ve Kalkınma Partisi'nin iktidara gelmesi üzerine Türkiye, ciddi bir devlet sorunu ile karşı karşıya geldi," açıklamasını yaptı. Başbakanı ve bakanları "milletvekili olmayan bir kimsenin belirleyeceğini" söyleyen Ecevit, "Bakanlar Kurulu'nun gerçek anlamda başbakan olmayan bir kimse tarafından yönetileceğini" belirtti ve "Yani Türkiye, bir gölge başbakan ve hükümet tarafından yönetilir durumda olacak. Bu durum içeride ve dışarıda ağır sorunlar yaratacak," dedi.

Adalet ve Kalkınma Partisi seçimden sonra hükümeti kurduğunda, Türkiye'nin Avrupa ile ilgili hedeflerini güçlü bir şekilde savunan Abdullah Gül Başbakan oldu. Gül'ün kurduğu kabine üyelerinin dörtte biri Anavatan Partisi'nin eski üyeleriyken, diğerleri de Erbakan'ın Refah Partisi'ndendi. 25 üyeden oluşan kabinedeki bakanların 14 tanesinin eşleri türban takıyordu. Bunlar arasında Sağlık Bakanı Recep Akdağ'ın eşi Fatma Şeyma Akdağ da vardı. Fakat şaşırtıcı bir şekilde, Profesör Akdağ'ın annesi Sevdiye Hanım, 50 yıl önce çekilmiş bir fotoğrafta türbansız görünüyordu.

Aslen ekonomist olan 52 yaşındaki Abdullah Gül, daha önceleri Sakarya Üniversitesi'nde öğretim görevlisi olarak iktisat dersleri verdi. Ayrıca Suudi Arabistan, Cidde'deki İslami Kalkınma Bankası'nda ekonomi uzmanı olarak çalıştı. 1991 yılında Refah Partisi'nden milletvekili seçildi ve 1996 yılında Erbakan'ın İslam yanlısı yönetiminde devlet bakanı olarak görev yaptı. 1999 yılında Fazilet Partisi'nden tekrar milletvekili seçildi ve Erbakan'ın gelenekçi kanadına karşı parti içinde "yenilikçi" harekete önderlik etti. Adalet ve Kalkınma Partisi'nin kurucularından biri olarak, 3 Kasım 2002 seçiminde Kayseri milletvekili seçildi. Babası Ahmet Hamdi, 1973 yılında Erbakan'ın Milli Selamet Partisi'nden milletvekili adayı olmuş ama seçilememişti. Abdullah Gül'ün eşi Hayrünnisa Gül de, Recep Tayyip Erdoğan'ın eşi Emine Erdoğan gibi türban takıyor.

AKP'nin iktidara gelişiyle birlikte, eski başbakanlardan Necmettin Erbakan ve yardımcısı Tansu Çiller'in favorisi olan resmi iftar yemekleri, büyük bir gösterişle tekrar gündeme geldi. Gül'ün kabinesinde İçişleri Bakanı olan Abdülkadir Aksu, partisinin milletvekilleri ve bazı işadamlarıyla birlikte Ankara Hilton Oteli'nde iftar açarak, beraberindekilerle Hilton'un lobisinde namaz kıldı. Başbakan Abdullah Gül ve kabinesindeki bakanların büyük kısmı, 22 Kasım 2002 tarihinde Meclis'in içindeki camide namaz kıldıklarında, *Milliyet* gazetesi "Kabine Cuma Namazında" şeklinde manşet attı. Ayrıca, Gül'ün kabinesindeki bakanların bazılarının geçmişte Atatürk ve reformlarına karşı açıkça konuştukları, bazılarının da devlet ihalelerinde yolsuzluklara karıştıkları ve vergi kaçırdıkları biliniyordu.

Böylece İslamcılar ve Kemalistler arasındaki zıtlaşmalar ve fikir çatışmaları seçimin hemen ertesinde başlayarak sürekli gündemde kaldı. Adalet ve Kalkınma Partisi'nin siyasetteki ve devlet idaresindeki deneyimsizliği yüzünden, ardı ardına hatalar yapılıyordu. Abdullah Gül'ün Ramazan Toprak'ı TBMM Milli Savunma Komisyonu'na başkan olarak ataması büyük bir skandaldı. Orduda hakim binbaşı olarak görev yapan Ramazan Toprak, 1997 yılında İslamcı olduğu iddiasıyla ordudan ihraç edilmişti. Sonunda, komisyon başkanı olarak askerlerle karşı karşıya gelmek zorunda kalan Toprak, Milli Savunma Komisyonu Başkanlığından istifa etti.

Bir Yüksek Askeri Şura (YAŞ) toplantısı sırasında, yedi rütbesiz askerin ordudan ihraç edilmesi için kararname imzalandı. Bu askerlerin suçlanma nedeni İslamcı harekete yakınlıktı. Ordu içindeki yüksek rütbeli askerler, bazı askeri birliklerde disiplini etkileyen olaylardan şikâyet ediyorlardı. Örneğin, gerçekte bir tarikat şeyhi olan bir er, kendisinin müridi olan bir çavuşun komutası altındaydı. Askeriyeye göre, bu durumda şeyh, müridi olan çavuşa itaat etmeyebiliyor, rütbece ondan üstünmüş gibi davranabiliyordu. Başbakan Gül ve Savunma Bakanı Vecdi Gönül, YAŞ'ın ihraç kararlarını, temyiz hakkının saklı tutulması gerektiği konusunda muhalefet şerhi koyarak imzaladılar. Bunun üzerine Genelkurmay Başkanı Hilmi Özkök, Başbakan'ın koyduğu bu muhalefet şerhinin İslamcı gericileri cesaretlendirebileceğini söyledi.

Abdullah Gül'ün yönetimi sırasındaki en büyük olay, 2003 Nisanı'nda Irak diktatörü Saddam Hüseyin'e karşı kuzey cephesinin açılması için 62.000 Amerikan askerinin Türkiye'de konuşlanmasına izin verilmesinin reddi oldu. Gül'ün hükümeti, Amerika'nın Türk desteği olmadan Irak'a saldırmayacağına inanıyordu. TBMM, bu yanlış tahmine dayanarak, 1 Mart 2003 tarihinde Amerikan askerlerinin Türkiye'ye girmesini reddetti. Türkiye'de halkın büyük çoğunluğu savaşa karşıydı ve medya Türkiye'nin katılımını önemini anlatmak konusunda tamamen başarısız oldu. Yalnızca Ertuğrul Özkök gibi "real-politik"ten haberdar olan birkaç köşe yazarı, Amerika'nın talebini destekledi ve onlar da haksız yere Amerikan uşağı olarak adlandırıldılar.

Abdullah Gül hükümetinin ve Meclis'in bu tarihi hatası, o dönemde bana İstiklal Marşı'nın yazarı Mehmet Akif Ersoy'u anımsattı.

Mehmet Akif Ersoy, tarihi hatalar hakkında da şunları yazmıştı:

Tarihi tekerrür diye tarif ediyorlar,
Hiç ibret alınsaydı tekerrür eder miydi?

Gül'ün Irak konusunda yaptığı hata, Türk-Amerikan ilişkilerinde gerginliğe neden oldu ve yarım yüzyıldır süren stratejik ortaklığa zarar verdi. Bir araya gelen İslam yanlısı örgütler, solcu ve ayrılıkçı Kürt hareketleri, Meclis'in verdiği bu ret kararında önemli rol oynadılar. Oysa bu, stratejik açıdan son derecede önemli Kuzey Irak bölgesindeki Türk çıkarlarına zarar veren çok kötü bir karardı.

4 Temmuz 2003 tarihinde Kuzey Irak'ın Süleymaniye bölgesinde Türk askerlerinin 173. Amerikan Filosu'na bağlı askerler tarafından gözaltına alınması, Türkiye'de büyük öfkeye neden oldu ve halk arasında Amerikalılara duyulan güvensizliği daha da derinleştirdi. Amerika, Kuzey Irak konusunda Türklerin endişelerini dikkate alan daha önceki politikalarını gözden geçirip yeniden değerlendirdi ve bunun sonucunda, Amerika ile Kürt gruplar arasında yakın bir işbirliği kuruldu, fakat Türkiye bunun dışında tutuldu.

Bu konudaki politik öngörü yokluğuna ilişkin itiraf, 4 Kasım 2003 tarihinde, Türkiye'nin Washington Büyükelçisi Faruk Loğoğlu'ndan geldi. Loğoğlu, Türk yetkililerin savaş sonrası Irak'ın şekillendirilmesi konusunda bir fırsat kaçırdıklarının farkına vardıklarını belirterek, Amerikan askerlerinin ülkede konuşlanmasına izin verilmiş olsaydı, Türkiye'nin bugün Irak'ta çok daha etkili bir pozisyonda olabileceğini söyledi.

Amerika'nın Savunma Bakan Yardımcısı Paul Wolfowitz, Türkiye'nin Irak konusundaki politikasına açıkça eleştirilerde bulundu. Wolfowitz, CNN-Türk televizyonuna verdiği demeçte,

Türk askerinin, Irak savaşında ABD'ye destek verme yönünde güçlü bir liderlik ortaya koymadığını söyleyerek, bu nedenle hayal kırıklığı yaşadığını dile getirdi. ABD Savunma Bakan Yardımcısı, ayrıca, Türklerin İran ve Suriye ile ilişkilerde Washington'la birlikte hareket etmeleri gerektiğini vurguladı. Oysa o dönemde Erdoğan ve Gül, bu ülkelerle yakın ilişki kurma arayışı içindeydiler.

Abdullah Gül, Recep Tayyip Erdoğan'ın Siirt'ten milletvekili seçildiği 9 Mart 2003 tarihine kadar başbakanlık yaptı. Bu tarihten hemen sonra başbakanlık koltuğuna oturan Erdoğan, Gül'ü Başbakan Yardımcısı ve Dışişleri Bakanı olarak atadı.

1 Mart 2003'te yapılan hatadan yalnızca yedi ay sonra, Türk askerlerinin Irak'a gönderilmesi için aynı Meclis'te yapılan oylamada (358 kabul, 183 ret) büyük farkla kabul oyu çıktı. Bu defa Amerika ile işbirliğinin öneminin farkına varılmıştı, fakat artık Türk güçlerinin konuşlandırılması için çok geçti. Irak'ta aralarında Kürtlerin de bulunduğu ve Türkiye'nin Ortadoğu'da lider rolü oynamasını istemeyen çok sayıda muhalif grup vardı. Bunun üzerinde Erdoğan hükümeti, Irak'a Türk askeri gönderilmemesine karar verdi. Genelkurmay Başkanı Orgeneral Hilmi Özkök, 9 Kasım 2003 tarihinde, hükümetin Irak'a asker gönderilmemesi yönünde aldığı kararın, ülkeye bölgenin gelecekteki yapılanmasında hiçbir söz hakkı bırakmadığını söyledi.

Bu arada İslamcıların laik devlet üzerindeki baskıları arttı. TBMM Başkanı Bülent Arınç, resmi törenlerde türban takılmasının kabul edilmesi için mücadele veriyordu. "Türban bizim namusumuzdur," diyen Arınç, daha sonra NATO toplantısı için Prag'a uçacak olan Cumhurbaşkanı Ahmet Necdet Sezer'i yolcu etmek üzere havaalanına giderken yanında türbanlı eşi Münevver Arınç'ı da götürdü. Bu davranış, laik Cumhuriyet'e karşı bir meydan okuma olarak yorumlandı.

Gelenekçi İslamcı Necmettin Erbakan, geçmişte Bülent Arınç'ın önderiydi. Erbakan'ın Milli Selamet Partisi'nin önde gelen üyelerinden olan Arınç, yine Erbakan'ın Refah Partisi'nden milletvekili seçilmişti. Fakat Arınç, daha sonra, "AKP'yi kurarken Erbakan Hoca'yla yollarımız ayrıldı," şeklinde bir açıklamada bulundu.

Kısa bir süre sonra Cumhurbaşkanı Ahmet Necdet Sezer tepkisini ortaya koyarak, bir kişinin özel yaşamında türban takmayı tercih etmekte serbest olduğunu, fakat devlet dairelerinde türban takmanın ülkenin laikliğine tehdit oluşturduğunu söyledi. Sezer ayrıca, "Devlet dairelerinde türbana izin vermek imkânsızdır, çünkü bu anayasaya aykırı," dedi.

Fakat Sezer'in uyarılarını dikkate alan olmadı. Zafer sarhoşluğu içindeki Adalet ve Kalkınma Partisi'nin önde gelenleri, cüretkâr bir tavırla İslami programlarını uygulamaya koymaya kararlı gözüküyorlardı.

Kemalist devrimlerin en büyüklerinden birisi, Milli Mücadele'den sonra kurulan Türkiye Büyük Millet Meclisi'dir. 23 Nisan 2003 tarihinde, TBMM'nin kuruluşunun 83. yıldönümünden kısa bir süre önce, Bülent Arınç, türbanlı eşi Münevver Arınç ile birlikte Meclis'te bir resepsiyon daveti vereceklerini duyurdu. Bunun üzerine, Cumhurbaşkanı Sezer, generaller ve muhalefetteki Cumhuriyet Halk Partisi'nin önde gelenleri, Cumhuriyet tarihinde ilk kez olarak bu resepsiyonu boykot ettiler ve davete katılmadılar. Gelen tepkiler üzerine Münevver Arınç da resepsiyona katılmadı. Başbakan Erdoğan ise, "İsteyen gelir, isteyen gelmez," açıklamasında bulundu.

Mehmet Y. Yılmaz, *Milliyet* gazetesinde, "Kafanızın içindeki duvarları yıkın artık!" başlıklı yazısında şunları yazdı:

> Türkiye bu sorunu aşmak zorunda. Sorunu aşabilmek için de önce gerçekle yüzleşmek gerekir. Hoşumuza gitse de gitmese de, Türkiye'de türban takan milyonlarca kadın var. Hoşumuza gitse de gitmese de, şu veya bu örtüyle örtünmek istemeyen milyonlarca kadın da var. Önemli olan kimsenin kimseye kendi yaşam anlayışını dikte etmeye çalışmamasıdır. Kafalarımızın içindeki duvarları yıkmazsak, 18., 19. ve 20. yüzyılları kaybettiğimiz gibi, 21. yüzyılı da kaybedeceğiz.

Milliyet gazetesi'nde Hasan Cemal, "Yazık oluyor bu ülkeye" temasıyla, "Devletin tepesinde tamtamları çalmak hata. Yanlış yapılıyor," yolunda yorum yaptı.

Türban krizi, laik Kemalistler ve AKP'nin dindar yetkilileri arasında sürekli gündeme geldi. Cumhurbaşkanı Sezer, Cumhuriyet'in

80. kuruluş yıldönümü olan 29 Ekim 2003 tarihinde, milletvekillerinin türbanlı eşlerini, Çankaya Köşkü'nde vereceği resepsiyona davet etmeyi reddetti. Buna karşılık, muhalefetteki Cumhuriyet Halk Partisi milletvekillerinin türban takmayan eşleri resepsiyona davetliydi. Başbakan Erdoğan, ortaya çıkan bu durum karşısında, kabine üyesi arkadaşlarıyla birlikte resepsiyona gideceğini ama türbanlı eşi Emine Erdoğan'ı yanına almayacağını söyledi. Fakat bu defa da AKP'nin milletvekilleri resepsiyonu boykot etti ve bu partiden yalnızca birkaç milletvekili davete katıldı.

Bu olay üzerine Cumhurbaşkanı Sezer, Türkiye Cumhuriyeti'nin laik ve sosyal bir hukuk devleti olduğunu belirterek, "Bu bir devlet resepsiyonu benim kişisel davetim değil. Türkiye Cumhuriyeti'nin bağlı olduğu kurallar anayasada yazılıdır," dedi ve kararının değişmeyeceğini açıkladı.

Türbanla ilgili bir başka olay da mahkemede meydana geldi. Hatice Hasdemir adlı bir avukat, Kasım 2003'te Ankara'da Yargıtay 4. Ceza Dairesi'ne türbanıyla geldi. Yargıtay 4. Ceza Dairesi Başkanı Fadıl İnan, Hasdemir'e, "mahkemeye başı açık olarak girebileceği" uyarısında bulundu. Hasdemir, davaya sanık olarak da katıldığını ileri sürünce yargıç, Hasdemir'e "Fark etmez, salonu terk edin," şeklinde yanıt verdi. Bunun üzerine, Hasdemir, duruşma bitene kadar mahkeme salonunun dışında bekledi. Bu olay, AKP milletvekillerinin öfkesine neden oldu. Buna karşın, Yargıtay Başkanı Eraslan Özkaya, yargıç İnan'ın kararının doğru olduğunu söyledi.

Ülke, Atatürk'ün laik mirasına bağlı Kemalistler ile laik devlette İslami değerleri yerleştirmeyi amaçlayan iktidar partisinin üyeleri arasında kesin bir şekilde ikiye ayrıldı. Bugün iktidardaki AKP milletvekillerinin çoğunun eşi (300 dolayında), tesettür kurallarına bağlı ve türban takıyor.

25 Haziran 2003 tarihinde, AKP'nin ısrarlarının sonucu olarak, Meclis Plan ve Bütçe Komisyonu'nda , Diyanet İşleri Başkanlığı'na 15 bin adet yeni kadro verilmesi yönünde karar alındı. Bugün, Diyanet İşleri Başkanlığı'nın ülke içindeki ve yurtdışındaki toplam 77.151 camide görev yapan 59.442 personeli bulunuyor. Kuruluşun toplam personel sayısı 71.688, toplam kadro sayısı ise 88.563.

Dışişleri Bakanı Abdullah Gül, 2003 Nisanı'nda Türkiye'nin

büyükelçiliklerine resmi bir yazı göndererek, görev yaptıkları ülkelerdeki İslami eğilimli hareketlere "ilgi göstermelerini" istedi. Bu genelge, Milli Görüş Teşkilatı gibi gerici organizasyonlara verilen hükümet desteği olarak yorumlandı. Necmettin Erbakan tarafından şeriata dayalı olarak kurulan Milli Görüş, Avrupa ülkelerinde oldukça iyi örgütlenmiş durumda. Bu teşkilat, Almanya'da 26.500 üyeye sahip. Almanya İçişleri Bakanı Otto Schily, federal anayasanın korunmasını konu alan bir raporda, Milli Görüş'ün şeriata dayalı bir yaşam tarzını hedeflediğini belirtti.

Necmettin Erbakan, Fazilet Partisi ve AKP'nin önde gelenlerinin de içinde yer aldığı bazı üyeleri, Milli Görüş prensiplerine bağlıdır.

Adalet ve Kalkınma Partisi, 2003 yazında, duruma ayak uydurma politikasına devam ederken gerçekte uygulamaya koymayı düşündüğü hedeflerini inkâr etmeye devam etti. *Takıyye* denilen bu politika, "gerçek amaçları gizleme" ve inanmadığı halde bu amaçların tersine hareket etme anlamındadır. AKP de, yeniçeriler gibi iki adım ileri, bir adım geri atarak ilerlemektedir. Partinin, daha önce Menderes, Demirel ve Özal tarafından da kullanılmış olan "aydınlık gelecek" sloganının arkasında, İslam yanlısı hareketin korunup geliştirilmesi hedefi yatıyor. AKP, 2003 yazında, memurların 65 yerine 61 yaşında emekli edilmesini gündeme getirerek, aslında emekliye ayrılacak olanların yerine güvendikleri İslamcıların yerleştirmesini sağlamaya çalıştı, fakat Anayasa Mahkemesi bu projeye karşı çıktı. Hükümet bunun ardından, 2003'ün Aralık ayında, Kuran kursları üzerindeki sınırlamaları kaldırmaya ve devlete bağlı okul binalarının yaz tatillerinde bu kurslara tahsis edilmesini sağlamaya yönelik bir yönetmelik gündeme getirdi ve yine gelen tepkiler üzerine bundan da vazgeçmek durumunda kaldı. Laik kurumlar, Erdoğan'ı din ve devlet işlerini ayıran anayasaya karşı gelmekle suçlayarak bu planlara tepki gösterdiler.

AKP'nin lider takımı, askerlerin İslamcı politikalara karşı gösterdikleri tepkileri yakından izliyor ve ne zaman askerler devletin laikliğini korumak amacıyla tepki gösterse, bunu dikkate alıp planlarını erteliyorlar.

Takıyye sözcüğü, bir insanın kendisine muhalif olanı yanıltmak ve "gerçek amacını gizlemek" için, yalan dahi söyleyerek ikiyüzlü davranması anlamına gelir.

TBMM Başkanı Bülent Arınç'ın, Eylül 2003'te, konuşmacı olduğu Türk Demokrasi Vakfı'nın düzenlediği "Meclis ve Demokrasi" konulu toplantıda şu sözleri söylediği iddia edilmişti: "İfade özgürlüğüne sahip değilseniz, iktidara giderken ayağınız takılıp da düşmemek için yalan söylemeye, samimiyetsiz davranmaya, takıyyeye mecbursunuz."

Fakat Bülent Arınç yaptığı açıklamada bu şekilde konuşmadığını ileri sürdü ve şunları belirtti: "Ben takıyyeci değilim. Takıyyeyi yaptık ve devam ediyoruz, siz de takıyye yapın demedim. Özgürlüklerin önünü açarsanız, kimse takıyye yapmak zorunda kalmaz, dedim."

CHP'li milletvekili Orhan Sür ise, konuyla ilgili olarak şöyle konuştu: "Bizim için şaşırtıcı değil. AKP'nin ne olduğunu CHP'de siyaset yapanlar, Meclis'te izleyenler çok iyi biliyor. Arınç, gerçek yüzlerini açıklamış. Bunu yaparak iktidar oldular."

Radikal yazarı Türker Alkan, 3 Ekim 2003 günlü "Tarikatçı bir eğitim bakanı" başlıklı yazısında, AKP'nin Milli Eğitim Bakanı Hüseyin Çelik'in 8 yıl önce Said Nursi'yi şöyle övdüğünü belirtti: "Eğer Cumhuriyet'in başında Bediüzzaman resmi makamlarca dinlenseydi, bugün ülkenin durumu şüphe yok ki böyle olmazdı."

Alkan, "Şeyhlerden medet uman bir milli eğitim bakanı" diyerek şöyle devam etti:

> "Daha birkaç gün önce Meclis Başkanı, 'Atatürk başka, Kemalizm başka' diye vaciz bir ifadeyle rejimin temellerini sorgulamadı mı? 'Biz değiştik, vallahi billahi değiştik' sözlerine kimsenin kandığını sanmıyorum. Takıyye maskesi her an düşecekmiş gibi iğreti duruyor yüzlerinde."

Alkan, AKP'yi aynı zamanda hem İslamcı hem de laik oldukları izlenimini yaratmaya çalışmakla suçluyordu.

Milli Eğitim Bakanı Hüseyin Çelik, Atatürkçülük'ü okul ders programlarından çıkarmak için yaptığı girişimlerle tanınıyor. Adalet ve Kalkınma Partisi yönetimi, 2003 yılının sonbaharında dindar kesime yarayacak üç önemli uygulama konusunda çabalarına devam etti. Bunlar, üniversitelerin kontrolü, İmam Hatip Okulu mezunlarının üniversitelere kabulü ve üniversiteler ile devlet dairelerinde türbanın serbest bırakılmasıydı.

Kemalistler ve ordudaki generaller, ayetullahların İran'da nasıl devleti ele geçirdiğini akıllarında tutarak, bu gelişmeleri büyük bir endişe ile izliyordu. Askeriye, bürokrasideki önemli görevlere radikal dincilerin atanmasından duyduğu hoşnutsuzluğu açıkça ortaya koydu. Genelkurmay Başkanı Orgeneral Hilmi Özkök, 2003'ün Mayıs ayında gazetecilere, gelişmelerden dolayı askeri kuvvetlerin her kademesinde endişe duyulduğunu söyledi.

Endişe içindeki generaller, Avrupa Birliği üyeliğine verdikleri desteğin yanı sıra, Kopenhag kriterlerinin gerektirdiği reformlara karşı ihtiyatlıydı. Bu reformlar arasında, Kürtlere verilecek kültürel haklar, generallerin Milli Güvenlik Konseyi'ndeki etkisini azaltan ordu üzerindeki sivil denetim ve savunma bütçesi üzerindeki parlamento denetimi de vardı.

Böylece, Avrupa Birliği üyeliği için şart koşulan reformlar, İslamcıların güçlerini artırmak için kurdukları hayalin gerçekleşmesine yaramıştı. Buna karşın generaller, bu reformların bazılarını, devletin düzenini bozabilecek potansiyel silahlar olarak değerlendiriyor; devletin Kemalist reformlara dayalı ideolojisinin değişebileceğinden ve kendilerinin köktendinci ve ayrılıkçı hareketlere karşı yerine getirdikleri muhafızlık rolünün etkisizleşebileceğinden kaygı duyuyorlardı.

Temmuz 2003'te, din ve imam partisi olarak bilinen AKP, devlet bürokrasisini İslamcılarla doldurmaya devam ettiği bir sırada, generallerin korkulu rüyası gerçek oldu. Meclis, Avrupa Birliği ile uyum çerçevesinde, Milli Güvenlik Kurulu'nun görevlerini yeniden tanımlayarak, askeriyenin siyasetteki etkisinin sınırlandırılması yönünde değişiklikler yaptı. Bu tarihi değişikliğin en önemli hedefi, 1980 askeri darbesinden sonra kurulan ve askeri liderler ile sivillerden meydana gelen Milli Güvenlik Kurulu'ydu. MGK yasasında yapılan değişiklikle, Milli Güvenlik Kurulu Genel Sekreteri'nin genişletilmiş idari ve denetleyici güçleri yürürlükten kaldırılarak danışma organı düzeyinde bir role indirgendi. Ayrıca, geçmişte dört yıldızlı bir general tarafından yerine getirilen ve başbakan düzeyinde görülen MGK Sekreteri'nin Türk Silahlı Kuvvetleri mensubu olması zorunluluğu kaldırıldı. Eskiden Meclis tarafından onaylanan gizli askeri bütçe, artık Meclis'in isteği üzerine Sayıştay tarafından denetime tabi tutulabilecekti. Ayrıca, Temmuz ayında Meclis'ten geçen Uyum Paketi'nde, ifade ve örgütlenme özgürlüğünü sınırlayan bazı yasaların kaldırılması ve üyelerine kısmi af tanınmasına yönelik reformlar da vardı.

Böylesine bir reform paketi, çok değil, kısa bir süre önce bir askeri darbe nedeni olabilirdi. İslami temelleri olan bir yönetim, Cumhuriyet'in 80 yıllık tarihinde, en özgürlükçü reform paketini Meclis'ten geçirme azim ve cesaretini göstermiş ve böylece önceki Ecevit hükümetini utandırmıştı. Erdoğan, Avrupa Birliği üyeliği hedefinin kendi yönetiminin başarısı ve İslamcı hareketin varlığını sürdürebilmesi için doğru yol olduğuna gerçekten inanmıştı. Avrupa Birliği'ne üyelik yolundaki başarı, AKP'nin geleceğini güvence altına alarak, onu Refah Partisi ve diğer İslamcı partilerin kaderini paylaşmaktan koruyabilirdi.

Başka seçeneği olmayan generaller, İslam yanlısı rejimi güçlendiren gelişmeleri yakından izlemeyi sürdürüyorlardı. Yüksek Askeri Şura'nın Ağustos 2003'teki toplantısında, Başbakan Erdoğan ve Savunma Bakanı Vecdi Gönül, 18 irticacı subayın TSK'den ihraç kararına şerh koydular.

Emekliye sevkedilen MGK Genel Sekreteri Orgeneral Tuncer Kılınç, 1. Ordu Komutanı Orgeneral Çetin Doğan ve 3. Ordu Komutanı Orgeneral Tamer Akbaş, Yüksek Askeri Şura toplantısında (Ağustos 2003) doğrudan Başbakan Erdoğan'a hitap ederek şöyle konuştular: "Yapmak istediğiniz değişiklikleri biliyoruz. Türk milleti buna izin vermez. Kimse kör değil."

Bundan kısa bir süre sonra, İslamcıların çoğunlukta olduğu Meclis Yolsuzlukları Araştırma Komisyonu'nun hazırladığı rapor herkesi şoke etti. Raporda, "Yolsuzluğun dini olmaktan çok laik ahlakla ilişkili bir sorun olduğu görülmektedir," deniliyordu.

Bu gelişme üzerine Yargıtay Başkanı Eraslan Özkaya, laiklerin duyduğu derin endişeyi dile getirdi. Özkaya, yeni adli yılın başlaması nedeniyle Ankara'da Eylül 2003'te yapılan törende, AKP'nin Avrupa Birliği'nin dini özgürlüklerin genişletilmesi yönünde yaptığı çağrıyı, Türkiye'de teokratik bir devlete zemin oluşturmak için bahane olarak kullandığını belirtti. Yargıtay Başkanı ayrıca, Türkiye'nin Avrupa Birliği ile görüşmelere başlanması için gerekenleri yaptığını, bu nedenle AB'nin daha fazla siyasal reform talebinde bulunmaması gerektiğini söyledi.

Özkaya'nın bu açıklamalarına Başbakan Erdoğan şu sözlerle yanıt verdi: "Çirkin ve olumsuz bir yaklaşım. Din ve vicdan özgürlüğünü savunmak, hiçbir zaman din devleti kurmak değildir. Bunu böyle değerlendirmek çok yanlıştır."

Erdoğan'ın yaptığı gafların sonu bir türlü gelmedi. Avrupalı temsilcilerle yaptığı bir toplantıda, Almanya Büyükelçisi Wolf-Ruthart Born'un türban ve erkeklerin dört eş sahibi olması hakkında sorduğu sorular üzerine, "Erkeğin eşi hastaysa, yaşlıysa, sakatsa, birden fazla kadın alabilir," dedi.

Erdoğan'ın ve partisinin yüksek öğrenimi kontrol altına alma planlarına karşı çıkan üniversite rektörleri ve öğretim görevlileri, İslamcıların sistematik olarak saldırısına uğradılar. Bu saldırılar çoğunlukla yakışıksızdı. Erdoğan, üniversite yetkililerini *edepsizler* diye adlandırırken, rektörlerin imam hatiplilerin üniversiteye girişini kolaylaştıran yasa tasarısının geri çekilmesi isteğini şöyle değerlendirdi: "Bu konularla ilgili açıklamaları Milli Eğitim Bakanı yaptı. Daha fazlasına gerek yok. O konularda söyleyeceğimizi söyledik. Türkiye'de hükümet edenler bellidir." Erdoğan, ayrıca, "Biz meşru diyorsak, bu iş meşrudur," diyerek şaşkınlığa da neden oldu.

AKP, üniversitelerin laik yöneticilerinin yerine İslamcıları geçirmek arzusundadır. Diğer yandan da İslamcılar, imam hatip mezunlarının üniversitelere kabul edilmesi için baskı yapmaya devam ediyor. Üniversiteler, 2003'ün sonbaharında bu konuda sunulan bir yasa önerisinin, kendilerine anayasa ile verilmiş olan yetkilere müdahale ettiğini belirterek bu öneriye karşı çıktılar. İmam hatip lisesi mezunlarının üniversiteye girmek için normal lise mezunlarıyla aynı niteliklere sahip olmadıkları düşünülmektedir. Üniversitelerarası Kurul Başkanı Prof. Dr. Ayhan Alkış, bu konudaki görüşünü, verilen tasarı kanunlaşırsa, "Eğitim sistemimiz çağdışı bir eğitim sistemine dönüştürecektir" şeklinde açıkladı ve şunları söyledi: "Bu, anayasanın YÖK'e verdiği yetkiyi, anayasaya aykırı bir şekilde Milli Eğitim Bakanlığı'nın gaspetmesidir." Yüksek Öğretim Kurulu (YÖK) üyesi ve Türk Hukukçu Kadınlar Derneği Başkanı Prof. Dr. Aysel Çelikel de, imam-hatip tasarısı, "anayasaya, hukuk devleti anlayışına ve laik eğitim ilkelerine aykırıdır" diyerek, yasa tasarısının siyasal amaçlı olduğunu belirtti. Ve Eylül 2003 tarihinde, İstanbul Üniversitesi'nin Rektörü olan Profesör Kemal Alemdaroğlu, "Türkiye imamlar ülkesi olmayacaktır,' dediğinde tartışma iyice alevlendi.

Bunun üzerine "'Alemdaroğlu'nun cenazesini yıkamayacağız," şeklinde açıklama yapan Türkiye Diyanet ve Vakıf Hizmetleri Kamu Görevlileri Sendikası (Türk Diyanet Vakıf Sen) Konya Şube Başkanı Hüseyin Demirci'ye imamlardan destek geldi. Sendika'nın İstanbul Şubesi Başkanı Yakup Sözen, "Alemdaroğlu'nun cenazesini yıkamayacağız. Namazını kılmayacağız, kaldırmayacağız. Alemdaroğlu'nun 'Türkiye imamlar ülkesi olmayacak' sözünden çok alındık. Türkiye'de 72 bin imam var. Eğer bu 72 bin imamdan rahatsız oluyorsa, imamların olmadığı yeri tercih etsin," dedi.

Yüksek Öğretim Kurumu Başkanı Kemal Gürüz, *Hürriyet*'e verdiği demeçte, "İmam hatip okulları kapatılsın," demiş ve din görevlilerinin lise değil, yüksekokul düzeyinde eğitilmesi gerektiğini söylemişti. Bunun üzerine Diyanet-Sen Gaziantep İl Başkanı Ahmet Tahiroğlu, Gaziantep Adliyesi'ne suç duyurusunda bulunarak, Gürüz'ün din hürriyetini ihlal ettiğini ileri sürdü. Gaziantepli imamlar da Gürüz'ün Allah'ı inkâr ettiğini iddia ettiler. Diyanet-Sen Genel Başkanı Ahmet Yıldız, söylenen sözlerden rahatsız olduklarını belirterek, "Ama cenaze yıkanmaması gibi bir olay yaşanamaz. Allah uzun ömür versin ama yakında ölürlerse cenazelerini biz yıkarız," dedi.

İmam hatip okullarının sayısı, Süleyman Demirel'in başbakanlığı döneminde arttı. 2003 yılında, diğer meslek liselerinden çok daha fazla sayıda, 600 kadar imam hatip lisesi vardı. Demirel 233, Çillerse 130 tane daha açtı. Dini hizmetler için yıllık olarak 5500 imam hatip mezununa gereksinim duyulurken, 1998-99 eğitim döneminde, çoğu kız olmak üzere toplam 900 bin imam hatip öğrencisi vardı. Üstelik, İslam dinine göre kadınların imam olması da olanaksız. Bu sayı, 2002 yılında 71.000'e düştü. AKP, Ekim 2003'te yılda 25 bin olan imam-hatip mezunu sayısını artırmayı hedefliyordu.

Köşe yazarı Bekir Coşkun, *Hürriyet*'te 14 Ekim 2003 günü şunları yazdı:

> İmam devlet.
> Bence buna alışmalısınız.
> Devleti imamlar yönetecek.
> İmam vali, imam kaymakam, imam hakim-savcı, imam başhekim, imam genel müdür, imam memurlar.
> Yıllar önce "imamlar geliyor" diye yazı yazdığımda herkes bana kızmış, yine uydurduğuma karar vermişlerdi.
> Bugün başbakan kim?
> İmam.
> (…) Onlar (AKP hükümeti) imamlık yapsın diye imamlık istemiyorlar.
> Onlar imam vali, imam kaymakam, imam müdür, imam şef, imam polis, bir imam hemşire, imam amir, imam hakim, imam savcı, imam devlet istiyorlar.
> AKP kendi modelini yaratıyor.

Genelkurmay İkinci Başkanı Orgeneral İlker Başbuğ, 12 Ekim 2003 günü, üniversitelerin giriş sistemini değiştiren yasa tasarısının anayasanın ilgili maddelerine uyumlu olduğu konusunda, "ciddi endişeleri bulunduğunu" belirtti. Orgeneral Başbuğ, Diyanet İşleri Başkanlığı'nın din hizmetleri için yıllık tahmini kadro ihtiyacının 5500 olduğunu kaydederek, İmam Hatip liselerinin yıllık mezun sayısının 25 bin olduğunu belirtti ve bunun neden artırılmak istendiğini anlamakta güçlük çektiklerini söyledi.

Ankara Üniversitesi ile Kemalist Düşünce Derneği "Cumhuriyet'e Saygı" yürüyüşü düzenlediklerinde tartışma yine gündeme geldi. Yürüyüş sırasında, üniversite rektörleri ile profesörlerin önünde orduyu göreve çağıran büyük bir pankart yer alıyordu. Bu durum, Erdoğan'ın iktidarını devirmek için orduya darbe çağrısı yapıldığı yorumlarına yol açtı. Fakat üniversite rektörleri, pankartla hiçbir ilgilerinin olmadığını söylediler.

Ankara 9. Ağır Ceza Mahkemesi, kapatılan Refah Partisi'nin başkanı ve Saadet Partisi'nin o günlerde başkanlığını yapan Necmettin Erbakan hakkında 2 yıl 4 ay hapis cezası vermişti. Bu cezanın sebebi, Erbakan'ın Refah Partisi'nin kayıp trilyon davasında "evrakta sahtecilik" ile suçlanmasıydı. Fakat Erbakan'ın sağlık sorunları ileri sürülerek ceza infaz edilmemişti. Erbakan, 2004 yılının Ocak ayında Saadet Partisi'nden istifa etmek durumunda kaldı.

İslam'da Kâmil İnsan

Güneş balçık ile sıvanmaz ey dil,
Bir zeban olsa da dilsiz, bellidir kâmil.

Levnî

𝒴üzyıllar boyunca Arap ve İranlı köktendincilerin etkisi altında kalan İslam, değişimi reddeden, katı bir dindir. Reform yaparak İslam'ı modernize etmenin ve bu dini demokratik kurallara dayalı bir kurum haline getirmenin zor olduğuna inanmamın nedenlerinden biri de budur. Tarih boyunca, ulema tarafından genellikle yanlış yorumlanan katı şeriat yasaları, Arap ve İran kültüründe egemen oldu ve Osmanlıların da benimsedikleri bu gerici yorum, Türkiye'de yapılan laik reformlara karşın bugüne kadar geldi.

Değişimi reddeden gerici İslamcılık, Osmanlı devrinde, siyasal ve ekonomik talepleri yerine getirmesi için devlet üzerinde baskı kurmak amacıyla kullanıldı. Osmanlı İmparatorluğu'nun ve laik Türkiye Cumhuriyeti'nin tarihi, gerici İslamcılar tarafından işlenen cinayetler ve suikastlarla doludur. Köktendinci İslam, hedeflerine ulaşmak için Osmanlı İmparatorluğu'nda bir araç olarak kullanılmıştı. Yüzyıllar sonra, 11 Eylül 2001 tarihinde, daha önce insanlık tarihinde görülmemiş boyutta bir terör, gerici İslam'ın acımasızlığı konusunda dünyaya siyasal bir mesaj verdi. Bununla birlikte, bu terör eylemi İslam'a hak etmediği kötü bir ün kazandırırken, diğer yandan politikayla ilgilenen bazı kişi ve gruplar da, Filistin'deki trajediye ve daha sonra Irak'taki tecavüz olaylarına öfke duyuyorlardı.

Filistin ve Irak'taki krizlere bulunacak adil çözümlerin, İslam'ın gerektirdiği acil reformlarla bağlantılı olmasının ana nedenlerinden biri de budur. İslamcılar, reform sözcüğünden hoşlanmazlar. Onlar, İslam'ın mükemmel bir din olduğuna; reforma değil, daha çok tekrarlanarak canlandırmaya gereksinim duyduğuna inanırlar. Benim görüşüme göre, bu tarz bir canlandırma, 82 yıllık laik yaşam deneyimi nedeniyle, en çok Türkiye'de denenecektir.

Atatürk, 1920'lerde ve 30'larda İslam'da değişikliğe gereksinim duyulduğunu anlamıştı, ama İslam dininin kendisini reforme etmek için büyük çaba göstermedi. Onun yerine, şeriatı Batı'nın yasaları ile değiştirdi. Kuran'da verilen mesajın herkes tarafından anlaşılmasını sağlamak için Kuran'ı Arapça'dan Türkçeye tercüme ettirerek Latin alfabesiyle yayınladı. Atatürk, camiyi devletten ayrı tutmanın gereğine inanmıştı ve bunu uyguladı. Fakat reformların üzerinden 82 yıl geçmesine karşın ezan hâlâ Arapça okunuyor ve devletin laikliği sürekli olarak saldırı altında.

Atatürk, Türk halkının Arapların geleneksel İslam yorumlarının etkisinde kalmasını önlemek için reformları gerçekleştirdi. Ülkenin imajı, Osmanlı İmparatorluğu döneminde giderek Arap devletlerininkine benzemişti; Atatürk'ün değiştirmek istediği bu imajdı. Bu nedenle Türk insanını değiştirerek Batılılaşmış laik bir insan ve ülke yarattı. Kemalistler onun eseriydi.

Kemalist insan, eski tasavvuf tarikatlarındaki *İnsan-ı Kamil*'den oldukça farklıydı. Derviş cemaatleri, şeriatın anlamı ve getirdiği yasaklar konusunda farklılaşıyorlardı. Yaygın olarak kabul gören mutasavvıflar, değişmeyen, katı yoruma bağlıydılar ve şeriata tam olarak uyulmasını öngörüyorlardı. Bazılarına göreyse, şeriat yasalarının getirdiği soyut önermeler ile kişisel olarak hissedilen dini tecrübe arasında ayrım yapmak tatmin duygusu vermiyordu. Bu inançtakiler, Allah ile aralarında kişisel bir ilişki arıyorlar, dinsel ayinlerinde Allah kelimesini sürekli tekrarlayarak aşırı bir duygu seli içinde kendilerinden geçiyorlardı. *Hakika* asıl amaçları, *tarika* ise onları Kamil İnsan olmaya götürecek olan yoldu. Kamil İnsan, kendi benliğinden sıyrılıp kusurlarından arınmış olan kişiydi.

Atatürk'ün biçimlendirdiği Kemalist laikti fakat ateist değildi ve esin kaynağını Batı'dan alıyordu. Devrimlerle ortaya çıkan insan, bu şekilde, Avrupa kültüründeki aydınlanmayı keşfederek, Türkçeyi Arapça harflerle değil, Latin harfleriyle yazdı; şeriatın yerini alan modern yasalarla Osmanlı zihniyetinin zamanı geçmiş kural ve âdetlerinden kurtuldu. Fakat daha sonra köktendinci İslam büyük bir şiddetle yeniden ortaya çıkıp hepimizi şoke etti.

Eğer İslam, dini bağnazlıktan uzak aydın bir insana, Kamil İnsan'a ihtiyaç duyuyorsa, bugün bunun tam zamanıdır. Günümüzde gerici İslamcılığın etkisi giderek artıyor. Hiç bitmeyen bir mücadelenin giderek tırmandırıldığı kritik bir dönem yaşıyoruz. Medeni yaşamı yok etmeye yönelik gerici bir hareketin henüz daha başlangıcında olabiliriz. Radikal ve genellikle cahil imamlar, tarih boyunca her zaman yaptıkları gibi, bugün de genç insanları kendi aralarına katmak ve hatta İslam muhaliflerine karşı verilecek bir tür cihat içinde çocuklardan faydalanmak için Kuran kurslarını, medreseleri ve camileri kullanıyorlar. Bu İslamcı bağnazlar, İslam düşmanı olarak gördükleri güçlerle savaşmak amacıyla, bu dünyadaki güzellikleri ve iyilikleri reddediyor ve bunların yerine ebedi, gerçek ve mutlu bir yaşamın başlayacağı İslami bir cennet kurmayı savunuyorlar.

Köktendinci İslamcılığın düşmanları kimler ve nelerdir? Batı'nın gelişmiş uygarlığı ve sosyal yaşantısı mı? Yoksa Batı'nın bilimdeki üstünlüğü ve teknolojik bakımdan ilerlemiş olması mı? Gelişmiş ekonomisi, üstün eğitimi ve araştırma kurumları mı? Batı'daki hedonizm mi? İsrail'in ve onun en büyük müttefiki Amerika'nın politikaları mı? Yıllardır Filistin'de sürdürülen trajedi mi? Irak'ın işgali ve bu ülkenin halkının yaşadığı felaketler mi? Hilafeti kaldırarak İslam'ın merkezine laik reformları getiren Atatürk mü? Hıristiyanlık mı?

Bunların hepsi nedendir, hatta daha fazlasını da ekleyebilirsiniz.

Bu yüzden, İslamiyet reformu konusunda yapılan çağrı, gelecekte iki büyük din arasındaki kutuplaşmanın daha da artmasını önlemek bakımından son derecede ivedidir. Böylesine bir reform, 1923'ten bu yana laik bir devlet olan Türkiye Cumhuriyeti'nde nasıl başarılabildi? Bu konuyu anlayabilmek için, önce İslam'daki tasavvuf tarikatlarının en özgürlükçüsü olan Bektaşilik anlayışına ve geleneklerine bakmak gerek.

13. yüzyılda yaşamış Alevi bir tasavvuf dervişi olan Hacı Bektaş-ı Veli, fizik, felsefe ve edebiyat eğitimi gördü. İran'ın Nişabur kentinde doğdu ve Anadolu Selçuklu Devleti'nin siyasal ve ekonomik açıdan gerilediği bir dönemde Anadolu'ya geldi. Yeniçerilerin Pir'i olarak da tanınan Hacı Bektaş-ı Veli, Türklerin Anadolu'daki birliğinin sağlanmasında yardımcı oldu ve Anadolu kültürüne büyük etki yaptı. Bugün Hacı Bektaş olarak bilinen Kapadokya, yakınlarındaki Sulucakarahüyük'te yerleşen bu mutasavvıf, 1337 tarihinde aynı yerde öldü. Bektaşi tarikatının kurucusu olan Hacı Bektaş-ı Veli, Allah'ın ve Peygamber'in Birliği'ne inanmış ve kadının sosyal yaşamdaki konumunu yücelterek, "Kadını okutun, kadını okutmayan millet yükselmez," demiştir.

Bektaşi sözcüğü, "özgür düşünen, sınırlara bağlı olmayan" anlamına gelir. Bektaşiler, beş vakit namaz kılma gibi Müslümanlığın bazı kurallarını zorunlu görmemiş, dinen yasak olmasına karşın şarap içmişlerdir. Hacı Bektaş-ı Veli'nin 700 yıl önce Türkçe yazdığı görüşlerinden bazıları şöyledir:

"Aradığın her şeyi kendinde bul."

"İlimden gidilmeyen yolun sonu karanlıktır."

"Başkasının sana yapmak istemediklerini, sen de başkasına yapma."

"Kuvvetini zavallıya değil zalime kullan."

Hacı Bektaş-ı Veli'nin felsefesini konu alan hikâyeler, Anadolu'da bugün de anlatılmaktadır. Anadolu Türk'ü, İslam dinine olan bağlılığının yanında, kendi dinini espri konusu yapıp bundan zevk alabilen bir düşünce yapısına sahiptir. Anadolu'da anlatılan bazı Alevi-Bektaşi hikâyelerinin de yer aldığı ve Profesör Hüseyin Yalçın ve Miyase İlknur tarafından derlenen bir kitap bulunmaktadır. Bu kitapta yer alan hikâyelerden ikisi, ılımlı görüşlere sahip Anadolu insanlarının dine bakış açılarını göstermek bakımından iyi birer örnektir.

Malatya'nın Arguvan İlçesi İsa köyünden Deli Ahmet, İkinci Dünya Savaşı'nda her şeyin kıt olduğu bir zamanda sigarasını saracak kâğıt bulamamış. Sigara tiryakiliği başına vurunca, aileye ait Kuran'dan gizlice bir yaprak koparıp bununla sigarasını sarmaya başlamış. Yeter adındaki karısı onu Kuran kâğıdına sigarasını sararken yakalayınca, "Ne yapıyorsun, Ahmet, çarpılacaksın!" demiş. Ahmet sanki hiçbir şey olmamış gibi, bozuntuya vermemiş. "Sus avrat sus," demiş, "İçime ilham doluyor."

Bir başka gün Deli Ahmet, tarlasının içinden geçen derenin suyunu sulamada kullanabilmek için, bir bent yapmaya kalkar. Taş ve toprak yığını ile suyun akışını önlemeye çalışır, fakat başarılı olamaz. Yaptığı bent su kaçırmakta olduğundan giysileriyle delikleri tıkamaya çalışır ama suyun akışını yine durduramaz. Çaresiz, donunu da çıkarıp deliği tıkarken bent yıkılır, tüm giysileri donuyla birlikte derede akıp gider. Deli Ahmet giden donunun arkasından bakarken, ona yiyecek getiren karısı Yeter kocasını anadan doğma çıplak bulur. Karısı, "Ahmet, bu ne hal, donun nerede?" diye sorunca, "Donum Kerbela'ya gitti," cevabını verir. Yeter, "Bu ne iştir, donum Kerbela'ya gitti ne demek?" der. Deli Ahmet'in cevabı hazırdır: "Avrat," der, "bu dere Tohma'ya gider ve onun sularıyla Fırat'a yollanır. Fırat nehri de Anadolu'dan çıkınca Kerbela'ya uğrayıp Basra'ya iner. Ben Kerbela'yı ziyaret edip o mukaddes yerlere yüz sürmek için gidemedim ama her nasılsa donum oraya gidiyor."

* * *

Şii Müslümanlarının kahramanı ve Muhammet Peygamber'in torunu ve Hz. Ali'nin oğlu Hüseyin'in türbesi, Irak'ın Kerbela kentinde bulunmaktadır. Bu türbe, Aleviler ve Şiiler için önemli olan kutsal yerlerdendir. İslami tarikatlar içinde en aydın görüşleri savunan Alevi-Bektaşi tarikatı, laik Türk reformlarını desteklemektedir.

Aşağıdaki hikâyeyi de Isparta'daki çocukluk yıllarımdan hatırlıyorum:

Bir Anadolulu bir diğerine, "Rakı içer misin?" diye sormuş.
İkinci adam, "Evet," demiş "ancak, akşaaamdan akşama."

Adam bu defa, "Camiye gider misin?" diye sormuş.

"Elbet," demiş ikinci adam hızlı hızlı konuşarak, "bayramdan bayrama, bayramdan bayrama."

Bu küçük hikâyeler, ılımlı İslam ile radikal İslam arasındaki farkları açık bir şekilde ortaya koyuyor. Fakat günümüzde, Kemalistlerin gerici İslam'ın devletteki etkisi konusunda oldukça endişeli oldukları bir dönemdeyiz.

Cumhurbaşkanı Ahmet Necdet Sezer'e göre, İslam'da reform yapılması gerekiyor. Ülkenin din konusunda keskin bir şekilde bölünmüş olmasından tedirginlik duyan diğer laik Türk liderleri de, Hıristiyan dünyasındaki bilim, teknoloji, ticaret ve sosyal alanlardaki gelişmelerin yakalanması için İslam'ın değişmesi gerektiğine inanıyorlar. Ve eğer bu yapılmazsa, gerici İslam tarafından devletin en üst kademelerinde desteklenen din ve iman ideolojisinin, laik devleti ve demokrasiyi yok etmeye çalışacağını düşünüyorlar.

Diyanet İşleri Başkanı Ali Bardakoğlu, Ekim 2003'te açık bir şekilde, "Modern Müslüman"ın yaratılması çağrısında bulundu. Dini yorumlar üzerinde tartışmalar bulunduğunu söyleyen Bardakoğlu, Arap ve İran kültürlerini kastederek, Türkiye'de İslam'ın bölgedeki diğer ülkelerin etkisinden çıkarılması gerektiğini belirtti. Bardakoğlu, gazetecilere verdiği demeçte, ayrıca, New York ve Washington'da yapılan 11 Eylül saldırılarının "İslam'ın imajını bozduğunu" söyledi ve şunları ekledi: "Bu toplumu cahillikten kurtarmak istiyorsak, yetişmiş öğretmen ve din görevlisiyle bunu sağlayabiliriz."

Diyanet İşleri Başkanı, makamında gazetecilerle yaptığı görüşmede, televizyonlarda din hakkında yeterince bilgi sahibi olmayan konuşmacılar arasında yapılan tartışmalardan yakındı ve bu tarz programların İslam'a zarar verdiklerini belirtti. Bardakoğlu, bu konuşmacıları "yobaz" diyerek tanımladı.

Din görevlilerinin eğitiminde reform yapmak üzere "kurmay imamlar yetiştirecek Diyanet Akademileri" kuracaklarını açıklayan Bardakoğlu, modern Müslüman tipini topluma cep kitapçıklarıyla anlatmak istediklerini belirterek şöyle konuştu: "Artık bütün kalıpların günümüz şartlarında gözden geçirilmesi gerekir. Metodoloji açısından bu din elbisesi bu bedene yeniden dikilmeli-

dir. Modern Müslüman tipini anlattığımız bu kitaplarla, insanlarımız kendilerini sorgulayan din ve hayata bakıp denge kuracaklar."
Bardakoğlu'nun açıkladığı programa göre imamlar, baş imam, uzman imam ve imam olarak dereceli bir sistemle görev yapacak, dereceleri sınavla artırılacak.

Diyanet İşleri Başkanı'nın bu açıklamalarının derhal yansımaları oldu.

Marmara Üniversitesi İlahiyat Fakültesi Dekanı Profesör Zekeriya Beyaz, bugünkü Arap kültürünün ve yaşam tarzının İslam'a zarar verdiğini, Atatürk'ün İslam'ın sorunlarını çözmek için "hazır reçete" olduğunu söyledi.

Bilgi Üniversitesi Hukuk Fakültesi'nden Prof. Dr. Niyazi Öktem ise yaptığı açıklamada, "Arap kültürünün, Emevi döneminden kalma katılaşmış gelenekleriyle artık hesaplaşmamız lazım. Bu hem İslam'ın özüne dönüştür, hem de çağdaşlaşmadır. Anadolu Müslümanlığında akılcı öğeler ağır basar, oysa Arap Müslümanlığında doğmalar hakimdir," dedi.

Alevi-Bektaşi Eğitim Kültür Vakfı Başkanı Lütfi Kaleli, "İslam dini, kesinlikle bir reforma ihtiyaç gösteriyor. Akılcı, çağın geleneklerine uygun, demokratik olmalı," şeklinde konuştu.

İşte 2003'ün kışında sahip olunamayan da bu akılcı yaklaşımdı. Radikal bir grup, türbanın devlet protokolüne sokmaya çalışırken, Kemalistler de dışarda tutmak için çaba harcıyordu. Adalet ve Kalkınma Partisi'nin önde gelenleri, açık uyarılara karşın, inatla imam ve mollaların egemenliğinde bir devlet kurma politikası izliyordu. Bununla birlikte, kendilerine Kemalist diyen birçok kişi, İslami rejimden kişisel çıkar sağlamak umuduyla taraf değiştirmekte yarar gördü.

15 Kasım 2003 tarihinde, İstanbul'da iki sinagoga yapılan saldırı, terörün küresel bir sorun olduğunu bir kez daha kanıtladı. Hizbullah ve El Kaide'yle bağlantılı gerici Türk İslamcılar tarafından patlayıcı yüklü iki araç ile gerçekleştirilen eylem, 25 Türk vatandaşının ölmesi ve 303 kişinin yaralanmasına neden oldu. Başbakan Erdoğan, İslam adına yapılan bu kanlı olay karşısında, "Failleri kınıyorum," diyerek, saldırıları insanlık dışı olarak nitelendirdi.

Bu olaydan beş gün sonra, 20 Kasım 2003 tarihinde, İstanbul yine patlayıcı yüklü araçlarla yapılan iki bombalama eylemi ile sarsıldı. Suikastı gerçekleştirenler, daha önceki sinagog bombalama eylemleriyle bağlantısı olan Türklerdi ve olayın kurbanlarının çoğu da Türk vatandaşlarıydı. Bu defa, İngiliz Konsolosluğu ve Londra merkezli HSBC Bankası bombalanmıştı. Saldırılarda, İngiltere'nin İstanbul Başkonsolosu Roger Short'un da aralarında bulunduğu 30 kişi hayatını kaybetti ve 461 kişi yaralandı. Kasım ayındaki saldırılarda ölenlerin sayısı daha sonra 91'e yükseldi. Erdoğan, Ramazan ayında gerçekleştirilen bu saldırılar hakkında, "Bu mübarek günü kana bulayanlar ve masum insanları katledenler her iki dünyada da bunun hesabını verecekler. Bu insanlar ebediyete kadar lanetlenecekler," şeklinde konuştu.

Erdoğan'ın saldırılara karşı gösterdiği bu dini tondaki tepki, teröristlerin hem gerçek hem de öbür dünyada cezalandırılacakları mesajını veriyordu. Erdoğan, İslam ile terörü bir arada anma gibi bir gayret olduğunu belirterek, "İslamcı terör lafını duyunca tahammül edemiyorum, bu kanıma dokunuyor, huzursuz ediyor," ve "Dinci terörist diyebilirsiniz ama İslamcı terörist diyemezsiniz," şeklinde açıklamalarda bulundu. Erdoğan'ın bu sözleri epeyce tartışma yarattı. Bekir Coşkun, *Hürriyet*'teki köşesinde konuyla ilgili olarak şunları yazdı:

İyi de ne yapmalı?

Dini siyasete alet ettikten sonra kendilerine "Müslüman demokrat" tanımını en uygun gören Başbakan, dinimizi teröre alet edenlerin "İslamcı terör" ismini kullanmalarını nasıl engelleyecek?

... İçeriğini, amacını, niyetini ve kaynağını reddederseniz, nasıl bulup durduracaksınız bu terörü?

Ben terörünün adını beğenmeyip değiştirmeye kalkanı ilk kez duyuyorum.

Adı; dinci terör, hedefi; hepimiz...

Hasan Pulur ise *Milliyet*'teki yazısında, "Değiştim demek kolay," diyerek, bunun öyle bazılarının sandığı kadar basit olmadığını; hele Erdoğan gibi bir insanın geçmişinde var olan ve kolay

kolay değişmeyeceğini gösteren derin görüntüler hafızalardan silinmedikçe bunun zor olduğunu yazdı.

Özdemir İnce, *Hürriyet*'teki yazısında, hükümetin bir kötülük yuvasına verecek isim bulamadığını ileri sürdü.

Diyanet İşleri Başkanı, Ramazan ayı nedeniyle bir genelge yayınlayarak, imamların vaazlarında, "Terörizm, şiddet ve anarşinin İslam'da yeri yoktur. Bize düşen, sevgi, kardeşlik ve birlik içinde yaşamaktır," şeklinde açıklama yapmalarını tavsiye etti.

Fakat bütün bu vaazlara karşın yine birbiriyle çelişen durumlar söz konusuydu. Güçlü İslami temelleri olan bir rejim ve gerici İslam'ın desteğine dayalı bir parti, İslamcı terörle etkili bir şekilde nasıl mücadele edebilir ve laik devleti nasıl koruyabilir? Türkiye'deki İslamcı medya, bombalama olayları konusunda İsrail, Amerika ve İngiltere'yi suçlayacak kadar ileri gitmişti. O dönemde Erdoğan yönetiminin şeriatçı basın tarafından desteklendiği biliniyordu.

Bombalama olaylarının yapıldığı sırada İngiltere ziyaretinde olan Amerika Birleşik Devletleri Başkanı George W. Bush, Türkiye'nin terörle mücadelede "önemli bir cephe" olduğunu söyledi.

İstanbul'da meydana gelen bu bombalama olaylarını İBDA-C ile birlikte El Kaide'ye bağlı Ebu Hafız el-Masri Tugayları üstlendi. Polise göre, Beyyiat el İmam (İmamlar Birliği) ve Hizbullah gibi diğer radikal İslamcı örgütlerin de terör saldırılarıyla ilişkileri vardı. Bu eylemler, Türkiye'nin ABD, İngiltere ve İsrail ile olan dostluk ve müttefiklik ilişkilerine ve ayrıca Kemalist reformlar ile laik geleneklere karşı yapılmıştı. Gerici İslamcılar, laik Türk devletini diğer İslam ülkeleri için tehlikeli bir model ve ılımlı İslam ile Batı demokrasisi arasında bir köprü olarak görüyor ve bu nedenle onu yok etmek istiyorlar.

El Kaide ve diğer militan İslami grupların, daha önce Bosna'da Sırplarla ve Afganistan ile Çeçenya'da Rus kuvvetlerine karşı gönüllü olarak savaşmış olan bin civarında radikal Türk'ten yardım aldığına inanılıyor. Eski İçişleri Bakanı Sadettin Tantan'a göre, son bir yıl içinde Türk güvenlik birimleri dinci örgütler içinde yuvalanamıyordu. İstanbul'daki bombalama olaylarının hemen ardından konuşan Tantan, "Eskisi gibi istihbarat alamıyoruz," dedi. Sadettin Tantan'ın anlatmak istediği açıktı; AKP'nin 3 Kasım 2002'de seçimi kazanmasından itibaren, gerici İslamcı gruplar kendi başlarına bırakılmıştı.

İstanbul'da bombalanan sinagoglar, Beth Israel ve İbranice'de "Barış Vahası" anlamına gelen Neve Şalom adlarını taşıyordu. Bu suikastler, radikal İslam'ın yarattığı terörün egemen olması durumunda barış olasılığının çok azaldığı ve bu nedenle İslam'da reformun mutlak bir zorunluluk olduğu konusunda uyarıydı.

2004 yılının kışında, Kemalistlerin çoğu, Recep Tayyip Erdoğan ve ekibinin değiştiği yönündeki iddiaların ne kadar doğru olduğunu merak ediyordu. 23 Şubat 2003 tarihinde *Radikal* gazetesinde çok ilginç bir röportaj yayınlandı. Neşe Düzel, bu röportajda, Erdoğan'ın Refah Partisi İstanbul İl Başkanı ve İstanbul Büyükşehir Belediye Başkanı olduğu sırada onun danışmanlığını yapmış olan yazar Mehmet Metiner'le konuşmuştu.

Metiner, iddia edilen bu değişikliğin nasıl ortaya çıktığını şöyle anlatıyordu:

"Biz, 1980 öncesinde kadın eli sıkmanın günah olduğuna inanırdık. Tıpkı Taliban gibi düşünürdük. İslam devlet haline gelecekti ve toplum bu devlet eliyle gerekirse zorla Müslümanlaştırılacaktı. Biz de böylece toplumu devlet üzerinden fethedecektik."

Metiner'in Erbakan hakkında söyledikleri de oldukça ilginçti:

"Biz, Erbakan'ın önderliğindeki Milli Nizam/Milli Selamet Partisi çizgisinde faaliyet gösteren gençlerdik. Görüşümüzü, 'Şeriat gelecek, vahşet bitecek. Dinsiz devlet yıkılacak' sloganlarıyla özetlerdik. Ben 15 yaşından beri bu İslami hareketin içindeyim. Bize göre Cumhuriyet rejimi, laiklik adına toplumu dinsizleştirmeye çalışıyordu. Zaten laikliğin kendisi de dinsizlikti."

Mehmet Metiner, kendisinin ve arkadaşlarının 1980'lerin sonunda değişmeye başladıklarını, 28 Şubat süreci ile de bu değişimin hızlandığını söyledi. 28 Şubat süreci ayrıca, Necmettin Erbakan'ın İslamcı hükümetinin 18 Haziran 1997'de devrilmesine neden olmuştu. Metiner, Neşe Düzel'e şöyle demişti:

"Demokrasiyi ve demokratik laikliği savunmaya başladığım için ben İslamcı arkadaşlarım tarafından siyasal olarak recmedilmek istendim. Çünkü İslamcılara göre, demokrasiyi savunmak dinden çıkmak demekti. Demokrasiyi savunduğum için, onlara göre ben artık Müslüman değildim."

Laikliği dinsizlikle özdeşleştiren Milli Görüş anlayışının Fazilet Partisi'ndeki ılımlı üyeler arasında önemini kaybettiğini belirten Metiner, bunun sonucu olarak da Recep Tayyip Erdoğan ve AKP'nin kurucularının çoğunluğunun din temelinde siyaset yapmanın yanlış olduğunu anladıklarını söyledi. Metiner, röportaj sırasında, "Çok şükür, bu İslami devleti kuramadık," diye de itirafta bulundu.

Başbakan Erdoğan, *Radikal* gazetesinde yayınlanan bu söyleşi üzerine, *Kanal 7*'deki İskele Sancak Programı'nda, Cidde'de yaptığı bir konuşmaya değinerek şöyle dedi: "Benim oradaki mesajım da şuydu. Bugüne kadar ülkemizde de maalesef dinin istismarına açık yöntemlerle siyaset yapıldı. Ve bunlara maalesef göz yumuldu. Hatta biz de zaman zaman belki bunun hatasına düştük. Bu hatayı belki biz de yapmış olduk."

Türkiye'de dinin laik devlete karşı ortaya çıkışına ilişkin önemli bir açıklama, 28 Ağustos 2003 günü emekliye ayrılan Hava Kuvvetleri Komutanı Orgeneral Cumhur Asparuk'tan geldi. Asparuk, görevi Orgeneral İbrahim Fırtına'ya devir teslim töreninde yaptığı konuşmada şöyle dedi:

"Gelişmiş ülkeler uzaydan dünya hakimiyetini kontrol ederken, maalesef biz Türk Milleti olarak hâlâ yüzyıl geriye gidip, bir kısır döngünün içinde, Mavi Akım, İmam Hatip Okulları, soyulan bankalar, tesettür, tarikatlar ve başka ülkelerin kültürlerinde kullanılan giysilerle uğraşıyoruz. Bilgi çağındayız. Bilgiye hakim olan dünyaya hakim olur... Değerli silah arkadaşlarım, laik, demokratik, ülkesi ve ulusu, dili ve milli kültürüyle, bölünmez bir bütün olan Türkiye Cumhuriyeti'nin kuruluş felsefesini, Atatürk ilke ve devrimlerini inançla ve bilinçle sonsuza denk koruyun."

Kara Kuvvetleri Komutanı Orgeneral Aytaç Yalman, Türkiye'nin içinde bulunduğu durum ve demokrasi konusundaki görüşlerini açıkça ifade ediyordu. Yalman, 30 Ağustos 2003 Zafer Bayramı töreninde, muhabirlere kişisel görüşlerini şöyle açıkladı: "Bugün eğer Türkiye'de demokrasi varsa, yalnızca Cumhuriyet'in

değil demokrasinin de teminatı olan TSK'nin sayesindedir."
Yalman ayrıca, "Fert başına düşen milli gelir 2580 dolar, tahsil ortalaması ilkokul 4. sınıf. Ülkenin çok küçük bir bölümü 21. yüzyılı yaşıyor, diğer bölümü 19. ve 20. yüzyılları yaşıyor. Böyle bir ülke var mı dünyada demokrasi ile yönetilen? İşte bu TSK'nin sayesinde," diyerek, TSK'nin önemini vurguladı.

Birçoklarına göre, Türkiye reform hareketine devam etme fırsatını kaçırmış olduğundan, içinde bulunulan durum oldukça üzücüydü. Yüzyılı yakalamak ve diğer bir yüzyılı da kaçırmamak için Türklerin yapması gereken, düşünce yapısının değiştirilmesi ve Atatürk'ün fikirlerini kullanarak İslam'da reform gerçekleştirilmesiydi. Böyle bir değişikliğin başarılabilmesi için, hem Kemalistlerin hem de İslamcıların, bir çözüm bulunup kabul edilmediği sürece çatışmanın kaçınılmaz olacağını anlamaları gerekiyor.

Cumhurbaşkanı Ahmet Necdet Sezer'in bu konuda açıkladığı bazı görüşleri şöyle: "Laik Türkiye'ye sözde 'İslam Cumhuriyeti' tanımlaması getirmek, ya da 'Ilımlı İslam' gibi anlamsız nitelemelerle kimi modelleri bilinç altından benimsetmeye çalışmak yersizdir ve kabul edilemez.' "Ilımlı İslam, İslam dinini kabul eden diğer ülkeler için bir ilerleme sayılsa da, Türkiye Cumhuriyeti yönünden büyük bir geriye gidiş, daha açık söylemiyle 'irticai bir modeldir.' Ayrıca, ister 'ılımlı' ister 'köktendinci' olsun, din devleti ile demokrasinin yan yana getirilmesi tarihe ve bilime ters düşen bir yaklaşımdır." Oysa Başbakan Recep Tayyip Erdoğan'ın İslami temellere dayalı Adalet ve Kalkınma Partisi, İslam'ın demokrasi ile uyumlu olduğuna inanıyor.

Atatürk'ün Türk ulusuna verdiği en büyük hediyelerden birisi, aydınlanmaya kapı açmak için eğitim sisteminin Batılılaştırılmasıydı. Askeriye bunu anladı ve kendisine bağlı okullarda subayları Atatürk'ün mirasına ve laik devlete sadık bir şekilde yetiştirmeye devam etti. Benim gençliğimde Atatürk'ün fikir ve ideallerine bağlı kalan Kemalist vatanseverdi; Müslüman'dı ama Batılılaşmış bir insandı; özgürlükçü görüşlere sahip aydın bir Müslüman'dı. Bu gidişi geriye döndürmek elli yıl aldı ve gerici İslam siyasete, okullara ve 1950'lerde devlete girerek daha sonraki yıllarda hızla yayıldı ve reform hareketini tersine çevirdi.

Zaman geçtikçe ülke de değişti. 1920'lerin ve 30'ların modern reform dönemini görmüş olan insanların çoğu bugün hayatta değil. Yeni kuşaklar, yıllardır, bu reformların anlamını ve Atatürk'ün liderliğinin, Türklerin anavatanını yabancıların egemenliğinden kurtararak birliği sağladığını; Türkiye'ye laikliği ve Batı'nın bilgi birikimini ve tekniğini getirdiğini öğrenmeden büyüdüler. Atatürk'ün reformları hiçbir zaman ateizmi desteklememiş ya da ona neden olmamıştır. Kemal Atatürk'ün reform hareketinin ana hedeflerinden birisi, geriye gidişi durdurmak ve cahil köylüleri çağdaşlığa ulaştırmaktı. Atatürk'ün 1938 yılında 57 yaşındayken ölmesinin ardından, bu hedef sonunda ihmal edildi ve ne yazık ki başarılamadı.

Türkiye'de 1960 askeri darbesinden sonra sosyalizm destek bulurken, 1980 askeri darbesinden sonra da İslamcı hareket uyanışa geçti. 1980 darbesinin liderleri bile, daha sonra çok pişmanlık duysalar da, İslamcı hareketi aşırı sola mücadelede bir karşı güç olarak teşvik ettiler. Bu arada Kemalizm, değişimi reddetti, köylü nüfusu eğitmek için hiçbir girişimde bulunmadı ve kendisini geleceğe hazırlayıp dönüştürmeyi ihmal etti. Atatürk'ün ölümünden 10 yıl sonra, toplumda yayılan uyuşmazlık, yoksulluk, aç gözlülük ve vurdumduymazlık, halkın cesaretini kırıp genel bir moral bozukluğu yarattı ve sonuçta bu durum İslam yanlısı hareketin avantaj sağlamasına neden oldu.

Sivil rejimler yüzünden büyük bir hayal kırıklığına uğrayan generaller, laik reformların koruyucusu olarak, defalarca köktendinciliğin yükselişini ve yolsuzluğu engellemeye çalıştılar. Fakat başarısız oldular, çünkü artık Türkiye'de, laik reform hareketini koruyup çağın gereklerine uyarlamaya kararlı olan seçkin bir siviller sınıfı yoktu. İslamcı ve Kemalist ideolojiler arasında gidip gelen fırsatçılar tarafından kurulan her bir rejim, bir öncekinden daha iyi değil, çoğunlukla daha kötü çıkıyordu. Yoksullara gösterilen merhametin yerini duyarsızlık almış, seçkinler sınıfı ayıp, utanç ve tevazu gibi duyguları umursamaz olmuştu. Genç Türklerin aklı, ne pahasına olursa olsun, devlet hazinesini soymak gerekse bile, köşeyi dönmeye takılmıştı. Şu andaki İslamcı yönetim de dahil olmak üzere hiçbir hükümet, yolsuzlukla suçlanan milletvekillerinin dokunulmazlıklarını kaldırma cesaretini gösteremedi. Çünkü kalın yolsuzluk dosyalarını kendi sırtlarında taşıyorlardı.

Zaman ilerledikçe, Kemalist ideolojinin ilkelerine karşı güçlü bir muhalefet ortaya çıktı. TBMM Başkanı Bülent Arınç, "Atatürk'ü reddetmeyiz ama Kemalizm başka," şeklinde bir açıklama yaptı. Arınç'ın bu sözleri, laik Kemalist reformları küçümseme olarak yorumlandı.

Atatürk'ün 1920'lerde ve 30'larda ulusu bütünleştiren "*Ne mutlu Türk'üm diyene*" sloganının, artık demode olduğu, eski dönemdeki koşulların gereklerine uygun olduğu söyleniyordu. Adalet ve Kalkınma Partisi bunun yerine yeni bir slogan yarattı: *Türkiyeliyim*. Oysa bu, Atatürk'ün *Laik Millet* anlayışından çok farklıdır ve *Müslüman Ümmeti* anlayışını desteklemektedir. Aynı zamanda, Amerikan kimliğini tanımlayan "Proud to be an American" ifadesine de tezat oluşturmaktadır.

Başbakan Erdoğan, "Sen 'Ne mutlu Türk'üm diyene' dersen, o da 'Ne mutlu Kürt'üm' der. Türklük yerine, Türkiyelilik bilincini yerleştirmeliyiz," diyerek bu konudaki tartışmanın ilerlemesine katkıda bulundu.

Burada, Amerikan vatandaşlarının çoğunlukla kendilerini Alman-Amerikan, Çinli-Amerikan ya da Türk-Amerikan olarak tanımladıklarını belirtmekte yarar var.

Ne kadar çelişkili bir politikacı olduğunu türlü vesilelerle kanıtlayan Başbakan Recep Tayyip Erdoğan, 2005 yılının Kasım ayında, etnik konulardaki görüşlerini üst kimlik – alt kimlik değerlendirmeleriyle noktaladı ve çok geniş tartışmalara yol açtı. Önce Diyarbakır'a giderek, "Kürt Sorunu" vardır diye demeç vermesiyle kızışan ortamda, Kürt kökenli vatandaşlar, Yüksekova'da Türk bayraklarını indirip PKK bayrak ve flamalarını asmışlar, Mesut Barzani'yi lider olarak tanıdıklarını bağırmışlardı. Başbakan, etnikliği alt kimlik ve Türk vatandaşlığını da üst kimlik olarak tanıtırken, ABD'deki zenci-beyaz örneğini vermişti. İngilizce "negro" veya bayağı "nigger" kelimeleri, Türkçedeki "zenci" sözünün tam karşılığıdır ve ABD'de bu gibi sözlerin kullanılması, Afrika kökenli Amerikan için ağır hakaret sayılır. Başbakan, ABD vatandaşlığının üst kimlik ve etnik değerlerin de alt kimlik olduğunu ileri sürerek, çok farklı etnik unsurlardan bir yapının varlığını ileri sürmüştü. Oysa ABD, çeşitli ülkelerden gelen çok değişik ırklarla kaynaşarak, toplumların kendilerini her şeyden önce "Amerikalı" değil, "Amerikan" olarak kanıtladıkları bir ülkedir. Amerikan olmak, etnik kökeni ne olursa olsun öncelik taşır. Amerikan vatandaşı, Amerikan Anayasası'nın kurallarına uymak zorunluğundadır ve bu da vatandaşlığın bir şartıdır.

Başbakan Erdoğan'ın, Güneydoğu'da açıkça sergilenen PKK ve Kürt hareketinin bir sonucu olarak ortaya attığı üst kimlik – alt kimlik önerisi, milliyetçi çevrelerde geniş yankı uyandırmıştı. Erdoğan bu sözleri, Güneydoğu'da, Irak'taki Kandil Dağı'ndan Türkiye'ye sızan PKK teröristleriyle, askeri birlikler arasında çatışma sürüp giderken, asker şehit vermeye devam ederken; PKK ve HADEP, yeni adıyla DTP (Demokratik Toplum Partisi) destekçileri, Hakkari'de, Şemdinli'de ve Yüksekova'da "Liderimiz Barzani" ve "Vur gerilla vur, Kürdistan'ı kur" diye bağırdıkları sırada söyledi. Din dayanaklı takıyye ile devleti idare eden AKP hükümetinin, ne kadar çaresiz kaldığı sergilendi. Bu durumda CHP Genel Başkanı Deniz Baykal, NTV Ankara Temsilcisi Murat Akgün'ün sorularını yanıtlamış, Başbakan'ın üst kimlik konusunda "tuzağa" düştüğünü belirterek şunları eklemişti:

"Türkiye'yi bir altkimlikler toplamı görürsek, Yugoslavyalaşma tehlikesi doğar."

Deniz Baykal bu sözleriyle, Türkiye'nin Yugoslavya gibi parçalanma tehlikesiyle karşılaşacağını anlatmaya çalışmıştı.

Başbakan Erdoğan ise, Baykal'ın Türkiye'deki durumu, "Yugoslavya'ya benzetmesinin" fevkalade yanlış olduğunu, Yugoslavya'daki çatışmanın din savaşı şeklinde olduğunu ileri sürdü. Başbakan, "İslam dini, bizi birbirimize bağlayan önemli bir çimontodur," dedi. Bu konuyu *Vatan* gazetesinde, 29 Kasım 2005 günü "Yine şaştı" başlıklı yazısında eleştiren Okay Gönensin şunları yazdı:

(…) Erdoğan 'İslam'ın Türk halkını birleştirici unsur' olduğunu söylüyordu.

Bu sözünden, Başbakan'ın kimlik meselelerini tam olarak öğrenmesi ve hazmetmesi gerektiği anlaşılıyor.

Doğru görüşleri hazmetmeden dile getirmenin tehlikesi budur. Laf biraz uzadığında hazmetmemiş insan kolayca şaşar.

Türk vatandaşlığını, yani Türk halkının eşit haklara sahip bir bireyi olma hakkını kazandıran unsur 'din' değildir.

Türk vatandaşı olan herkes isterse doğumunda belirlenmiş dine bağlı kalır, isterse değiştirir, isterse hiçbir dine bağlı olmaz. (...) İnsanlar inançsız olabilir. Bu da Türk olmanın ne koşulu ne de engelidir.

Hepsi Türk halkının içinde yer alma hakkına sahiptir, herhangi biri herhangi birinden farklı olmadığı gibi, hiçbirinin başkalarını kendi inancı için zorlamaya hakkı da yoktur.

Tayyip Erdoğan Türkiye'yi tanımlayan temel kavram olarak 'ılımlı İslam'ı' görüyorsa, Cumhuriyet'in temel ilkeleriyle çelişen bir anlayışa sahip demektir. Nitekim 'Türk halkını birleştiren asıl unsurun İslam' olduğunu düşünmek, böyle bir temel yanılgının ürünüdür.

T.C. Anayasası'nın 66. maddesi der ki: 'Türk Devleti'ne vatandaşlık bağı ile bağlı olan herkes Türk'tür.'

Başbakan Erdoğan'a göre, Türk değil, Türkiyeli olmak gereklidir, din ve ümmet de birleştirici unsurlardır.

Başbakan Erdoğan'ın karışıklığa neden olduğu bu ortamda, *Hürriyet* yazarı Özdemir İnce de, 29 Kasım 2005 günlü ve "Alt kültür, alt kimlik dinamitleri" başlıklı yazısında şöyle yazdı:

Parmaklarım yazmak istemiyor ama kendimi zorlayarak yazacağım: 'PKK Terörü'nü 'Kürt Sorunu'na çevirdiler ve o günden bu yana 'Kürt Sorunu' hızla 'Kürt Fesadı'na dönüştü.

Bir başbakan düşünün ki 'Türk' sözcüğünü ağzından kerpetenle sökerek alıyorsunuz, buna karşın olur olmaz yerlerde Kürt, Laz, Çerkez, Boşnak ad ve sıfatlarını sular seller gibi kullanıyor. 'Bu ülkede Türk olan açıkça ben Türk'üm, Kürt olan açıkça ben Kürdüm diyebilmeli. Laz, Lazım diyebilmeli. Kimsenin bunu engellemeye hakkı yoktur. Ancak hepimizin üst kimliği Türkiye Cumhuriyeti vatandaşlığıdır' (*Akşam* 22.11.05) derken, sözlerinin taşıdığı tehlikeli mesajın farkında bile değil.

Yine Özdemir İnce başka bir yazısında, "Ne mutlu Türk'üm diyene" sözlerinin Türk ulusallığı için ideal olduğunu ve Cumhuriyet'in ruhunu yansıttığını belirtti.

Özdemir İnce'ye göre, "Türkiye'nin kimliğini, 'Ne mutlu Türk'üm diyene' çağrısının anlamı özetlemektedir. Cumhuriyet'in toplum kimliği ulus kimliğidir. Türkiyelilik kimliği ise, ümmet kimliğidir. Ayrılıkçıların, bölücülerin, şeriatçıların, cumhuriyet ve laiklik düşmanlarının can simidi olan çağdışı dinsel kimliktir." Özdemir İnce, Atatürk'ün ulus ideali, Türkiye Cumhuriyeti'nin ruhunu en iyi yansıtan özlü sözü, "Ne mutlu Türk'üm diyene" cümlesinin anlamını beğenmeyen ve ulus idealinin yerine, ümmet anlayışını getirmek isteyen bir politikacının başbakanlık koltuğunda oturduğunu belirterek, şunları ekledi:

"Yeryüzünde hiçbir ülkede, o ülkenin devletinin varoluş cevherine, varoluş nedenine (reason d'etre) ters düşen, onunla sürtüşme halinde bir siyasal parti iktidara gelemez. Hitler ve Mussolini örneklerinde görüldüğü gibi 'geldi' diyelim, ya bu iktidar varoluş cevherini yok edecek ya da ona boyun eğecektir. Özdemir İnce'ye göre, AKP ve lideri, Cumhuriyet'in, Atatürk'ün ve devrimlerin dostu değiller.

Milli Gazete'de bu tartışmalarla ilgili görüşlerini, 26 Kasım 2005 günlü ve "Üst kimlik tartışması ve din kardeşliği" başlıklı makalesinde yansıtan Süleyman Arif Emre ise şöyle yazdı:

Sayın Erdoğan'a göre, üst kimliğimiz Türkiye vatandaşlığıdır, Türkiye mozayiğidir. Sayın Baykal'a göre Türk Milleti kavramıdır.

"Ama gerçek odur ki, en güçlü üst kimliğimiz din kardeşliğimizdir. Vatan ve milletimizin bütünlüğü tehlikeye düştüğü zaman din kardeşliği birlik ve bütünlüğü bizlere kurtuluş yollarını açmıştır.

Emre bu konuda İstiklal Savaşı'ndan örnekler verdikten sonra, şunları ekledi:

Siyonist ve Evangelist ittifakının meydana getirdiği durumla örtüşen Dick Cheney'in dünkü gazetelerde yayınlanan beyanatı, başlatılmış olan yeni Haçlı savaşının, aynı zamanda ülkemize de yönelik olduğunu göstermektedir.

Zira Güneydoğumuzda cereyan eden hadiselerin, körün attığı taş gibi tesadüfi olmadığını anlamak için, artık delile hacet kalmamıştır.

10 Kasım 2003 Atatürk'ün 65. ölüm yıldönümüydü. Her zaman olduğu gibi, bütün ülkede törenler düzenlendi, saat dokuzu beş geçe milyonlarca Türk bir dakikalık saygı duruşunda bulundu. O yıl gazeteler, "Seni Özlemle Anıyoruz" ve "Seni Unutmadık" gibi manşetlerle yayınlandı.

Kemalist ya da İslamcı, Türklerin Mustafa Kemal Atatürk'ü unutmadıkları gerçektir ve bu konuda hem büyük bir sevgi hem de bir büyük düşmanlık söz konusudur. Ben şahsen, Atatürk'ün büyük bir öngörü gücüne sahip olağanüstü bir lider olduğuna ve hastalığı nedeniyle zamansız ölümünün Türk ulusu için bir talihsizlik olduğuna inanıyorum. Atatürk'ün 67 yıl önce ölümü, reform hareketinin hızını kesmiştir.

Gazeteci Falih Rıfkı Atay, 1950'li yıllarda yazdığı *Çankaya* adlı kitabında, Atatürk'ün son yıllarını (1937-1938) anlatmıştı. Atatürk'ün yakın çevresinden olan Atay, 1937 yılından sonra Atatürk'ün sinirlerinin bozulduğunu belirterek, "Pek alıngan olmuştu," diye yazmıştı. Atay, Atatürk'teki değişikliğin karaciğerindeki illet yüzünden ortaya çıktığını önceleri bilmediklerini belirterek, şöyle devam etmişti:

> Bu, önce hafıza zayıflamasından başlamıştı. Sonra, sık sık burun kanamaları devri geldi. Sonra kaşınmalar başladı. En sonunda hastalığının ne olduğu anlaşılmıştı. İlk önceleri gerçek hastalığı kendisinden saklanmış, fakat tam bir perhiz disiplini içine alınmıştı.

Bir gece Atay eşiyle Çankaya'da iken Atatürk'ü "solgun ve sararmış" olarak gördüğünü belirterek, kitabında Atatürk'ün davetlilere, "Ben hiçbir şey içmeyeceğim, fakat siz bir şeyler içiniz, bir müddet böyle yapalım," dediğini anlatmış, şunları eklemişti:

Akşam sessiz ve neşesiz, o ve herkes kendi içine bükülmüş ve büyük bir sırrın karanlığına gömülmüş olarak geçti. Fırtınadan sonraki deniz gibi bitkin bir durgunluğu vardı. Dudakları güç oynuyordu. Güzel ince dudaklarının o kadar tatlı ve ısıtıcı gülüşü bir ıtır gibi uçup gitmişti.

"O akşam Çankaya'da dostlarıyla son sofrasıydı," diye görüşlerini belirten Atay'ın şu ifadesi Atatürk'ün son günlerini yansıtmaktadır:

"Ankara İstasyonu'na son defa selamlamaya gitmiştik. Güneyden gelen (Hatay için gittiği) trenden indi, garın salonuna kadar güçlükle geldi. Ayakta duramayarak oturdu. Yanımda bulunan (Şükrü) Saracoğlu, 'Falih, Atatürk'ün derisinin rengine bak. Bu bir ölü rengi' dedi."

Atatürk'ün Dolmabahçe Sarayı'nda ikinci ve son komaya girmeden önceki son sözleri "Saat kaç?" olmuştu. Ölmek üzereyken saatin kaç olduğu onun için önemli miydi? Ölümünün Türklerin saatini yıllar önceye, Osmanlı dönemine geri döndüreceğini mi anlamıştı? Bunu asla öğrenemeyeceğiz. Fakat emin olabileceğimiz bir şey var; Atatürk'ün kendisi bile ülkesinin şimdiki halini tanıyamazdı.

İşte benim 29 yıl yurtdışında sürgün kalıp ülkeye döndüğümde yaşadığım şok buydu. Ve benim bir zamanlar yaşadığım ülke bu değildi; bu ulus artık benim genç bir Kemalistken bildiğim reform yanlısı, heyecanlı, genç insanlardan meydana gelmiyordu. 29 yıl sonra karşılaştığım bu ulus, nüfusu plansızca aşırı derecede artmış ve türban savunucuları ile türban düşmanları arasında ikiye bölünmüş bir ulustu!

Bu ulusun Dışişleri Bakanı, kendi ülkesini türban sorunu nedeniyle Avrupa Birliği'nde şikâyet ediyordu. Dışişleri Bakanı Abdullah Gül, AKP'nin birçok kez başvurmasına karşın, Ekim 2003'te son Avrupa Birliği raporunda türban yasağının Türkiye'deki demokrasi ve insan hakları alanlarındaki sorunlar listesine dahil edilmemesini büyük eksiklik olarak belirterek şöyle dedi: "Raporda türbana özgürlük yok, çok üzgünüm." Bu olay, özellikle Fransa ve Almanya gibi ülkeler, kendi ülkelerindeki okullarda türban takılmasına karşı kurallar getirdikleri sırada oldu.

Bu çağda, laik bir devletin başbakanı, dışişleri bakanı ya da bir meclis başkanı neden eşinin saçlarını diğer erkeklerden gizleme isteği duyar ya da neden bir kadının bir erkekle el sıkışmasını ahlaka uygun görmez? Neden kadınlar bu tür bir ayrımcılığı kabul ederler? Türban onu takan kişinin daha iyi Müslüman olmasına yardım mı etmektedir ya da türban siyasal çıkar sağlamak ve erkekleri hoşnut etmek için mi kullanılmaktadır?

Daha da önemlisi, türban kadınların hapsedildiği haremden yalnızca bir adım ileri gitmiş olmak mıdır?

Cumhurbaşkanı Sezer, 8 Mart 2004 tarihinde Dünya Kadınlar Günü dolayısıyla yayınladığı mesajda, "Türkiye'nin önüne çeşitli dönemlerde getirilmeye çalışılan türban sorunu, demokrasiye sığınılarak, demokratik atılımların gölgelenmesinden başka bir anlam taşımamaktadır... Her demokratik ülke gibi Türkiye de, yasaları uygulamak ve rejime yönelik girişimleri önlemek durumundadır. Bu bağlamda, kimi insan hakları raporlarında Türkiye'ye yöneltilen eleştirilerin haklılık payı bulunmuyor. Din ve vicdan özgürlüğünün gerçek güvencesi laiklik ilkesidir," dedi.

Türkiye, Adalet Bakanı Cemil Çiçek'in Ocak 2004'te aşağıdaki açıklamayı yaptığı bir ülke haline gelmişti:

"Siyasetçiler dahil her meslek grubu içinde hırsızlar var... Ve her meslek grubu kendi hırsızını koruyor."

Ve bu ülke, İmam Hatip mezunu Başbakanlık Müsteşarı Prof. Dr. Ömer Dinçer'in laik Cumhuriyet'in ilkelerine karşı olduğunu geçmişte açıkladığı bir ülkeydi. Dinçer şöyle diyordu:

"Cumhuriyet ilkesinin zayıfladığını, işlevini kaybettiğini görüyoruz. Cumhuriyet kavramının aslında bizim için çok fazla bir anlam ifade etmediğini söylememiz mümkündür."

Oktay Ekşi, 30 Aralık 2003 tarihinde *Hürriyet*'te, "Başbakan'a Açık Mektup" başlığı ile yazdığı yazıda, Başbakanlık Müsteşarı Prof. Dr. Ömer Dinçer'in görüşleriyle ilgili olarak şunları belirtti:

Demokrasiler herkese görüşlerini özgürce ifade hakkı sağladığı ölçüde gerçekten demokrasi olurlar. O nedenle Sayın Dinçer'in üstelik bir bilim adamı sıfatıyla görüşlerini özgürce savunması saygı duyulacak bir durumdur.

Ancak Sayın Dinçer şu anda Başbakanlık Müsteşarı'dır. Tüm devlet makinesinin en üst düzeydeki bürokratıdır. Sizin adınıza yetkiler kullanır, tasarruflarda bulunur. O nedenle konumu tüm sistemi etkilemeye müsaittir.

İşte bu konumdaki bir insanın devletin temel ilkelerine karşı görüşü olamaz. Olursa o makamda oturamaz.

Oysa Sayın Dinçer, geçen hafta (24 Aralık'ta) yaptığı açıklamada: "Dokuz yıl önce, bir bilim adamı olarak ileri sürdüğü görüşlerin ve yaptığı analizlerin, aradan geçen süre zarfında dünyadaki ve Türkiye'deki gelişmelerle doğrulandığını ve bu nedenle gerek ülkemizde, gerekse yurtdışında pek çok araştırmacı ve bilim adamı tarafından da benzer sonuçlara ulaşıldığı kanısını bugün de taşıdığını" söyledi.

Sayın Dinçer kısaca diyor ki: "Ben değişmedim."

Peki değişmeyen görüşü ne imiş?

...Sayın Dinçer, "Cumhuriyet ilkesinin zayıfladığını" vurguladıktan sonra: "Cumhuriyet ilkesinin yerini katılımcı bir yönetime devretmesi gerektiği ve nihayet laiklik ilkesinin yerinin İslam'la bütünleşmesinin gerekli olduğu kanaatini taşıyorum. Böylece Türkiye Cumhuriyeti'nin başlangıçta ortaya koyduğu bütün temel ilkelerin, laiklik, cumhuriyet ve milliyetçilik gibi birçok temel ilkenin yerini daha çok katılımcı ve daha merkezi, daha Müslüman bir yapıya devretmesi zamanının geldiği düşüncesini taşıyorum," diyor.

Oktay Ekşi daha sonra, Atatürk'ün 60'ıncı ölüm yıldönümünde Erdoğan'ın söylediği sözleri hatırlatarak, Dinçer ile kendi sözleri arasındaki çelişkiye dikkat çekti. Erdoğan, 10 Kasım 2003 günü şöyle konuşmuştu: "Atatürk'ten tevarüs ettiğimiz milli egemenlik, üniter devlet ve laiklik kavramları, esas itibarıyla onun en büyük eserim dediği Cumhuriyet'in sacayaklarını teşkil etmektedir."

Fakat bu olanlara karşın, Ömer Dinçer Başbakanlık Müsteşarı olarak kaldı ve laikliğe karşı olduğunu inkâr etti.

Bütün bu gelişmeler aklıma birçok soru getiriyor.

Recep Tayyip Erdoğan, İslam'daki Kamil İnsan'ı mı temsil ediyor? Eğer öyleyse, ılımlı İslam görüşünü Kemalist reformlara zarar vermeden laik devletle bütünleştirebilecek mi? Adalet ve Kalkınma Partisi'nin köktendinci tabanını kontrol edebilecek mi?

Bunları ancak zaman gösterecek; zamanı akıllıca kullanmak onun açısından önemli. Erdoğan, kendisinin ve AKP'nin diğer lider takımının yakından izlendiklerinin farkında. Laik devletin muhafızları olan paşalar, kendisinin ve partisinin her adımını izleyerek, her hareketlerini ve sözlerini azami bir dikkatle inceliyorlar. Eğer bu paşalar, devletin laikliği ve ulusun bütünlüğü gibi Kemalizm'in temel reformlarının tehlikede olduğuna karar verirlerse, benim görüşüme göre, dünyanın ne düşüneceğine bakmadan, müdahale etmekte tereddüt etmeyebilirler. Bu müdahale, Erbakan'ın iktidardan devrilmesinde görülen türden olabilir.

Gerçek şu ki, Erdoğan'ın ve partisi AKP'nin politikaları ne olursa olsun, Necmettin Erbakan'ın gerici Milli Görüş düşüncesi, oldukça hararetli bir şekilde destekleniyor. Refah Partisi'nin gazetesi *Milli Gazete,* bu köktendinci doktrini temsil ediyor. *Milli Gazete*'nin başyazarı Mehmet Şevki Eygi, 27 Şubat 2004 günlü yazısında, şeriatsız İslam tarikatının mümkün olmadığını belirterek, tasavvufsuzluğun ve tarikatsızlığın çöküntüye yol açacağını ileri sürdü. Eygi'ye göre, Osmanlı İmparatorluğu başarının zirvesine iki kanatla, şeriat ve tarikatla yükseldi. Eygi, başka bir yazısında bu konuya değinerek şöyle yazdı:

> "İslam'ın tasavvuf, tarikat, ahlak, fazilet tarafı ihmal edilirse, genel bir bozulma, çürüme, kokuşma başlar. Müslümanlar evliyaullahtan, tarikat pirlerinden, gerçek büyük mürşidlerden koparak ayakta duramazlar."

Yazılarında, bazı Müslüman din adamlarının İslam'ın mesajını vermek için yeterli kültürleri olmadığından dert yanan Eygi, sık sık Mahkeme-i Kübra ya da Melhame-i Kübra gibi dini terimleri de kullanır. Geçmişte yazdığı "Din Düşmanlığı Terörü" başlıklı yazısı nedeniyle yasalarla başı belaya giren Eygi, ayrıca toplumlardaki uygunsuzluklardan, ahlak bozukluklarından, kızların ortalıkta göbekleri açık olarak dolaşmalarından ve kıkır kıkır gülmelerinden dert yanar. Aynı yazar, 4 Nisan 2005 günü, yine *Milli Gazete*'deki "İslam ve Batı" başlıklı yazısında şu öneriyi savundu:

> "İslam, Batı medeniyeti ile bağdaşmaz ve uyuşmaz. İkisinin arasında büyük ve derin farklılıklar vardır. Ziya Gökalp'in 'Dinim İslam, medeniyetim Garp (Batı) medeniyetidir' tekerlemesi safsatadan ibaret olup, biz Müslümanlar için bir ölçü olmaz. İslam ile Batı medeniyetinin farklılıkları teferruatta (ayrıntılarda) değil, esastadır, usuldedir."

Mehmet Şevket Eygi diyor ki:

> "(…) 'Akıl ve ilim insana yeter' prensibi yanlıştır, boştur, batıldır. Akıl ve ilim yeterli olsaydı insanlar bugünkü perişan hale düşmemiş olurlardı; tarih boyunca gırtlaklaşmazlardı. Akla ve ilme, mutlaka ilahi vahyin, nebevi nurun rehberlik etmesi, yol göstermesi gerekir. Tekrar ediyorum: İslam'ı Batı medeniyeti ile bağdaştırmaya çalışmak büyük ve öldürücü bir yanlıştır. İslam İslam'dır, Batı da Batı. İkisi bir arada olmaz. Batı normlarıyla düşünenler, Batıcı olanlar, Batılılar İslam'ı anlayamaz, idrak edemez, temsil edemez. Böyle Müslümanlar ne yapmalıdır? Yeniden ihtida etmelidir."

Dikkat buyurunuz. Bu fikirler, yine dini görüş ve inanışları Laik Türkiye Cumhuriyeti'nin tepesinde yaymaya çalışan, fakat Uygarlıklar Çatışması'na karşı Batı, dolayısıyla Avrupa Birliği ülkeleriyle işbirliği yapan AKP hükümeti ve bu hükümetin Başbakanı Erdoğan'ın politikalarıyla tam bir çelişkiye düşmektedir. Eygi, 25 Kasım 2004 günü *Milli Gazete*'de yayımlanan, "Bu Bir Din Savaşıdır" başlıklı yazısında da şöyle diyor:

> Bazı çağdaş yazarlar, gazeteciler, entellektüeller 'Bu olup bitenler apaçık bir din savaşıdır…' denilince küplere biniyorlar, 'Hayır efendim, olamaz, bunlar din min savaşı değildir…' diyorlar. Peki, bu inkârlarının gerekçesi var mıdır? Yoktur tabii…

Beylerimiz, bayanlarımız ateisttir veya dinden kopmuş, sosyolojik Müslümandır, binaenaleyh hadiselere renk körü gözüyle bakıyorlar, dine karşı soğuk oldukları için, bütün şiddetiyle cereyan eden din savaşını görmezlikten geliyorlar.

Irak'ta, Afganistan'da, Ortadoğu'da, Filistin'deki savaşlardaki en büyük faktör dindir.

Bu din savaşını anlamak için şu anda ABD'ye hakim olan Evangelist mistiği, doktrini, felsefeyi bilmek gerekir.

(...) Birleşmiş Ortadoğu Projesi emperyalist ve sömürgeci bir projedir.

İslam dünyasını gemlemek, köleleştirmek, başta petrol olmak üzere zenginliklerine el koymak için hazırlanmış bir kılıftır bu proje. Elli seneden beri İslam dünyasının trilyonlarca dolarlık petrol gelirleri talan edilmiştir.

En fazla petrol üreten ve en fazla para kazanan İslam ülkesinin serveti şu anda Amerikan bankalarındadır.

İslam dünyasına demokrasi ve hürriyet getireceklermiş. Kim inanır bu yalanlara? İslam dünyasındaki bütün zalim diktatörlükleri, kokuşmuş rejimleri Amerika desteklemiştir. Gölge etmesinler başka ihsan istemiyoruz.

Eygi, 7 Mart 2005 günlü "Kur'an" başlıklı yazısında ise, özetle şunları belirtti:

(...) Kafirler ve münafıklar İslam'ın temellerini dinamitlemek ve Müslümanları şaşırtmak için 'Kur'an tercüme edilsin, namaz Türkçe kılınsın, herkes dinini anlasın...propagandası yaparlar.'

(...) Kur'an'daki üçyüz kusur ayetin bugün hükmü kalmamıştır demek küfürdür. (...) Kur'an hükümleri evrenseldir. Her zamanda ve her mekânda (coğrafyada) geçerlidir. Kıyamet'e kadar yürürlüktedir. Kur'an ve İslam'ın reforma ihtiyacı yoktur. Müslümanların kendilerini islaha, Kur'an'ın ışığında yenilemeye ihtiyacı vardır.

1 Aralık 2003 tarihli *Milli Gazete*'de Ahmet F. Gün'ün yazısında şu satırlar yer alıyordu:

Emperyalistler, Siyonistler, işgalciler şimdi İslam coğrafyasını talan ediyorlar. İşte Filistin, Afganistan, Eritre.
İşte Irak.
Amerikalı, İngiliz, İsrailli, İtalyan, İspanyol gâvurları, İslam topraklarının kapılarını kırıp harim-i namus ve şerefini çiğniyor.

Kanımca, Amerika liderliğindeki koalisyon güçleri tarafından Irak'ın işgal edilmesi büyük bir hataydı. Çünkü bunun sonucunda Türkiye dahil, Müslüman ülkelerde Amerika ve Batı'ya karşı öfke ve nefret duyguları arttı. Amerikan yetkilileri, her gün ölüm haberlerinin gelmeye başlaması ve Irak'ın El Kaide teröristleri için bir yuva haline dönüşmesinden sonra, bu işgali gerçekleştirirken gerçekten ne düşünmüş olduklarını dünyaya açıklamakta zorlandılar. Aslında, radikal İslam'a göre yapılacak hiçbir açıklama zaten kabul edilemezdi.

İsmail Müftüoğlu, yine *Milli Gazete*'de 11 Aralık 2004 günü yayınlanan yazısında, ABD'nin Irak'ta iki bin yüzden fazla Amerikan askerinin ve binlerce Irak vatandaşının ölümlerine neden olan savaşını çok ağır bir dille eleştirerek, ABD Başkanı George W. Bush için "deccal" kelimesini kullandı. Müftüoğlu, AKP hükümetine ve Atatürk'ün görüşlerine inananlara çağrıda bulunarak, bir zamanlar ABD'nin Irak'ta Saddam Hüseyin'i silahlandırdığını ileri sürdü.

Milli Gazete bu arada, Saadet Partisi Genel Başkan Yardımcısı Temel Karamollaoğlu'nun Ankara'da verdiği bir demeçte, ABD Başkanı George W. Bush'un aklını yitirdiğini söylediğini belirtti. Bu gazete, 5 Şubat 2005 günlü, "Dünyayı yıkmak isteyen bu deliye kim 'Dur' diyecek – Bush'a uşak olmayın" başlıklı Ankara Bürosu haberinde şöyle yazdı:

> Saadet Partisi Genel Başkan Yardımcısı Temel Karamollaoğlu, ABD Başkanı Bush'un İslam ülkelerini tehdit eden son konuşmasının niyetinin ne olduğunun apaçık göstergesi olduğunu belirterek, (şu sözleri ekledi:) "Anlaşılıyor ki, Bush aklını yitirmiş. Bir devlet adamı nasıl olur da bütün İslam alemini karşısına alır, kendisine düşman seçer ve saldırılarda

bulunur? Adam, dünyayı yakıp yıkmaya hazırlanıyor. İşte bu noktada hükümeti uyarıyorum, oturup bütün politikalarını elden geçirmeleri gerekir. Kendi geleceğini, ülkenin ve İslam aleminin geleceğini düşünsünler. Aklı selim insanlarla oturup konuşsunlar. ABD maşası, uşağı olmayı başarılı politikaları olarak sayarlarsa, kendileri de ABD ile aynı konuma düşer. Bizi Bush'un konuşmasından çok, Türk hükümetinin tavrı ilgilendiriyor. O tavır ya bizi İslam aleminden, geçmişimizden kopararak son Osmanlı varisini ortadan kaldıracak, ya da tarihimizin bize yüklediği misyon ile ABD'ye dur diyecek."

"(...) Bush İslam coğrafyasını yeniden düzenleyecek, sınırları da yeniden belirleyecek hareketlere ve müdahalelere girişecektir. En tehlikelisi ise, İslam'ın özünü tahrip edecek adımlar atacak, attıracak. Bunu da İslam ülkelerinin yöneticileri ve düşünce adamları eliyle gerçekleştirecek. Esas tehlikeli nokta buradadır."

Haberde Karamollaoğlu'nun, bütün bu harekatı planlayan Bush'un en büyük desteği de Türkiye'den beklediğine işaret ettiğini, AKP iktidarının kendini tamamen ABD'ye adadığını, ara sıra ABD'ye yönelik çıkışlarının da ne kadar samimi olduğunun bugünlerde görüleceğini ifade ettiği ileri sürüldü.

Türkiye'de, İslami hareketin iç dünyasındaki derin görüş ayrılıkları ile ilgili çarpıcı çelişme, İslami medyadaki yazılarda ortaya çıkmaktadır. Dr. Abdullah Özkan, 7 Ekim 2004 günü *Milli Gazete*'de yayımlanan "AB ve Ezan Sesi" başlıklı yazısında, siyasal (AKP) iktidarın, "Biz AB'ye kendi kimlik ve kültürümüzle üye olacağız!" dediğini belirterek şunları yazdı:

> Oysa gelişmeler hiç de öyle olmayacağını gösteriyor. AB Komisyonu'nun şimdiye kadar Türkiye ile ilgili hazırladığı tüm 'ilerleme raporlarına' bakın, Türk halkının kimlik ve kültürünü yansıtan bir tane madde bulamazsınız. Ama azınlıklarla ilgili pek çok ayrıntı görürsünüz...
>
> (...) Avrupa Birliği Türkiye'yi 'yumuşak lokma' haline gelmiş, değerlerini terk etmiş, yörüngesini kaybetmiş, yolunu şaşırmış bir halde istiyor.

Bugünkü iktidar da tam bunu yapıyor, Türkiye'nin yörüngesini kaydırıyor. Uluslararası dergiler Erdoğan'ı boşuna kapak yapmıyor, Almanya boşuna ödül vermiyor, Verheugen boşuna övücü sözler söylemiyor...

Çünkü bu iktidar Türkiye'nin AB'ye teslim olmasını hiç ummadıkları şekilde hızlandırıyor. Övmesinler, sırtlarını sıvazlamasınlar da ne yapsınlar!

Radikal İslam'ın Afganistan, Filistin ve Irak'taki olaylar konusundaki bu rahatsızlığı, 2004'ün sonu ile 2005'in başında, Türkiye'de Amerika Birleşik Devletleri'ne karşı miting ve gösterilerin yapılmasına neden oldu. "Zalimlere Lanet" adı verilen bu büyük mitingler, Saadet Partisi tarafından birçok kentte düzenlendi. Milli Görüş lideri Necmettin Erbakan mitinglere destek vererek, bu mitinglere katılanların samimi direnişlerinin, Siyonist güçlerin İslam coğrafyasına sevkettiği haç sefercisini defedeceğini belirtti.

Başbakan Erdoğan'ın İslam'ın demokrasi ile uyum içinde bir arada olabileceği yolundaki inancına karşın, İslam'ı Batı'nın demokrasi anlayışı ile bütünleştirmenin zor bir mesele olduğu görülüyor. Erdoğan'ın AKP iktidarı 3 yıllık bir sürede, köktendinci tabanına yaranmak uğruna, ülkeye faydası olmayan konularda yersiz tartışmalar yaratarak, çok önemli zaman kayıplarına neden oldu ve toplumu böldü. AKP, Türkiye'nin başına musallat olan, zücaciye dükkânında etrafına devamlı çifte sallayan huysuz, sinirleri gergin bir kısrak gibi davranmakta. Bu partinin birbiri ardından yarattığı huzursuz tartışmaların arasında inatla, hiçbir ödün vermediği konular arasında türban geliyor. AKP'nin Avrupa İnsan Hakları Mahkemesi'nin türbanla ilgili kararına karşı direnci dikkat çekicidir. Başbakan'ın türban hakkında AİHM'nin değil, ulemanın söz ve karar sahibi olabileceğini ısrarla belirtmesi, türbanın AKP tarafından araç olarak kullanıldığı inancını destekliyor. Zina konusu... YÖK karşıtı, İmam-hatip Okulları destekli tavırları... AKP belediyelerinin lokantalarda içkili servisi yasaklama amacıyla bu lokantaları kent dışındaki kırmızı mahallelere sürmeleri... Okul ders kitaplarından Kemal Atatürk'ün silinmesi... Ve yeşil park alanına cami inşa etme gibi istekler de AKP'ye, köktendinciliğe dayanan kendi görüş ve inançlarını topluma kabul ettirmek için dayatan bir parti görüntüsünü veriyor. Dolayısıyla, Türkiye'de son 3 yılda dincilik eylemleri daha yaygınlaşarak, Atatürk'ün başardığı ilerici devrimlere ve T.C. bünyesindeki laiklik anlayışına daha çok ve vahim darbeler indirilmiş oldu. Ülkede, AKP'nin 3 Ekim 2005 günü başlayan Avrupa Birliği üyelik müzakerelerini, askeri saf dışı bırakmak amacıyla bir koz olarak kullandığı inancı da yaygın hale geldi. Bu politika oyunları genellikle, AKP'nin, İran'daki ayetullahların İslami faşizm yönetimine, ya da Suudi Arabistan'ın Vahabi ve Selefi kurallarına benzer bir sisteme doğru adım adım varmak istediği inancını güçlendirdi.

Bu konularda Türker Alkan'ın, 27 Kasım 2005 günü *Radikal* gazetesinde yayımlanan "Yeni kavgalara doğru" başlıklı yazısı ilgi çekicidir:

> Benim öğrencilik yıllarımda 'türban' diye bir sorun yoktu. Ama isteyen kız öğrenciler pekâlâ okula başörtüsüyle gelir, derslere girer ve bu durum kimsenin dikkatini çekmezdi.
>
> Vaktaki başörtüsü 'türban' olarak belirli bir siyasal tavrın simgesi yapılana dek. Ne zaman ki türban şeriatçılığın, dinciliğin simgesi oldu, ülke iki kutba ayrıldı: Türban yandaşları ve karşıtları. Türbanlı kızların kamusal alanlara girmesi sorun olmaya başladı.
>
> Toplum ikiye bölündü.
>
> Bu memlekette yüzyıllardır içki içilir. IV. Murat gibi ceberrut padişahların dışında bunu sorun yapan çıkmadı (şimdi de I. Tayyip aynı yolun yolcusuna benziyor). Toplum 'içkici kafirler' ve 'içki içmeyen Müslümanlar' olarak ikiye ayrılmadı.
>
> Ta ki son günlere kadar. Şimdi gün geçmiyor ki yeni bir içki yasağı duyulmasın: Falanca belediye içki ruhsatlarını vermiyor, iptal ediyor, içki satışı yapan yerleri kent dışına sürüyor...
>
> Ve gerekçelerinde dini bir neden yok. 'Günah olduğu için yapıyoruz' demiyorlar. Gençleri korumak, asayişi sağlamak gerekçesiyle toplumu durup dururken tekrar bölme, düşman kamplara ayırma çabasındalar.
>
> Devletin toplumsal bütünlüğü, dayanışmayı sağlaması bek-

lenirken, AKP'nin merkezi ve yerel yönetimleri tam tersini yapıyor.

Son günlere kadar yüzme havuzlarında kadın-erkek ayırımı diye bir dert yoktu. AKP'li belediyeler büyük bir gayretle toplumu bu konuda da bölmeye çalışıyor.

(...) Artık sadece 'türban' kavgası yapmayacağız. Bundan sonra 'içki' ve 'harem-selamlık' kavgalarımız da gündemde.

(...) AKP bu kafayla gerçekten AB'ye gireceğimize inanıyor mu? Yoksa başta Avrupalılar olmak üzere hepimizi işletiyor mu? Sormadan edemiyor insan.

Sık sık Türk ulusuna, Kemalizm'e ve Kemalistlere ne olduğunu düşünürüm. Halkın reform yıllarındaki o heyecanını kaybetmesine sebep olan neydi? O reform yıllarında, "Çıktık açık alınla on yılda her savaştan / On yılda on beş milyon genç yarattık her yaştan" diyen marşlar söylerdik.

Bu doğruydu, o zamanlar yalnızca onbeş milyonduk; yoksul fakat sonunda bağımsızlığını kazanmış, aydınlanmış, birlik içinde; medeni ve gururlu bir ulustuk. Kendimize güveniyorduk ve kendimizi tamamen diğer uluslara yetişmek düşüncesine adamıştık. 29 Ekim 1933, laik devletin ve bir ulus doğuşunun 10. yılıydı.

O yıldönümü, biz genç Kemalistler için devam eden reform sürecinde göstereceğimiz daha da büyük çabaların başlangıcı anlamına geliyordu. Oysa 72 yıl sonra, 70 milyon Türk vatandaşının yeni kimlik arayışı içinde bölünmesini ve kurtuluşu Atatürk'ün gerçek mirasında değil gerici İslam'da bulduğunu görmek sarsıcıydı.

Atatürk, Batı'nın sahip olduğu bilgiye erişilmesini ve gerçekleştirilen reformların korunmasını vasiyet etmişti, kendi imajının idealize edilmesini değil. Kemalistler en büyük hatayı bu noktada yaptılar. Atatürk'ün bu vasiyetini görmezden gelip, halkı bütünleştirici bir kültür yaratamadılar ve bunun sonucunda da onun reform hareketini sürdürmek için gereken heyecanı kaybettiler. Daha önce de değindiğim gibi, bazı politikacılar Kemalist maskesi altında, kendi kişisel ve siyasal çıkarları için İslam yanlısı hareketleri desteklediler ve bazıları da kendi hedeflerini halkın gözünde önemsetmek için Atatürk'ün adını kullandılar.

Bu durum, üzücü de olsa şu soruyu sormamızı gerektiriyor: Gerçekte kimdir bu Kemalistler?

Sovyetler Birliği'nin yıkılışından sonra büyük bir coşkuyla kapitalizmi benimseyen ılımlı solcular ya da komünistler mi? Gerici İslamcılar ya da Adalet ve Kalkınma Partisi'ndeki İslamcılar mı? Yolsuzluklara bulaşmış tutucu politikacılar, medyanın ve iş dünyasının soyguncu baronları ya da Atatürk'ün kendi partisi Cumhuriyet Halk Partisi'nin üyeleri mi? Bu parti bir dönem, Adnan Menderes'in Demokrat Partisi'ni destekledikleri için eğitimsiz, cahil köylüler Haso'larla Memo'ları suçlardı. Fakat reformlar konusunda toplumdaki öncü rolünü kaybeden aynı CHP, 1950'lerden bu yana sol, Kemalist ve İslamcı ideolojiler arasında bocaladıktan sonra, 2003 yılının Kasım ayında Kemalist fikirleri yeniden tanımlamaya çalışıyor; sosyal demokrasi, Kemalizm ve İslam'ın Türklere uygun bir şekilde nasıl bir araya getirilebileceğini araştırarak seçimi kazanma şansı arıyordu.

Fakat bu çabalar biraz geç kalmıştı; çünkü artık İslam yanlıları devleti ele geçmiş ve Avrupa Birliği üyeliği için refomları Meclis'ten geçirmekle meşguldü. İslam yanlısı bir partinin kendi varlığını sürdürebilmek ve daha da güçlenebilmek için bu üyeliği bir fırsat olarak görmesi, yaşadığımız dönemin garipliğini sergilemektedir. Türkiye'nin Avrupa Birliği üyeliğinin, Erdoğan'ın Adalet ve Kalkınma Partisi için bir can yeleği işlevi gördüğü açıkça ortadadır.

Kanımca, Erdoğan ve muhalefetteki CHP'nin lideri Deniz Baykal arasında, Mart 2004'teki yerel seçimler sırasında meydana gelen bir tartışma bugünkü Kemalistlerin içinde bulunduğu durumu gösteriyor. Bolu'daki bir mitingde konuşan Başbakan Erdoğan şunları söyledi: "Bunların (CHP) kökü Atatürk değil, CHP, Atatürkçü bir parti değil. Eğer Atatürkçü bir parti olsalardı, para ve pullardan Atatürk'ün resmini çıkarmazlardı. CHP Atatürkçülüğü istismar ediyor. Gerçek Atatürkçü parti biziz."

CHP Genel Başkanı Deniz Baykal, Erdoğan'ın bu sözleri ve "CHP'nin kökü bereketsiz" demesi üzerine, Başbakan Erdoğan'ın son günlerde ağzını bozduğunu ileri sürerek şöyle konuştu:

"İçimden CHP kadar kafana taş düşsün demek geliyor. CHP'nin kökü sana niye bu kadar rahatsızlık veriyor? Otur oturduğun yerde, o Talibancının dizinin dibinde çektirdiğin fotoğrafların hesabını ver. Başbakan, ağzının fermuarını kapalı tutmayı öğrenmelidir."

Baykal ayrıca, CHP'nin kökünün Atatürk olduğunu vurgulayarak, "Mustafa Kemal Atatürk'ün bereketine laf söyleyecek adam mısın?" dedi.

Erdoğan daha sonra, Başbakan olarak aldığı maaştan (4500 dolar civarında) yakınarak, aylık ücretinin ailesinin geçimi için yeterli olmadığını söyledi ve bazı ticari faaliyetlere karışmayı sürdürdü. Alman Şansölyesi Gerhard Schröder'e Türkiye'yi ziyareti sırasında maaşının ne kadar olduğunu soran (15.000 dolardan fazla) Erdoğan, muhalefet tarafından aynı zamanda hem başbakanlık hem de tüccarlık yapmak ve milyonlarca Türk vatandaşı ayda 200 dolar getiren bir iş bile bulamazken, kendi maaşı hakkında Alman lidere yakınmakla suçlandı.

Ülkemde yaşanan bu inanılmaz dönüşüme yakından tanık olup, bu vatanın alçaklar, mafya babaları ve din sahtekârları için bir cennet haline geldiğini, adalet sisteminin şüphe altında kaldığını gördükçe, Orhan Veli'nin bir şiirini hatırlarım:

> Neler yapmadık bu vatan için!
> Kimimiz öldük
> Kimimiz nutuk söyledik.

O atılan nutukları ben de hatırlıyorum. Adnan Menderes, yarım yüzyıl önce bir seçim döneminde, "Siz isterseniz hilafeti bile getirirsiniz," demişti. Menderes'in bu nutukları, köktendinci İslamcıların attıkları "Hilafeti isteriz! Şeriatı isteriz!" sloganlarıyla hâlâ Türkiye'nin sokaklarında yankısını buluyor.

İşte şeriatın ve hilafetin tekrar geri gelerek Türkiye'de laik reformları ortadan kaldırabileceğine dair bu şiddetli korku, ülkenin geleceğinin üzerine bir hayalet gibi çökmüş durumda. 3. Ordu Komutanı Orgeneral Oktar Ataman, Şubat 2004'de Erzurum'un Tekederesi Köyü yakınlarındaki "Çığ Tatbikatı" esnasında vatandaşlarla yaptığı konuşmada şunları söyledi:

"Türk Silahlı Kuvvetleri'nin mensupları sizler gibi güçlü bir aile yapısına sahip, Türk geleneklerine bağlı, inanç sahibi kişilerdir. En büyük komutanından en genç erine kadar hemen tamamı sizler gibi mütevazı ailelerin çocuklarıdır."

Orgeneral Ataman şunları da ekledi: "Bu konuların aksini ima yolu ile dahi gündeme getirmek kimsenin haddi olmadığı gibi, bu tür iddiaları ileri sürmek, Türk Silahlı Kuvvetleri hakkında asılsız dedikodular çıkarmak, ordusu ile milleti arasına nifak tohumları sokmaya çalışmak, bu millete ihanettir. Ancak bilmeliyiz ki, bu iddia sahiplerinin sinsi ve asla vazgeçmedikleri değişmeyen amaçları vardır: 80 yıllık Cumhuriyet'in temel ilkesi olan laikliği yıkıp, yerine irticai düşünceye ve şeriat düzenine dayalı bir devlet sistemi oturtmak. Bu amaçlarının önündeki en büyük engel olarak askeri gördükleri için milletle ordusunun arasını açmaya çabalamaktadırlar. Ama bu gayretleri boşunadır."

Türkiye'de kırk yıldır üç büyük sorun üzerinde endişe hakimdir: Yüksek enflasyon; yolsuzluk; ve ayrılıkçı Kürt hareketi, radikal İslam ve komünist aşırılar tarafından yaratılan terorizm. Bu konularda duyulan endişeler, demokratik olmayan kurallar alınmasına yardım etmiş, reform hareketini yavaşlatmış ve bugünkü kimlik krizine yol açmıştır. Daha da önemlisi, gerici İslam konusunda gerçek bir endişe vardır ve bu durum laikler ile İslam yanlısı Türkler arasındaki mücadelenin sonucunda belirleyici bir rol oynayacaktır. Sonuç olarak, bu konuda bulunacak çözüm, Türkiye'nin gelecekte, herkese eşit adalet ve fırsatlar sunan, ekonomisi liberal, şeffaf, laik, demokratik bir ülke mi, yoksa büyük bir ülke olma hedefine gerici İslam'ın kurallarını uygulayarak ulaşmayı uman bir ülke mi olacağı konusunda belirleyici bir etken olacak.

Bu çözüm aynı zamanda, Ortadoğu ve Hazar Denizi bölgesindeki diğer Müslüman ülkelere de büyük değişiklikler getirecek. Amerika, Rusya ve Avrupa Birliği içinde yer alan ülkeler de bu dönüşümün etkilerini hissedecek. Bunun nedeni, Türkiye'nin Büyük Ortadoğu Girişimi'nin gelişiminde ve terörizm savaşında yer alan ülkelerden biri olmasıdır. Bu proje, ekonomik ve kültürel değişiklikler yaparak, ilgili ülkelerin eğitim standartlarının yükseltilmesi ve gerici İslam'ın değil, ılımlı İslam'ın egemen olduğu bir bölge yaratmak amacındadır. Bölgede var olan yoksulluk, cahillik ve dini bağnazlık nedeniyle, bunu sağlamak büyük ve zor bir iştir.

Genelkurmay İkinci Başkanı Orgeneral İlker Başbuğ, Mart 2004'te Washington'da Büyük Ortadoğu Girişimi (Büyük Ortadoğu Projesi-BOP) ile ilgili olarak gazetecilere, "Hem laik devlet hem de ılımlı İslam bir arada olmaz," diyerek şunları söyledi: "Türkiye, Anayasası'nın 21nci maddesinde yer aldığı gibi laik, demokratik, sosyal bir hukuk devletidir. Bu bir model olarak benimsenirse seviniriz. Bazı çevreler, Türkiye ılımlı İslam diye kavramlar üretiyorlar. Hem laik bir devlet hem de ılımlı İslam devleti bir arada olmaz. Böyle bir şey olmaz. Türkiye böyle kuruldu, böyle devam edecek. Konuştuğumuz yetkililer de bunu net olarak anladılar."

ABD Dışişleri Bakanı Colin Powell'a Nisan 2004'te Berlin'de, Alman ZDF Televizyonu'ndaki "Berlin Mitte" programında Maybrit İllner şu soruyu sordu: "ABD, Irak'ta savaşı kaybetti mi? Çünkü görülüyor ki, serbest seçimlerden sonra Irak İslami bir cumhuriyet olacak. Mollalar iş başına gelecek."

Colin Powell'ın cevabı şöyle oldu: "Hayır, kaybetmedi. Irak'ta İslami bir cumhuriyet olacak, tıpkı başka İslami cumhuriyetlerde olduğu gibi, Türkiye ve Pakistan gibi. Fakat bu anayasal bir çerçevede ve şeriat kanunları içinde olacak. Kuran, hukukun kaynaklarından biri olacak. Irak'ın demokratik bir ülke ve İslami bir devlet olmasını umuyoruz. Çünkü İslamiyet, ülkenin en büyük dini. İslam'ın demokrasiyle yanyana bulunmaması için herhangi bir neden yok. İkisinin birlikte olamayacakları şeklinde bir değerlendirmemiz yok. Niçin Türkiye gibi bir İslam ülkesi, aynı zamanda Türkiye'deki gibi demokrasi olmasın."

Colin Powell, daha sonra sözlerinin yanlış anlaşıldığını söylese de olan olmuştu. Bu konuşma üzerine Bekir Coşkun, *Hürriyet* gazetesinde 6 Nisan 2004 günlü "Ayna ayna" başlıklı yazısında, "Türkiye'nin imajı değişti. Laik Cumhuriyet gibi göstermiyor aynalar," diye yazdı ve şunları ekledi:

"Powell'in sözleri için Gaf dedi medya.

Oysa değil.

Artık İslam Cumhuriyeti gibi gözüküyoruz."

28 Mart 2004 tarihinde yapılan yerel seçimler, muhalefet ve ül-

kenin laik imajına karşı büyük bir yenilgiydi. Başbakan Erdoğan'ın Adalet ve Kalkınma Partisi, seçimlerde ülke çapında önde gitti ve oyların yüzde 41,9'unu aldı; muhalefetteki CHP'nin oy oranı ise yüzde 18,1 idi. Bunun üzerine Erdoğan, 'Partimiz tabanını genişletti," açıklamasını yaptı, ki bu doğruydu. İki milyon kişi daha AKP'ye oy vermişti. 500 bin oy kaybeden CHP ise, tekrar bir siyasal bunalıma girdi. AKP bir anlamda hem partinin İslami karakterini hem de belediyelerdeki iyi yönetimini onaylatmıştı.

Ve Kemalizm de bir kez daha ağır bir yenilgi almıştı.

Ertuğrul Özkök, *Hürriyet*'teki yazısında, İslamcıların seçimi kazanmasını siyasal ve sosyal bir tsunami olarak niteleyerek, modası geçmiş bir solculuk demagojisi ve yalnız laiklik kavramıyla bu dev dalgalara karşı durmanın olanaksız olduğunu iddia etti.

5 Nisan 2004 tarihli *Radikal* gazetesinde Neşe Düzel'in Ankara Üniversitesi Siyasal Bilgiler Fakültesi'nden Profesör Baskın Oran'la yaptığı röportaj yayınlandı. Oran, bu röportaj sırasında, Kemalistlerin Birleşmiş Milletler'le Kıbrıs konusunda yürütülen pazarlıklarda ortaya koydukları muhalif tavır hakkında şöyle diyordu: "1930 Kemalistleri 'vermeyiz' diyor. Elinde mi vermemek. Kıbrıs Lozan'da verildi. Lozan mükemmel ver kurtuldur... Mustafa Kemal, Lozan'da inanılmaz ödünler vererek İmparatorluğun bittiğini tescil etti. Şimdi Mustafa Kemal'in kurduğu ve görevini yapmış olan ulus-devlet de bitiyor...1930 Kemalizm'i, 2000'ler için gericilik, 1930'lar için ilericiliktir."

Kemalizm ve Cumhuriyet'in laikliği üzerindeki bu farklı görüşler, Türkiye'nin Büyük Ortadoğu Girişimi'nde nasıl bir rol oynaması gerektiği konusundaki soruyu tekrar karşımıza çıkarıyor. Bu rol, Müslüman bir nüfusa sahip, laik, demokratik bir hukuk devletinin mi, yoksa laikliğin anayasasında yalnızca sembolik olarak yazılı kaldığı bir İslam ülkesinin mi rolü olacak?

Sonuç ne olursa olsun, Türkiye'nin bu geniş bölgenin geleceğindeki rolü çok önemli olacak. Buna karşın, Irak'ta ortaya çıkan tehlikeli durum, buna ek olarak Afganistan ve Filistin'deki sorunlar, El Kaide'nin ve diğer din temelli terör örgütlerinin dehşet verici eylemleri, İran, Pakistan, bazı Arap ülkeleri ve ayrıca Türkiye'de Büyük Ortadoğu Girişimi'ne karşı gösterilen güçlü muhalefet, bu projenin gerçekleştirilmesinin önündeki güçlü engeller olarak ortaya çıkıyor.

Kanımca, Büyük Ortadoğu Girişimi'nin yalnızca İran, Pakistan ve diğer Arap ülkelerinde değil, Türkiye'de de karşılaştığı en başta gelen sorunlardan birisi, Amerika Birleşik Devletleri'nin İslam'a karşı başlatılan yeni bir Haçlı seferinin lideri olduğu; Amerika'nın ve Batılı ülkelerin, yani Hıristiyan dünyasının, zengin petrol yataklarını kontrol altına almak ve İslam dinini yok etmek için bölgeyi sömürgeleştirmeyi amaçladığı konusundaki yaygın inançtır.

Sonsöz

Associated Press Haber Ajansı'nın 14 Temmuz 1997 tarihinde yayınladığı aşağıdaki haber, Amerika'da bazı gazetelerde yer aldı:

Demirel Gazetecilerin Hapsedilmesini Savundu

ANKARA, TÜRKİYE- Türkiye Cumhuriyeti Cumhurbaşkanı, pazar günü Batılı bir medya grubuyla yaptığı görüşmede, hükümetin medya üzerindeki kontrolünün azaltılacağı sözünü verirken, 80 gazetecinin hapsedilmiş olmasını savundu.

Cumhurbaşkanı Süleyman Demirel, merkezi New York'ta bulunan Gazetecileri Koruma Komitesi Başkanı Terry Anderson ve diğer üyeleri kabulünde, hapisteki gazeteciler konusunda, "Eminim sadece gazeteci oldukları için hapiste değiller," dedi.

Demirel'le görüşen delegasyon ise, mevcut durumun kabul edilebilir olmadığını belirtti.

Anderson, "Bir insanın görüşlerini açıkladığı için cezalandırılmaması demokrasinin temel bir ilkesidir," dedi. Terry Anderson, 1985 yılında Associated Press Ajansı'nın Ortadoğu temsilciliğini yapmakta olduğu sırada, Beyrut'ta aşırı İslamcılar tarafından kaçırılmış ve yedi yıl boyunca alıkonulmuştu.

Kedi-Fare Oyunu

1923– Kemal Atatürk laik Cumhuriyet'i kurarak, 1938'de öldüğü tarihe kadar yaptığı reformlarla hukuk, sosyal ve eğitim alanlarında modernleşme gerçekleştirdi ve Avrupa tarzı bir yaşam benimsenmesini sağladı.

1950– Demokrat Parti, serbest seçimlerde ezici bir zafer kazandı ve bu partinin lideri Adnan Menderes, Kemalizm'in laik uygulamalarını gevşetti. Demokrat Parti'nin iktidarında, İmam Hatip Okullarının açılmasına izin verildi, ezanlar tekrar Arapça okunmaya başlandı, devlet radyosunda Kuran okunmasına izin verildi. Adnan Menderes, 1960 darbesinin ardından, İmralı Adası'nda idam edildi.

1969– Necmettin Erbakan, İslami temellere dayanan Milli Selamet Partisi'ni kurdu. Bu parti, 1971 yılında laik anayasaya karşı faaliyet göstermekle suçlanarak kapatıldı.

1970– Önceleri Menderes yönetiminde barajların yapımında görev alan ve sonra da Başbakan olan Süleyman Demirel'in Adalet Partisi, halk arasında destek kazanmak ve Sovyetler Birliği'nin etkisindeki komünist hareketlerle mücadele etmek için İslam'ı kullandı. *Hürriyet* gazetesi, 19 Haziran 1970 günü Demirel'e istifa çağrısında bulundu ve Mart 1971'de ordunun muhtırası üzerine Demirel başbakanlıktan ayrıldı.

1972– Necmettin Erbakan'ın yandaşları, Milli Selamet Partisi adında yeni bir İslamcı parti kurdular ve bu sayede Erbakan'ın 1970'lerdeki zayıf koalisyon hükümetlerine katılması olanağı doğdu.

1980– Silahlı Kuvvetler, Kaos Dönemi'ni sona erdirerek, aşırı sol ile aşırı sağ arasındaki kanlı olayları durdurmak üzere Cumhuriyet tarihindeki üçüncü askeri darbeyi gerçekleştirdi. Bütün siyasal partiler yasaklandı ve liderleri hapsedildi.

1983– Askerler, iktidarı bir kez daha sivillere devrettiler. Erbakan, İslamcı Refah Partisi'ne destek vererek, 1987'de siyasal yasaklar kaldırılır kaldırılmaz bu partinin lideri oldu.

Anavatan Partisi (ANAP), 1983 yılında yapılan parlamento seçimlerini kazandı ve Nakşibendi tarikatı Türk devleti içinde önemli bir yer edindi. ANAP lideri Turgut Özal, kardeşi Korkut Özal ve bazı kabine üyeleri Nakşibendi tarikatına üyeydiler.

Bu tarikat, İslamcı Necmettin Erbakan'ın Türkiye'nin laik yüzünü değiştirme çabalarına yardım ederek hükümette önemli rol oynadı.

1995– Aralık ayında Refah Partisi genel seçimlerde birinci oldu ve Erbakan 1996 yılında laik Tansu Çiller'in Doğru Yol Partisi ile koalisyon hükümeti kurdu. Bu durum, ordu generallerinin de aralarında bulunduğu laik kesimin öfkesine neden oldu. Başbakan Necmettin Erbakan, İslamcı bir program izleyerek, İslam NATO'su ve İslam Ortak Pazar'ı kurulmasını önerdi, ayrıca devlet dairelerindeki türban yasağının kaldırılacağını taahhüt etti. Bazı laik kurumların içinde cami yapılacağını duyurdu. Generaller hükümetin İslami uygulamalarını durdurması talebinde bulundu. 18 Haziran 1997'de, generallerin baskılarının ardından, İslamcıların başını çektiği hükümet sona erdi.

1998– Anayasa Mahkemesi, Refah Partisi'ni laik anayasaya karşı girişimlerde bulunduğu gerekçesiyle yasadışı ilan etti. Erbakan'ın beş yıl boyunca siyaset yapması yasaklandı. Meclis'teki eski Refah Partililer, yeni kurulan İslamcı Fazilet Partisi'ne katıldılar. Erbakan, bu partiyi geri plandan yönetmeye devam etti.

1999– Nisan ayındaki genel seçimlerde Bülent Ecevit'in lideri olduğu Demokratik Sol Parti ile Alparslan Türkeş'in Pan-Turanist Milliyetçi Hareket Partisi (MHP) Meclis'teki sandalye sayılarını artırırken, Fazilet Partisi oy kaybetti. Mayıs ayında, kayıplar nedeniyle hayal kırıklığı içinde olan İslamcılar, Meclis'te türban krizi çıkardılar. Bir hafta sonra, Yargıtay Cumhuriyet Başsavcısı Vural

Savaş, Anayasa Mahkemesi'nde dava açarak Fazilet Partisi'nin laiklik karşıtı faaliyetleri nedeniyle kapatılmasını istedi. Daha sonra yine mayıs ayında, Ecevit liderliğindeki Demokratik Sol Parti, MHP ve ANAP'la koalisyon hükümeti kurdu.

17 Ağustos 1999 tarihinde meydana gelen 7.4 şiddetinde büyük bir deprem, Türkiye'nin kuzeybatısındaki endüstri bölgesini harabeye çevirerek, en azından 17.000 kişinin ölümüne neden oldu. Türk hükümeti, bu tarz bir felakete hazırlıklı değildi ve çok az insan kurtarılabildi. Bu deprem, Yunanistan ve Türkiye arasındaki gerginliğin azalmasını sağladı.

Nisan 2000– Meclis, Demirel'in Cumhurbaşkanlığı süresinin uzatılarak bir dönem daha görev yapması için Ecevit hükümetinin verdiği anayasa değişikliği önerisini reddetti. Bu durum, demokrasi için bir zafer olarak değerlendirildi. Meclis'in öneriyi reddetmesinin ardından *Radikal* gazetesi, "Oyun Bitti" manşetini attı. Diğer gazeteler de, 76 yaşındaki Demirel'in kariyerinin sona erdiğini açıkladılar. Demirel ise, "Evime dönerim ama evde oturmam, tavuk besleyip çiçek sulayacak değilim," dedi.

Mayıs 2000- TBMM, 58 yaşındaki Anayasa Mahkemesi Başkanı Ahmet Necdet Sezer'i, Cumhurbaşkanı olarak seçti.

Şubat 2001– Cumhurbaşkanı Sezer ile Başbakan Bülent Ecevit arasında hükümetin yolsuzluklarla başa çıkma konusundaki yetersizliği konusunda çıkan tartışma üzerine Türk Lirası, dolar karşısında büyük değer kaybetti ve ardından ağır bir ekonomik kriz yaşandı.

Haziran 2001– Anayasa Mahkemesi, Fazilet Partisi'ni yasakladı ve İslamcılar Erbakan'ın gelenekçi Saadet Partisi ile, ılımlı İslamcı Recep Tayyip Erdoğan'ın Adalet ve Kalkınma Partisi (AKP) arasında ikiye bölündüler.

3 Kasım 2002– AKP, genel seçimde büyük bir zafer kazandı, böylece Recep Tayyip Erdoğan'a başbakan olma yolu açıldı. Laikler, güçlü İslami temelleri olan AKP'nin yoksulluk nedeniyle takıyye yaparak seçimi kazandığını, gerçekte laik devlete karşı İslam yanlısı planları içeren gizli bir programlarının olduğunu savundular.

Teşekkür

𝓑u kitap, eşim Magrid'in büyük desteği ve Florida, Bonita Springs'teki Bob Abramson'un önerileri olmadan yazılamayabilirdi. Onlara teşekkür ederim.

Florida, Naples'daki Whitehall Printing Company'nin Başkanı Mike Hirsch'e, Prometheus Books'taki çok değerli yardımlarından dolayı Editör Steven L. Mitchell'a, Üretim Müdürü Christine Kramer'a ve Yardımcı Editör Heather Ammermuller'a özel teşekkürlerimi sunarım.

Oğullarım Ali ve Mike, kitabın gelişiminde ve İngilizce metinde yer alan Türkçe fontlarda, bilgisayar uzmanlıkları ile çok önemli yardımlarda bulundular. Onlara, ayrıca Polonezköy ile ilgili bölümde ve Türkiye'deki son sosyal gelişmeler hakkında gerekli bilgileri sağlayan kızım Nilüfer'e teşekkür ederim.

Dizin

Abasıyanık, Sait Faik, 33
Abbasi halifeleri, 336
Abdul Said Mir Alim, 78
Abdülhamit I, 154, 157, 354
Abdülhamit II, 50, 62, 64, 96, 108, 339
Abdülillah, 180
Abdülmecid I, 268
Abdülmecid II,
Abdülselam, Arif, 181
Abiderya, 71
Abigadol, Meryem, 200, 202, 205
Acubey, Aleksey, 161
Adalet Partisi, 13, 14, 22, 23, 201, 249-50, 268, 290, 292, 294, 389, 390, 453,
Adalet ve Kalkınma Partisi (AKP), 16, 300, 301, 309, 396-97, 399, 400, 405,-12, 414, 425-6, 430, 432, 434, 437-8, 440-4, 449, 455
Adıvar, Dr. Adnan, 257
Adıvar, Halide Edip, 39, 203, 223
Afganistan, 47, 49, 70-1, 91, 186, 301, 315, 357-9, 391, 424, 439-40, 442, 449
Ağca, Mehmet Ali, 107, 165-6
Ahmet Cemal, 66, 68
Ahmet I, 78
Ahmet III, 351-3
Akbaş, Org. Tamer, 411
Akdağ, Fatma Seyma, 402
Akdağ, Prof. Recep, 402
Akdeniz, 45, 49, 78-9, 85, 95, 121, 125, 137-8, 149, 340, 342, 361
Akgün, Murat, 430
Aknoz, Org. Nurettin, 141
Aksoy, Muammer, 323
Aksu, Abdülkadir, 402
Akşam, 200-2, 205, 209, 270, 376, 431
Albaylar Cuntası, 145, 217, 232
Alemdaroğlu, Prof. Kemal, 413
Ali, Sabahattin, 158, 160
Aliyev, Haydar, 279
Alkan, Türker, 409, 443
Alkış, Prof. Dr. Ayhan, 412
Almanya, 20, 30, 46, 57, 62, 66, 115, 119, 121, 123, 201, 203, 205, 214, 229-30, 305, 312, 314-5, 326, 408, 412, 435, 442
Alpamış Destanı,
Alpan, Cihan, 234
Alpar, Hayri, 234-5
Alparslan, 336
Altaik diller, 48

Altan, Çetin, 159, 200
Altay Dağları, 47-8
Altaylı, Fatih, 269
Amerika, Amerikalılar, 5, 14, 20, 21, 25-6, 41, 67, 79, 81, 84, 87, 91, 93, 98-9, 101, 106, 121-2, 127, 136, 173, 175, 195, 218, 224, 226, 240-6, 259, 261, 267, 278, 311, 317, 324, 330-1, 340, 365, 372, 373, 378-9, 394, 398, 418, 424, 429-30, 439-40, 447, 451; ABD yönetimi, 22, 30, 32, 89, 92, 130, 169, 182, 202, 225, 238, 244, 272, 277, 301, 305, 315, 392, 442, 450 ve *Apollo-11*, 11, 243, 245-6; II. Büyük Oyun'daki rolü, 358-64; Truman Doktrini ve Missouri'yi ziyaret, 85, 91-3, 121, 212; gerilen ilişkiler, 83, 92-3, 119, 145; Türk Parlamentosu'nun Amerikan Askerlerinin konuşlanmasını reddi, 403-5

Amu Darya Nehri, 49

Anadolu Ajansı, 58, 101, 126, 155, 213

An-Amiri, Muhammed ibn Nusayr, 184

Anavatan Partisi, 260, 362-3, 370, 385-6, 393, 402, 454

Anayasa Mahkemesi, 23-5, 250, 252, 300-1, 375, 408, 454-5

Anderson, Terry, 451

Andrew, Christopher, 142

Anılar ve Düşünceler, 120

Ankara, 385-8, 393, 400, 402, 407, 411, 414, 430, 434, 440, 449, 451

Ankara Radyosu, 232

Annan, Kofi, 149

Antalya, 2, 33, 326

Arabistanlı Lawrence, 96-7, s109, 133, 176-7

Arafat, Yaser, 150

Aras, Tevfik Rüştü, 203

Arcayürek, Cüneyt, 26, 252, 373-4

Arıkan, Rüçhan, 194-5

Arınç, Bülent, 405-6, 409, 429

Aristokles Spyrou, bkz. Patrik Athenagoras,

Armstrong, H. C., 55-6

Armstrong, Neil, 242

Asparuk, Org. Cumhur, 426

Associated Press, 101, 127, 157, 214, 307, 391, 451

Ataman, Org. Oktar, 446-7

Atatürk, Mustafa Kemal, 7, 8, 37, 53, 56-8, 61-2, 65, 73-4, 94, 103, 141-3, 156, 203, 291, 295, 316, 367, 403, 409, 417-8; Şam'a gönderilmesi, İttihat ve Terakki Cemiyeti'ne katılması, 61, 66; Enver Paşa ile rekabet, 94; Gelibolu, 51, 66-7; 19 Mayıs 1919 ve Yunan işgali, 67; Serbest Cumhuriyet Fırkası, 54; dürüst devlet adamı, 17, 56, 83, 126, 138; İslamcıların onu radikal buluşu, 22, 58, 168-9; gençliğe verdiği görev, 77; Yunanistan'la ilişkiler, 151; görüşleri, 38-9, 55-6, 59, 310, 372, 388, 390, 399-401, 427; Bozkurt, 51-2; insan hakları, 256; milliyetçilik, 57, 76-7, 257, 426, 432; din, 56, 59-60, 207, 297, 307, 309, 312-3, 407, 422; "Hayattaki en hakiki mürşit ilimdir.", 257, 427; ölümü, 47, 52, 82, 105, 120, 151, 156, 262, 317, 396, 433-6; mirası, 22-3, 270, 324, 360, 368-9, 372, 427-9, 433, 436, 442-6, 453

Atay, Falih Rıfkı, 65, 233, 245, 258, 351, 433-4

Athenagoras (Patrik), 105-6, 143

DİZİN

Atina, 43, 94, 140, 142, 144, 146-7, 152, 154-5, 215, 230
Atsız, Nihal, 81, 170
Avrupa Birliği, 395, 400, 410, 434, 438, 441, 445, 447; Türkiye ile müzakerlere başlamasının önerilmesi, 411, 412, 443
Avrupa İnsan Hakları Mahkemesi (AİHM), 442
Avrupa'nın Hasta Adamı, 55, 62, 337, 355
Ayasofya, 63, 78, 135, 151-2
Aydan, Ayhan, 366
Aydemir, Albay Talat, 25, 231-5
Aydemir, Şevket Süreyya, 71
Aydınlık, 160-1
Ayla, Safiye, 77
Aytufan, Rüştü, 323
Aytul, Turhan, 27, 29
Ayyaş Selim, 346-8
Azerbaycan, 327, 362-3

Baas Partisi, 193-4
Babacan, Ali, 284
Babıâli, 21, 80-1, 88, 99, 113, 157, 219, 221, 224, 229, 292-3, 375
Babür, 91
Bağdat, 30, 129, 169, 175, 178-82, 216, 336, 344
Bağdat Paktı, 136, 173, 175, 178
Bahçeli, Devlet, 392
Bailey, Margaret, 211
Bailey, Tony, 211
Balkan Savaşı, 34, 66
Baltacı Mehmet Paşa, 352-3
Bankacılık Denetleme ve Düzenleme Kurulu (BDDK), 271
Barak, Ehud, 192
Baran, Ahmet Uran, 47
Barbaros Hayrettin Paşa, 40-1

Bardakçı, Murat, 393
Bardakoğlu, Prof. Ali, 421-2
Bartholomeos I (Patrik), 144
Barzani, Mesut, 199, 429-30
Basmacı, 47, 70
Başbuğ, Org. İlker, 414, 448
Batmangiliç, Nadir, 136
Bayar, Celal, 191-2, 216-7, 291
Baykal, Deniz, 316, 430, 432, 445-6
Bayur, Hikmet, 56
Bazna, Elyesa, bkz. Çiçero
Beale deneyimi, 246
Behpur, Abidin, 225
Bekaa Vadisi, 196
Bekdil, Burak, 330-1
Bektaşilik, 419
Bele, Refet, 257
Belge, Burhan, 57-8
Belgrad, 227, 347, 350
Benli Belkıs, 95-6, 380
Berberoğlu, Enis, 366
Berk, Alaeddin, 88, 100
Berkand, Necdet, 239
Berlin, 68-9, 116, 244, 448
Berlin Kongresi, 49
Bernhardt, Sarah, 90
Beth Israel Sinagogu, 425
Bevin, Ernest, 117
Beyatlı, Yahya Kemal, 91-2, 162
Beyaz Enerji Operasyonu, 280, 286, 363
Beyaz, Prof. Zekeriya, 312, 422
Beyazıt I, 153
Beyazıt II, 153, 230, 341-2, 346
Beyrut, 177, 181, 191, 194-5, 451
Beyyiat el İmam (İmamlar Birliği), 424
Bezmiâlem, 258
Biber, Mehmet, 239
Bilge Kağan, 48
Bilgeliğin Yedi Sütunu, 97, 177

Bilgin, Dinç, 270-2
Bin Laden, Usame, 301, 314-5
Bir, Ali Atıf, 270
Birinci Dünya Savaşı, 17, 42-5, 47, 51, 58, 65-6, 68, 90-1, 95-7, 117, 120, 126, 134-5, 151, 167, 170, 174-7, 201, 355
Birleşmiş Milletler Muhabirleri Derneği, 239
Birleşmiş Milletler, 2, 86, 149-50, 164, 199, 202, 238-40
Bisalman, Kemal, 26
Bizans İmparatorluğu, 78, 80, 110, 150-1, 336, 341
Bizim Köy, 158
Bizim Radyo, 20
Blair, Tony, 392
Blake, Andrew, 305
Boğaziçi, 79, 82, 90-2, 136, 163, 174-5, 204, 223, 368-9, 379
Boğaziçi Üniversitesi, 277-8
Bohlen, Celestine, 10
Bolshaya Igra, 357
Bonaparte, Josephine, 354
Born, Wolf-Ruthart, 412
Boston News-letter, 259
Boustany, Nora, 377
Bozkurt, 51-2, 55
Bozkurtlar, 81
Brejnev, Leonid I., 171
Buhara, 70-1, 295, 386
Bulgar Gizli Servisi, bkz. Darjavna Sigurnost
Bulgaristan,
Bursa, 50, 163, 270
Bush, George W., 301, 424, 440-1
Büyük Kuzey Savaşı, 352
Büyük Ortadoğu Girişimi (Büyük Ortadoğu Projesi-BOP), 358, 363-4, 448

Büyük Oyun, 357-60, 387
Büyük Petro, 352-3

Cafer Askeri Paşa, 176
Cape Canaveral, 243
Ceket Osman, 111-3, 115, 118
Cem, İsmail, 150, 394, 395
Cemal, Hasan, 406
Cengiz Han, 91
CENTO. bkz. Bağdat Paktı, 182
Ceride-i Havadis, 259
Charles V., 344, 348, 350
Charles XII., 352
Chicago Tribune (gazete), 94
Christie, Agatha, 89-90
Churchill, William, 259
Churchill, Winston, 129-35; Gelibolu'daki rolü, 134-5; I. Dünya Savaşı politikasındaki rolü, 45, 134
CIA, 25, 129-30, 253
Cihangir, 346
Cihannüma, 41
cihat, 46, 70, 339, 418
Cindoruk, Hüsamettin, 384
Ciner, Turgay, 270
Clemenceau, Georges, 108
CNN Türk, 272, 404
Columbus, Christopher, 339-41
Comte de Bonneval, 353
Coşan, Prof. Mahmut Esad, 370
Coşkun, Bekir, 394, 414, 423, 448
Coutrier, Kelly, 279
Crusoe, Robinson, 109-113, 217
Cuhacopulos, Akis, 149
Cuma, Hüsameddin, 179
Cumhuri İslami, 192
Cumhuriyet, 280-7, 314, 323, 328, 330, 333, 371, 373, 375
Cumhuriyet Halk Partisi, 16, 23, 39, 54, 60, 81, 84, 146, 206-8, 212, 245,

249, 256-7, 285, 291, 293, 388-90, 395, 400, 406-7, 445
Czajkowski, Michael, 205
Czartoryski, Jerzy Adam, 204-5

Çağlar, Cavit, 268-71
Çakıcı Efe, 43
Çakır, Erol, 116
Çakmak, Fevzi, 67
Çanakkale Boğazı, 67, 121, 135, 157, 348-9, 361
Çankaya, 126, 371, 383, 407, 433-4
Çankaya, 433
Çar I. Nikola, 355
Çar II.Nikola, 171
Çatlı, Abdullah, 279
Çeçenler, Çeçenya, 358-9
Çekirge, Fatih, 374
Çelik, Hüseyin, 409
Çelikel, Prof. Aysel, 413
Çetin, Hikmet, 198
Çetinkaya, Ali, 257
Çiçek, Cemil, 264, 283, 435
Çiçekli, Osman, 149
Çiçero, 113, 114-9, 122-7; Türk istihbarat servisi için çift taraflı ajan olarak çalışması, 122
Çiçero Operasyonu, 116-7, 122-3
Çiller, Özer, 275
Çiller, Tansu, 264, 276, 279, 284, 287, 294, 298-300, 317, 323, 393-4, 400, 402, 454; "Beni Atatürk yarattı", 278; İslamcı Erbakan'ın Refah Partisi ile koalisyon kuruşu, 278; Susurluk Raporu, 279; Parlamentoda yolsuzluk iddialarından aklanması, 264, 277, 280
Çin, 20-1, 44, 47-8, 70, 164, 170, 266, 295, 336, 373, 384
Çoban, Enver, 314
Çobanov, 107, 165
Çölaşan, Emin, 274, 326, 383-4, 397
Çörtük, Kamuran, 270
Çukurova Holding, 271-2

da Gama, Vasco, 339-40
da Vinci, Leonardo, 342
Daily Courant, 259
Daily Express, 126
Darjavna Sigurnost, 21, 107, 167
Darwin, Charles, 296
Dayanışma Hareketi, 166
de Beauvoir, Simone, 163
de Rivery, Aimee Dubucq, 354
Dede Korkut Hikâyeleri, 44
Defoe, Daniel, 112
Deli Hızır Paşa, 159
Demirci, Hüseyin, 413
Demirel, İlhan, 98
Demirel, Nazmiye, 29, 252, 270
Demirel, Neslihan, 268
Demirel, Süleyman, 2, 13, 14, 22-6, 71, 249-50, 252-4, 260-1, 266-70, 277, 284, 287, 290, 291, 292, 293, 294, 300, 313, 322, 365, 367, 373, 374, 375, 377, 384-5 389-90, 397, 397, 408, 413, 451, 453, 455; Menderes'in "Su Müdürü", 250; Necmettin Erbakan'la rekabeti, 292; *Baba* takma adı, 290, 384; Banka skandalları konusundaki görüşleri, 269; Parlamento tarafından seçilen Cumhurbaşkanı, 277, 290; Parlamentonun ikinci dönem görev yapmasını reddi, 455
Demirel, Şevket, 23, 250, 266, 268, 374
Demirel, Yahya Murat, 266-70, 275
DemirHalk Bankası, 273
Demirkent, Nezih, 25-6, 251, 254

Demokrat Parti, 58, 84, 86, 95, 163, 172, 173, 191, 201, 207, 211, 212, 213, 216-7, 228, 257, 290-2, 316, 366, 445, 453
Demokratik Sol Parti, 264, 289, 310, 390, 392, 394, 454-5
Deniz, Kemal, 188
Denktaş, Rauf, 139, 146, 148
Der Spiegel, 159
Dersan, Kazım Şinasi, 201
Derviş Mehmet, 54, 295
Derviş Vahdeti, 63, 169
Derviş, Kemal, 285, 391, 395
Devekuşuoğlu, Ferhan, 251
Dev-Genç, 20, 250, 305
Devlet İstatistik Enstitüsü (DİE), 282
devşirme, 40, 153, 338, 344, 348, 356
DHKP-C, 305-6
Dicle Nehri,196, 199
Dinçer, Ömer, 435-7
Dinçerler, Vehbi, 296
Diyanet İşleri Başkanlığı, 16, 318, 407, 413-4, 421-2, 424
Diyanet-Sen, 413
Diyarbakır, 53, 322, 324, 398, 429
Diyojen, Romen, 336
Doğan Medya Grubu, 272-3
Doğan, Aydın, 221, 272-3
Doğan, Org. Çetin, 411
Doğanalp, Metin, 147
Doğru Yol Partisi, 268, 276-7, 294, 298-9, 313, 393, 454
Doğru, Necati, 254, 288
Dolmabahçe Sarayı, 60, 82, 174, 434
Don Juan, 40, 348
Dragoman, 342
Drake, Francis, 340
Dranas, Ahmet Muhip, 31
Durmuş, Osman, 367
Dünden Bugüne Tercüman, 267

Dünya, 233-4
Dünya Bankası, 280
Düzel, Neşe, 425

Ebu Hafız el-Masri Tugayları, 424
Ecevit, Bülent, 146, 152, 198, 249, 264, 280, 285, 301, 305, 311, 326, 371, 395, 401, 411, 455; İslamcı Necmettin Erbakan'la koalisyon kurması ve Kıbrıs çıkarması, 390; İran'ı PKK teröristlerine ve radikal İslamcılara yardımla suçlaması, 321, 325; işlemeyen hükümete karşın istifa çağrılarını görmezden gelişi, 395; koalisyonunu korumak için siyasi pazarlıklara girişi, 286; türban krizindeki rolü, 310; "nankör kedi" olayı, 281-2; siyasal yaşamı, 249, 287, 289, 317, 388-92, 394
Ecevit, Rahşan, 305, 326, 392
Edirne, 11
Ege, İsmail, 244
Egebank, 266, 268
Ekşi, Oktay, 435-6
El Ganuşi, Raşid, 299
El Kaide, 301, 314-5, 359, 422, 424, 440, 449
El Kassam Tugayları, 184
El Masri, Abdülaziz, 176, 424
El-Benna, Hasan, 184
Eleskerov, Murtuz, 362
Elyesa Bazna, bkz. Çiçero
Emanullah (Afganistan Kralı), 70
Emeç, Çetin, 323
Emeç, Selim Ragıp, 191
Emir Abdullah, ibn el-Hüseyin, 176-7
Emre, Süleyman Arif, 432
Enderun, 344-5, 348
Endonezya, 95, 266

Enis, Reşad,
Enosis, 138-9, 144, 209
Enver Paşa, 64, 70-2, 96; İttihat ve Terakki'deki rolü, 62, 64, 66; Almanya'yı desteklemesi ve Osmanlıların I. Dünya Savaşı'na katılımı, 66; ordunun Sarıkamış'taki yenilgisi, 65, 66; Pan-Turanist ideoloji, 67, 167; Moskova'ya gidişi, 68-9; Orta Asya'daki Basmacı isyanlarında oynadığı rol, 47, 70
EOKA, 139, 144-5, 147
Erasmus, Desiderius, 342
Erbakan, Necmettin, 23, 173, 273, 277-8, 284, 287, 292-6, 301, 304, 311-2, 315, 324-31, 390, 296-7, 402, 405, 408, 425, 437, 442, 453 -5; Laik Bülent Ecevit'le koalisyon kuruşu ve Kıbrıs çıkarması, 146; Tansu Çiller'le koalisyon kuruşu, 264, 298; ordudan gelen baskı sonucunda İslamcı hükümetin yıkılışı, 319, 370-1, 377; türban krizindeki rolü, 311-2; sağlık nedeniyle hapse girmeyişi, 415
Erdal, Fehriye, 306
Erdoğan, Emine, 155, 402, 407
Erdoğan, Nail, 155, 402, 407
Erdoğan, Recep Tayyip, 149, 148, 149, 155, 263, 273, 300, 301, 302, 326, 94-5, 401, 402, 405, 406, 407, 408, 411, 412, 414, 427, 429-32, 36 -8, 442, 445-6, 449, 455; Taliban'ı methi, 301; hapse girişi, 302, 397-8; seçimi kazanması, 396-400
Eren, Erdal, 307
Erez, Yalım, 299
Ergenekon, 44, 167
Ergezen, Zeki, 283
Ergun, Zeki, 214-5

Erkanlı, Orhan, 248-52
Ermenistan, Ermeniler, 32, 68, 81, 84, 90, 94, 141, 173, 196, 203, 327, 337 -8, 359, 380
Ersoy, Mehmet Akif, 220, 404
Ersümer, Cumhur, 280-1, 362-3
Ertegün, Ahmet, 241
Ertegün, Nesuhi, 241
Es Saffat, Mahmut, 188, 191
Es, Hikmet Feridun, 103
Es, Semiha, 103
Esad, Beşar, 193, 196-7
Esad, Hafız, 184-5, 192-3
Esenler, Ayşegül, 267
Eski Dostlar, 161
Eski Saray, bkz. Topkapı Sarayı Müzesi
Esmahan Cevher Sultan, 347
Eşref (Şair), 258, 264
Etekli Demokrasi, 374
Etibank, 268, 270-1, 274, 276
Evren, Org. Kenan, 264, 293, 385
Eygi, Mehmet Şevket, 437-9
Eyüp el Ensari, 60
Eyüpoğlu, Orhan, 141

Faik, Bedii, 232
Farrakhan, Louis, J., 241
Fas, 38, 43
Fatih Sultan Mehmet, 151, 299, 341
Fazıla (Prenses), 174-9, 182
Fazilet Partisi, 280, 300-1, 309-12, 402, 408, 426, 454-5
Fener Rum Ortodoks Patrikhanesi, 105, 143, 152
Fenik, Faruk, 100
Fenmen, Refik, 211
fes, 38, 46, 69, 313, 369
Fırat Nehri, 196, 420
Fırtına, Org. İbrahim, 426

Filistin, 150, 177, 299, 361, 364, 392, 417-8, 439-42, 449
Financial Times, 268
Forbes, 271-2
Forrestal, James V., 91
Fransa, 118, 126, 177-82, 203, 305, 308, 326, 343, 354-5, 435
Fransız Devrimi, 63, 259-60, 353
Fumelli, Gustav, 127
Fuzuli, 264

Gabor, Zsa Zsa, 57
Gagavuz Özerk Cumhuriyeti, 171
Galilei, Galileo, 342
Gatwick kazası, 5, 209-19, 224
Gayret (savaş gemisi), 46
Gazprom, 362
Gazzette Française de Constantinople, 259
Gelibolu Savaşları, 34, 36, 42, 46, 51, 66-7, 97, 134-5
Genç Parti, 272
Gennadius II (Patrik), 151
Georges-Picot, François, 177
Geylani, Şeyh Abdülkadir, 169, 185
Glavnoye Razvedyvatelnoye Upravleniye (GRU), 244
Glubb, John, 136
Gobi Çölü, 48
Goeben, bkz. Yavuz zırhlısı
Gökalp, Ziya, 75, 438
Gökay, Fahrettin Kerim, 105-8
Gökçen, Sabiha, 58
Göktepe, Metin, 255
Gönensin, Okay, 430
Gönül, Vecdi, 403, 411
Gören, Zeyyat, 100, 127, 218
Gregory V (Patrik), 151
Grivas, Georgios, 139, 149
Guinness Rekorlar Kitabı, 282

Gutenberg, Johannes, 355
Gül, Abdullah, 168, 364, 402-7, 434
Gül, Hayrünisa, 402
Gülbahar, 345
Gülen, Fethullah, 317-8, 343
Gümüşpala, Ragıp, 250
Gün, Ahmet F., 439
Günaydın, 23, 26, 29, 221, 224, 247-8, 252-3; baskı tesislerinin ve gazete nüshalarının yakılışı, 253
Güneş, 233-5
Gürcan, Fethi, 32
Gürcistan, 69, 327, 359-60
Gürpınar, Hüseyin Rahmi, 74, 283
Gürsel, Cemal, 213, 217, 234
Gürüz, Kemal, 413

Haber Ajansı, 2, 221, 230, 233, 236,-7, 248, 272
Hablemitoğlu, Dr. Necip, 324
Habsburg, 226, 350
Hacı Bektaş-ı Veli, 187, 419
HADEP- DTP, Demokratik Toplum Partisi, 394, 430
Hadid, Mervan, 185
Haliç, 59, 79-80, 88, 122, 151, 371
Halife Devleti, 314-5
Halifelik, 37
Halil (Kut) Paşa, 64-5
Halkçı, 388
Halkevleri, 39
Hallacı Mansur (Hüseyin ibn Mansur Hallaç), 187
Haluk'un Defteri, 259
Hamama, Faten, 133-4
Hamas, 184, 229
Hamidiye, 46
Hamit, Abdülhak, 259
Hanzade Sultan, 173-8, 182
Harrington, Sir Charles, 174

DİZİN 467

Hasan Ağa, 40
Hasdemir, Hatice, 407
Hattab, 358
Hayata Döndürme Operasyonu, 304
Hazarlar, 336
Hekimoğlu, Müşerref, 159, 200
Hemingway, Ernest, 90
Heper, Doğan, 384
Hi Jolly, 5, 242, 246
Hilton, Conrad, 402
Hindistan, 41, 65, 70, 91, 170, 295, 340, 357
Hisarbank, 275
History of the Maritime Wars of the Turks, 142
Hitchcock, Alfred, 86
Hitler, Adolf, 57, 81, 83, 115-6, 119, 121-2, 432
Hizbullah (Lübnan), 299
Hizbullah (Türkiye), 291, 314, 319-24, 422; ve vahşi cinayetler, 321
Hortum Operasyonu, 267
HSBC Bankası, 423
Hür Subaylar (Egyptian Society of Free Officers), 131-3
Hürriyet, 2, 19-20, 25-6, 57, 61, 63-4, 82, 92, 103, 137, 140, 143, 147, 154, 179, 194-5, 201-2, 210, 219-20, 222, 224, 230-1, 233-4, 247-9, 260, 269-70, 272, 274 366, 375, 380, 383, 397, 431, 439, 448, 513; Apollo-11 olayı ile ilgili haberler, 2, 246; Talat Aydemir'in Ankara'daki isyanına karşı çıkış ve gazete sahibinin olayla ilgisi, 233; Başbakan Süleyman Demirel'in istifaya çağrılışı, 2, 453
Hüseyin ibn Ali (Mekke Şerifi), 175-6
Hüseyin, Saddam, 92, 199, 301, 360, 403, 440
Hyde, John, 96, 134-5

Ilıcak, Nazlı, 287
Illner, Maybritt,
In and Out of Stalin's GRU, 244
Indianapolis News, 218
Indianapolis Star, 2, 218
Interbank, 268, 270
Irak, 32, 65, 92, 97, 136, 175-83, 185, 196-9, 216, 301, 327, 318, 360-1, 364, 394, 403-5, 417-20, 430, 439-40, 442, 448-9
Isparta, 2, 27-8, 34-5, 39-41, 44, 52, 65, 73, 76, 81, 84, 245, 284, 290, 374, 420

İBDA-C, 314, 319, 324, 424
ibn Suud, Abdülaziz, 176
ibn Tufeyl, 112
İbrahim Müteferrika, 41, 355
İbrahim Paşa, 344, 353
İkinci Balkan Savaşı, 34, 66
İlkin, Nedim V., 179
İlknur, Miyase, 419
İmam Hatip okulları, 412-4
İmar Bankası, 267, 271
İmpeksbank, 275
İmre Tököli, 350
İnan, Fadıl, 407
İnce, Özdemir, 431-2
İncirlik, 92
İnebahtı Deniz Savaşı, 40, 348
İngiliz İstihbarat Servisi, 142
İngiliz Kemal, 96-7
İngilizler, 33, 43-6, 49, 56, 65, 67, 70, 85-6, 89-97, 112-3, 126, 129-31, 134-47, 174-7, 209, 253, 258-9, 305, 340, 317-9, 423, 440
İngiltere, 2, 45, 85, 96, 108, 112, 117, 119, 134, 137, 144-5, 176, 182, 221, 258, 305, 340, 355, 363, 388, 392, 423-4

İnönü, Erdal, 120-1
İnönü, İsmet, 23, 42, 54, 60, 67, 73, 81, 82, 83, 84, 119, 120, 121 138, 144-5, 156, 158, 160, 201, 207-9, 231, 232, 233, 234, 245, 257, 262, 291, 316, 389; Kemalizm'i Atatürk Yolu olarak görüşü, 120; II. Dünya Savaşı ve Türkiye'nin tarafsız kalışı hakkındaki görüşleri, 119
İnsan-ı Kamil, 417-49
İpekçi, Abdi, 87, 93, 97-8, 107, 164-5, 167, 203
İran Devrim Muhafızları, 324
İran, 5, 235-6, 292, 298, 309, 311, 316 -7, 320-7, 331, 336, 342-6, 360-2, 387, 405, 410, 416, 419, 421, 443, 449-50
İslami tarikatlar, 12, 22, 37, 53, 59, 169, 175, 183-5, 188, 257, 291, 295, 300, 318-9, 324, 370, 372, 386-7, 417-20, 426
İspanya, 57, 203, 339, 348
İspanyol Engizisyonu, 203
İsrail, 150, 184, 190-2, 197
İstanbul Bankası, 275
İstanbul Ekspres, 141
İstanbul Harp Akademisi, 61, 64, 108
İstanbul Hilton, 98
İstanbul Üniversitesi, 34-5, 99
İstanbul, 2, 19, 34, 41, 45, 49, 51, 52, 58, 59, 62-4, 66-7, 71, 76, 78-86, 89 -101, 105, 106, 107, 108, 109, 110, 111, 114, 117, 118, 119, 120, 121, 126, 127, 132, 133, 134, 135, 136, 137, 138, 141, 142, 143, 147, 151, 152, 153, 154, 159, 163, 166, 167, 170, 174, 175, 176, 177, 178, 179, 180, 181, 182, 188, 184-5, 203-6, 210-1, 223-7, 234-6, 239, 244-53, 256, 259-60, 267-8, 273, 276-7, 285, 292-6, 301, 304-8, 314-20, 324, 329, 341, 348-9, 355, 361, 367-72, 375, 380, 385, 397-8, 401, 413, 422-5
İstiklal Mahkemeleri, 53
İsviçre, 55, 60, 106, 108, 221, 236, 266, 379-80
İtalya, 35, 40, 43, 55, 57, 66, 86, 94, 116, 157, 165-6, 174, 341, 348, 362, 440
İttihad-ı Osmani, 64-5, 260
İttihat ve Terakki Partisi, 45-6, 50, 55, 61-3, 66-7, 75, 169, 260
İttihat-ı Hamiyet, 64
İzmir, 43, 54, 68, 135, 202, 245-6, 257, 259, 284, 289, 306

Jack Mandil Paşa, 157
Jaruzelski, Woyciech, 166
Jivkov, Todor, 105-7, 167
John (İngiltere Kralı), 258
John F. Kennedy Uzay Merkezi, 243
Johnson Uzay Merkezi, 242-3
Johnson, Lyndon B., 145
Jones, Jennifer, 236
Jön Türk Devrimi, 61-4, 176, 220, 260
Justinian I, 151

Kabibay, Orhan, 207
Kaddafi, Muammer, 298-9
KADEK, bkz. PKK
Kadızade Rıfat, 211
Kadiri tarikatı, 12, 169, 185
Kafkasya, 46-7, 65, 170, 245, 299, 336, 340, 358-62, 386-7
Kahire, 78-102, 131-3
Kaleli, Lütfi, 422
Kandil Dağı, 430
Kania, Stanislaw, 166
Kanun-i Esasi, 64

Kaos Dönemi, 19-31, 306, 454
kapitülasyonlar, 285, 343; başlangıcı ve Osmanlı İmparatorluğu'na verdiği zararlar, 342
Kaplan, Metin, 314-6
Karabekir, Org. Kazım, 67, 257
Karaca, Osman, N., 109-10, 200, 202
Karadeniz, 46, 67, 121, 163, 223, 267, 340, 356, 361-2
Karakurt, Esat Mahmut, 103-4, 112
Karakuş, Nazire, 289
Karamanlis, Kostas, 155
Karamanlis, Nataşa, 155
Karamehmet, Mehmet Emin, 271-2
Karamollaoğlu, Temel, 440-1
Karaosmanoğlu, Yakup Kadri, 117
Karataş, Dursun, 305
Karzai, Hamid, 392
Kasapbaşı, Yüksel, 225
Kasım, Abdülkerim, 181
Katerina I, 353
Katip Çelebi, 41
Kavakçı, Merve, 309-11
Kayar, Muzaffer, 114
Kayzer Wilhelm II, 69
Kazakistan, 47, 106, 317, 360-1
Kazan Tatarları, 47
Kazan, Elia, 101-2
Kemal, Tilda, 157
Kemal, Yaşar, 157, 159
Kemalist Düşünce Derneği, 324, 414
Kemalizm, Kemalist, 2, 15, 16, 17, 58, 61, 69, 77, 133, 157, 160, 162, 164, 168-9, 172, 174, 178, 189, 191, 193, 200, 205, 212, 218, 219, 220, 222, 235, 247, 249, 257, 259, 262, 291, 293-4, 296, 298, 316, 326, 328, 368-9, 372, 387-8, 398, 399, 400, 401, 402, 403, 406, 407, 408, 109, 410, 417, 421-9, 433-4, 437, 444-5, 449, 453; reformlar, 56, 61, 270, 292, 307, 312, 332-3; altı ilke, 278
Kendigelen, Mihail, 171
Kennedy, Jacqueline, 5, 90, 129, 131, 133, 135
Kennedy, John F., 57, 218, 225-6, 240, 243, 246, 268
Kennedy, Robert F., 240
Kent, Necdet, 203
Kerkük, 199
KGB, bkz. Komitet Gasudarstvennoy Bezopasnosti.
Kıbrıs,144-8, 151-2, 209, 221, 260, 266, 347-8, 358, 372, 449; Osmanlı İmparatorluğu tarafından ele geçirilişi, 40, 49; Türk-Yunan ilişkilerine etkisi, 106, 137-41, 148; *Enosis*, 139; *Hürriyet*'in konuya dahil olması, 140, 147; İstanbul'daki ayaklanma, 14, 141; KGB'nin oyunu, 143; Londra Anlaşması, 208-9; Türkiye'nin çıkarma harekâtı, 146, 390; Avrupa Birliği'nin rolü, 148
Kılıç Ali Paşa, 40
Kılıç ve Kalkan (The Sword and The Shield), 142
Kılıç, Ali, 95
Kılıç, Altemur, 94
Kılıçlıoğlu, Safa, 87-8, 98-104, 108, 112, 127, 131, 180, 229-30, 376-7
Kılınç, Org. Tuncer, 411
Kırgızistan, 10, 47, 360
Kırım, 46-7, 170, 205, 223, 340, 343, 357
Kırım Savaşı, 46, 205
Kırım Tatarları, 47
Kışlalı, Ahmet Taner, 314, 323
Kıvrıkoğlu, Org. Hüseyin, 318, 333, 395
Kız Kulesi, 223

Kızıl Elma, 44, 75, 167
King, Martin Luther, 240
Kinross, J. P. D., 55
Kirişçi, Prof. Kemal, 278
Knatchbull-Hugessen, Sir Hughe Montgomery, 115-6
Koçu, Reşad Ekrem, 328, 345
Kohen, Sami, 202
Kolge, Mehmet Salih, 322
Komitet Gasudarstvennoy Bezopasnosti (KGB), 21, 47, 142, 157, 166, 244
Konak Otel, 89
Konstantin (imparator), 80
Kopenhag kriterleri, 325, 374, 410
Kore Savaşı, 86, 100-1, 109, 210
Korle, Sinan, 239
Kotku, Mehmet Zahit, 295, 370
Köprülü Mehmet Paşa, 348-9
Köprülü, Fazıl Ahmet Paşa, 349, 351
Köprülü, Fazıl Mustafa Paşa, 349, 351
Köprülü, Fuat, 140, 291, 351
Kösem Sultan, 349
Kral Faruk, 131, 174
Kral Faysal II, 175, 178-9, 183
Kral Hüseyin, 135-6, 184
Kraliçe Victoria, 357
Kraliçe Zeyn, 136
Kreisky, Bruno, 225
Kruşçev, Nikita Sergeyeviç, 161, 225-6
Kubilay, Mustafa Fehmi, 54-5, 295
Kudüs Savaşçıları, 323-4
Kudüs, 106, 177, 190, 204, 323-4
Kul Nesimi, 11-2
Kuran, 22, 38, 63, 71, 74, 102, 168, 189, 207, 297, 317, 321, 333, 337, 341, 417-8, 420, 448, 453
Kuricalı Koçu Mustafa Bey, 356

Kuriş, Konca, 321
Kut al-Amarah, 65
Kutlular, Mehmet, 319
Kutsal Roma İmparatorluğu, 344, 350
Kuvayi Milliye, 126
Kuzey Kıbrıs Türk Cumhuriyeti, 148
Küba krizi, 226
Küçük, Dr. Fazıl, 139, 143-4, 209
Kürdistan Demokratik Partisi, 199
Kürdistan İşçi Partisi bkz. PKK
Kürdistan Yurtseverler Birliği, 199
Kürt eylemleri, 13, 183, 192, 196-8, 225, 279, 299-301, 306, 321
Kürt sorunu, 199, 429-31

Lale Devri, 11, 351-2, 379
Lamb, Harold, 91
Latin alfabesi, 17, 37-8, 52, 87, 313, 417
Lenin, Vladimir Ilyiç, 68, 70-1, 388
Leningrad Askeri Akademisi, 244
Leopold I, 350
Levni (Abdülcelil), 11, 416
Lewis, Prof. Bernard, 399
Libya, 66, 176, 292, 298
Livaneli, Zülfü, 274
Lloyd George, David, 177
Loğoğlu, Osman Faruk, 404
London, Jack, 158
Londra, 85-6, 95, 98, 126-7, 130, 134, 140, 144-6, 182, 209-11, 213, 215-6, 220-1, 230, 259-60, 388, 423
Long, John, 126
Lorraine Dükü Charles, 350
Lozan Antlaşması, 68, 83, 199, 449
Lübnan, 177, 181, 195, 299

MacArthur, Gen. Douglas, 93
Macellan, Fernando, 339

Macfie, A.L., 55
Madımak Oteli, 160
Magna Carta, 258
Mahmut I, 353
Mahmut II, 110, 258, 354
Mahmut Şevket Paşa, 26, 62-3
Maine, 32,239, 244
Makal, Mahmut, 158
Makarios (Başpiskopos), 359, 143-5, 147, 209
Makedonya, 61-5, 226
Malta Şövalyeleri, 348
Manastır, 61-64
Manchu-Tungus, 48
Mango, Andrew, 55-6
Maniheizm, 336
Manukyan, Matild, 380-1
Mao Tse-tung, 21, 164, 167, 250
Maocular, 20
Marko Paşa, 154-5, 158, 160, 257, 377
Marksistler, 5, 21-2, 156, 249, 310, 332
Marmara Denizi, 32, 53, 79, 90-1, 106, 110, 174, 216, 223, 229, 368
Marmarabank, 275
Marshall Planı, 92
Marwick, Victor, 324
Mason, James, 117
Masonlar, 21
Maşadov, Aslan, 358
Mata Hari, bkz. Zelle, Margaretha.
Maugham, Somerset, 91
Mavi Akım, 280, 362-3, 426
Mavri Mira, 44
McCarthy, Robert R., 91
Meclis İnsan Hakları Komisyonu, 255-6, 288
medrese, 12, 37, 63, 74, 169, 317, 342, 418
mehdi, 293, 312
Mehmed Talat, 66, 68

Mehmet Fuat Paşa, 258, 308, 355
Mehmet IV (Avcı), 348-9, 350
Mehmet Rüştü Paşa, 355
Mehmet Sadık Paşa, bkz. Czajkowski, Michael
Mehmet V, 46
Mehmet VI, bkz. Vahdettin
Mekke, 173, 175-6, 225
Melami tarikatı, 11, 188
Menderes, Adnan, 13-4, 84, 86, 95, 126, 140, 156, 163, 172-5, 177, 180-1,183, 199-200, 203, 206, 209, 232, 248, 250, 257, 290-1, 316, 372, 378, 396, 408, 445-6; eleştirilerden duyduğu hoşnutsuzluk ve muhalefete karşı tutumu, 107, 136, 205; Gatwick felaketi, 210-3; gazetecilerin hapsi, 26-7; Bağdat'ta Şükran Özer krizi, 180-1; Kemalistlerin yönetiminden duyduğu hoşnutsuzluk, 207-8, 453; darbe, 156, 215-7; Yassıada duruşmaları ve idam, 365 -6; anıtmezarı, 365
Menemen Olayı, 54
Menemencioğlu, Numan, 124
Mengi, Güngör, 322
Merzifonlu Kara Mustafa Paşa, 349 -51; "Ölecek miyim?", 350
Metiner, Mehmet, 425-6
Mevlana Celalettin Rumi, 185-7, 393
Mevlevi tarikatı, 186
Mısır, 102, 131-3, 136, 173
Michalengelo, 342
Michener, James A., 91
Midilli (Breslau), 45
Midilli Adası, 40
millet, 59, 138, 260, 419, 429
Milli Birlik Komitesi, 217-8
Milli Emniyet, 118,123-6
Milli Gazete, 273, 363, 437, 441, 432

Milli Görüş, 264, 273, 301, 315, 397, 408, 426, 437, 442
Milli Güvenlik Kurulu (MGK), 281, 297, 300, 310, 333, 370, 410
Milli İstihbarat Teşkilatı (MİT), 20, 124-5, 162
Milli Nizam Partisi, 292-3, 425
Milli Selamet Partisi, 23, 146, 293, 371, 390, 402, 405, 425, 453
Milliyet, 27, 98, 107, 127, 164-5, 168, 202, 221, 272, 316, 233, 375, 384, 402, 406, 423
Milliyetçi Hareket Partisi, 165, 216, 249, 256, 292, 362, 367, 389, 392, 454
Mimar Sinan, 79, 154
Miras, Fuat, 16
Mithat Paşa, 64
Mitrokhin, Vasili, 142
Moğolistan, 47-8
Moore, Terry, 98, 229
Moorehead, Allan, 56
Moskova, 47, 68-9, 106, 161-6, 230, 245, 362
Motorola, 272
Moyzisch, Ludwig C., 117
Muavenet, 46
Muhammet Peygamber, 172-3, 175, 420
Muhayyes, Misbah, 90
Muhteşem Süleyman, 40, 50, 79, 153, 159, 170, 264, 338, 343-5, 347, 351, 370
Mumcu, Erkan, 367, 393,
Mumcu, Uğur, 323, 385-6, 393
Murat III, 348
Murat IV, 338, 443
Musaddık, Muhammed, 129,-31
Muskos, Mihail Hristodolu, bkz. Makarios.
Mussolini, Benito, 55, 57, 157, 432
Mustafa Kemal, bkz. Atatürk
Mustafa Reşit, 258
Musul, 175, 199
Müftüoğlu, İsmail, 440
Müslüman Kardeşler, 177, 183-92, 299

Naciye Sultan, 71
Nadi, Yunus, 245
Nadir, Asil,
Nagorno-Karabağ, 359
Nahi (Vali), 97
Nakşibendi tarikatı, 14, 292, 295-6, 365, 370-1, 383, 385-6, 454
Nakşibendi, Muhammed Bahaüddin, 386
Namık Kemal, 64, 137-8, 220, 259-60, 285
"nankör kedi" olayı, 281-2, 390
Nasır, Cemal Abdül, 102, 131-3, 136-7, 181, 194
Nasi, Joseph, 348
Nasrettin Hoca, 74, 185, 243, 280-1
National Geographic, 239
NATO, 20, 22, 92, 121, 142-3, 145, 165, 173, 182, 277, 297, 334, 360, 362, 405, 454
NBC, 194-5
Nâzım Hikmet, 161-4
Necib, Muhammed (General), 131-3
Nedim, 352
Nesin, Aziz, 158-61, 200
Neslişah Sultan, 175
Neve Şalom Sinagogu, 425
New York Times, 10, 278
Neyzen Tevfik, 186
Nihad, Azmi, 87
Nixon, Richard, 202, 218
Nizam-ı Cedid, 353

Nokia, 272
Northern Watch (Kuzey İzleme Operasyonu), 92
Novorossiysk, 46
Nur tarikatı, 295, 317, 319
Nurbanu Sultan, 348

Obi Nehri, 48
Ockley, Simon, 112
Odesa, 46, 68
Oğuz Türkleri, 44, 48-50
Okan, Gaffar, 324
Onassis, Aristotle, 90, 131-5
11 Eylül saldırıları, 306, 314-5, 360, 416, 421
Onur, Necdet, 253
Oppenheimer, Robert J., 91
Oral, İbrahim, 253
Oran, Prof. Baskın, 449
Orbay, Rauf, 257
Orhan Veli, 446
Orhun Türkçesi, 44, 48
Orient Ekspresi, 41, 80, 89
Oruç Reis, 40
Osman I, 45, 50
Osman Nuri Paşa, 49
Osmanlı Hanedanı, 50, 173-4, 369
Osmanlı İmparatorluğu, 11, 17, 22, 34, 40, 44-6, 49, 52, 56, 61-70, 72-3, 75, 77, 81, 83, 94, 106, 110, 126, 151, 164, 168, 174-6, 199, 226, 256, 259, 285, 292, 298-9, 308, 338, 343-4, 346-7, 351, 354, 355-6, 416, 437; Osmanlı birliği, 204, 354; rüşvet, 275, 345; despotizm, 37, 55, 61-2, 68, 108, 256; resmi ideoloji olarak İslam, 55, 168; İmparatorluğun Yahudilere barınak olması, 203-5, 313; ilk gazeteler, 259, 355; yıkılma nedenleri, 50, 336-9, 340-2, 352, 356; devşirmelerin rolü, 152-4;

Rus yayılmacılığı, 46, 119, 137, 357; Tanzimat, 55, 258, 379
Osmanlı Tarihinde Yasaklar, 328
Osmanlı Tarihinin Panoraması, 345
Ottoman Monitor, 259
Otunbaeva, Rosa, 10
Overlord (kod kelimesi), 116, 123

Öcalan, Abdullah, 152, 196-8, 304, 330
Örnek, Cevat, 397
Özal, Ahmet, 382-3
Özal, Korkut, 295, 371, 386, 454
Özal, Semra, 383
Özal, Turgut, 6, 14, 139, 260, 266, 275, 277, 286-7, 292, 294-5, 317, 381-7, 393, 396, 454; ekonomik reformları, 310; Nakşibendi tarikatı üyeliği, 370-1; Özal Yılları, 294; Adnan Menderes için yaptırdığı anıtmezar, 365
Özbekistan, 47, 70, 295, 317, 360
Özcan, Mehmet, 289
Özel, Soli, 377
Özer, Şükran, 180-1
Özkan, Dr. Abdullah, 441
Özkan, Hüsamettin, 281, 286-7, 390-2, 394, 441
Özkaya, Eraslan, 331, 407, 411-2
Özkök, Ertuğrul, 403, 449
Özkök, Hilmi (Orgeneral), 318, 401, 403, 405, 410
Öztekin, Muammer, 241
Öztin, Tahsin, 225-6, 377
Öztürk, Emin, 392
Öztürk, Yüksel, 225

Pakistan, 136, 182, 295, 358, 448-50
Pamukbank, 271
Pan-İslamizm, 171, 339

Pan-Turanizm, 44, 46, 65, 75, 167, 171, 216, 249, 310, 454
Papa II. John Paul, 106, 165-6
Papa V. Pius, 40
Papa VI. Paul, 104, 166-7
Papadopoulos, George K., 154
Papandreu, Andreas, 139
Papandreu, George, 150
Park Otel, 51, 90-1, 97, 130, 173
Patrona Halil, 353
Pehlevi, Rıza (Şah), 129, 235
pençik, 344
Pera Palas, 5, 89-90, 93, 380
Philip II, 40
Pir Sultan Abdal, 159
Pişkinsüt, Sema, 255-6, 288-9
Piyale Paşa, 40
PKK, 5, 152, 192, 196-8, 304-6, 322, 374, 429-31
Plevne, 49-50, 213
Polatkan, Hasan, 216-7, 365-6
Polly Peck International, 221
Polonezköy, 204-5, 457
Polonya, 163, 166, 203-5, 336, 349-50
Portekiz, 165, 339-40
Posta, 272, 375
Powell, Colin, 448
Pravda, 161
Prens Adaları, 75, 110, 204
Prens Faysal, 97
Prens Kül Tigin, 48
Prenses Süreyya, 129-30, 236-7
Pulliam, Eugene C., 218
Pulur, Hasan, 423

Radek, Karl, 68
Radikal, 272, 409, 425-6, 443, 449, 455
Ramazan, 36, 423-4
Raphael, 342
Refah Partisi, 278, 299-300, 310, 312, 370, 377, 398, 402, 405, 411, 415, 425, 437, 454
Reinart, Üstün, 277
Reşadiye, 44
Reuters, 2, 25-7, 122, 126-7, 145, 202, 205, 213-5, 223, 227, 238, 325
Risale-i Koçi Bey, 356
Romanya, 20, 90, 119, 163, 352
Roosevelt, Kermit, 130
Roxelana, 79, 343-46, 370
Rönesans, 341-2
Rubaiyat, 187
Rusya, Ruslar, 21, 33, 45-9, 6, 65-70, 79, 85, 90, 106, 119-21, 137, 144, 156, 163, 165, 169-70, 177, 204, 244, 266, 277, 280, 286, 336, 340, 343, 349, 352-63, 368, 373, 387, 413, 424, 447
1877-78 Rus-Türk Savaşı, 49, 61
Rüstem Paşa, 344-5
Rüşdi, Salman, 160
Rüya, 260

Saadet Partisi, 273, 301, 363, 396, 415, 440, 442, 455
Sabah, 270-2, 274, 288, 322, 367, 374-5, 376, 380, 382-2
Sabancı, Özdemir, 305-6
Sabiha, Rukiye, 174
Sadan, Ehud, 324
Safiye Sultan, 347
Said Nursi, 169, 295, 319, 409
Sakarya Meydan Muharebesi, 58, 68
Saltanat, 58, 64, 67, 173-4, 339
Sampson, Nicos, 145
Sampson, Vera, 146
Sanayi Devrimi, 342
Saracoğlu, Şükrü, 124, 434
Sarıağaç, Hasan, 324
Sarıkamış, 65, 67

Savarona, 60
Savaş, Vural, 310-2, 454
Saydam, Refik, 262
Saydamlık Raporu,
Schell, Maximilian, 236-7
Schily, Otto, 408
Schröder, Gerhard, 446
Sedat, Enver, 133
Selanik, 61-3, 141-2, 162
Selçuk, İlhan, 274, 280, 328-9, 336, 371
Selçuk, Münir Nurettin, 108
Selçuklular, 32-3, 49, 336, 419
Selim (II), 347
Selim III, 353-4
Selkirk, Alexander, 112
Selznick David O., 236
Semazenler, 186
Serbest Cumhuriyet Fırkası, 54-5
Sertel, Zekeriya, 165, 245
Sevr Antlaşması, 43, 50, 83
Sezer, Necdet A., 281-2, 312, 317, 371, 375, 390-1, 399, 401, 405-7, 421, 427, 435, 455
Short, Roger, 423
Sibirya, 47-9, 335
Simavi, Erol, 2, 21, 25, 220-2, 233-5, 246-51, 380
Simavi, Haldun, 26, 101, 221, 223-4, 229, 235, 247, 252-3
Simavi, Sedat, 140, 179, 219-20, 235, 249, 373
Sinan Paşa, 344
Sincan Uygur Özerk Bölgesi, 47
Sipahioğlu, Gökşin, 141
Sivas Katliamı, 159-60
Sivastopol, 46
Sobieski, John, 350
Sokullu Mehmet Paşa, 40, 346-8
Son Posta, 191
Souchon, Wilhelm, 45-6

Sovyetler Birliği, 0, 22, 47, 69, 71, 85, 119-21, 142-5, 156, 161-7, 173, 182, 196, 243-4, 252, 333, 373, 386, 445, 453
Soysal, İsmail, 194
Sözen, Yakup, 413
Sputnik I, 243
Stalin, 85, 121, 244
Star, 271
Star TV, 271
Steinbeck, John, 158
Stratejik Servisler Ofisi (OSS), 122
Suda, Pakize, 399
Sukarno, 95
Sultan Deli İbrahim, 349 351
Sultanahmet (Mavi) Cami, 78
Suriye, 20, 32, 68, 192,157, 177, 184 -5, 189, 192-9, 245, 305, 327, 405
Surname-i Vehbi, 11
Susurluk Raporu, 279
Suudi Arabistan, 64, 176, 188, 292-3, 296, 316, 331, 358, 402, 443
Süleymaniye Cami, 75, 153, 370-1, 404
Sür, Orhan, 409
Sykes, Sir Mark, 177

Şahin, Özkan, 236-7
Şam, 193-7
Şamanizm, 335
Şalom, 204
Şaron, Ariel, 150
Şatt-ül Arab, 196
Şehzade Mustafa, 345-6
Şener, Ali, 268, 270
şeriat, 12, 17, 20, 53-5, 58, 160, 185, 187, 257, 311, 313-4, 318, 320, 331, 337, 341, 361, 363, 397, 408, 416-8, 424-5, 432, 437, 443, 446-8
Şerif, Ömer, 133-4

Şeyh Sait, 53, 295
Şeyh Şamil, 359
Şeytan Ayetleri, 160
Şıvgın, Halil, 385
Şikâyetname, 264
Şinasi İbrahim, 259

tabutluk, 83
Tacikistan, 71, 360
Tağmaç, Memduh, 253
Tahran, 129-31
takıyye, 408-9, 430, 455
Takvim-i Vekayi, 259
Talabani, Celal, 199
Taliban, 301, 314, 359, 425, 446
Tallal (Ürdün Kralı), 136, 190
Tan, 99, 245
Tan, Burhan, 200, 209-12, 224
Taner, Turan, 241
Tantan, Sadettin, 276, 280, 286, 304, 322, 363, 376, 425
Tanzimat, 55, 63, 258-60, 308, 379
Tarhuncu Ahmet Paşa, 349
tarikatlar, 22, 59, 188, 257, 319, 387, 420, 426
tasavvuf, 12, 109, 185-7, 417, 419, 437
Tasvir-i Efkar, 259
Tepe, Ali, 29
Tepe, Osman Nuri, 252
Terakkiperver Cumhuriyet Fırkası, 256
Tercüman, 112-3, 239
Tercüman-ı Ahval, 259
tesettür, 308-9, 407, 426
Teşkilatı Mahsusa, 96, 176
Tevfik Fikret, 12, 223, 259, 265, 285
Tevhid-i-Selam, 323
The Egyptian Gazzette, 259
Thomsen, Vilhelm, 48
Tınç, Ferai, 154

Time, 235
Times, 397
Timur, 91, 153
Tintoretto, 40
Tiryakioğlu, Samih, 222
Titian, 40
TOBB, bkz. Türkiye Odalar ve Borsalar Birliği
Togan, Zeki Velidi, 70
Toktay, Nihat, 307
Tomruk, Ahmet Esat, bkz. İngiliz Kemal
Topkapı Sarayı Müzesi, 11 81, 111
Toprak Kokusu, 158
Toprak, Ramazan, 403
Topuz, Hıfzı, 161-2
Toskay, Tunca, 391
Townshend, Charles, 65
Tözge, Nejat, 112-2
Troçki, Leon, 90
Truman Doktrini, 85, 92, 12
Truman, Harry, 91
Tugay, Hulusi Fuat, 102
Tulipmania, bkz. Lale Devri
Tunguz, 335
Turalı, İlhan, 13, 111, 141, 178-9, 188-9, 191, 200, 202
Turan, Prof. İlter, 391-2
Turhan Sultan, 349
Turkish Daily News, 330, 377
türban krizi, 308, 311, 332, 406, 454
Türk Bağımsızlık Savaşı, 151
Türk kökenli, 70, 130, 133, 138, 139, 146, 167, 171, 199, 226, 335, 336, 353, 360
Türk Ocağı, 39
Türk, Hikmet Sami, 303, 323
Türkbank skandalı, 275
Türkeş, Alparslan, 165, 216, 218, 249, 310, 389, 454

DİZİN

Türkistan, 48, 70, 71, 171, 336, 357
Türkiye Büyük Millet Meclisi (TBMM), 23, 24, 28, 34, 288, 366, 374, 382, 403, 405, 406, 409, 429, 455
Türkiye Halk Kurtuluş Ordusu, 20, 250
Türkiye İşçi Partisi, 20, 250
Türkiye Odalar ve Borsalar Birliği (TOBB), 16, 287
Türkiye Radyo Televizyon Kurumu (TRT), 155
Türkiye'deki gazete tirajları, 375
Türkmenbaşı, Saparmurat, 363
Türkmenistan, 362, 363
Türkmenler, 49, 175, 199, 363
TYT Bank, 275

Ulan Bator, 48
ulema, 337, 341, 351, 416, 442
Ulus, 388
Uluslararası Af Örgütü, 255
Uluslararası Para Fonu (IMF), 15, 280-2, 285, 289, 394
UNESCO, 164, 185
United Press International (UPI), 98, 100, 127, 218
USA Today, 224
USS Missouri, 92-3
Uyarel, Yücel, 370-1
Uygarlıklar Çatışması, 186, 438
Uygurlar, 47, 70, 336
Uzan, Bahattin, 271
Uzan, Cem, 272
Uzan, Hakan, 271
Uzan, Kemal, 271, 272
Uzan, Yavuz, 271, 272

Üçok, Bahriye, 323
Ünaydın, Ruşen Eşref, 68
Ürdün, 136, 177, 184, 189, 190, 358

Ürgüplü, Hayri, 182
Ürgüplü, Suat Hayri, 182

Vahabilik, 176, 358, 443
Vahdettin (V. Mehmet), 50-51, 67, 174
Vakayi Hayriye, 354
Vakit, 188, 274
Vatan, 58, 188, 239, 244, 430
Vatan Yahut Silistre, 260
Vehbi, 11
Velioğlu, Hüseyin, 320
Venedik, 40, 347-9
Venizelos, Elefterios, 138
Verheugen, Guenter, 325, 442
Veronese, 40
Vietnam Savaşı, 238, 240
Vinogradov, Sergey Aleksandroviç, 244, 245
Vit Nehri, 49
Viyana, 30, 66; kuşatma, 50, 350, 351; Kennedy-Kruşçev zirvesi, 225, 226
Voltaire, 342
von Papen, Franz, 116
von Ribbentrop, Joachim, 116
von Seeckt, Hans, 69

Wafd Partisi, 133
Washington Post, 279, 377
What Went Wrong?, 399
Wolfowitz, Paul, 404
Women's International Net Magazine, 277

Yakovos (Başpiskopos), 142-4
Yalçın, Hüseyin Cahit, 245
Yalçın, Prof. Hüseyin, 419
Yalçın, Soner, 203
Yalman, Ahmet Emin, 188, 189, 244
Yalman, Aytaç, 395, 426, 427

Yanardağ, Reşad Mahmut, 108
Yapı Kredi Bankası, 271
Yassıada duruşmaları, 217, 366
Yavuz Sultan Selim, 172-3, 299, 343
Yavuz zırhlısı, 44, 45, 47
Yemen, 43, 46, 47
Yeni Asya, 274, 319
Yeni Gazete, 143, 224
Yeni İstanbul, 2, 27, 86, 87, 93
Yeni Sabah, 2, 87, 92, 94, 99, 104, 107, 109, 114, 115, 127, 129, 134, 178, 180, 200, 202, 239, 377; kapanışı, 228-230
Yeni Şafak, 273, 287, 385
Yeni Türkiye Partisi, 394
Yeniçeriler, 68, 153, 338, 339, 345 -349, 352-354, 356, 408, 419; Vakayi Hayriye olayının sonu, 354
Yıldırım, Mehmet, 285
Yıldız, Ahmet, 208, 413
Yılmaz, Mehmet Nuri, 16
Yılmaz, Mehmet Y., 406
Yılmaz, Mesut, 278-280, 286, 287, 298, 300, 309, 312, 317, 332, 333, 362, 363, 390, 393, 394, 400; Parlamento tarafından yolsuzluk iddialarından aklanışı, 264
Yiğit, Nuyan, 94, 180, 181, 206, 224, 238

Yiğit, İbrahim Süreyya, 94
Yolaç, Malik, 201, 202, 209
Yonan, Edith, 239
Yonan, Ted, 239
Yugoslavya, 226, 227, 430
Yunan Bağımsızlık Savaşı, 151
Yunanistan, 40, 43, 61, 85, 91, 105, 119, 138-46, 149-52, 154, 155, 164, 165, 196, 209, 305, 333, 344, 354, 379, 455
Yunus Emre, 185-6
Yüksek Öğretim Kurumu (YÖK), 413, 442
Yüksel, Necdet, 323
Yüksel, Nuh Mete, 266, 318, 324
Yüzüncü, Reşad Feyzi, 87, 100

Zachistki, 358
Zafer, 58
Zahedi, Fazlullah, 130
Zal Mahmut, 346
Zaman, 273, 317, 375
ZDF TV, 448
Zelle, Margaretha, 90
Zeytindağı, 65
Zincirkıran, Necati, 92, 141, 179, 210 -2, 219, 221, 234, 253
Ziya Paşa, 275
Zorlu, Fatin Rüştü, 217, 365